Die Bonus-Seite

Ihr Vorteil als Käufer dieses Buches

Auf der Bonus-Webseite zu diesem Buch finden Sie zusätzliche Informationen und Services. Dazu gehört auch ein kostenloser **Testzugang** zur Online-Fassung Ihres Buches. Und der besondere Vorteil: Wenn Sie Ihr **Online-Buch** auch weiterhin nutzen wollen, erhalten Sie den vollen Zugang zum **Vorzugspreis**.

So nutzen Sie Ihren Vorteil

Halten Sie den unten abgedruckten Zugangscode bereit und gehen Sie auf **www.galileodesign.de**. Dort finden Sie den Kasten **Die Bonus-Seite für Buchkäufer**. Klicken Sie auf **Zur Bonus-Seite / Buch registrieren**, und geben Sie Ihren **Zugangscode** ein. Schon stehen Ihnen die Bonus-Angebote zur Verfügung.

Ihr persönlicher **Zugangscode**: 26mi-kgwh-jbyd-q3v4

Karsten Geisler

Adobe InDesign CC

Der praktische Einstieg

Galileo Press

Liebe Leserin, lieber Leser,

Ihr erster Flyer soll ein richtiger Hingucker werden? Sie haben schon Tausend Ideen im Kopf, wie Sie Ihr erstes Tablet-Magazin aufbauen wollen? Oder soll es die perfekte Geschäftsausstattung inkl. Visitenkarte und Briefpapier werden? Dann ist dieses Buch die richtige Wahl, denn es wurde für alle geschrieben, die professionell und mit viel Spaß bei der Sache in InDesign CC einsteigen wollen.

Karsten Geisler zeigt Ihnen Schritt für Schritt, wie Sie Ihre Layoutideen umsetzen. Dokumente anlegen, Mustervorlagen erstellen, Absatz- und Zeichenformate anwenden, Bilder ins Layout einbetten – das und noch viel mehr gelingt Ihnen bald mit Leichtigkeit. Alle Funktionen werden im Zusammenhang erklärt, und in zahlreichen Praxisworkshops können Sie das Gelernte direkt anwenden. Das benötigte Beispielmaterial finden Sie auf der Website zum Buch unter *www.galileodesign.de/3393*. Einfach den Zugangscode von der ersten Seite hier im Buch eingeben und den Download starten.

Nun wünsche ich Ihnen viel Spaß beim Einstieg in Adobe InDesign CC. Ihre ersten Erfolgserlebnisse werden nicht lange auf sich warten lassen – versprochen! Wenn Sie Fragen und Anregungen zum Buch haben, freue ich mich über Ihre Rückmeldung.

Ihre Katharina Sutter
Lektorat Galileo Design
katharina.sutter@galileo-press.de

www.galileodesign.de
Galileo Press • Rheinwerkallee 4 • 53227 Bonn

Auf einen Blick

Wir hoffen sehr, dass Ihnen dieses Buch gefallen hat. Bitte teilen Sie uns doch Ihre Meinung mit. Eine E-Mail mit Ihrem Lob oder Tadel senden Sie direkt an die Lektorin des Buches: *katharina.sutter@galileo-press.de*. Im Falle einer Reklamation steht Ihnen gerne unser Leserservice zur Verfügung: *service@galileo-press.de*. Informationen über Rezensions- und Schulungsexemplare erhalten sie von: *julia.mueller@galileo-press.de*.

Informationen zum Verlag und weitere Kontaktmöglichkeiten finden Sie auf unserer Verlagswebsite *www.galileo-press.de*. Dort können Sie sich auch umfassend und aus erster Hand über unser aktuelles Verlagsprogramm informieren und alle unsere Bücher versandkostenfrei bestellen.

An diesem Buch haben viele mitgewirkt, insbesondere:

Lektorat Katharina Sutter
Korrektorat Katharina Raub, Berlin
Layout Vera Brauner
Herstellung Maxi Beithe
Einbandgestaltung Janina Conrady
Coverfoto iStockphoto.com: 21032621 © Marko Ivanovic
Satz Karsten Geisler
Druck Offizin Andersen Nexö Leipzig

Dieses Buch wurde gesetzt aus der Linotype Syntax (9,5 pt/13,75 pt) in Adobe InDesign CC. Gedruckt wurde es auf matt gestrichenem Bilderdruckpapier (115 g/m²).

Der Name Galileo Press geht auf den italienischen Mathematiker und Philosophen Galileo Galilei (1564–1642) zurück. Er gilt als Gründungsfigur der neuzeitlichen Wissenschaft und wurde berühmt als Verfechter des modernen, heliozentrischen Weltbilds. Legendär ist sein Ausspruch *Eppur si muove* (Und sie bewegt sich doch). Das Emblem von Galileo Press ist der Jupiter, umkreist von den vier Galileischen Monden. Galilei entdeckte die nach ihm benannten Monde 1610.

Bibliografische Information der Deutschen Nationalbibliothek:
Die Deutsche Nationalbibliothek verzeichnet diese Publikation in der Deutschen Nationalbibliografie; detaillierte bibliografische Daten sind im Internet über *http://dnb.d-nb.de* abrufbar.

ISBN 978-3-8362-2463-5
1. Auflage 2013

Inhalt

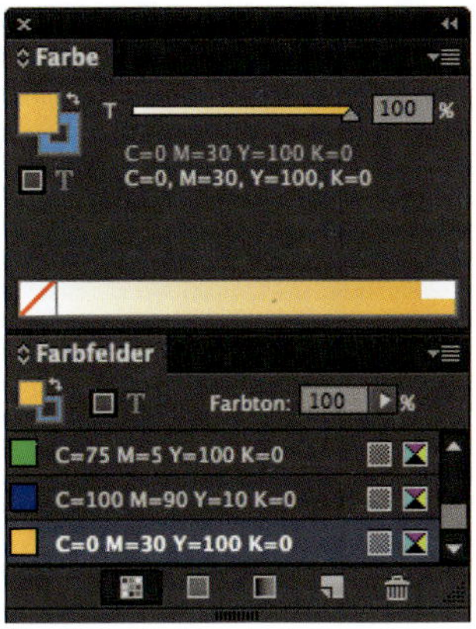
Farbe
100 %
C=0 M=30 Y=100 K=0
C=0, M=30, Y=100, K=0
Farbfelder
Farbton: 100 %
C=75 M=5 Y=100 K=0
C=100 M=90 Y=10 K=0
C=0 M=30 Y=100 K=0

Powerzoom.indd @ 42 %
Optimismus ist kein Luxus

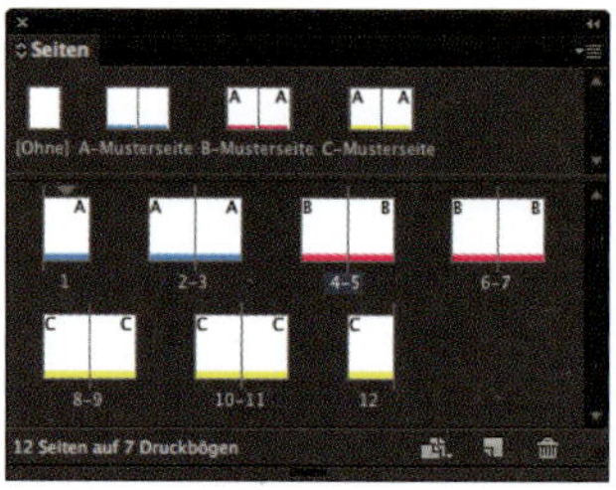

2 Dokumente anlegen

3 Mit Text arbeiten

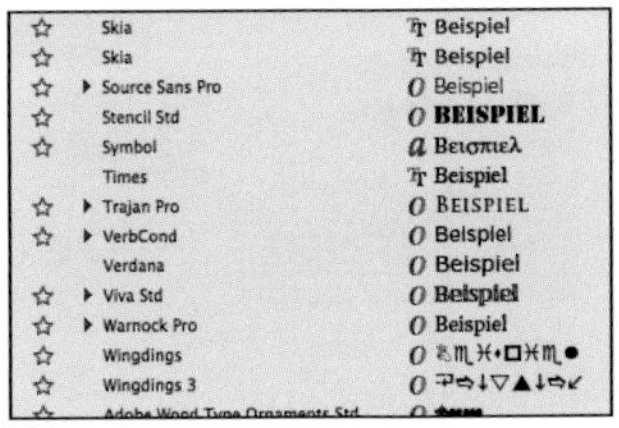

Skia
Source Sans Pro
Stencil Std
Symbol
Times
Trajan Pro
VerbCond
Verdana
Viva Std
Warnock Pro
Wingdings
Wingdings 3
Beispiel
BEISPIEL

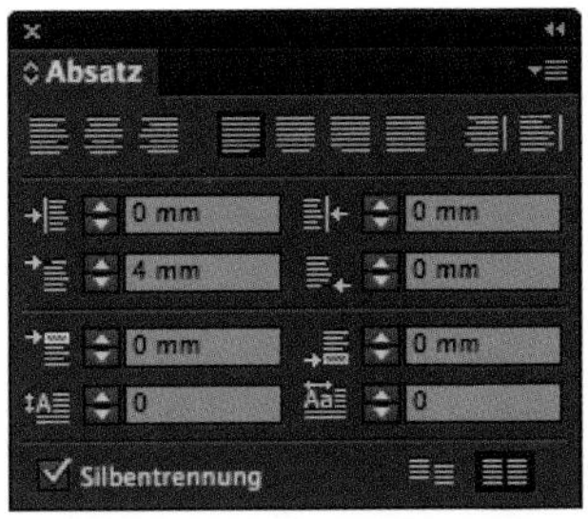

Absatz
0 mm
4 mm
0
Silbentrennung

INTERVIEW

Optimismus ist kein Luxus

4 Bilder

rkehr zu engagieren. Nach
kussionen, wie man am
Wasser Marsch
ark und ei-
uf dem Hof
t. Spätestens
öffentlichen
Werbung für
er Siegeszug in
hr aufzuhalten.
igenen Produkt
harrlichkeit sind
Erfolg. Mit der Ge-
sserfahrzeuge“ werden wir
d verstärken und die Ent-
kooperierenden Autohändl
Die Wassermarsch G
ist eine hundert
schaft der Ve
serversorgun
brück, und s
Gelsenwasser-
Bochum w
versorgt, Löhn
tershagen. Die
1978 gegründet
nuar 1978 die Kä
Löhne und Petersha
GmbH. Die Wasserverso
biet wird seit 1978 schritt

In der Sonne: Rhododendren

Thema	Datum	Kategorie	Gebühr
Süße Suppen	13.06.	A	35,–
Herzhafte Desserts	27.06.	WE	80,–
Vorspeisen	30.06.	A*	27,50
Italienische Küche	01.07.	A	31,–
Indische Küche	03.07.	A	45,–

A: Abendkurs, Beginn 19:30 Uhr
WE: Wochenendkurs, Samstag 13–18 Uhr, Sonntag 9–13 Uhr
* Beginn 20 Uhr

5 Tabellen

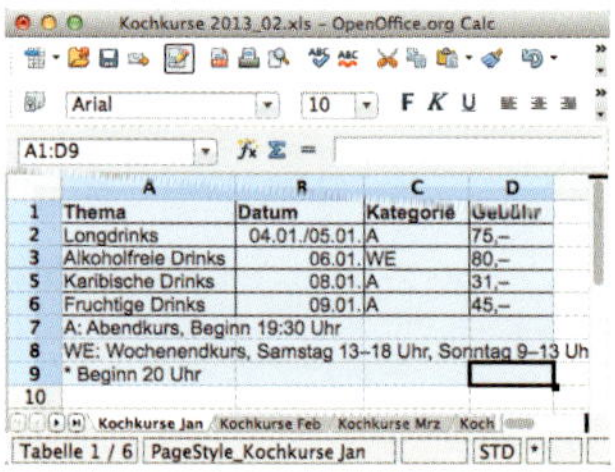

6 Pfade und Objekte

7 Farben und Effekte

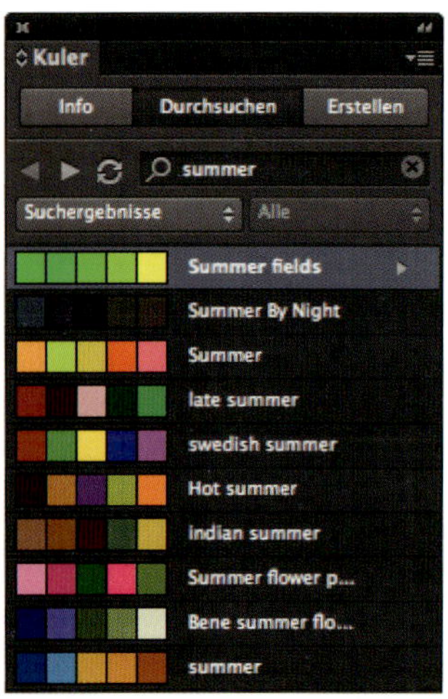

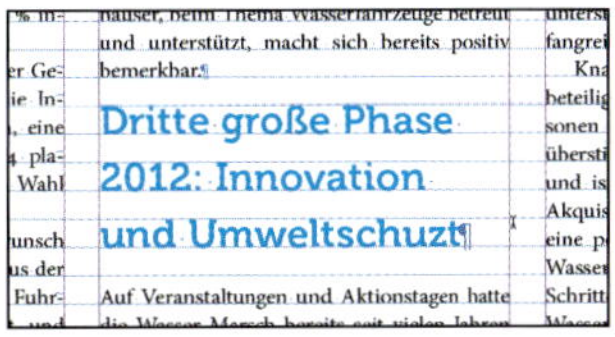

8 Praktische Hilfsmittel

9 Dokumente prüfen und ausgeben

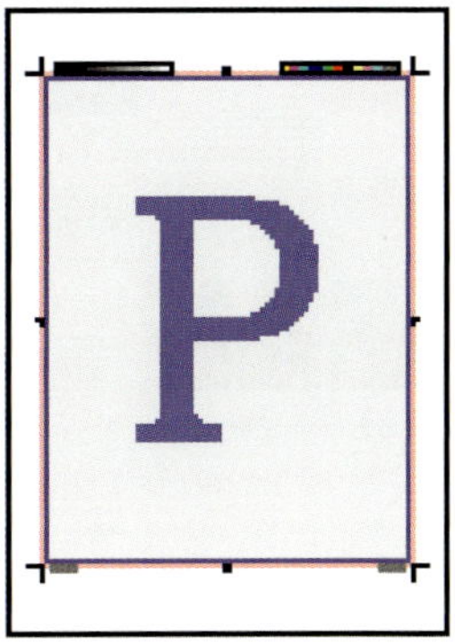

10 Digital Publishing

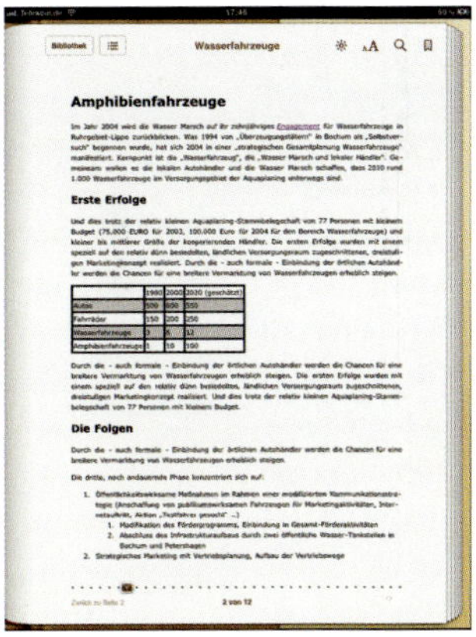

Adobe® Content Viewer @ 50%

Vorwort

Adobe InDesign CC ist ein ungeheuer mächtiges Werkzeug mit einem schier überwältigenden Funktionsumfang. Dieses Buch wird Sie mit den wirklich wichtigen Funktionen und Arbeitsabläufen in InDesign – auch im Zusammenspiel mit Photoshop, Illustrator, Word und der Bridge – vertraut machen.

Neben den rein programmspezifischen Informationen habe ich den Text, die Bilder und die Workshops mit Hintergrundwissen und Tipps aus der Praxis eines Kommunikationsdesigners angereichert, so dass Sie wie nebenbei einiges über Layout und Typografie, aber auch beispielsweise über Druckverfahren, lernen.

Damit Sie schnell mit den grundsätzlichen Bedienkonzepten von InDesign vertraut werden, geht es in **Kapitel 1** mit der Benutzeroberfläche los. Hier finden Sie auch eine Übersicht über die wichtigsten Werkzeuge, mit denen Sie in InDesign immer wieder arbeiten werden.

Kapitel 2 beschäftigt sich mit der Grundlage, die man für jede Gestaltung in InDesign braucht: dem Dokument. Hier lernen Sie, wie Sie neue Dokumente anlegen und wie Sie Dokumente später modifizieren können, indem Sie beispielsweise neue Seiten einfügen.

Nachdem Sie gelernt haben, ein Dokument Ihren Vorstellungen entsprechend anzulegen, erfahren Sie in **Kapitel 3**, »Mit Text arbeiten«, was Sie zur professionellen Arbeit mit Text und Schrift benötigen. Dieses ist das umfangreichste Kapitel dieses Buches, da ich davon ausgehe, dass den größten Anteil Ihrer praktischen Arbeit die Formatierung von Text ausmachen wird.

Viele Layouts leben von der Kombination Text-Bild, weshalb wir uns in **Kapitel 4** mit Bildern beschäftigen.

Den ausgereiften Features, mit denen in InDesign Tabellen angelegt, auf effektive Weise gestaltet und Designs auf mehrere Tabellen angewendet werden können, ist **Kapitel 5** gewidmet.

Um in InDesign freie Formen anzulegen, sind verschiedene Zeichenwerkzeuge mit an Bord. Diese Tools und viele praktische Hinweise zum Umgang mit den verschiedenen Objektarten finden Sie in **Kapitel 6**.

In **Kapitel 7** werden die Konzepte vorgestellt, mit denen Sie Objekten Farben zuweisen können. Hier erfahren Sie auch, welches die wichtigsten Farbsysteme sind und wie Sie selbst Farben und Verläufe anlegen, einsetzen und verwalten können.

InDesign bietet eine ganze Reihe von überaus nützlichen Hilfsmitteln, die einem das Leben als Designer wesentlich angenehmer machen. Diese Features stelle ich Ihnen in Kapitel 8 vor.

Nachdem Sie die praxisrelevanten Konzepte, Funktionen und Beispiele zum Erstellen von professionellen Layouts kennengelernt haben, beschäftigen wir uns schließlich in **Kapitel 9** mit der Ausgabe von InDesign-Dokumenten. Hier erfahren Sie alles über den Druck eines Layouts und den Export einer InDesign-Datei als PDF.

Das Buch endet in **Kapitel 10** mit den Funktionen, mit denen Sie Layouts für E-Books und digitale Magazine erstellen. Außerdem lernen Sie hier, wie Sie ohne großen Aufwand interaktive Elemente und Animationen direkt in InDesign CC erstellen können.

Den größten Nutzen werden Sie aus dem Buch ziehen, wenn Sie die Workshops, die ich an verschiedenen Stellen eingestreut habe, direkt am Rechner nachvollziehen. Sind für diese Schritt-für-Schritt-Anleitungen Daten verfügbar, werden diese neben dem Web-Icon ausgewiesen.

Da die Lesbarkeit im Deutschen unter der kompletten Nennung der männlichen und weiblichen Form, wie z. B. »Designer und Designerinnen«, stark leidet, habe ich auf die weibliche Form verzichtet. Gemeint sind selbstverständlich immer beide Geschlechter.

Bedanken möchte ich mich bei Galileo Press und meiner Lektorin Katharina Sutter, die dieses Buch ermöglicht haben. Mein besonderer Dank gilt Julia, Malte und Finn und vor allem meiner Frau Sigrun, die mich beim Schreiben dieses Buches über alle Maßen unterstützt haben.

Und nun wünsche ich Ihnen viel Spaß beim Lesen des Buches und bei der Arbeit mit Adobe InDesign CC!

Ihr Karsten Geisler

Beispielmaterial

Das Beispielmaterial für die Workshops im Buch können Sie sich auf der Website von Galileo Design unter *www.galileodesign.de/3393* herunterladen. Klicken Sie dort auf den Link »Zur Bonus-Seite«, und geben Sie anschließend Ihren Zugangscode ein. Sie finden ihn hier im Buch auf der ersten Seite. Eine Registrierung ist nicht erforderlich.

1

Die Benutzeroberfläche

Lernen Sie Ihr Cockpit kennen

- Wie ist die Programmoberfläche aufgebaut?
- Wie kann ich InDesign zeitsparend bedienen?
- Welches sind die wichtigsten Werkzeuge?
- Wie kann ich die Tools nach meinen Bedürfnissen anpassen?
- Wie kann ich mit der Tastatur statt der Maus arbeiten?

1 Die Benutzeroberfläche

Um ein möglichst zügiges Arbeiten zu gewährleisten, ist es sinnvoll, sich zunächst mit der Programmoberfläche, zu Neudeutsch »UI – User Interface«, zu beschäftigen. Daher werden Sie in diesem Kapitel die wichtigsten Fenster, Bedienelemente und Werkzeuge zum Schnelleinstieg in InDesign CC kennenlernen.

1.1 Übersicht über den Arbeitsbereich

Wenn Sie das Programm nach der Installation zum ersten Mal starten und ein neues Dokument über Datei • Neu • Dokument angelegt haben, sehen Sie auf einem Macintosh etwa Folgendes:

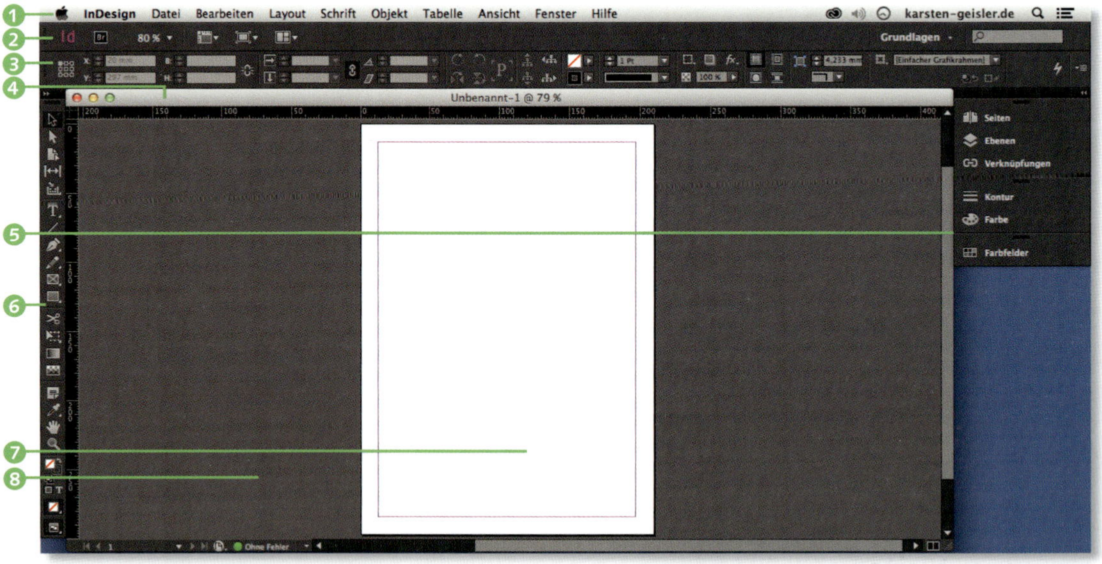

▼ **Abbildung 1.1**
Eine Fülle von Bedienelementen wartet in InDesign CC darauf, eingesetzt zu werden. Hier ist die InDesign-Oberfläche unter Mac OS X zu sehen.

Wie Sie an dem nächsten Screenshot sehen können, sieht die Bedienoberfläche unter Windows fast identisch aus. Alle anderen Screenshots dieses Buches sind in InDesign CC für Macintosh erstellt worden.

▲ **Abbildung 1.2**
Das Interface unter Windows unterscheidet sich nur unwesentlich von der Mac-Version, die Funktionen sind gleich.

Über die gesamte Monitorbreite finden Sie:

1. Menüleiste
2. Anwendungsleiste (nur Mac)
3. Steuerung-Bedienfeld
4. Dokumentfenster
5. Bedienfelder
6. Werkzeugleiste
7. Dokumentseite
8. Montagefläche

Die Menüleiste bietet Zugriff auf die grundlegenden Programmfunktionen. Die Anwendungsleiste beherbergt hauptsächlich eine Reihe Dropdown-Menüs, mit denen Sie die Anzeige des derzeit aktiven Dokuments steuern können. Am PC finden Sie diese Menüs hinten in der Menüleiste. Das Steuerung-Bedienfeld zeigt dynamisch die wichtigsten Optionen für das momentan aktivierte Werkzeug an, das Sie in der Werkzeugleiste wählen können. Hier ist das Bedienfeld Seiten aufgeklappt, andere sind zu einem Dock zusammengefasst. Im Dokumentfenster mit dem Titel des aktiven Dokuments wird die aktive InDesign-Datei dargestellt.

Das Mac-Menü »InDesign«

Die Befehle des Menüs InDesign der Mac-Version sind in der Windows-Version im Bearbeiten-Menü hinterlegt. Das sind z. B. die Voreinstellungen, mit denen das grundsätzliche Verhalten von InDesign den eigenen Bedürfnissen angepasst werden kann.

Dokumentseite und Montagebereich

Der Bereich, auf dem gelayoutet wird, ist die eigentliche Dokumentseite ⑦. Elemente, die noch nicht oder nicht mehr im Layout verwendet werden, können auf der Montagefläche abgelegt werden ⑧.

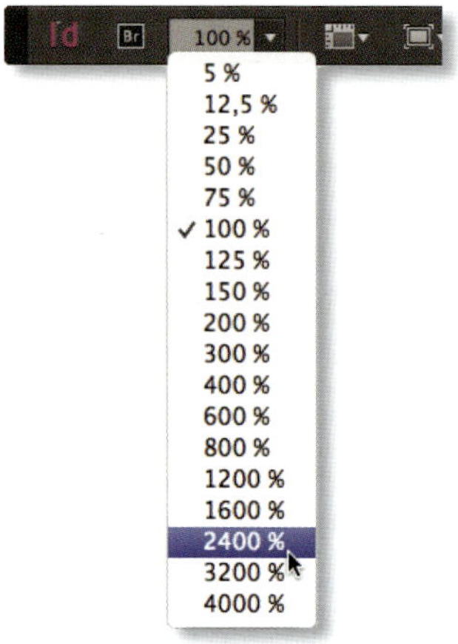

▲ **Abbildung 1.3**
Sie können Ihr Layout mit extremen Vergrößerungsstufen betrachten.

▲ **Abbildung 1.5**
Diese Optionen können schneller per Tastenkürzel aufgerufen werden.

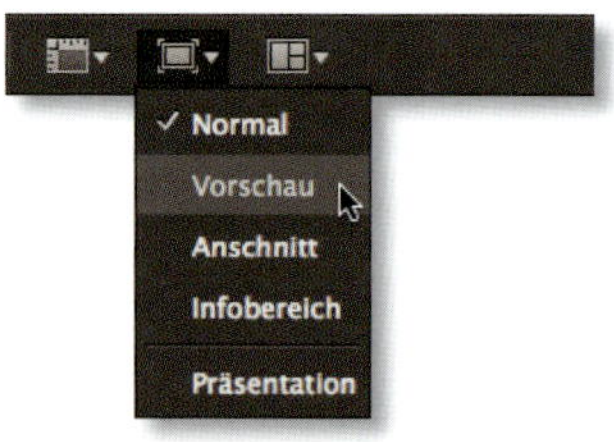

▲ **Abbildung 1.6**
Dokumente können auf fünf verschiedene Arten angezeigt werden.

1.2 Die Anwendungsleiste

Der Vollständigkeit halber sehen wir uns zunächst die Anwendungsleiste an: Hier finden Sie wichtige Funktionen. Die meisten hiervon finden Sie jedoch auch noch einmal in den Menüs SCHRIFT und ANSICHT. Dort sind dann auch die jeweiligen Tastenkürzel hinterlegt, mit denen Sie die gewünschten Funktionen wesentlich schneller anwählen können. Die Anwendungsleiste bietet im linken Bereich Zugriff auf verschiedene Darstellungsoptionen:

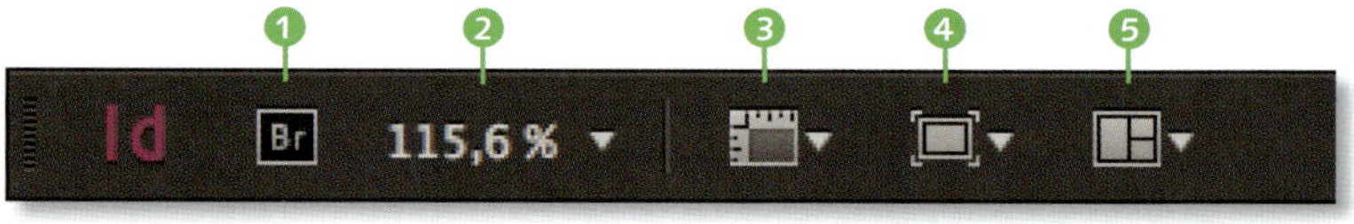

▲ **Abbildung 1.4**
Die diversen Ansichtsoptionen können schnell gewählt werden.

Wenn Sie das separate Programm Bridge schon installiert haben, wird es mit diesem Button ❶ gestartet bzw. InDesign wechselt zu ihm. Ansonsten werden Sie nach dem Anklicken dazu aufgefordert. Die Bridge dient vor allem der Organisation von Daten, ähnlich dem Windows-Explorer oder dem Mac-Finder.

Ansichtsoptionen

Neben dem Bridge-Icon finden Sie ein Pulldown-Menü mit vorgegebenen Zoomstufen ❷ für das aktive Dokument. Hiermit können Sie regeln, in welcher Vergrößerung Ihr Layout angezeigt werden soll. Für den Anfang ist dieses Menü eine willkommene Möglichkeit, sich in das Dokument hinein- und aus ihm herauszuzoomen: Für die genauere Definition von Bereichen, die Sie sich vergrößert ansehen möchten, gibt es jedoch extra das ZOOMWERKZEUG (siehe Seite 40), mit dem Sie wesentlich effizienter arbeiten können. Dasselbe gilt für die ANZEIGEOPTIONEN ❸: Schauen Sie sich die hier angebotenen Optionen im Menü ANSICHT an, und prägen Sie sich am besten die dort hinterlegten Kurzbefehle ein.

Rechts neben den Ansichtsoptionen stehen fünf Bildschirmmodi ❹ zur Auswahl bereit (siehe Abbildung 1.6). Für den Alltag braucht man eigentlich nur die ersten beiden: Im NORMAL-Modus ist nicht nur der eigentliche Layoutbereich zu sehen, sondern auch die Montagefläche, auf der man (noch) nicht genutzte Textrahmen, Bilder etc. ablegen kann. Außerdem kann man sich im NORMAL-Modus Hilfslinien, Raster und Steuerzeichen anzeigen lassen, die zwar allesamt nicht im Druck erscheinen, aber zum Layouten unverzichtbar sind. Später kommen wir auf diese wichtigen Hilfsmittel zurück. Sobald der VORSCHAU-Modus gewählt wird, werden die Montagefläche und sonstige nichtdruckende Elemente ausgeblendet. Das Pulldown-Menü ⑤ rechts neben den Bildschirmmodi bietet Optionen, wie InDesign mehrere geöffnete Dokumente anzeigen soll. Diese Auswahl ist nur hier hinterlegt (siehe Abbildung 1.7).

▲ **Abbildung 1.7**
Mehrere Dokumente lassen sich über Buttons auf dem Bildschirm verschieden anordnen.

Arbeitsbereiche und Suchfunktion

Am rechten Bildschirmrand in der Anwendungsleiste können Sie über ein weiteres Pulldown-Menü ⑥ sogenannte Arbeitsbereiche wählen und verwalten.

◀ **Abbildung 1.8**
Hier können Sie Arbeitsbereiche wählen und Suchanfragen stellen.

Mit einem Arbeitsbereich ist die Anordnung von Bedienfeldern und eine gegebenenfalls geänderte Anzahl von Menüeinträgen gemeint. Für die Reinzeichnung, also die Vorbereitung eines Layouts für die Übergabe an eine Druckerei, benötigen Sie beispielsweise andere Bedienfelder als zur Formatierung von Text. Für beide Arbeitsschwerpunkte ist jeweils eine optimierte Arbeitsumgebung vorinstalliert: DRUCKAUSGABE UND PROOFS bzw. TYPOGRAFIE. Probieren Sie beide einfach aus. Für den Einstieg ist aber die Umgebung GRUNDLAGEN durchaus praktikabel, weshalb Sie anschließend wieder zu diesem Arbeitsbereich zurückkehren sollten. Die beschriebenen Funktionen bzgl. der Arbeitsbereiche finden Sie auch unter FENSTER • ARBEITSBEREICH. Am äußeren rechten Bildschirmrand ist ein Such-Eingabefeld ⑦ positioniert, das Sie bei bestehender Internetverbindung auf die *adobe.com*-Seite in Ihrem favorisierten Webbrowser bringt und neben der Standard-Onlinehilfe auch die InDesign-Foren nach dem eingegebenen Suchwort durchforstet.

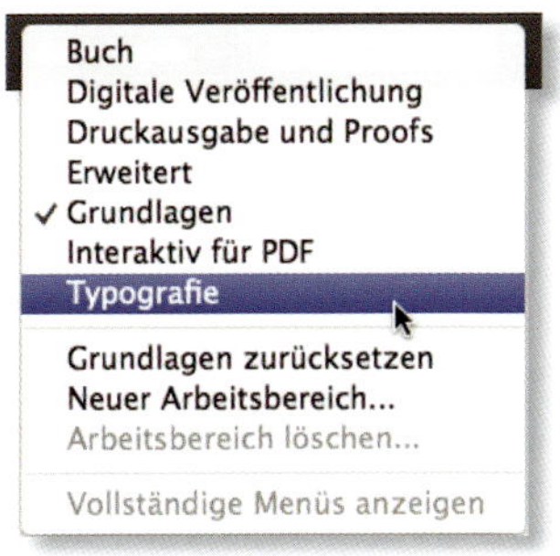

▲ **Abbildung 1.9**
Mittels Arbeitsbereichen lassen sich gewünschte Arbeitsumgebungen sichern und aufrufen.

QuickInfos

Die kleinen Hilfstexte (»QuickInfos«) erscheinen bei allen Bedienfeldern, wenn Sie die Maus einen Moment über den Icons neben den Eingabefeldern stehen lassen.

1.3 Das Steuerung-Bedienfeld

Dieses sehr praktische Bedienfeld erstreckt sich wie die Anwendungsleiste über die gesamte Monitorbreite und ist standardmäßig eingeblendet. Sollte das bei Ihnen nicht der Fall sein, ändern Sie dies über FENSTER • STEUERUNG. Das Bedienfeld liefert Ihnen über das aktuell markierte Objekt nicht nur grundlegende Infos, Sie können hier auch wichtige Einstellungen und Modifikationen des Objekts direkt vornehmen. Das Aufrufen von spezialisierten Bedienfeldern, die dieselben Informationen liefern, wird somit in vielen Fällen überflüssig.

Das STEUERUNG-Bedienfeld wird Ihnen im Verlauf dieses Buches immer wieder begegnen, so dass ich an dieser Stelle die allgemeinen Darstellungs- und Eingabe-Konzepte erkläre.

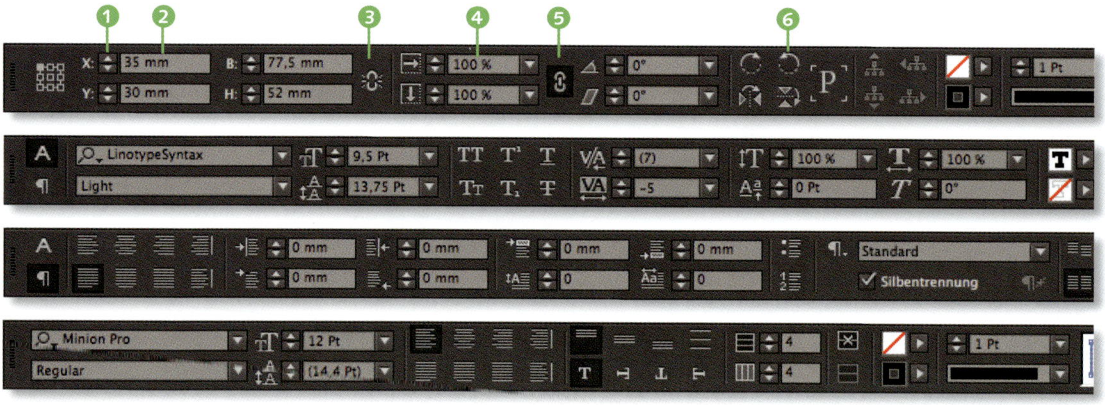

▲ **Abbildung 1.10**
Das STEUERUNG-Bedienfeld liefert abhängig vom markierten Element (v. o. n. u.): objekt-, zeichen-, absatz- und tabellenspezifische Informationen.

Werte eingeben

Ein Klick auf den Aufwärtspfeil ❶ erhöht den nebenstehenden Wert in ganzzahligen Schritten; halten Sie dabei die ⇧-Taste gedrückt, erhöht sich der Wert in glatten 10er-Schritten. In die Eingabefelder ❷ können Sie numerische Angaben auch direkt eintippen. Innerhalb von Bedienfeldern und Dialogboxen können Sie mit der Texteinfügemarke schnell in das nächste Eingabefeld springen, indem Sie die ⇥-Taste betätigen. Die ⇥/⇧-Taste bewegt den Cursor in das vorige Eingabefeld. Bei geöffnetem Ketten-Symbol ❸ können verschiedene Werte in ein solches Eingabefelder-Paar (hier: Breite/Höhe) eingegeben werden. Ein Klick auf den Verkettungs-Button ändert den Status der Verkettung ❺: Es kann dann immer nur derselbe Wert in beiden Feldern stehen ❹ bzw. beide Werte verändern sich gleichzeitig. Und dann gibt es im Steuerung-Bedienfeld noch diverse Buttons ❻, mit deren Hilfe Sie wie hier das markierte Objekt drehen können.

Grundrechenarten

In Eingabefeldern können Sie mit +, –, * und / die Grundrechenarten anwenden: Möchten Sie z. B. die Schriftgröße eines markierten Textes verdoppeln, reicht die Eingabe von *2 im entsprechenden Eingabefeld.

Das Steuerung-Bedienfeld anpassen

Was Ihnen im Steuerung-Bedienfeld angezeigt wird, können Sie selbst Ihren Bedürfnissen anpassen. Dafür rufen Sie das Menü des Bedienfelds mit einem Klick ❼ auf.

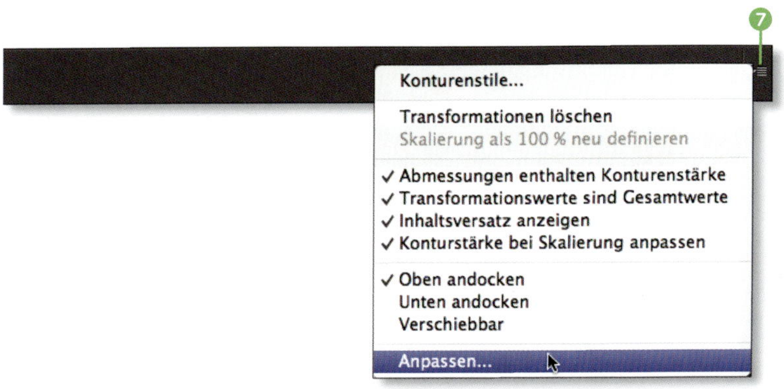

◂ **Abbildung 1.11**
Wie fast alle Bedienfelder in InDesign hat auch das Steuerung-Bedienfeld ein eigenes Menü. Hier sind häufig wichtige Funktionen hinterlegt.

Wählen Sie den letzten Eintrag Anpassen, und es öffnet sich ein Dialogfenster, in dem Sie die gewünschten Änderungen vornehmen können.

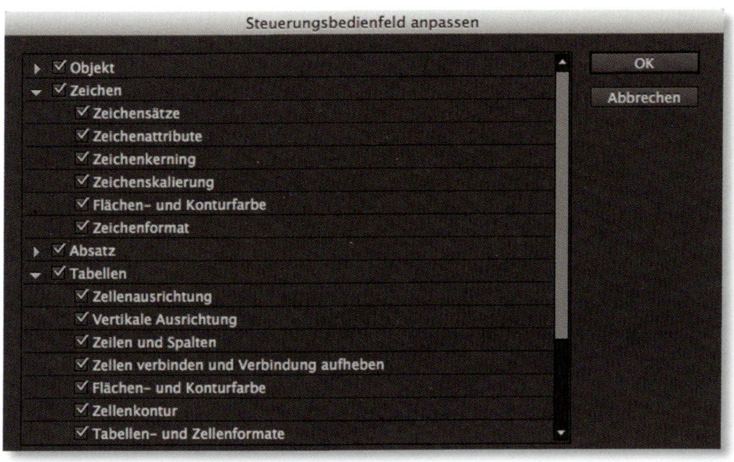

Alle Infos

Wenn Ihr Monitor und die Auflösung es erlauben, empfehle ich Ihnen, sich alle verfügbaren Infos vom Steuerung-Bedienfeld anzeigen zu lassen.

◂ **Abbildung 1.12**
Das Bedienfeld selbst kann individuell angepasst werden.

Multiple Choice

Eine besondere Stellung nehmen die Schrift-Bedienfelder ein: Sie sind nämlich nicht nur unter FENSTER • SCHRIFT UND TABELLEN zu finden, sondern auch im Menü SCHRIFT hinterlegt.

1.4 Handling von Bedienfeldern

An dieser Stelle möchte ich Ihnen die grundlegenden Bedienungskonzepte vorstellen. Alle Bedienfelder – von denen es in InDesign CC über 50 gibt – lassen sich über das Menü FENSTER ein- bzw. ausblenden.

Erscheinungsformen

Bedienfelder können Sie sich auf verschiedene Arten anzeigen lassen:

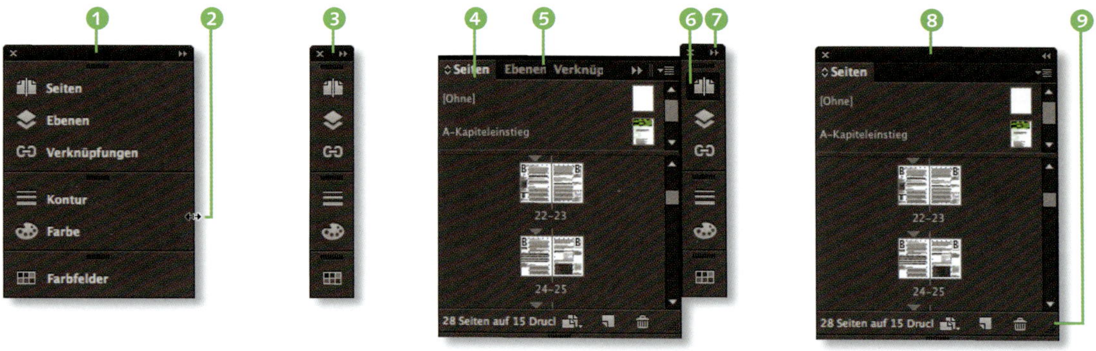

▲ **Abbildung 1.13**
Bedienfelder lassen sich in InDesign äußerst flexibel kombinieren und darstellen.

Nach dem ersten Start von InDesign sehen Sie am rechten Bildschirmrand ein sogenanntes Dock, in dem fünf Bedienfelder als Schaltflächen sichtbar sind. Die Bedienfelder SEITEN und VERKNÜPFUNGEN bzw. KONTUR und FARBE sind zu Bedienfeldgruppen zusammengefasst ❶. Wird der Cursor auf eine der Seiten eines Docks positioniert, kann das Dock in der Breite geändert ❷ und platzsparend bis auf die Icons zusammengeschoben werden ❸. Wird ein Button gedrückt ❻, klappt das Bedienfeld zur Seite auf ❹, denselben Effekt hat auch die Eingabe des entsprechenden Tastenkürzels. Für das SEITEN-Bedienfeld wäre dies F12. Ist das Bedienfeld, wie im Beispiel oben, Teil einer Bedienfeldgruppe, werden die anderen Bedienfelder derselben Gruppe als Registerkarte dargestellt ❺. Bedienfelder können an ihren Registerkarten ❽ aus einer Gruppe gelöst werden und sind dann frei auf dem Bildschirm positionierbar. Wird der Doppelpfeil ❼ in der Titelleiste eines Docks betätigt, klappen sich alle Bedienfeldgruppen und die einzelnen Bedienfelder aus ❿. Diese sogenannten Bedienfeldstapel können mit einem erneuten Klick auf denselben Button wieder auf die Symbole verkleinert werden. Wird hingegen das Tastenkürzel eines der Bedienfelder betätigt, die im Bedienfeldstapel gruppiert sind, blendet sich der gesamte Stapel aus.

Einige Bedienfelder, wie das SEITEN-Bedienfeld, lassen sich über einen Anfasser ❾ beliebig in der Höhe und Breite verändern. Bedienfelder lassen sich durch einen wiederholten Klick auf den kleinen schwarzen Doppelpfeil ⓫ oder einen Doppelklick auf die Registerkarte in drei Größen darstellen:

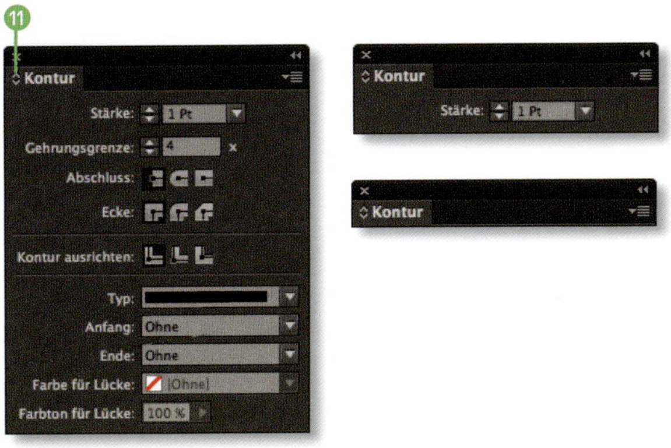

◂ **Abbildung 1.14**
Die meisten Bedienfelder lassen sich in drei verschiedenen Größen darstellen.

Bedienfelder neu gruppieren

Bedienfelder können Sie nach Ihren Bedürfnissen selbst neu gruppieren. Dafür ziehen Sie diese an den Registerkarten bzw. den Bedienfeldtitelleisten ⓬. Wenn Sie ein Bedienfeld auf oder neben eine Registerkarte eines anderen bewegen, erhält das Zielbedienfeld eine blaue Färbung ⓭: Lassen Sie dann los, sind beide zu einer Bedienfeldgruppe arrangiert ⓮.

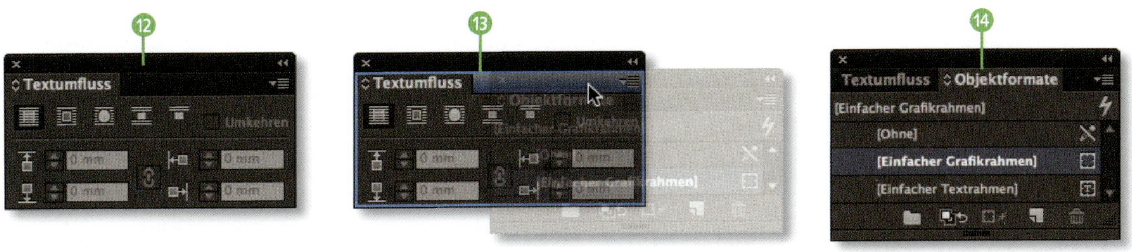

▾ **Abbildung 1.15**
Zwei separate Bedienfelder werden zu einer Bedienfeldgruppe zusammengeführt.

Nachdem Sie sich die Bedienfelder organisiert haben, können Sie diese als Arbeitsbereich abspeichern (siehe Seite 23).

Möchten Sie aus zwei einzelnen Bedienfeldern ❶ einen Bedienfeldstapel machen, braucht nur das eine Bedienfeld von unten an das andere herangeführt zu werden ❷. Es wird dann ein blauer Rand eingeblendet, auf dem Sie das Bedienfeld loslassen können – schon sorgt der Bedienfeldstapel für Übersicht ❸. Ein solcher Bedienfeldstapel kann dann am gemeinsamen oberen Rand angefasst und beliebig positioniert werden.

▼ Abbildung 1.16
Hier werden die Bedienfelder zu einem Bedienfeldstapel organisiert.

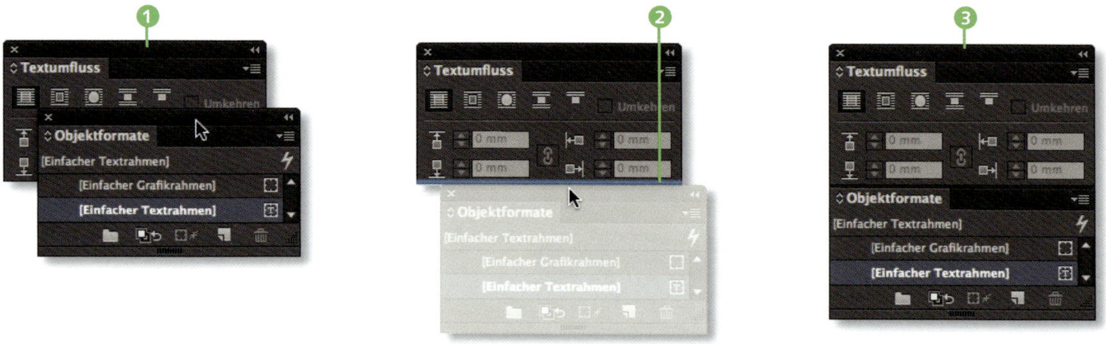

Bedienfelder, Bedienfeldgruppen und -stapel sowie die Werkzeugleiste können Sie außerdem auch an den seitlichen Bildschirmrändern andocken lassen.

Bedienfelder ausblenden

Über Bearbeiten/InDesign • Voreinstellungen • Benutzeroberfläche lässt sich die sehr nützliche Option Bedienfelder automatisch auf Symbole minimieren ❹ aktivieren.

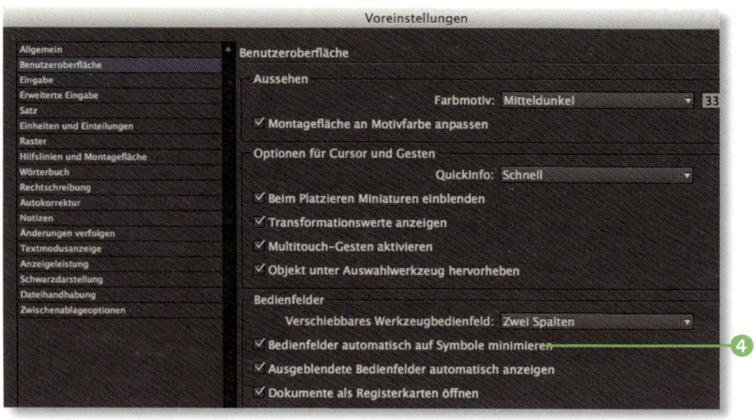

Abbildung 1.17 ▸
In den Voreinstellungen steuern Sie das Verhalten der Bedienfelder.

Die Aktivierung dieser Option hat zur Folge, dass ein Bedienfeldsymbol, das sich durch Anklicken zur normalen Bedienfeldgröße vergrößert hat, direkt wieder auf Symbolgröße zusammenklappt, wenn im Layout weitergearbeitet wird. Diese Funktion beschränkt sich dabei auf Bedienfelder, die als Schaltflächen oder Symbole dargestellt werden. Alle anderen frei positionierbaren Bedienfelder oder Bedienfeldgruppen bleiben von dieser Funktion unberührt. Es kann beispielsweise sinnvoll sein, dass das SEITEN-Bedienfeld immer eingeblendet ist, das KONTUR-Bedienfeld aber nur bei Bedarf mit einem Klick auf das Symbol aufgerufen wird und sich direkt nach seinem Gebrauch wieder verkleinert.

Möchten Sie alle Bedienfelder ausblenden, genügt ein Druck auf die [Tab]-Taste. Sollen alle bis auf die zentralen Bedienfelder Anwendungsleiste, STEUERUNG-Bedienfeld und Werkzeugleiste ausgeblendet werden, halten Sie zusätzlich die [⇧]-Taste gedrückt.

Grauwert der Bedienoberfläche ändern

In den Voreinstellungen können Sie im Bereich BENUTZEROBERFLÄCHE auch die Helligkeit der Bedienelemente sowie das Aussehen der Montagefläche Ihren Wünschen nach anpassen. Die Darstellung der Montagefläche lässt sich auch über ANSICHT • MONTAGEFLÄCHE AN MOTIVFARBE ANPASSEN ändern.

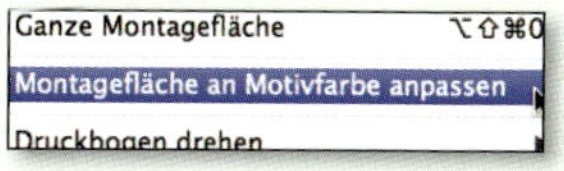

Bedienelemente

Am rechten Rand neben den Registerkarten finden Sie bei allen Bedienfeldern Menüs ❺, die sich durch einen Klick öffnen lassen. In diesen Bedienfeldmenüs sind viele wichtige Befehle hinterlegt, die häufig nur hier und nicht über die Programm-Menüleiste anzuwählen sind: Zeichenformate können Sie beispielsweise nur innerhalb des ZEICHENFORMATE-Bedienfelds aus anderen InDesign-Dokumenten laden, nicht aber über die Menüleiste:

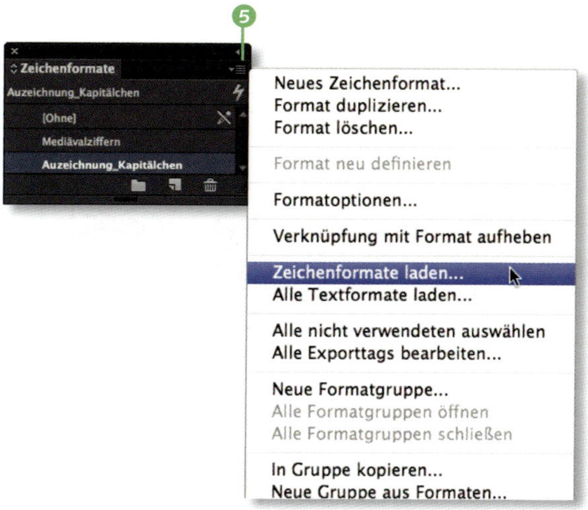

◂ **Abbildung 1.18**
Viele Bedienfelder verfügen über eigene Menüs, in denen häufig wichtige Funktionen hinterlegt sind.

Viele Bedienfelder verfügen am unteren Rand über mehrere Buttons. Dann sehen Sie mindestens den kleinen Abreißblock und die Mülltonne, die beide zusammengehören.

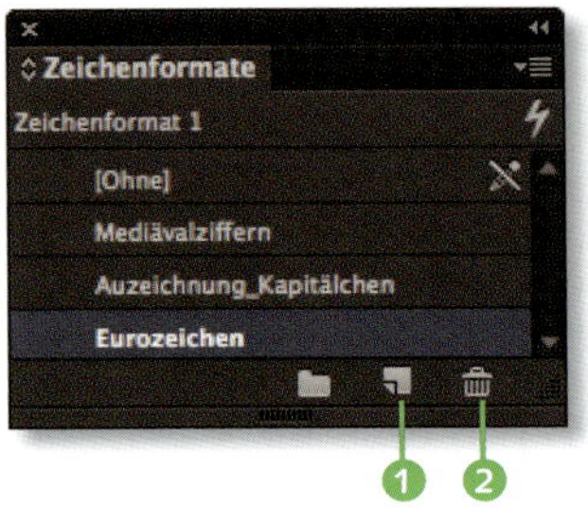

Abbildung 1.19 ▸
Die Buttons mit dem Abreißblock und der Mülleimer sind immer paarweise vorhanden.

Mit einem Klick auf den Abreißblock ❶ legen Sie immer genau das neu an, wofür das Bedienfeld zuständig ist: Bei den Zeichenformaten legen Sie damit also ein neues Zeichenformat an, bei den Seiten eine neue Seite usw. Ein beherzter Klick auf den Mülleimer ❷ löscht im Gegensatz dazu das im Bedienfeld markierte Element, wie etwa ein Zeichenformat oder eine Seite.

1.5 Kontextmenüs

Sie werden später noch sehen, dass InDesign in seinen Anzeigen dynamisch auf das reagiert, was Sie gerade tun. Beim STEUERUNG-Bedienfeld haben Sie dieses Prinzip schon kennengelernt: Es zeigt entsprechend dem aktuell gewählten Werkzeug die für dieses Werkzeug verfügbaren Optionen an.

Ein weiteres hilfreiches Konzept kennen Sie vermutlich aus anderen Anwendungen: das Kontextmenü. Sie rufen es – das ist in anderen Programmen auch so üblich – über einen Rechtsklick auf. Arbeiten Sie an einem Mac ohne Mehrtastenmaus, wird das Kontextmenü durch einen `Ctrl`-Klick aufgerufen.

Die Kontextmenüs zeigen Ihnen eine sinnvolle Auswahl verfügbarer Befehle: Rufen Sie das Kontextmenü bei aktivem Textwerkzeug innerhalb eines Textrahmens auf, werden Ihnen textspezifische Befehle wie die RECHTSCHREIBPRÜFUNG und vieles andere angeboten (siehe Abbildung 1.20). Ist gerade nichts auf der Seite markiert und wird dann das Kontextmenü aufgerufen, haben Sie u.a. schnellen Zugriff auf die Anzeigeoptionen bezüglich Vergrö-

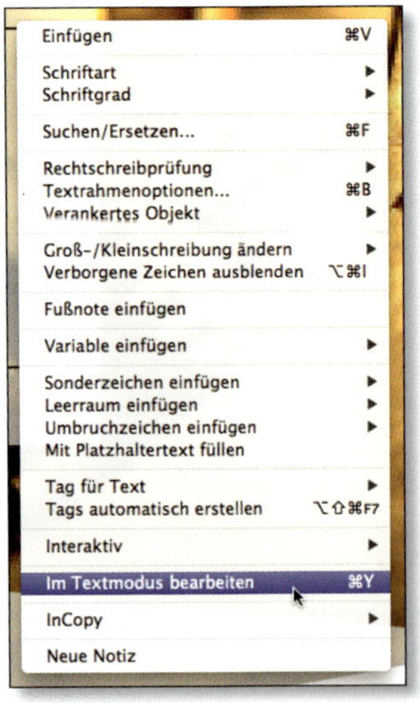

▲ Abbildung 1.20
Das Kontextmenü bei markiertem Text ist äußerst umfangreich und bietet auf einen Klick zentrale textspezifische Befehle an.

ßerung des Dokuments und Sichtbarkeit von Linealen, Hilfslinien und Rastern.

1.6 Die Menüs

Lassen Sie uns an dieser Stelle noch einen Blick auf den Aufbau von Menüs werfen, auch wenn Struktur und Funktion kein besonderes Merkmal von InDesign sind, sondern in allen Programmen grundsätzlich gleich aufgebaut sind.

In einem aufgeklappten Menü gibt es drei Arten von Menüeinträgen: den einfachen Befehl ❸, ein Untermenü ❺ und den Aufruf eines Dialogfelds ❻. Ein Befehl kann immer dann angewählt werden, wenn InDesign registriert, dass dieser überhaupt ausführbar ist. Das Menü reagiert also auch dynamisch auf markierte Objekte und selbstverständlich auf die letzten ausgeführten Aktionen. Im Beispiel wurde zuletzt der Befehl EINFÜGEN ausgeführt, was InDesign hinter dem Eintrag RÜCKGÄNGIG anzeigt ❸. Ist ein Menüeintrag nicht verfügbar, wird er ausgegraut dargestellt. Für den Screenshot rechts war kein Objekt markiert, weshalb beispielsweise der Befehl AUSSCHNEIDEN ❹ nicht anwählbar ist.

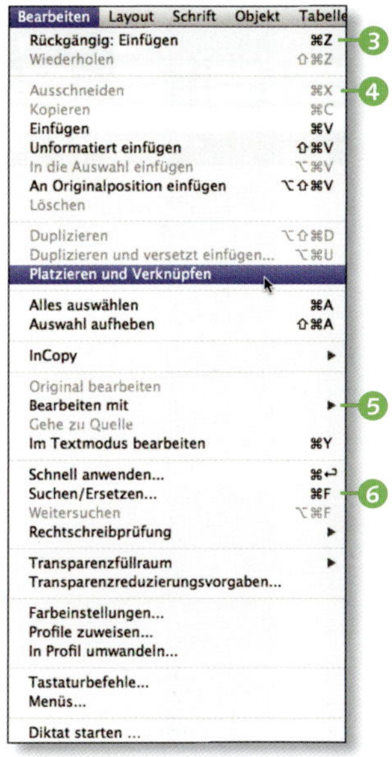

▲ **Abbildung 1.21**
Nicht InDesign-typisch, dennoch einen Blick wert: die Menüs

1.7 Tastenkürzel

Am rechten Rand eines Menüeintrags finden Sie das Tastenkürzel, mit dem Sie den entsprechenden Befehl über die Tastatur ausführen können. Da es sich mit der Tastatur wesentlich schneller als mit der Maus arbeiten lässt, sollten Sie sich den Gefallen tun und die Tastenkürzel lernen, die hinter den Menüeinträgen hinterlegt sind! Lernen Sie zumindest die Shortcuts der Befehle, die Sie immer und immer wieder benutzen: Auf lange Sicht werden Sie durch die Anwendung der Tastenkürzel nicht nur richtig viel Zeit sparen, sondern Sie werden Ihre kreative Arbeit effektiver – und das heißt auf dem direkten Weg – erledigen. Übrigens werden Sie überrascht sein, wie schnell sich Ihre Hände die Kurzbefehle merken: Nach einigen Ausführungen derselben Kürzel gehen sie Ihnen in Fleisch und Blut über, so dass Sie sich gar nicht mehr bewusst an die z.T. komplexen Tastenkombinationen erinnern müssen!

Alt+⇧+Strg+V/
Alt+⇧+⌘+V

Ein Buchstabe und drei Zusatztasten sind das Maximum der Tastenkombinationen, die sich Ihre Muskeln nach wiederholtem Anwenden wie von selbst merken. (Mit dem obigen Kürzel wird der Befehl AN ORIGINALPOSITION EINFÜGEN aufgerufen.)

1.8 Die Werkzeugleiste

▼ **Abbildung 1.22**
Sie haben die Wahl zwischen drei verschiedenen Darstellungen.

Alle InDesign-Werkzeuge sind in der Werkzeugleiste (oder Toolbox) zusammengefasst.

Sie wird standardmäßig in einer Spalte angezeigt und befindet sich am linken Monitorrand. Die Werkzeugleiste können Sie wie alle Bedienfelder frei auf dem Monitor positionieren, indem Sie diese an der Griffleiste ❶ anklicken und ziehen. Wenn Sie die Werkzeugleiste wieder zurück an den Bildschirmrand bewegen, erscheint eine blaue Linie: Damit wird der Andockbereich markiert. Lassen Sie dann die Werkzeugleiste los, dockt sie wie von Magneten gezogen am Bildschirmrand an.

Ein Klick auf den Doppelpfeil ❷ schaltet zwischen drei möglichen Darstellungen der Werkzeugleiste hin und her, wobei die horizontale Darstellung nur bei abgedockter Werkzeugleiste zur Verfügung steht. Erwartungsgemäß schließt ein Klick auf das kleine x ❸ das Bedienfeld. Die Werkzeuge können Sie sich dann über Fenster • Werkzeuge zurückholen.

Lassen Sie uns die Werkzeuge, die Sie bei der täglichen Arbeit mit InDesign CC verwenden werden, der Reihe nach ansehen. Die wichtigsten werden Ihnen innerhalb dieses Buches immer wieder begegnen und werden später im Detail besprochen.

1.9 Auswahlwerkzeug

Tastenkürzel

Versuchen Sie, sich die Tastenkürzel der wichtigsten Befehle und Tools zu merken. Sie werden mit der Zeit wesentlich flüssiger arbeiten, wenn Sie nur ausnahmsweise ein Werkzeug in der Werkzeugleiste anklicken.

Dieses Werkzeug (Tastenkürzel V, Esc) an der prominenten Stelle innerhalb der Werkzeugleiste werden Sie mit Sicherheit am häufigsten verwenden: Mit ihm werden die verschiedenen Objekte wie Textrahmen, Linien und Bilder ausgewählt, auf dem Layout verschoben und in der Größe geändert. Das Auswahlwerkzeug reagiert dynamisch auf die Objekte, über denen es sich befindet: Es ändert die Form des Cursors und verdeutlicht dadurch die möglichen Veränderungen, die am Objekt vorgenommen werden können. Hier sehen Sie das Auswahlwerkzeug in Aktion:

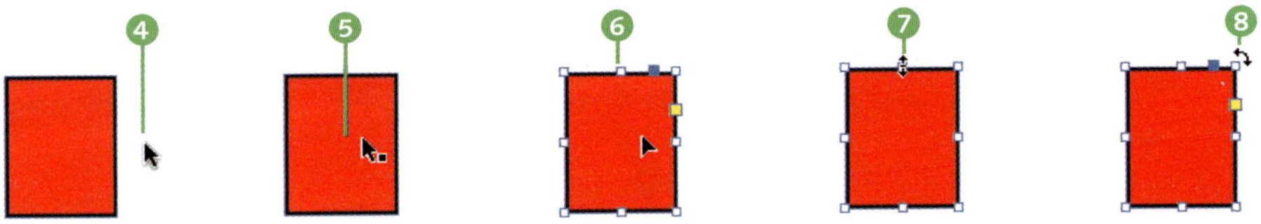

▲ **Abbildung 1.23**
Das Auswahlwerkzeug zeigt durch die unterschiedlichen Cursors an, welche Aktionen ausgeführt werden können.

- **Standardcursor:** Der Standardcursor ist sichtbar, wenn der Bereich unter dem Werkzeug leer ist ❹.
- **Kleines Quadrat:** Ein kleines Quadrat neben dem Pfeilcursor signalisiert, dass sich das Werkzeug über einem nicht markierten Objekt wie dieser Rechteckform befindet ❺.
- **Griffpunkte:** Ist das Objekt markiert, werden die acht Griffpunkte des Rahmens sichtbar ❻.
- **Zweifachpfeil:** Wird das Auswahlwerkzeug über einem der Auswahlgriffe positioniert, wird die mögliche Bewegungsrichtung durch Zweifachpfeile ❼ visualisiert.
- **Gebogener Pfeil:** Soll ein aktives Objekt um seinen Mittelpunkt gedreht werden, braucht nur der Cursor in der Nähe einer Ecke positioniert werden. Dadurch ändert sich der Cursor in einen gebogenen Doppelpfeil ❽.

Rahmenbasiertes Arbeiten

InDesign ist ein rahmenbasiertes Programm: Ausnahmslos alle (!) druckbaren Objekte befinden sich in InDesign immer in sogenannten Begrenzungsrahmen. Mit diesem kann das Objekt unabhängig von seiner Art (Text- oder Bildrahmen oder eine Linie, s. u.) in seiner Größe, Position und Proportion mit Hilfe des Auswahlwerkzeugs manipuliert werden.

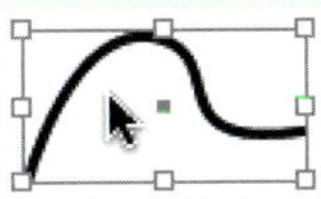

Weitere Details zu diesem Werkzeug und verschiedenen Auswahltechniken finden Sie auch in Kapitel 6, »Pfade und Objekte«.

1.10 Direktauswahl-Werkzeug

Das Direktauswahl-Werkzeug (Tastenkürzel [A]) ist für das Feintuning von Objekten vorgesehen. Da sich die beiden Auswahlwerkzeuge nicht nur im Aussehen, sondern auch in ihrer Funktion ähneln, fällt die Unterscheidung anfangs nicht ganz leicht.

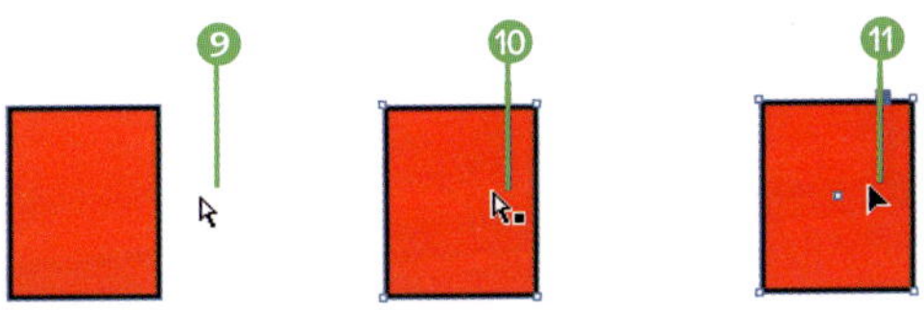

◂ **Abbildung 1.24**
Die Ähnlichkeit zum Auswahl-Tool ist groß.

Analog zum Auswahl-Tool ändert sich auch beim Direktauswahl-Werkzeug der Cursor: neben ❾ und über ❿ einem nicht markierten und über einem aktivierten Objekt ⓫.

Bei genauem Hinsehen stellt InDesign markierte Objekte abhängig vom verwendeten Werkzeug unterschiedlich dar:

Abbildung 1.25 ▸
Dasselbe Rechteck wurde mit den verschiedenen Auswahl-Tools markiert.

Im direkten Vergleich ist der Unterschied sichtbar: Ist ein Objekt mit dem Auswahlwerkzeug markiert, werden immer alle acht Ankerpunkte sichtbar ❶. Diese Punkte werden durch kräftige Quadrate dargestellt. Wird ein Objekt hingegen mit dem Direktauswahl-Werkzeug markiert, werden die sogenannten Pfadpunkte, deren Anzahl vom Pfad abhängt, als deutlich feinere Quadrate angezeigt ❷.

Pfadpunkte löschen

Pfadpunkte, die mit dem Direktauswahl-Werkzeug markiert wurden, können auch gelöscht werden.

Mit dem Direktauswahl-Werkzeug können diese einzelnen Pfadpunkte nun individuell markiert und bearbeitet werden. Im folgenden Beispiel wird die Form des Rechtecks durch Verschieben des Eckpunktes ❸ geändert:

Abbildung 1.26 ▸
Das Direktauswahl-Werkzeug kann im Gegensatz zum Auswahlwerkzeug einzelne Pfadpunkte markieren und verschieben.

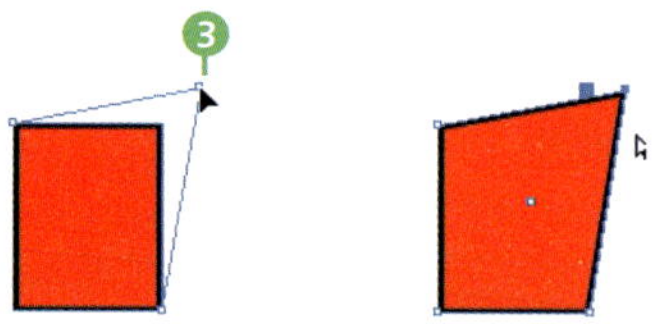

Zur Veränderung der Form lassen sich auch die sogenannten Pfadsegmente markieren und in ihrer Position ändern. Mit *Pfadsegment* wird ein Teilstück eines Pfades bezeichnet, das zwischen zwei benachbarten Pfadpunkten liegt ❹:

Abbildung 1.27 ▸
Es können auch ganze Pfadsegmente mit dem Direktauswahl-Werkzeug verschoben werden.

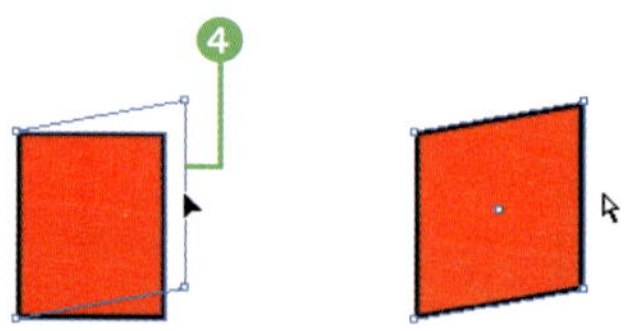

Mit diesen Beispielen haben Sie einen ersten Eindruck vom Einsatz des Direktauswahl-Werkzeugs erhalten. In Kapitel 6, »Pfade und Objekte«, werden Sie im Zusammenhang mit Pfaden noch weitere Funktionen dieses wichtigen Tools kennenlernen.

1.11 Textwerkzeug

Dieses Werkzeug T (Tastenkürzel [T]) wird zur Eingabe und zur Auswahl von Text verwendet.

Text eingeben

Anders als in Textanwendungen wie OpenOffice oder Word können Sie Text nicht einfach auf einer InDesign-Dokumentseite eingeben: Text braucht in InDesign fast ausnahmslos einen Rahmen, in dem er sich befinden kann. Einen solchen Rahmen erstellen Sie mit dem Textwerkzeug durch Klicken und Ziehen. Die blinkende Texteinfügemarke befindet sich dann automatisch im Textrahmen, und Sie können mit der Texteingabe beginnen.

Text auswählen

Das Textwerkzeug ist nicht nur für die Eingabe von Text zuständig, sondern auch für die Auswahl von Text. Zur schnellen Auswahl von Text steht Ihnen eine ganze Reihe von Auswahlmöglichkeiten zur Verfügung:

- **Klicken und Ziehen:** Der Text wird von der aktuellen Textcursorposition bis zu der Stelle markiert, an der Sie die Maus loslassen.
- **Zweifachklick:** Markiert das Wort, in dem sich der Textcursor befindet.
- **Dreifachklick:** Markiert die Zeile, in der sich der Textcursor befindet.
- **Vierfachklick:** Markiert den Absatz, in dem sich der Textcursor befindet.
- **Über das Menü:** Der Befehl Bearbeiten • Alles auswählen macht genau das: Es wird der gesamte Text ausgewählt. Mit »Alles« ist hier der gesamte Text des Textabschnitts gemeint, in dem sich der Textcursor befindet. Texte können sich durch verknüpfte Textrahmen über mehrere hundert Seiten erstrecken: Dieser gesamte Text ist dann der Textabschnitt. Wenn sich die Texteinfügemarke nicht in einem Text befindet oder ein anderes Tool gewählt ist, führt der genannte Befehl dazu, dass alle Objekte einer Seite bzw. einer Doppelseite markiert werden.

Alternative Werkzeuge

Durch einen längeren Klick auf ein Werkzeug, das einen schwarzen Pfeil rechts unten hat, öffnen sich weitere Tools. Das Text-auf-Pfad-Werkzeug wird in Kapitel 7, »Pfade und Objekte«, vorgestellt.

Shortcut oder Buchstabe?

Mit der [Esc]-Taste »flüchten« Sie aus einem Textrahmen, damit Sie auch wirklich ein anderes Tool anwählen, statt den entsprechenden Buchstaben in Ihren Text zu tippen!

Dreifachklick

Unter Bearbeiten/InDesign • Voreinstellungen • Eingabe können Sie das Markieren einer Zeile durch einen Dreifachklick deaktivieren.

- **Mit Hilfe der Tastatur:** Schnell und präzise arbeiten Sie mit der [⇧]-Taste in Kombination mit einer der vier Pfeiltasten [↓]/[↑]/[←]/[→]. So lässt sich Text von der Einfügemarke aus in alle Richtungen markieren. Mit der Tastenkombination [Strg]/[⌘]+[⇧]+[↓]/[↑] lässt sich Text gleich absatzweise markieren.

1.12 Die Rahmen- und Formwerkzeuge

Weiterschalten geht nicht

In Photoshop kann man verwandte Tools wie Rechteck-, Ellipse- und Polygon-Werkzeug durch zusätzliches Drücken der [⇧]-Taste zum eigentlichen Tastenkürzel (hier [F]) aufrufen. Dies ist in InDesign leider nicht vorgesehen.

Wenn Sie sich die Werkzeuge in zwei Spalten anzeigen lassen, finden Sie in der sechsten Zeile zwei fast identische Werkzeuge, die sich in den Icons der Werkzeug-Buttons lediglich darin unterscheiden, dass die linken Rahmenwerkzeuge mit einem x gekennzeichnet sind. Art-Direktoren und Layouter verwenden für Bilder in anskizzierten Vorlayouts Rechtecke, die mit einem x gekennzeichnet werden. Dieses Vorgehen ist in den Icons der beiden Werkzeuggruppen wiederzufinden: Die Rahmenwerkzeuge mit x sollen Bilder aufnehmen ❶, mit den Formwerkzeugen werden Gestaltungselemente wie etwa farbige Flächen oder Balken erstellt ❷. Mit einem längeren Klick auf eines der Tools öffnet sich ein sogenanntes Flyout-Menü, über das Sie weitere Werkzeuge zum Erstellen von z. B. kreis- oder sternförmigen Objekten anwählen können ❸:

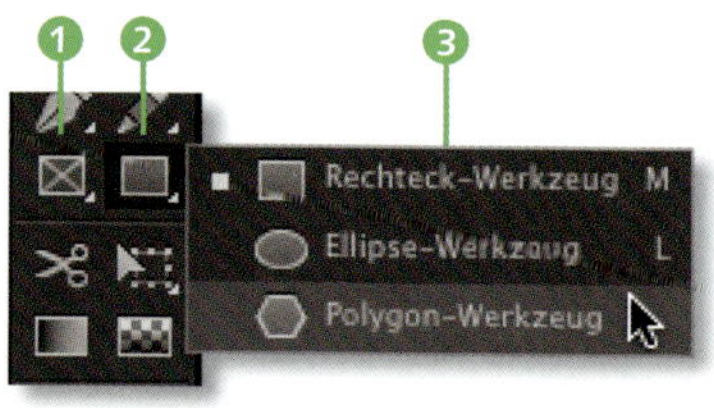

Abbildung 1.28 ▸
Die Rahmenwerkzeuge (mit x) und die Formwerkzeuge beherbergen jeweils noch zwei weitere Tools.

Zunächst einmal unterscheiden sich die Objekte, die Sie mit den Rahmen- bzw. Formwerkzeugen erstellen, dadurch, dass die Rahmenobjekte ❹ entsprechend den Programmvoreinstellungen weder Kontur noch Flächenfarbe aufweisen ❺. Im Gegensatz dazu haben die Objekte, die mit den Formwerkzeugen erstellt werden ❻, eine schwarze Kontur ❼. Im unteren Bereich der Werkzeugleiste wird die Formatierung markierter Objekte wiedergegeben. Hier können Sie die jeweiligen Kontur- und Flächenformatierungen ablesen (siehe Seite 41).

◂ **Abbildung 1.29**
Hier sind ein Rechteckrahmen und ein Rechteck mit den jeweiligen Standardformatierungen zu sehen.

Außer diesen voreingestellten Formatierungen gibt es noch einen anderen – für die Praxis jedoch unerheblichen – Unterschied zwischen beiden Objektarten: Ihnen sind verschiedene Inhalte zugeordnet. Für die Praxis ist dies jedoch kaum von Belang, da InDesign die Objektart automatisch ändert, wenn Sie z. B. in ein Rechteck – das eigentlich nicht als Bildplatzhalter vorgesehen ist – ein Bild laden.

Geringe Unterschiede

Für InDesign sind die Unterschiede zwischen Objekten, die mit den Rahmen- bzw. Formwerkzeugen erstellt wurden, praktisch vernachlässigbar. Andere Layout-Programme wie QuarkXPress sind hier rigider.

Voreingestellte Formatierung ändern

Möchten Sie die voreingestellten Formatierungen für die Rahmen- bzw. Formwerkzeuge ändern, so demarkieren Sie zunächst über BEARBEITEN • AUSWAHL AUFHEBEN einfach alle Objekte. Wählen Sie dann das Tool, dessen Voreinstellungen Sie ändern wollen, und definieren Sie über die entsprechenden Bedienfelder die gewünschten Farben, Konturen und Konturstärken. Von nun an zeichnen Sie mit den eben definierten Formatierungen Rahmen bzw. Formen. Solche Formatierungen können Sie auch vornehmen, wenn kein InDesign-Dokument geöffnet ist. Die Änderungen wirken sich auf alle anschließend erstellten Dokumente aus.

Kurzzeitiger Toolwechsel

Möchten Sie zwischendurch zu einem anderen Werkzeug wechseln, reicht das Drücken und Halten des entsprechenden Tastaturbefehls. Nach dem Loslassen ist automatisch wieder das ursprüngliche Tool aktiv.

Rechteck- und Ellipse-Werkzeug

Nach der Wahl eines der Rahmenwerkzeuge wird durch Klicken und Ziehen der entsprechende Rahmen erstellt 8. Das Drücken der ⇧-Taste sorgt dafür, dass statt einer Ellipse ein Kreis 9 gezeichnet wird. Ist ein Rechtecktool im Einsatz, wird das Rechteck hierdurch zum Quadrat.

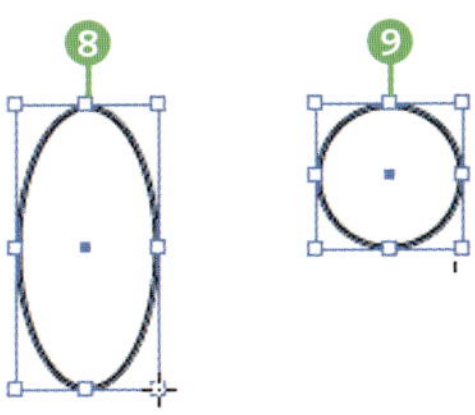

◂ **Abbildung 1.30**
Ellipsen werden zu Kreisen, Rechtecke zu Quadraten, wenn Sie beim Zeichnen die ⇧-Taste gedrückt halten.

Werkzeughinweise

Im Bedienfeld Fenster • Hilfsprogramme • Werkzeughinweise werden hilfreiche Tipps zum gewählten Werkzeug aufgeführt.

Das Drücken der [Alt]-Taste sorgt dafür, dass der Rahmen von der Mitte aus erstellt wird. Beide Sondertasten können beim Erstellen derartiger Objekte auch kombiniert werden. Probieren Sie vor allem auch die [⇧]-Taste in Kombination mit anderen Werkzeugen aus – häufig werden hierdurch Bewegungen oder Richtungen z. B. auf die Horizontale eingeschränkt.

Eine weitere Möglichkeit bietet sich Ihnen, wenn Sie mit einem der Rahmen- oder Formwerkzeuge einfach auf die Dokumentseite klicken: Es öffnet sich dann ein Dialogfenster, in das Sie entsprechend dem angewählten Werkzeug Eingaben vornehmen können.

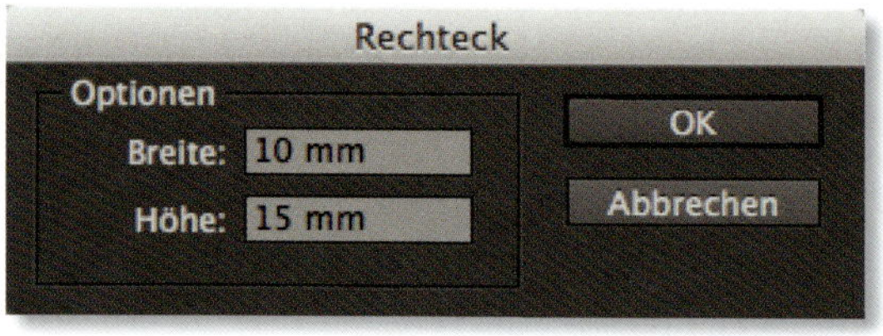

Abbildung 1.31 ▸
Lassen Sie InDesign zeichnen, wenn Sie wissen, wie groß der neue Rahmen sein soll.

Nach der Bestätigung des Dialogs wird an der Mausposition ein Rahmen mit den eingegebenen Maßen erstellt.

Polygon-Werkzeug

Sterne aufziehen

Wie in Illustrator können Sie auch das Aussehen von Sternen beim Aufziehen mit der Maus auch über die Tastatur modifizieren: Drücken Sie dafür zunächst die Leertaste, um dann die Zackenzahl und -form mit den [↑]/[↓]- bzw. [←]/[→]-Tasten zu ändern.

Beim Polygon-Werkzeug können Sie zusätzlich zur gewünschten Größe die Anzahl der Seiten in das Dialogfenster eintragen. Wird bei Sternform ein anderer Wert als 0% eingetragen, sind mit Anzahl der Seiten die Zacken des Sterns gemeint. Der Prozentwert bei Sternform entscheidet über die Tiefe der Sternzacken. Sterne können Sie im Nachhinein modifizieren, indem Sie den Stern markieren und anschließend auf das Polygon-Tool in der Werkzeugleiste doppelklicken.

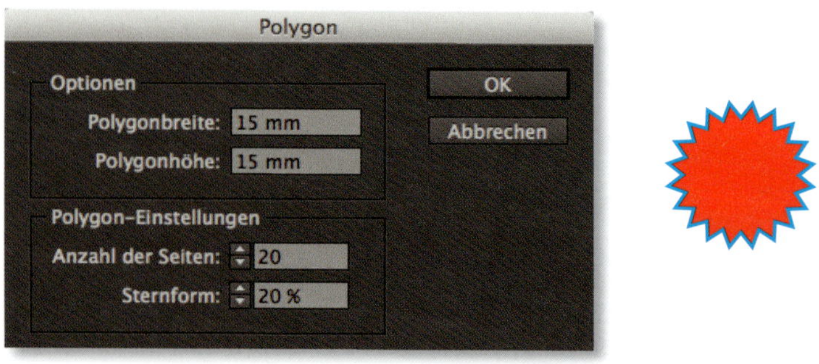

Abbildung 1.32 ▸
Mit den entsprechenden Vorgaben lassen sich auch Sterne in InDesign erzeugen.

1.13 Hand-Werkzeug

Dieses ist eines der am häufigsten verwendeten Werkzeuge und dient zur Navigation im Layout: Mit der Hand (Tastenkürzel H) verschieben Sie den sichtbaren Bereich Ihres Layouts innerhalb des Dokumentfensters. Das Hand-Werkzeug können Sie jederzeit auch durch die Kombination Alt + Leertaste aktivieren. Dadurch kann man auch direkt vom Text-Tool zum Hand-Werkzeug wechseln, ohne erst die Esc-Taste gedrückt zu haben (siehe Infobox »Shortcut oder Buchstabe?« Seite 35).

Tastenkürzel Hand-Tool

Wenn Sie gerade das Textwerkzeug einsetzen, reicht auch einfach die Alt-Taste zum kurzzeitigen Anwählen der Hand. Bei den meisten anderen Tools reicht die Leertaste zum schnellen Wechsel.

Zoomen mit dem Hand-Werkzeug

Interessanter als die Verschieben-Funktion dieses Tools ist der sogenannte Power-Zoom. Er wird aktiviert, wenn Sie mit dem Hand-Werkzeug auf ein Dokument klicken ❶, die Maustaste gedrückt halten und einen Augenblick warten. Der Power-Zoom ist in seiner Funktionalität eine Mischung aus Hand- und Zoomwerkzeug (siehe Seite 40): Der Hand-Cursor verändert sein Aussehen, und InDesign zoomt ein ganzes Stück aus dem Dokument heraus. Um den ursprünglich sichtbaren Ausschnitt Ihres Dokuments wird ein roter Rahmen eingeblendet ❷, den Sie mit der Hand beliebig auf Ihrem Dokument verschieben können ❸. Nach dem Loslassen der Maus wird der neu eingerahmte Bereich in der ursprünglichen Vergrößerung angezeigt ❹.

▼ Abbildung 1.33
Mit dem Power-Zoom lässt sich schnell die gewünschte Stelle eines Layouts ansteuern.

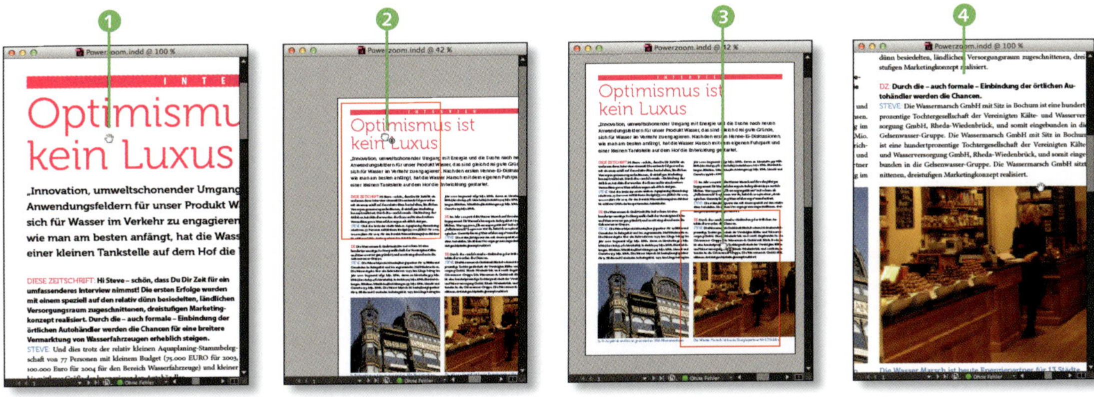

Mit dem Power-Zoom können Sie sich übrigens auch über mehrere Seiten hinweg bewegen.

1.14 Zoomwerkzeug

Mac OS: Spotlight

Das vorgegebene Tastenkürzel für den Zoom ([⌘]+Leertaste) kollidiert auf Macintoshs mit dem Aufrufen der Suchfunktion Spotlight. Ändern Sie auf Betriebssystemebene das Kürzel zum Aufrufen der Mac-Suche.

Ein weiteres, sehr häufig angewendetes Tool ist das Zoomwerkzeug 🔍 (Tastenkürzel [Z]). Möchten Sie einen Ausschnitt Ihres Layouts vergrößern oder im Gegenteil dazu mehr von Ihrer Seite sehen, verwenden Sie hierzu dieses Tool. Rufen Sie die Lupe über [Strg]/[⌘]+Leertaste auf, erscheint das Vergrößerungsglas. Bei zusätzlich gedrückter [Alt]-Taste steht Ihnen das Verkleinerungsglas zur Verfügung, mit dem Sie aus der Detailansicht wieder herauszoomen können.

Zum Vergrößern reicht ein Klick auf die zu vergrößernde Stelle. Schneller und präziser können Sie sich an die gewünschten Bereiche heranzoomen, indem Sie mit gedrücktem Zoomwerkzeug einen Rechteckrahmen aufziehen ❶. Der hiermit definierte Bereich wird beim Loslassen der Maus auf möglichst hoher Vergrößerung in das Dokumentfenster eingepasst ❷.

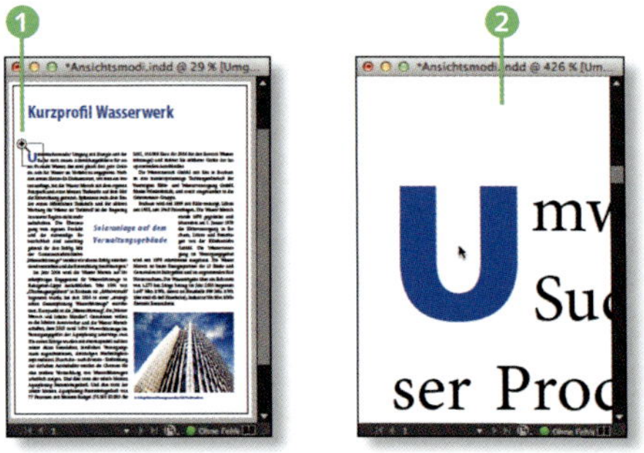

Abbildung 1.34 ▸
Mit dem Zoomwerkzeug können Sie die gewünschte Stelle des Layouts besonders schnell vergrößern.

Wenn im Dokument gerade nichts markiert ist, vergrößert InDesign immer von der Bildschirmmitte aus. Meist will man aber ein bestimmtes Detail vergrößert vor sich haben: Markieren Sie dieses, und wenn Sie dann eines der in der Tabelle genannten Tastenkürzel eintippen, wird Ihnen das gewünschte Detail in der vorgegebenen Vergrößerung auf dem Monitor dargestellt. Im Textmodus, also bei der Arbeit mit dem Textwerkzeug, wird praktischerweise immer der Bereich, in dem sich gerade die Texteinfügemarke befindet, vergrößert.

Außerdem bietet InDesign noch eine ganze Reihe von Kurzbefehlen zum schnellen Wechsel der Dokumentansicht. Da nicht alle im Menü Ansicht aufgeführt werden, stelle ich in folgender Übersicht die nützlichsten zusammen.

Befehl	Windows	Mac OS
Seite in Fenster einpassen	Strg+0	⌘+0
Druckbogen in Fenster einpassen	Strg+Alt+0	⌘+Alt+0
Originalgröße	Strg+1	⌘+1
Zoomen auf 50 %	Strg+5	⌘+5
Zoomen auf 200 %	Strg+2	⌘+2
Zoomen auf 400 %	Strg+4	⌘+4
Einzoomen	Strg++	⌘++
Auszoomen	Strg+-	⌘+-

Druckbogen

In einem doppelseitigen Dokument werden unter einem Druckbogen die jeweils nebeneinanderliegenden Seiten verstanden.

◂ **Tabelle 1.1**
Hier finden Sie die wichtigsten Tastenkürzel für das Zoomen.

1.15 Der Formatierungsbereich

Unter den eigentlichen Werkzeugen, mit denen Sie Objekte oder Text erstellen, verschieben oder in der Größe ändern, sehen Sie einen Bereich, über den Sie regeln können, was wie gefüllt werden soll: die Fläche oder die Kontur? Der Rahmen oder der Text? Wenn Text, dann die Kontur oder die Fläche? Mit einer Farbe oder einem Verlauf? Diese Formatierungsmöglichkeiten sind von derart zentraler Bedeutung bei der Gestaltung von Layouts, dass wir innerhalb des Buches an verschiedenen Stellen darauf zurückkommen. Im Folgenden erläutere ich die allgemeine Funktionsweise des Formatierungsbereichs.

Wenn Ihnen Ihr Bildschirm genügend Platz bietet, sollten Sie sich die Werkzeuge durch einen Klick auf den schwarzen Doppelpfeil in der Anfasserleiste ❸ in zwei Spalten anzeigen lassen. Dadurch wird nämlich nicht nur der Bereich zur Formatierung von Objekten und Text immerhin doppelt so groß ❺ wie in der einspaltigen Darstellungsvariante ❹ dargestellt, Sie haben dann auch direkten Zugriff auf zwei weitere Buttons ❻:

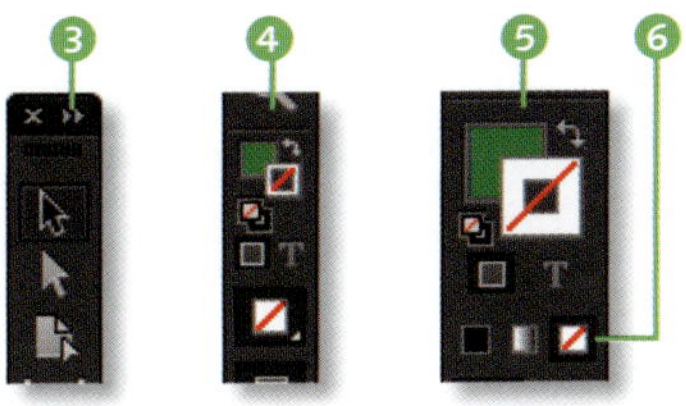

◂ **Abbildung 1.35**
Wenn Sie sich die Werkzeugleiste zweispaltig anzeigen lassen, profitiert davon besonders der Formatierungsbereich.

Auf wenigen Quadratzentimetern sind diverse hilfreiche Informationen und Möglichkeiten der Formatierung untergebracht.

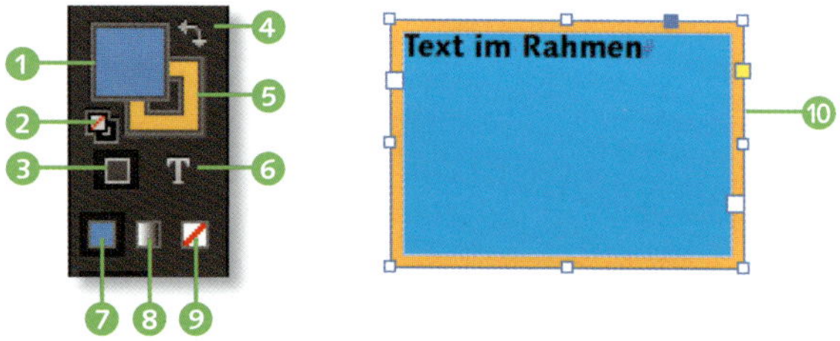

Abbildung 1.36 ▶
Auf engstem Raum sind eine Fülle von Informationen und Modifikationsmöglichkeiten untergebracht.

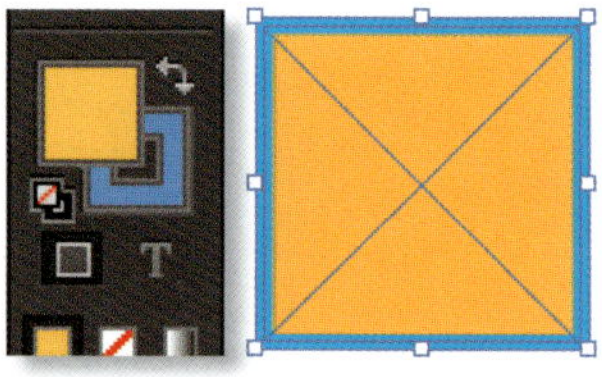

▲ **Abbildung 1.37**
Bei allen Objekten, die keine Textrahmen sind, ist der T-Button abgeblendet.

Was wird formatiert?

Verschaffen wir uns anhand eines Textrahmens einen Überblick: Der Formatierungsbereich registriert, was Sie gerade markiert haben. Ist wie im Beispiel ein Textrahmen selbst ❿ und nicht sein Textinhalt aktiviert, haben Sie durch die Buttons FORMATIERUNG WIRKT SICH AUF RAHMEN AUS ❸ und FORMATIERUNG WIRKT SICH AUF TEXT AUS ❻ die Möglichkeit, zwischen diesen beiden Elementen eines Textrahmens hin- und herzuschalten. Bei allen Objekten, die keine Textrahmen sind, ist der T-Button abgeblendet (siehe Abbildung 1.37). Änderungen der Fläche oder der Kontur wirken sich somit auf das jeweils gewählte Element aus. Im Beispiel ist der Rahmen-Button aktiviert, so dass die beiden Symbole für Fläche ❶ und Kontur ❺ die aktuelle Formatierung des Rahmens ❿ wiedergeben.

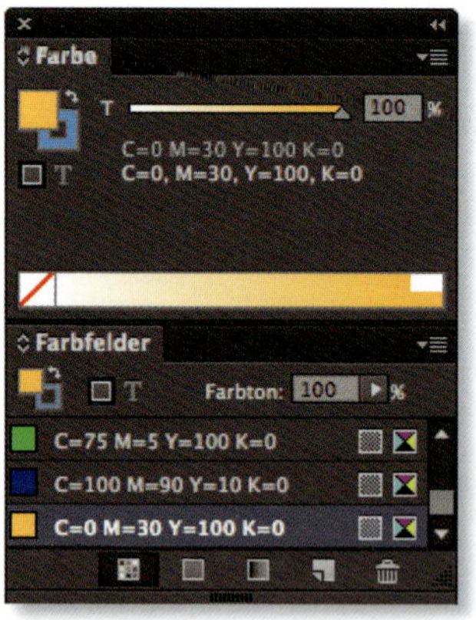

▲ **Abbildung 1.38**
Achten Sie bei diesen beiden Bedienfeldern auf die synchronisierten Symbole für Fläche, Kontur, Rahmen und Text.

Fläche und Kontur

Im Beispiel liegt das Flächen-Symbol vor der Kontur, eine Änderung der Farbe über eines der Bedienfelder FARBE bzw. FARBFELDER (beide können über das Menü FENSTER aufgerufen werden) würde sich somit auf die Fläche auswirken. Soll die Kontur formatiert werden, reicht ein Klick auf das Kontur-Symbol. Ebenso ändern Sie die Reihenfolge von Kontur und Fläche mit Drücken der [X]-Taste. Die jeweilige Anzeige wird übrigens immer in den Formatierungsbereichen innerhalb der Werkzeugleiste, den Bedienfeldern FARBFELDER und FARBE synchronisiert (siehe Abbildung 1.38). Ein Klick auf den Doppelpfeil FLÄCHE UND KONTUR AUSTAUSCHEN ❹ bewirkt den Austausch der beiden Formatierungen. Durch das Betätigen des Buttons STANDARDFLÄCHE UND -KONTUR ② (oder durch Drücken der Taste [D]) wird der Kontur Schwarz zugewiesen, die Fläche erhält die Füllung »keine«, ist dann also durchscheinend: Eventuell darunter platzierte Objekte sind dadurch sichtbar.

Von den unteren drei Buttons kann immer nur einer aktiviert sein, da einer Fläche oder Kontur entweder eine Farbe ⑦, ein Verlauf ⑧ oder keinerlei Füllung ⑨ zugewiesen werden kann. Besonders praktisch ist die Anwahl dieser drei Optionen mit den drei Tastenkürzeln [,] (Komma) für Farbe, [.] (Punkt) für Verlauf und [#] bzw. [/] auf dem Nummernblock für »keine«. Grundlegende Formatierungen können so allein über die Tastatur realisiert werden!

Sonderfall Text

Ist Text mit dem Text-Tool markiert ⑭, werden die Flächen- und Kontur-Symbole durch zwei T ersetzt. Das ausgefüllte T steht für die Schriftzeichenfläche ⑪, das konturierte T für die Kontur ⑫. Wird bei aktiviertem Textrahmen ⑯ der T-Button ⑬ gedrückt, wirken sich die Änderungen der Formatierung ⑮ auf den gesamten Text des Rahmens aus. Die anderen Bedienelemente des Formatierungsbereichs funktionieren wie bei den Standardobjekten.

▼ Abbildung 1.39
Im Formatierungsbereich der Werkzeugleiste lässt sich auch Text grundlegend formatieren.

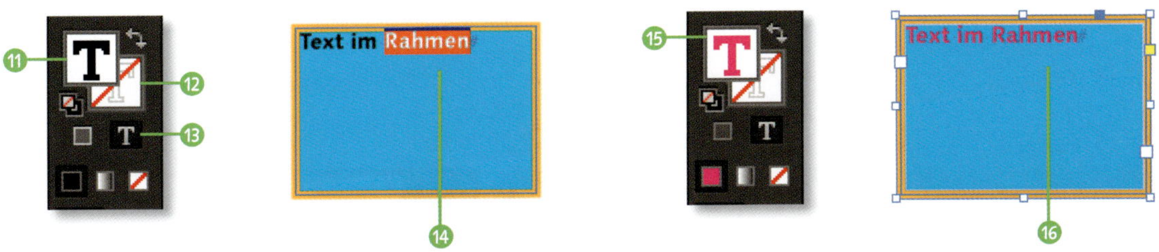

Normalerweise wird bei Text nur die Flächenfarbe geändert. Es ist aber auch möglich, mit Hilfe des Kontur-Buttons eine Linie um die Buchstaben herumzulegen. Aber:

Konturierte Schrift
Setzen Sie eine Kontur um Schrift mit Bedacht ein. Die Räume innerhalb und die Abstände zwischen den Schriftzeichen werden durch eine Kontur massiv geändert und zerstören sehr schnell die ausgewogene Anmutung einer Schrift.

◄ Abbildung 1.40
Nicht alles, was Programme bieten, macht auch unbedingt Sinn.

1.16 Bildschirmmodus

Ganz unten in der Werkzeugleiste finden Sie abhängig von der gewählten ein- oder zweispaltigen Darstellung einen bzw. zwei Buttons, mit denen Sie den gewünschten Ansichtsmodus wählen können. Wie beim Formatierungsbereich profitieren auch diese Buttons von der zweispaltigen Darstellung der Werkzeugleiste:

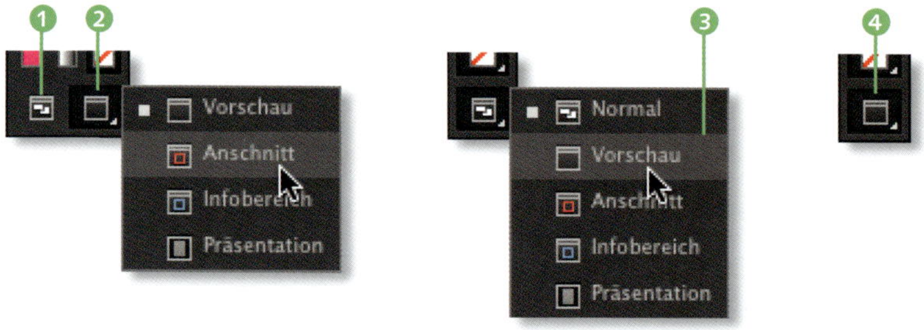

Abbildung 1.41 ▸
Im unteren Bereich der Werkzeugleiste kann der gewünschte Bildschirmmodus gewählt werden.

Bei der zweispaltigen Darstellung der Werkzeugleiste können die beiden wichtigsten Ansichtsmodi direkt angewählt werden. Links steht immer der Modus NORMAL zur Verfügung ❶, rechts ist der Modus VORSCHAU voreingestellt ❷. Wird die Werkzeugleiste einspaltig angezeigt, wird der alternative Bildschirmmodus über das Flyout-Menü angewählt ❸. Das entsprechende Icon ist anschließend in der Werkzeugleiste zu sehen ❹.

Auf den folgenden Screenshots wird ein Layout in den drei wichtigsten Bildschirmmodi wiedergegeben:

▾ Abbildung 1.42
Hier sehen Sie die Anzeige eines Layouts in drei Bildschirmmodi.

Der Modus Normal trägt seinen Namen völlig zu Recht, denn in diesem Modus werden Sie sicher am häufigsten arbeiten. Ist er aktiviert, werden alle sichtbaren Hilfslinien, Rahmenkanten, Raster und verborgenen Zeichen wie etwa Leerzeichen eingeblendet ❺. Im Modus Vorschau werden all diese Hilfsmittel wie auch die weiße Montagefläche, die jede Dokumentseite umgibt, ausgeblendet. Somit erhalten Sie durch diesen Modus eine Vorschau, wie die Seite nach der Produktion aussehen wird ❻. Als letzte Option finden Sie in den Flyout-Menüs die Bildschirmdarstellung Präsentation. In diesem Modus werden nicht nur alle Hilfsmittel wie Rahmenkanten und Raster ausgeblendet, auch die Montagefläche, Bedienfelder und die Menüleiste werden durch einen schwarzen Hintergrund ersetzt ❼. Das Layout wird dabei unabhängig von der aktuellen Vergrößerungsstufe so auf dem Monitor dargestellt, dass Sie die einzelnen Druckbögen komplett anschauen können. Das Dokument ist im Präsentationsmodus nicht bearbeitbar, mit den Pfeiltasten blättern Sie durch das Dokument. Mit der [Esc]-Taste verlassen Sie die Präsentation wieder.

Sichtbare Hilfsmittel

Die fürs Layouten sehr nützlichen Hilfsmittel wie etwa Hilfslinien sind ggf. trotz des Normal-Modus nicht zu sehen. Überprüfen Sie dann im Menü Ansicht • Extras bzw. Raster und Hilfslinien, welche Elemente eingeblendet werden sollen.

Zwischen Ansichtsmodi wechseln

Unabhängig von der Darstellung der Werkzeugleiste wechseln Sie am einfachsten zwischen den verschiedenen Bildschirmmodi, indem Sie die Taste [W] drücken. Es wird dann immer zwischen dem Modus Normal und dem zuletzt im Flyout-Menü gewählten Alternativmodus gewechselt. Der Präsentationsmodus lässt sich mit [⇧]+[W] aktivieren.

1.17 Creative Cloud

Neben dem neuen viel diskutierten Abo-Modell, das Adobe mit der Veröffentlichung der aktuellen Programme als einzigen Lizenzmodus anbietet, erhält der Nutzer der Creative Cloud Zugang zu einer Reihe neuartiger Dienste. Über die Taskleiste am PC oder das Menüleisten-Icon am Mac können Sie das Creative Cloud-Fenster öffnen, über das Sie die Zugriff auf verschiedene Funktionen haben, die als Reiter im oberen Bereich zu sehen sind. Unter Home etwa können Sie sich Kurzanleitungen zur Verwaltung Ihrer

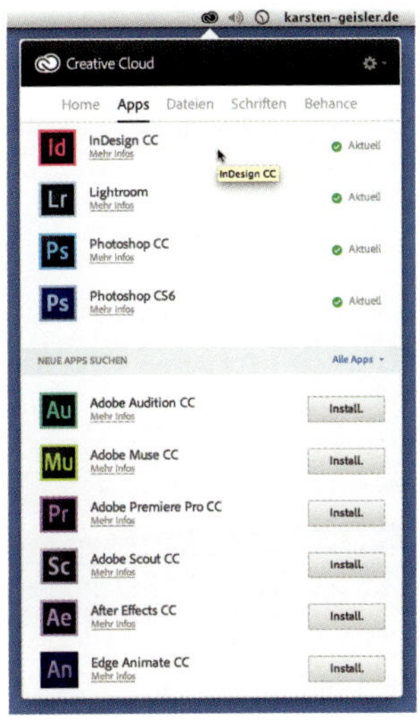

▲ **Abbildung 1.43**
Das Creative Cloud-Fenster öffnen Sie über die Taskleiste bzw. das Menüleisten-Icon.

Das Angebot

Dem Komplett-Abo-Nutzer der Creative Cloud stehen zur Drucklegung dieses Buch knapp 40 Programme und Onlinedienste zur Verfügung. Und Adobe stellt in Aussicht, dass in absehbarer Zeit noch weitere folgen.

Adobe-Programme anschauen und erhalten einen Überblick über Ihre Creative Cloud-Historie. Interessanter ist sicher der Bereich APPS, über den Sie – falls Sie ein Komplett-Abo-Nutzer sind – alle für Sie interessanten Programme herunterladen können. Auch die Aktualisierung von verwendeten Programmen können Sie hierüber vornehmen. Wer sich als Gestalter online präsentieren und sich mit Kollegen aus aller Welt austauschen möchte, kann dies mit der Online-Plattform Behance tun. Im Creative Cloud-Abo ist eine Mitgliedschaft enthalten, und Ihre Aktivitäten auf *www.behance.net* können Sie bequem über das Fenster der Creative Cloud im Blick behalten.

Einen weiteren Online-Service können Sie über den Browser aufrufen: Unter *https://creative.adobe.com* können Sie sich mit Ihrer Adobe-ID anmelden, anschließend haben Sie die Möglichkeit, Daten bis zu 20 GB auf Ihren Onlinespeicher der Creative Cloud hochzuladen. Ähnlich wie beim weit verbreiteten Onlinespeicher-Service dropbox ist es auch bei Creative Cloud möglich, die Daten in Ordnern zu verwalten und diese für Kunden oder Kollegen per Einladung freizugeben.

2

Dokumente anlegen

Starten Sie durch

- Welche Dokumentarten kann InDesign erstellen?
- Welche Einstellungen sind für ein neues Dokument sinnvoll?
- Wie können Sie InDesign-Layouts speichern?
- Was sind Musterseiten?

2 Dokumente anlegen

Wie in anderen Programmen werden auch in InDesign neue Dokumente über Datei • Neu • Dokument (Strg/⌘+N) angelegt. Lassen Sie uns aber auch in die Tiefe gehen und die verschiedenen Optionen, die uns InDesign bietet, erforschen. Sie werden sehen, dass es eine ganze Reihe von Tipps und Kniffen gibt, die das Arbeiten mit InDesign schon in diesem Anfangsstadium eines Dokuments effizienter werden lassen.

2.1 Drei Dokumentformate

Außer dem Standarddateiformat Dokument 1 finden Sie im Menü Datei • Neu noch zwei weitere Optionen: Buch 2 und Bibliothek 3.

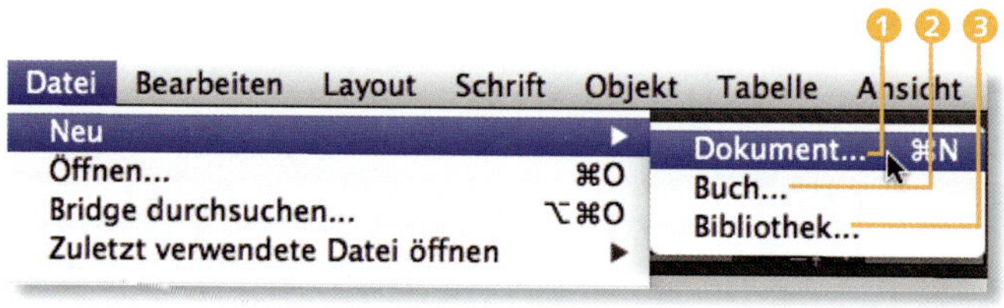

Abbildung 2.1 ▸
InDesign kann drei Dateiformate erstellen.

Den Eintrag Dokument werden Sie am häufigsten anwählen, da die beiden anderen Dokumentarten Buch und Bibliothek keine Layoutdaten beinhalten: Eine Buch-Datei enthält selbst keine einzige Seite, die gestaltet werden könnte. Eine solche Datei verwaltet vielmehr mehrere »normale« InDesign-Dokumente. Das Buch-Dateiformat wird dementsprechend bei umfangreichen Layout-Jobs wie eben Büchern oder Magazinen eingesetzt.

Dateien des Dateiformats Bibliothek beinhalten wie die Buch-Dateien ebenfalls keine Seiten. Bibliotheken können unterschiedliche Gestaltungselemente wie Textrahmen und Grafiken aufnehmen. Diese Layoutbausteine können von der Bibliothek aus wieder in das Dokument, aus dem sie stammen, oder in andere

Dokumente eingefügt werden. Bibliotheken werden wir uns in Kapitel 8, »Praktische Hilfsmittel«, näher ansehen.

Die drei unterschiedlichen Dateiarten von InDesign sind an ihrem typischen Icon und an ihrer Dateikennung erkennbar. Bei allen steht das »ind« natürlich für »InDesign«, die unterschiedlichen Folgebuchstaben für die englischen Entsprechungen der Dokumentart. So steht das »d« für »document«, »b« für »book« und »l« für »library« (deutsch: Bücherei).

◂ **Abbildung 2.2**
Jedes InDesign-Dateiformat ist an einem eigenen Icon erkennbar.

An dieser Stelle möchte ich darauf hinweisen, dass es einen bedeutsamen Unterschied zwischen den Dateiformaten gibt, die InDesign einerseits erstellen kann und andererseits exportieren kann. Die oben genannten Dateiformate kann InDesign erstellen und selbstverständlich auch wieder öffnen.

Bei den Exportformaten, von denen es wesentlich mehr als die drei InDesign-Formate gibt, sieht es hingegen völlig anders aus: beim Export gibt InDesign Datenformate aus, die zur Weitergabe an andere Programme gedacht sind. Dazu gehört beispielsweise das wichtige PDF-Format, was von InDesign zwar ohne weiteres exportiert werden kann, aber von InDesign eben nicht wieder direkt zu öffnen ist. Insofern ist die Bezeichnung Export sinnvoll. Eine InDesign-Datei erfährt durch einen Export allerdings auch praktisch keine Änderung. In Kapitel 9, »Dokumente prüfen und ausgeben«, komme ich auf den PDF-Export noch einmal zurück.

2.2 Ein Dokument einrichten

Wenn Sie ein neues Dokument anlegen, erscheint ein Dialogfenster, in dem Sie eine Reihe von Vorgaben für das neue Dokument vornehmen können. Die im Dialogfenster NEUES DOKUMENT gemachten Einstellungen können Sie fast ausnahmslos zu jedem beliebigen späteren Zeitpunkt wieder ändern. Dennoch ist es von Vorteil, wenn Sie die Dokumentvorgaben, die Sie hier treffen, bei der weiteren Arbeit am Layout nur noch in Details nachjustieren müssen und keine grundsätzlichen Änderungen vorzunehmen brauchen, wie etwa von Hoch- auf Querformat.

Zielmedium

Im Pulldown-Menü Zielmedium können Sie neben Druck noch die Optionen Web und Digitale Veröffentlichung wählen. Im Kapitel 10 – »Digital Publishing« kommen wir auf diese beiden zu sprechen.

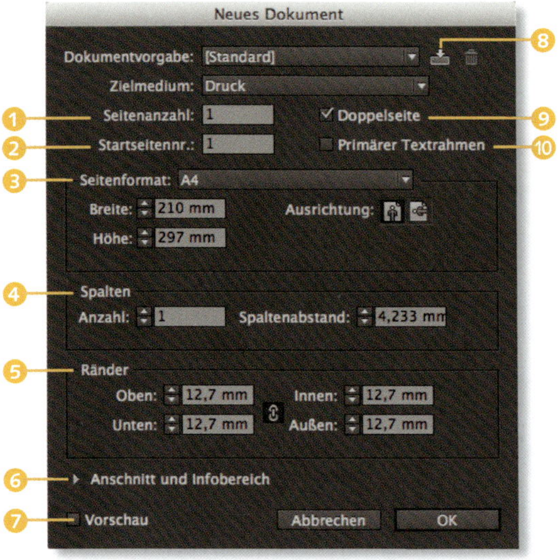

Abbildung 2.3 ▸
Im Dialog Neues Dokument werden grundsätzliche Dokumenteigenschaften definiert.

In dem Feld Seitenanzahl ❶ können Sie InDesign anweisen, im neuen Dokument direkt die gewünschte Seitenzahl anzulegen. Daneben sehen Sie die Checkbox Doppelseite ❾. Eine Doppelseite besteht aus zwei (Einzel-)Seiten, die sich gegenüberliegen und sich damit zu einer größeren Einheit zusammenfügen. Bei einem zweiseitigen Flyer, einem Plakat oder einer Postkarte demarkieren Sie diese Checkbox, ansonsten lassen Sie sie angeklickt. Bei Startseitennr. ❷ können Sie angeben, mit welcher Seitenzahl das neue Dokument beginnen soll. Beachten Sie, dass hier ungerade Zahlen dazu führen, dass das neue Dokument – auch wenn oben Doppelseite aktiviert ist – mit einer rechten Einzelseite beginnt. Wenn Ihr Dokument direkt mit einer Doppelseite starten soll, tragen Sie hier einfach eine gerade Seitenzahl ein. Das Aktivieren der Checkbox Primärer Textrahmen ❿ veranlasst InDesign dazu, auf allen Seiten direkt einen Textrahmen zu erstellen.

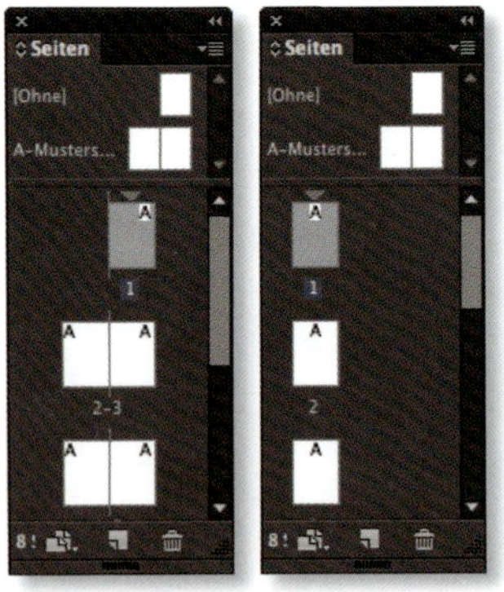

▲ **Abbildung 2.4**
Doppel- (links) und Einzelseitendokumente (rechts) im Bedienfeld Seiten

Seiteneinstellungen

In dem Fensterbereich Seitenformat ❸ wird Ihnen im Pulldown-Menü die Wahl zwischen einer ganzen Reihe von Standardseitenformaten angeboten. In den Eingabefeldern darunter können

Sie Ihr Dokumentformat ebenso frei definieren. Mit den beiden Buttons auf der rechten Seite können Sie die AUSRICHTUNG des eingegebenen Seitenformats ändern. Im Bereich SPALTEN ④ können Sie angeben, wie viele Spalten Ihr Dokument zunächst haben soll und in welchem Abstand diese Spalten zueinander stehen sollen. Zunächst einmal haben diese Eingaben hier zur Folge, dass InDesign auf allen Dokumentseiten Hilfslinien erstellt, die diesen Werten hier entsprechen. Wenn oben PRIMÄRER TEXTRAHMEN aktiviert wurde, weist dieser ebenfalls die Spaltenanzahl und den Spaltenabstand auf, der hier eingegeben wurde. Mit den Angaben im Bereich RÄNDER ⑤ legen Sie den sogenannten Satzspiegel fest. Damit wird unter Typografen die Fläche einer Seite bezeichnet, die den Hauptteil der Texte (und Bilder) einer Publikation aufnimmt. OBEN und UNTEN sind selbsterklärend. Bei doppelseitigen Dokumenten wird mit INNEN der Abstand zum Bund, also der Stelle, an der die linke und rechte Seite in der Falz aneinanderstoßen, bezeichnet. AUSSEN hingegen bezeichnet den Abstand des Satzspiegels zu den äußeren Seitenrändern hin. Wenn Sie die Checkbox DOPPELSEITE deaktiviert haben, werden die Abstände mit LINKS und RECHTS bezeichnet, da es bei einzelseitigen Dokumenten kein Innen und Außen gibt. Aktivieren Sie die VORSCHAU ⑦, wenn Sie einen ersten visuellen Eindruck davon bekommen möchten, welche Auswirkungen die diversen Optionen haben.

Flächen und Abstände

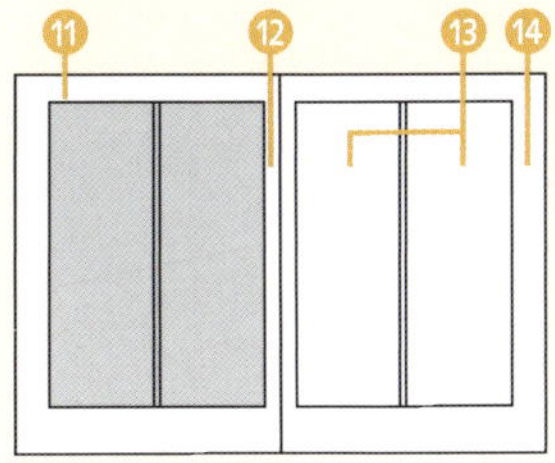

⑪ Satzspiegel
⑫ Rand innen
⑬ Spalten
⑭ Rand außen

Eigene Voreinstellungen

Wenn Sie immer wieder gleichartige Dokumente anlegen, die z. B. auf ungewöhnlichen Formaten beruhen, können Sie Ihre Einstellungen im Dialog NEUES DOKUMENT mit einem Klick auf DOKUMENTVORGABE SPEICHERN ⑧ speichern. Diese sind von nun an im Pulldown-Menü DOKUMENTVORGABE aufrufbar.

Anschnitt und Infobereich

Klicken Sie auf Button ANSCHNITT UND INFOBEREICH ⑥, vergrößert sich das Dialogfenster nach unten. Hier interessiert uns der Bereich ANSCHNITT.

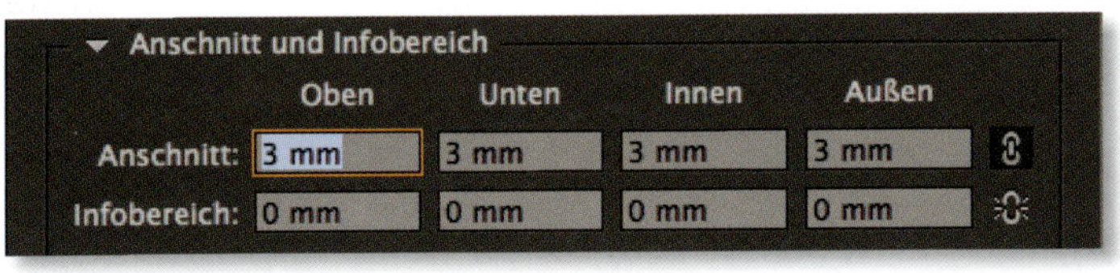

◂ **Abbildung 2.5**
Auch ANSCHNITT UND INFOBEREICH lassen sich im Dialog NEUES DOKUMENT anlegen.

Mit Anschnitt ist ein umlaufender Bereich einer Seite gemeint, der zwar mitgedruckt wird, aber in der fertigen Drucksache später nicht mehr zu sehen sein wird. Die Seiten dieses Buches etwa werden auf sogenannte Bögen gedruckt. Das bedeutet, dass nicht

Randabfallend

Elemente einer Druckseite, die direkt bis zum Rand einer Seite positioniert sind, werden als randabfallend bezeichnet.

jede Seite für sich wie bei Desktop-Druckern gedruckt wird, sondern mehrere Seiten werden zunächst gemeinsam auf einen Bogen »montiert«, wie es im Druckjargon heißt. Die so erstellten Bögen werden in den Offset-Druckmaschinen bedruckt und erst anschließend auf das Endformat zugeschnitten. Da beim Schneiden der Seiten auf das Endformat keine 100%ige Genauigkeit erreicht werden kann und es gleichzeitig zu keinen störenden Lücken bei Gestaltungselementen kommen soll, die bis zum Rand gehen, werden beim Layouten derartige Linien, Bilder, Farbflächen o.Ä. mit einer sogenannten *Beschnittzugabe* angelegt. Bei den Seiten, die Sie in den Händen halten, sind z.B. die farbigen Balken am Seitenkopf ① in der Layoutdatei so angelegt, dass sie deutlich über das Endformat hinausgehen.

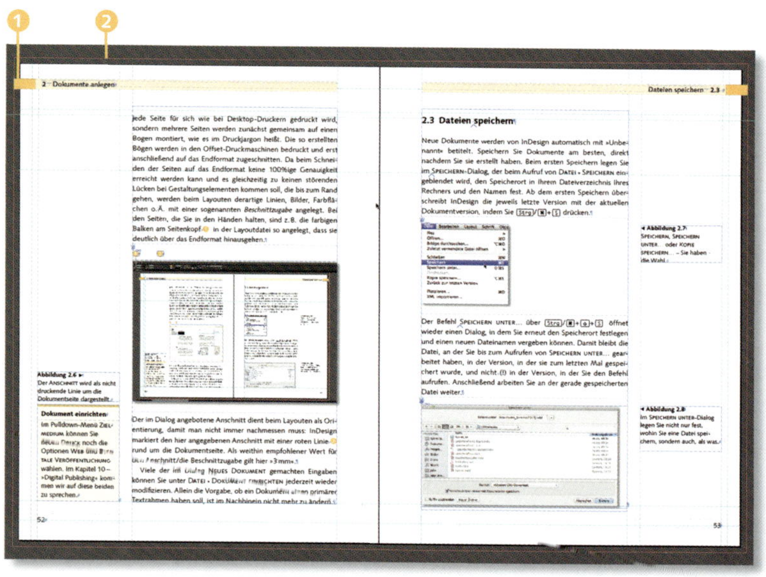

Abbildung 2.6 ▸
Der Anschnitt wird als nicht druckende Linie um die Dokumentseite dargestellt.

Der im Dialog angebotene Anschnitt dient beim Layouten als Orientierung, damit man nicht immer nachmessen muss: InDesign markiert den hier angegebenen Anschnitt mit einer roten Linie ② rund um die Dokumentseite. Als weithin empfohlener Wert für den Anschnitt/die Beschnittzugabe gilt hier »3 mm«.

Viele der im Dialog Neues Dokument gemachten Eingaben können Sie unter Datei • Dokument einrichten jederzeit wieder modifizieren. Allein die Vorgabe, ob ein Dokument einen primären Textrahmen haben soll, ist später nicht mehr zu ändern.

2.3 Dateien speichern

Neue Dokumente werden von InDesign automatisch mit »Unbenannt« betitelt. Speichern Sie Dokumente am besten direkt, nachdem Sie sie erstellt haben. Beim ersten Speichern legen Sie im Speichern-Dialog, der beim Aufruf von Datei • Speichern eingeblendet wird, den Speicherort im Dateiverzeichnis Ihres Rechners und den Namen fest. Ab dem ersten Speichern überschreibt InDesign die jeweils letzte Version mit der aktuellen Dokumentversion, indem Sie [Strg]/[⌘]+[S] drücken.

◂ **Abbildung 2.7**
Speichern, Speichern unter... oder Kopie speichern... – Sie haben die Wahl.

Der Befehl Speichern unter über [Strg]/[⌘]+[⇧]+[S] öffnet wieder einen Dialog, in dem Sie erneut den Speicherort festlegen und einen neuen Dateinamen vergeben können. Damit bleibt die Datei, an der Sie bis zum Aufrufen von Speichern unter gearbeitet haben, in der Version, in der sie zum letzten Mal gespeichert wurde, und nicht (!) in der Version, in der Sie den Befehl aufrufen. Anschließend arbeiten Sie an der gerade gespeicherten Datei weiter.

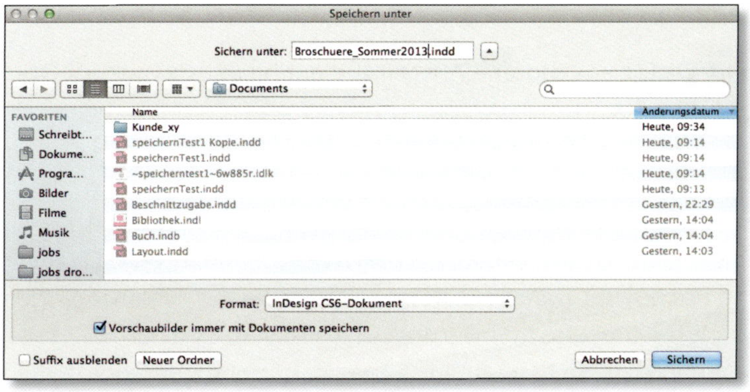

◂ **Abbildung 2.8**
Im Speichern unter-Dialog legen Sie nicht nur fest, wohin Sie eine Datei speichern, sondern auch, als was.

Wenn Sie beim Arbeiten einen Zwischenstand Ihres Layouts erhalten möchten, wählen Sie die dritte Speichern-Option KOPIE SPEICHERN. Es öffnet sich wieder ein Dialog, in dem Sie Speicherort und Dateinamen festlegen können. Im Unterschied zu SPEICHERN UNTER bleibt dabei die ursprüngliche Datei geöffnet, es wird sozusagen ein Schnappschuss Ihrer Arbeit erstellt. Wie auch bei SPEICHERN UNTER können Sie auch beim KOPIE SPEICHERN-Befehl Ihr Layout als eines der alternativen Dateiformate INDESIGN CC-VORLAGE ❶ und INDESIGN CS4 ODER HÖHER (IDML) ❷ speichern:

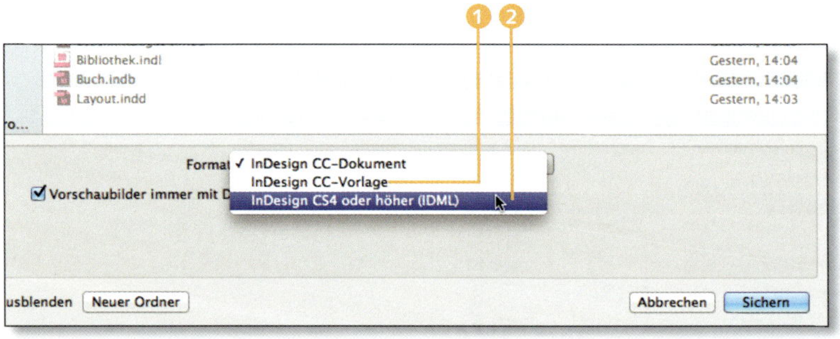

Abbildung 2.9 ▸
InDesign-Dokumente können in drei Formaten gespeichert werden.

Speichern vs. Exportieren

Dateien, die Sie über den SPEICHERN- bzw. SPEICHERN UNTER-Befehl auf Ihrer Festplatte angelegt haben, lassen sich auch wieder in InDesign öffnen. Bei Daten, die hingegen über den Befehl EXPORTIEREN erstellt wurden, ist das nicht der Fall!

Ist ein Layout als InDesign CC-Vorlage ❸ gespeichert worden, wird beim Öffnen einer so erstellten Datei direkt eine Kopie der Vorlage erstellt. Stellen Sie sich eine Vorlage wie einen Block mit bedruckten Seiten vor (so sieht auch das Dokument-Icon aus), aus dem Sie immer wieder dieselbe Art Seiten entnehmen können.

Möchten Sie eine Datei erstellen, die mit einer Vorgängerversion von InDesign bearbeitet werden soll, speichern Sie Ihr Dokument im IDML-Format ab ❹. IDML-Dateien können von InDesign-Versionen CS4 und höher geöffnet und bearbeitet werden.

Abbildung 2.10 ▸
InDesign-Dokumente können in zwei weiteren Formaten gespeichert werden.

Beim Umwandeln vom INDD- ins IDML-Format werden Daten gelöscht, die InDesign intern in die INDD-Datei schreibt. Dadurch kann sich die Datengröße im Vergleich zur ursprünglichen InDesign-Datei drastisch verringern. Dieses Abspeichern als IDML empfiehlt sich auch, wenn Sie – was nur sehr selten vorkommen dürfte – einmal Probleme mit einem InDesign-Dokument bekommen sollten.

Beim Öffnen einer IDML-Datei in InDesign CS4/CS5/CS5.5/CS6 kann es zu Überraschungen kommen, da CC-Features nicht 1:1 in Vorgängerversionen dargestellt werden können. Überprüfen Sie also unbedingt ein ins IDML-Format konvertiertes Layout.

Ältere InDesign-Versionen

Sollen Daten in InDesign-Versionen vor CS4 bearbeitet werden, müssen die aus InDesign CC als IDML-Datei gespeicherten Dokumente in InDesign CS4 geöffnet und von da in die CS3-Version gespeichert werden.

2.4 Dokumente verwalten und anpassen

Entsprechend der Angabe im Feld Seitenanzahl im Dialogfeld Neues Dokument weist die neue InDesign-Datei eine oder mehrere Dokumentseiten auf. Um einem Dokument z. B. neue Seiten hinzuzufügen oder bestehende zu löschen, können Sie die entsprechenden Befehle des Untermenüs Seiten innerhalb des Menüs Layout bemühen:

◂ **Abbildung 2.11**
Über das Menü Layout lassen sich einem Dokument neue Seiten hinzufügen.

Intuitiver und damit besser steuerbar sind derartige Änderungen am Dokument jedoch über das Bedienfeld Seiten vorzunehmen.

2.5 Das Bedienfeld »Seiten«

Dieses Bedienfeld können Sie über das Menü Fenster oder über F12 aufrufen. In den Miniaturansichten im unteren Bereich werden, sobald Inhalte auf den Seiten platziert wurden, diese wiedergegeben. Die Darstellungsgröße und ob die Miniaturen vertikal oder horizontal im Bedienfeld wiedergegeben werden sollen, können Sie im Bedienfeldmenü ③ (siehe Abbildung 2.12) unter Bedienfeldoptionen einstellen. Gerade bei langen Dokumenten

Seiten duplizieren

Gerade im Entwurfsstadium möchte man schnell verschiedene Varianten eines Layouts ausprobieren: Seiten sind schnell dupliziert, wenn Sie die betreffenden Seiten in der Miniaturansicht markieren und auf den Abreißblock unten im SEITEN-Bedienfeld ziehen.

ist die horizontale Darstellung der Seiten durch ihren geringeren Platzbedarf auf dem Bildschirm der vertikalen Darstellung vorzuziehen (siehe Abbildung 2.15). Die tatsächliche Seitenanordnung im Dokument bleibt von der gewählten Ansichtsoption unberührt. Das SEITEN-Bedienfeld ist durch eine horizontale Trennlinie in einen oberen Musterseitenbereich und in den unteren, größeren Bereich mit der Repräsentation der Dokumentseiten als Miniaturen geteilt.

Der Bereich »Musterseiten«

Auf Musterseiten werden Elemente wie beispielsweise Seitenzahlen eingefügt, die dann auf allen Dokumentseiten zu sehen sind, auf die diese Musterseite angewendet wurde. Auf dieses äußerst wichtige Feature werde ich ab Seite 61 genauer eingehen.

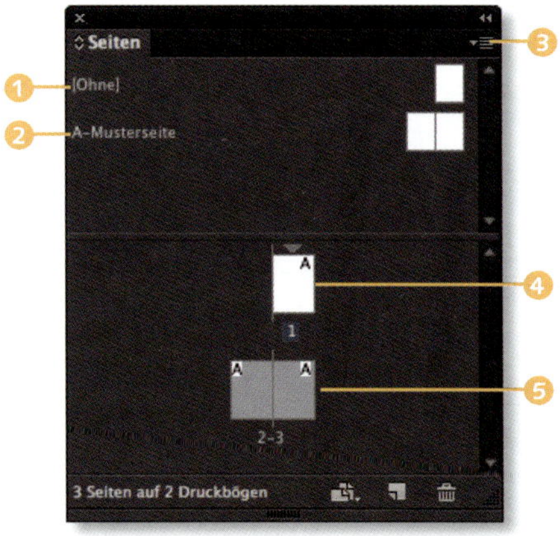

Abbildung 2.12 ▸
So sieht eines der wichtigsten Bedienfelder aus: das SEITEN-Bedienfeld.

Alle InDesign-Dokumente haben automatisch die Musterseite [OHNE] ①, die nicht weiter geändert werden kann und deshalb nicht weiter von besonders tragender Rolle ist. Sie macht aber z. B. beim Layouten von Magazinen Sinn: So benötigen Seiten, auf denen ganzseitige Anzeigen platziert werden sollen, meist keine Seitenzahl und keine Hilfslinien, die den Satzspiegel wiedergeben. Am rechten Bedienfeldrand ist die Art der jeweiligen Musterseite dargestellt. Im Beispiel handelt es sich bei A-MUSTERSEITE ② um eine doppelseitige Musterseite. Mit einem Doppelklick auf eine Musterseite kann sie geöffnet und wie eine Dokumentseite bearbeitet werden.

Seiten löschen

Wenn Sie Seiten aus einem InDesign-Dokument löschen möchten, markieren Sie diese im SEITEN-Bedienfeld und klicken dann auf den Mülleimer-Button am unteren Bedienfeldrand.

Der Bereich »Dokumentseiten«

Im unteren Bereich in Abbildung 2.12 sehen Sie drei Dokumentseiten in der Miniaturansicht. Ein doppelseitiges Dokument beginnt wie hier in der Regel mit einer rechten Einzelseite ④. Doppelseitige Dokumente sind im SEITEN-Bedienfeld auch an der längeren Linie zu erkennen, die den Bund markiert. Am Bund werden die Seiten einer Publikation zusammengeheftet oder -geklebt. Die Seite 1 im Beispiel könnte also die Titelseite einer Broschüre sein. An den kleinen Zahlen unterhalb der Miniaturen ist die Seitenzahl ablesbar. Ein Doppelklick auf die Seitenzahl passt die entsprechenden Seiten in das Dokumentfenster ein – auf diese Weise können Sie auch hervorragend im Dokument navigieren. Durch einen Doppelklick auf die Seitenzahl werden außerdem die Seiten im SEITEN-Bedienfeld ⑤ markiert, die angeklickt wurden. Mit gedrückter [Strg]/[⌘]-Taste lassen sich auch Seiten markieren, die nicht nebeneinanderliegen. Dies ist wünschenswert, wenn Sie beispielsweise nur auf bestimmten Seiten des Dokuments die Ränder und Spalten ändern möchten.

Ganz unten im SEITEN-Bedienfeld finden Sie die aktuelle Anzahl der Seiten des aktiven Dokuments und die Anzahl Druckbögen, auf denen sich diese Seiten befinden. Mit Druckbögen sind neben Einzelseiten auch die direkt nebeneinanderliegenden Seiten gemeint. Auf einem Druckbogen können auch mehr als zwei Seiten stehen: Dies kommt beispielsweise in Magazinen vor, wenn große Panoramabilder auf Seiten abgedruckt werden, die man über die eigentliche Heftgröße ausklappen kann.

Seiten farbig markieren

Um die Übersicht im SEITEN-Bedienfeld zu erhöhen, können Sie die Miniaturen über das Bedienfeldmenü mit dem Befehl SEITENATTRIBUTE • FARBETIKETT einfärben.

Seitenansicht drehen

Dieses weitere, sehr nützliche Feature finden Sie ebenfalls im SEITEN-Bedienfeldmenü unter SEITENATTRIBUTE • DRUCKBOGENANSICHT DREHEN. Wie der Befehl schon ausdrückt, wird hier nur die Ansicht und nicht die Seite selbst gedreht.

Seiten einfügen

Um eine oder mehrere Seiten einem Dokument hinzuzufügen, können Sie zwischen verschiedenen Methoden wählen: Klicken Sie auf den Button mit dem Abreißblock, dann wird einfach eine neue Seite nach der aktuell markierten Seite in das Dokument eingefügt. Die gegebenenfalls folgenden Seiten rücken dadurch entsprechend um eine Seite nach hinten. Beachten Sie hierbei, dass die Seite, die Sie im Dokumentfenster sehen, nicht zwangsläufig die Seite sein muss, die im Bedienfeld SEITEN markiert ist!

Auf diese Weise lassen sich jedoch immer nur einzelne Seiten hinzufügen. Möchten Sie mehrere Seiten gleichzeitig hinzufügen, können Sie dies über den Befehl Seiten einfügen erledigen. Sie finden diesen Befehl im Seiten-Bedienfeldmenü.

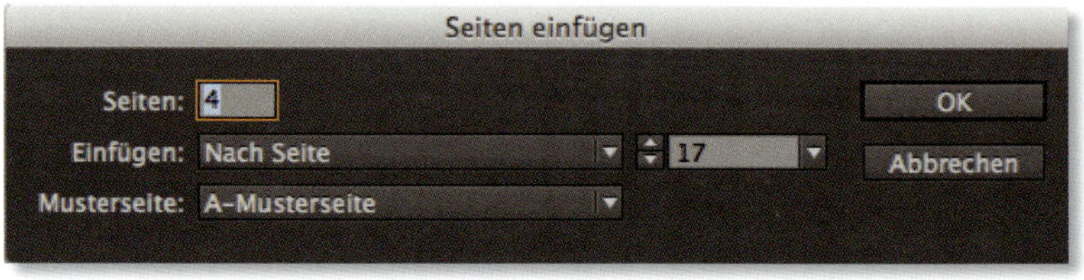

Abbildung 2.13 ▶
Mit dem Dialogfeld Seiten einfügen können Sie genau steuern, wo die Seiten eingefügt werden sollen.

Hier können Sie neben der gewünschten Anzahl neuer Seiten auch angeben, an welcher Stelle InDesign die neuen Seiten einfügen soll. Dabei stehen Ihnen neben der direkten Eingabe einer genauen Seitenzahl im Pulldown-Menü noch folgende Optionen zur Verfügung: Nach Seite, Vor Seite, Am Anfang bzw. Am Ende des Dokuments. Außerdem haben Sie die Möglichkeit, aus den angelegten Musterseiten des aktuellen Dokuments zu wählen.

Seiten austauschen

Seiten können auch einfach aus dem Seiten-Bedienfeld in ein anderes geöffnetes Dokument gezogen werden. Dafür müssen sich die beiden Dokumente nur in verschiedenen Dokumentfenstern befinden.

Seiten zwischen Dokumenten austauschen

Wenn Sie eine oder mehrere Seiten zwischen zwei Dokumenten austauschen möchten, können Sie dies auf zwei verschiedene Arten mit Hilfe des Bedienfeldes Seiten erreichen.

Im Bedienfeldmenü finden Sie den Eintrag Seiten verschieben. Das Dialogfeld, das sich nach Betätigung dieses Befehls öffnet, hat eine große Ähnlichkeit mit dem eben gezeigten Dialog Seiten einfügen:

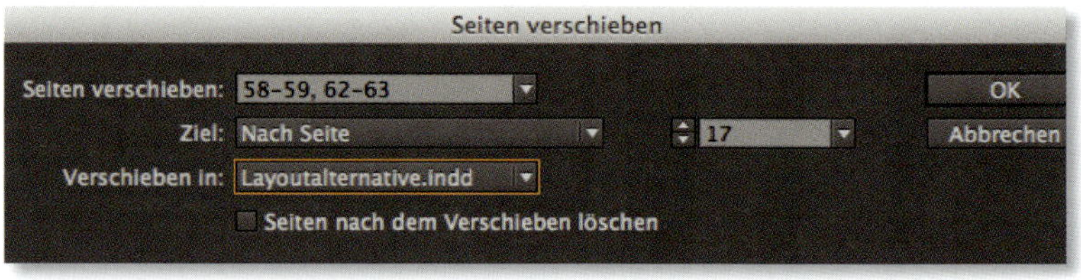

Abbildung 2.14 ▶
Sie können sogar Seiten zwischen Dokumenten verschieben, die nicht direkt aufeinanderfolgen.

Ganz oben geben Sie die Seiten an, die Sie verschieben möchten. Es werden hierbei übrigens immer automatisch die Seiten angegeben, die im Seiten-Bedienfeld markiert sind. Bei Ziel geben Sie an, wohin die Seiten verschoben werden sollen. Und bei Verschieben in können Sie neben dem aktuellen Dokument auch ein anderes der momentan geöffneten Dokumente angeben. Wird hier ein anderes Dokument gewählt, können Sie bei Bedarf durch das Aktivieren der Checkbox SEITEN NACH DEM VERSCHIEBEN LÖSCHEN die Seiten aus dem aktuellen Dokument entfernen lassen.

▲ **Abbildung 2.15**
Am SEITEN-Bedienfeld ist ablesbar, dass die Seiten 4–5 im Dokumentfenster angezeigt werden; markiert ist Seite 2.

Unterschiedliche Seitenformate anwenden

Um einzelnen Seiten eine vom eigentlichen Dokumentformat abweichende Größe zuzuweisen, können Sie mit dem Seitenwerkzeug arbeiten. Das Seitenformat kann aber auch direkt aus dem SEITEN-Bedienfeld geändert werden. Dazu markieren Sie zunächst die gewünschte Seite. Mehrere aufeinanderfolgende Seiten können Sie mit gedrückter [⇧]-Taste markieren. Seiten, die nicht direkt hintereinanderliegen, markieren Sie mit gedrückter [Strg]/[⌘]-Taste. Nach einem Klick auf den Button SEITENFORMAT BEARBEITEN ① lassen sich anschließend im Menü verschiedene Seitenformate anwählen. Diese werden direkt auf die derzeit markierten Seiten angewendet.

Sehr praktisch ist in diesem Zusammenhang die Möglichkeit, dass eigene Formatvorgaben nicht nur über den Menüpunkt BENUTZERDEFINIERT angelegt, sondern auch gespeichert werden können. Wie die vorinstallierten Presets sind die neuen Vorgaben dann ebenfalls programmweit verfügbar.

▲ **Abbildung 2.16**
Im Menü SEITENFORMAT BEARBEITEN des SEITEN-Bedienfeldes können Sie eigene Presets speichern.

2.6 Ränder und Spalten ändern

Nachdem Sie ein neues Dokument erstellt haben, möchten Sie vielleicht den Umfang der Seiten, die Spaltenanzahl oder den Satzspiegel ändern. Wie Sie beides umsetzen können, sehen wir uns in zwei Workshops genauer an.

Seitenformate ändern

Ändern Sie mit dem Menübefehl SEITENFORMAT BEARBEITEN immer nur die Seiten, die vom dokumentweiten Seitenformat abweichen sollen. Dieses haben Sie bei der Anlage des Dokuments festgelegt und kann über DATEI • DOKUMENT EINRICHTEN geändert werden.

Schritt für Schritt

Spalten einer Doppelseite ändern

1 Neues Dokument

Rufen Sie über DATEI • NEU • DOKUMENT oder mit [Strg]/[⌘]+[N] den Dialog NEUES DOKUMENT auf, und übernehmen Sie einfach die meisten vorgegebenen Einstellungen. Ändern Sie die Seitenzahl auf 8, und bestätigen Sie den Dialog. Das achtseitige Dokument wird direkt angezeigt.

2 Eine Doppelseite markieren

Rufen Sie über F12 oder Fenster • Seiten das Bedienfeld Seiten auf. Doppelklicken Sie innerhalb des Bedienfeldes Seiten unterhalb der ersten Doppelseite auf die Seitenzahlen ❶. Dadurch wird diese Doppelseite zentriert in das Dokumentfenster des Programms eingepasst.

Abbildung 2.17 ▸
Hier ist eine Doppelseite markiert, es können aber auch einzelne Seiten markiert werden.

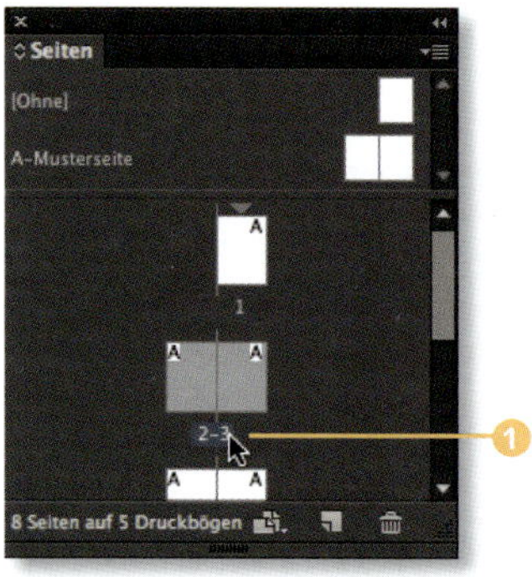

Falls Sie die beiden Seiten nicht komplett sehen, ändern Sie dies über Ansicht • Druckbogen in Fenster einpassen oder über Strg/⌘+Alt+0.

3 Ränder und Spalten auf einer Doppelseite ändern

Rufen Sie nun über Layout den Dialog Ränder und Spalten auf. Hier geben Sie im Bereich Spalten • Anzahl »2« ein ❸. Bestätigen Sie anschließend die gemachten Eingaben ❷.

Abbildung 2.18 ▸
Kleine Zahlen mit großer Wirkung: Hier werden die Spalten neu definiert.

4 Verschiedene Spaltenzahlen in einem Dokument

Verkleinern Sie die Ansicht Ihrer Seiten so weit, dass Sie alle acht Seiten sehen können. Das erreichen Sie z. B., indem Sie mehrfach über [Strg]/[⌘]+[-] auszoomen. An den Hilfslinien erkennen Sie, dass sich die geänderten Spalteneinstellungen nur auf die erste Doppelseite 5 ausgewirkt haben. Das liegt daran, dass wir in Schritt 2 eben genau diese Doppelseite markiert haben. Dementsprechend können Sie auch lediglich einzelne Seiten Ihrer Dokumente ändern. Dafür markieren Sie dann nur die entsprechende Einzelseite.

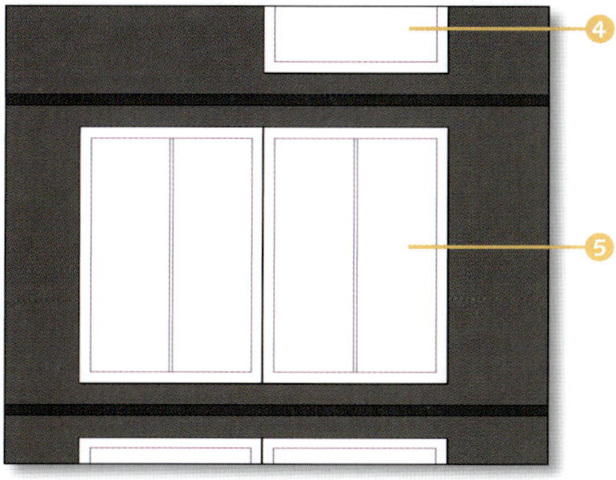

◂ **Abbildung 2.19**
In einem einspaltigen Dokument 4 sind auf der ersten Doppelseite zwei Spalten definiert worden.

Auf einzelnen Seiten und Doppelseiten können Sie nun den Satzspiegel und die Seitenzahl ändern. Wenn Sie dies beispielsweise in einem 24-seitigen Dokument für alle Seiten machen wollen, kommen die sogenannten Musterseiten ins Spiel.

2.7 Musterseiten

Auf Musterseiten werden Gestaltungselemente wie z. B. Seitenzahlen platziert, die auf allen oder zumindest vielen Dokumentseiten zu sehen sein sollen. Beispielsweise wurden die farbigen Balken am oberen Rand der Seiten, die Sie gerade in der Hand halten, über Musterseiten angelegt.

Das Prinzip der dokumentweiten Einstellungen ist derart grundlegend, dass Sie es immer im Hinterkopf behalten sollten. Fragen Sie sich bei Ihrer Arbeit immer wieder, ob das, was Sie gerade gestalten, mehrfach in Ihrem Layout vorkommt. Wenn Sie diese Frage bejahen können, ist in InDesign mit großer Sicherheit ein Weg vorgesehen, genau diese Arbeitsschritte, die Sie sonst mehrfach wiederholen müssten, an einer zentralen Stelle im

Dokument zu hinterlegen, damit von da an immer wieder darauf zugegriffen werden kann. Auf diese Vorgehensweise werden Sie in diesem Buch immer wieder stoßen (z. B. bei Farben, Objekten und Absatzformaten).

Abbildung 2.20 ►
In diesem Layout werden zwei verschiedene Musterseiten auf die Dokumentseiten angewendet.

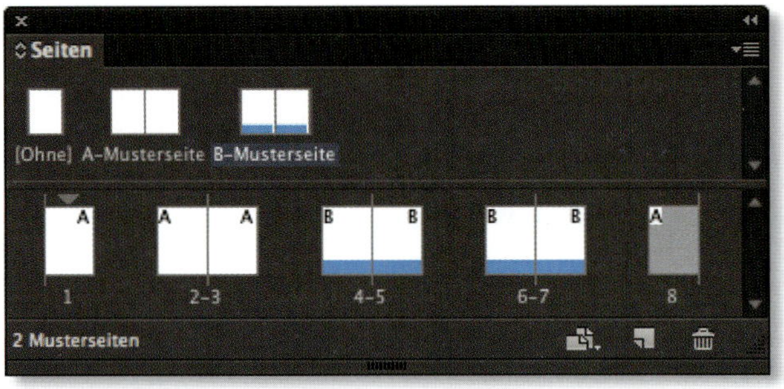

In der Seitendarstellung in Abbildung 2.20 sehen Sie auf den oberen äußeren Ecken der Dokumentseiten 1–3 und 8 ein großes A, auf den Doppelseiten 4–7 ein B. Das ist der Hinweis darauf, dass auf diese Seiten die A- bzw. B-Musterseite angewendet wird. Alle Änderungen, die auf der A-Musterseite vorgenommen werden, werden somit automatisch auf alle mit A gekennzeichneten Seiten angewendet – dasselbe gilt natürlich ebenso für B wie für weitere Musterseiten.

Musterseiten aus Dokumentseiten erstellen

Wenn Sie beim Layouten auf einer Dokumentseite feststellen, dass einige der gestalteten Objekte eigentlich auf eine Musterseite gehören, können Sie die betreffende Dokumentseite einfach in den Musterseitenbereich im Seiten-Bedienfeld ziehen: Dadurch wird eine Musterseite aus der Dokumentseite erstellt.

Schritt für Schritt
Spalten eines Dokuments ändern

1 Neues achtseitiges Dokument

Legen Sie wieder ein neues doppelseitiges Dokument mit acht Seiten an.

2 Die Musterseite anwählen

Ein Doppelklick auf A-Musterseite (1) zeigt diese im Dokumentfenster an. Dass wir uns nun nicht mehr auf einer Dokumentseite befinden, ist auf den ersten Blick nicht erkennbar: da bisher weder Inhalte eingefügt noch Änderungen vorgenommen wurden, entspricht das Aussehen der Musterseiten exakt den Dokumentseiten. Bei genauem Hinschauen sehen Sie im Bedienfeld Seiten, dass statt einer Dokumentseite nun die Musterseite markiert ist.

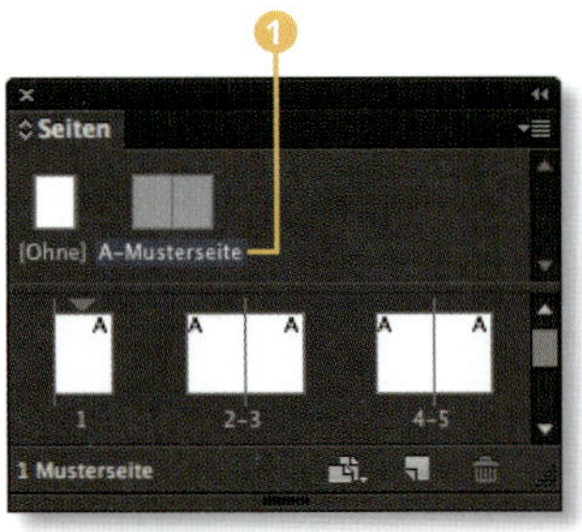

▲ **Abbildung 2.21**
Durch einen Doppelklick wurde die A-Musterseite markiert.

3 Die Musterseite ändern

Da Sie sich jetzt auf der A-Musterseite befinden, können Sie diese wie eine Dokumentseite Ihren Vorstellungen gemäß anpassen. Wieder rufen Sie über Layout • Ränder und Spalten den entsprechenden Dialog auf und ändern hier die Anzahl der Spalten auf z. B. »2«. Wechseln Sie nun mit einem Doppelklick auf eine Seite innerhalb des Bedienfeldes Seiten zurück auf die Dokumentseiten. Sofern die Hilfslinien sichtbar sind, sehen Sie, dass Sie mit wenigen Klicks die Anzahl der Spalten im gesamten Dokument (!) geändert haben.

Springen oder Blättern

Am linken unteren Fensterrand wird von InDesign nicht nur die aktuelle Seitenzahl bzw. der Name der Musterseite angezeigt, auf der man sich befindet, hier kann auch mit Hilfe eines Ausklappmenüs die gewünschte Seite angewählt werden: Die gewählte Seite wird daraufhin direkt im Dokumentfenster angezeigt.

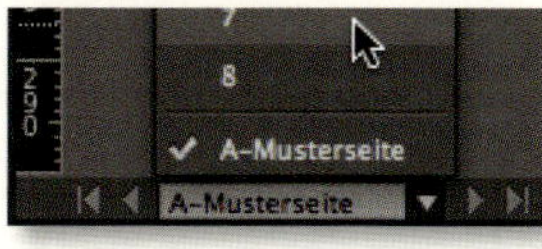

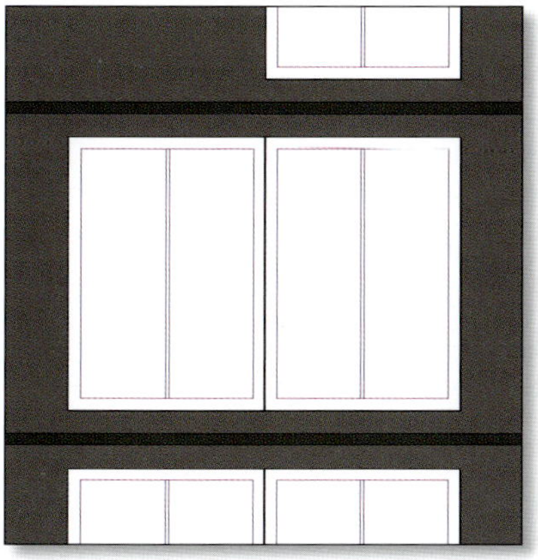

◂ **Abbildung 2.22**
Dank Musterseiten sind die Spalten eines ganzen Dokuments mit wenigen Klicks geändert.

Automatische Seitenzahlen

Neben den allgemeinen Einstellungen bzgl. des Satzspiegels werden auch die Seitenzahlen normalerweise auf der Musterseite angelegt. InDesign erstellt dann die Seitenzahlen auf den Dokumentseiten automatisch.

Seitenzahlen sind ebenso schnell angelegt, wie die Ränder und Spalten im ganzen Dokument geändert sind. Doppelklicken Sie die Musterseite im Bedienfeld Seiten an, auf der Sie Seitenzahlen anlegen möchten. Damit befinden Sie sich auf der entsprechenden Musterseite. Wenn Sie nun auf der Musterseite mit dem Textwerkzeug (siehe Seite 35) einen Textrahmen an der gewünschten Stelle aufziehen, an der die Seitenzahlen erscheinen sollen, wird dieser, anders als auf einer Dokumentseite, nicht mit einer durchgehenden, sondern mit einer gepunkteten Linie gekennzeichnet. Alle Objekte, die auf einer Musterseite angelegt sind, werden so gekennzeichnet – sowohl auf der Musterseite als auch auf einer Dokumentseite. Voraussetzung für die Sichtbarkeit der Textrahmen ist natürlich, dass Sie sich nicht etwa im Vorschau-Modus (siehe Seite 44) befinden oder die Rahmenkanten über Ansicht • Extras • Rahmenkanten ausblenden ausgeblendet haben.

Direkt nach dem Erstellen eines Textrahmens wartet die Texteingabemarke auf Text. Für die automatische Seitenzahl wählen Sie Schrift • Sonderzeichen einfügen • Marken • Aktuelle Seitenzahl (oder rufen das Kontextmenü mit einem Rechtsklick auf, dadurch sparen Sie sich die erste Menüebene).

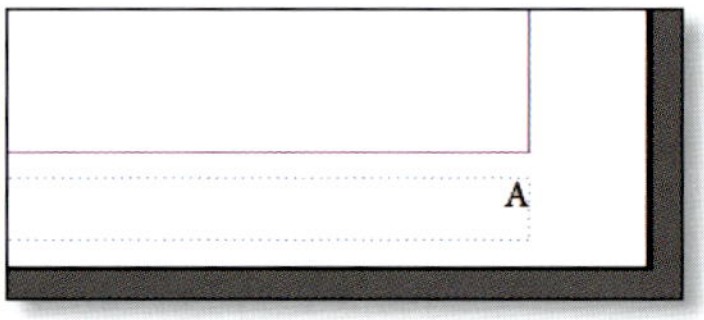

Abbildung 2.23 ▸
Rahmenkanten von Objekten, die sich auf einer Musterseite befinden, werden gepunktet dargestellt.

Durch Anwahl dieses Befehls wird ein Großbuchstabe und nicht wie erwartet eine Ziffer als Platzhalter für die Seitenzahlen in dem Textrahmen eingefügt. Der Buchstabe des Platzhalters entspricht dem Präfix des Musterseitennamens. Auf den Dokumentseiten wird dann jeweils die aktuelle Seitenzahl angezeigt. Die Seitenzahl wird von InDesign auch aktualisiert, wenn Seiten hinzugefügt oder gelöscht werden. Der Platzhalter auf der Musterseite kann wie jeder andere Text nach Belieben formatiert werden.

Musterseitenobjekte übergehen

Stellen Sie sich vor, Sie gestalten eine umfangreiche Broschüre, die auf allen Seiten gewöhnliche schwarze Seitenzahlen haben soll. Nun entscheiden Sie sich beispielsweise, dass an einer einzigen Stelle des Layouts eine rechte Einzelseite komplett schwarz eingefärbt sein soll, weil die vorgesehenen Abbildungen auf Schwarz besser als auf weißem Grund wirken. Die Seitenzahl auf dieser einen Seite soll im Druck weiß sein. In einer solchen Situation benötigen Sie von der Dokumentseite aus Zugriff auf die Seitenzahl, die Sie wie oben beschrieben auf der Musterseite angelegt haben.

Objektreihenfolge

Objekte, die auf einer Musterseite angelegt werden, liegen immer zuunterst auf der Ebene, auf der sie erstellt werden. Auf das Thema »Ebenen« kommen wir im Abschnitt 8.6 im Detail zu sprechen.

Wenn Sie versuchen, ein auf der Musterseite platziertes Objekt auf einer Dokumentseite zu markieren, werden Sie feststellen, dass Ihnen das nicht ohne Weiteres gelingt. Und das ist auch gut so, denn das Konzept der Musterseiten sieht ja vor, dass wiederkehrende Elemente zentral verwaltet werden und damit ein konsistentes Erscheinungsbild der Drucksache gewährleistet ist und nicht dass einzelne Gestaltungselemente einfach (oder aus Versehen) verschoben oder abweichend gestaltet werden können.

Um nun ausnahmsweise einzelne Objekte der Musterseite auf einer Dokumentseite manipulieren zu können, drücken Sie bei aktiviertem Auswahlwerkzeug zusätzlich [Strg]/[⌘]+[⇧]. Klicken Sie mit dieser Tastenkombination auf das gewünschte Objekt ❶, wird es von der Musterseite gelöst (zu erkennen an dem dann durchgezogenen Rahmen ❷), und Sie können das gelöste Objekt und seinen Inhalt nach Ihren Vorstellungen gestalten.

Primärer Textrahmen

Wenn Sie bei der Anlage eines neuen Dokuments die Option PRIMÄRER TEXTRAHMEN aktiviert haben, können Sie diesen auf der Dokumentseite direkt markieren.

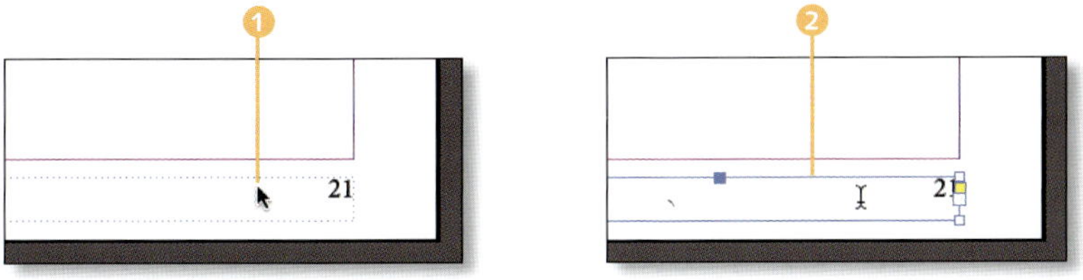

◂ **Abbildung 2.24**
Musterseitenobjekte können auf Dokumentseiten von der Musterseite gelöst und bearbeitet werden.

Ein von der Musterseite gelöstes Objekt behält seine Eigenschaften bei, die es auf der Musterseite zugewiesen bekommen hat. Eine automatische Seitenzahl z. B. wird somit weiterhin aktualisiert, auch wenn ihr Stand oder die Formatierung auf der Dokumentseite geändert wurde.

Alle Objekte übergehen

Sollen auf einer Dokumentseite alle Objekte der Musterseite übergangen werden, finden Sie im Menü des SEITEN-Bedienfeldes hierfür den Befehl ALLE MUSTERSEITENOBJEKTE ÜBERGEHEN.

Musterseiten basieren auf Musterseiten

Wir sehen uns in einem Workshop an, wie man Musterseiten ineinander verschachtelt und wie Musterseiten auf bestehende Dokumentseiten angewendet werden. Dabei gehen wir von folgender Situation aus: Wir möchten ein umfangreicheres Druckmedium erstellen, das zwei oder mehr Rubriken enthält. Die Rubriken sollen durch einen farbigen Streifen, der auf allen Seiten einer Rubrik vorhanden sein soll, voneinander abgesetzt werden. Die Position dieses farbigen Balkens soll überall gleich sein, es soll sich lediglich die Farbe von Rubrik zu Rubrik ändern.

Schritt für Schritt
Rubriken durch Farbe kodieren

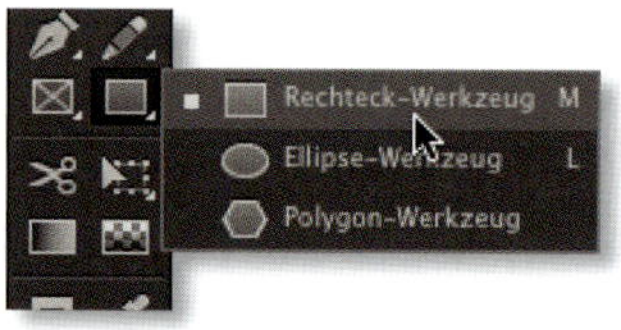

▲ **Abbildung 2.25**
Zur Anlage des farbigen Balkens können Sie das Rechteck-Werkzeug einsetzen.

1 Position des farbigen Balkens definieren

Erstellen Sie ein doppelseitiges Dokument mit zwölf Seiten und 3 mm Anschnitt. Die Angaben zum Satzspiegel (Ränder und Spalten) sind für diesen Workshop unerheblich: Sie können also ruhig die voreingestellten Werte übernehmen. Mit einem Doppelklick auf die entsprechenden Seiten im Seiten-Bedienfeld wechseln Sie auf die A-Musterseite und passen diese mit Strg/⌘+Alt+0 in das Dokumentfenster ein. Zunächst einmal entscheiden wir uns für die Positionierung des Farbstreifens am unteren Seitenende. Erstellen Sie also mit dem Rechteck-Werkzeug (siehe Seite 37) ein Rechteck am unteren Seitenrand über die gesamte Breite in beliebiger Höhe. Ziehen Sie (mit Ausnahme der oberen) alle Seiten des Rechtecks bis zur Markierung des Anschnitts auf (1). InDesign wendet die Formatierung der Fläche und Kontur an, die Sie zuletzt angewendet haben; wir werden dies im nächsten Schritt angleichen.

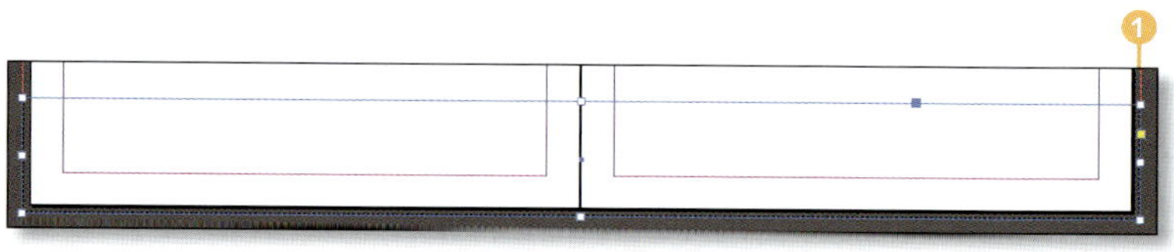

Abbildung 2.26 ▶
Erstellen Sie ein Rechteck über die gesamte Breite der A-Musterseite.

2 Fläche und Kontur formatieren

Um dem Rechteck eine Flächenfarbe zuzuweisen, markieren Sie es. Rufen Sie dann das Bedienfeld Farbfelder, das Sie im Menü Fenster finden, auf. Achten Sie zunächst darauf, dass sich das Flächenfeld (3) im Vordergrund befindet. Sollte dies nicht der Fall sein, klicken Sie es an oder drücken X. Mit einem Klick auf das Farbfeld mit dem reinen Cyan-Blau (6) färben Sie die Fläche des Rechtecks blau.

In der Werkzeugleiste sehen Sie dieselbe Darstellung von Fläche und Kontur (2), und Sie werden bemerken, dass die Darstellung in der Werkzeugleiste mit der des Farbfelder-Bedienfeldes verlinkt ist: Wenn Sie z. B. im Bedienfeld Farbfelder die Kontur in den Vordergrund holen, wird die Kontur auch in der Werkzeugleiste nach vorn geholt.

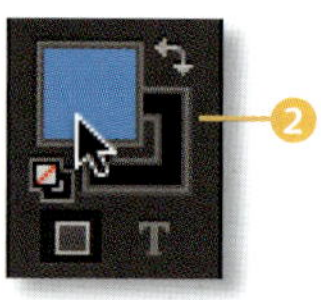

▲ **Abbildung 2.27**
Ob die Fläche oder die Kontur eines Objekts (oder die eines Textes) editiert wird, zeigt neben dem Bedienfeld Farbfelder auch die Werkzeugleiste.

Klicken Sie jetzt noch eben die Kontur ❹ im Bedienfeld FARBFELDER an, und weisen Sie ihr mit einem weiteren Klick auf [OHNE] ❺ keine Farbe zu.

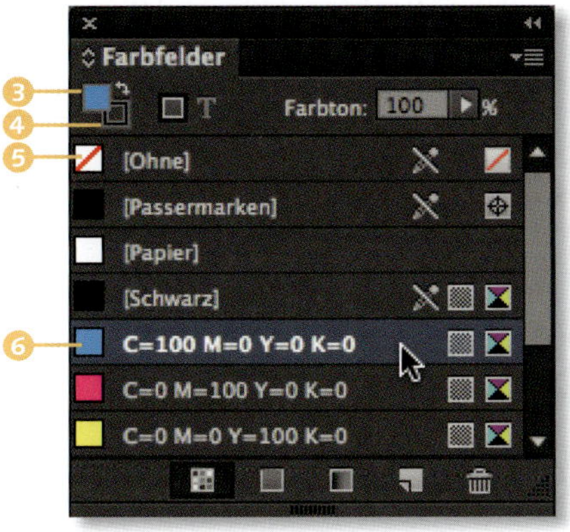

◂ **Abbildung 2.28**
Im Bedienfeld FARBFELDER weisen Sie markierten Objekten Farben zu.

[Eckige Klammern]

In einigen Bedienfeldern sind manche Einträge in eckige Klammern eingefasst, wie beim Bedienfeld FARBFELDER die Werte [OHNE], [PAPIER], [SCHWARZ], [PASSERMARKEN]. Die so gekennzeichneten Einträge sind nicht modifizierbar.

3 Neue Musterseite anlegen

Nachdem nun ein Rechteck mit cyanfarbener Fläche und ohne Konturfarbe auf der A-Musterseite positioniert ist, legen Sie eine neue Musterseite an, die auf der A-Musterseite basiert und damit dasselbe Rechteck an derselben Position aufweist. Rufen Sie hierfür im Bedienfeld SEITEN das Bedienfeldmenü auf, und wählen Sie den Befehl NEUE MUSTERSEITE. Im nun erscheinenden Dialog wählen Sie im Pulldown-Menü BASIERT AUF MUSTERSEITE ❼ die Option A-MUSTERSEITE. Alle anderen Vorgaben können Sie übernehmen.

◂ **Abbildung 2.29**
Mit BASIERT AUF MUSTERSEITE können Sie Musterseiten ineinander verschachteln.

4 Noch eine neue Musterseite anlegen

Wiederholen Sie Schritt 3 ein weiteres Mal. Auch diese neue Musterseite lassen Sie auf der A-Musterseite basieren. Dass die beiden neuen B- und C-Musterseiten auf der A-Musterseite basieren, wird in dem SEITEN-Bedienfeld wie bei den Dokumentseiten durch die Buchstaben in den oberen äußeren Ecken ① der Musterseiten gekennzeichnet.

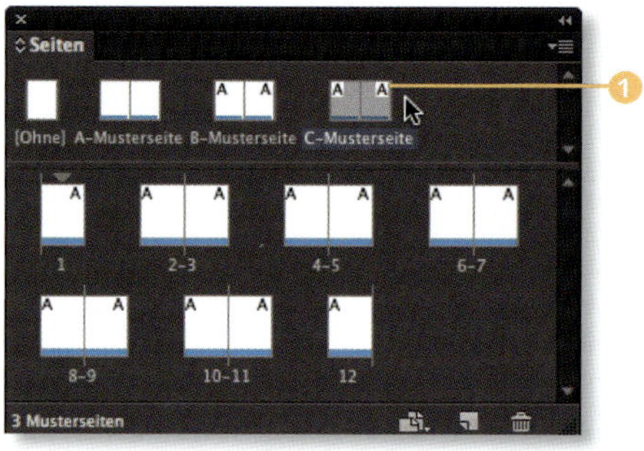

Abbildung 2.30 ▸
Bisher sind B- und C-Musterseiten einfache Kopien der A-Musterseite.

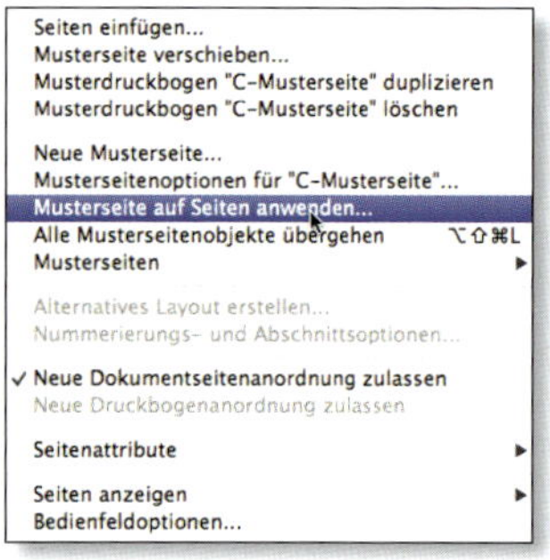

▴ Abbildung 2.31
Hier sehen Sie die Befehle des umfangreichen SEITEN-Bedienfeldmenüs.

5 Musterseiten modifizieren

Mit einem Doppelklick auf B-MUSTERSEITE wird diese zur Bearbeitung angezeigt. Um das cyanfarbige Rechteck auf der B-Musterseite zu bearbeiten, markieren Sie es mit dem Auswahlwerkzeug, wobei Sie gleichzeitig [Strg]/[⌘]+[⇧] gedrückt halten müssen, damit es von der Musterseite gelöst wird. Dem Rechteck weisen Sie über das Bedienfeld FARBFELDER den oberen Rotton, das reine Magenta, zu. Anschließend ändern Sie die Flächenfarbe des Rechtecks auf der C-Musterseite auf Gelb.

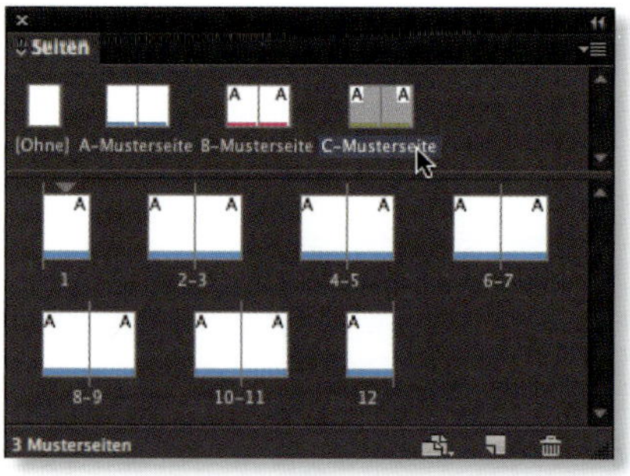

Abbildung 2.32 ▸
Trotz Änderung basieren die B- und C-Musterseite weiterhin auf der A-Musterseite.

6 B-Musterseite anwenden

Musterseiten können auf Dokumentseiten angewendet werden, indem sie im Bedienfeld SEITEN auf die entsprechenden Dokumentseiten gezogen werden. Wenn Sie mehreren Dokumentseiten Musterseiten zuweisen möchten, empfehle ich Ihnen, das SEITEN-Bedienfeldmenü aufzurufen. Dort finden Sie den Befehl MUSTERSEITE AUF SEITEN ANWENDEN. In dem Dialog, der sich bei

Anwahl dieses Befehls öffnet, können Sie genauer steuern, was wo angewendet werden soll.

Mit den folgenden Einstellungen wird die B-Musterseite auf die dritte und vierte Doppelseite angewendet.

◂ **Abbildung 2.33**
Soll eine Musterseite auf mehrere Seiten angewendet werden, lohnt sich der Befehl MUSTERSEITE ANWENDEN.

7 C-Musterseite anwenden

Wiederholen Sie die Arbeitsschritte von Schritt 6 noch für die Seiten 8–12, und wählen Sie hierbei aus dem Pulldown-Menü ② C-MUSTERSEITE. Damit sind alle drei Musterseiten auf die Dokumentseiten angewendet.

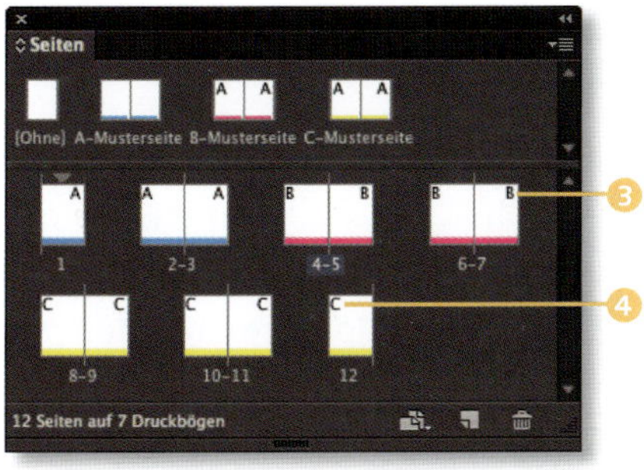

◂ **Abbildung 2.34**
Kleine Buchstaben ③ und ④ weisen auf die zugewiesenen Musterseiten hin.

8 A-Musterseite ändern

Vielleicht wirken die Rechtecke am unteren Seitenrand doch zu schwer? Da die Seiten aufeinander aufbauen, müssen Sie die Rechtecke weder auf zwölf Dokumentseiten noch auf den drei Musterseiten nach oben schieben. Es reicht die Änderung des ursprünglichen, blauen Rechtecks auf der A-MUSTERSEITE, da sich die Änderungen an diesem Rechteck auf die anderen Musterseiten vererben. Verschieben Sie also das blau gefärbte Rechteck an die obere Kante der Seite: Ein Doppelklick auf die A-MUSTERSEITE lässt Sie diese bearbeiten, mit dem Auswahlwerkzeug verschieben Sie das cyanfarbige Rechteck nach oben bis zum Anschnitt. Halten Sie hierbei die [⇧]-Taste gedrückt, wird die Bewegung mit der Maus auf die Vertikale eingeschränkt, und die Änderungen

Seitenanordnung

Bei langen Dokumenten ist die vertikale Anzeige von Seiten im SEITEN-Bedienfeld eher unhandlich. Mit einem Rechtsklick auf eine leere Stelle im SEITEN-Bedienfeld öffnen Sie ein Kontextmenü. Im Menüpunkt SEITEN ANZEIGEN können Sie die Ansicht umschalten.

des Objekts sind schnell erledigt. Ebenso helfen die Hilfslinien des Anschnitts bei der Positionierung der Fläche.

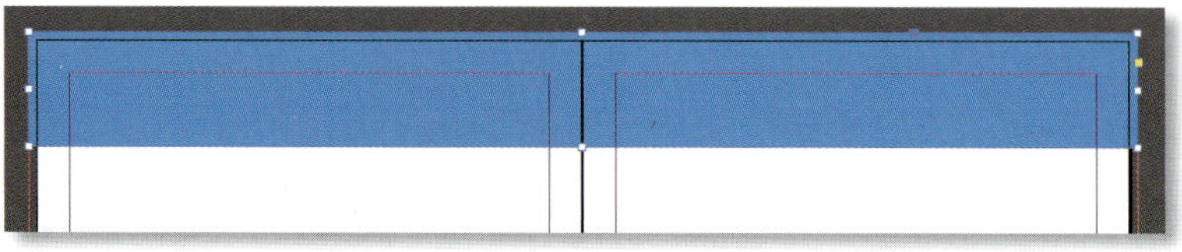

Abbildung 2.35 ▸
Das farbige Rechteck wird an den oberen Anschnitt der A-Musterseite verschoben.

Wie Sie sehen, verändern sich dadurch sowohl die beiden Musterseiten B und C (die ja auf A basieren) als auch alle Dokumentseiten, die ihrerseits auf den drei Musterseiten beruhen.

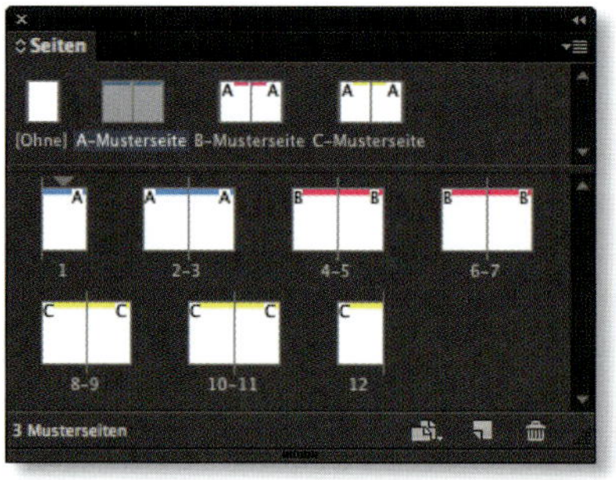

Abbildung 2.36 ▸
Die neue Position des Rechtecks hat sich an alle (!) Muster- und Dokumentseiten vererbt.

Natürlich lassen sich auf Musterseiten nicht nur Seitenzahlen und Farbflächen anlegen. Linien, Platzhalter für Bilder, Textrahmen mit und ohne Text sind ebenso Kandidaten für Musterseiten.

Da das Anlegen und Verwalten von Farben, Objekten, Absatzformaten etc. an zentralen Stellen in InDesign eine extrem wichtige Rolle spielt und deshalb immer wiederkehrt, werden Sie sich sicher schnell an dieses zeitsparende Konzept gewöhnen.

3 Mit Text arbeiten

InDesign ist keine Schreibmaschine

- Wie wird Text in InDesign erfasst und importiert?
- Wie wird das Aussehen von Text modifiziert?
- Was sind Zeichen- und Absatzformate?
- Wie kann ich grundlegende typografische Korrekturen erledigen?
- Was muss ich beim Textimport beachten?

3 Mit Text arbeiten

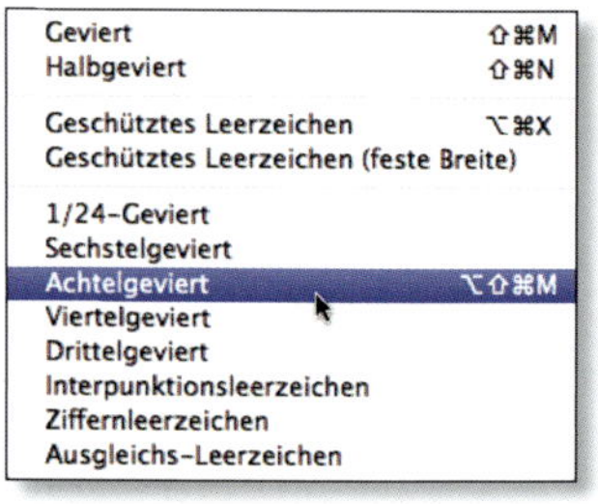

▲ **Abbildung 3.1**
Arbeiten auf höchstem Niveau: Im Menü SCHRIFT • LEERRAUM EINFÜGEN sind häufig verwendete Leerräume hinterlegt.

Die Königsdisziplin von InDesign ist Text und Schrift. Designer und Setzer bekommen mit InDesign ein Tool in die Hände, das den unterschiedlichsten und höchsten Ansprüchen genügt und dabei komfortabel bedienbar ist.

3.1 Text eingeben und platzieren

Grundsätzlich gibt es zwei Möglichkeiten, wie Text seinen Weg in ein InDesign-Dokument findet. Die naheliegende habe ich auf Seite 35 vorgestellt: Sie geben Text wie in einer Textverarbeitung mit dem Textwerkzeug ein.

Die zweite Möglichkeit besteht darin, Text, der beispielsweise in Word erfasst wurde, in InDesign zu importieren. Den dafür zuständigen Befehl finden Sie unter DATEI • PLATZIEREN oder über [Strg]/[⌘]+[D]. Sie wählen in dem PLATZIEREN-Dialog die betreffende Textdatei aus, und falls der Cursor vorher in einem Textrahmen platziert war, wird der Text direkt in den Rahmen geladen, sonst zunächst in den Zwischenspeicher.

Mehrere Dateien markieren

In den ÖFFNEN- und PLATZIEREN-Dialogen können Sie mit gedrückter [⇧]-Taste auch mehrere Dateien markieren und öffnen/platzieren.

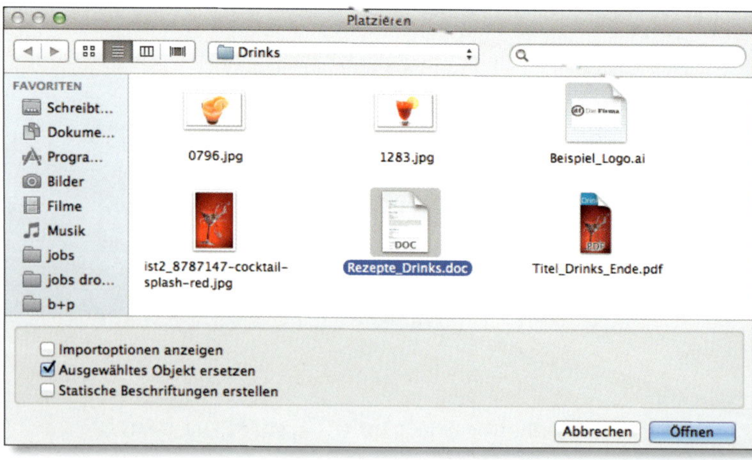

Abbildung 3.2 ▶
Egal, welche Art Daten nach InDesign importiert werden soll, der Befehl lautet immer gleich: PLATZIEREN.

Beim Platzieren von Text ist es unerheblich, welches Werkzeug dabei aktiviert ist. InDesign wechselt automatisch das Symbol für geladenen Text (siehe Abbildung 3.3).

Wenn sich bei der Platzierung des Textes die Texteinfügemarke in einem Textrahmen befindet, wird der Text direkt an diese Stelle platziert. Dabei ist es belanglos, wo sich der Textrahmen befindet oder ob vorher schon Text im Textrahmen geladen war. Haben Sie Text markiert, bevor Sie den Befehl Platzieren aufrufen, wird die Auswahl durch den importierten Text ersetzt.

Wenn sich die Texteinfügemarke beim Textplatzieren nicht in einem Textrahmen befand und auch kein Textrahmen markiert war, erscheint das Symbol Geladener Text. Es nimmt entsprechend den Objekten und Hilfslinien, über denen es sich befindet, verschiedene Formen an.

Objekt ersetzen

Wenn Sie einen Rahmen markiert haben und dann Text importieren, löscht InDesign kommentarlos den vorigen Rahmeninhalt. Dieses Verhalten können Sie abstellen, indem Sie im Platzieren-Dialog die Option Ausgewähltes Objekt ersetzen deaktivieren.

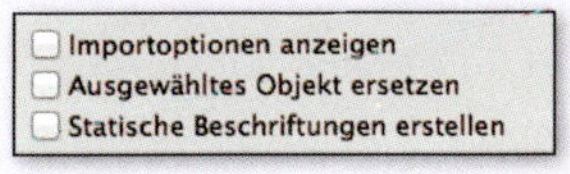

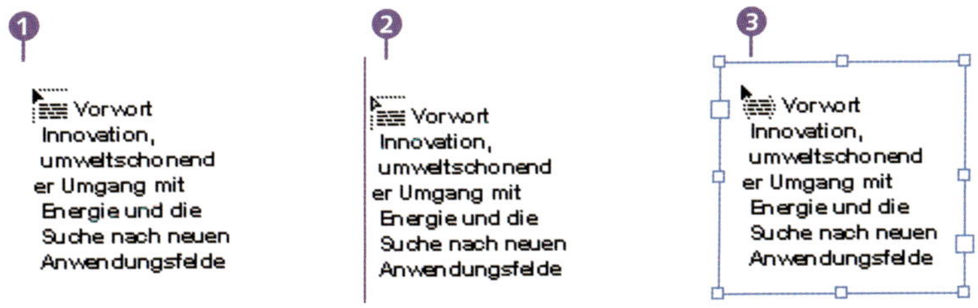

◂ **Abbildung 3.3**
Je nachdem, worüber sich das Symbol für geladenen Text gerade befindet, ändert sich sein Aussehen.

- **Cursor über leerem Bereich:** Wenn Sie mit geladenem Text einfach auf eine freie Stelle im Dokument klicken ❶, erstellt InDesign einen Textrahmen mit der Breite der nächstliegenden Textspalte. Wenn Sie nach dem Klicken direkt die Maus ziehen, können Sie einen neuen Textrahmen der gewünschten Größe aufziehen. Der Text wird in beiden Fällen direkt in den neuen Textrahmen geladen.
- **Cursor über Hilfslinie:** Schwebt der Cursor über einer Hilfslinie ❷, würde beim Klick ebenfalls ein Textrahmen erstellt werden, der sich an der Hilfslinie und ggf. Spaltenbreiten orientiert.
- **Cursor über Textrahmen:** Die gebogenen Klammern ❸ weisen auf einen leeren Rahmen hin, der sich unter dem Cursor befindet. Durch einen Klick darauf wird der Text dort hinein geladen.

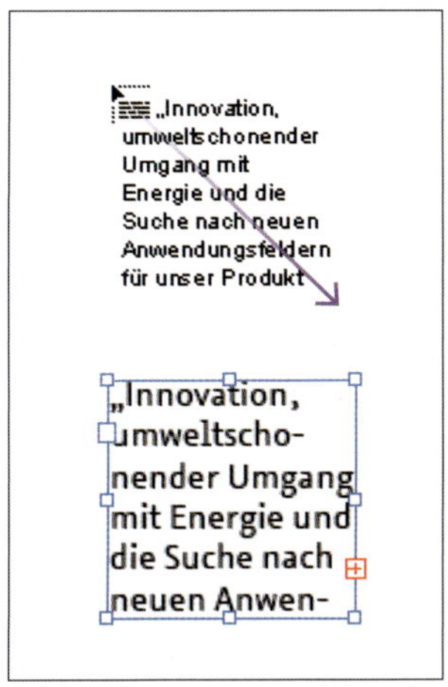

▴ **Abbildung 3.4**
Mit geladenem Text kann ein Textrahmen aufgezogen werden (oben). In ihn wird direkt der Text platziert (unten).

Damit Sie beim Platzieren von Text nicht versehentlich vorhandene Inhalte überschreiben, demarkieren Sie über Bearbeiten • Auswahl aufheben eine evtl. vorhandene Objekt-Auswahl.

3.2 Textrahmengrundlagen

Ein markierter Textrahmen weist zusätzlich zu den acht Griffpunkten (siehe Seite 33) vier weitere Quadrate auf, von denen uns zunächst die beiden größeren interessieren: Das obere linke ❶ markiert den Eingang, während das untere rechte ❷ den Ausgang für Text markiert. Diese Quadrate können bis zu drei verschiedene Zustände annehmen:

- **Leere Quadrate:** Ist das Quadrat leer, bedeutet dies beim Eingang ❶, dass der Rahmen leer ist, oder zeigt wie hier an, dass der Text in diesem Rahmen beginnt. Das leere Quadrat am Ausgang ❷ eines Textrahmens bedeutet dementsprechend, dass der Text genau in den entsprechenden Textrahmen passt.
- **Quadrat mit Pfeil:** Weist das Quadrat einen Pfeil ❸ auf, bedeutet dies, dass der Textrahmen Teil einer Textverkettung ist. Was darunter zu verstehen ist, klären wir gleich.
- **Rotes Quadrat:** Passt ein Text nicht komplett in einen Rahmen, zeigt uns InDesign dies mit einem roten Pluszeichen ❹ an. Dieser nicht mehr sichtbare Text wird in InDesign Übersatztext genannt. Das INFORMATIONEN-Bedienfeld gibt sogar über die Anzahl der überzähligen Zeichen und Wörter Auskunft.

Textabschnitt

Mit Textabschnitt ist in InDesign der gesamte Text eines Textrahmens oder der mehrerer verketteter Textrahmen gemeint. Im Dialogfeld BEARBEITEN • SUCHEN/ERSETZEN etwa können Sie angeben, ob im Textabschnitt, im Dokument o. Ä. gesucht werden soll.

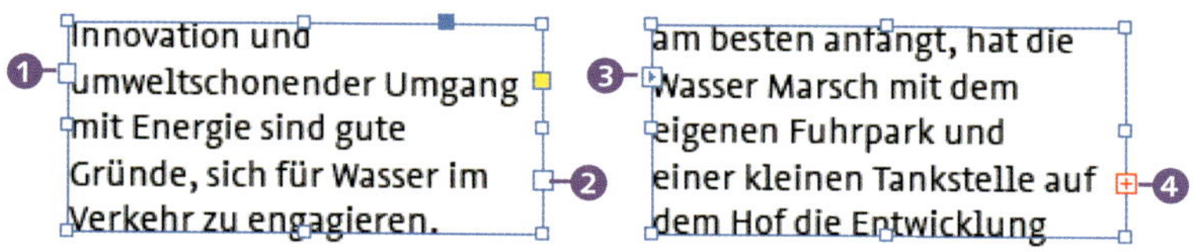

▲ **Abbildung 3.5**
Im rechten Textrahmen befindet sich Übersatztext.

Übersatztext-Infos

Unter FENSTER • INFORMATIONEN werden die Infos über den Übersatztext angezeigt – dafür muss sich die Texteinfügemarke nur im entsprechenden Text befinden.

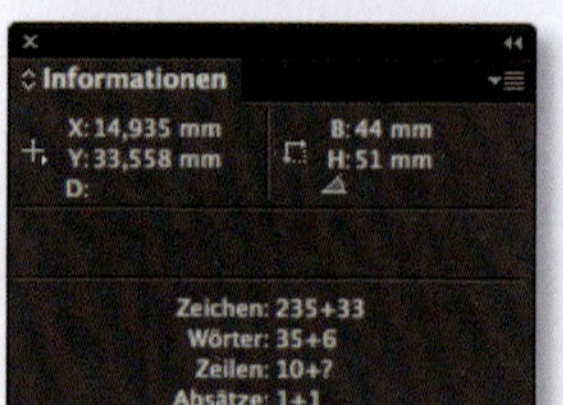

3.3 Textverkettungen

Damit Dokumentseiten in InDesign größere Textmengen aufnehmen können, werden Textrahmen miteinander verknüpft oder, wie es in InDesign heißt, verkettet.

Haben Sie, wie in Abschnitt 3.1 erläutert, einen längeren Text über PLATZIEREN geladen und klicken mit dem Symbol GELADENER TEXT in eine Spalte auf Ihrer Dokumentseite, zeigt InDesign am Ausgang des Textrahmens ein rotes Pluszeichen ❹, wenn der

Text nicht vollständig in den Textrahmen passt. Übersatztext muss natürlich behoben werden.

Neben der Warnung am Textrahmenausgang gibt uns InDesign CC am linken unteren Rand des Dokumentfensters noch eine zweite Warnung aus: Sie werden dort mit einem roten Button auf Fehler aufmerksam gemacht. InDesign führt im Hintergrund laufend eine sogenannte Preflight-Prüfung durch. Dabei wird das aktuelle Dokument auf mögliche Probleme bei der Druckausgabe untersucht. Für diese Prüfung können Sie selbst Prüfprofile erstellen, mit denen Sie präzise steuern können, was InDesign prüfen soll. Das Preflight-Feature sehen wir uns in Abschnitt 9.7 noch genauer an.

Um Übersatztext durch Layoutmaßnahmen und nicht durch Änderungen am Text aufzulösen, gibt es verschiedene Möglichkeiten:

- **Die Größe des Textrahmens frei verändern:** Natürlich können Sie den Textrahmen wie alle Objekte in InDesign an den acht Auswahlgriffen beliebig in der Größe und den Proportionen verändern.
- **Textrahmen per Klick auf Griffpunkt vergrößern:** Mit einem Doppelklick z. B. auf den unteren mittleren Auswahlgriff ❺ behält InDesign die Breite des Textrahmens bei und vergrößert den Textrahmen nach unten ❻. Das funktioniert nur, wenn auf der Seite genügend Platz vorhanden ist, ansonsten bleibt die Rahmengröße unverändert.

Radar im Dauerbetrieb

Preflight am unteren Rand des Dokumentfensters kann auch Textfehler wie Übersatztext erkennen und warnt dann mit einem roten Button.

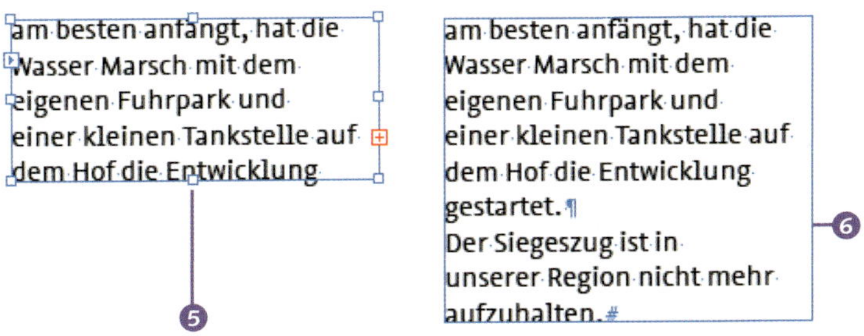

◂ **Abbildung 3.6**
Ein Doppelklick auf den mittleren Auswahlgriff ❺ vergrößert den Textrahmen.

- **Neuen Textrahmen erstellen:** Nach einem Klick mit dem Auswahlwerkzeug auf den Textausgang mit dem Übersatztext erhalten Sie wieder das Symbol Geladener Text, mit dem Sie erneut einen Textrahmen erstellen können. Der Text fließt nun weiter in den neuen Textrahmen.

Gefüllten Textrahmen verketten

Enthält ein Textrahmen vor dem Verketten schon Text, wird der alte Text einfach durch den neuen, zusätzlichen Inhalt nach hinten gedrängt.

- **Text mit einem bestehenden Textrahmen verbinden:** Wenn sich das Symbol GELADENER TEXT über einem vorhandenen Textrahmen befindet, wird es zum Verkettungssymbol ❶. Durch einen Klick mit dem Verkettungssymbol auf einen Rahmen werden beide miteinander verkettet. Auf diese Weise können Textrahmen auch über mehrere Dokumentseiten miteinander verkettet werden.

Abbildung 3.7 ▸
Das Verkettungssymbol erscheint, wenn sich das Symbol VERKETTETER TEXT über einem Textrahmen befindet.

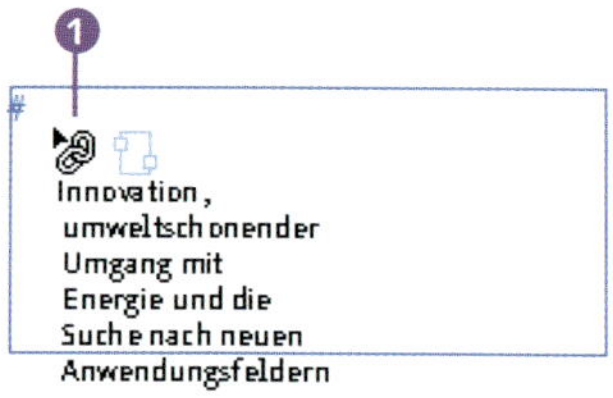

Die Sichtbarkeit von Textverkettungen kann über ANSICHT • EXTRAS • TEXTVERKETTUNGEN EINBLENDEN bzw. AUSBLENDEN gesteuert werden. Bei eingeblendeten Textverkettungen werden diese als Linien ❷ von Ausgang zu Eingang der betreffenden Textrahmen gekennzeichnet. Dabei muss mindestens einer der Textrahmen markiert sein.

Abbildung 3.8 ▸
Bei sichtbaren Textverkettungen werden diese als Linien zwischen den Textrahmen dargestellt.

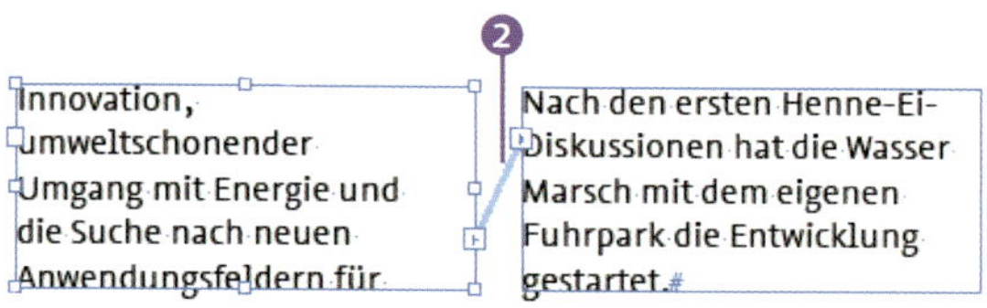

Bei umfangreicheren Projekten hat man eigentlich immer mit verketteten Textrahmen zu tun – diese spielen nur bei einseitigen Layout-Jobs wie Postkarten oder Postern keine Rolle. Wenn Sie in einem verketteten Text einen Teil des Textes ❸ löschen, rutscht der nachfolgende Text nach oben, bis die entstandene Lücke geschlossen ist ❹. Sollten dadurch Textrahmen entstehen, die keinen Text mehr enthalten, bleiben diese trotzdem auf der Dokumentseite stehen.

Abbildung 3.9 ▸
Durch Textverkettungen reagiert der nachfolgende Text auf Löschungen und Hinzufügungen.

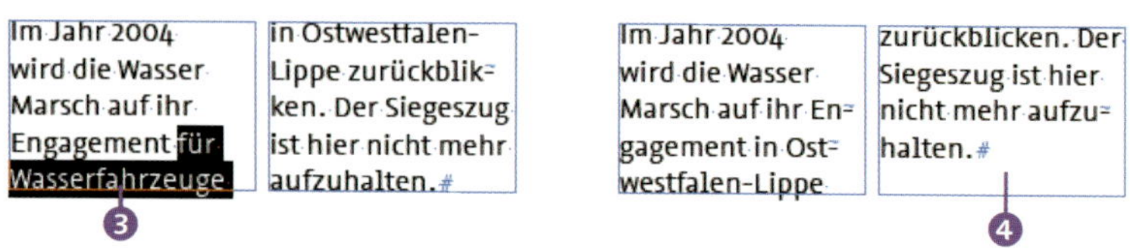

Textrahmen können auch nachträglich in bestehende Textverkettungen eingefügt werden.

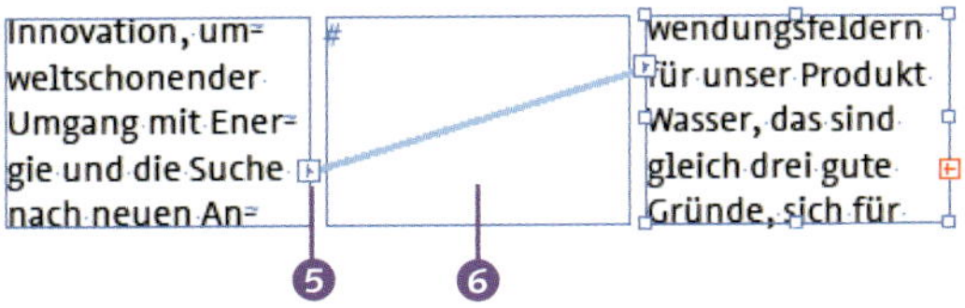

◂ **Abbildung 3.10**
Der mittlere Textrahmen soll in die bestehende Textverkettung mit aufgenommen werden.

Dafür brauchen Sie nur mit dem Auswahlwerkzeug auf den Ausgang des ersten Textrahmens ❺ zu klicken. Damit erhalten Sie das Symbol Geladener Text, und mit einem Klick auf den Textrahmen ❻, der in die bestehende Textverkettung aufgenommen werden soll, sind direkt alle drei Textrahmen miteinander verkettet.

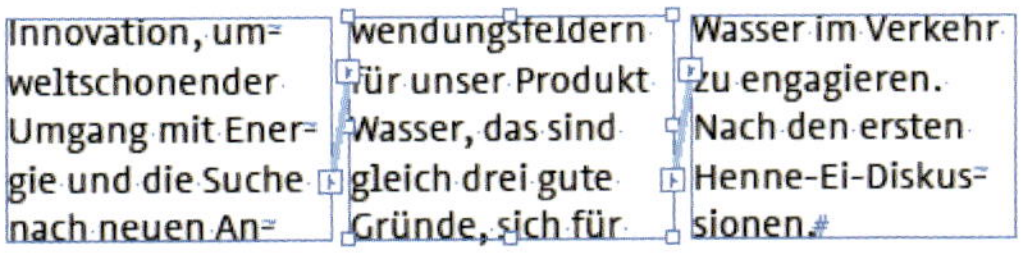

◂ **Abbildung 3.11**
Mit nur einem Klick ist der mittlere Textrahmen in die vorhandene Textverkettung mit aufgenommen.

Textrahmen aus Textverkettungen lösen

Soll ein Textrahmen wieder aus dem Textfluss entfernt werden ❽, klicken Sie mit dem Auswahl-Tool auf den Textausgang des vorangehenden Textrahmens ❼. Sobald sich der Cursor über einem Rahmen derselben Textkette befindet, wird das Icon mit einer offenen Kette eingeblendet ❾. Ein Klick auf den Textrahmen löst die Verkettung des angeklickten und aller folgenden Textrahmen aus dem bestehenden Textfluss.

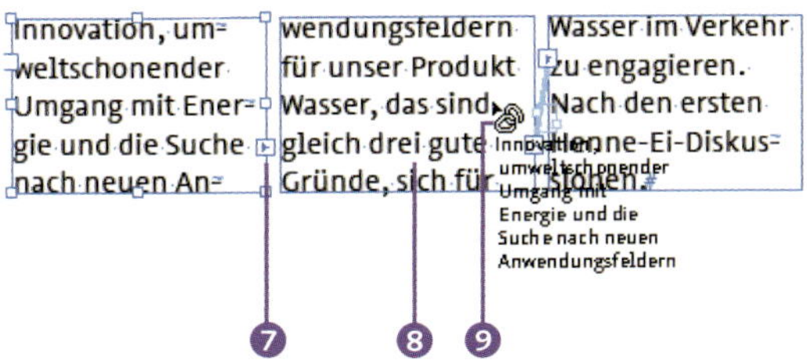

◂ **Abbildung 3.12**
Mit einem Klick wird hier die Verkettung mit allen folgenden Textrahmen aufgehoben.

Verketteten Text kopieren

Text verketteter Textrahmen können Sie beliebig markieren und ausschneiden oder kopieren. Beim Kopieren eines verketteten Textrahmens wird nur der Text dieses einen Textrahmens, nicht der gesamte Textabschnitt kopiert!

Der angeklickte und die folgenden Textrahmen enthalten dann keinen Text mehr. Der nun entstandene Übersatztext wird von InDesign im Textausgang des vorhergehenden Textrahmens gekennzeichnet ❶. Dieser kann mit einem Klick des Auswahlwerkzeugs erneut geladen und platziert werden.

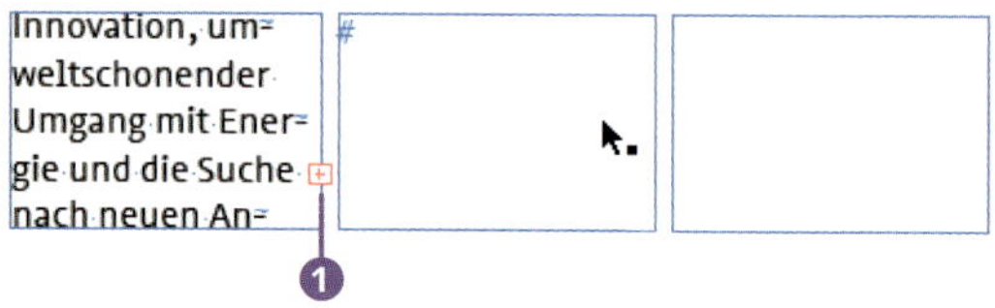

Abbildung 3.13 ▸ Durch das Lösen der Textverkettung ist wieder Übersatztext entstanden, der beliebig neu verkettet werden kann.

3.4 Textrahmenoptionen

Im unten abgebildeten Beispiel wurde auf einer zweispaltigen Seite ❹ ein dreispaltiger Textrahmen positioniert. Damit der Text nicht direkt an den Rand des Rahmens stößt, ist dem Textrahmen ein Abstand des Textes zum Rahmen an allen Seiten zugewiesen worden ❷. Diese und weitere Einstellungen werden in dem sehr wichtigen Textrahmenoptionen-Dialogfeld vorgenommen.

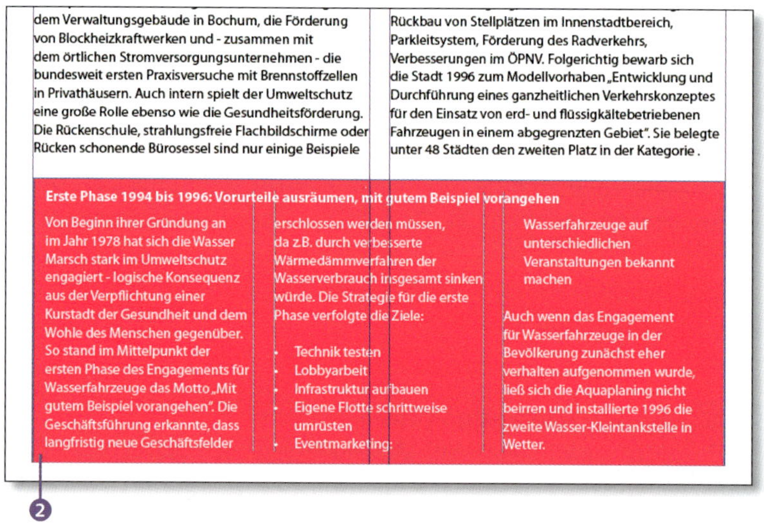

Abbildung 3.14 ▸ Nicht nur Seiten, sondern auch Textrahmen können individuell in Spalten aufgeteilt werden.

Um die Textrahmenoptionen für einen Textrahmen zu modifizieren, markieren Sie den Textrahmen und rufen dann das wichtige Dialogfeld über Objekt • Textrahmenoptionen oder [Strg]/[⌘]+[B] auf.

In diesem Fenster finden Sie drei Bereiche, von denen vor allem der Bereich Allgemein von Interesse ist.

Der Bereich »Allgemein«

Die wichtigsten Einstellungen können Sie im Bereich ALLGEMEIN ❸ vornehmen.

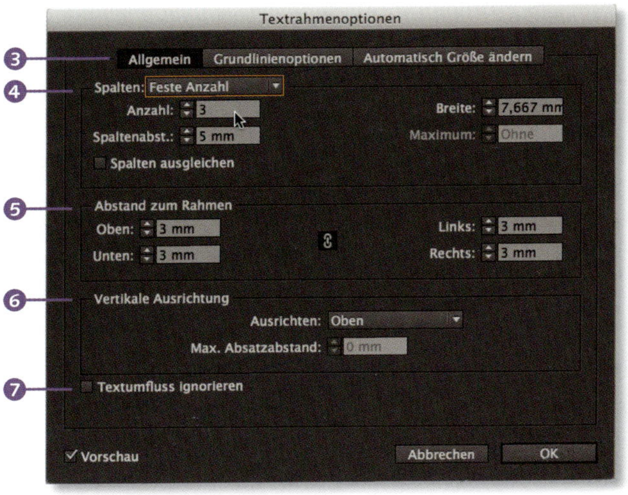

◀ Abbildung 3.15
Mit den TEXTRAHMENOPTIONEN steuern Sie den Text innerhalb eines Textrahmens.

Optionen im Blick

Auf die wichtigsten Einstellungen wie Anzahl der Spalten, Steg und vertikale Ausrichtung haben Sie auch über das STEUERUNG-Bedienfeld Zugriff.

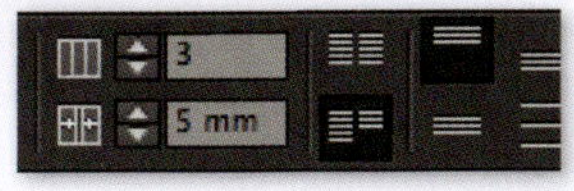

Mit den Einstellungen im Bereich SPALTEN ❹ legen Sie genau wie im Dialog NEUES DOKUMENT die Spaltenanzahl und den Abstand zwischen den Spalten fest – hier eben für einen Textrahmen. Wird die Option SPALTEN AUSGLEICHEN bei mehrspaltigen Textrahmen aktiviert, versucht InDesign den Text des betreffenden Rahmens unten auf einer Höhe enden zu lassen. Sie finden im Pulldown-Menü SPALTEN noch die interessante Option FESTE BREITE. Ist sie aktiv, können die Spalten nur die unter BREITE und SPALTENABST. eingegebenen Werte haben. Ein so eingestellter Textrahmen lässt sich dann nicht mehr beliebig in der Breite ändern.

Im Bereich ABSTAND ZUM RAHMEN ❺ kann für jede Rahmenseite ein individueller Wert für den Abstand zum Text eingestellt werden. Im Bereich VERTIKALE AUSRICHTUNG ❻ werden Ihnen im Pulldown-Menü vier Optionen angeboten: OBEN, UNTEN, ZENTRIEREN und VERTIKALER KEIL. Bei den ersten drei Wahlmöglichkeiten wird Text entsprechend der Bezeichnung innerhalb des Textrahmens positioniert – vorausgesetzt, der Text füllt den Textrahmen nicht schon vollständig aus. Beim VERTIKALEN KEIL füllt InDesign den zur Verfügung stehenden Raum des Textrahmens mit dem Text, indem der Zeilenabstand in dem dafür nötigen Maß erhöht wird. Die Checkbox TEXTUMFLUSS IGNORIEREN ❼ hat große Bedeutung:

Spalten ausgleichen

Hier ist derselbe zweispaltige Textrahmen ohne und mit aktivierter Option SPALTEN AUSGLEICHEN zu sehen.

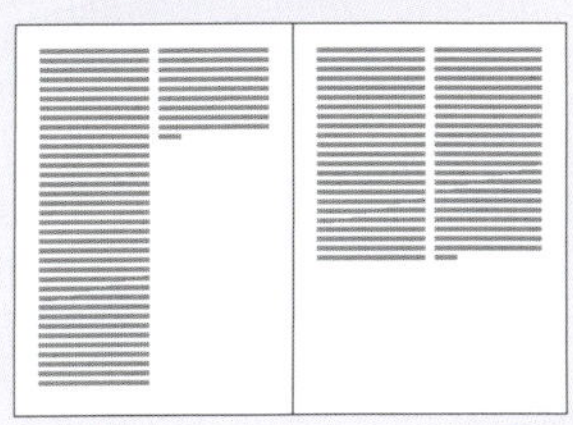

Mit der Aktivierung steuern Sie, ob der Text des Rahmens, dessen Optionen hier geändert werden, von anderen Objekten gegebenenfalls verdrängt werden kann. Dieses Prinzip sehen wir uns in Kapitel 4, »Bilder«, ab Seite 184 genauer an.

Primärer Textrahmen
Das Arbeiten mit Primärer Textrahmen bietet sich an, wenn Sie relativ gleichförmige Layouts erstellen möchten. Bei kleinteiligen, bewegten Gestaltungen sind primäre Textrahmen nicht erste Wahl.

3.5 Primärer Textrahmen

In Kapitel 2, »Dokumente anlegen«, haben Sie gesehen, wie Sie die Spalten- und Rändereinstellungen für ein Dokument ändern können. Sehen wir uns nun an, wie Sie diese Änderungen auch für die Textrahmen auf der Musterseite mit Hilfe der primären Textrahmen durchführen können. Die Dokumentseiten können dabei ruhig schon Text enthalten. Der Text wird entsprechend der Änderung des primären Textrahmens einfach neu umbrochen.

Verknüpfte Textrahmen
Textrahmen auf der Dokumentseite, die auf dem »primären Textfluss« der Musterseite beruhen, sind automatisch miteinander verknüpft und sind dafür gedacht, dass sie die Hauptmenge des Textes einer Publikation aufnehmen.

Schritt für Schritt
Text platzieren und den Satzspiegel nachträglich ändern

In diesem Workshop werden Sie grundsätzliche Layouteinstellungen ändern, nachdem Sie einem Dokument Text hinzugefügt haben.

Diese Datei finden Sie in den Beispielen unter dem Namen »Primaerer_Textrahmen.doc«.

1 Anlegen eines Dokuments
Legen Sie ein doppelseitiges Dokument an. Die Seitenanzahl belassen Sie bei »1«. Aktivieren Sie die Option Primärer Textrahmen.

2 Längeren Text platzieren
Markieren Sie zunächst mit dem Auswahl-Tool den Textrahmen auf der Dokumentseite. Durch die Aktivierung des primären Textrahmens in Schritt 1 hat InDesign auf der Musterseite einen Textrahmen erstellt. Dieser wird auf alle Dokumentseiten vererbt und kann im Gegensatz zu allen anderen Objekten, die auf der Musterseite erstellt werden, direkt auf der Dokumentseite markiert werden. Dass es sich hier um einen besonderen Textrahmen handelt, erkennen Sie auch an dem kleinen Textfluss-Icon in der oberen linken Ecke des markierten Textrahmens ❶.

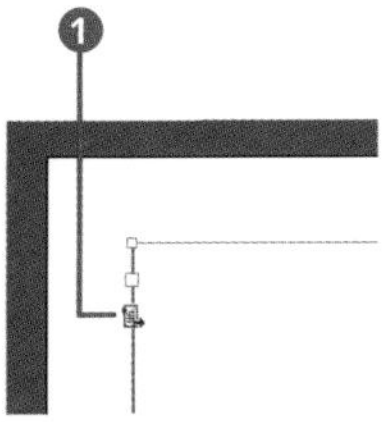

◂ **Abbildung 3.16**
Textrahmen, die auf dem primären Textrahmen der Musterseite beruhen, sind am Textfluss-Icon zu erkennen.

Rufen Sie nun über DATEI • PLATZIEREN den PLATZIEREN-Dialog auf, und wählen Sie hier den Text »Primaerer_Textrahmen.doc«. InDesign lädt den Text in den bestehenden Textrahmen und legt automatisch die nötigen Dokumentseiten mit Textrahmen an, bis der gesamte Text in das Dokument passt.

Öffnen Sie zur Kontrolle das Bedienfeld SEITEN: Dort sehen Sie, dass InDesign Ihrem Dokument die für den Text notwendigen Dokumentseiten hinzugefügt hat.

Intelligenter Textumfluss

Falls InDesign die Seiten bei langen Texten nicht automatisch einfügt, liegt das vermutlich daran, dass der INTELLIGENTE TEXTUMFLUSS in den Voreinstellungen deaktiviert ist. Diese Einstellungen finden Sie in den Voreinstellungen im Bereich EINGABE.

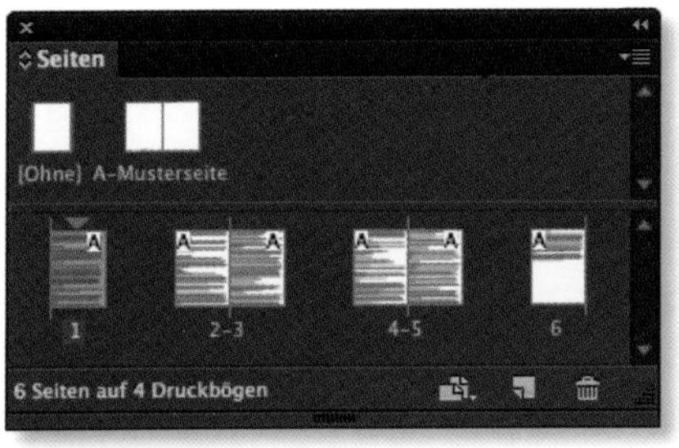

◂ **Abbildung 3.17**
Die für den geladenen Text nötigen Textrahmen und Seiten wurden von InDesign automatisch eingefügt.

3 Layoutanpassung aktivieren

Nachdem der Text nun komplett im Dokument importiert ist, können Sie den Satzspiegel für alle Seiten ändern. Bevor Sie auf der Musterseite im Dialog RÄNDER UND SPALTEN des LAYOUT-Menüs den Satzspiegel ändern, markieren Sie unbedingt zuerst die Option LAYOUTANPASSUNG AKTIVIEREN ❷. Dadurch ändern sich die primären Textrahmen in Breite und Höhe gleich mit.

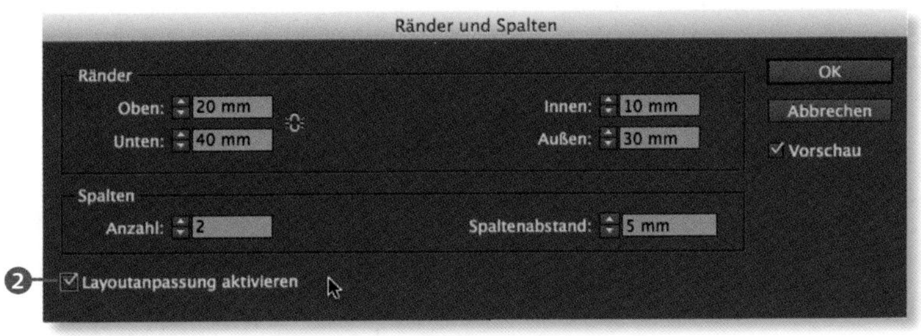

◂ **Abbildung 3.18**
Mit der aktivierten Layoutanpassung verändern sich die primären Textrahmen gleich mit.

4 Satzspiegel und primären Textrahmen ändern

Zur Demonstration habe ich die Spaltenzahl auf zwei erhöht und die Außenränder und die Stege deutlich vergrößert:

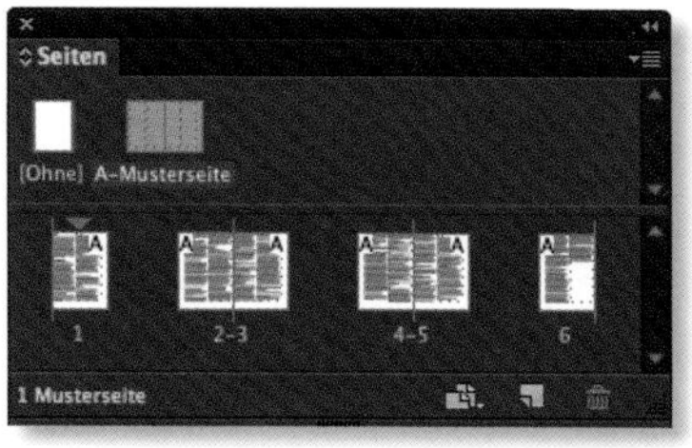

Abbildung 3.19 ▸
Im Seiten-Bedienfeld ist die Änderung des Satzspiegels erkennbar.

Ändern Sie die Größe des Satzspiegels und der primären Mustertextrahmen auf der Musterseite immer nur auf die beschriebene Weise. Sonst laufen Sie Gefahr, dass sich die Änderungen nicht auf schon bestehende Textrahmen auswirken.

3.6 Text ohne primären Textrahmen laden

Sie können ein ähnliches Ergebnis wie im Workshop der letzten Seiten auch ohne primären Textrahmen erreichen. Lassen Sie bei der Anlage des Dokuments die entsprechende Option unmarkiert, und laden Sie den gewünschten Text mit dem Platzieren-Befehl in den Cursor. Damit InDesign nun einen Textrahmen erzeugt, setzen Sie den Cursor mit dem Symbol für geladenen Text auf die obere linke Ecke des Satzspiegels auf der Dokumentseite ❶ und drücken die [⇧]-Taste ❷. Hierdurch wird Automatischer Textfluss aktiviert, und InDesign erstellt jetzt verknüpfte Textrahmen und fügt ebenso die nötigen Seiten dem Dokument hinzu, bis der gesamte geladene Text Platz findet. Wenn Sie allerdings im Nachhinein die Anzahl der Spalten erhöhen, legt InDesign für jede neue Spalte einen separaten neuen Textrahmen an, was insgesamt unhandlicher ist.

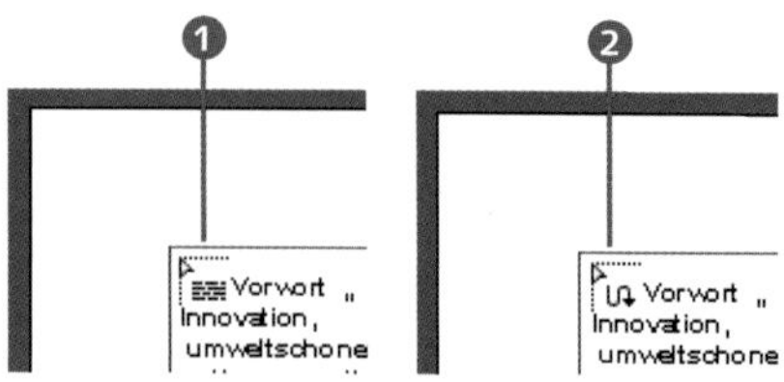

Abbildung 3.20 ▸
Wenn bei geladenem Text die [⇧]-Taste gedrückt wird, werden Textrahmen und Seiten automatisch erstellt.

3.7 Zeichen

Änderungen sowohl von Zeichenattributen wie Schriftart, -schnitt und -größe als auch der Absatzattribute wie Absatzausrichtung und -einzug sind alle im STEUERUNG-Bedienfeld einstellbar. Ich empfehle Ihnen jedoch, sich anfangs mit den beiden Bedienfeldern ZEICHEN und ABSATZ zu beschäftigen. Zu Beginn ist die klare Trennung der Zuständigkeiten dieser beiden zentralen Bedienfelder sicher einfacher nachvollziehbar als die Funktionsweise des STEUERUNG-Bedienfeldes. Zudem ist es an verschiedenen Stellen von InDesign essenziell, sich darüber klar zu sein, ob eine gewünschte Änderung ein Schriftzeichen oder einen ganzen Absatz betrifft.

Das STEUERUNG-Bedienfeld ist standardmäßig eingeblendet und reagiert, wie in Kapitel 1 erläutert, dynamisch auf das aktive Werkzeug (siehe Seite 24). Beim Textwerkzeug lassen sich die angezeigten Optionen mit Hilfe der beiden Buttons ZEICHENFORMATIERUNG ❸ bzw. ABSATZFORMATIERUNG ❹ weiter steuern. Am schnellsten wechseln Sie zwischen der Anzeige von Zeichen- und Absatzformatierungssteuerung im STEUERUNG-Bedienfeld über Strg/⌘+Alt+7.

Schriften aufräumen

In den Schriftmenüs können Sie häufig verwendete Schriften mit Sternen als Favoriten markieren. Bei Bedarf können Sie sich dort auch nur diese anzeigen lassen.

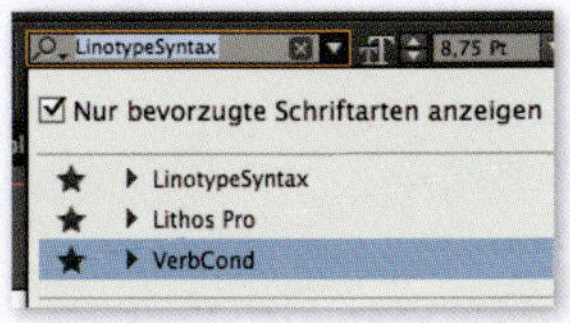

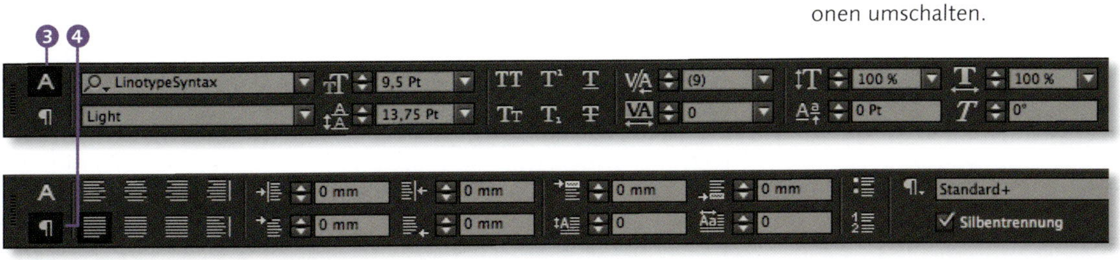

▼ **Abbildung 3.21**
Für das Textwerkzeug lassen sich die im STEUERUNG-Bedienfeld angezeigten Optionen umschalten.

3.8 Das Bedienfeld »Zeichen«

Um die diversen Attribute einzelner Schriftzeichen oder Wörter zu ändern, müssen diese mit dem Textwerkzeug markiert sein. Dafür stehen Ihnen verschiedene Markierungstechniken zur Verfügung (siehe Seite 35). Das Bedienfeld ZEICHEN (Strg/⌘+T) finden Sie sowohl unter SCHRIFT • ZEICHEN als auch unter FENSTER • SCHRIFT UND TABELLEN • ZEICHEN. Auch wenn es vielleicht verlockend erscheint, weil Sie sich im ersten Fall durch eine Menüebene weniger hangeln müssen: Suchen Sie nach Bedienfeldern immer

Schneller springen

In Schriftmenüs können Sie den Schriftnamen eintippen, dadurch springen Sie schnell zur gewünschten Schrift. Unter der Lupe finden Sie weitere Konfigurationsoptionen.

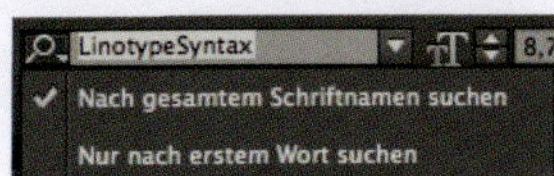

zuerst (oder sogar ausschließlich) im Menü FENSTER, da Sie hier sicher sein können, dass das gesuchte Bedienfeld hier hinterlegt ist.

Abbildung 3.22 ▸
Das Bedienfeld ZEICHEN mit den eingeblendeten Optionen im unteren Bereich

▸ **Schriftart:** Alle auf Ihrem Rechner aktivierten Schriften ❶ werden im Pulldown-Menü in einer Vorschau angezeigt.
▸ **Schriftschnitt:** Wählen Sie den gewünschten Schriftschnitt ❷ – etwa Medium, Bold, Kursiv – aus.
▸ **Schriftgrad:** Als Einheit für den Schriftgrad ❸ dient hier der typografische Punkt (Pt). Sie können aber auch beispielsweise »5 mm« eingeben, InDesign rechnet den eingegebenen Wert um und zeigt ihn anschließend in Punkt an.
▸ **Zeilenabstand:** In den Eingabefeldern ❹ können Sie den gewünschten Abstand wählen oder eingeben.
▸ **Kerning:** Mit Kerning ❺ regulieren Sie den Zeichenabstand von einzelnen Zeichenpaaren.
▸ **Laufweite:** Im Gegensatz zum Kerning wird mit der Laufweite ❻ der Zeichenabstand von Wörtern oder ganzen Textabschnitten geändert.
▸ **Vertikal skalieren ❼, Horizontal skalieren ❽, Neigen (Pseudo-Kursiv) ❿:** Da die Ergebnisse dieser Manipulationen schnell unprofessionell wirken, sollten Sie diese Optionen nur im gut begründeten Ausnahmefall einsetzen.
▸ **Grundlinienversatz:** Hier ❾ können Sie eingeben, um welchen Betrag der markierte Text von der Schriftlinie nach oben oder unten verschoben wird.
▸ **Sprache:** Hier wählen Sie ein Wörterbuch ⓫ aus, das InDesign für die Silbentrennung und für die Rechtschreibprüfung heranzieht. Der Text selbst bleibt durch die Änderung unverändert.

Schriftgrad

Die Schriftgröße bezieht sich auf die Gesamthöhe, die Großbuchstaben und Unterlängen einer Schrift einnehmen. Hinzu kommt noch etwas »Fleisch« oben und unten, Akzente und Punkte wie beim Ä werden nicht zwingend dazugezählt.

Zeilenabstand

Der ZEILENABSTAND wird von Schriftlinie bis Schriftlinie gemessen und sollte etwa 1/5 bis 1/4 größer als die Schriftgröße gewählt werden.

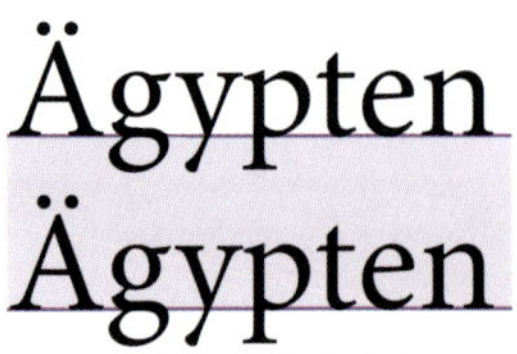

3.9 Weitere Optionen zur Zeichenformatierung

Im Menü des Zeichen-Bedienfeldes finden Sie noch weitere Optionen, mit denen Sie das Aussehen von Text ändern können. Im Bedienfeld Steuerung sind die wichtigsten Menüeinträge als Buttons implementiert:

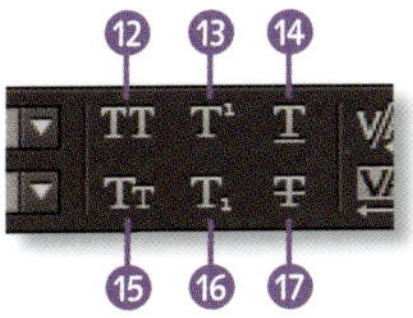

◂ **Abbildung 3.23**
Nicht alle Buttons im Steuerung-Bedienfeld sind empfehlenswert.

Der markierte Text wird mit dem Button Grossbuchstaben ⑫ ungeachtet der eingegebenen Groß- und Kleinschreibung in Großbuchstaben dargestellt. Dabei wird die ursprüngliche Schreibweise von InDesign intern beibehalten, wodurch sich diese Modifikation auch wieder rückgängig machen lässt. Der Button Kapitälchen ⑮ bewirkt, dass InDesign Kapitälchen errechnet, was zu unbefriedigenden Ergebnissen führt (siehe nebenstehenden Kasten), deshalb sollte dieser Button eigentlich überhaupt nicht verwendet werden. Bei Einheiten wie km^2 kann die Ziffer mit Hochgestellt ⑬ nach oben versetzt werden. Dementsprechend kann die Ziffer bei chemischen Formeln wie CO_2 mit Tiefgestellt ⑯ nach unten versetzt werden. Unterstrichen ⑭ und Durchgestrichen ⑰ erledigen genau dies. Im Zeichen-Bedienfeldmenü finden Sie entsprechende Einträge, die die Dialogfelder Unterstreichungs- bzw. Durchstreichungsoptionen öffnen. Hier können Sie dann genaue Einstellungen treffen.

Die Buttons zum Hoch- und Tiefstellen sollten Sie wie die Kapitälchen-Option nur wählen, wenn die gewünschten Zeichenformen nicht im Zeichensatz vorliegen: InDesign errechnet bei der Verkleinerung neben der Größe auch die Strichstärke.

Original oder Fälschung?

- *Times italic* *a e f*
- *Times verzerrt* *a e f*
- ECHTE KAPITÄLCHEN
- ELEKTRONISCH ERSTELLTE KAPITÄLCHEN
- km^2, CO_2
- km^2, CO_2

Schrift eines Rahmens

Markieren Sie einen Textrahmen und ändern Sie dann die Zeichenattribute, ändert sich der gesamte Rahmentext.

OpenType-Optionen

Bei OpenType-Schriften und vor allem bei solchen, die nicht das Std für Standard, sondern ein Pro im Namen führen, sind die Varianten für die hoch- und tiefgestellten Ziffern und Buchstaben als eigenständige Zeichen hinterlegt. Dann finden Sie die entsprechenden Einträge im ZEICHEN-Bedienfeldmenü unter dem Punkt OPENTYPE. Nicht verfügbare Features sind mit eckigen Klammern versehen:

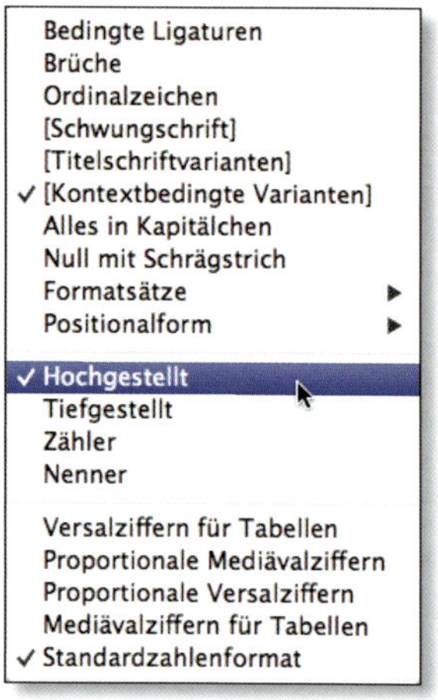

◂ **Abbildung 3.24**
Hier sind die OpenType-Features der Schrift Minion Pro im ZEICHEN-Bedienfeldmenü eingeblendet.

a, TT, O?

In der Schriftübersicht wird die vorliegende Schrifttechnologie der jeweiligen Schrift mit einem Symbol gekennzeichnet: Das »a« steht für »Type 1«, »TT« für »TrueType« und »O« für »OpenType«. Nach Möglichkeit sollten Sie auf die OpenType-Variante zurückgreifen. Hier sind die Schriften »Symbol«, »Times« und »Trajan Pro« zu sehen:

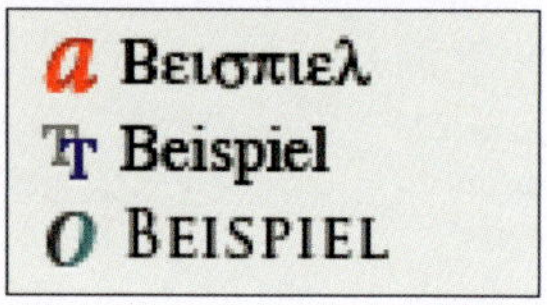

3.10 Das Bedienfeld »Glyphen«

Sollten Sie bestimmte Sonderzeichen wie © suchen, können Sie unter SCHRIFT • SONDERZEICHEN EINFÜGEN • SYMBOLE oder im Kontextmenü innerhalb eines Textrahmens nachsehen. Ansonsten finden Sie alle Zeichen eines Zeichensatzes im Bedienfeld GLYPHEN, das Sie über das Menü SCHRIFT aufrufen können.

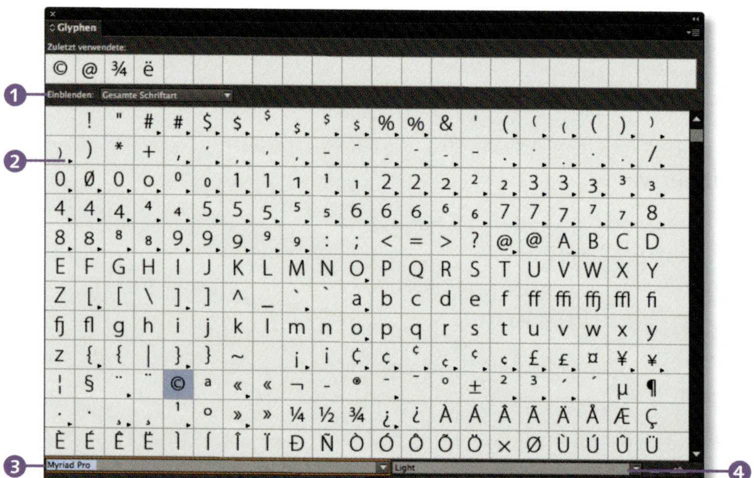

Abbildung 3.25 ▸
Im Bedienfeld GLYPHEN ist hier ein kleiner (!) Ausschnitt der MYRIAD PRO LIGHT zu sehen.

Es werden automatisch die Glyphen (Zeichen) der Schrift angezeigt, in der der Text gesetzt ist, in dem sich der Cursor befindet. Sie können hier aber auch die Schriftart ❸ und den Schriftschnitt ❹ selbst anwählen. Im Pulldown-Menü EINBLENDEN ❶ können Sie bestimmen, ob Sie den gesamten Zeichensatz oder nur einen Teil wie Zahlen, Interpunktion oder Symbole angezeigt bekommen möchten. Über die kleinen Dreiecke am unteren Rand der Zeichenfelder ❷ lassen sich Zeichenalternativen anwählen.

Glyphensatz

Wenn Sie manche Sonderzeichen immer wieder benötigen, können Sie diese in einem sogenannten Glyphensatz speichern. Dabei werden die Schriftzeichen mit der jeweiligen Schrift abgespeichert. Die betreffende Funktion finden Sie im Menü des GLYPHEN-Bedienfeldes.

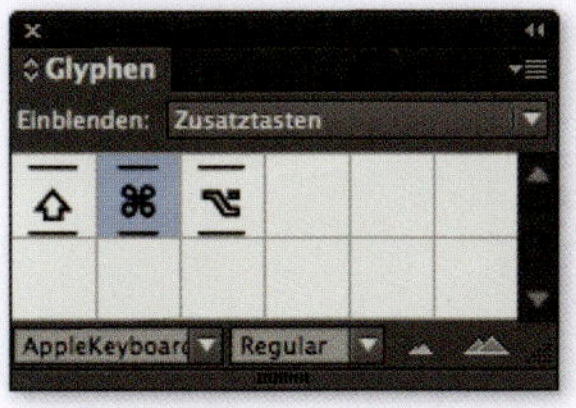

3.11 Zeichenformate

Stellen Sie sich vor, in einem längeren Text eines Kunden wird der Firmenname häufig wiederholt. Als sogenannte Auszeichnung, sozusagen als Betonung im Text, möchten Sie Großbuchstaben verwenden. Über den Dialog BEARBEITEN • SUCHEN/ERSETZEN könnten Sie alle Vorkommnisse des Firmennamens finden und auch direkt formatieren.

Wenn Sie sich aber später entscheiden, statt der Großbuchstaben doch lieber Kapitälchen zu verwenden, müssen Sie diese Arbeitsschritte wiederholen. Viel einfacher ist es, hier Zeichenformate einzusetzen.

Schritt für Schritt
Text auszeichnen

In dieser Anleitung werden Sie dem Wort »Wasserfahrzeuge« und seinen Abwandlungen wie »Wasserfahrzeugen« eine einheitliche Formatierung zuweisen und diese zentral, das heißt dokumentweit verwalten.

1 Text platzieren

Legen Sie ein neues DIN-A4-Dokument an. Im Dialog NEUES DOKUMENT markieren Sie die Option PRIMÄRER TEXTRAHMEN. Erhöhen Sie im Bereich SPALTEN die ANZAHL auf 2. Nachdem InDesign das Dokument erstellt hat, platzieren Sie den Text »Text_auszeichnen.doc« in den zweispaltigen Textrahmen auf der ersten Dokumentseite. Eventuell sehen Sie das rote Quadrat mit

Diese Datei finden Sie in den Beispielen unter dem Namen »Text_auszeichnen.doc«.

dem Plus-Zeichen als Übersatzwarnung unten rechts am Textrahmenrand – Sie formatieren den Text gleich so, dass er komplett auf die Seite passt.

2 Gesamten Text formatieren

Klicken Sie mit dem Text-Werkzeug in den Text, und wählen Sie über Bearbeiten • Alles auswählen den gesamten Text aus ❶. Im Zeichen-Bedienfeld weisen Sie nun dem gesamten Text die OpenType-Schrift Minion Pro Regular zu.

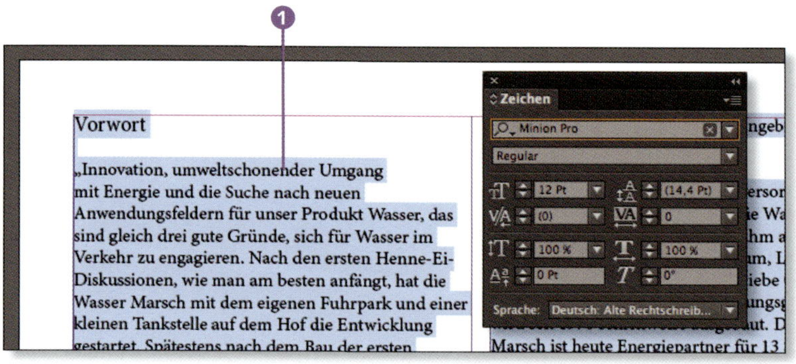

Abbildung 3.26 ▸
Wenn der Textrahmen markiert ist, kann der gesamte Text auf einmal formatiert werden.

3 Ein Wort formatieren

Suchen Sie im letzten Satz des ersten Absatzes »Vorwort« das Wort »Wasserfahrzeuge«. Wenn nötig, vergrößern Sie den Ausschnitt, den Sie sich genauer ansehen möchten, z. B. auf 200 % mit Strg/⌘+2. Klicken Sie dann mit dem Textwerkzeug zweimal in das Wort, dadurch wird das Wort markiert ❷. Weisen Sie dem Wort »Wasserfahrzeuge« über das Zeichen-Bedienfeldmenü ❸ die Option Grossbuchstaben ❹ zu.

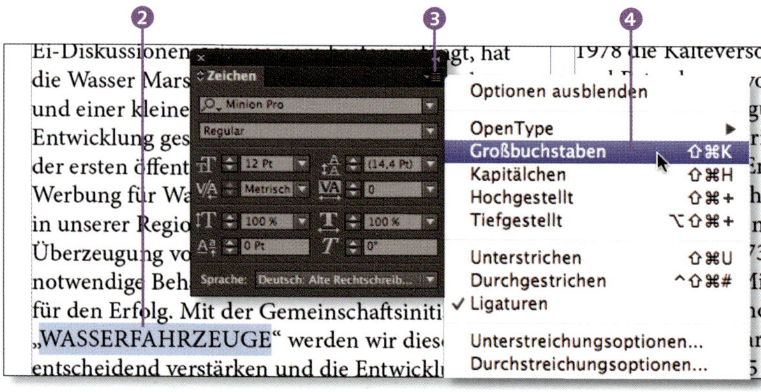

Abbildung 3.27 ▸
Dem markierten Text wurde das Attribut Grossbuchstaben zugewiesen.

4 Ein Zeichenformat anlegen und zuweisen

Als Nächstes rufen Sie über Fenster • Formate • Zeichenformate das Bedienfeld Zeichenformate auf. Es enthält lediglich das voreingestellte Zeichenformat [Ohne]. An den eckigen Klammern und dem durchgestrichenen Stift erkennen Sie, dass dieses Zeichenformat weder zu modifizieren noch zu löschen ist. Um ein neues Zeichenformat mit der Zeichenformatierung anzulegen, die Sie in Schritt 3 vorgenommen haben, sollte »Wasserfahrzeuge« noch immer markiert sein – nun brauchen Sie nur noch im unteren Bereich des Zeichen-Bedienfeldes auf den Abreißblock-Button Neues Format erstellen ❺ zu klicken. InDesign legt dadurch ein neues Zeichenformat mit dem Namen Zeichenformat 1 an, markiert ist aber im Zeichenformat-Bedienfeld immer noch [Ohne]. Das heißt, Sie haben zwar ein neues Zeichenformat mit den Zeichenattributen von »Wasserfahrzeuge« angelegt, aber dieses neue Zeichenformat ist der Auswahl noch nicht zugewiesen. Das erreichen Sie durch das Anklicken von Zeichenformat 1 ❻.

Verwandtschaftsverhältnis

Schriften wie Stone, Thesis oder Rotis liegen in mehreren Schriftfamilien vor, die Obergruppe wird häufig als Schriftsippe bezeichnet. Jede Schriftfamilie kann wiederum über mehrere Schriftschnitte verfügen. Am Beispiel der Schriftsippe Stone sieht das z. B. so aus:

Stone	Sippe
▸ Serif	Familie
▸ Medium	Schnitt
▸ **Bold**	Schnitt
▸ Sans	Familie
▸ Medium	Schnitt
▸ **Bold**	Schnitt

◂ **Abbildung 3.28**
Ein neues Zeichenformat wurde mit den Einstellungen der Markierung erstellt.

5 Die Suche einschränken

Als Nächstes sollen alle Vorkommnisse von »Wasserfahrzeug« und Varianten im Fließtext des Dokuments das Zeichenformat 1 zugewiesen bekommen. Dafür öffnen Sie den Suchen/Ersetzen-Dialog im Menü Bearbeiten. Im oberen Bereich sollte Text angewählt sein, im Feld Suchen nach tragen Sie »Wasserfahrzeug« ein. Da wir das Wort nur im Fließtext, nicht aber in den Überschriften suchen möchten (das »Wasserfahrzeuge« über dem zweiten Absatz soll nicht in Großbuchstaben erscheinen), benötigen wir eine Möglichkeit, die Suche einzuschränken. Der Fließtext zeichnet sich dadurch aus, dass er im Gegensatz zu den Überschriften kleiner, nämlich in 12 Pt gesetzt ist (siehe Abbildung 3.26). Überprüfen Sie die Schriftgröße des Fließtextes am besten in Ihrem Dokument. Wenn wir nun nur im Text suchen,

Formatierung aus Word

Werden keine besonderen Formate beim Import von Texten angegeben, übernimmt InDesign die Formatierung, die in Word angewendet wurde.

der als Schriftgröße 12 Pt aufweist, bleiben die Überschriften von der Suche unberücksichtigt. Klicken Sie nun im Bereich FORMAT SUCHEN auf den Button SUCHATTRIBUTE EINGEBEN ❶.

Abbildung 3.29 ▶
Nach einem Klick auf die Lupe können Sie genau festlegen, wie der zu durchsuchende Text formatiert ist.

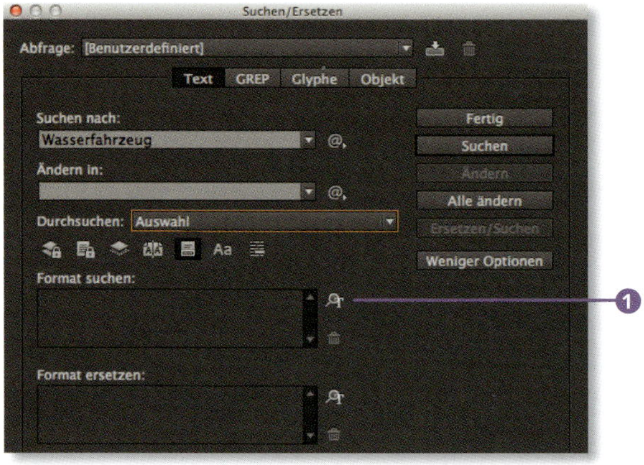

Dadurch öffnet sich der FORMATEINSTELLUNGEN SUCHEN-Dialog. Im Bereich GRUNDLEGENDE ZEICHENFORMATE ❷ geben Sie unter SCHRIFTGRAD ❸ den eben abgelesenen Schriftgrad des Fließtextes ein.

Abbildung 3.30 ▼
InDesign wird nun nur in Text suchen, der 12 Pt groß ist.

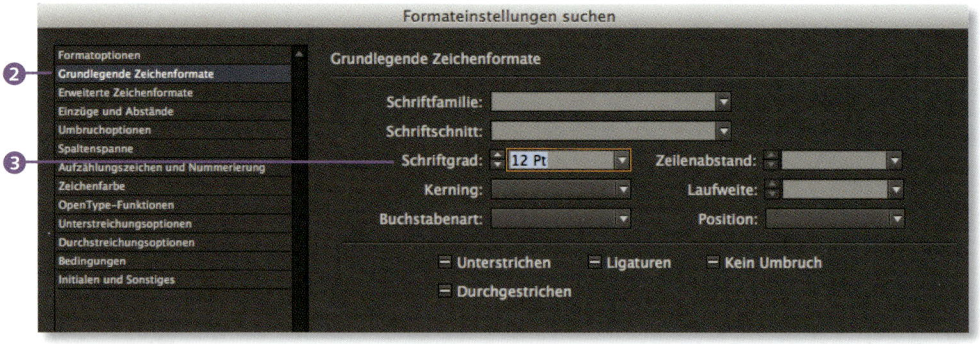

Damit wird die Suche auf diesen Schriftgrad beschränkt. Bestätigen Sie mit OK, wodurch Sie zur Suchmaske zurückkehren.

Suchen einschränken

Das Einschränken der Suche auf Texte, die ganz bestimmte Formatierungen aufweisen, ist ein mächtiges Feature, das häufig unterschätzt wird.

6 Suchen und Formatieren

Die Formatangaben ❹ und das Info-Symbol ❺ weisen darauf hin, dass nun beim Klick auf SUCHEN nicht mehr der gesamte Text, sondern nur noch die entsprechend formatierten Texte nach »Wasserfahrzeug« durchsucht werden.

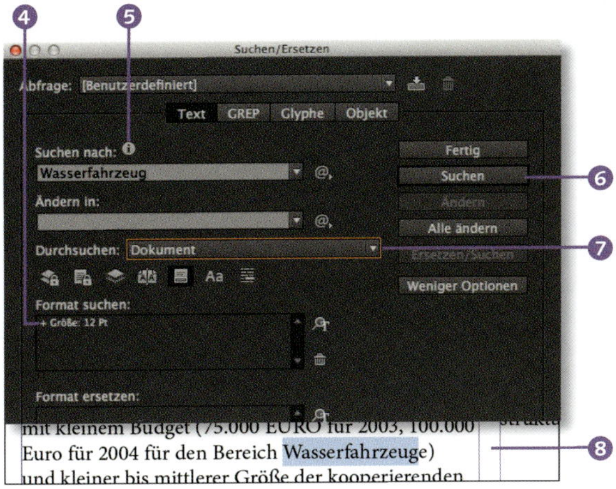

◂ **Abbildung 3.31**
So sieht der SUCHEN/ERSETZEN-Dialog aus, wenn ein Wort in einer Formatierung gesucht wird.

Schieben Sie den SUCHEN/ERSETZEN-Dialog zur Seite, so dass Sie den Text gut übersehen können, ändern Sie ggf. die Option bei DURCHSUCHEN auf DOKUMENT ❼, und klicken Sie dann auf SUCHEN ❻. Doppelklicken Sie jedes Mal auf den gefundenen Text ❽, und weisen Sie dem so markierten Text mit einem Klick auf die entsprechende Zeile im ZEICHENFORMATE-Bedienfeld das ZEICHENFORMAT 1 zu. Mit dem Doppelklick stellen Sie sicher, dass auch den kompletten Wörtern wie »Wasserfahrzeug<u>e</u>« und »Wasserfahrzeug<u>en</u>« das ZEICHENFORMAT 1 zugewiesen wird. Ist die erste Fundstelle neu formatiert, geht es mit einem Klick auf WEITERSUCHEN ❾ zur nächsten.

GREP

Statt im Textmodus lassen sich deutlich flexiblere Suchen mit GREP realisieren. In Kapitel 8, »Praktische Hilfsmittel«, zeige ich Ihnen mögliche Alternativen zu den hier gezeigten Lösungen (siehe Seite 352).

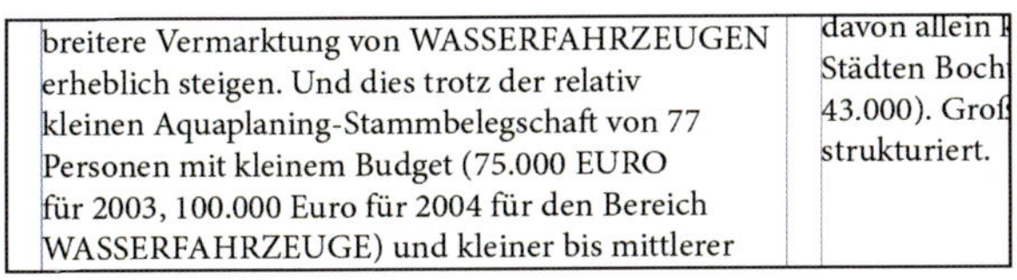
breitere Vermarktung von WASSERFAHRZEUGEN erheblich steigen. Und dies trotz der relativ kleinen Aquaplaning-Stammbelegschaft von 77 Personen mit kleinem Budget (75.000 EURO für 2003, 100.000 Euro für 2004 für den Bereich WASSERFAHRZEUGE) und kleiner bis mittlerer

davon allein Städten Boch 43.000). Groß strukturiert.

◂ **Abbildung 3.32**
Dem Suchwort und seinen Varianten wurde dasselbe Zeichenformat zugewiesen.

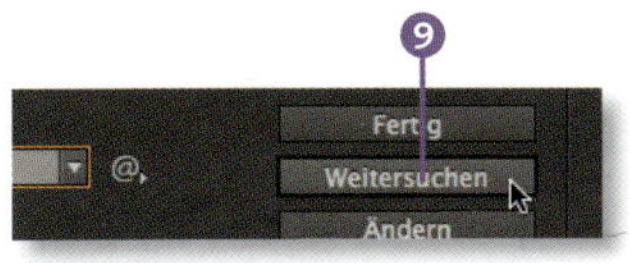

▴ **Abbildung 3.33**
Die Beschriftung des SUCHEN-Buttons ändert sich in WEITERSUCHEN, wenn der gesuchte Text gefunden wurde.

7 Zeichenformat ändern

Die Großschreibung von »Wasserfahrzeug/-e/-en« fällt vielleicht doch zu sehr ins Auge. Lassen Sie uns doch eben einmal ausprobieren, wie der Text wirkt, wenn wir die Großschreibung durch echte Kapitälchen ersetzen. Genau bei einer solchen Änderung von Formatierungen spielt das Konzept der Zeichenformate seine ganze Stärke aus: Mit einem Rechtsklick auf ZEICHENFORMAT 1 im Bedienfeld ZEICHENFORMATE öffnen Sie mit dem Befehl "ZEICHENFORMAT 1" BEARBEITEN den Dialog ZEICHENFORMATOPTIONEN.

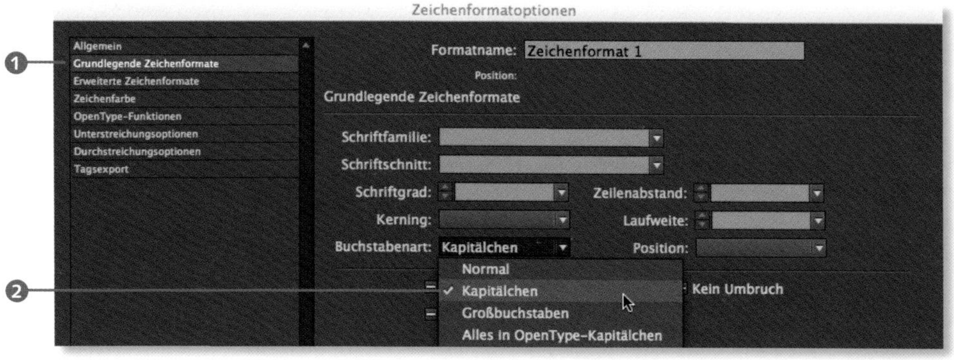

Abbildung 3.34 ▲
In den ZEICHENFORMATOPTIONEN wird die Buchstabenart von GROSSBUCHSTABEN in KAPITÄLCHEN geändert.

Im Bereich GRUNDLEGENDE ZEICHENFORMATE ❶ wählen Sie als BUCHSTABENART statt GROSSBUCHSTABEN hier KAPITÄLCHEN ❷ an (nicht ALLES IN OPENTYPE-KAPITÄLCHEN, dabei werden nämlich großgeschriebene Wortanfänge ignoriert). Und damit sind alle Varianten von »Wasserfahrzeug« statt in Großschreibung in Kapitälchen gesetzt!

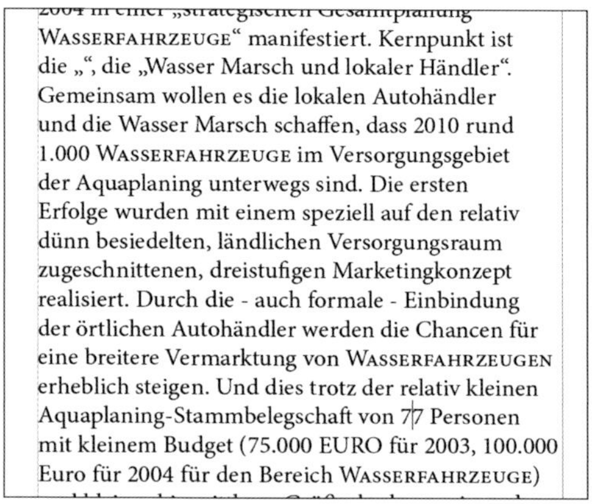
WASSERFAHRZEUGE" manifestiert. Kernpunkt ist die „", die „Wasser Marsch und lokaler Händler". Gemeinsam wollen es die lokalen Autohändler und die Wasser Marsch schaffen, dass 2010 rund 1.000 WASSERFAHRZEUGE im Versorgungsgebiet der Aquaplaning unterwegs sind. Die ersten Erfolge wurden mit einem speziell auf den relativ dünn besiedelten, ländlichen Versorgungsraum zugeschnittenen, dreistufigen Marketingkonzept realisiert. Durch die - auch formale - Einbindung der örtlichen Autohändler werden die Chancen für eine breitere Vermarktung von WASSERFAHRZEUGEN erheblich steigen. Und dies trotz der relativ kleinen Aquaplaning-Stammbelegschaft von 77 Personen mit kleinem Budget (75.000 EURO für 2003, 100.000 Euro für 2004 für den Bereich WASSERFAHRZEUGE)

Abbildung 3.35 ►
Beim Überfliegen des Textes fallen Kapitälchen nicht so sehr ins Auge, beim Lesen wird die Auszeichnung aber deutlich.

In den ZEICHENFORMATOPTIONEN können Sie weit mehr als die im Workshop angewendete Buchstabenart hinterlegen.

3.12 Spezielle Zeichen

Wenn Sie Zeichen wie besondere Leerräume, Striche oder Anführungszeichen setzen möchten, geht das sehr einfach über das Kontextmenü, das Sie bei aktivem Textwerkzeug mit einem

Rechtsklick einblenden lassen können. Aus den hier hinterlegten Menüpunkten können Sie dann die gewünschten Zeichen auswählen.

Menü »Schrift«

Dieselben Einträge aus dem Kontextmenü finden Sie ebenfalls im Menü SCHRIFT.

Leerräume

Schauen wir uns zunächst die wichtigsten Einträge im Untermenü LEERRAUM EINFÜGEN an.

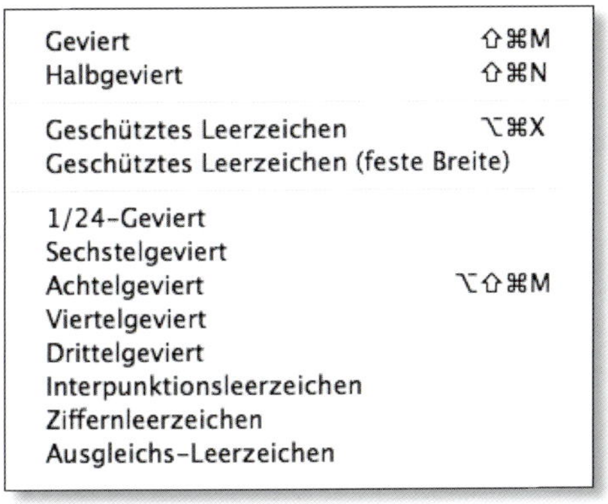

◂ **Abbildung 3.36**
Die wichtigsten Leerräume sind mit Tastaturbefehlen belegt.

- **Geviert:** Der Begriff »Geviert« stammt wie so mancher typografische Fachbegriff aus der Bleisatzzeit und ist eine proportionale Größe. Das Geviert ist so breit wie die Schriftgröße, in der es gesetzt wird: In einer 10-Pt-Schrift ist es somit 10 Pt breit. In Inhaltsverzeichnissen, bei denen die Seitenzahl nicht rechtsbündig gesetzt wird, kommt das Geviert-Leerzeichen für den Abstand zwischen Kapitel und Seitenzahl zum Einsatz. In Mengentexten wird es eigentlich nicht verwendet. Es kann als Orientierungsgröße für einen Absatzeinzug (siehe Seite 126) herangezogen werden.
- **Geschütztes Leerzeichen:** Ein geschütztes Leerzeichen hat die Breite eines gewöhnlichen Leerzeichens (von etwa einem Halbgeviert) und hält die Wörter, zwischen denen es platziert wurde, zusammen. Das ist beispielsweise bei Titeln wie Prof., Dr. wünschenswert. Ohne den Einsatz des geschützten Leerzeichens läuft man Gefahr, dass der Titel am Zeilenende vom Eigennamen getrennt wird, was die Lesbarkeit herabsetzt. Im Blocksatz wird das geschützte Leerzeichen bei Bedarf wie normale Leerzeichen in der Breite verringert oder verbreitert.

▴ **Abbildung 3.37**
Zwischen Text und Seitenzahl wurden Geviert-Leerzeichen gesetzt.

- **Geschütztes Leerzeichen (feste Breite):** Ein geschütztes Leerzeichen mit fester Breite behält auch im Blocksatz seine Breite von etwa einem Halbgeviert bei und sorgt wie ein normales geschütztes Leerzeichen dafür, dass etwa Titel und Namen nicht getrennt werden.

Am nächsten Morgen entdeckte Dr. Schulze-Meyerhof, dass wieder eine Herde Schafe über seinen englischen Rasen getrampelt war.

Am nächsten Morgen entdeckte Dr. Schulze-Meyerhof, dass wieder eine Herde Schafe über seinen englischen Rasen getrampelt war.

Am nächsten Morgen entdeckte Dr. Schulze-Meyerhof, dass wieder eine Herde Schafe über seinen englischen Rasen getrampelt war.

▲ **Abbildung 3.38**
Nach »Dr.« wurde v. l. n. r. ein normales, ein geschütztes und ein geschütztes Leerzeichen mit fester Breite gesetzt.

- **Achtelgeviert:** Dieser kleine Abstand wird gerne bei Abkürzungen wie z. B., u. Ä. und z. T. eingefügt. Auch bei Mengenangaben wie 10 €, 12 % wird das Achtelgeviert gesetzt. Es hält die Textteile, zwischen denen es steht, wie ein geschütztes Leerzeichen zusammen.
- **Ausgleichs-Leerzeichen:** Möchten Sie z. B. ein Symbol wie ein Quadrat am Ende eines im Blocksatz gesetzten Textes setzen, fügen Sie vor das Symbol das Ausgleichs-Leerzeichen ein. Die Schlusszeile wird dadurch auf die gesamte Spaltenbreite ausgetrieben.

Abbildung 3.39 ▶
Durch das Ausgleichs-Leerzeichen wird hier das Quadrat an die Satzkante versetzt.

In Magazinen wird das Ende von langen Artikeln häufig durch ein Autorenkürzel oder ein Schlusszeichen gekennzeichnet. ■

Striche

Der Strich, der am häufigsten zum Einsatz kommt, ist zugleich auch die kürzeste der in den Schriftsätzen hinterlegten Strichvarianten. Er kommt als Trenn- oder Bindestrich vor und wird mit der [-]-Taste in den Text eingegeben. Der Trennstrich – auch als Divis bezeichnet – wird von InDesign automatisch an den Trennstellen in die Wörter eingefügt, sobald Sie die Silbentrennung im Absatz-Bedienfeld für einen Text aktivieren. Bei Doppelnamen wie »Schulze-Meyerhof« fungiert dieser Strich als Bindestrich.

▲ **Abbildung 3.40**
Wenn die Silbentrennung im Absatz-Bedienfeld für einen Absatz aktiviert wurde, trennt InDesign die Wörter an der rechten Satzkante.

Weitere vier Striche finden Sie unter Schrift • Sonderzeichen einfügen • Trenn- und Gedankenstriche:

- **Geviertstrich:** Dieser längste der vier Striche wird bei uns kaum eingesetzt. Im anglikanischen Raum findet er allerdings als Gedankenstrich Verwendung, dann ohne Leerzeichen.
- **Halbgeviertstrich:** Der Halbgeviertstrich wird vor allem als Gedankenstrich und als Bis-Strich gesetzt.
- **Bedingter Trennstrich:** Trennt InDesign ein bestimmtes Wort nicht sinnvoll, so fügen Sie an der gewünschten Stelle den bedingten Trennstrich ein. Bedingt bedeutet in diesem Zusammenhang, dass der Trennstrich nur dann von InDesign eingefügt wird, wenn das Wort an der Satzkante steht (und die Silbentrennung aktiv ist). Ändert sich der Umbruch z. B. durch Textänderungen und das Wort steht nicht mehr direkt an der Satzkante, wird der Trennstrich von InDesign wieder entfernt. Die Position von Trennungen innerhalb eines Wortes sollte deshalb immer mit BEDINGTER TRENNSTRICH eingegeben werden.

  InDesign fügt bei aktivierter Silbentrennung die nötigen Trennstriche entsprechend den im Wörterbuch hinterlegten Trennregeln ein. Diese Regeln können Sie selbst optimieren, was bei immer wiederkehrenden Wörtern empfehlenswert ist (siehe Seite 104).

  Wenn der bedingte Trennstrich vor ein Wort gesetzt wird, trennt InDesign es nicht mehr.
- **Geschützter Trennstrich:** Wenn Sie verhindern möchten, dass ein Doppelname über zwei Zeilen hinweg getrennt wird, geben Sie statt des normalen Bindestriches dieses Sonderzeichen ein.

Morgens früh entdeckte Dr. Schulze-Meyerhof, dass wieder eine Herde Schafe über seinen englischen Rasen getrampelt war.	Morgens früh entdeckte Dr. Schulze-Meyerhof, dass wieder eine Herde Schafe über seinen englischen Rasen getrampelt war.

◂ **Abbildung 3.43**
Rechts wurde der geschützte Trennstrich eingefügt (allerdings mit fatalen Folgen für die Wortzwischenräume).

It was—according to Ms. Smith—a never ending story.

▲ **Abbildung 3.41**
Im Englischen wird der Geviertstrich als Gedankenstrich eingesetzt – ohne Zwischenraum.

Halbgeviertstriche
- Gedankenstrich: Er stand – möglicherweise – auf eigenen Füßen.
- Bis-Strich: S. 98–102
- Auslassungsstrich: € 380,–

Konsument-
scheidung.¶
Konsum-
entscheidung.#

▲ **Abbildung 3.42**
Damit InDesign nach »Konsum« trennt, wurde ein bedingter Trennstrich eingefügt.

Ziffern

Es gibt zwei unterschiedliche Gruppen von Ziffernsätzen: Versal- und Mediävalziffern. Versalziffern sind deutlich häufiger vertreten, zumindest bei Schriften, die nicht als OpenType vorliegen. Versalziffern haben alle die Größe der Versalien (Großbuchstaben): 123456890. Mediävalziffern hingegen verfügen genau wie Kleinbuchstaben über Ober- und Unterlängen: 123456890.

Zahlen bitte!

Hier sehen Sie die Ziffern der Myriad Pro Regular bei der Arbeit:

- Versalziffern für Tabellen

  123.456,01 €

- Mediävalziffern für Tabellen

  123.456,01 €

- proportionale Versalziffern

  123.456,01 €

- proportionale Mediävalziffern

  123.456,01 €

Achten Sie besonders auf die Abstände bei 12 und 01.

Meta: Mediävalziffern

Die Schriftart Meta, manchmal als Helvetica der 90er-Jahre tituliert, ist in zweifacher Hinsicht eine Ausnahme: Zum einen verfügt sie als eine der wenigen bzw. ersten Grotesk-Schriften überhaupt über Mediävalziffern, zum anderen sind diese im Normal- und nicht wie häufig als Sonderschnitt eingebaut.

Meta Normal: 1234567890

InDesign bietet dem Designer bei OpenType-Fonts sowohl für Versal- als auch für Mediävalziffern die Möglichkeit, die Ziffern entweder für den Tabellensatz optimiert oder proportional zueinander zu setzen. Zugriff auf die vier Satzmöglichkeiten bei OpenType-Schriften haben Sie über OPENTYPE im ZEICHEN-Bedienfeldmenü. In der Tabellenvariante erhält jede Ziffer dieselbe Breite. Typografen sprechen hier von *Dickte*. Dadurch wird erreicht, dass im Tabellensatz die Ziffern unabhängig von ihrer individuellen Ausformung alle spaltenweise untereinanderstehen. Die Ziffern haben dadurch z. T. große optische Abstände zueinander.

Im Gegensatz dazu erhalten beim proportionalen Ziffernsatz die Ziffern gemäß ihrem Aussehen den entsprechenden Raum. Dadurch stehen die Ziffern in der Regel enger zueinander. Als Regel für den Ziffernsatz kann gelten: Im Fließtext möglichst Mediävalziffern einsetzen, da diese sich durch ihre Ober- und Unterlängen besser in den sie umgebenden Fließtext einordnen und nicht so ins Auge springen wie Versalziffern.

Anführungszeichen

Es gibt Anführungsstriche nicht nur in der doppelten Variante, sondern auch in der einfachen. Diese wird eingesetzt, wenn beispielsweise innerhalb einer direkten Rede zitiert wird oder Wörter besonders betont werden sollen. Obwohl auch andere Lösungen durchaus akzeptabel sind, bietet es sich an, immer nur gleichartige Anführungszeichen einzusetzen und nicht etwa: „Mir gefiel ›Harry Potter‹ nicht". Die folgenden drei typografisch korrekten Möglichkeiten sind gängig:

- **Deutsche Anführungszeichen (Gänsefüßchen):** „Mir gefiel ‚Harry Potter' nicht." Als Merkhilfe für den richtigen Satz hilft vielleicht Folgendes weiter: 99 unten, 66 oben bzw. 9 unten, 6 oben. Die Form dieser Zahlen zeigt, wo welche Anführungszeichen genutzt werden sollen. Die deutschen öffnenden und schließenden Anführungszeichen sehen vor allem in Serifen-Schriften wie der „Times" so aus, aber auch bei Serifenlosen kann man die unterschiedlichen Zeichenformen zumindest ist größeren Schriftgraden erkennen.

  Die deutschen Anführungsstriche machen im Satz eher Probleme als ihre französischen Verwandten, weil sie nicht zu einer

Bandbildung des Satzes beitragen und schlechter lesbar sind. Vor allem an den Satzkanten bilden sich durch die deutschen Anführungszeichen kleine Löcher, die den Satz unruhig werden lassen.

- **Französische Anführungszeichen (Guillemets) nach innen:** »Mir gefiel ›Harry Potter‹ nicht.« Die Guillemets passen sich viel eher dem Satzbild an, und es gibt im Gegensatz zu den deutschen Zeichen keine Verwechslungsgefahr mit Kommas.
- **Französische Anführungszeichen (Guillemets) nach außen:** «Mir gefiel ‹Harry Potter› nicht.» Diese Form ist in Frankreich und der Schweiz gebräuchlich.

Ihre favorisierten Anführungszeichen können Sie unter BEARBEITEN/INDESIGN • VOREINSTELLUNGEN • WÖRTERBUCH... festlegen. Die dort gewählten oder eingefügten Zeichen setzt InDesign automatisch, wenn Sie [⇧]+[2] eingeben. Drücken Sie am Satzanfang diese Tasten, wird das öffnende, bei erneuter Eingabe am Ende des Satzes das schließende Anführungszeichen eingefügt. Auch das Menü SCHRIFT • SONDERZEICHEN EINFÜGEN • ANFÜHRUNGSZEICHEN greift auf diese Voreinstellungen zurück. Unabhängig von den Voreinstellungen können Sie Guillemets am Mac in allen Schriften mit [Alt]+[Q] für « und [Alt]+[⇧]+[Q] für » eingeben. Unter Windows geben Sie auf dem Nummernblock mit gedrückter [Alt]-Taste 0187 für » bzw. 0171 für « ein.

Apostrophe

Für dieses Auslassungszeichen gibt es ebenfalls ein eigenes Zeichen. Das Apostroph wird mit [Alt]+0146 (Windows) bzw. [Alt]+[⇧]+[#] (Mac) eingegeben. Analog zum Merkspruch bei den Anführungszeichen lautet er hier: 9 oben:
Ich hab' 'nen Neuen; Rock 'n' Roll

Ligaturen

In gut ausgebauten Schriften, vor allem solchen mit Serifen, findet man Ligaturen. Das sind eigenständige Schriftzeichen, die aus der Kombination von zwei oder auch drei einzelnen Zeichen vom Schriftdesigner extra entworfen wurden. Ohne Ligaturen

Englische Anführungen

Im Englischen werden Anführungen so gesetzt: "I didn't like 'Harry Potter'."

Meta: Guillemets

»Guillemets« sind bei der Meta im Schnitt »Normal« hinterlegt.

Zollzeichen

Diese Zeichen sind keine Anführungszeichen, sondern werden korrekt so eingesetzt:

- Zoll: 24"-Monitor
- Sekunde: Blue In Green 6'32"
- Sekunde: Köln liegt auf 50° 56' 33" nördlicher Breite.

Wohin denn nur?

Jean hat 'nen Jeansladen:

- Jean's Jeans
- Jeans Jeans
- Jeans Jean's
- Jeans' Jeans

Ladennamen sind beliebte Fundgruben für typografische Irrtümer: Richtig ist Variante zwei, erlaubt ist aber auch die erste, die besser lesbar ist. Die anderen sind nur eines: billig.

Ligaturen
In der oberen Reihe sind typische Zeichenkombinationen ohne aktivierte Option LIGATUREN zu sehen, unten ist sie eingeschaltet.

fi fl ff ffl

fi fl ff ffl

stehen die entsprechenden Zeichenfolgen zu nah aneinander (siehe nebenstehende Abbildung im Infokasten).

3.13 Absätze

Im gängigen Sprachgebrauch ist ein Absatz ein inhaltlich zusammenhängender Abschnitt eines Textes. In InDesign hingegen ist ein Absatz ein Text, dessen Eingabe mit der [↵]-Taste beendet wurde (bzw. der am Ende eines Textabschnitts steht).

In InDesign können Sie sich die nicht druckenden Steuerzeichen wie Absatzmarken, Leerräume und Tabulatoren mit SCHRIFT • VERBORGENE ZEICHEN EINBLENDEN anzeigen lassen – außerdem muss der Bildschirmmodus NORMAL aktiviert sein.

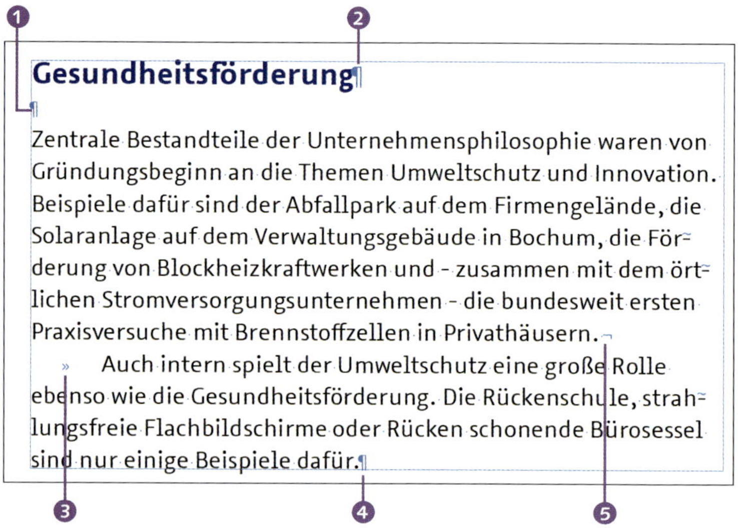

Abbildung 3.44 ▸
Die eingeblendeten verborgenen Zeichen zeigen die tatsächliche Struktur des Textes.

Das gespiegelte »P« ❷ kennzeichnet das Ende eines Absatzes, und eine Leerzeile ❶ ist nichts anderes als ein Absatz ohne Text. Ein Einzug ❸ sieht so aus, als würde hier ein neuer Absatz beginnen. Inhaltlich mag das stimmen, für InDesign gehört der folgende Text jedoch noch zum selben Absatz, da das nächste Absatzzeichen nach der Leerzeile ❶ erst hinter »dafür« steht ❹. Ein sogenannter harter Zeilenumbruch ❺ wird mittels [⇧]+[↵] eingegeben, das Symbol hierfür ist ein Winkel. Der Einzug ❸ ist mit einem Tabulator realisiert, erkenntlich an dem Doppelpfeil.

Verborgene Zeichen
Wenn Sie viel mit Text arbeiten, empfehle ich Ihnen, die verborgenen Zeichen immer eingeblendet zu lassen. Zum Ausblenden aller Hilfslinien, Raster und verborgenen Zeichen wechseln Sie schnell mit der [W]-Taste zum VORSCHAU-Modus. Erneutes Drücken der Taste aktiviert wieder den NORMAL-Modus mit allen Hilfsmitteln.

3.14 Das Absatz-Bedienfeld

Um einen Absatz zu formatieren, reicht es, dass sich der Textcursor irgendwo im Absatz befindet, der Text muss im Gegensatz zur Zeichenformatierung nicht markiert sein.

◂ **Abbildung 3.45**
Manche wichtigen Optionen des ABSATZ-Bedienfeldes werden erst sichtbar, wenn das gesamte Bedienfeld eingeblendet ist.

Wie schon beim ZEICHEN-Bedienfeld gilt, dass Sie auch im STEUERUNG-Bedienfeld Zugriff auf alle Buttons und Eingabefelder haben, zum Kennenlernen der Absatzformatierungsoptionen bleiben wir jedoch zunächst beim Spezialisten ABSATZ-Bedienfeld. Die inhaltliche Nähe der Bedienfelder ZEICHEN und ABSATZ spiegelt sich auch in den Tastaturbefehlen wider: [Strg]/[⌘]+[T] für ZEICHEN, [Strg]/[⌘]+[Alt]+[T] für ABSATZ. Wenn Sie nicht das ganze Bedienfeld sehen, klicken Sie die Registerkarte ABSATZ mehrmals an, oder rufen Sie die Optionen im Bedienfeldmenü auf. Sehen wir uns die wichtigsten Buttons und Eingabefelder kurz an.

Mit diesen Buttons ❻ weisen Sie einem Absatz die gewünschte Absatzausrichtung zu. Mit dem Eingabefeld EINZUG LINKS IN ERSTER ZEILE ❼ können Sie festlegen, um welchen Wert die erste Zeile eingerückt werden soll. Die beiden folgenden Eingabefelder ABSTAND DAVOR ❽ und ABSTAND DANACH ❾ regeln die Werte, um die der vorige bzw. folgende Text vom aktiven Absatz weggeschoben werden. Zum Erstellen einer Initiale am Absatzbeginn benötigen Sie die beiden Eingabefelder INITIALHÖHE (ZEILEN) ❿ und EIN ODER MEHRERE ZEICHEN ALS INITIALE ⓫. Im erstgenannten legen Sie die Anzahl der Zeilen fest, über die die Initiale erstellt werden soll, das zweite Feld regelt die Anzahl der Zeichen, die als Initiale(n) dargestellt werden sollen. SILBENTRENNUNG ⓬ ist einer der wichtigsten Buttons des ABSATZ-Bedienfeldes. Dasselbe gilt für die Buttons NICHT AN/AN GRUNDLINIENRASTER AUSRICHTEN ⓭.

Absatzausrichtung

Links- bzw. Rechtsbündig ausrichten
Text sieht hiermit lockerer – man spricht von Flattersatz – als mit Blocksatz gesetzt aus, dafür bilden sich keine rechteckigen Flächen, die beim Layouten meist einfacher zu handhaben sind.

Zentrieren
Zentrierter Satz wirkt schnell gediegen.

Blocksatz, letzte Zeile linksbündig
Das ist die erste Wahl für große Textmengen und wird in Büchern fast ausschließlich verwendet (die anderen drei Blocksatzarten sind Exoten).

Nicht/ Am Bund ausrichten
Hiermit ausgerichteter Text orientiert seine tatsächliche Ausrichtung an seiner Position bzgl. des Bundes.

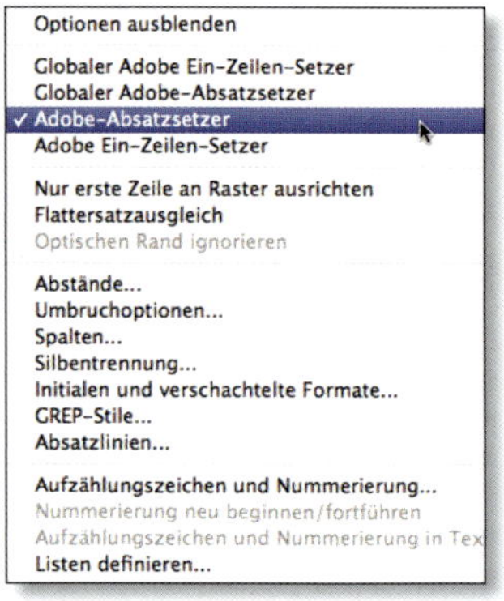

▲ **Abbildung 3.46**
Im Menü des ABSATZ-Bedienfeldes finden sich noch einige bemerkenswerte Funktionen.

Diese wichtige Option sehen wir uns in Kapitel 8, »Praktische Hilfsmittel«, auf Seite 330 an.

Wenn Sie das ABSATZ-Bedienfeldmenü öffnen, finden Sie hier noch weitere wichtige modifizierbare Absatzattribute, die ich Ihnen im Folgenden vorstellen möchte.

Adobe-Absatzsetzer/Adobe-Ein-Zeilen-Setzer

Der ADOBE-ABSATZSETZER prüft den kompletten Absatz nach dem besten Umbruch: InDesign versucht hierbei, für einen Absatz mit aktivierter Silbentrennung die wenigsten und plausibelsten Trennungen und die gleichmäßigsten Wortabstände zu erreichen. Sichtbar ist diese Vorgehensweise, wenn Sie selbst Text eingeben: Dabei wird der Text des gesamten Absatzes immer wieder neu umbrochen, weil InDesign die neuen Zeichen mit in die Berechnung des Umbruchs aufnimmt. Auch Textänderungen in fertig umbrochenen Texten können beim Absatzsetzer zu einem komplett neuen Umbruch führen.

Im Gegensatz zum Absatzsetzer analysiert der ADOBE-EIN-ZEILEN-SETZER eben nur einzelne Zeilen und kommt dadurch mitunter zu einem unruhigeren Satzbild. Ist jedoch mit vielen Textänderungen zu rechnen, ist der Pflegeaufwand bei der Verwendung des Ein-Zeilen-Setzers geringer.

Nur erste Zeile an Raster ausrichten

Ist diese Option aktiviert, wird nicht der gesamte Text eines Absatzes, sondern nur die erste Zeile am Grundlinienraster ausgerichtet. Das Grundlinienraster wird in Kapitel 8, »Praktische Hilfsmittel«, auf Seite 330 näher erklärt. Diese Option bietet sich bei Überschriften an, die aufgrund ihres Schriftgrades nicht über alle Zeilen am Grundlinienraster ausgerichtet werden können.

Flattersatzausgleich

Im unteren Beispiel wurde die Option FLATTERSATZAUSGLEICH aktiviert:

Dritte Phase: Innovation und Umweltschutz

Dritte Phase: Innovation und Umweltschutz

Flattersatzausgleich

Diese Option bietet sich für mehrzeilige Überschriften und Bildlegenden im Flattersatz an: InDesign versucht dann, die Länge aller Zeilen des Absatzes aneinander anzugleichen, was zu angenehmerem Zeilenfall führt.

Optischen Rand ignorieren

Diese Option ist nur wählbar, wenn im Bedienfeld TEXTABSCHNITT, das Sie im Menü SCHRIFT finden, die Option OPTISCHER RANDAUSGLEICH aktiviert wurde. Der optische Randausgleich lässt sich immer nur für ganze Textabschnitte – also komplette Texte, die auch über mehrere Textrahmen laufen können – aktivieren:

◂ **Abbildung 3.47**
Damit man OPTISCHEN RAND IGNORIEREN nutzen kann, muss OPTISCHER RANDAUSGLEICH aktiviert sein.

Durch den optischen Randausgleich werden Anführungszeichen, Satzzeichen und einzelne Schriftzeichen so über den Textrahmen bzw. den Spaltenrand geschoben, dass optisch ruhiger wirkende Satzkanten entstehen.

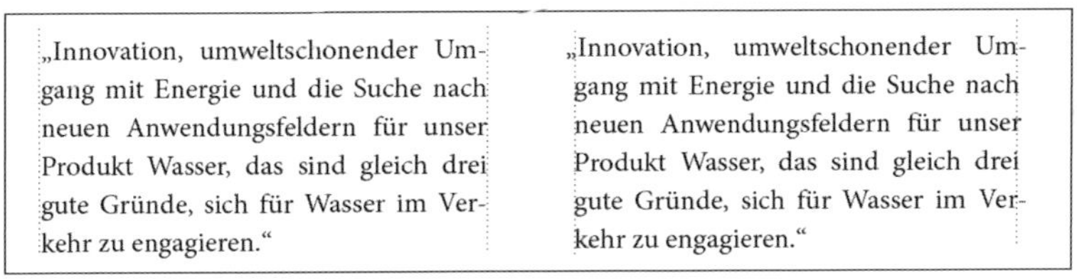

◂ **Abbildung 3.48**
Beim rechten Beispiel ist der optische Randausgleich aktiviert, links nicht.

Sollen nun einzelne Absätze – etwa Überschriften – vom optischen Randausgleich ausgenommen werden, wird die Option OPTISCHEN RAND IGNORIEREN verwendet.

Wortabstände ändern

In Einzelfällen möchte man die Wortabstände einer Auswahl ändern:

- Verringern: Strg/⌘+Alt+Backspace
- Vergrößern: Strg/⌘+Alt+Ctrl+<

Abstände

Möchten Sie für einzelne Absätze die Abstände zwischen den Wörtern oder den Zeichen ändern, finden Sie im Dialogfeld ABSTÄNDE die entsprechenden Eingabemöglichkeiten.

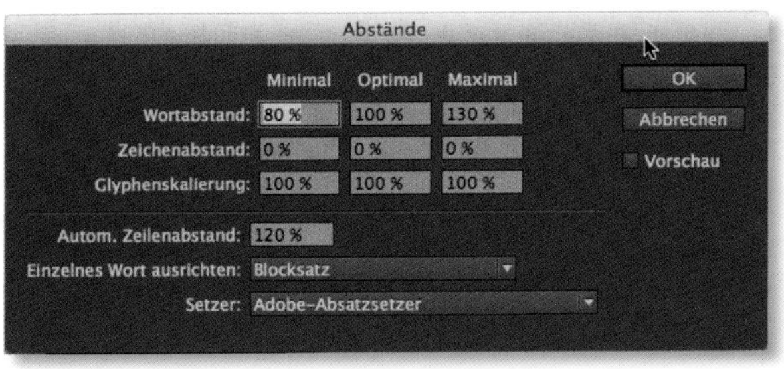

◂ **Abbildung 3.49**
Mit dem Bedienfeld ABSTÄNDE können beispielsweise Wortabstände neu eingestellt werden.

Die Verringerung des Wortabstands kann bei großen Schriftgraden in Titeln und Überschriften erwünscht sein, da der normale Wortabstand für Lesegrößen gut funktioniert, bei großen Texten jedoch zu groß wirkt. Bei GLYPHENSKALIERUNG können Sie angeben, bis zu welchem Wert InDesign die Glyphen (Schriftzeichen) in der Breite verzerren kann, um ein möglichst ausgeglichenes Satzbild zu erreichen. Eine Glyphenskalierung von wenigen Prozent kann zu einem ruhigeren Satzbild führen, wobei die Skalierung selbst nicht wahrnehmbar sein sollte.

Umbruchoptionen

Die Optionen, die in diesem Fenster eingestellt werden, beziehen sich darauf, wie InDesign mit Absätzen verfahren soll, die über mehrere Spalten oder über Textrahmen hinweg laufen.

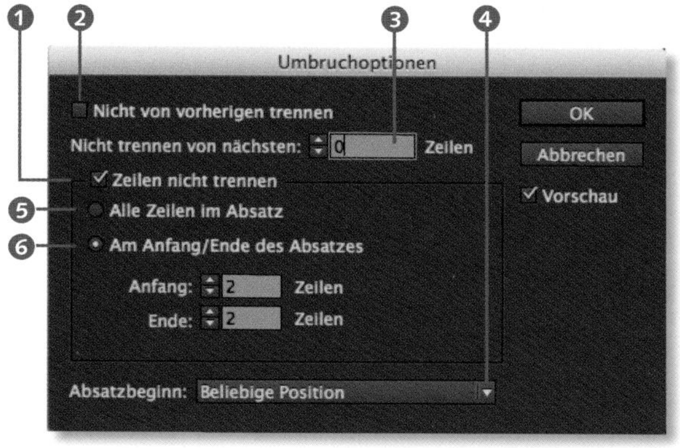

Abbildung 3.50 ▸
Mit diesen Umbruchoptionen können Sie Schusterjungen und Hurenkinder vermeiden.

Seltsame Fachwörter

Links unten sehen Sie einen Schusterjungen (einzelne Zeile eines Absatzbeginns am Ende einer Spalte), rechts oben ein Hurenkind (letzte Zeile eines Absatzendes am Spaltenanfang) …

So können Sie mit NICHT VON VORHERIGEN TRENNEN ❷ den Anfang des aktuellen Absatzes und das Ende des vorherigen Absatzes zusammenhalten, damit können Sie z. B. einen Absatz, der einer Zwischenüberschrift folgt, sozusagen an die Zwischenüberschrift anheften. NICHT TRENNEN VON NÄCHSTEN hält das Ende und den Anfang zweier aufeinanderfolgender Absätze ebenfalls zusammen, nur die Blickrichtung ist hierbei umgekehrt: Um beim Beispiel zu bleiben, können Sie hiermit den Fließtext an die Zwischenüberschrift anhängen. Wird diese Option z. B. bei Überschriften aktiviert, stehen diese dann nicht mehr am unteren Spaltenrand alleine, sondern werden in die nächste Spalte oder den nächsten Textrahmen umbrochen, so dass sie immer mit dem folgenden

Fließtext zusammenstehen. Mit der Anzahl Zeilen ❸ geben Sie an, wie viele Zeilen des Folgeabsatzes dem aktuellen Absatz mindestens folgen sollen.

Aktivieren Sie Zeilen nicht trennen ❶, können Sie eine der weiteren Optionen aktivieren, die den kompletten aktiven Absatz betreffen: Alle Zeilen im Absatz ❺ hält den gesamten Absatztext zusammen. Das macht Sinn bei kurzen Absätzen wie Überschriften, bei denen es nicht wünschenswert ist, dass sie über Spalten hinweg getrennt werden. Für sonstige Fließtextabsätze ist die Option Am Anfang/Ende des Absatzes ❻ sinnvoll: Mit den Eingaben Anfang und Ende steuern Sie, wie viele Zeilen des aktiven Absatzes zusammengehalten werden sollen. Für beide hat sich der Wert »2« bewährt. Aus dem Pulldown-Menü Absatzbeginn ❹ können Sie einen Eintrag wählen, der z. B. bestimmt, dass der Absatz immer am Spaltenanfang stehen soll. Das kann beispielsweise bei Überschriften der ersten oder zweiten Ordnung gewünscht sein. Für Kapitelanfänge etwa kommen die Optionen Auf nächster Seite (unabhängig davon, ob die nächste Seite eine rechte oder linke ist), Auf nächster ungerader Seite und Auf nächster gerader Seite infrage.

▲ **Abbildung 3.51**
Mit den Optionen des Absatzbeginns können Sie genau steuern, wo bestimmte Absätze wie etwa Kapitelüberschriften stehen sollen.

Spalten

Mit dieser hervorragenden Funktion ist es möglich, Text in einem mehrspaltigen Textrahmen ❽ über mehrere Spalten hinweg laufen zu lassen. Im folgenden Beispiel wurde der Rubrik ❾ über das Pulldown-Menü Anzahl ❼ »Alle« zugewiesen. Die Headline und der Vorlauftext erstrecken sich durch die Angabe von »2« nun über die ersten beiden Spalten.

▼ **Abbildung 3.52**
Mit der Funktion Spalten/Spaltenspanne können Texte auf mehrere Spalten desselben Textrahmens verteilt werden.

▼ Abbildung 3.53
Mit der Funktion UNTERTEILTE SPALTE können Texte einer Spalte in mehrere Unterspalten aufgeteilt werden.

Wird im Menü ABSATZLAYOUT statt SPALTENSPANNE die Option UNTERTEILTE SPALTE ❶ gewählt, wird das Gegenteil der eben beschriebenen Funktion erreicht. Markierte Absätze einer Textspalte können hiermit in weitere Spalten aufgeteilt werden:

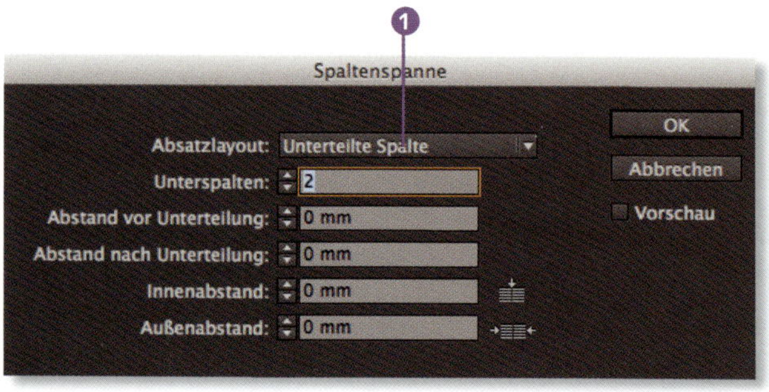

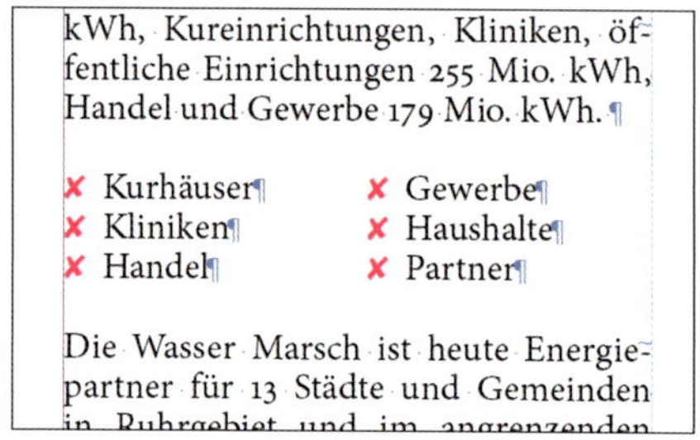

Silbentrennung

Im Gegensatz zu den SPRACHE-Einstellungen im ZEICHEN-Bedienfeld wird in diesem Dialogfeld z. B. festgelegt, ab welcher Wortlänge InDesign trennen soll. Ob im Absatz überhaupt getrennt werden soll, können Sie nicht nur im ABSATZ-Bedienfeld angeben, sondern auch hier ❷. Ihre Wahl wird automatisch an der jeweils anderen Stelle aktualisiert.

Abbildung 3.54 ▸
Wie InDesign trennen soll, können Sie hier angeben.

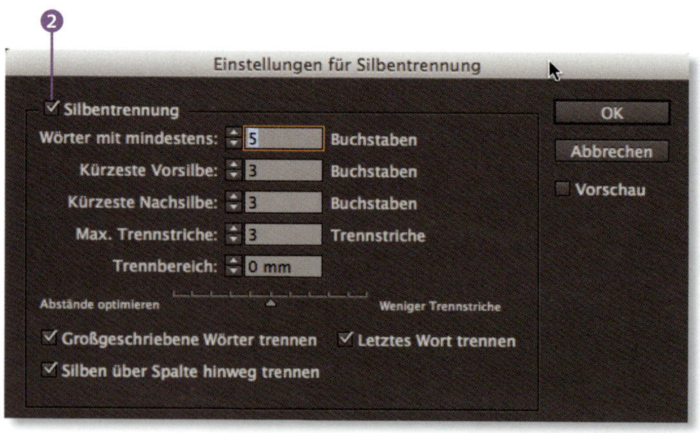

Wann Silbentrennung?
Fließtexte sollten immer mit aktiver Silbentrennung gesetzt werden, bei Headlines und Zwischenüberschriften sind Worttrennungen hingegen selten erwünscht.

- **Wörter mit mindestens:** Wörter, die kürzer als die hier angegebene Buchstabenanzahl sind, werden nicht getrennt. Steht hier eine »5« wie im Beispiel, wird ein Wort wie ei-ne nicht getrennt.

- **Kürzeste Vorsilbe:** Die Silbe, nach der getrennt wird, hat die hier angegebene Zeichenzahl. Steht hier eine »3« wie im Beispiel, wird ein Wort wie ei-nes nicht getrennt, da die Vorsilbe zu kurz ist.
- **Kürzeste Nachsilbe:** Die Silbe, vor der getrennt wird, hat die hier angegebene Zeichenzahl. Steht hier eine »3« wie im Beispiel, wird ein Wort wie mei-ne nicht getrennt.
- **Max. Trennstriche:** InDesign versucht, an der rechten Satzkante nicht mehr als den hier eingetragenen Wert an Trennzeichen in direkter Folge zu erstellen. Hierbei ist »3« ein guter Richtwert, der jedoch bei sehr schmalen Spalten auch größer sein kann, da sonst eventuell zu große Wortzwischenräume entstehen.
- **Trennbereich:** Mit Trennbereich wird im linksbündigen Flattersatz und bei aktivem Ein-Zeilen-Setzer der Bereich vor der rechten Satzkante angegeben, in den ein Wort hineinragen muss, bevor es getrennt wird. Je größer dieser Trennbereich ist, desto größer ist der zu erwartende Weißraum.
- **Schieberegler »Abstände optimieren – Weniger Trennstriche«:** Wenn Sie InDesign anweisen möchten, dass optimierte Abstände etwa zwischen den Wörtern eine höhere oder sogar absolute Priorität vor der Anzahl aufeinanderfolgender Trennungen haben, bewegen Sie den Regler nach links. Das dürfte in den meisten Fällen zu angenehmen Ergebnissen führen. Sind Ihnen hingegen weniger Trennungen im Vergleich zu den Wortabständen wichtiger, ziehen Sie den Regler nach rechts.
- **Großgeschriebene Wörter trennen:** Im Deutschen sollte diese Option wegen der Häufigkeit großgeschriebener Wörter immer aktiviert sein.
- **Letztes Wort trennen:** Hiermit erlauben Sie InDesign die Trennung des letzten Wortes im Absatz, was zu unschönen Ergebnissen führen kann. Wird diese Option deaktiviert, steht mindestens ein ungetrenntes Wort in der letzten Absatzzeile.
- **Silben über Spalte hinweg trennen:** Da eine Worttrennung über eine Spalte der Lesbarkeit abträglich ist, sollte der Umbruch eine Wortes in die nächste Spalte vermieden werden. Dies gilt in besonderem Maße für Text, der auf die nächste Seite umbricht, wofür es jedoch keine eigene Einstellung gibt. Beides wird durch die Deaktivierung dieser Option unterbunden.

8–10 Wörter pro Zeile

Für eine gute Lesbarkeit ist neben der Schrift, der Schriftgröße und dem Zeilenabstand auch die Zeilenlänge von großer Bedeutung: Empfehlenswert sind Spaltenbreiten, die im Durchschnitt 8–10 Wörter aufnehmen können.

Bei schmalen Spalten wie dieser hier schafft die Absatzausrichtung BLOCKSATZ durch die größeren und unregelmäßigen Wort- und Zeichenzwischenräume kaum lösbare Probleme.

Zusammenarbeit

Beim Trennen greift InDesign auf das Wörterbuch zurück, das in den Zeichen-Einstellungen bei SPRACHE aktiviert ist. Worttrennungen können im Wörterbuch definiert werden. Außerdem beeinflussen die Einstellungen der Abstände (siehe Seite 101) die Trennergebnisse.

Initialen und verschachtelte Formate

Neben den beiden Größen Initialhöhe (Zeilen) und Ein oder mehrere Zeichen als Initiale, die Sie bereits von der Oberfläche des Absatz-Bedienfeldes her kennen (siehe Seite 99), bietet dieses Dialogfeld noch weitere Möglichkeiten, das Aussehen der Initiale detailliert zu steuern.

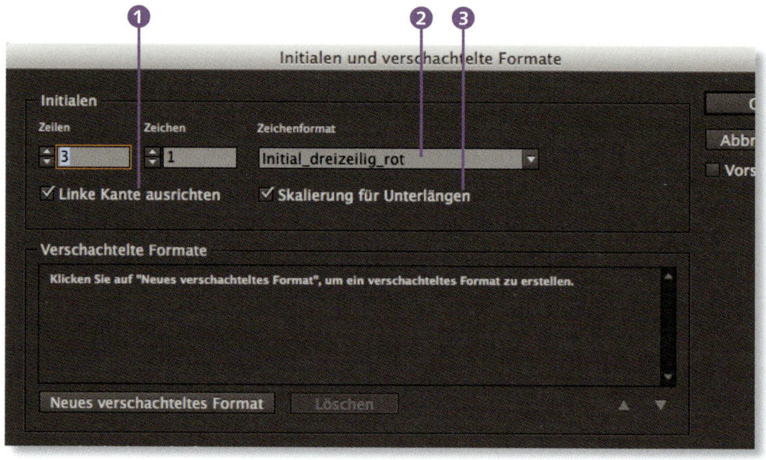

Abbildung 3.55 ▸
Im Dialog Initialen und verschachtelte Formate können Sie Initialen weiter formatieren.

Durch die aktivierte Option Linke Kante ausrichten ❶ stehen die meisten Buchstaben bündiger zur linken Satzkante. Die vom Fließtext abweichende Schrift und Farbe der Initiale könnten in einem Zeichenformat definiert werden:

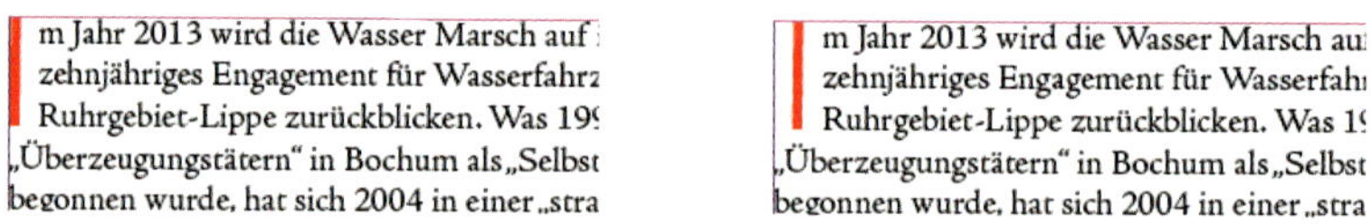

Abbildung 3.56 ▸
Die aktive Option Linke Kante ausrichten sorgt für eine ruhigere Satzkante (links).

Aus den bisher im aktiven Dokument erstellten Zeichenformaten können Sie für die Initiale im Pulldown-Menü Zeichenformat das gewünschte wählen ❷. Zeichen, deren Unterlänge wie beim »J« im unten abgebildeten Beispiel in die nächste Zeile ragen, werden durch die Aktivierung von Skalierung für Unterlängen ❸ verkleinert.

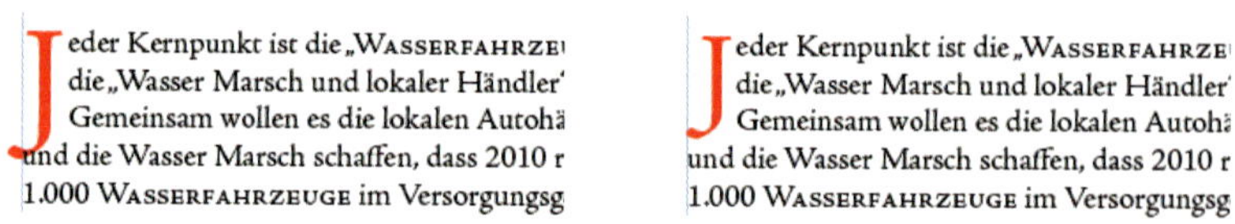

Abbildung 3.57 ▸
Die Aktivierung der Option Skalierung für Unterlängen räumt auf.

Mit verschachtelten Formaten lassen sich Absätze nach bestimmten Regeln automatisch formatieren. Aufwändige Formatierungen, wie sie etwa bei bibliografischen Angaben vorkommen, lassen sich hiermit problemlos und zeitsparend realisieren. Ein konkretes Beispiel hierzu finden Sie im Abschnitt zum Thema »Verschachtelte Formate« ab Seite 139.

Bibliografische Angaben

Wenn Texte immer demselben Muster wie etwa Autor–Titel–Verlag folgen, lassen sich diese mit verschachtelten Formaten durchformatieren.

TILLMANN, CHRISTINE: *Jrad erlefft.* Kindheitserinnerungen, Kaldenkirchen 2005.

VOESTE, ANJA: *Dialekt im Wandel.* Perspektiven einer neuen Dialektologie, o. Ort 2006.

WIJNANDS, PAUL: *Limbo – Hollands.* Op taalsafari in Limbabwe, Maastricht 2007.

GREP-Stile

GREP ist unter Programmierern ein gängiges Tool zur Textmustersuche und Manipulation des gefundenen Ausdrucks. In Kapitel 8, »Praktische Hilfsmittel«, werden wir uns intensiver mit dem Thema GREP beschäftigen.

Mit GREP-Stilen lassen sich Formatzuweisungen ähnlich den verschachtelten Formaten automatisieren; sie zählen zu den mächtigsten InDesign-Funktionen. Ein GREP-Stil besteht aus zwei Teilen: dem Suchmuster ❺ und dem Zeichenformat ❻, das auf den gefundenen Ausdruck angewendet werden soll. Folgendes Beispiel würde – wie in diesem Absatz – jede Ziffer mit dem Zeichenformat »Ziffer_auf_Kreis« automatisch formatieren.

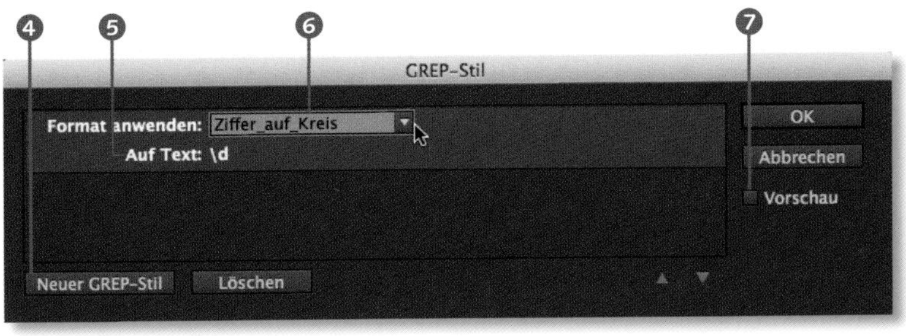

◂ **Abbildung 3.58**
Mit nebenstehender Suchabfrage formatiert InDesign alle Ziffern automatisch im markierten Absatz.

Über den Button NEUER GREP-STIL ❹ können dem aktiven Absatz neue Formatierungsanweisungen hinzugefügt werden. Bei aktiver VORSCHAU ❼ ist im Hintergrund direkt sichtbar, ob der GREP-Stil wie gewünscht funktioniert.

Eine Besonderheit bei GREP-Stilen ist, dass sie im Unterschied zu der Funktion SUCHEN/ERSETZEN dynamisch im Text suchen. Das bedeutet, dass jedes Mal, wenn das definierte Suchmuster gefunden wird, automatisch das gewünschte Zeichenformat angewendet wird – und das nicht nur bei bestehendem Text, sondern auch beim Eingeben von Text oder beim Import von Text.

GREP-Sprache

Der Vorteil von GREP liegt darin, dass hierbei nach Mustern und nicht nach buchstäblichen Zeichen gesucht wird: So stehen in der GREP-Sprache die Ausdrücke »\d« für »jede beliebige Ziffer«, »\s« für »jedes beliebige Leerzeichen« usw.

Absatzlinien

Hier können Sie das Aussehen und die Position von Linien festlegen, die dann eine Absatzeigenschaft sind:

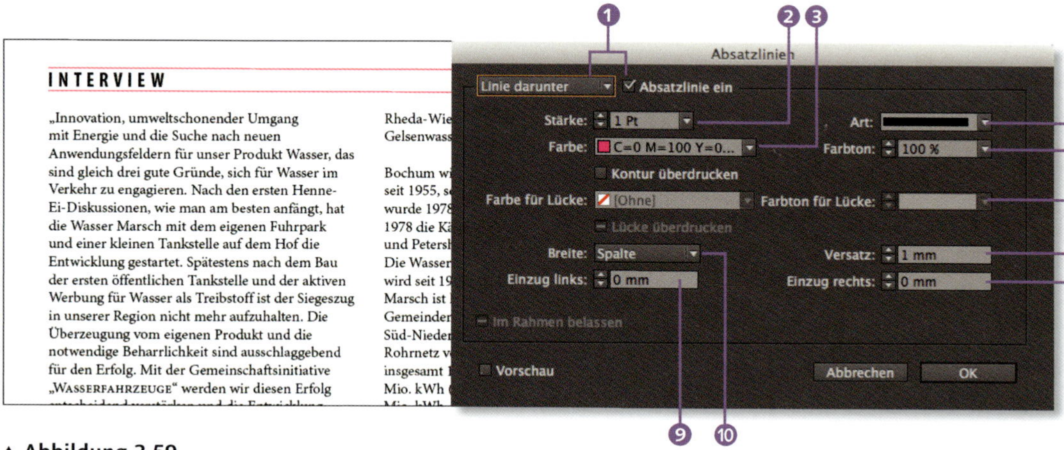

▲ **Abbildung 3.59**
Die untere Absatzlinie des Beispiels wurde mit nebenstehenden Einstellungen realisiert.

Zunächst wird mit dem Dropdown-Menü und der Checkbox daneben ❶ festgelegt, für welche der beiden möglichen Absatzlinien Einstellungen vorgenommen werden sollen. Mit den Möglichkeiten des Bedienfensters ABSATZLINIEN können Sie je eine Linie oder unterhalb des derzeit markierten Absatzes anlegen. Bei einem dreizeiligen Text können Sie zwar der ersten und letzten Zeile mit Hilfe der Absatzlinien einen Hintergrund hinzufügen, nicht aber der mittleren. Die Checkbox ABSATZLINIE EIN rechts neben dem Ausklappmenü muss markiert sein, sonst können Sie im unteren Bereich keine Änderungen vornehmen. Die STÄRKE ❷ können Sie ebenso frei wählen wie die FARBE ❸. Hier können Sie neben den Farben, die im Bedienfeld FARBFELDER (siehe Seite 288) hinterlegt sind, auch die Option TEXTFARBE wählen. In diesem Fall wird die entsprechende Absatzlinie in der Farbe erstellt, die dem Text zugewiesen wurde. Ob die Linie durchgezogen, gepunktet o.Ä. sein soll, legen Sie durch die Anwahl der Option ART ❹ fest. Mit einem Zahlenwert bei FARBTON ❺ definieren Sie, ob die unter ❸ gewählte Farbe vollflächig (100%) oder beispielsweise heller, also etwa zu 50%, gedruckt werden soll. Diese Option ist ausgeblendet, wenn als FARBE TEXTFARBE gewählt wurde. Haben Sie als ART z.B. eine gestrichelte Linie gewählt, können Sie einen FARBTON FÜR LÜCKE ❻ einstellen: Damit erhalten Sie Linien mit abwechselnden

Farben. Bei Breite ⑩ haben Sie die Wahl zwischen Spalte und Text. Wählen Sie Spalte, wenn die Absatzlinie der Spaltenbreite entsprechen soll, bei Text wird die Linie von InDesign genauso lang gezeichnet, wie der eigentliche Text breit ist. Mit dem Einzug links ⑨ können Sie festlegen, ob die Absatzlinie direkt an der Satzkante (0 mm) oder mit einem Einzug beginnen soll. Mit Einzug rechts ⑧ stellen Sie gegebenenfalls den rechten Abstand zur Satzkante ein. Versatz ⑦ regelt den vertikalen Abstand zur Grundlinie. Wenn Sie oben ① Linie darüber gewählt haben, verschieben positive Werte die Linie nach oben, ist Linie darunter gewählt, wird die Linie durch positive Werte nach unten verschoben.

Ober- oder unterhalb

Weil es nur die beiden Absatzlinienoptionen für ober- und unterhalb gibt, können Sie z. B. keine farbigen Hinterlegungen ganzer Absätze anlegen, die mehr als zwei Zeilen lang sind. Hierfür findet sich evtl. eine Lösung mit Hilfe des Zeichenattributs Unterstrichen.

Schritt für Schritt
Eine Fläche mit Absatzlinien erstellen

Sehen wir uns eine Möglichkeit des Einsatzes von Absatzlinien an. Der hier gezeigte Ansatz bietet sich immer dann an, wenn Balken in flexiblen Längen benötigt werden. Das könnte z. B. in Newslettern der Fall sein, wo Rubriktitel auf Balken über Artikeln stehen, die unterschiedlich viele Spalten breit sein können.

▲ **Abbildung 3.60**
Die grüne Fläche wird mit einer Absatzlinie realisiert.

1 Textrahmen auf Musterseite erstellen

Legen Sie auf der linken Musterseite eines doppelseitigen Dokuments einen Textrahmen über die gesamte Breite des Satzspiegels an. Verschieben Sie ihn so weit nach oben und verkleinern ihn ggf. so weit in der Höhe, dass er zwischen dem oberen Seitenrand und der obersten Hilfslinie steht. Dieser Textrahmen soll als Kapitelkennung auf allen Seiten einer Broschüre erscheinen. Schreiben Sie nun »Kapitel« in den Textrahmen, und weisen Sie dem Text folgende Schriftattribute zu: Myriad Pro, Bold Condensed Italic, 12 Pt, Großbuchstaben, Laufweite 500, linksbündig ausrichten.

◀ **Abbildung 3.61**
Die Breite des Textrahmens bestimmt später die Länge der Absatzlinie.

2 Die Fläche als Absatzlinie anlegen

Während sich der Cursor noch im Text befindet, rufen Sie nun aus dem ABSATZ-Bedienfeld das Dialogfeld ABSATZLINIEN auf:

Abbildung 3.62 ►
Durch die Stärke von 12 Pt wirkt die Linie wie eine Fläche.

Geben Sie bei STÄRKE »12 Pt« ein. Wählen Sie als Farbe das voreingestellte Grün. Durch einen VERSATZ von »–3,5 mm« wird die Linie nach oben geschoben. Bestätigen Sie die Eingabe mit OK.

3 Schriftfarbe ändern

Entsprechend der für die Linie gewählten Farbe ist jetzt das Schwarz der Schrift auf dem farbigen Balken zu kontrastarm. Markieren Sie dann das ganze Wort, rufen Sie über FENSTER • FARBE • FARBFELDER das entsprechende Bedienfeld auf, und wählen Sie als Flächenfarbe [PAPIER].

Abbildung 3.63 ►
Da Weiß im Druck durch das Aussparen von Farbe entsteht, finden Sie hier das Farbfeld [PAPIER] statt Weiß.

Durch das Papierweiß ist die Schrift jetzt besser lesbar, das Zwischenergebnis sieht so aus:

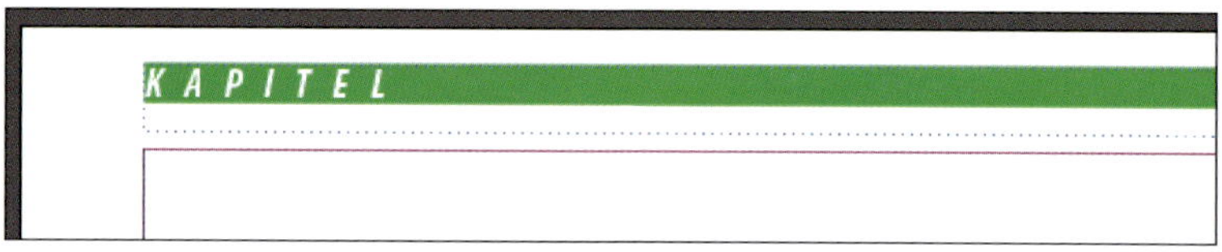

Abbildung 3.64 ►
Die Größe und die Position der grünen Fläche sind in Ordnung, nur klemmt »Kapitel« noch am linken Rand.

4 Absatzeinzug einfügen

Damit der Text von der linken Rahmenkante abrückt, fügen Sie vor dem Wort »Kapitel« einen Einzug ein. Das erledigen Sie, indem Sie im Bedienfeld Absatz bei Einzug links einen passenden Wert eingeben. Da Sie eine Absatzformatierung ändern, muss sich der Cursor im Text befinden. Ich habe als Einzug »3 mm« verwendet.

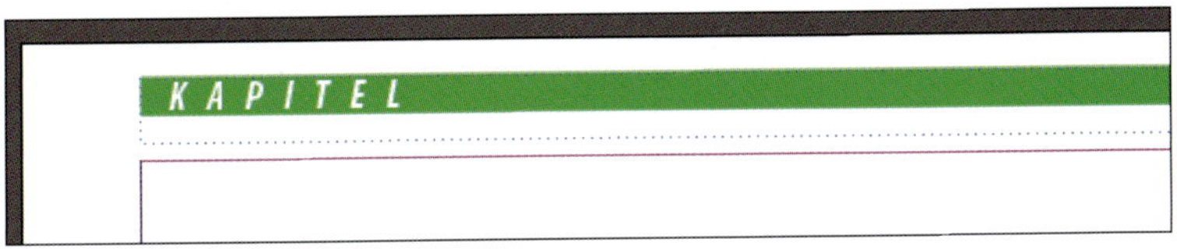

◂ **Abbildung 3.65**
Der Einzug links rückt den Text nach rechts.

5 Textrahmen kopieren

Wenn Sie nun den Textrahmen am Bund spiegeln möchten, ist auch das mit wenigen Mausklicks erledigt. Aktivieren Sie hierfür das Auswahlwerkzeug, und klicken Sie damit auf den in den vorangegangenen Schritten erstellten Rahmen. Drücken Sie nun auf der Tastatur die Alt+⇧-Tasten, und ziehen Sie dann den Rahmen nach rechts auf die gegenüberliegende Seite der Mustervorlage. Die ⇧-Taste schränkt die Bewegung auf die Horizontale bzw. Vertikale und das dazwischenliegende Vielfache von 45° ein, die Alt-Taste sorgt für das Kopieren des Objekts.

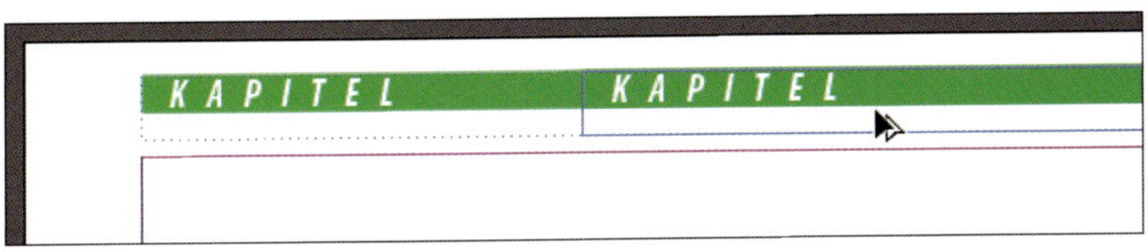

◂ **Abbildung 3.66**
Einfacher geht es nicht: Kopieren Sie durch Ziehen.

6 Absatzeinzug einfügen

Wenn »Kapitel« auf der rechten Musterseite vom Bund aus gesehen auch außen, also ganz rechts, stehen soll, brauchen Sie hier den Absatz im Absatz-Bedienfeld nur mit Rechtsbündig ausrichten zu formatieren und als rechten Einzug denselben Wert wie in Schritt 4 einzugeben.

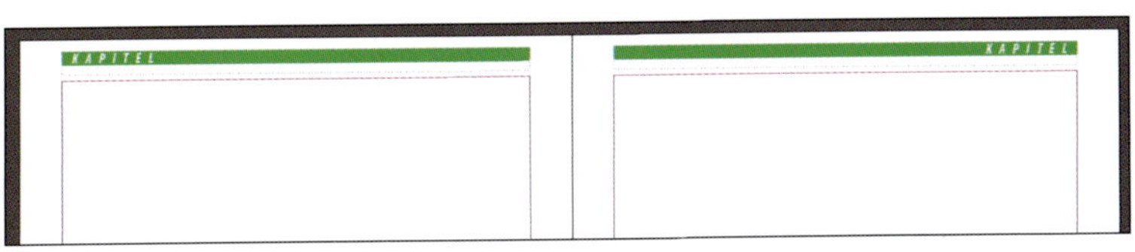

◂ **Abbildung 3.67**
Auf beiden Musterseiten ist die Rubrikkennung erstellt.

Aufzählungszeichen und Nummerierung

▲ **Abbildung 3.68**
Mit diesen beiden Buttons erstellen Sie Listen per Klick.

In den Absatzformatierungssteuerungen innerhalb des STEUERUNG-Bedienfeldes finden Sie zwei Buttons, mit denen Sie Listen erstellen können. Hierfür markieren Sie die Absätze, die als Liste dargestellt werden sollen, und klicken auf einen der beiden Buttons LISTE MIT AUFZÄHLUNGSZEICHEN (oben) oder NUMMERIERTE LISTE (unten).

Sie können den Listentyp später auch wieder ändern. Das können Sie wieder mit einem dieser Buttons machen, oder Sie wählen im ABSATZ-Bedienfeldmenü AUFZÄHLUNGSZEICHEN UND NUMMERIERUNG und geben bei LISTENTYP ❶ das gewünschte Format an.

Sehen wir uns zunächst die Einstellungsmöglichkeiten für eine Liste vom Typ AUFZÄHLUNGSZEICHEN an. Die meisten der Optionen, die beim Listentyp AUFZÄHLUNGSZEICHEN modifizierbar sind, finden Sie ebenso beim Listentyp ZAHLEN.

- **Texteingabe**
- **Textrahmen**
  - Textverkettungen und ihr Handling
  - Textrahmen löschen
  - Textrahmenoptionen
- **Musterseiten**
- **Zeichen**
  - Zeichenattribute

▲ **Abbildung 3.69**
Inhaltsebenen werden durch verschiedene Schriftschnitte, Einrückungen und Aufzählungszeichen verdeutlicht.

Listentyp: Aufzählungszeichen

Im folgenden Screenshot sehen Sie die Einstellungen für die zweite der beiden Listenebenen im Kasten.

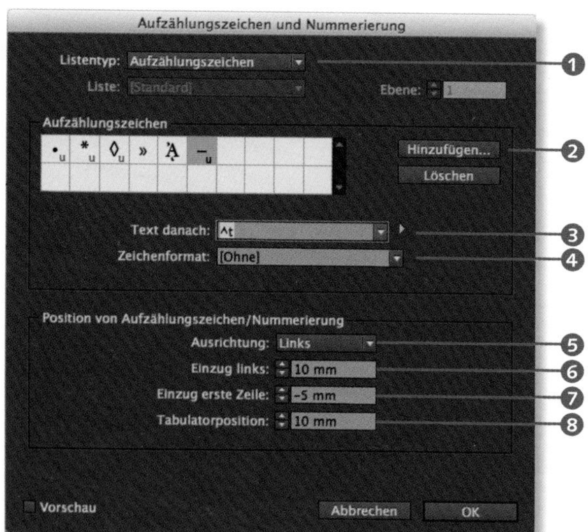

Abbildung 3.70 ▶
Eine Liste, die so einfach mit einem Klick erstellt wurde, lässt sich hier präzise weiter modifizieren.

- **Aufzählungszeichen:** Hier werden alternative Zeichen für die Auflistung angeboten, die Sie mit einem einfachen Klick auswählen können. Mit dem Befehl HINZUFÜGEN ❷ können Sie hier auch andere Zeichen einfügen. Zeichen, die mit einem roten »u« gekennzeichnet sind, werden in der Schrift des Listentextes dargestellt (das »u« steht für Unicode und verweist unabhängig von der Schrift z. B. auf das Sternchen), das heißt, dass es sein Aussehen analog zum Listentext mit verändert. Die anderen Zeichen ohne »u« wurden mit einem Hinweis auf die Schrift hier eingefügt und kommen so nicht in jeder Schrift vor.

- **Text danach:** In diesem Eingabefeld ❸ können Sie ein Steuerzeichen wie einen Tabulator oder einen Leerraum wie Geviert festlegen, der den Abstand zwischen Aufzählungszeichen und dem eigentlichen Listentext definiert. Ein Klick auf den rechts stehenden Pfeil öffnet ein Menü, in dem die möglichen Zeichen hinterlegt sind.
- **Zeichenformat:** Soll das Aufzählungszeichen unabhängig vom Listentext etwa mit einer anderen Farbe und mit einer anderen Schriftgröße formatiert werden, können Sie dies mit dem entsprechenden ZEICHENFORMAT ❹ umsetzen. Sie können hier aus den im Dokument erstellten Zeichenformaten wählen oder direkt ein neues erstellen.
- **Ausrichtung:** Der voreingestellte Wert LINKS ❺ dürfte in fast allen Fällen die gewünschte Positionierung des Aufzählungszeichens sein: Er definiert, wie das Aufzählungszeichen an der Position, die sich aus den beiden folgenden Optionen EINZUG LINKS und EINZUG ERSTE ZEILE ergeben, ausgerichtet wird. Es stehen im Pulldown-Menü ebenso ZENTRIERT und RECHTS zur Verfügung.
- **Einzug links:** Um den hier eingetragenen Wert ❻ wird der gesamte Absatz samt dem Aufzählungszeichen von der linken Satzkante nach rechts gerückt.
- **Einzug erste Zeile:** Wenn die Aufzählungszeichen wie im Beispiel vor dem Text stehen sollen, wird die erste Zeile um den gewünschten Betrag ❼ wieder nach links verschoben. Dafür wird einfach ein negativer Einzug angegeben.
- **Tabulatorposition:** Diese Angabe ❽ regelt den Abstand zwischen dem Aufzählungszeichen und dem folgenden Text. Dafür muss bei TEXT DANACH auch ein Tabulator als Steuerzeichen definiert sein. Stehen wie im Beispiel bei EINZUG LINKS und TABULATORPOSITION dieselben Werte, stehen die Textzeilen auch bei mehrzeiligen Absätzen genau untereinander.

Konturliste

Konturlisten weisen mehr als eine inhaltliche Ebene auf. Diese Hierarchie wird dabei meist durch Einrückungen kenntlich gemacht. Im Beispiel in Abbildung 3.69 wurden neben den Einzügen auch noch verschiedene Schnitte und unterschiedliche Aufzählungszeichen zur Visualisierung der inhaltlichen Zusammenhänge eingesetzt.

Ausgegraute Optionen

Das Pulldown-Menü LISTE wird erst beim Listentyp NUMMERIERUNG interessant, beim Listentyp AUFZÄHLUNGSZEICHEN ist es ausgegraut. Mit EBENE können Sie die Hierarchieebene des markierten Absatzes wählen. Das ist bei sogenannten Konturlisten (siehe Kasten oben) sinnvoll.

Listentyp: Nummerierung

Wenn statt AUFZÄHLUNGSZEICHEN als Listentyp NUMMERIERUNG gewählt wurde, sind im Bedienfeld AUFZÄHLUNGSZEICHEN UND NUMMERIERUNG einige Optionen mehr aktivierbar, da z. B. definiert werden muss, wie InDesign bei Listen die einzelnen Absätze durchnummerieren soll. Zum Einstieg sehen Sie sich den folgenden Screenshot an, der die Einstellungen für die zweite Ebene der Liste in Abbildung 3.71 wiedergibt.

1. **Texteingabe**
2. **Textrahmen**
   2.1. Textverkettungen und ihr Handling
   2.2. Textrahmen löschen
   2.3. Textrahmenoptionen
3. **Musterseiten**
4. **Zeichen**
   4.1. Zeichenattribute

▲ **Abbildung 3.71**
Die Nummerierung der ersten Ebenen wird fortgeführt, die zweite beginnt mit jedem Oberpunkt neu.

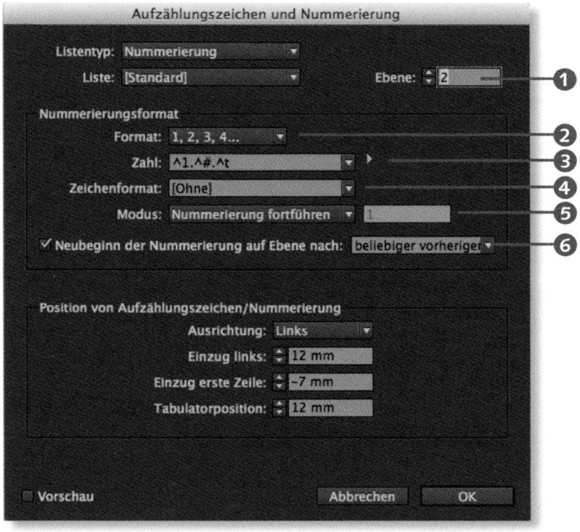

Abbildung 3.72 ▶
Listen sind zwar mit einem Klick erstellt, die genauere Steuerung ist allerdings weniger intuitiv.

- **Ebene:** An dieser Stelle ❶ wird definiert, zu welcher Hierarchieebene der gewählte Absatz innerhalb der Liste gehört.
- **Format:** Bestimmen Sie die Art der Nummerierung (Ziffern mit oder ohne führende Null(en), römische Ziffern in Groß- oder Kleinschreibung etc.) mit Hilfe des Pulldown-Menüs ❷.
- **Zahl:** Hier ❸ wird definiert, ob InDesign z. B. nur die aktuelle Ebene vor den eigentlichen Listentext stellen soll oder ob auch die übergeordneten Ebenen mit einbezogen werden sollen (wie etwa bei »4.1.«).
- **Zeichenformat:** Wie bei den Aufzählungszeichen können Sie aus den im Dokument angelegten Zeichenformaten wählen oder direkt ein neues definieren. Das hier gewählte ZEICHENFORMAT ❹ formatiert das Aufzählungszeichen selbst.
- **Modus:** Soll die Liste nach einer Unterbrechung weitergeführt werden oder mit einer bestimmten Zahl beginnen, wird dies an

dieser Stelle ❺ angegeben. Ersteres ist z. B. bei nummerierten Überschriften der Fall.

- **Neubeginn der Nummerierung auf Ebene nach:** Eine Aktivierung dieser Checkbox ❻ steuert die Zählweise, wie die Listenpunkte nummeriert werden. Die Option wird automatisch aktiviert, sobald unter EBENE eine größere Zahl als »1« gewählt wird. Dann liegt eine verschachtelte Liste vor, bei der dann die einzelnen Ebenen individuell in der Nummerierung und der Darstellung angepasst werden können. Im Beispiel in Abbildung 3.71 erkennen Sie am Punkt 4.1., dass die Listenpunkte der zweiten Ebene erwartungsgemäß wieder bei »1« beginnen. Ansonsten stünde hier »4.4« als Fortführung der drei Unterpunkte von »2. Textrahmen«. Sie sehen, dass gerade bei Listen des Typs Aufzählungszeichen eine ganze Reihe Maßnahmen ineinandergreifen. Um dieses Zusammenspiel besser verstehen zu können, werden Sie gleich anhand zweier Listen die diversen Faktoren, die die Darstellung von Listen beeinflussen, noch weiter kennenlernen.

Listenoptionen aufrufen

Wenn Sie häufig mit Listen arbeiten, rufen Sie das Dialogfenster AUFZÄHLUNGSZEICHEN UND NUMMERIERUNG am schnellsten mit einem Klick auf die Buttons im STEUERUNG-Bedienfeld mit gedrückter [Alt]-Taste auf. Diese Zusatztaste funktioniert auch bei anderen Buttons des STEUERUNG-Bedienfeldes.

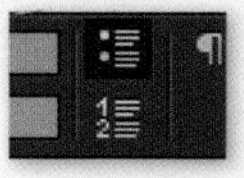

Nummerierung neu beginnen/fortführen

Diese Option innerhalb des Menüs des ABSATZ-Bedienfeldes ist nur anwählbar, wenn Sie auch einen oder mehrere Absätze einer Liste des Typs NUMMERIERUNG markiert haben. Diese Option entspricht der unter MODUS gemachten Einstellung im Dialogfeld AUFZÄHLUNGSZEICHEN UND NUMMERIERUNG.

Aufzählungszeichen und Nummerierung in Text konvertieren

Wie bereits erwähnt, liegen die in Listen definierten Aufzählungszeichen bzw. Nummerierungen genau genommen nicht als Text vor. Zur Überprüfung dieser Tatsachen können Sie einmal probieren, ein Aufzählungszeichen oder eine Ziffer einer Nummerierung zu markieren – es wird nicht funktionieren. Ebenso können Sie zum Test einen oder mehrere Absätze einer Liste markieren und dann den TEXTMODUS über BEARBEITEN • IM TEXTMODUS BEARBEITEN aufrufen: Im Textmodus wird Ihnen der Text des aktiven Textabschnitts ohne jegliche Formatierungen angezeigt. Auch dabei wird offensichtlich, dass die Listenzeichen von InDesign intern verwaltet werden und nicht als tatsächlicher Text vorliegen.

Möchten Sie die Aufzählungszeichen oder die Nummerierung in tatsächlichen Text ändern, können Sie dies über diesen Befehl erledigen. Vielleicht benötigen Sie diese Funktion, weil eine Liste beim Kopieren oder beim Export für eine andere Anwendung ihre Formatierung verliert.

Schritt für Schritt
Eine Liste mit zwei Ebenen mit Aufzählungszeichen formatieren

Diese Datei finden Sie in den Beispielen unter dem Namen »Liste.doc«.

Um Sie mit der Praxis der Listenformatierung vertraut zu machen, können Sie folgende Schritt-für-Schritt-Anleitung einmal nachvollziehen. Ziel ist die Liste in Abbildung 3.73.

- **Texteingabe**
- **Textrahmen**
  - Textverkettungen und ihr Handling
  - Textrahmen löschen
  - Textrahmenoptionen
- **Musterseiten**
- **Zeichen**
  - Zeichenattribute

▲ Abbildung 3.73
So soll die Liste am Ende des Workshops aussehen.

1 Grundlegende Formatierung festlegen

Platzieren Sie in einem beliebigen Dokument die Datei »Liste.doc« in einen neuen Textrahmen. Lassen Sie sich beim Platzieren die Importoptionen anzeigen, und markieren Sie die Option FORMATE UND FORMATIERUNG IN TEXT UND TABELLEN BEIBEHALTEN. Nachdem die Datei platziert wurde, sieht Ihr Dokument in etwa wie in Abbildung 3.74 aus.

- Texteingabe
- Textrahmen
- Textverkettungen und ihr Handling
- Textrahmen löschen
- Textrahmenoptionen
- Mustertextrahmen
- Zeichen
- Zeichenattribute

Abbildung 3.74 ►
Nach dem Import in InDesign

2 Den Text der ersten Ebene formatieren

Markieren Sie den gesamten Text, und formatieren Sie ihn nach Ihren Vorstellungen. Ich verwende hier die Myriad Pro Bold in 9/11 Pt (bei solchen paarweisen Schriftangaben mit der Einheit Punkt bezeichnet die erste Zahl die Schriftgröße und die zweite den Zeilenabstand).

Anschließend formatieren Sie die Listentexte der zweiten Ebene (Textverkettungen und ihr Handling, Textrahmen löschen, Textrahmenoptionen und Zeichenattribute) mit REGULAR. Eine Möglichkeit dafür ist das Pipette-Werkzeug : Nachdem Sie die erste Zeile formatiert haben, markieren Sie mit dem Pipette-Werkzeug ein Wort aus dieser Zeile, und mit der dann gefüllten Pipette markieren Sie anschließend die drei anderen Listenpunkte der zweiten Ebene:

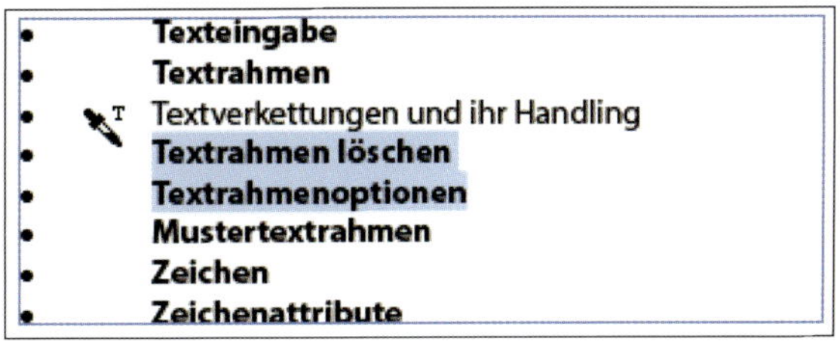

◂ **Abbildung 3.75**
Mit der Pipette können sehr schnell Formatierungen übertragen werden.

3 Erste Ebene formatieren

Positionieren Sie den Textcursor im ersten Listeneintrag »Texteingabe«. Rufen Sie dann das Dialogfeld AUFZÄHLUNGSZEICHEN UND NUMMERIERUNG im ABSATZ-Bedienfeldmenü auf. Hier rücken Sie die Liste, falls notwendig, durch die Eingabe einer »0« für EINZUG LINKS ❶ und EINZUG ERSTE ZEILE ❷ an den linken Textrahmenrand. Bei TABULATORPOSITION ❸ geben Sie »5 mm« ein.

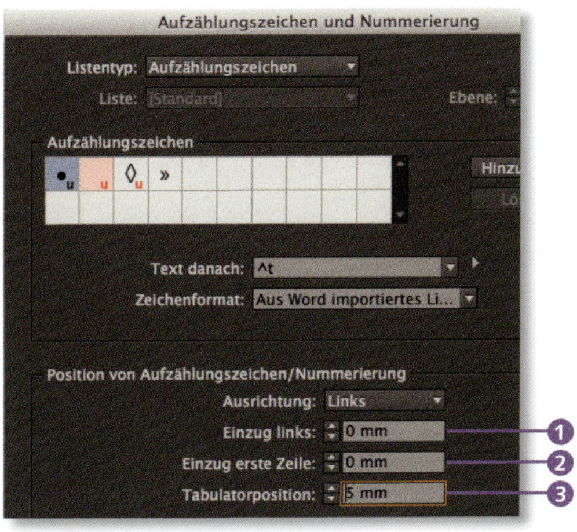

◂ **Abbildung 3.76**
Die Auswahl der als Aufzählungszeichen zur Verfügung stehenden Zeichen können Sie selbst erweitern.

Die gemachten Einstellungen übertragen Sie wieder mit der Pipette auf die anderen Zeilen der ersten Listenebene.

Pipette-Werkzeug

Achten Sie bei der Aufnahme von Formatierungen mit Hilfe der Pipette darauf, dass kein Rahmen markiert ist. InDesign überträgt sonst sofort die kopierten Formate auf den aktiven Rahmen.

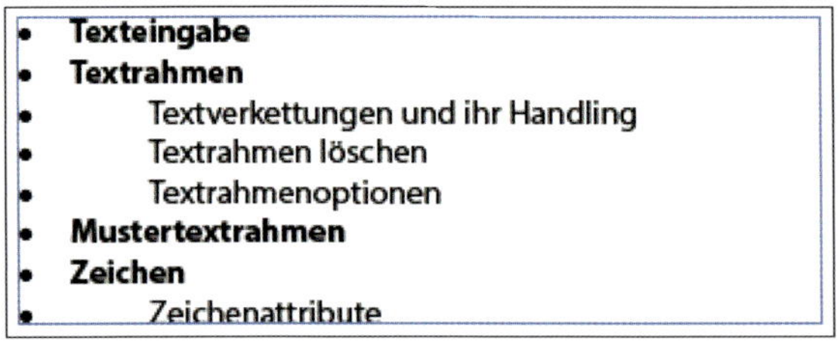

Abbildung 3.77 ▸
Die Schriftformatierungen stimmen, die Aufzählungszeichen müssen noch optimiert werden.

4 Zweite Ebene formatieren

Als Aufzählungszeichen der zweiten Ebene sollen Halbgeviertstriche dienen und diese sollen exakt unter den Texten der ersten Ebene positioniert werden. Markieren Sie die drei Unterpunkte von »Textrahmen«, und rufen Sie wieder das Dialogfeld AUFZÄHLUNGSZEICHEN UND NUMMERIERUNG auf. Geben Sie folgende Werte ein:

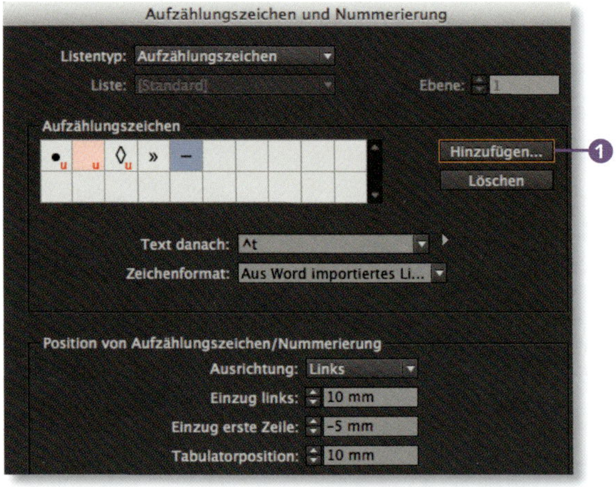

Abbildung 3.78 ▸
Die zweite Ebene erhält einen Halbgeviertstrich (Spiegelstrich) als Aufzählungszeichen.

Zeichen suchen

Wenn Sie auf den HINZUFÜGEN-Button drücken, sehen Sie den kompletten Zeichensatz der gewählten Schrift. Beim Überfahren der Glyphen werden Ihnen per Quick-Info u. a. die Namen eingeblendet. Der Halbgeviertstrich heißt dort »En-Dash«.

Fügen Sie den Halbgeviertstrich den Aufzählungszeichen einfach über den Button HINZUFÜGEN ❶ hinzu. Die Übertragung der Formatierung machen Sie wie eben mit dem Pipette-Tool. Wenn Sie den Textrahmen schmaler ziehen, umbricht der Text wie gewünscht. Fertig!

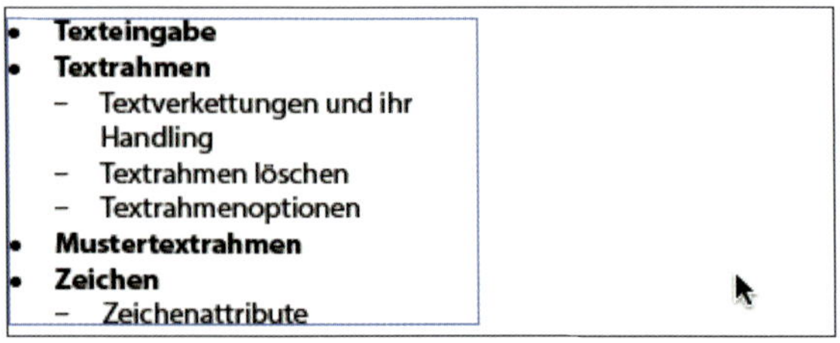

Abbildung 3.79 ▸
Auch bei mehr Text oder schmalerer Spalte umbricht der Text der zweiten Ebene sauber untereinander.

Schritt für Schritt
Eine Liste mit zwei Ebenen mit Zahlen formatieren

Dieser Workshop baut direkt auf dem vorangegangenen auf – Sie können aber auch »Liste_Nummer_Anfang.indd« öffnen und damit weiterarbeiten. Zum tieferen Verständnis des Themas Listen empfehle ich Ihnen aber auch die vorige Schritt- für-Schritt-Anleitung durchzuarbeiten.

Diese Datei finden Sie in den Beispielen unter dem Namen »Liste_Nummer_Anfang.indd«.

▲ **Abbildung 3.80**
So soll die Liste am Ende des Workshops aussehen.

1 Listentyp ändern

Markieren Sie die ersten beiden Punkte der ersten Ebene, und ändern Sie den Listentyp ❷ im Dialogfeld Aufzählungszeichen und Nummerierung in Nummerierung. InDesign tauscht hierdurch die Aufzählungszeichen in Ziffern. Alle anderen Einträge müssen nicht geändert werden.

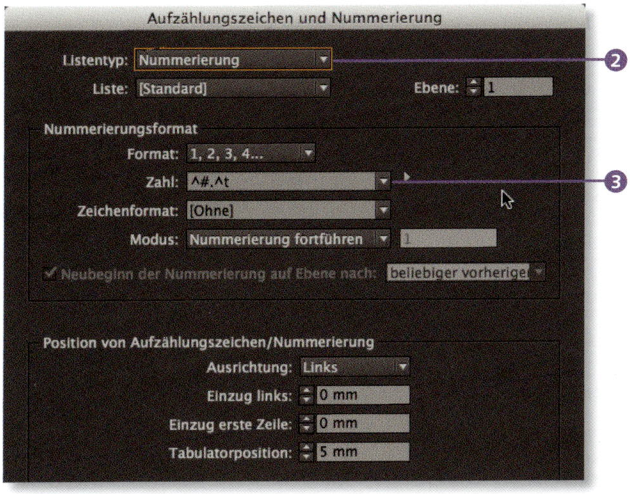

◂ **Abbildung 3.81**
Die Optionen beim Listentyp Nummerierung sind umfangreicher als bei Aufzählungszeichen.

Lassen Sie sich von den kryptischen Zeichen im Feld Zahl ❸ nicht einschüchtern: Mit dem Caret-Zeichen (^) beginnen Steuerzeichen, die als Platzhalter und nicht als normale Buchstaben fungieren. Davon sind hier zwei automatisch eingetragen worden: ^# steht für eine Nummer, und ^t bezeichnet einen Tabulator. Den Punkt zwischen den Steuerzeichen sehen Sie im Layout genau wie hier angegeben: nach der Nummer und vor dem Tabulator, der den eigentlichen Text an die definierte Position von 5 mm nach rechts einrückt.

Sonderzeichen anwählen

Sonderzeichen und Zahlenplatzhalter finden Sie rechts neben dem Feld Zahl unter dem Pfeil.

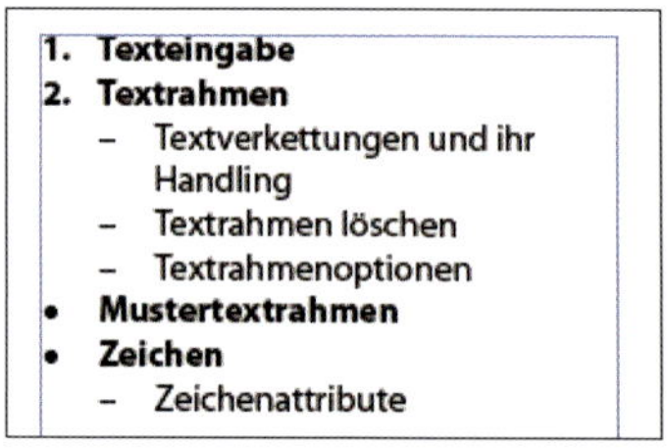

Abbildung 3.82 ►
Die ersten beiden Listenpunkte hat InDesign schon nummeriert.

Mit dem Pipette-Werkzeug übertragen Sie die eben gemachten Einstellungen auf die anderen beiden Listeneinträge, die vorn noch Aufzählungszeichen stehen haben:

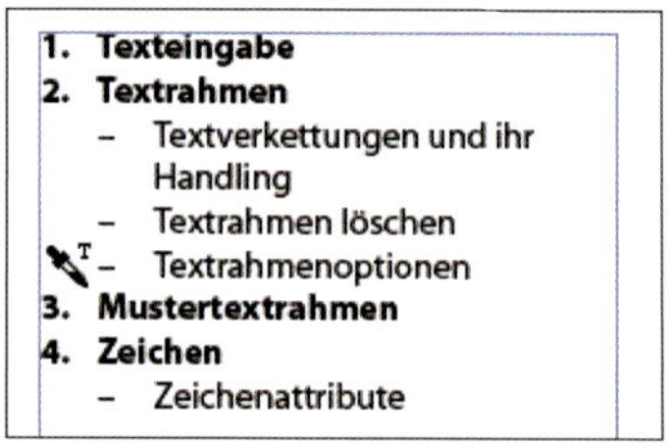

Abbildung 3.83 ►
InDesign zählt auch über Unterbrechungen hinweg.

2 Zweite Ebene formatieren

Markieren Sie erst die drei Unterpunkte von »Textrahmen« mit dem Textwerkzeug. Wenn Sie nun wieder das Dialogfeld Aufzählungszeichen und Nummerierung öffnen und hier wieder den Listentyp auf Nummerierung ändern, sehen Sie bei aktivierter Vorschau ❸, dass jetzt alle Einträge durchnummeriert werden.

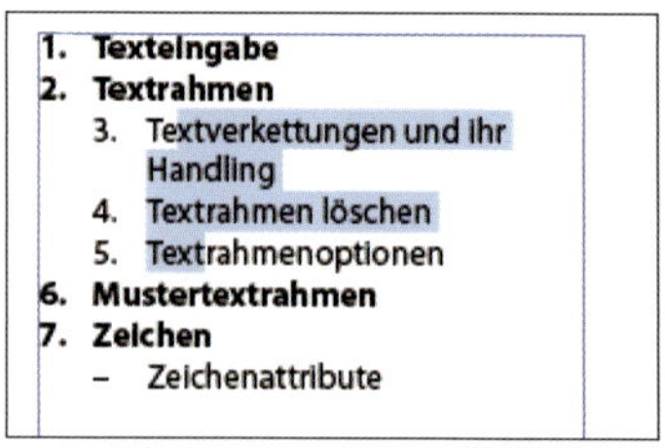

Abbildung 3.84 ►
In Abbildung 3.83 sah das Ergebnis besser aus, aber das ändern wir gleich wieder.

Um die zweite Ebene unabhängig von der ersten nummerieren zu können, geben Sie bei Ebene ❶ eine »2« ein.

Damit nun noch der Nummerierung der zweiten Ebene die übergeordnete Ebene vorangestellt wird, positionieren Sie den Cursor vor das Caret-Zeichen am linken Rand des Eingabefeldes Zahl. Öffnen Sie nun mit einem Klick auf den kleinen Rechtspfeil ❷ das Untermenü. Dort wählen Sie Zahlenplatzhalter einfügen

- Ebene 1. Geben Sie anschließend noch einen Punkt ein, damit die Zahlen voneinander abgesetzt werden.

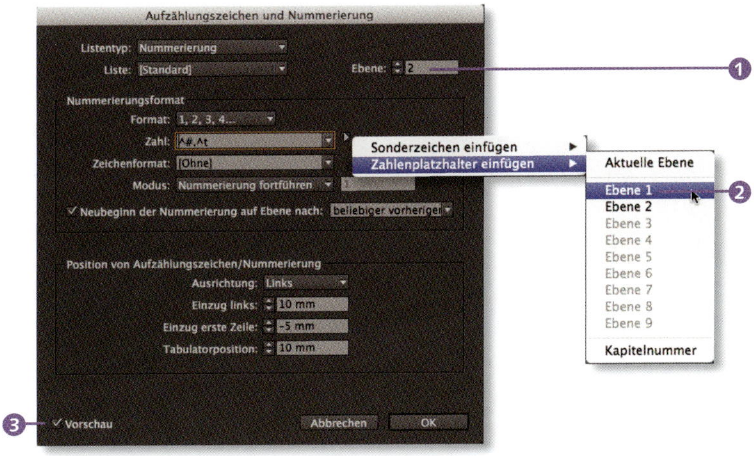

◂ **Abbildung 3.85**
Die Ziffern der zweiten Ebene werden per Ausklappmenü definiert.

Nach den vorigen Arbeitsschritten sollten im Feld Zahl nun die folgenden Zeichen stehen: `^1.^#.^t` , die die zweite Ebene unserer Auflistung jetzt so aussehen lassen:

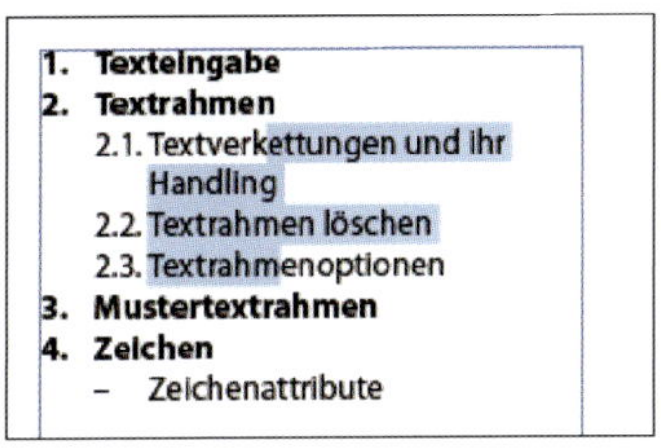

◂ **Abbildung 3.86**
Die zweite Ebene ist fertig nummeriert, aber der Text klemmt noch zu sehr an den Zahlen.

Durch die doppelten Ziffern reicht nun der Einzug links nicht mehr aus, ich habe ihn und die Tabulatorposition auf »12 mm« erhöht. Anschließend habe ich den Einzug erste Zeile auf »–7 mm« korrigiert, und als letzter Schritt ist der Unterpunkt von Punkt 4 per Pipette mit derselben Formatierung versehen worden.

Tabulatoren löschen

Da in den vorigen Schritten schon bei 5 und 10 mm Tabulatoren eingefügt wurden, warnt InDesign bei der Eingabe eines höheren Wertes, ob diese tatsächlich gelöscht werden sollen.

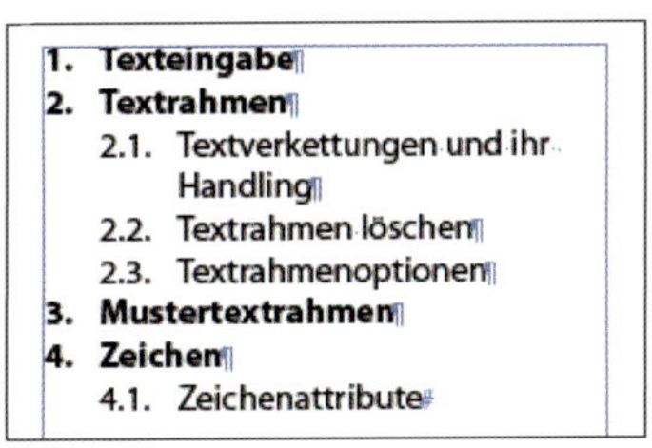

◂ **Abbildung 3.87**
Fertig: InDesign zählt und formatiert die zwei Ebenen unabhängig voneinander.

3.15 Tabulatoren und Einzüge

Niemals Leerzeichen verwenden

Wenn Text ausgerichtet werden soll, sollten Sie wegen ihrer exakten Steuerbarkeit immer auf Tabulatoren und/oder Einzüge zurückgreifen. Leerzeichen sind für solche Aufgaben absolut ungeeignet, da sie in ihrer Position nicht präzise definiert werden können.

Beide haben Sie im Zusammenhang mit Listen schon kennengelernt – da Tabulatoren und Einzüge aber auch außerhalb von Listen eingesetzt werden, werfen wir auf sie im Folgenden noch einen genaueren Blick.

Tabulatoren

Grundsätzlich dienen Tabulatoren dazu, Texte oder Zahlen an genau definierten Positionen auszurichten.

Das Bedienfeld TABULATOREN ist eines der wenigen, die Sie nicht im Menü FENSTER finden: Es wird über SCHRIFT • TABULATOREN oder [Strg]/[⌘]+[⇧]+[T] aufgerufen. Mit einem Klick auf den Magneten ❺ können Sie das Bedienfeld oben an dem zu bearbeitenden Textrahmen andocken. Dafür muss die obere Textrahmenkante in Ihrem Dokumentfenster zu sehen sein:

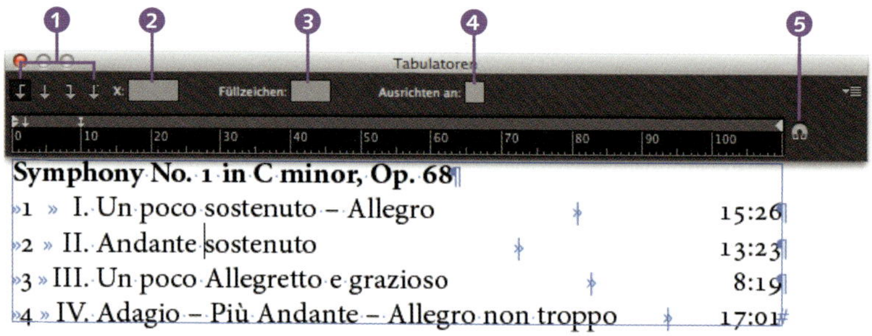

Abbildung 3.88 ▸
Texte können mit Tabulatoren präzise ausgerichtet werden.

Die Art des Tabulators wird mit diesen vier Buttons ❶ festgelegt: linksbündig, zentriert, rechtsbündig und dezimal. Beachten Sie bei der Wahl des Tabulators, dass dieser die Positionierung von Text bestimmt, der *nach* dem Tabulator steht – das kann vor allem beim rechtsbündigen Tabulator verwirren. Im Tabulatorlineal wird die Tabulatorart angezeigt, sie kann später auch wieder geändert werden. Im Feld für die Tabulatorposition ❷ können Sie diese per Eingabe steuern. Sie können Tabulatoren auf dem Tabulatorlineal auch frei verschieben. Bei FÜLLZEICHEN ❸ können Sie beispielsweise einen Punkt (.) eintippen, dieser wird dann bis zum folgenden Text von InDesign wiederholt (siehe Abbildung 3.89). Auch bei AUSRICHTEN AN ❹ können Sie ein Zeichen eingeben, z. B. ein

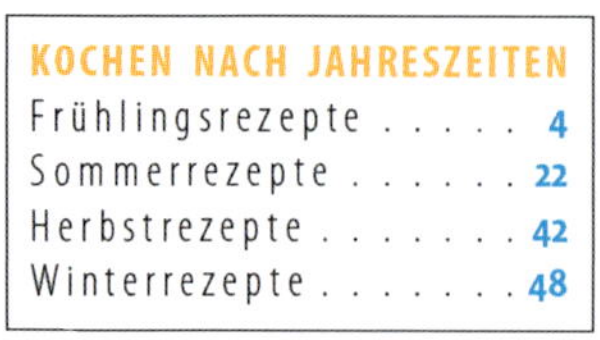

▴ **Abbildung 3.89**
Mit FÜLLZEICHEN werden solche sauber ausgerichteten Punkte realisiert.

Komma, wenn die Tabulatorart des aktiven Tabulators dezimal ist. Zahlen, die Kommas enthalten, werden dann daran ausgerichtet.

Verborgene Zeichen

Wenn Sie über SCHRIFT • VERBORGENE ZEICHEN EINBLENDEN aktivieren, haben Sie einen genauen Überblick über Anzahl und Art der Tabulatoren im Text.

Schritt für Schritt
Eine Aufzählung mit Tabulatoren ausrichten

In diesem Workshop können Sie die Schritte nachvollziehen, die zu einer Formatierung wie in Abbildung 3.88 führen.

1 Text platzieren und formatieren

Platzieren Sie »Tabulatoren.doc« in ein Dokument, und weisen Sie dem Text die Minion Pro Regular in 11/13 Pt zu. Bei der Arbeit mit Tabulatoren sollten Sie sich die verborgenen Zeichen anzeigen lassen, als Bildschirmmodus wählen Sie NORMAL.

Diese Datei finden Sie in den Beispielen unter dem Namen »Tabulatoren.doc«.

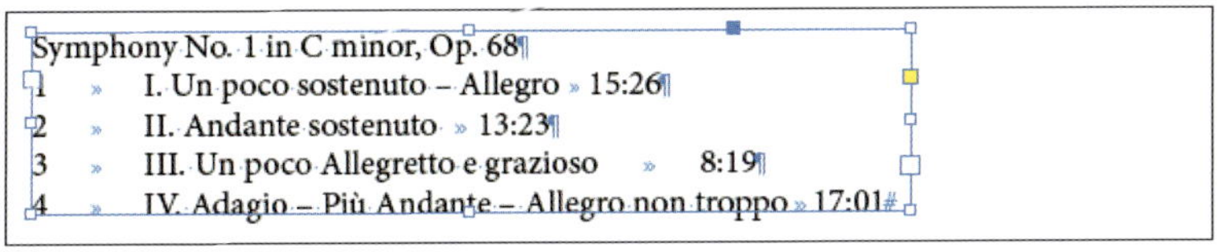

◂ **Abbildung 3.90**
Die Angaben zu symphonischer Musik sind jetzt in der Minion Pro gesetzt.

2 Weitere Tabulatoren einfügen

Damit die Titelnummern 1–4 unabhängig von der Rahmenkante positionierbar werden, fügen Sie vor den vier Ziffern je einen Tabulator durch Drücken der [⇆]-Taste ein. Markieren Sie nun die vier Zeilen, und rufen Sie das Bedienfeld TABULATOREN im Menü SCHRIFT auf. Um die Ziffern mittig übereinander auszurichten, klicken Sie den Button ZENTRIERTER TABULATOR ❼ an. Klicken Sie dann auf die gewünschte Position im hellen Balken des Tabulatorlineals ❻, oder geben Sie die gewünschte Position bei X ❽ ein.

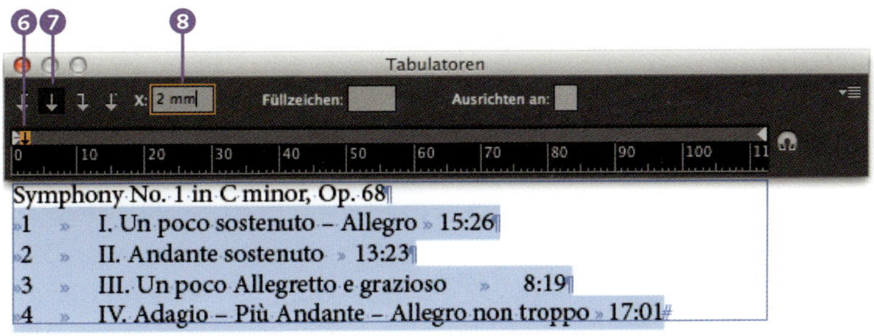

◂ **Abbildung 3.91**
Vor den Titelnummern wurden zentrierte Tabulatoren eingefügt, und ihre Position wurde definiert.

3 Dezimal-Tabulator setzen

Als Nächstes sollen die römischen Ziffern an den Punkten ausgerichtet werden. Hierfür wird der Dezimal-Tabulator eingesetzt. Klicken Sie in den hellgrauen Balken oberhalb des Lineals, und definieren Sie den neuen Tabulator mit einem Klick auf den vierten Button ❶ als Dezimal-Tabulator. Um die Position genau festzulegen, geben Sie den gewünschten Wert, z. B. bei »10 mm«, bei X ❷ ein. Bei Ausrichten an ❸ geben Sie einen Punkt (.) ein: Die Punkte nach den römischen Ziffern stehen exakt untereinander.

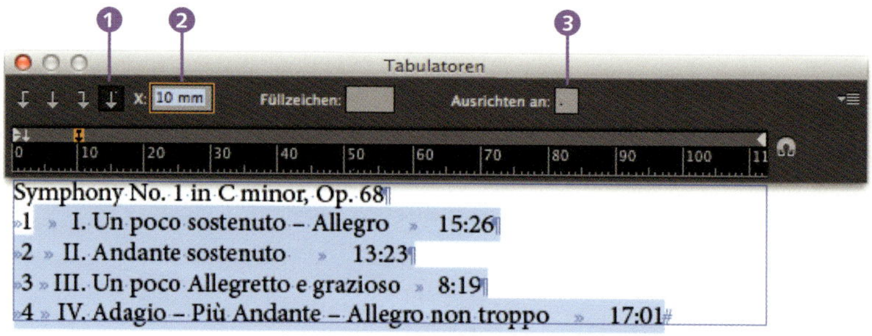

Abbildung 3.92 ▶
Vor den römischen Zahlen wurden Dezimaltabulatoren eingefügt.

4 Die Zeitangaben nach rechts verschieben

Jetzt brauchen nur noch die Zeitangaben der einzelnen Symphonie-Sätze an den rechten Rand geschoben zu werden. Soll die Position rechts durch den Textrahmen definiert werden, ersetzen Sie die vier Tabulatorzeichen vor den Zeitangaben im Text durch Tabulator für rechte Ausrichtung. Dieses Zeichen finden Sie unter Schrift • Sonderzeichen einfügen • Andere • Tabulator für rechte Ausrichtung, oder Sie geben einfach ⇧+⇥ ein. Dadurch wird der folgende Text, in diesem Fall die Minuten- und Sekundenangaben der Musikstücke, an den rechten Rand des Textrahmens verschoben. Im Tabulatorlineal braucht hierfür kein Tabulator gesetzt zu werden. Ein Tabulator für rechte Ausrichtung wird, wenn die verborgenen Zeichen eingeblendet werden, im Gegensatz zu einem normalen Tabulator als Doppelpfeil mit einer vertikalen Linie dargestellt ❹. Möchten Sie die Zeiten vom Rand abrücken, können Sie dies durch das Verschieben des schwarzen Dreiecks ❺ am rechten Rand des Tabulatorlineals erreichen. Sie ändern hierdurch den Wert für Einzug rechts. Dieser ist auch direkt im Bedienfeld Absatz ablesbar und kann dort ebenfalls definiert werden.

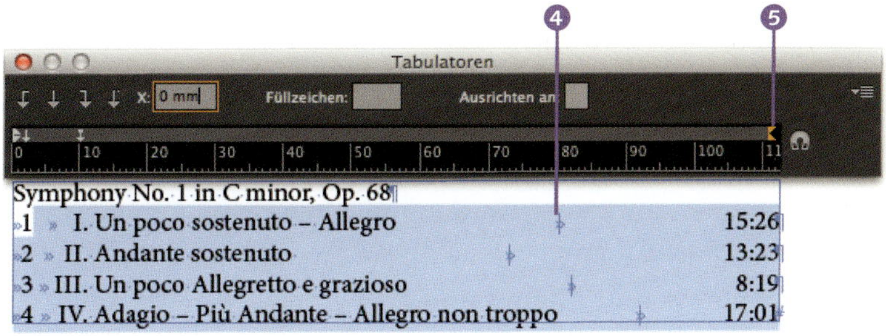

◂ **Abbildung 3.93**
Der Tabulator für rechte Ausrichtung kann über das schwarze Dreieck im Tabulatorlineal positioniert werden.

5 Füllzeichen einfügen

Damit die jeweiligen Zeiten den einzelnen Symphonie-Sätzen besser zugeordnet werden können, ist der Einsatz von Füllzeichen wie z. B. Punkten empfehlenswert. Da nur Tabulatoren und keine rechten Einzüge mit Füllzeichen versehen werden können, müssen Sie zunächst noch linksbündige Tabulatoren an der Position des rechten Textrahmenrandes erstellen. Zunächst markieren Sie jedoch den Rahmen mit dem Auswahl-Tool, und geben Sie im Steuerung-Bedienfeld bei Breite »100 mm« ein.

Markieren Sie nun wieder die vier Zeilen, und erstellen Sie mit einem Klick etwa am rechten Ende des Lineals einen Tabulator. Der neue Tabulator ist im Tabulatoren-Bedienfeld nicht gut zu erkennen, er wird vom Einzug rechts-Dreieck 5 verdeckt, ist aber noch aktiviert 9. Positionieren Sie den Tabulator nun mit der Eingabe von »100 mm« bei X 7 genau auf die Rahmenkante. Weisen Sie dem Tabulator nun noch das Attribut rechtsbündig per Klick auf den entsprechenden Button 6 zu. Nun können Sie einen Punkt (.) in das Eingabefeld Füllzeichen 8 eingeben. InDesign erstellt exakt ausgerichtete Punktlinien zwischen Text und Zeitangaben. Damit die Punkte nicht zu eng aneinanderstehen, können Sie auch ein Leerzeichen im Feld Füllzeichen hinzufügen:

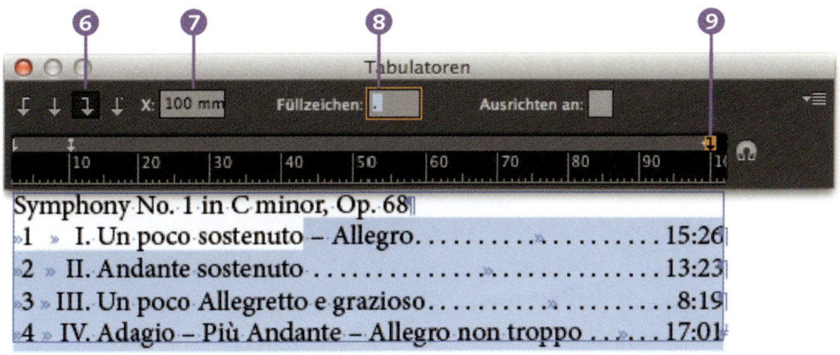

◂ **Abbildung 3.94**
Fertig: Die Füllzeichen stehen trotz unterschiedlich langer Zeitangaben sauber untereinander.

Zusätzliche Funktionen

Im Bedienfeldmenü finden Sie weitere Funktionen, mit denen sich z. B. Tabulatoren in gleichmäßigen Abständen wiederholen lassen.

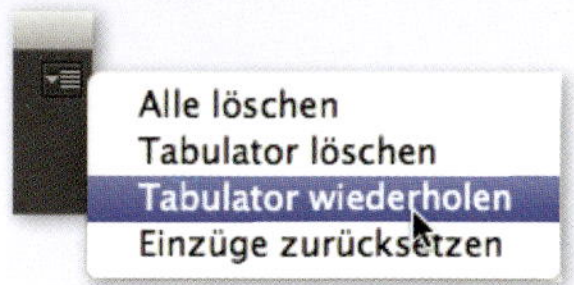

Deutlich ist besser

Bei langen Zeilen am Absatzende hat man ohne Einzüge (links) als Leser kaum oder sogar gar keine Chance, einen Absatzanfang wahrzunehmen.

Einzüge

Dieser typografische Fachbegriff ist Ihnen schon im Zusammenhang mit den Bedienfeldern Absatz, Aufzählungszeichen und Nummerierung und Tabulatoren begegnet. Die häufigste Verwendung eines Einzugs ist die Kennzeichnung eines Absatzes.

In Textverarbeitungen wie OpenOffice und Microsoft Word werden Absätze von den Anwendern häufig durch Leerzeilen voneinander getrennt. Diese Methode ist in Büchern überhaupt nicht und in Magazinen nur ausnahmsweise anzutreffen. Das hat vor allem zwei Gründe: Durch die Leerzeilen wird der Lesefluss des Lesers erheblich gestört, und im Layout werden inhaltlich zusammenhängende Texte durch die Leerzeilen in einzelne, getrennte Textblöcke auseinandergerissen.

Um nun Einzüge – also Leerräume an der linken Satzkante – als Absatzkennzeichnungen zu verwenden, bieten sich keinesfalls Leerzeichen oder Tabulatoren an. Gegen Leerzeichen spricht, dass ihre Breite kaum zuverlässig steuerbar ist, und außerdem müssten die Leerzeichen ja bei jedem neuen Absatz extra eingegeben werden. Dasselbe Argument greift auch bei Tabulatoren: Diese müssten separat an den Absatzanfängen eingegeben werden.

Übrigens ist die erste Zeile des Absatzes, den Sie gerade lesen, mit 4 mm eingezogen. Was Sie auch an dieser Seite sehen können, ist die Position, an der Einzüge angewendet werden: Absätze, die direkt nach Überschriften und Abbildungen beginnen, werden nicht eingezogen, alle anderen Absätze sind mit einem Einzug gekennzeichnet.

Die Position eines Absatzeinzugs können Sie im Absatz-Bedienfeld bei Einzug links in erster Zeile ❶ eingeben oder im Tabulatoren-Bedienfeld durch Verschieben des oberen linken Dreiecks ❷ definieren. Die genaue Position lässt sich hier bei X ❸ eingeben.

▼ Abbildung 3.95
Einzüge lassen sich in den Bedienfeldern Absatz und Tabulatoren präzise definieren.

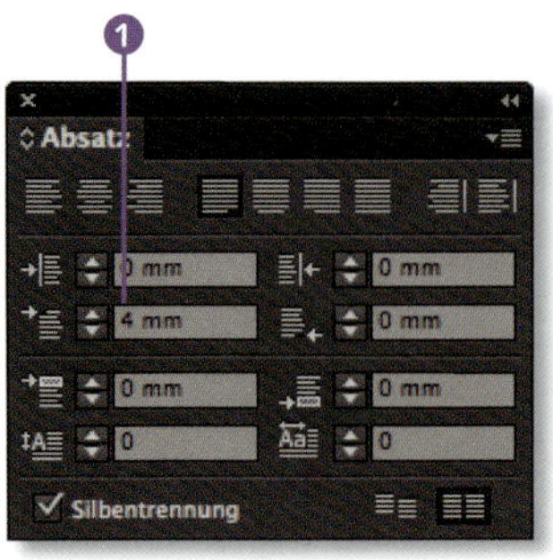

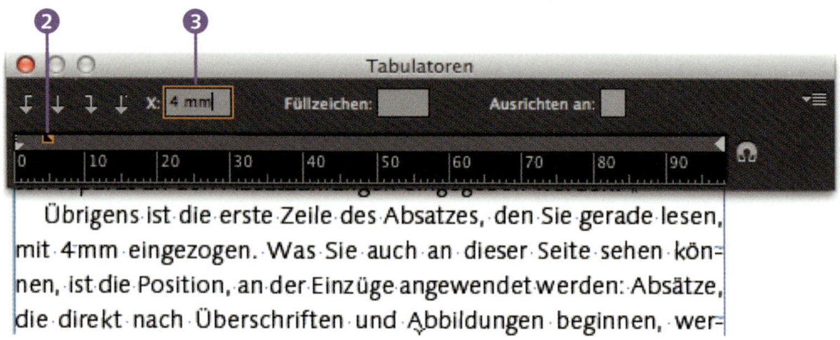

3.16 Absatzformate

In vorangegangenen Workshops haben Sie erfahren, dass Formatierungen mit dem Pipette-Tool auf einzelne andere Absätze übertragen werden können. Wenn Sie dieselbe Formatierung auf viele Absätze anwenden wollen, wird diese Art der Formatierung jedoch zur fehlerbehafteten Geduldsübung. Zudem werden die per Pipette übertragenen Formatierungen nicht aktualisiert, wenn Sie an der Ursprungsformatierung Änderungen vornehmen. Absatzformate übernehmen genau diese beiden Aufgaben und stellen damit das Herz aller Funktionen von InDesign dar.

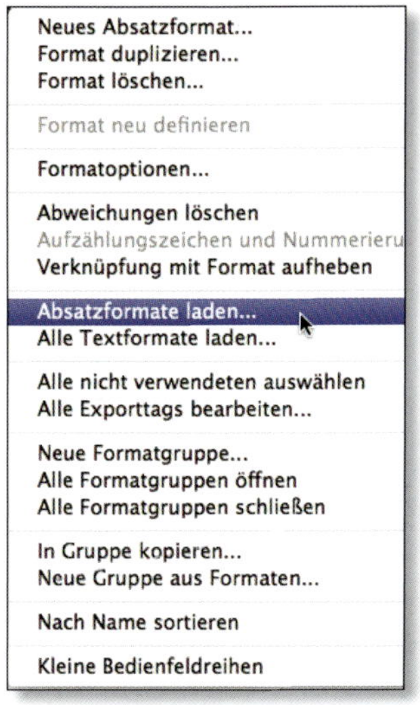

▲ **Abbildung 3.96**
Das Absatzformate-Bedienfeldmenü bietet einige Funktionen, die nirgends sonst hinterlegt sind.

3.17 Das Bedienfeld »Absatzformate«

Das Bedienfeld, das Sie über Fenster • Formate • Absatzformate aufrufen können, sieht trotz seiner immensen Funktion völlig unscheinbar aus: Es listet alle im aktuellen Dokument angelegten Absatzformate auf.

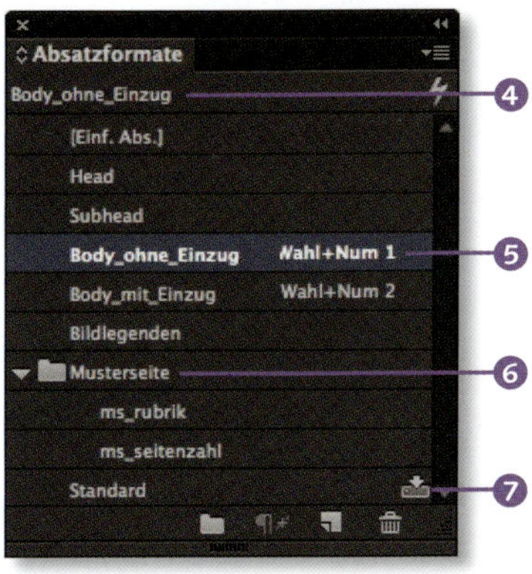

◂ **Abbildung 3.97**
Die dokumentweite Verwaltung von Absatzformaten ist die Arbeitserleichterung schlechthin!

Oberhalb der eigentlichen Liste mit den Absatzformaten wird der Name des Absatzformats ❹ angezeigt, das auf den Absatz angewendet wurde, in dem sich der Cursor gerade befindet. Rechts neben den Absatzformatnamen werden die vergebenen Tastenkürzel ❺ angezeigt. Für umfangreiche Listen im Absatzformate-Bedienfeld bieten sich Formatgruppen ❻ zur Organisation an. Wenn ein Festplattensymbol ❼ neben einem Absatzformat zu sehen ist, bedeutet dies, dass dieses Absatzformat beim Platzieren des Textes mit in das InDesign-Dokument importiert und nicht in InDesign angelegt wurde. Am unteren Rand des Bedienfeldes können Sie mit den Abreißblock- und Mülleimer-Buttons neue Listenelemente – hier also Absatzformate – hinzufügen oder löschen. Lassen Sie uns nun einen Blick »unter die Haube« werfen.

Absatzformatoptionen

Um Absatzformate zu modifizieren, müssen Sie die entsprechenden Absatzformatoptionen öffnen. Dies lässt sich auf drei verschiedene Arten bewerkstelligen: mit einem Doppelklick oder einem Rechtsklick auf den Absatzformatnamen und über das Menü des Bedienfeldes Absatzformate. Ich empfehle Ihnen, den Rechtsklick zu wählen, damit können Sie nämlich die Optionen eines Absatzformats öffnen, ohne dass dieses versehentlich direkt auf einen Absatz angewendet wird.

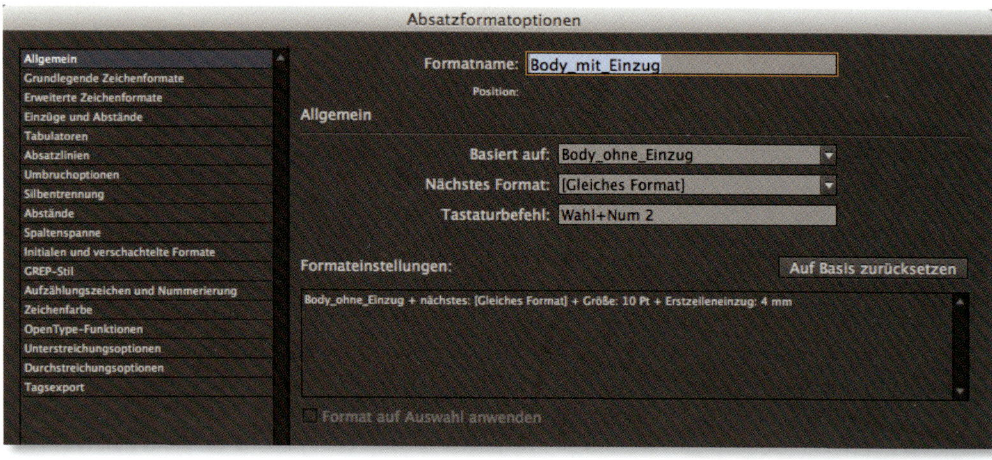

Abbildung 3.98 ▲
Für alle, die in InDesign viel mit Text arbeiten, ist dies eines der wichtigsten Optionsfenster.

In der Auswahlliste links in den Absatzformatoptionen haben Sie Zugriff auf die verschiedensten Optionen. Sie werden hier fast alle wiedererkennen: Die meisten habe ich Ihnen bereits im Zusammenhang mit dem Absatz-Bedienfeld erläutert. Hierin offenbart sich das Konzept der Absatzformate: Alles, womit Sie einen Absatz formatieren können, kann auch in einem Absatzformat hinterlegt werden. Ein so definiertes Format kann im gesamten(!) Dokument auf beliebig viele Absätze angewendet werden, Änderungen daran erfolgen dann nur noch in den Absatzformatoptionen.

Schritt für Schritt
Absatzformate definieren

Um in das Thema Absatzformate tiefer einzusteigen, vollziehen Sie diese Schritt-für-Schritt-Anleitung nach. Sie werden fünf Absatzformate erstellen, anwenden und modifizieren. Aufgrund der zentralen Bedeutung der Absatzformate ist der Workshop der mit Abstand längste in diesem Buch. Wenn Sie ihn durchgearbeitet haben, verfügen Sie über weit mehr als einen Einblick in das Thema.

1 Dokument anlegen, Text platzieren und formatieren

Los geht's wieder mit einem neuen Dokument, in das Sie »Absatzformate.doc« platzieren. Das Format und den Satzspiegel können Sie frei wählen. Für die Screenshots habe ich ein DIN-A4-Dokument mit zwei Spalten erstellt. Zoomen Sie zu dem ersten Absatz nach der Überschrift »Vorwort«. Mit einem Vierfachklick markieren Sie den gesamten Absatz, den Sie nun wie gewohnt mit dem Zeichen- und dem Absatz-Bedienfeld nach Ihren Vorstellungen formatieren. Ich habe Minion Pro Regular in 9/12 Pt gewählt, die Satzart Linksbündig ausrichten zugewiesen, die Silbentrennung aktiviert und proportionale Mediävalziffern als Ziffernformat angewendet.

2 Ein Absatzformat anlegen und zuweisen

Diese gerade vorgenommenen Änderungen der Absatzattribute übernehmen Sie nun in ein Absatzformat: Dazu sollte sich der Cursor weiter in dem gerade formatierten Absatz befinden. Dadurch übernimmt InDesign beim nächsten Schritt direkt alle vorgenommenen Formatierungen. Klicken Sie nun auf den kleinen Abreißblock am unteren Rand des Absatzformate-Bedienfeldes. Ein Rechtsklick auf das neue Absatzformat Absatzformat 1 blendet das Kontextmenü ein, aus dem Sie "Absatzformat 1" bearbeiten wählen. Im nun erscheinenden Dialogfeld Absatzformatoptionen ist automatisch der erste Punkt der linken Auswahlliste Allgemein aktiv. Dort ändern Sie als Erstes den Formatnamen in Body_ohne_Einzug. Als Tastaturbefehl können Sie z. B. Strg + Num1 / Alt + 1 eingeben. Dafür positionieren Sie den Cursor in das Eingabefeld Tastaturbefehl und drücken ein-

Neue Absatzformate

Sie können neue Absatzformate auch erst anlegen, sie in den Absatzformatoptionen modifizieren und anschließend auf Text anwenden.

Diese Datei finden Sie in den Beispielen unter dem Namen »Absatzformate.doc«.

Schnell anwenden

Mit Strg / ⌘ + ↵ bzw. dem Button Schnell anwenden, den Sie in den Format-Bedienfeldern und im Steuerung-Bedienfeld finden, haben Sie schnell Zugriff auf Formate und Menübefehle. Unter dem Pfeil verbirgt sich ein Menü, mit dem Sie einschränken können, was aufgelistet wird.

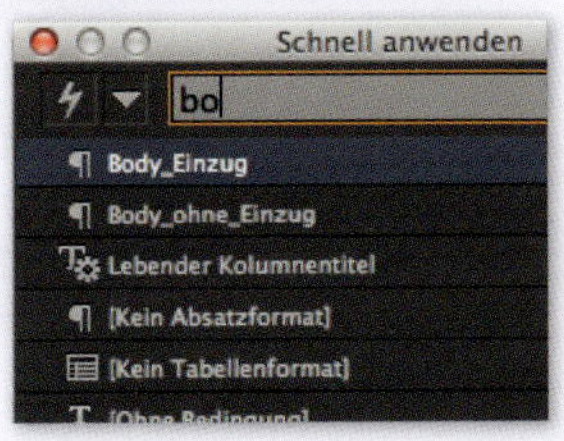

fach die gewünschte Tastenkombination. Auf Windows-Rechnern muss hierfür die [Num]-Taste aktiviert sein.

Nachdem Sie die ABSATZFORMATOPTIONEN mit OK geschlossen haben, ist das neue Absatzformat BODY_OHNE_EINZUG evtl. noch nicht automatisch markiert. Holen Sie dies dann mit einem Klick auf den Namen des neuen Absatzformates nach und wenden somit das Format auf den Absatz an:

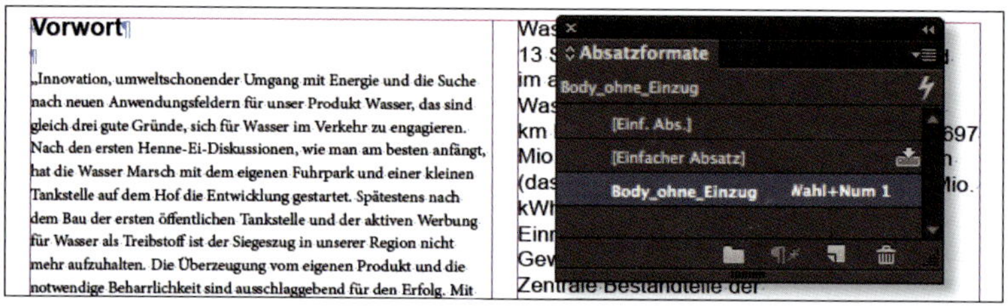

Abbildung 3.99 ▸
Der erste Absatz ist mit dem Absatzformat BODY_OHNE_EINZUG formatiert.

3 »Body_ohne_Einzug« anderen Absätzen zuweisen

Formatieren Sie nun den jeweils ersten Absatz nach einer Überschrift (❶ und ❷) mit dem neu angelegten Format. Löschen Sie dann noch die Leerzeilen zwischen den Absätzen ❸.

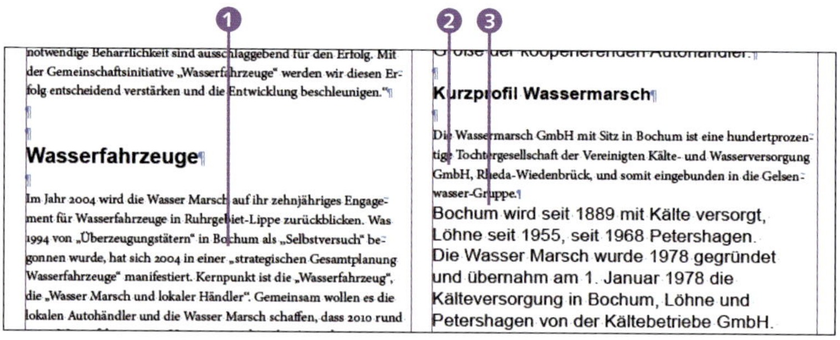

Abbildung 3.100 ▸
Hier fehlen noch Einzüge in den ersten Zeilen der Absätze.

4 Dem zweiten Absatz einen Einzug hinzufügen

Setzen Sie nun den Cursor in den zweiten, noch nicht einheitlich formatierten Absatz des Abschnitts »Wasserfahrzeuge« ❹. Wenden Sie auf diesen Absatz auch BODY_OHNE_EINZUG an.

Im ABSATZ- oder STEUERUNG-Bedienfeld legen Sie nun einen EINZUG LINKS IN ERSTER ZEILE von »4 mm« fest ❺. Achten Sie danach auf das Bedienfeld ABSATZFORMATE: Ein Pluszeichen ❻ wird hinter dem Namen BODY_OHNE_EINZUG eingeblendet. Dieses weist auf eine oder mehrere Abweichungen von den im Absatzformat BODY_OHNE_EINZUG hinterlegten Absatzattributen hin. In diesem

Fall ist es der Einzug, der ja noch nicht Bestandteil des Absatzformats ist.

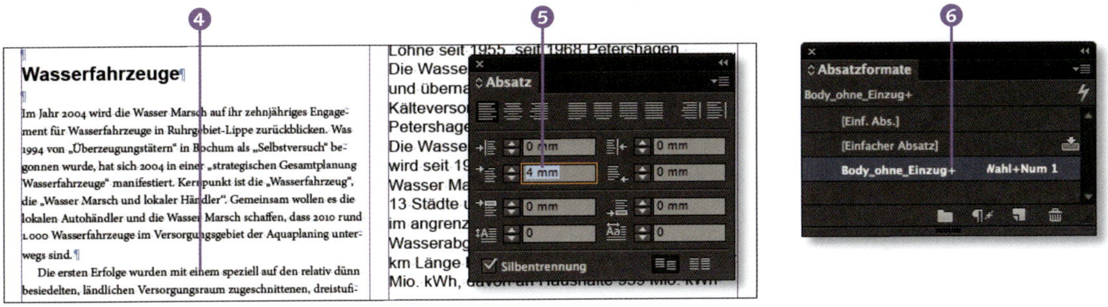

▲ **Abbildung 3.101**
Bei Abweichungen von den im Absatzformat definierten Attributen wird ein Pluszeichen hinter dem Namen angezeigt.

5 Absatzformat »Body_mit_Einzug« erstellen

Da wir mehrere Absätze ohne und mit einem Einzug gleichförmig formatieren möchten, erstellen wir uns einfach ein zweites Absatzformat. Grundsätzlich gehen wir dabei genauso vor wie beim Erstellen des Absatzformats BODY_OHNE_EINZUG. Positionieren Sie den Cursor zunächst in den Absatz, dem Sie in Schritt 4 den Einzug zugewiesen haben.

Klicken Sie nun wieder auf den Abreißblock am unteren Bedienfeldrand. Damit haben Sie das neue Absatzformat ABSATZFORMAT 1 erstellt, das kein Pluszeichen aufweist, da InDesign wieder alle Formatierungen automatisch in das neue Absatzformat übernommen hat. Klicken Sie dieses Absatzformat an, damit es auf den zweiten Absatz auch angewendet wird. Mit einem Rechtsklick öffnen Sie auch für dieses Absatzformat die Optionen, nennen es BODY_MIT_EINZUG und vergeben ein Tastenkürzel. Das Aussehen des aktiven Absatzes ändert sich durch die Formatzuweisung nicht, nur im ABSATZ-Bedienfeld ist die Anwendung des neuen Formats abzulesen 7.

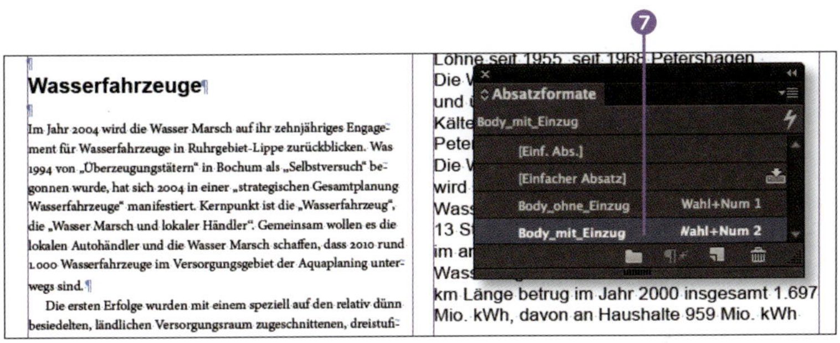

◄ **Abbildung 3.102**
Das zweite Absatzformat ist erstellt und angewendet worden.

Aufzählungszeichen gestalten

Wenn Sie die Aufzählungspunkte anders als das übergeordnete Absatzformat gestalten möchten, setzen Sie hierfür Zeichenformate ein:

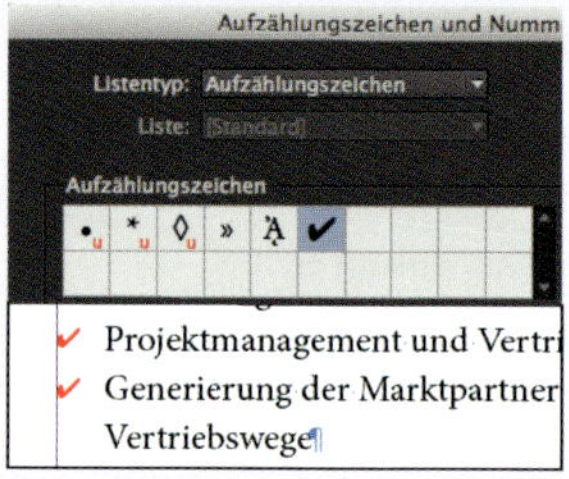

Weisen Sie das gerade erstellte Absatzformat Body_mit_Einzug den noch nicht formatierten Fließtext-Absätzen des Beispieltextes zu. Die Formatierung der Listentexte im letzten Textabschnitt setzen wir im nächsten Schritt um.

6 Auflistung formatieren

Die Auflistung soll die grundsätzliche Formatierung von Body_ohne_Einzug aufweisen. Abweichend von diesem Absatzformat sollen alle Absätze der Auflistung mit Listenpunkten beginnen, die an der linken Satzkante stehen sollen. Die eigentlichen Texte sollen alle an der linken Satzkante eingezogen werden. Zur Realisierung der genannten Formatierungen sind mehrere Schritte nötig.

Zunächst weisen Sie den sechs Absätzen der Auflistung ❷ das Absatzformat Body_ohne_Einzug ❶ zu. Löschen Sie, falls nötig, Abweichungen, indem Sie im Bedienfeldmenü den entsprechenden Befehl aufrufen.

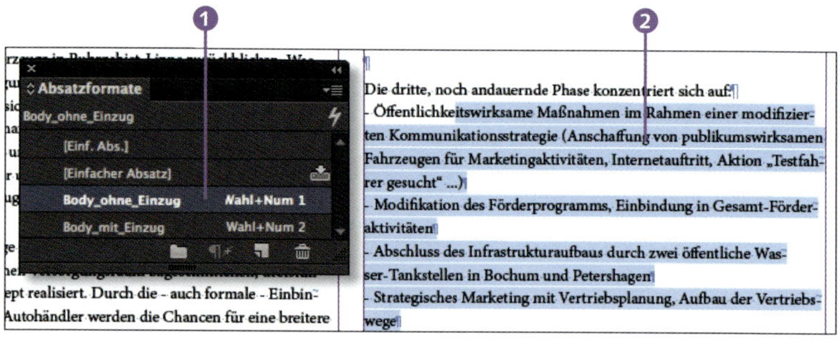

Abbildung 3.103 ▸
Der gesamte Absatz wird eingezogen.

7 Text als Liste definieren

Weisen Sie nun den Listentexten das Attribut Liste mit Aufzählungszeichen zu. Markieren Sie hierfür den entsprechenden Button im Steuerung-Bedienfeld ❸.

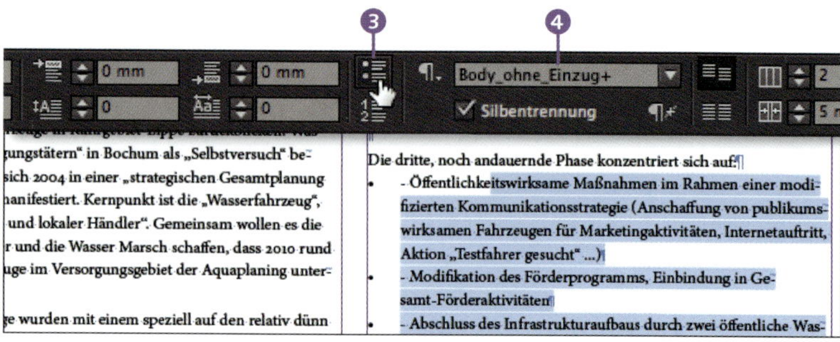

Abbildung 3.104 ▸
Den Listentexten wurde die Eigenschaft Liste mit Aufzählungszeichen zugewiesen.

InDesign quittiert uns die Formatänderung nicht nur mit einem Pluszeichen im ABSATZ-Bedienfeld, sondern auch im STEUERUNG-Bedienfeld ❹.

8 Einzüge korrigieren

Im ABSATZ-Bedienfeld korrigieren Sie zuerst den Wert bei EINZUG LINKS IN ERSTER ZEILE zu »–4mm« ❺. Danach können Sie auch den Wert bei EINZUG LINKS auf »4mm« setzen ❻. Damit entspricht der Einzug der Listen denen der Absätze mit Einzügen.

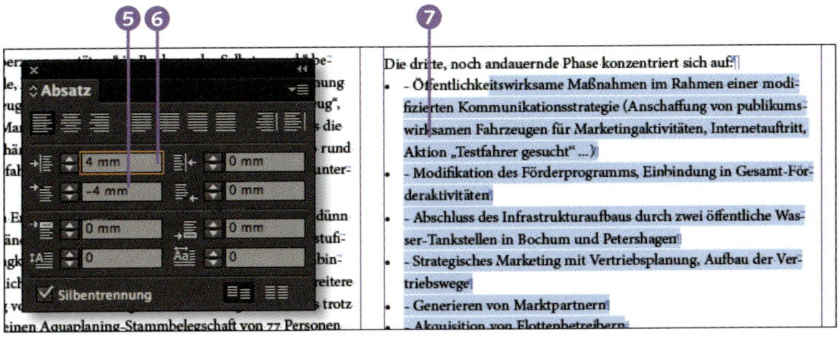

◂ **Abbildung 3.105**
Bei EINZUG LINKS steht derselbe Wert wie bei EINZUG ERSTE ZEILE LINKS, hier allerdings als negativer Wert.

Warum steht beim Erstlinieneinzug ein negativer Wert? Der komplette Absatz wird durch den EINZUG LINKS ❻ nach rechts von der Satzkante abgerückt ❼. Damit nun das Aufzählungszeichen vorne steht, muss hier ein sogenannter hängender – eben negativer – Einzug ❺ eingesetzt werden, der den Text wieder um denselben Wert wie den Einzug links wieder zurück nach vorn rücken lässt.

▴ **Abbildung 3.106**
Auch in den ABSATZFORMATOPTIONEN können Sie z. B. zwischen den verschiedenen Listentypen wählen.

9 Absatzformat »Auflistung« erstellen

Um die vorgenommenen Änderungen der Absatzattribute in ein neues Absatzformat zu schreiben, klicken Sie am unteren Rand des ABSATZFORMATE-Bedienfeldes wieder auf den Abreißblock. Benennen Sie das neue Format in »Auflistung« um, und wenden Sie das neue Format noch auf die sechs Listenabsätze an.

10 Vorüberlegungen zur Aufgabe »Striche löschen«

Entweder Sie löschen die sechs Viertelgeviertstriche manuell, oder Sie lassen die Arbeit von SUCHEN/ERSETZEN erledigen. Da solche Aufgaben immer wieder vorkommen, möchte ich Ihnen eine möglichst »wasserdichte« Lösung vorschlagen, die auch in anderen Texten funktioniert.

Nicht markierbar

Zeichen am Anfang der Listenpunkte liegen nicht als normaler Text vor: So können Sie beispielsweise die Ziffern einer nummerierten Liste weder auswählen noch werden sie bei einer Suche mit der Funktion SUCHEN/ERSETZEN gefunden.

Ein naheliegender Gedanke für diese Aufgabe wäre: Wir lassen einfach alle Striche löschen und begrenzen die Suche auf eine vorher markierte Auswahl. Das wäre jedoch kein allgemein gültiger Ansatz, denn dadurch würde ja auch ein Bindestrich wie etwa in »Gesamt-Förderaktivitäten« gefunden und gelöscht werden. Und bei langen Texten müssten Sie die Absätze, die als Listen dargestellt werden sollen, händisch markieren. Die Suche nach Strich/Leerzeichen bringt uns noch ein Stück näher an die Lösung. Enthält der Text aber Gedankenstriche, werden auch diese durch diese Suche gefunden und ggf. gelöscht. Wenn Sie sich genau anschauen, was gesucht und gelöscht werden soll, so ist es die Zeichenkombination Strich/Leerzeichen, und zwar nur dann, wenn sie am Zeilenanfang steht.

11 Erster, erfolgloser Ansatz zur Aufgabe »Striche löschen«

Öffnen Sie über BEARBEITEN • SUCHEN/ERSETZEN eines der mächtigsten Tools. Wählen Sie, falls dieser nicht schon aktiv ist, den Reiter TEXT ②. Da dieses Fenster geöffnet bleiben kann, während Sie an Ihrem Dokument arbeiten, kopieren Sie mit dem Text-Tool den Strich und das folgende Leerzeichen am Zeilenanfang über BEARBEITEN • KOPIEREN in die Zwischenablage, und fügen Sie beide über BEARBEITEN • EINFÜGEN bei SUCHEN NACH im SUCHEN/ERSETZEN-Fenster ein ①. Platzieren Sie den Cursor im Feld SUCHEN NACH vor den hineinkopierten Strich, und rufen Sie dann das Aufklappmenü SONDERZEICHEN FÜR SUCHE mit einem Klick auf das @-Zeichen ③ neben dem Eingabefeld SUCHEN NACH auf:

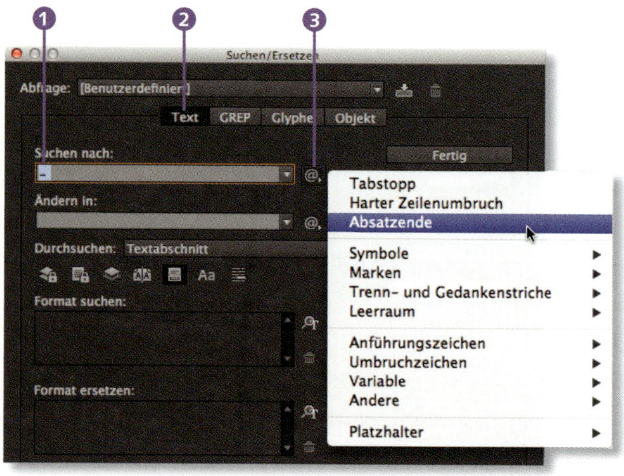

Abbildung 3.107 ▸
Im Bereich TEXT kann nach Absatzenden, aber nicht nach Absatzbeginn gesucht werden.

Auch wenn hier eine Menge praktischer Zeichen zu finden sind, nach denen der Text durchsucht werden kann, können wir innerhalb der Textsuche nicht nach einem Zeilenanfang suchen. Das geht zum Glück aber innerhalb der GREP-Suche.

12 Zweiter, erfolgreicher Ansatz für »Striche löschen«

Markieren Sie nun den Reiter GREP ❺, wodurch sich der Funktionsumfang im Gegensatz zum Aussehen des SUCHEN/ERSETZEN-Fensters drastisch ändert. Da der Strich und das Leerzeichen immer noch im Zwischenspeicher sind, fügen Sie beide wieder in das Eingabefeld SUCHEN NACH ein. Positionieren Sie den Cursor abermals vor den Strich im SUCHEN NACH-Eingabefeld ❹, und rufen Sie nun im Untermenü SONDERZEICHEN FÜR SUCHE ❻ über POSITIONEN • ABSATZBEGINN (der ja einem Zeilenanfang entspricht) die gewünschte Position auf.

Suchen speichern

Damit Sie erstellte Suchen auch in anderen Dokumenten anwenden können, speichern Sie diese ab.

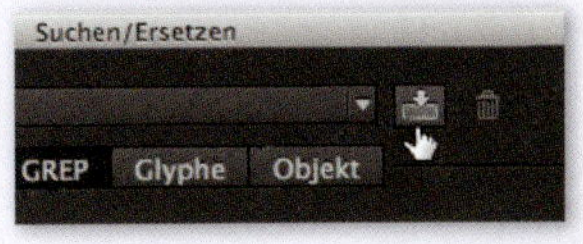

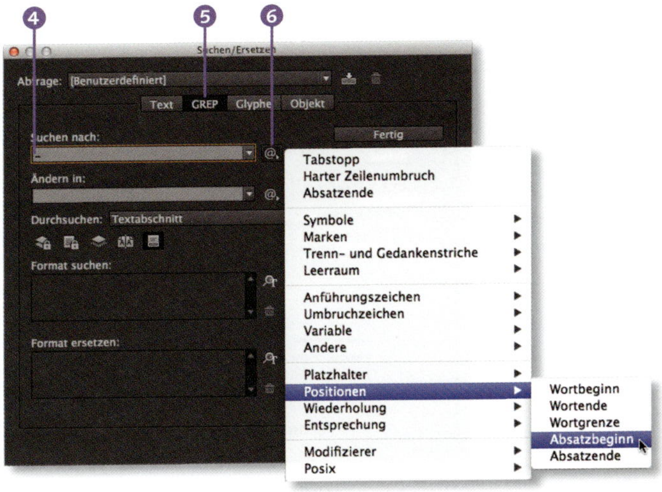

◂ **Abbildung 3.108**
Im Bereich GREP kann auch nach Absatzbeginn gesucht werden.

InDesign schreibt das GREP-Metazeichen ^ an den Anfang des bisherigen Suchausdrucks, so dass nun Folgendes im SUCHEN NACH-Feld stehen sollte:

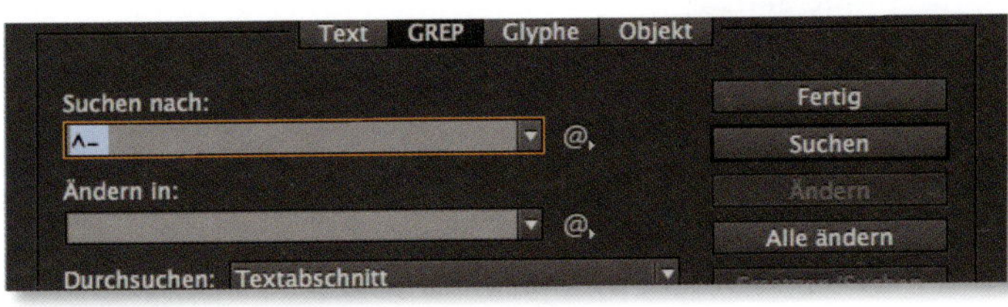

◂ **Abbildung 3.109**
Eingefügte Leerzeichen werden im SUCHEN/ERSETZEN-Dialog erst nach Markierung sichtbar.

Wenn Sie das Eingabefeld ÄNDERN IN innerhalb von SUCHEN/ERSETZEN frei lassen, löscht InDesign den Suchausdruck, den Sie bei SUCHEN NACH eingeben.

Weil wir nur noch nach den Strichen am Zeilenanfang suchen, brauchen Sie keinen Text mehr zu markieren, um die Suche einzugrenzen. Mit einem Klick auf den Button ALLE ÄNDERN werden alle Striche am Zeilenanfang gelöscht, alle anderen Vorkommen des Strichs bleiben von der Suche unberücksichtigt.

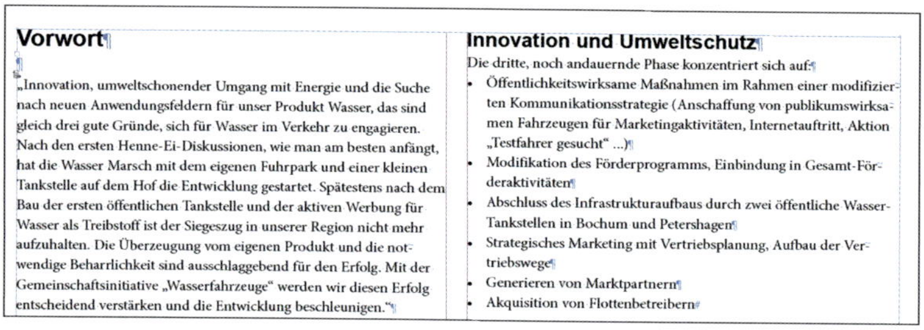
Vorwort

„Innovation, umweltschonender Umgang mit Energie und die Suche nach neuen Anwendungsfeldern für unser Produkt Wasser, das sind gleich drei gute Gründe, sich für Wasser im Verkehr zu engagieren. Nach den ersten Henne-Ei-Diskussionen, wie man am besten anfängt, hat die Wasser Marsch mit dem eigenen Fuhrpark und einer kleinen Tankstelle auf dem Hof die Entwicklung gestartet. Spätestens nach dem Bau der ersten öffentlichen Tankstelle und der aktiven Werbung für Wasser als Treibstoff ist der Siegeszug in unserer Region nicht mehr aufzuhalten. Die Überzeugung vom eigenen Produkt und die notwendige Beharrlichkeit sind ausschlaggebend für den Erfolg. Mit der Gemeinschaftsinitiative „Wasserfahrzeuge“ werden wir diesen Erfolg entscheidend verstärken und die Entwicklung beschleunigen.“

Innovation und Umweltschutz

Die dritte, noch andauernde Phase konzentriert sich auf:

- Öffentlichkeitswirksame Maßnahmen im Rahmen einer modifizierten Kommunikationsstrategie (Anschaffung von publikumswirksamen Fahrzeugen für Marketingaktivitäten, Internetauftritt, Aktion „Testfahrer gesucht“ ...)
- Modifikation des Förderprogramms, Einbindung in Gesamt-Förderaktivitäten
- Abschluss des Infrastrukturaufbaus durch zwei öffentliche Wasser-Tankstellen in Bochum und Petershagen
- Strategisches Marketing mit Vertriebsplanung, Aufbau der Vertriebswege
- Generieren von Marktpartnern
- Akquisition von Flottenbetreibern

Abbildung 3.110 ▸
Die Striche hinter den Punkten hat die GREP-Suche gelöscht.

13 Absatzformat »Head_01« erstellen

Formatieren Sie nun die erste Überschrift »Vorwort« nach Ihren Vorstellungen, und erstellen Sie daraus, wie in Schritt 2 erläutert, ein Absatzformat. Nennen Sie es HEAD_01. Ich verwende hier die Myriad Pro Black Condensed in 30 Pt. Formatieren Sie mit diesem Format auch die Überschrift »Wasserfahrzeuge«.

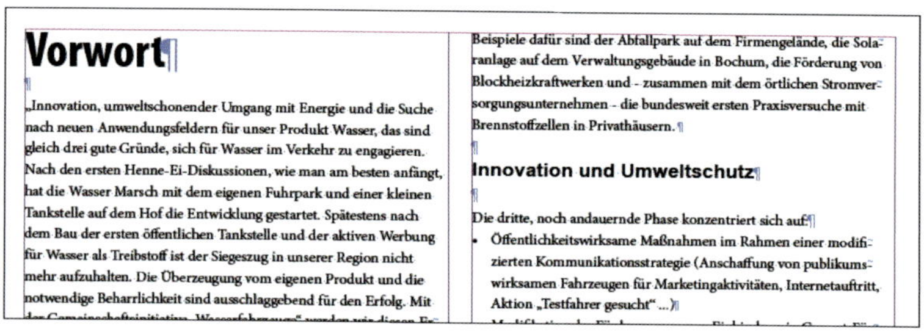
Vorwort

„Innovation, umweltschonender Umgang mit Energie und die Suche nach neuen Anwendungsfeldern für unser Produkt Wasser, das sind gleich drei gute Gründe, sich für Wasser im Verkehr zu engagieren. Nach den ersten Henne-Ei-Diskussionen, wie man am besten anfängt, hat die Wasser Marsch mit dem eigenen Fuhrpark und einer kleinen Tankstelle auf dem Hof die Entwicklung gestartet. Spätestens nach dem Bau der ersten öffentlichen Tankstelle und der aktiven Werbung für Wasser als Treibstoff ist der Siegeszug in unserer Region nicht mehr aufzuhalten. Die Überzeugung vom eigenen Produkt und die notwendige Beharrlichkeit sind ausschlaggebend für den Erfolg. Mit

Beispiele dafür sind der Abfallpark auf dem Firmengelände, die Solaranlage auf dem Verwaltungsgebäude in Bochum, die Förderung von Blockheizkraftwerken und - zusammen mit dem örtlichen Stromversorgungsunternehmen - die bundesweit ersten Praxisversuche mit Brennstoffzellen in Privathäusern.

Innovation und Umweltschutz

Die dritte, noch andauernde Phase konzentriert sich auf:

- Öffentlichkeitswirksame Maßnahmen im Rahmen einer modifizierten Kommunikationsstrategie (Anschaffung von publikumswirksamen Fahrzeugen für Marketingaktivitäten, Internetauftritt, Aktion „Testfahrer gesucht“ ...)

Abbildung 3.111 ▸
Das Absatzformat für die Überschrift der ersten Ebene wurde erstellt.

14 Absatzformat »Head_02« erstellen

Da es in dem Beispieltext noch eine zweite untergeordnete Überschrift gibt, benötigen Sie hierfür noch ein separates Absatzformat. Weisen Sie hierfür zunächst der Überschrift »Kurzprofil Wassermarsch« im Dokument das bestehende Absatzformat HEAD_01 zu. Markieren Sie den gesamten Absatz, und verringern Sie im ZEICHEN- oder STEUERUNG-Bedienfeld die Schriftgröße auf 20 Pt ❶.

Die Abweichung von dem Absatzformat signalisiert InDesign durch Einblenden des Pluszeichens hinter dem Namen ❷:

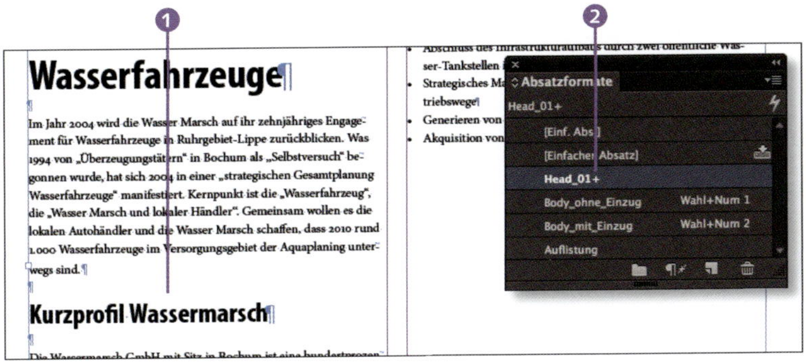

◂ **Abbildung 3.112**
Die neue Schriftgröße ist noch nicht in das Absatzformat übernommen worden.

Erstellen Sie jetzt wie in Schritt 5 mit einem Klick auf den Abreißblock ein neues Absatzformat, das alle bisher am Absatz definierten Formatierungen enthält. Benennen Sie es in HEAD_02 um.

Weisen Sie zum Schluss noch der verbleibenden Überschrift zweiter Ordnung »Innovation und Umweltschutz« das neue Absatzformat HEAD_02 zu, wodurch nun alle Absätze des Beispiels durchformatiert sind.

Vererbung

Ob Absatzformate aufeinander aufbauen, können Sie im Bereich ALLGEMEIN • BASIERT AUF der Absatzformatoptionen regeln:

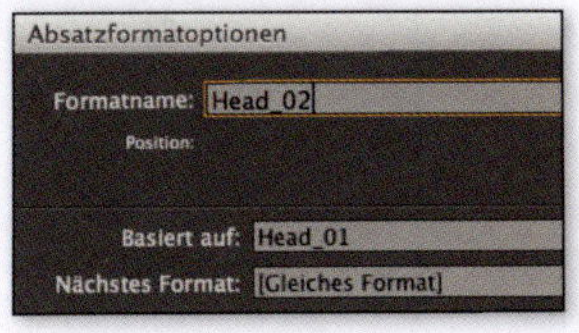

15 Varianten ausprobieren

Wenn Sie Änderungen in den Absatzformatoptionen von HEAD_01 oder von BODY_OHNE_EINZUG vornehmen, werden diese an HEAD_01 bzw. BODY_MIT_EINZUG und AUFLISTUNG weiter vererbt. Um andere Varianten der bestehenden Gestaltung auszuprobieren, können Sie z. B. einmal die ZEICHENFARBE ❹ von HEAD_01 ❺ in den Absatzformatoptionen ändern. Die Farbe von HEAD_02 ❸ ändert sich dann automatisch mit.

▾ **Abbildung 3.113**
Wenn Absatzformate aufeinander basieren, vererben sie verschiedenste Eigenschaften.

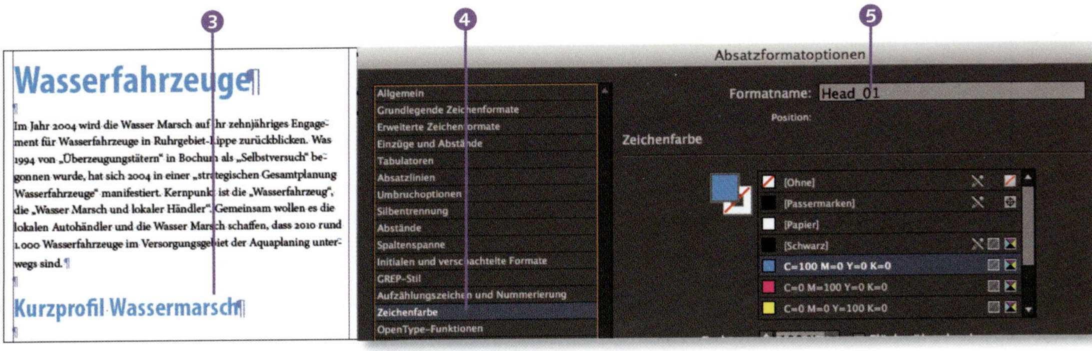

Nächstes Format

Die Dateien dieser Doppelseite finden Sie in den Beispielmaterialien: »Naechstes_Format.indd«,»Naechstes_Format_Text.doc«.

Nach diesem ausführlichen Workshop möchte ich noch auf ein paar weitere Features der Absatzformate eingehen, die schnell übersehen werden. Für zwei Situationen ist die Funktion NÄCHSTES FORMAT von Interesse: wenn Sie selbst Texte in InDesign verfassen und wenn die Texte, die Sie in InDesign platzieren, oft nach demselben Schema aufgebaut sind. Bei Texten für Magazine, Newsletter und Bücher ist das meist der Fall. Ein typischer Textablauf in einem Magazin könnte z. B. so aussehen: RUBRIK > ÜBERSCHRIFT > VORLAUFTEXT > ERSTER_ABSATZ_FLIESS_INITIALE > FLIESSTEXT_EINZUG. Das letzte Format FLIESSTEXT_EINZUG wiederholt sich bis zum Textende. Diese Reihenfolge lässt sich in den Absatzformaten mit NÄCHSTES FORMAT realisieren ❶. Dort wird aus dem Pulldown-Menü mit den bestehenden Absatzformaten das jeweils folgende Absatzformat gewählt ❷. Für das eben genannte Beispiel würde das Absatzformat RUBRIK dann als NÄCHSTES FORMAT das Absatzformat ÜBERSCHRIFT erhalten:

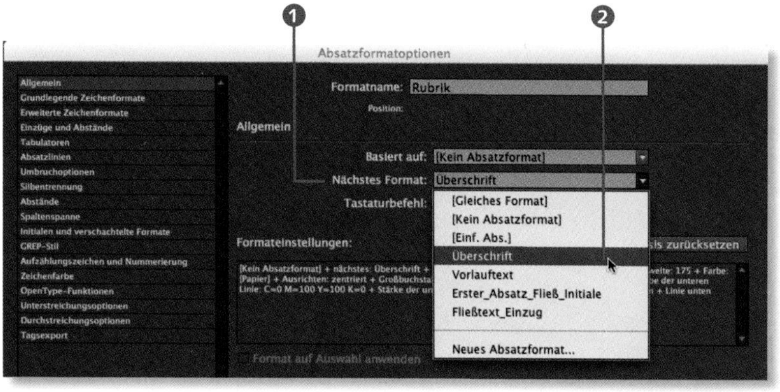

Abbildung 3.114 ▶
Die Option NÄCHSTES FORMAT macht bei gleichförmigen Formatabläufen Sinn.

Diese Zuweisung bei NÄCHSTES FORMAT müsste für die anderen Absatzformate mit den jeweiligen Folgeformaten ebenso definiert werden.

Der Text in Abbildung 3.115 ist mit den oben genannten Absatzformaten formatiert worden – es ist bei entsprechender Planung und Umsetzung der Absatzformate dann nur noch ein Klick für die komplette Formatierung nötig! Achten Sie auch auf die Initiale am Absatzbeginn ❸ und auf die Autorenkennung ❹ am Textende, beide Details sind auch in den Absatzformaten definiert und brauchen daher nicht separat markiert und formatiert zu werden.

Texte schreiben

Wenn Sie selbst Texte in InDesign erfassen und in Absatzformaten die Funktion NÄCHSTES FORMAT verwenden, wechselt InDesign beim Drücken der [↵]-Taste z. B. direkt vom Absatzformat HEAD zu FLIESS_OHNE_EINZUG usw.

Soll ein Text mit einer Abfolge von Absatzformaten formatiert werden, wird der Text mit dem Textwerkzeug nach dem Import komplett markiert. Mit einem Rechtsklick auf den Namen des Absatzformats im ABSATZ-Bedienfeld, mit dem die Formatierung beginnen soll, wird das Kontextmenü aufgerufen. Hier wird schließlich der Befehl "RUBRIK" UND DANN NÄCHSTES FORMAT ANWENDEN aufgerufen.

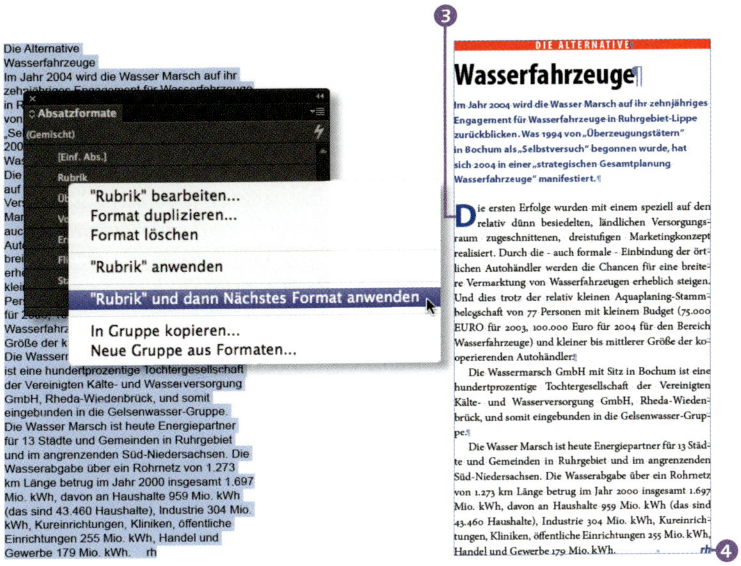

◂ **Abbildung 3.115**
Der gesamte Text wurde mit einem Klick formatiert – dank Absatzformaten und der Funktion NÄCHSTES FORMAT.

Verschachtelte Formate

Die Autorenkennung ❹ in der letzten Zeile des Textes von Abbildung 3.115 ist ein Beispiel für verschachtelte Formate. Verschachtelte Formate können Teil eines Absatzformats sein und greifen ihrerseits auf Zeichenformate zurück. Wie Sie dem Beispiel entnehmen können, müssen in den verschachtelten Formaten Bedingungen angegeben werden im Sinne von: »die ersten beiden Wörter eines Absatzes«, »nach einem Doppelpunkt« oder wie hier »nach einem Tabulator«. InDesign sucht im Text nach dieser Bedingung, und wenn diese eintritt, wird der Text dem verschachtelten Format entsprechend formatiert. Da im Beispiel nur im letzten Absatz ein Tabulator eingefügt war, wird auch nur hier die Autorenkennung formatiert und nicht auch das letzte Wort des vorangegangenen Absatzes.

Interview formatieren

Bei einer Kombination der Absatzformatkonzepte NÄCHSTES FORMAT und VERSCHACHTELTES FORMAT sind Interviews mit zwei Gesprächspartnern schnell formatiert: Das Format »Frage« hat als NÄCHSTES FORMAT »Antwort«, dieses hat als NÄCHSTES FORMAT »Frage«. Das verschachtelte Format sorgt für die Formatierung der Namen der Gesprächsteilnehmer.

Grundsätzlich gilt, dass verschachtelte Formate von InDesign in der Reihenfolge angewendet werden, in der sie innerhalb der ABSATZFORMATOPTIONEN im Bereich INITIALEN UND VERSCHACHTELTE FORMATE von oben nach unten angelegt sind. Dem folgenden Screenshot ist zu entnehmen, wie das verschachtelte Format zur Formatierung der Autorenkennung angelegt wurde.

▼ **Abbildung 3.116**
Mittels VERSCHACHTELTE FORMATE lassen sich Formatierungen weiter automatisieren.

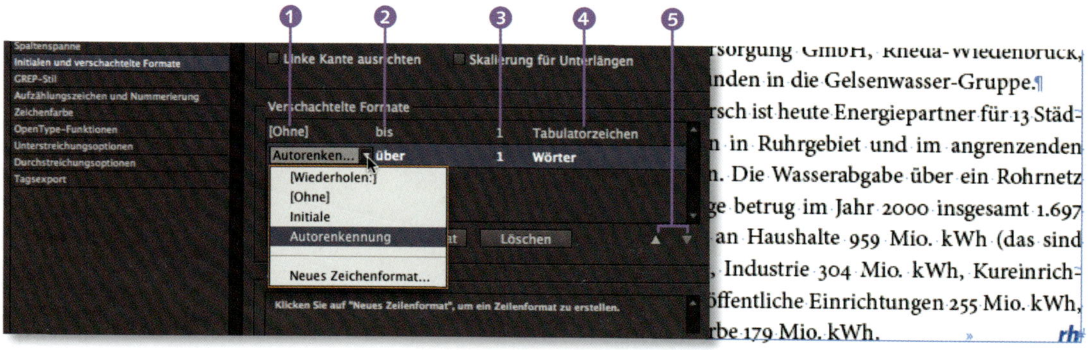

> **DZ: Die Wasser Marsch ist heute Energiepartner für 13 Städte und Gemeinden in Ruhrgebiet und im angrenzenden Süd-Niedersachsen.**
>
> **S. Wonder:** Die Wasser Marsch ist heute Energiepartner für 13 Städte und Gemeinden in Ruhrgebiet und im angrenzenden Süd-Niedersachsen.

▲ **Abbildung 3.117**
Bei den farbigen Namen wird jeweils ein verschachteltes Format ÜBER den Doppelpunkt angewendet.

> Im Jahr 2004 wird die Wasser Marsch auf ihr zehnjähriges Engagement für Wasserfahrzeuge in Ruhrgebiet-Lippe zurückblicken.
>
> Die ersten Erfolge wurden mit einem speziell auf den relativ dünn besiedelten, ländlichen Versorgungsraum zugeschnittenen.

▲ **Abbildung 3.118**
Bei diesen beiden Absätzen werden über ein verschachteltes Format die ersten drei Wörter formatiert.

An erster Stelle einer Zeile im Bereich VERSCHACHTELTE FORMATE können Sie per Pulldown-Menü aus den bisher angelegten Zeichenformaten wählen oder ein neues erstellen ①. Hier steht in der ersten Zeile [OHNE], weil kein Zeichenformat angewendet werden soll, bis die Bedingung »Tabulatorzeichen« eintritt. Dadurch wird der Text bis zum Tabulator mit den Absatzattributen versehen, die in den anderen Bereichen der Absatzformatoptionen definiert wurden. Als Nächstes können Sie angeben, ob das unter ① gewählte Format BIS oder ÜBER ② auf die unter ④ definierte Bedingung angewendet werden soll. Denken Sie sich ein »einschließlich« statt des ÜBER. Bei einem Doppelpunkt beispielsweise wird der Unterschied deutlich: Durch ein ÜBER wird die Formatierung den Doppelpunkt mit einschließen (siehe Abbildung 3.117), bei der Wahl des BIS würde er nicht mit formatiert werden. Die Zahl ③ gibt die Anzahl der zu suchenden Instanzen an, bis zu denen das Zeichenformat angewendet werden soll (siehe Abbildung 3.118). Hier stellen Sie das zu suchende Zeichen ④ ein (das kann auch ein Wort, ein Absatzende etc. sein), bei dem die Formatierung endet. Das Pulldown-Menü stellt Ihnen wichtige Zeichen zur Verfügung, mit den Pfeilen ⑤ können Sie bei mehreren verschachtelten Formaten die Reihenfolge der Formatierung ändern.

Einzüge und Abstände

Nach dem fortgeschrittenen Thema der verschachtelten Formate möchte ich auf ein weiteres Thema eingehen, das sich einem nicht aufdrängt, aber dennoch wichtig ist: die Steuerung von Abständen durch Absatzformate.

Das Beispiel können Sie mit den Dateien »Abstaende_Anfang.indd« und »Abstaende_Ende.indd« nachvollziehen.

Weiter vorn habe ich Ihnen geraten, auf Leerzeilen als Absatzkennzeichnungen zu verzichten (siehe Seite 126). Jetzt möchte ich noch weiter gehen: Verzichten Sie grundsätzlich auf Leerzeilen! Angenommen, im Abschnitt »Vorwort« ❻ wird Text eingefügt ❼, der dazu führt, dass der Abschnitt »Wasserfahrzeuge« in die nächste Spalte umbrochen wird ❽. Die Leerzeilen, die bisher für den Abstand zum vorherigen Absatz sorgten, führen jetzt dazu, dass die Überschrift zu weit unten steht: InDesign kann nicht erkennen, dass die Aufgabe der Leerzeilen eigentlich nur im Abstandhalten zum Text besteht und nicht im Abstandhalten zur Textrahmenkante.

▼ **Abbildung 3.119**
Die Leerzeilen über der Überschrift »Wasserfahrzeuge« werden durch den neuen Umbruch zum Problem.

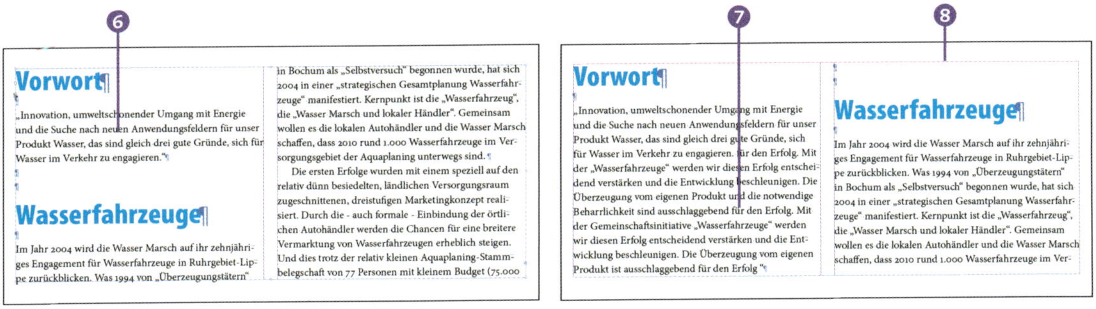

Bei einem Achtseiter könnte man die überzähligen Leerzeilen händisch entfernen und für Ordnung sorgen. Aber je umfangreicher die Dokumente sind, mit denen Sie arbeiten, desto weniger Lust werden Sie haben, solche Arbeiten, die naturgemäß fehleranfällig sind, zu erledigen.

Was also ist zu tun? Zwei Schritte sind zu erledigen: erstens die Leerzeilen im gesamten Dokument entfernen und zweitens die notwendigen Abstände in den entsprechenden Absatzformaten definieren.

Um Leerzeilen zu suchen, versuchen Sie, wie InDesign »zu denken«. Sie könnten dann zu folgender Umschreibung kommen: »finde einen Absatzanfang, dem bis zum Ende desselben Absatzes keinerlei Zeichen folgt (und deshalb leer ist/eine Leerzeile darstellt)«. Die GREP-Funktion ❷ innerhalb von Suchen/Ersetzen kann im Gegensatz zur Text-Suche genau danach suchen. Das Caret-Zeichen ^ ❶ kennen Sie schon von der Suche nach den Listen-Strichen (siehe Seite 135), es steht für »Absatzanfang«. Die nächsten zwei Zeichen \r sind der GREP-Suchbegriff für Absatzende. Sie finden ihn als einen der ersten Einträge im Untermenü Sonderzeichen für Suche ❸.

Abbildung 3.120 ▸
Mit dieser Abfrage eliminieren Sie Leerzeilen im gesamten Dokument.

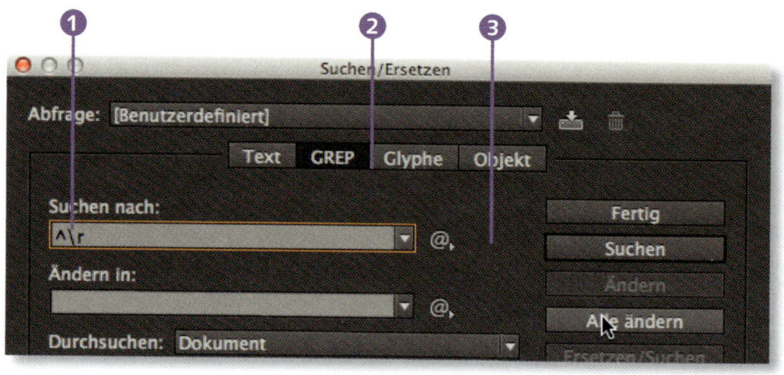

Ein Dokument, über das Sie diese GREP-Suche laufen lassen, sieht zunächst einmal ziemlich »zerschossen« aus, da jetzt alle Leerzeilen fehlen, die vorher auch als Abstände von Überschriften zum Fließtext gedient haben. Sie brauchen aber nur noch für Absätze, die einen Abstand zu den sie umgebenden Texten haben sollen, in den Absatzformatoptionen unter Einzüge und Abstände ❹ bei Abstand davor ❺ und Abstand danach ❻ die entsprechenden Einträge zu machen.

▾ Abbildung 3.121
Unabhängig vom Stand der einzelnen Überschriften sind die Abstände jetzt dokumentweit vereinheitlicht.

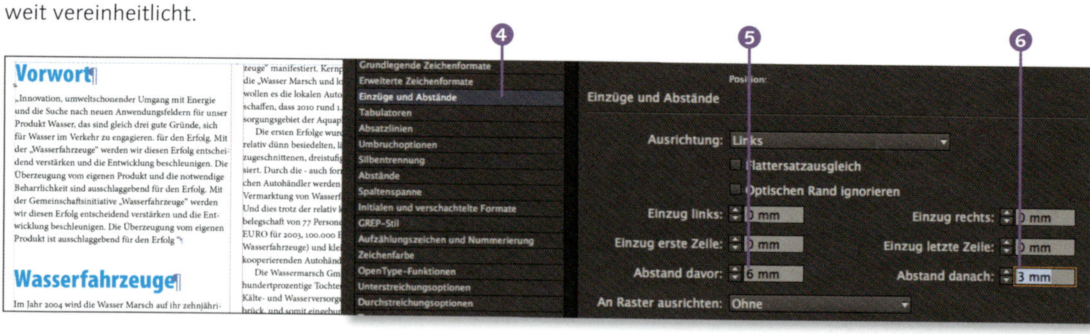

Die Eingabe bei Abstand davor definiert nämlich im Gegensatz zu den Leerzeilen tatsächlich nur den Abstand zum vorangegangenen Text und nicht den Abstand z. B. zum oberen Rand des Textrahmens.

3.18 Mit Textvariablen arbeiten

Wenn z.B. die Überschrift erster Ordnung oben auf der Seite erscheinen soll, werden Textvariablen eingesetzt. Um eine Textvariable zu verwenden, wird die Texteinfügemarke in den entsprechenden Textrahmen auf der Musterseite gesetzt. Über SCHRIFT • TEXTVARIABLEN • VARIABLE EINFÜGEN • LEBENDER KOLUMNENTITEL wird eine Variable eingefügt. In dem gewählten Textrahmen steht dann in spitzen Klammern der Platzhalter »Lebender Kolumnentitel« ❼. Die Gestaltung des Textes kann dann wie gewohnt vorgenommen werden.

Über eine Zuweisung eines Absatzformats zu der Textvariablen wird festgelegt, welchen konkreten Text InDesign aus dem Text des Layouts ausliest. Das gewählte Absatzformat hat keine Auswirkung auf die Formatierung der Textvariablen. Die Zuweisung erfolgt über SCHRIFT • TEXTVARIABLEN • DEFINIEREN. Im Dialogfeld wird LEBENDER KOLUMNENTITEL markiert ❽, mit einem Klick auf den Button BEARBEITEN öffnet sich ein weiterer Dialog. Hier können Sie im Menü FORMAT ❾ aus den bisher angelegten Absatzformaten das gewünschte wählen, oder Sie erstellen hier bei Bedarf ein neues. Unter VERWENDEN ❿ können Sie wählen, ob der Inhalt der ersten ⓫ oder letzten ⓬ Überschrift einer Seite in die Kopfzeile übernommen werden soll.

Damit der lebende Kolumnentitel ⓭ funktioniert, müssen die Überschriften konsequent mit dem Absatzformat, auf das die Kopfzeile zugreift, formatiert werden.

▲ **Abbildung 3.122**
Eine Textvariable wird auf der Musterseite eingefügt und kann wie gewohnt gestaltet werden.

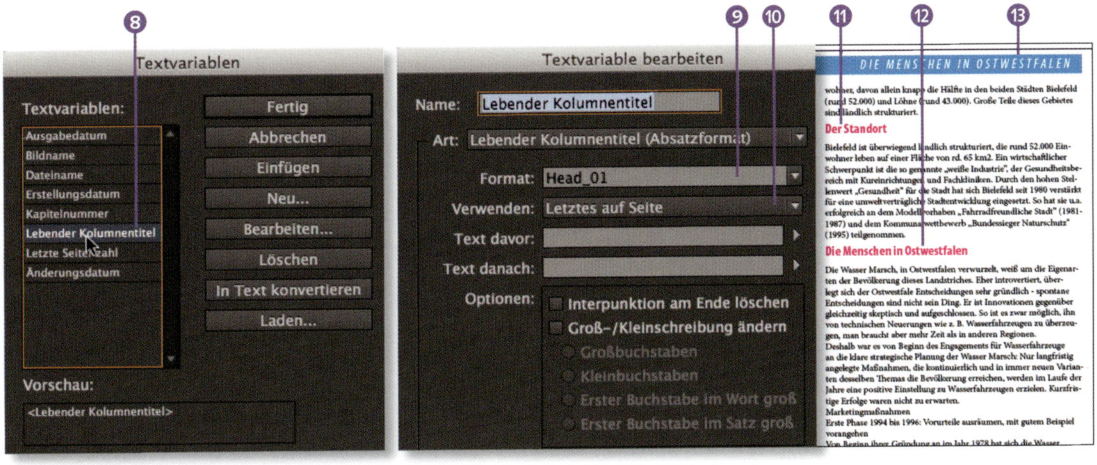

▼ **Abbildung 3.123**
Die letzte Überschrift einer Seite des Absatzformats HEAD_01 wird in die Kopfzeile geschrieben.

3.19 Importoptionen für Text

Temporär aktivieren

Durch Drücken der [⇧]-Taste können Sie sich die Importoptionen bei Bedarf anzeigen lassen, wenn Sie im Allgemeinen ohne Importoptionen arbeiten.

Beim Platzieren von Texten, die etwa in Microsoft Word erfasst wurden, haben Sie die Möglichkeit, die Art des Imports zu steuern. Die betreffenden Optionen werden Ihnen angezeigt, wenn Sie beim Platzieren die Checkbox IMPORTOPTIONEN ANZEIGEN ❶ aktivieren.

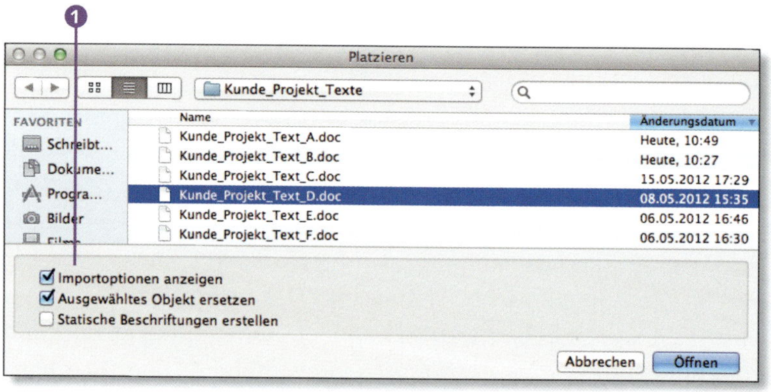

Abbildung 3.124 ▸
Im PLATZIEREN-Dialog können Sie IMPORTOPTIONEN ANZEIGEN aktivieren.

Textdateien schließen

Die Textdatei sollte während des Importierens nicht im Ursprungsprogramm geöffnet sein, Sie erhalten sonst gegebenenfalls eine Warnmeldung wegen unzureichender Zugriffsrechte.

Da Textdateien normalerweise im DOC-Format geliefert werden, möchte ich mich im Folgenden auf die Microsoft-Word-Importoptionen beschränken.

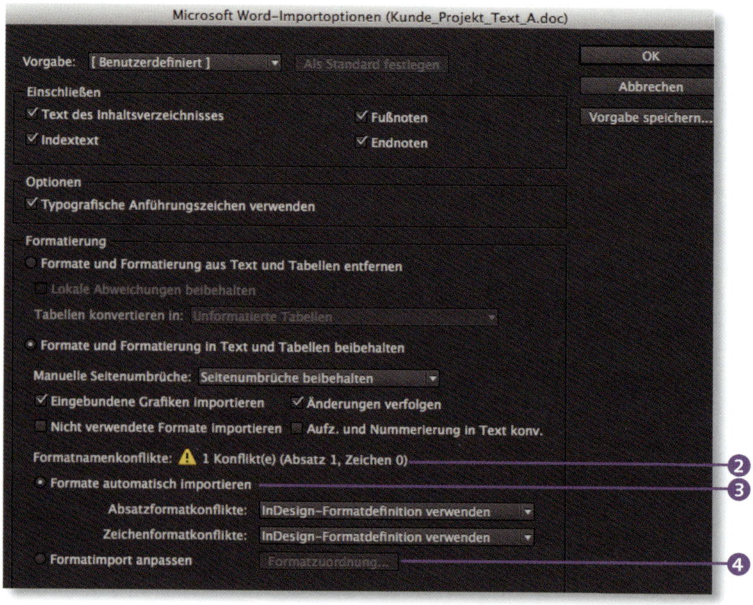

Abbildung 3.125 ▸
Mittels umfangreicher Optionen können Sie den Import von Word-Dokumenten steuern.

Optionen

Die Checkbox für TYPOGRAFISCHE ANFÜHRUNGSZEICHEN VERWENDEN kann eigentlich immer aktiviert bleiben: Sie sorgt dafür, dass die geraden einfachen (') und geraden doppelten (") Zeichen für einfache und doppelte Anführungen durch die korrekten – (‚ ') und („ ") – ersetzt werden.

Textdateiformate

Sie können neben DOC-Dateien auch RTF- und TXT-Daten nach InDesign importieren.

Formatierung

Der größte und wichtigste Bereich innerhalb der Text-Importoptionen betrifft Alternativen im Umgang mit der Formatierung, die der Text in der Word-Datei hat, und damit wie InDesign beim Import mit diesen Formatierungen umgehen soll.

- **Formate und Formatierung aus Text und Tabellen entfernen:** Ist diese Option aktiviert, werden der Text und gegebenenfalls die Tabellen unformatiert importiert. Wenn hier LOKALE ABWEICHUNGEN BEIBEHALTEN aktiviert ist, werden Zeichenformatierungen wie schräg gestellte Wörter beibehalten. Das kann erwünscht sein, um lediglich die Auszeichnungen, die der Autor im Text vorgenommen hat, zu übernehmen. Durch SUCHEN/ERSETZEN können diese Auszeichnungen dann durch die passenden Zeichenformate ersetzt werden.
- **Formate und Formatierung in Text und Tabellen beibehalten:** Wenn diese Option aktiviert ist, bieten sich die weitreichendsten Steuermöglichkeiten für den Textimport. Dabei müssen Sie sich grundsätzlich entscheiden, was InDesign bei sogenannten Formatnamenkonflikten ❷ machen soll. Ein solcher Konflikt liegt vor, wenn ein Absatzformat in Word und in InDesign gleich benannt wurde, was an sich kein Problem sein muss.

  Mit Hilfe der Pulldown-Menüs im Unterbereich FORMATE AUTOMATISCH IMPORTIEREN ❸ kann für Absatz- und Zeichenformatkonflikte individuell festgelegt werden, ob die Word-Formate importiert oder stattdessen die vorhandenen InDesign-Formate verwendet werden sollen, was sicher meist gewünscht ist. Noch interessanter ist die letzte Option FORMATIMPORT ANPASSEN ❹. Mit einem Klick auf den Button FORMATZUORDNUNG wird ein weiteres Fenster eingeblendet, in dem in zwei Spalten alle Absatz- und Zeichenformate der Word-Datei und des

Anführungszeichen

Leider hat die Einstellung bei BEARBEITEN/INDESIGN • VOREINSTELLUNGEN • WÖRTERBUCH keine Auswirkung auf die umgewandelten Zeichen, Sie können beispielsweise keine Guillemets nach dem Import erwarten.

Vorgabe speichern

Speichern Sie sich Importoptionen samt Formatzuweisungen ab, wenn Sie häufig gleich formatierte Texte platzieren, damit Sie nicht jedes Mal von vorn anfangen.

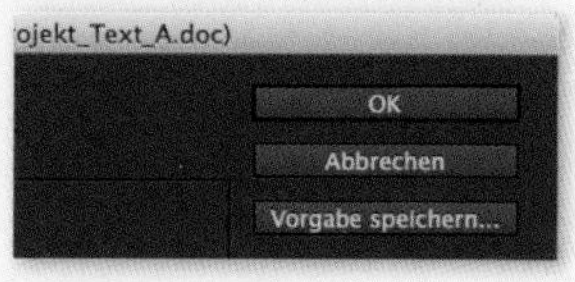

InDesign-Dokuments ❶ aufgelistet sind. Den Word-Formaten können nun über Pulldown-Menüs die passenden InDesign-Formate der Layoutdatei zugeordnet werden ❷.

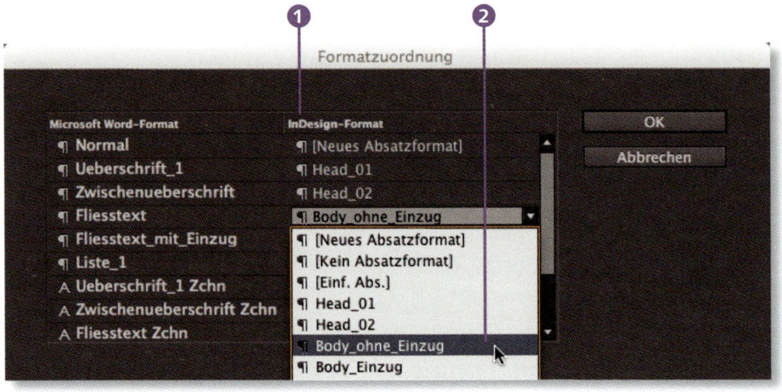

Abbildung 3.126 ▸
Die diversen Formate aus dem Textdokument können denen des InDesign-Dokuments zugeordnet werden.

Word-Formate in InDesign erstellen

Mitunter macht es Sinn, den schreibenden Kollegen eine Worddatei mit den gewünschten Absatzformaten vorzubereiten. Legen Sie zunächst in InDesign die nötigen Absatzformate an. Exportieren Sie dann Text aus InDesign, der diese Absatzformate verwendet, im RTF-Format. Diese Datei lässt sich in Word weiter bearbeiten, wo den Formaten z. B. PC-Schriften zugeordnet werden.

Abweichungen löschen

Trotz vorgenommenen Formatzuweisungen werden Texte nicht immer sofort erwartungsgemäß in InDesign formatiert: Das erkennen Sie am Pluszeichen hinter den Formatnamen ❸, der Cursor muss dafür in einem Absatz positioniert sein. Um solche lokalen Formatierungen zu löschen, markieren Sie den gesamten Text mit Bearbeiten • Alles auswählen und klicken dann auf den Button Abweichungen in Auswahl löschen ❹.

Beim Textimport werden schnell einmal Wordformate wie Standard »eingeschleppt«. Sie erkennen sie an dem Disketten-Symbol ❺. Wenn es schon ein passendes Absatzformat im InDesign-Dokument gibt, verschieben Sie ein solches Word-Format auf den Mülleimer. Sie können dann das zu löschende Format mit dem gewünschten InDesign-Format ersetzen.

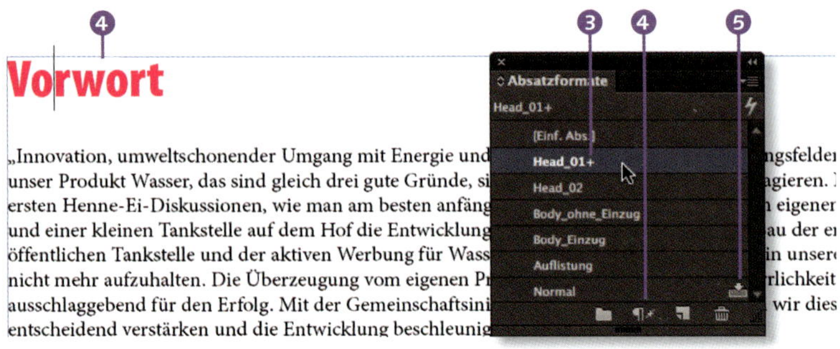

Abbildung 3.127 ▸
Vermeiden Sie das Pluszeichen (Formatabweichung) und das Disketten-Symbol (importiertes Word-Format).

4

Bilder

Ein Bild sagt mehr als 1000 Worte

- Welche Bildarten gibt es?
- Was ist ein Farbraum?
- Wie werden Bilder in ein Dokument eingefügt?
- Wie werden Bilder in Größe, Position und Ausschnitt geändert?
- Wie werden Bilder in einem Dokument verwaltet?

4 Bilder

Wenn Sie nicht gerade in einem (Belletristik-)Buchverlag arbeiten, wird Ihr Arbeitsalltag nicht nur den professionellen Umgang mit Text, sondern vor allem die Kombination von Text und Bild beinhalten.

4.1 Grundlagen Bildformate

Verschwimmende Grenzen
Die Unterscheidung in Pixel- und Vektorbilder lässt sich auch an den Ursprungsprogrammen festmachen: Photoshop/Pixel, Illustrator/Vektor. Allerdings können neben PDFs auch Pixelbilder Vektoren und Text enthalten. Vektorbilder können ebenso Pixelanteile haben.

InDesign kann so ziemlich alles an geläufigen Bilddaten verarbeiten: GIF, JPG, TIFF, PSD, EPS, AI und PDF. Selbst vollständige InDesign-Dokumente können komplett mit Texten, Grafiken und mit mehreren Seiten in einem anderen InDesign-Dokument platziert werden.

Die meisten Bildformate können in zwei mal zwei Gruppen aufgeteilt werden: Zum einen liegen Bilddaten entweder als Pixel- oder als Vektordaten vor, und diese verwenden in der Regel einen der beiden Farbmodi RGB oder CMYK. Zum anderen gibt es dann noch Graustufen bzw. Schwarzweiß als möglichen Farbmodus, der aber bei Weitem nicht so häufig eingesetzt wird.

Bitmaps

Bitmaps liegen immer dann vor, wenn Bildvorlagen digitalisiert wurden, also mit der Digitalkamera aufgenommen oder mit dem Scanner eingelesen wurden. Bitmaps können außerdem direkt in einem Bildbearbeitungsprogramm wie Photoshop erstellt werden. Bilder in diesem Pixelformat stellen mit hoher Wahrscheinlichkeit die größte Gruppe, die Sie bei der Arbeit mit InDesign in Ihre Layouts einfügen werden.

Weitere Datenarten
In InDesign-Dokumente können neben Texten und Bildern sogar Filme und Audiodaten eingefügt werden.

Das Wort »Pixel« leitet sich vom englischen Begriff für Bildelement, »picture element«, ab. Damit ist die kleinste Einheit eines Bitmap-Bildes gemeint. Ein Bild auf Pixelbasis setzt sich entsprechend seiner Größe und Auflösung aus unzähligen dieser Bildelemente wie ein Mosaik zusammen. Deshalb wird auch der Begriff *Rasterbild* synonym für Bitmap verwendet: Die Bildpunkte sind auf einem rechtwinkligen Raster angeordnet. In Photoshop können Sie sich so weit an Bilder heranzoomen, dass die einzelnen winzigen Kästchen als solche erkennbar werden. Beim Druck sollen die einzelnen Pixel keinesfalls sichtbar sein, und glücklicherweise versorgt InDesign uns mit den notwendigen Informationen, um »pixelige« Bilder im Druck zu vermeiden.

Die wichtigste Größe bei Bitmaps ist die sogenannte Auflösung. Damit ist die Anzahl Pixel in Bezug auf eine bestimmte Länge gemeint. Hat ein Bild beispielsweise eine Auflösung von 300 ppi, sagt diese Angabe nichts über seine Größe aus, sondern dass bei diesem Bild 300 Pixel auf einem Inch nebeneinanderpassen: ppi steht also für »pixel per inch«. Der Detailreichtum eines solchen Bildes ist somit in der Regel höher, und das Bild wirkt schärfer als eines mit einer geringeren Auflösung von beispielsweise 150 ppi – zumindest dann, wenn beide Bilder in derselben Vergrößerung vorliegen. Das wiederum bedeutet, dass im Zusammenhang mit Rasterbildern ein Pixel keine feste Größe hat.

Photoshop: Auflösung

In Photoshop können Sie die Auflösung eines Bildes unter Bild • Bildgrösse kontrollieren und anpassen. Dabei ist zu beachten, dass die Bildqualität immer unter einer Vergrößerung leidet.

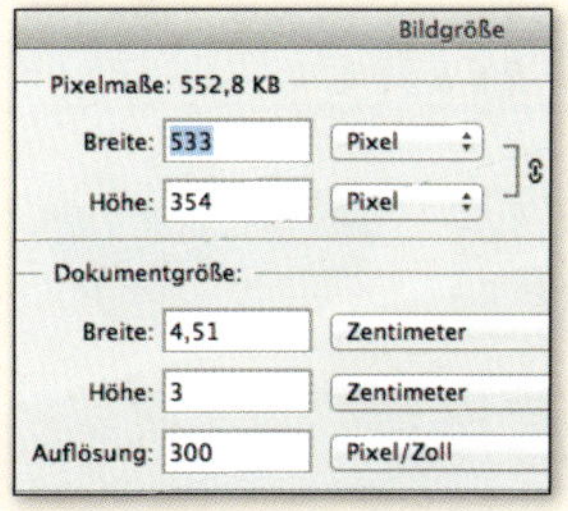

◂ **Abbildung 4.1**
Original PPI des Bildes ist in beiden Versionen dieselbe: 300. In der rechten Version liegt PPI effektiv aber nur noch bei 60.

Die Auflösung des Bildes wird von der Digitalkamera oder dem Scanner definiert und kann nachträglich in Photoshop geändert werden. Beachten Sie dabei, dass eine Erhöhung der Auflösung in Photoshop nicht zu schärferen Bildern führt, da das Programm ja nur aufgrund der vorhandenen Bilddaten neue Pixel hinzurechnen kann. Die Auflösung ist also eine Eigenschaft des Bildes, die unabhängig vom Skalierungsfaktor ist, mit dem dieses Bild in InDesign letztendlich platziert wird. Diese Auflösung wird in InDesign *Original PPI* genannt.

Im Gegensatz dazu ändert sich die Ausgabeauflösung, mit der das Bild gedruckt werden soll, proportional mit der Vergrößerung bzw. Verkleinerung, mit der das Bild im Layout verwendet wird: Je

Sehr starker Zoom

InDesign bietet Zoomstufen von 5 bis 4000 % an – das ermöglicht Flexibilität für die verschiedensten Arbeiten. Der Zoom betrifft nur die Dokument-Darstellung, nicht die Auflösung von Bildern.

höher die Vergrößerung, desto kleiner ist die Ausgabeauflösung. Adobe spricht bei dieser zweiten Auflösung von *PPI effektiv*. Dieser Wert ist der entscheidende Wert, den Sie spätestens bei der Reinzeichnung, also der Vorbereitung Ihrer Layoutdatei für den Druck, im Auge behalten müssen. Für den Offsetdruck sollte dieser Wert bei 300 liegen. Wir werden uns diese Zusammenhänge in Kapitel 9, »Dokumente prüfen und ausgeben«, noch genauer ansehen.

ppi
Bei Bildschirmen etwa hat ein Pixel eine quadratische Form und hat in der Regel die Größe von 1/72 Inch. Da ein Inch 2,54 cm misst, ist ein Pixel etwa 0,035 cm breit/hoch.

Vektorbilder

Bei dieser Bildart werden die Bildinformationen nicht durch Pixel, sondern durch geometrische Formen wie Linien und Kurven beschrieben. Diese Formen werden mathematisch durch sogenannte Vektoren definiert, die die geometrischen Eigenschaften wie Position, Kurvenverlauf etc. widerspiegeln. Um diesen technischen Überbau brauchen wir uns nicht weiter zu kümmern, zumal komplexe Vektorgrafiken eher in einem spezialisierten Zeichenprogramm wie Illustrator erstellt werden.

Vektorbilder können im Gegensatz zu Bitmaps verlustfrei vergrößert werden: Sie behalten immer ihre ursprüngliche Detailgenauigkeit und Kantenschärfe bei. Auch deshalb werden beispielsweise Logos häufig als Vektorgrafiken angelegt: Sie sind unabhängig von der eingesetzten Reproduktionstechnik (Desktop-Drucker, Offsetdruck, Monitor), mit der sie später wiedergegeben werden, und sie behalten unabhängig von ihrer Reproduktionsgröße ihr ursprüngliches Aussehen bei. Bei Vektorbildern finden Sie aus genannten Gründen auch keine Informationen zu ihrer Auflösung.

▲ **Abbildung 4.2**
Vektorgrafiken können verlustfrei vergrößert werden: unten ein Detail aus dem Schriftzug darüber.

Pfade in InDesign
Wie Pfade in InDesign erstellt und bearbeitet werden, erfahren Sie in Kapitel 6 »Pfade und Objekte«.

CMYK

CMYK steht für die im Offsetdruck gebräuchlichen vier Farben **C**yan, **M**agenta, Gelb (engl. **Y**ellow) und Schwarz (engl. **K**ey für Tiefe). Bilddaten, die im Offset gedruckt werden, müssen in diesem Farbmodus vorliegen. Digitale Druckmaschinen und Desktop-Drucker sind bei der Wahl des Farbmodells mitunter nicht so pingelig: Sie können auch RGB-Dateien drucken. Überhaupt sollten Sie, bevor Sie Daten in den Druck geben, mit Ihrem Dienstleister klären, welcher Art die Druckdaten sein sollen. Da Farben

Mischformen
Vektordokumente können auch Bitmaps enthalten. Bei ihnen gelten die im vorangegangenen Abschnitt beschriebenen Einschränkungen bzgl. ihrer Skalierbarkeit.

nicht nur bei Bildern, die Sie in InDesign-Dokumente platzieren, sondern bei allen farbigen Elementen eines Layouts eine Rolle spielen, kommen wir in Kapitel 7, »Farben und Effekte«, noch einmal auf dieses Thema zurück.

4c

CMYK wird in der Druckbranche gerne auch noch komprimierter mit 4c abgekürzt. Mit 4c sind ausschließlich die vier Offset-Druckfarben Cyan, Magenta, Gelb und Schwarz gemeint.

RGB

Das andere im wahrsten Sinne des Wortes große Farbmodell ist RGB, hier stehen die drei Buchstaben für **R**ot, **G**rün und **B**lau. Diese Farben spielen überall dort eine Rolle, wo Dokumente nicht gedruckt, sondern am Monitor betrachtet werden. Das ist natürlich bei allen Webseiten der Fall, das gilt aber auch für viele PDFs und ebenso für E-Books und digitale Magazine.

Obwohl in InDesign Layouts für die Veröffentlichung im Internet erstellt werden können, liegt der Schwerpunkt von InDesign nach wie vor in der Gestaltung und Vorbereitung von Daten für den Druck.

Die meisten Bilder werden mittlerweile durch die weite Verbreitung von Digitalkameras im RGB-Modus angeliefert, was bedeutet, dass diese Bilder an irgendeiner Stelle im Herstellungsprozess in CMYK umgewandelt werden müssen, wenn das Layout im Offset gedruckt werden soll. Dafür bietet sich vor allem die Reinzeichnung an. Diese wird nach allen Gestaltungs- und Korrekturarbeiten durchgeführt und beinhaltet vor allem die Umwandlung von RGB-Bildern in den CMYK-Modus.

Farbverschiebungen

Besonders bei strahlenden Blautönen werden Sie deutliche Farbverschiebungen feststellen, wenn Sie die RGB-Bilder in CMYK umwandeln. CMYK ist nicht in der Lage, diese RGB-Farben wiederzugeben. Deshalb ist bei CMYK im Vergleich zu RGB von einem kleineren Farbraum die Rede.

Das Sonderformat PDF

Das Format PDF hat sich als Standard für verschiedene Einsatzbereiche durchgesetzt. So werden etwa auf Webseiten Inhalte oft zusätzlich als PDF bereitgestellt, weil neben den Texten auch das gesamte Layout mit Bildern, Typografie und sonstigen Gestaltungselementen gewahrt bleibt und die PDFs entsprechend den getroffenen Exporteinstellungen auch noch überraschend kleine Datenmengen haben. Aus demselben Grund werden PDFs auch gerne per Mail verschickt. Und ein ganz wesentlicher Pluspunkt bei PDFs ist, dass Dateien in diesem Format nicht das Ursprungsprogramm benötigen, in dem beispielsweise das Layout erstellt wurde.

▲ **Abbildung 4.3**
Adobes Dateiformat PDF hat sich zum Austauschdateiformat schlechthin entwickelt.

Kunden mit einbeziehen

Machen Sie Kunden ruhig darauf aufmerksam, dass die Farben während des Gestaltungsprozesses, in dem die Daten noch in RGB vorliegen, leuchtender, brillanter und strahlender erscheinen als hinterher auf dem fertigen, im Offset gedruckten Medium.

Zwischenpräsentationen und Korrekturgänge, die auf PDF-/RGB-Basis vollzogen werden, wecken dadurch beim Kunden nicht Erwartungen, die Sie bzw. Ihr Drucker nicht einhalten können.

Und weil sich PDFs im Gegensatz zu den sogenannten offenen InDesign-Dokumenten (damit sind die normalen Arbeitsdateien mit Bildern und Schriften gemeint) und anderen Bildformaten durch die zuvor genannten Vorteile auszeichnen, haben sich PDFs auch als Austauschformat für Druckdaten etabliert. Das heißt, dass Sie z. B. eher PDFs bekommen, wenn Sie fertig gesetzte Anzeigen in ein Layout einfügen sollen.

Und das heißt auch, dass Ihr Druckdienstleister ebenso ein PDF zum Drucken erwartet (und nicht Ihre InDesign-Daten). Zu diesem Thema kehren wir in Kapitel 9, »Dokumente prüfen und ausgeben«, zurück.

PDF ist im Vergleich zu den vorher besprochenen Bildformaten Pixelbild und Vektorgrafik ein Zwischending: So kann ein PDF ohne Weiteres Rasterbilder beinhalten, in anderen Beziehungen verhält es sich eher wie eine Vektorgrafik. So sind beispielsweise die Texte in PDFs dadurch, dass die entsprechenden Schriften in das PDF eingebettet sind, wie eine Vektorgrafik beliebig hoch vergrößerbar und eventuell sogar editierbar. Wie bei Vektorgrafiken werden Ihnen in InDesign keine Werte zu Auflösungen angegeben. Hier heißt es aufpassen, denn das bedeutet nicht, dass Sie auch die Bilder in einem PDF beliebig vergrößern können. Aber keine Sorge, das bekommen Sie alles in den Griff!

4.2 Bilder in ein Dokument einfügen

Bilder nicht einbetten

Wenn Sie ein Bild in Photoshop kopieren und in ein InDesign-Dokument einfügen, wird dieses Bild »eingebettet«. Das hat zwei gravierende Nachteile: Die Layoutdatei wird größer, und Änderungen an der Ursprungsbilddatei werden von InDesign nicht nachvollzogen, weil das Bild nicht mit dem InDesign-Dokument verknüpft ist.

Grundsätzlich gilt, dass die Bilder, die Sie in einem InDesign-Dokument layouten möchten, entweder direkt auf Ihrer Festplatte liegen oder zumindest in Ihrem Netzwerk ständig verfügbar sein sollten: In InDesign werden die Bilddaten nämlich in der Regel nicht in die Arbeitsdatei eingebettet, sondern InDesign verwaltet nur die Links, also die Pfadinformationen zu den Bildern.

Wenn Sie nach dem Layouten die Bilder etwa umbenennen, in ein anderes Verzeichnis verschieben oder sich vom Netzwerkserver abmelden, sind die Bilder in Ihrem Dokument nicht mehr verfügbar – zumindest dann nicht, wenn Sie die Bilder über PLATZIEREN und nicht über KOPIEREN/EINFÜGEN in Ihr Layout importiert haben. Sie werden zwar weiterhin im Layout angezeigt, die vollen Bildinformationen sind InDesign aber nicht mehr zugänglich. Sie bekommen auch direkt eine Fehlermeldung, wenn Sie dann versuchen, das Dokument zu drucken: InDesign warnt Sie vor den fehlenden Bildern. Sie können die Datei zwar weiterhin drucken, aber aufgrund der fehlenden Bilder werden diese nur mit einer Vorschauversion, das heißt mit geringer Auflösung, gedruckt.

Sie können Bilder auf verschiedene Weise in ein InDesign-Dokument einfügen. Eine Möglichkeit haben Sie schon im Zusammenhang mit Texten kennengelernt: den Befehl PLATZIEREN.

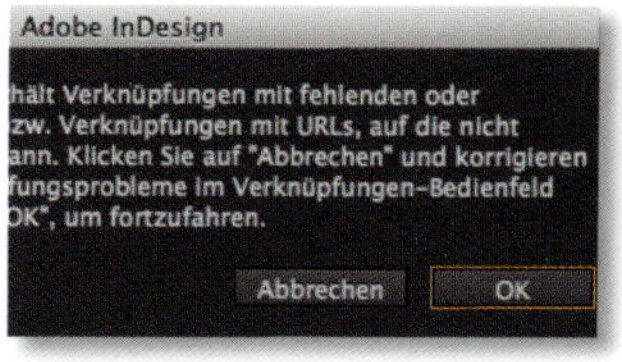

▲ **Abbildung 4.4**
Dokumente können trotz fehlender Bilddaten gedruckt werden – InDesign gibt dann eine Warnmeldung aus.

Der Menübefehl »Platzieren«

Wie schon bei dem Platzieren von Text erwähnt, entscheiden Sie sich erst im PLATZIEREN-Dialog für die Dateiart, die Sie in ein Dokument einfügen möchten. Sie können einen beliebigen Rahmen markiert haben, bevor Sie DATEI • PLATZIEREN oder Strg/⌘+D wählen – notwendig ist dies nicht. Beide Vorgehensweisen haben ihre jeweiligen Vorzüge, die ich Ihnen im Folgenden vorstellen möchte.

InDesign ermöglicht es Ihnen, mehrere Dateien – diese können sogar unterschiedlicher Art sein – gleichzeitig zu platzieren. Dafür halten Sie bei geöffnetem PLATZIEREN-Dialog die ⇧-Taste gedrückt und markieren die erste und letzte Datei im Dialogfenster. Alle dazwischenliegenden Dateien werden automatisch ausgewählt. Wenn Sie stattdessen die Strg/⌘-Taste gedrückt halten, können Sie Dokumente auswählen, die im PLATZIEREN-Dialog nicht direkt untereinanderstehen. Daten, die Sie gleichzeitig platzieren möchten, müssen sich in demselben Verzeichnis befinden.

Möglichst nichts markieren

Falls Sie sich nicht sicher sind, ob gerade ein Objekt im Layout markiert ist, sollten Sie die Strg/⌘+⇧+A für AUSWAHL AUFHEBEN betätigen (bzw. die Esc-Taste drücken, wenn das Text-Werkzeug aktiv ist). Sonst laufen Sie Gefahr, dass das markierte Objekt oder der Objektinhalt durch den Import einfach überschrieben wird.

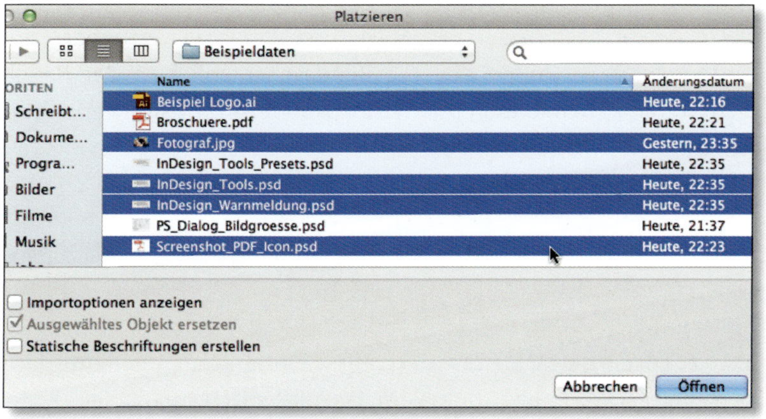

◀ **Abbildung 4.5**
Im PLATZIEREN-Dialog können Sie auch nicht zusammenhängende Dateien wählen.

▲ **Abbildung 4.6**
Die Anzahl der geladenen Dateien wird neben dem Symbol für geladene Grafiken angezeigt.

Nach Bestätigung Ihrer Auswahl mit Öffnen ist statt des vorher aktivierten Werkzeugs das Symbol für geladene Grafik(en) zu sehen. Daneben sehen Sie eine Miniatur der Datei, die in Ihrer im Platzieren-Dialog getroffenen Auswahl zuoberst stand. Eine eingeklammerte Zahl weist auf die Anzahl der geladenen Dateien hin. Sollten Sie sich für einen kompletten Abbruch des Platzierens entscheiden, wählen Sie einfach ein anderes Werkzeug, z. B. durch Drücken der Taste [V], damit wechseln Sie zum Auswahlwerkzeug. Die eben noch geladenen Bilder sind damit aus dem Zwischenspeicher entfernt.

Wenn Sie mehrere Bilder geladen haben, können Sie die Reihenfolge, in der Sie die Grafiken auf die Seite platzieren möchten, durch das Drücken der Pfeiltasten [←] und [→] festlegen. Möchten Sie ein einzelnes Bild von den geladenen löschen, brauchen Sie nur die [Esc]-Taste zu drücken.

▲ **Abbildung 4.7**
Bilder können beim Platzieren auch direkt an einem Raster ausgerichtet werden.

Geladene Bilder gleichzeitig platzieren

Wenn Sie alle geladenen Bilder in einem Schwung auf Ihre Dokumentseite platzieren möchten, ziehen Sie ein Rechteck mit dem Cursor mit den geladenen Bilddaten auf und drücken dann eine der Pfeiltasten. Dadurch können Sie ein Raster erstellen, in das die geladenen Bilder platziert werden. Mit den [↑]/[↓]-Tasten erhöhen bzw. verringern Sie die Anzahl der Zeilen im Raster, das Drücken der [←]/[→]-Tasten ändert dementsprechend die Anzahl der Rasterspalten. Um den Abstand zwischen den Spalten und Zeilen gleichmäßig zu ändern, kommen die Tasten [Bild↑]/[Bild↓] zum Einsatz.

Raster beim Aufziehen

Auch bei den Text- und Rahmenwerkzeugen können beim Aufziehen direkt Raster erstellt werden.

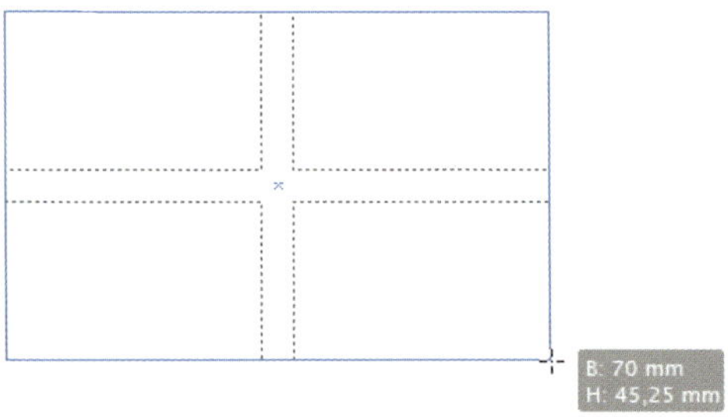

Abbildung 4.8 ▶
Die Größe des Rasters definieren Sie durch Klicken und Ziehen mit der Maus.

Durch Lösen der Maustaste erstellt InDesign entsprechend dem erstellten Raster Bildrahmen, in die die geladenen Bilder direkt hineingeladen werden. Die Bilder werden dabei so in die Rahmen eingepasst, dass sie vollständig sichtbar sind. Dadurch entstehen, weil die Rahmen nur zufällig den Proportionen eine Bildes entsprechen, leere Bereiche seitlich bzw. ober- und unterhalb der Bilder zum jeweiligen Bildrahmen:

◂ **Abbildung 4.9**
Die vier geladenen Bilder werden innerhalb des eben definierten Rasters auf die Dokumentseite geladen.

Jedes Bild für sich platzieren

Häufig möchte man, statt alle Bilder an einem Raster auszurichten, die einzelnen Bilder an ganz bestimmten Positionen auf der Dokumentseite positionieren. Laden Sie sich für diesen Fall die gewünschten Bilder in den Cursor, und klicken Sie dann damit auf die gewünschte Stelle des Layouts und ziehen. Beim Aufziehen des Bildrahmens passt InDesign Höhe bzw. Breite selbstständig so an, dass der Bildrahmen exakt den Proportionen des Bildes entspricht. Nachdem das erste Bild eingefügt wurde, erscheint wieder das Symbol für geladene Grafiken, und Sie können mit dem Platzieren des nächsten geladenen Bildes fortfahren.

Bilder und Bildrahmen

Auch wenn nicht jeder Bildrahmen unbedingt zu erkennen ist, befindet sich eine Bilddatei in InDesign ausnahmslos in einem Rahmen. Das kann auch ein gezeichneter Pfad oder die Kontur einer Schrift sein.

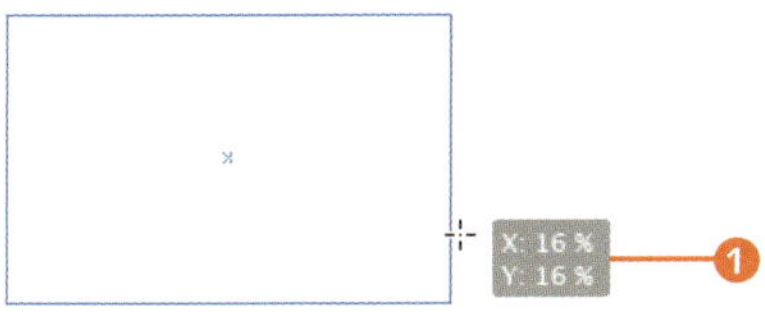

◂ **Abbildung 4.10**
Beim Platzieren von Bildern behält InDesign die Proportionen bei.

Der »intelligente Cursor« ❶ gibt direkt Auskunft über den Skalierungsfaktor, mit dem das ausgewählte Bild importiert wird.

◂ **Abbildung 4.11**
Das erste von drei Bildern wurde mit einem exakt passenden Rahmen positioniert.

Bilder in Rahmen platzieren

Bei den eben vorgestellten Methoden wurden Bilder ohne vorher erstellte Rahmen auf eine Dokumentseite geladen. Selbstverständlich können Sie Bilder auch direkt in vorbereitete Bildrahmen laden. Hierfür sind die Rahmenwerkzeuge vorgesehen, Sie können aber auch mit anderen Werkzeugen Objekte und Pfade vorbereiten, in die Sie dann Grafiken platzieren.

Im folgenden Beispiel sind zwei Rechteckrahmen – erkennbar durch das X im Rahmen – auf einer Dokumentseite erstellt worden. Die Rahmen sind nicht markiert.

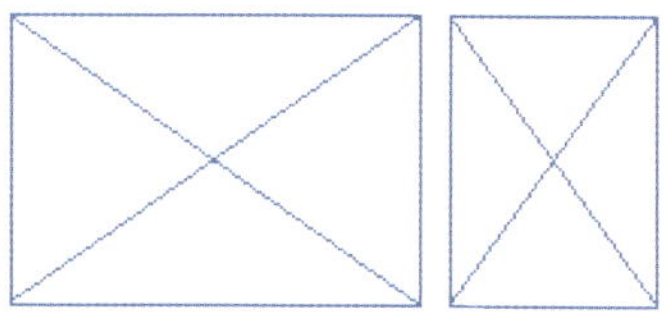

Abbildung 4.12 ▸
Diese drei Rechteckrahmen sollen Bilder aufnehmen.

Wird nun der PLATZIEREN-Dialog aufgerufen und werden dort die gewünschten Bilder markiert, können mit dem Symbol für geladene Grafiken diese Rahmen einfach angeklickt werden ❶. Das jeweilige Bild wird direkt in den vorbereiteten Rahmen geladen ❷. InDesign markiert Rahmen, die mit einem Inhalt gefüllt wurden, mit einem Kettensymbol (❷ und ❸).

Abbildung 4.13 ▸
Mit wenigen Klicks sind die Rahmen mit Bildern befüllt worden.

Platzieren und Verknüpfen

Mit BEARBEITEN • PLATZIEREN UND VERKNÜPFEN und den Werkzeugen INHALTSAUFNAHME und INHALTSPLATZIERUNG können Sie ebenfalls Daten im Layout platzieren. Lesen Sie auf Seite 432, wie Sie damit arbeiten.

Nachdem die gewünschten Bilder in die Rahmen geladen wurden, können sie weiter bearbeitet werden, z. B. durch das Anpassen des sichtbaren Ausschnitts. InDesign positioniert Bilder normalerweise zentriert in zuvor erstellte Rahmen. In einem späteren Abschnitt werden Sie lernen, wie Sie Bildrahmen so vorbereiten können, dass Grafiken schon beim Laden in einen Rahmen diesen nach bestimmten Vorgaben ausfüllen. Bevor wir uns um das Einpassen von Bildern in Bildrahmen kümmern, sehen wir uns noch eben die beiden Zusatzprogramme Mini Bridge und die reguläre Bridge an.

4.3 Mit der Mini Bridge arbeiten

Das Bedienfeld Mini Bridge finden Sie direkt im Menü Fenster. Dieses Bedienfeld nimmt eine Sonderstellung ein, da es einen Dateibrowser innerhalb von InDesign CC darstellt. Mit dessen Hilfe können nicht nur Bilder in ein InDesign-Dokument platziert werden, in der Mini Bridge können auch Bilder und andere Daten auf Ihrer Festplatte nach diversen Vorgaben gefiltert, angezeigt, umbenannt und gelöscht werden. Damit dies möglich ist, muss auch das eigenständige Programm Bridge CC laufen. Wenn die Bridge noch nicht auf Ihrem System installiert ist, werden Sie nach dem Klick auf den Bridge-Button ❹ durch die nötigen Installationsschritte geführt. Ist die Mini Bridge geöffnet, stellt sie grundlegende Funktionen der »großen« Bridge bereit:

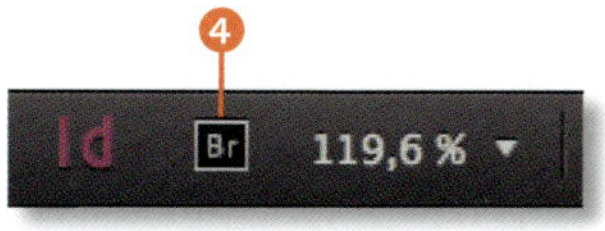

▲ **Abbildung 4.14**
Die Bridge können Sie über das Steuerung-Bedienfeld starten, mit gedrückter [⇧]-Taste öffnet sich die Mini Bridge.

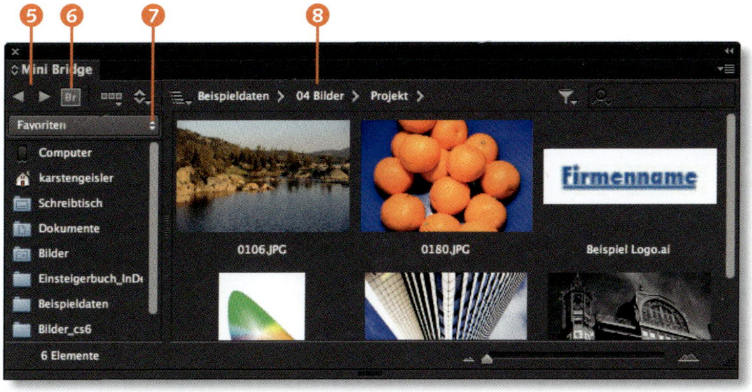

◄ **Abbildung 4.15**
Die Mini Bridge ist ein umfangreicher Dateibrowser, aus dem sich schnell Bilder ins Layout ziehen lassen.

Das Programm merkt sich, welche Verzeichnisse in der Bridge in letzter Zeit zur Ansicht angewählt waren – zu diesen kann dann mit dem Zurück- bzw. Weiter-Pfeil ❺ gewechselt werden. Mit einem Klick auf den Bridge-Button ❻ wird das aktuell in der Mini Bridge angezeigte Verzeichnis in der großen Bridge angezeigt – die Bridge wird dann statt InDesign zum aktiven Programm. Im Pulldown-Menü ❼ lassen sich voreingestellte Datensätze wie die zuletzt aufgerufenen Verzeichnisse und Dateien sowie eine Favoritenliste aufrufen. Wie von Betriebssystemen und Webseiten bekannt, sorgt auch in der Mini Bridge eine Pfadleiste ❽ für Übersicht. Besonders praktisch ist hierbei die Möglichkeit, sich mit einem Klick auf die Pfeile die jeweiligen Unterverzeichnisse anzeigen zu lassen bzw. dorthin zu navigieren.

Bridge CC aktivieren

Die Bridge wird auch über den Befehl Datei • Bridge durchsuchen (oder über [Strg]/[⌘]+[Alt]+[O]) gestartet. Wenn sie schon im Hintergrund läuft, wechseln Sie mit dem Kurzbefehl von InDesign zur Bridge und zurück.

Direkt in Rahmen laden

Wenn Sie in InDesign einen Grafikrahmen markiert haben und in der Mini Bridge im Menü Datei den Befehl Platzieren • In InDesign wählen, wird das Bild direkt in den markierten Rahmen geladen.

Das Platzieren von Bildern aus der Mini Bridge ist denkbar einfach: Sie können mehrere Dateien markieren, die nicht direkt neben- bzw. untereinanderliegen, indem Sie die [Strg]/[⌘]-Taste gedrückt halten. Anschließend können Sie die markierten Daten einfach auf Ihre Dokumentseite ziehen. Wie bereits zuvor beschrieben, werden die Bilder als Miniaturen neben dem Bildcursor gezeigt, und die Daten können wie gewohnt im Layout in neue oder bestehende Rahmen eingefügt werden.

Für das Handling von Bilddaten ist die Mini Bridge hervorragend geeignet. Möchten Sie umfangreichere Änderungen an Daten vornehmen, erledigen Sie dies am besten in der Bridge CC.

4.4 Mit der Bridge arbeiten

Da Sie wichtige Funktionen der Bridge schon von der Mini Bridge kennen, möchte ich in diesem Abschnitt auf besondere Funktionen der Bridge eingehen, die deutlich über die der Mini Bridge hinausgehen.

▼ Abbildung 4.16
Die Bridge ist ein mächtiges Programm zur Sichtung und Organisation digitaler Daten.

Wie bei der Mini Bridge lassen sich die verschiedenen Bereiche, in die das Bridge-Fenster unterteilt ist – im Screenshot sind dies FAVORITEN, FILTER, INHALT, VORSCHAU und METADATEN –, in ihren Proportionen durch Verschieben der Stege dazwischen beliebig ändern. Haben Sie die Bridge von einem anderen Programm der Creative Cloud aufgerufen, können Sie durch Drücken der Bumerang-Taste ❶ zu dem betreffenden Programm zurückkehren.

Ist eine Digitalkamera an den Rechner angeschlossen, wird durch den Kamera-Button ❷ ein Importfenster eingeblendet, in dem u.a. die zu importierenden Bilder markiert werden können. Bilder können mit Hilfe dieses Fensters auch direkt beim Import umbenannt und mit Metadaten versehen werden. Der VERFEINERN-Button ❸ öffnet ein Pulldown-Menü, in dem auch der praktische Befehl zur Stapel-Umbenennung zu finden ist. Die Taste mit der Kamerablende ❹ öffnet das markierte Bild in Camera Raw. Schauen Sie sich die Bearbeitungsmöglichkeiten von Camera Raw auf alle Fälle an! Im Unterschied zur Mini Bridge können Sie in der Bridge eine ganze Reihe von vorinstallierten Arbeitsbereichen anwählen ❺. Ein Arbeitsbereich kann erwartungsgemäß per Klick auf den entsprechenden Namen aufgerufen werden. Für die ersten sechs Layouts sind zudem Kurzbefehle eingerichtet, die als Tooltip sichtbar werden, wenn Sie die Maus einen Augenblick über einer Bezeichnung eines Arbeitsbereichs ruhen lassen. Mittels eines Pulldown-Menüs ❻ können Sie die Sortierreihenfolge bestimmen, in der die Daten im Hauptbereich des Bridge-Fensters angezeigt werden sollen.

Von ganz besonderer Bedeutung ist der Bereich FILTER ❼. Hier sind nicht nur farbige Etiketten ❽ und Sterne ❾, die Sie über das Menü BESCHRIFTUNG vergeben können, als Filter einsetzbar, sondern so ziemlich jede Dateieigenschaft, die von Bedeutung sein könnte. Die Bewertungen, die Sie Dateien in der Bridge zuweisen können, sind leider auch nur von den Adobe-Programmen lesbar, sie werden nicht von den Betriebssystemen verwendet. Besonders nützlich ist die Möglichkeit, sich Daten nach Dateityp ❿ anzeigen zu lassen. So lassen sich beispielsweise in Verzeichnissen mit großen Dateimengen nur InDesign-Dateien oder Daten mit der Erweiterung .psd anzeigen. Durch Kombination verschiedener Filter kann man so auch in großen Datenbeständen schnell eine Darstellung bestimmter Dateien erreichen.

▲ **Abbildung 4.17**
Im Betrachtungsmodus können Bilder der Reihe nach betrachtet und mit Farben und Sternen markiert werden.

Schaltzentrale

Erkunden Sie die Bridge weiter, indem Sie sich die Befehle in der Menüleiste, im Kontextmenü und in den verschiedenen Layoutbereichen ansehen. So können Sie zum Beispiel über das Kontextmenü innerhalb der Bridge direkt Bilder in InDesign platzieren.

Ordnerinhalte darstellen

Manchmal möchte man nicht nur den Inhalt eines Ordners, sondern den von mehreren Ordnern sehen. Sie können natürlich mehrere Fenster in Bridge öffnen und sich darin die verschiedenen Ordnerinhalte anzeigen lassen. Wenn Sie jedoch in *einem* Bridge-Fenster die Inhalte von mehreren Ordnern sehen möchten, genügt ein Klick auf das Menü ANSICHT • ELEMENTE IN UNTERORDNERN ANZEIGEN.

Text- oder Grafikrahmen?

Am Eingang und Ausgang (den leeren Quadraten oben links und unten rechts) ist der Textrahmen zu erkennen.

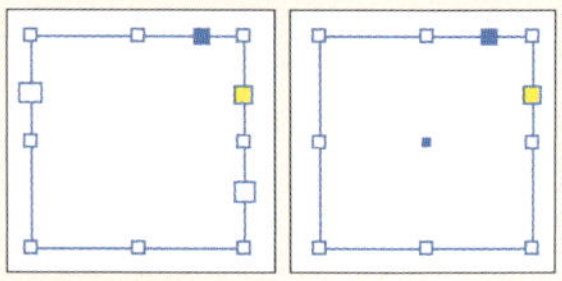

▲ **Abbildung 4.18**
Das Auswahlwerkzeug hat nicht durch Zufall diese prominente Stelle in der Werkzeugleiste bekommen.

▲ **Abbildung 4.19**
An den Ankerpunkten des Begrenzungsrahmens kann der Bildrahmen in seiner Größe geändert werden – das Bild bleibt davon unberührt.

Bildrahmen

Wie in Kapitel 1, »Die Benutzeroberfläche«, schon erwähnt, befinden sich Bilder immer in einem Rahmen, dem Bildrahmen oder besser: dem Grafikrahmen. Häufig nimmt man diesen Rahmen nicht als solchen wahr, z. B. wenn Sie Bilder nach der Auswahl im Platzieren-Dialog oder in der Bridge nicht in vorher erstellte Rahmen, sondern durch Klicken und Ziehen auf der Dokumentseite platziert haben. Dadurch wird von InDesign ein Bildrahmen erstellt, der exakt der Größe des Bildes entspricht (siehe Seite 155). Bild und Bildrahmen scheinen dann dasselbe zu sein.

Wenn Sie hingegen eine Bilddatei z. B. in einen Rechteckrahmen laden, werden Sie häufig nur einen Ausschnitt des Bildes sehen. Dann ist der Bildrahmen offensichtlich: Hier fungiert der Bildrahmen sozusagen als Passepartout, durch das Sie auf das Bild sehen. Dieses Passepartout definiert durch seine Größe und Form den Ausschnitt des sichtbaren Bildbereichs.

Für die Bearbeitung von Bildern und ihren Rahmen brauchen Sie eigentlich immer nur ein Werkzeug: das Auswahl-Tool. Damit können Sie sowohl die Position und die Proportionen eines Grafikrahmens als auch die Bildposition innerhalb eines Rahmens ändern. Bevor wir uns mit der Änderung des eigentlichen Bildes innerhalb seines Grafikrahmens beschäftigen, geht es zunächst um den Container selbst, wie es im Englischen häufig so treffend genannt wird.

4.5 Änderung der Rahmengröße

Sehen wir uns die grundsätzliche Vorgehensweise an einem Beispiel an. Neben der Größenänderung durch das Ziehen an einem der acht Anfasser bietet sich Ihnen auch die Möglichkeit, die Größe des Grafikrahmens über die Eingabe der entsprechenden Werte z. B. im Steuerung-Bedienfeld zu ändern. Zur Größenänderung bietet sich aber auch ein Spezialist an: das Bedienfeld Transformieren, das Sie unter Fenster • Objekt und Layout • Transformieren finden.

Lassen Sie uns zunächst einmal den entscheidenden Unterschied zwischen einer Größenänderung und einer Skalierung klären. Bei der Änderung der Größe wird nur der Grafikrahmen in seinen Maßen geändert, der Inhalt bleibt dabei unverändert. Bei einer Skalierung hingegen werden Rahmen und Inhalt geändert.

In Abbildung 4.20 sehen Sie das Bild in einem Grafikrahmen, der das Bild an keiner Stelle beschneidet. Die Breite des Rahmens ist im Bedienfeld Transformieren ablesbar und beträgt 70 mm.

◂ Abbildung 4.20
Der Ausgangs-Grafikrahmen hat eine Breite von 70 mm.

Unabhängig von der Methode – also davon, ob der Rahmen mit dem Auswahl-Tool oder durch Änderung des Wertes im Bedienfeld Transformieren vorgenommen wurde – ist in der folgenden Abbildung die Breite des Grafikrahmens auf die Hälfte, auf 35 mm ❶, verringert worden. Davon bleibt das Bild selbst unberührt: Es hat sich nur der sichtbare Ausschnitt geändert.

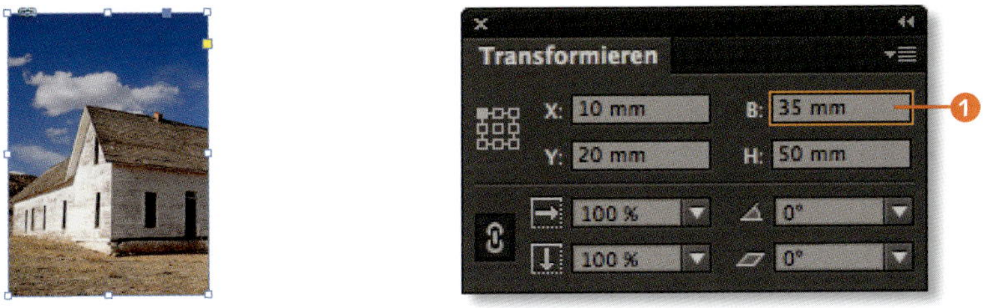

◂ Abbildung 4.21
Die Breite des Grafikrahmens wurde halbiert.

Wenn hingegen im unteren Bereich des Bedienfeldes bei X-Skalierung ❷ »50 %« eingetragen wird, wird der Rahmen samt Inhalt skaliert. Das Ergebnis dieser Eingabe ist abhängig von dem Status des Buttons Proportionen beim Skalieren beibehalten ❸: Ist er aktiv, wird das Bild mit dem Rahmen proportional skaliert.

◂ Abbildung 4.22
Wird als Skalierungswert 50 % angewendet, halbiert sich die Breite auch auf 35 mm, hier samt Inhalt.

Wenn Sie den Button Proportionen beim Skalieren beibehalten deaktivieren ①, wird der gewählte Skalierungswert ② auf die x- oder y-Achse des Rahmens und des Inhalts angewendet. Das Ergebnis ist ein verzerrtes Bild, was praktisch nie erwünscht ist.

Abbildung 4.23 ▶
Das Ergebnis der x-Skalierung: Das Foto ist mitskaliert und damit verzerrt worden.

Nach einer Skalierung steht im Eingabefeld übrigens wieder 100 %. InDesign nimmt also immer die aktuelle Größe als 100 % an, die Änderung durch eine Skalierung des Rahmens wird folglich im Bedienfeld Transformieren nicht wiedergegeben und kann deshalb auch nicht durch Eingabe von »100 %« wieder rückgängig gemacht werden.

Häufig werden Sie Bilder während des Layoutens nicht nach ihren Maßen, sondern nach der visuellen Kontrolle in der Größe anpassen wollen. Wählen Sie dafür das Auswahlwerkzeug, und klicken Sie mit gedrückten [Strg]/[⌘]+[⇧]-Tasten auf einen der acht Auswahlgriffe ③. Dabei sorgt die [Strg]-Taste dafür, dass auch der Inhalt mit geändert wird, die [⇧]-Taste wahrt dabei die Bildproportionen. Wenn Sie nun an diesem Griff ziehen, vergrößern oder verkleinern Sie Rahmen samt Inhalt proportional. Im folgenden Beispiel sehen Sie die Spaltenhilfslinien ④, an denen das Bild ausgerichtet wird. Außerdem geben die am Cursor eingeblendeten Bildmaße ⑤ Auskunft über die aktuelle Bildgröße. Damit sind Bilder im Nu auf die richtige Größe gebracht.

▼ **Abbildung 4.24**
Mit dem richtigen Tastaturbefehl werden Rahmen und Inhalt proportional skaliert.

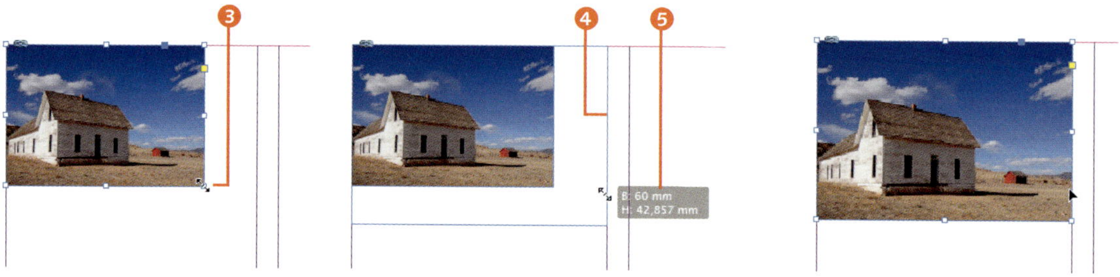

4.6 Änderung des Bildausschnitts

Der sichtbare Bildausschnitt verändert sich mit jeder Änderung des Grafikrahmens mit, zumindest immer dann, wenn der Grafikrahmen kleiner als das Bild ist. Möchte man ohne Änderung des Rahmens einen gänzlich anderen Ausschnitt des Bildes sehen, kommt hier ein Feature in InDesign zum Einsatz, das zwar »Werkzeug« in der Bezeichnung trägt, als einziges Tool jedoch nicht in der Werkzeugbox zu finden ist: das Inhaltsauswahlwerkzeug.

Bilder kopieren

Für InDesign macht es einen Unterschied, ob Sie den Rahmen oder das Bild markiert haben, bevor Sie den Kopieren-Befehl ausführen. Entweder kopieren Sie nämlich den Rahmen mit Inhalt oder nur den Rahmeninhalt.

Inhaltsauswahlwerkzeug

Wenn Sie das Auswahlwerkzeug ❻ über einem Bild positionieren, ändert der Cursor sein Aussehen ❽ minimal – ein kleines ausgefülltes Quadrat wird neben dem gewohnten schwarzen Pfeil sichtbar, und in der Bildmitte blenden sich zwei aufgehellte bzw. abgedunkelte Kreise ein ❼. Diese beiden Kreise werden von Adobe *Inhaltsauswahlwerkzeug* genannt. Wird mit dem schwarzen Pfeil auf einen freien Bereich des Bildes geklickt, wird der Rahmen und nicht der Rahmeninhalt markiert ❾. Der markierte Rahmen kann nun wie zuvor erwähnt, an einem der acht Griffpunkte in seiner Größe und in seinen Proportionen geändert werden. Wird das Bild nicht an einer freien Stelle, sondern auf den eingeblendeten mittigen Kreisen markiert ⓫, wird die eigentliche Grafik markiert ⓬. Und auch die Grafik selbst kann an ihren Griffpunkten in Größe und Proportionen geändert werden.

▼ **Abbildung 4.25**
Das Inhaltsauswahlwerkzeug, hier bei ❼ und ⓫ zu sehen, erleichtert das Auswählen von Grafiken.

Das Konzept, nach dem sich eine Grafik immer in einem Rahmen befindet, ist vielleicht anfangs ungewohnt. Achten Sie daher auf die kleinen Unterschiede der Kennzeichnung von Rahmen und Inhalt: Der Rahmen verfügt neben den acht Ankerpunkten über zwei weitere Quadrate ❿, mit denen der Rahmen z. B. in einem

Ebenen

Ebenen werden dazu eingesetzt, um Objekte zu organisieren und gegebenenfalls Effekte darauf anzuwenden.

Textrahmen verankert und die Art der Ecken gesteuert werden kann. Die Farbe des Grafikrahmens entspricht immer der Ebene, auf der er sich befindet. Der Begrenzungsrahmen der eingefügten Grafik hat hingegen immer eine deutlich von der Ebenenfarbe abweichende Farbe. Auf Ebenen komme ich in Kapitel 8, »Praktische Hilfsmittel«, zurück. Die Änderung der Eckenformen wird in Kapitel 6, »Pfade und Objekte«, im Detail besprochen.

Wird der Inhalt eines Grafikrahmens mit dem Inhaltsauswahlwerkzeug aktiviert ❶ und für einen Moment an der Stelle gehalten, werden die bisher vom Grafikrahmen beschnittenen Bildteile abgesoftet eingeblendet ❷. Der gewünschte Bildausschnitt kann nun bei visueller Kontrolle festgelegt werden ❸.

▼ **Abbildung 4.26**
Das gesamte Bild wird von InDesign dargestellt, wenn Sie das Inhaltsauswahl-Tool einen Moment auf dem Bild gedrückt halten (rechts).

Wenn Sie möglichst viel von einer solchen Aufnahme im Layout sehen möchten, ohne den Grafikrahmen zu vergrößern, müssen Sie das Bild an den Grafikrahmen anpassen. Markieren Sie das Bild innerhalb des Grafikrahmens mit dem Inhaltsauswahlwerkzeug, halten Sie die [⇧]-Taste gedrückt – damit stellen Sie sicher, dass die Skalierung proportional erfolgt – und ziehen Sie z. B. von der oberen rechten Ecke ❹, bis das Bild möglichst vollständig im Grafikrahmen sichtbar ist ❺. Die Position des Bildes innerhalb des Rahmens können Sie anschließend wie beschrieben ändern.

Abbildung 4.27 ►
Nachdem das Bild in seinem Rahmen markiert wurde, kann es an einem der Griffpunkte skaliert werden.

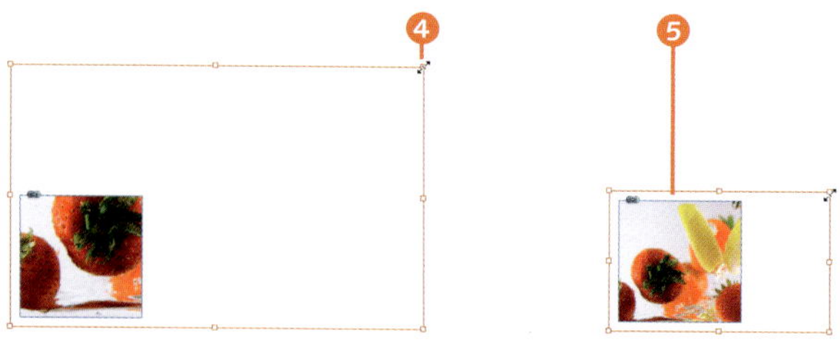

Eine weitere Möglichkeit, den Grafikrahmen an seinen Inhalt anzupassen, besteht darin, auf einen der mittleren Griffpunkte doppelzuklicken. Die jeweils gegenüberliegenden Seiten werden hierdurch der Höhe bzw. Breite der Grafik angepasst.

Um noch flüssiger zwischen der Bearbeitung des Rahmens und der Grafik hin- und herschalten zu können, bedarf es lediglich eines Doppelklicks. Des Weiteren wird der Rahmen durch einen Klick auf die [Esc]-Taste markiert, wenn vorher der Rahmeninhalt markiert war. Falls Sie nicht mit dem Inhaltsauswahlwerkzeug arbeiten möchten, können Sie dieses über den Befehl Ansicht • Extras • Inhaltsauswahlwerkzeug ausblenden deaktivieren.

Menübefehle

InDesign wäre nicht InDesign, wenn es für die eben beschriebenen Arbeitsschritte nicht noch eine weitere Vereinfachung in Form von Befehlen gäbe: Sie finden diese unter Objekt • Anpassen sowie im Kontextmenü, das mit einem Rechtsklick auf eine Grafik aufgerufen werden kann. Es stehen hier fünf Befehle zur Auswahl, mit denen Sie steuern können, wie InDesign mit dem Inhalt bzw. dem Rahmen verfahren soll.

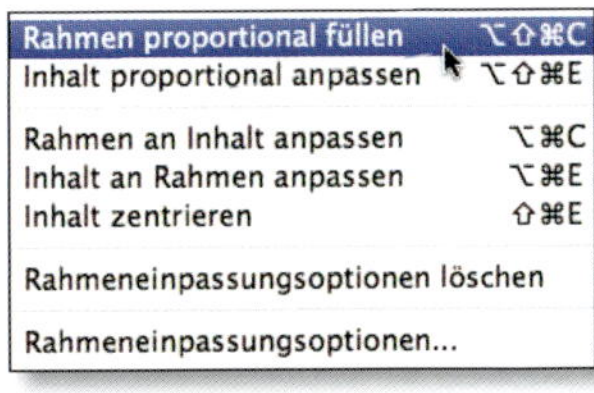

▲ **Abbildung 4.28**
Wenn Sie viel mit Bildern arbeiten, sind dies ein paar der wichtigsten InDesign-Befehle überhaupt.

Auch wenn die beiden wohl am häufigsten verwendeten Befehle Rahmen proportional füllen [Strg]/[⌘]+[⇧]+[Alt]+[C] und Rahmen an Inhalt anpassen [Strg]/[⌘]+[Alt]+[C] nur über diese langen Tastenkombinationen aufzurufen sind, sollten Sie diese bald verinnerlichen.

- **Rahmen proportional füllen:** Durch diesen Befehl wird die gesamte Rahmenfläche für die Darstellung der Grafik ausgenutzt. Haben das Bild und der Grafikrahmen nicht dieselben Proportionen, werden Teile des Bildes beschnitten und sind somit nicht mehr sichtbar.
- **Inhalt proportional anpassen:** Das Bild wird mit Rücksicht auf seine Proportionen so in den Rahmen eingepasst, dass es vollständig zu sehen ist. Dabei bleiben, sofern Bild und Grafikrahmen nicht dieselben Proportionen aufweisen, rechts/links oder oben/unten Teile des Grafikrahmens ungenutzt – der Rahmen ist somit größer als sein Inhalt.
- **Rahmen an Inhalt anpassen:** InDesign vergrößert den Rahmen auf die dem Bild entsprechende Größe, so dass Bild und Grafikrahmen dieselbe Größe haben. Dieser Befehl kommt beispielsweise dann zum Einsatz, wenn ein Bild zunächst in einen

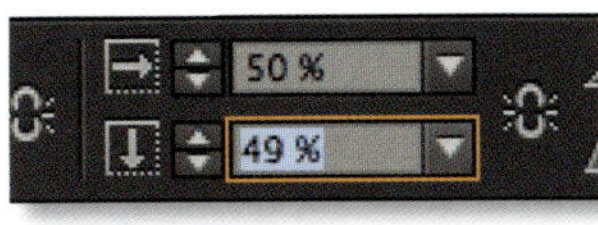

▲ **Abbildung 4.29**
Wenn diese Werte im Steuerung- oder Transformieren-Bedienfeld nicht dieselben sind, wurde das Bild verzerrt.

Bild direkt drehen

Da der intelligente Cursor des Auswahlwerkzeugs Ihnen beim Drehen den aktuellen Drehwinkel anzeigt, können Sie ein Objekt auch direkt an einer Ecke drehen. Dabei wird immer um die Objektmitte gedreht.

Platzhalterrahmen geladen wurde und der Layouter zu einem späteren Zeitpunkt die Grafik vollständig platzieren möchte.

- **Inhalt an Rahmen anpassen:** Hierbei wird das Bild auf die Größe und die Proportionen des Rahmens gebracht, was fast ausnahmslos zur Verzerrung des Inhalts führt.
- **Inhalt zentrieren:** Die Größe von Rahmen und Inhalt bleibt hierbei unverändert, der Inhalt wird im Grafikrahmen vertikal und horizontal mittig ausgerichtet.

4.7 Bild transformieren

Sie können ein Bild mit dem Allround-Tool Auswahlwerkzeug drehen oder, wenn Sie die Drehung numerisch eingeben möchten, das Bedienfeld TRANSFORMIEREN einsetzen.

Werte eingeben

Statt des Bedienfeldes TRANSFORMIEREN kann ebenso das STEUERUNG-Bedienfeld für die Eingabe konkreter Werte verwendet werden.

Drehen

Zunächst müssen Sie entscheiden, was gedreht werden soll: der Rahmen oder das Bild – denn hiervon hängt die Wahl des Werkzeugs ab, mit dem Sie das Objekt markieren.

Der jeweilige Bezugspunkt ❶ kann frei definiert werden: Mit einem Klick auf einen der neun Punkte können Sie hier den Drehpunkt neu festlegen. Jeder Punkt entspricht einem Griffpunkt des aktiven Rahmens bzw. seines Mittelpunktes. Der Grafikrahmen wurde im folgenden Beispiel mit dem Auswahl-Werkzeug markiert und mit Hilfe des TRANSFORMIEREN-Bedienfeldes um 5° ❷ gegen den Uhrzeigersinn gedreht.

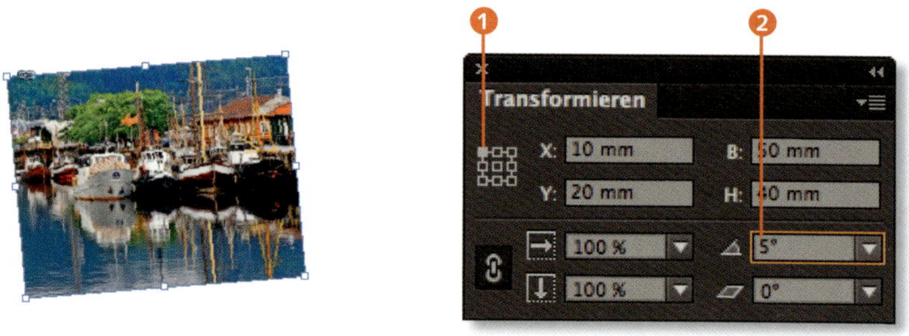

Abbildung 4.30 ▸
Der Rahmen mit Inhalt wurde um 5° um den linken oberen Griffpunkt gedreht.

Das Bild selbst kann aber auch unabhängig von seinem Rahmen gedreht werden. Dafür wird statt des Rahmens das Bild mit dem Inhaltsauswahlwerkzeug markiert ❸. Im folgenden Beispiel wurde das Bild unabhängig vom Rahmen um 5° im Uhrzeigersinn gedreht ❹.

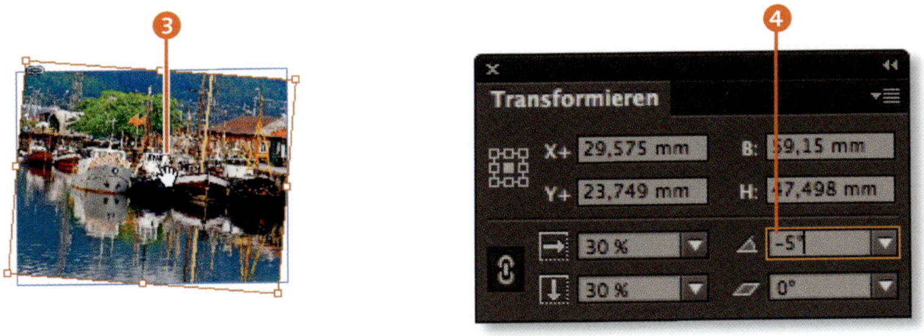

◂ Abbildung 4.31
Das Bild kann auch innerhalb des Rahmens gedreht werden.

Eine Drehung des Bildes ohne Rahmen ist beispielsweise erwünscht, wenn das Foto nicht lotrecht aufgenommen wurde: Die Vertikalen und Horizontalen sind dann etwas geneigt. Im Layout werden solche kleineren Bildkorrekturen auf die Schnelle in InDesign vorgenommen. Das Bild selbst wird erst später bei der Reinzeichnung in Photoshop korrigiert.

Im Transformieren-Bedienfeld finden Sie unter dem Drehwinkel-Eingabefeld noch das Eingabefeld für Scherwinkel (X-Achse). Hier können Sie den genauen Winkel für die Schrägstellung eingeben ❺. Ob Rahmen oder Bild markiert sind, hat hier genau dieselbe Bedeutung wie bei der Änderung des Drehwinkels. Diese Art der Rahmenänderung macht mit Bildern, weil sie mit verzerrt werden, kaum Sinn.

◂ Abbildung 4.32
Bei Rahmen mit Bildern macht das Scheren kaum Sinn.

Bedenken Sie aber, dass diese Manipulation der Rahmenform durchaus Sinn macht, wenn Sie einen Rahmen statt mit einem Bild etwa mit einer Flächenfarbe füllen und diesen schräg stellen. Als grafisches Gestaltungselement innerhalb eines Layouts sind solche Formen nicht unüblich.

Form des Bildrahmens ändern

Rechteck zu Kreis

Die Bildrahmenform können Sie beispielsweise von Rechteck zu Kreis konvertieren, indem Sie OBJEKT • FORM KONVERTIEREN wählen. Dort sind verschiedene Alternativen direkt anwählbar.

Wie Sie eben gesehen haben, ist für InDesign ein Bildrahmen ein Pfad, der unabhängig von seinem Inhalt geändert werden kann. Die Form des Bildrahmenpfades selbst kann mit dem Zeichenstift-Werkzeug bearbeitet werden.

Damit ein Pfad mit Pfadwerkzeugen bearbeitet werden kann, muss der Pfad mit dem Direktauswahl-Werkzeug markiert sein ❶. Im nächsten Beispiel wurde dem Pfad des Bildrahmens nach der Markierung erst ein weiterer Pfadpunkt hinzugefügt ❷, aus dem direkt die Grifflinien ❸ herausgezogen und in der Neigung geändert wurden. Die neu hinzugefügte Kurve definiert nun den sichtbaren Teil des Bildes.

Abbildung 4.33 ▸
Das Zeichenstift-Werkzeug ändert den Verlauf des Bildrahmenpfades.

Bild in Zeichnung

Pfade

Nähere Infos zu Pfaden finden Sie in Kapitel 6, »Pfade und Objekte«.

Aus der gerade erläuterten Methode folgt folgende Vorgehensweise: Sie können zuerst eine beliebige Form mit einem der Zeichenwerkzeuge erstellen, um dann ein Bild mit einer der weiter vorn beschriebenen Techniken hineinzuladen.

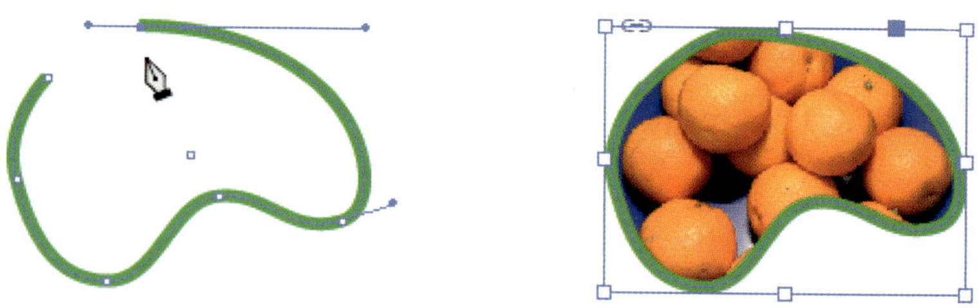

Abbildung 4.34 ▸
Bilder können auch in beliebige gezeichnete Objekte platziert werden.

Mit dem Zeichenstift-Werkzeug lässt sich der Ausschnitt von Bildern durch die Manipulation des Bildrahmenpfades so präzise steuern.

Bild in Text

Um ein Bild als Füllung für einen Text anzuwenden, brauchen Sie zwei Schritte, nachdem Sie den entsprechenden Text eingegeben haben. Zunächst muss der Text in Pfade umgewandelt werden. Den dafür notwendigen Befehl finden Sie unter SCHRIFT • IN PFADE UMWANDELN. Durch die Umwandlung in Pfade liegt für InDesign danach kein Text mehr vor: Der Text ist dann mit dem Text-Tool nicht mehr korrigierbar. Sobald der Text in Pfaden vorliegt, brauchen Sie nur noch das gewünschte Bild zu laden:

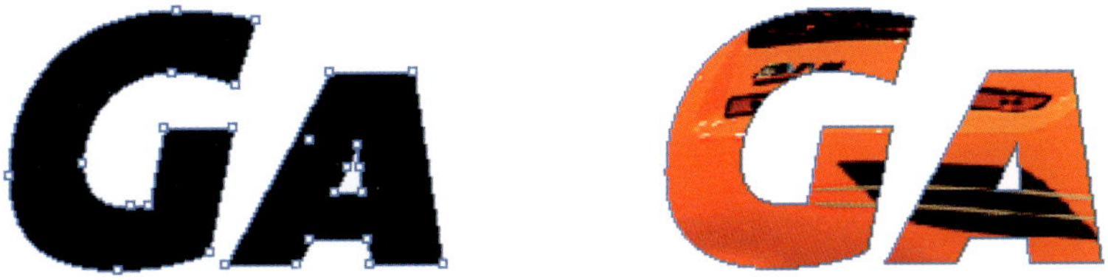

◂ **Abbildung 4.35**
Nach der Umwandlung in Pfade kann ein Bild eingefügt werden.

4.8 Importoptionen

Da die Importoptionen je nach Bildformat variieren, möchte ich gesondert auf die wichtigsten Bildformate PSD (Photoshop Document), AI (Adobe Illustrator) bzw. PDF (Portable Document Format) eingehen.

Andere Bitmap-Datenformate wie .tif, .png., .jpg und .gif können von InDesign problemlos dargestellt und ausgegeben werden. Für hochwertige Drucksachen werden aufgrund ihres geringen Farbumfangs nur ausnahmsweise GIFs eingesetzt. JPEGs neigen durch die Datenkompression zu Artefakten, die in der Darstellung in Browsern akzeptabel, im Druck aber unsauber und grob wirken. Da PSD-Daten über weiter reichende Optionen beim Import verfügen als etwa TIF, gehe ich im Folgenden genauer auf PSD-Bilddaten ein.

4.9 Importoptionen für PSD-Dateien

Pfade, die in den Ursprungsprogrammen wie Photoshop und Illustrator erstellt werden, um schon dort die Sichtbarkeit von Bildbereichen zu regeln, werden Beschneidungspfade genannt und

Importoptionen

Die jeweiligen Importoptionen sind im PLATZIEREN-Dialog auch temporär durch die [⇧]-Taste aktivierbar.

können in Layouts eine große Rolle spielen. Mit Hilfe von Beschneidungspfaden ist es beispielsweise möglich, Bildausschnitte über andere Objekte wie farbige Flächen oder auch andere Bilder zu legen, so dass diese durchscheinen. Mit Beschneidungspfaden kann außerdem gesteuert werden, wie Text um Bildausschnitte herumfließt.

Beschneidungspfade, die in Photoshop erstellt und mit der Datei gespeichert wurden, können in InDesign weiterbearbeitet werden. Um bei der Platzierung von Bilddaten überhaupt Zugriff auf die verschiedenen Features von Bilddaten zu haben, müssen Sie, wie vom Textimport bekannt, im PLATZIEREN-Dialog nur wieder die Checkbox IMPORTOPTIONEN ANZEIGEN ❶ anklicken.

Sie finden die Datei »Hochhaus_Ebenen.psd« in den Beispielmaterialien.

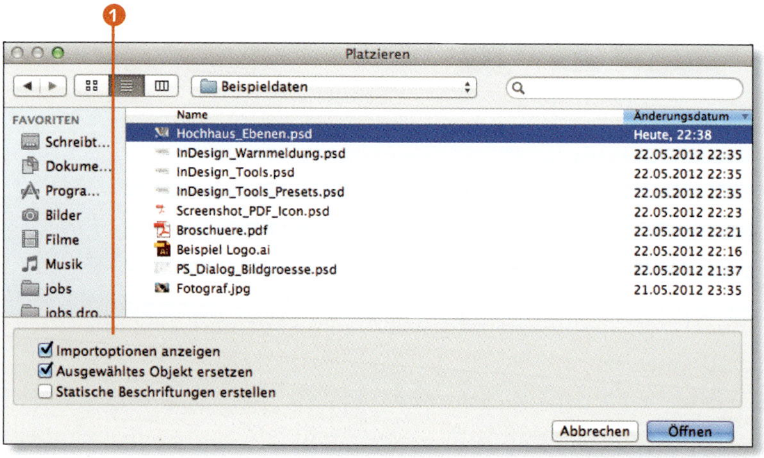

Abbildung 4.36 ▸
Analog zum Textimport können Sie sich auch bei Bildern Importoptionen anzeigen lassen.

Entsprechend den Funktionen, die im Photoshop-Dokument angewendet werden, sind diese im Import-Dialog anwählbar. Das Bild, an dem ich die verschiedenen Möglichkeiten demonstrieren möchte, beinhaltet vier Ebenen ❷ – die Bildebenen »Hochhaus_freigestellt«, »Himmel_nah«, »Himmel_horizont« und die zuoberst liegende Textebene »Börse«. Des Weiteren sind der Alpha-Kanal »Maske_Verlauf« ❸ und die drei Pfade »Glasfront«, »Steinfront« und »Hausfront« ❹ mit den verschiedenen Teilen des Gebäudes in der Datei angelegt. Sowohl der Alpha-Kanal als auch die verschiedenen Pfade sind dafür vorgesehen, genau definierte Bereiche des Bildes im InDesign-Layout später ein- bzw. ausblenden zu können. Für verschiedene Aufgaben im Layout benötigt man so nicht mehrere Bildvarianten.

Ebenenkompositionen

In Photoshop lassen sich in sogenannten Ebenenkompositionen verschiedene Bearbeitungsstadien in ein und dieselbe Datei speichern. Diese Ebenenkompositionen können in InDesign ebenfalls individuell ein- und ausgeblendet werden.

▲ Abbildung 4.37
Auf Photoshop-Funktionen wie Ebenen, Alpha-Kanäle und Beschneidungspfade haben Sie von InDesign aus Zugriff.

Bemerkenswert bei den zur Verfügung stehenden Bildoptionen ist, dass die im Dialogfeld BILDIMPORTOPTIONEN getroffenen Entscheidungen, etwa über die Sichtbarkeit von Ebenen, in InDesign zu jedem späteren Zeitpunkt wieder änderbar sind.

Die BILDIMPORTOPTIONEN zum oben abgebildeten Bild sehen wie folgt aus:

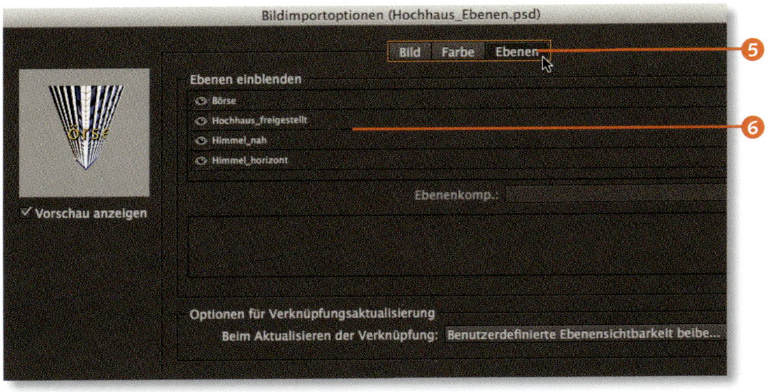

◄ Abbildung 4.38
In den BILDIMPORTOPTIONEN können Sie wichtige Photoshop-Features wie Ebenen auswählen.

Ebenen

Es gibt im Dialogfeld drei Bereiche, die Sie über die Buttons BILD, FARBE und EBENEN anwählen können ❺. Im Bereich EBENEN EINBLENDEN werden Ihnen die Ebenen des markierten Bildes angezeigt ❻. Einzelne Ebenen können Sie ausblenden, indem Sie auf das Auge neben dem betreffenden Ebenennamen klicken. Die

Sichtbarkeit von Ebenen können Sie auch später noch am platzierten Bild im InDesign-Dokument modifizieren.

Im Unterbereich Optionen für Verknüpfungsaktualisierung können Sie zwischen den Optionen Benutzerdefinierte Ebenensichtbarkeit beibehalten und Ebenensichtbarkeit von Photoshop verwenden wählen. Diese langen Optionsbezeichnungen bedeuten, dass Sie InDesign hier mitteilen, wie InDesign verfahren soll, wenn die Sichtbarkeit einer Ebene in Photoshop geändert wurde und die Datei in InDesign auf den neusten Stand gebracht wird.

Farbe

Hier können Sie dem zu importierenden Bild ein Farbprofil zuweisen, und Sie können bestimmen, nach welchen Vorgaben InDesign die Datei im Dokument rendern, also darstellen soll. In Kapitel 7, »Farben und Effekte«, kommen wir darauf noch genauer zurück.

Alpha-Kanäle/Masken

Im Unterschied zu Beschneidungspfaden, die immer harte Kanten erzeugen, können mit Alpha-Kanälen weiche Übergänge erzielt werden. Alpha- oder synonym Maskenkanäle werden nämlich immer als Graustufenkanäle gespeichert und können somit bis zu 256 verschiedene Tonwerte beinhalten.

Bild

In diesem Bereich legen Sie fest, ob ein Beschneidungspfad, der in Photoshop erstellt wurde, beim Import angewendet werden soll, die hier getroffene Entscheidung können Sie später noch rückgängig machen. Ob Sie einen in Photoshop gespeicherten Alpha-Kanal anwenden möchten, sollten Sie jedoch beim Import entscheiden. Da eine Photoshop-Datei mehrere Alpha-Kanäle aufweisen kann, sind diese gegebenenfalls im Pulldown-Menü Alpha-Kanal anwählbar:

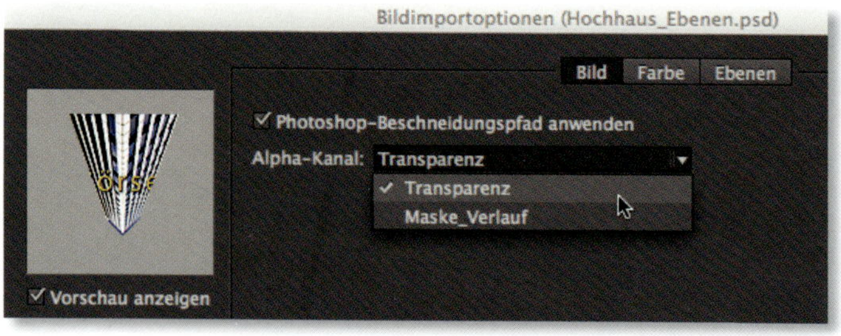

Abbildung 4.39 ►
Im Import-Dialog kann der gewünschte Alpha-Kanal ausgewählt werden.

Sehen wir uns die verschiedenen Möglichkeiten einmal am Beispiel an. Das Bild ganz links ❶ ist die Version ohne angewendeten Alpha-Kanal oder Beschneidungspfad: Es sind die drei Ebenen »Börse«, »Hochhaus_freigestellt« und »Himmel_nah« zu sehen. Im Bild ❷ wurde in InDesign die Photoshop-Textebene ausgeblendet. Da die Gebäudefront freigestellt ist, können verschiedene Himmelversionen, die im Photoshop-Bild angelegt sind, ein- und ausgeblendet werden ❸. Ebenso kann die Ebene mit dem Gebäude deaktiviert werden ❹.

▲ **Abbildung 4.40**
Dasselbe Bild wird in InDesign durch das Ein- und Ausblenden von Bildebenen verschieden angezeigt.

Wenn Sie die Sichtbarkeit einzelner Ebenen anpassen möchten, nachdem Sie ein Bild in ein InDesign-Dokument platziert haben, rufen Sie über Objekt • Objektebenenoptionen das entsprechende Dialogfenster auf – alternativ können Sie dafür auch das Kontextmenü verwenden. Das Dialogfenster Objektebenenoptionen entspricht in seiner Funktion genau dem Bereich Ebenen im Import-Dialog: Hier können die einzelnen Ebenen ein- bzw. ausgeblendet werden.

In Abbildung 4.41 wurde im linken Bild der Beschneidungspfad »Glasfront« angewendet ❺, im mittleren Bild der Alpha-Kanal »Maske_Verlauf« ❻, der als einfacher Schwarz-Weiß-Verlauf angelegt wurde. Im rechten Bild sind sowohl Alpha-Kanal als auch Beschneidungspfad aktiv ❼. Beachten Sie, dass Alpha-Kanal wie auch Beschneidungspfad das gesamte Bild maskieren, weshalb auch das Wort »Börse« mit beschnitten wird. Aktiviert – obgleich nicht unbedingt sichtbar – sind jeweils die drei Ebenen »Börse«, »Hochhaus_freigestellt« und »Himmel_nah«.

Alpha-Kanäle

Aktivieren Sie den gewünschten Alpha-Kanal beim Bildimport. Sie haben zwar auch nach dem Platzieren in InDesign Zugriff auf die Alpha-Kanäle, die Ergebnisse sehen aber ggf. anders aus.

◂ **Abbildung 4.41**
Hier sind drei weitere Varianten derselben Bilddatei zu sehen.

4.10 Photoshop-Features

Alpha-Kanäle und Beschneidungspfade spielen ihre eigentlichen Stärken in Kombination mit anderen Gestaltungselementen wie zusätzlichen Abbildungen oder farbigen Flächen aus.

Alpha-Kanäle

Ein Alpha-Kanal wird in Photoshop – unabhängig vom Farbraum des jeweiligen Bildes – immer als zusätzlicher Graustufenkanal erstellt. Hierbei fungiert dieser Graustufenkanal als Maske: Schwarz steht für voll abdeckend, Weiß hingegen für völlig durchlässig. Die Graustufen sind gemäß ihrem individuellen Farbton mehr oder weniger deckend. Eine solche Maske kann in Photoshop mit Mal- und Zeichenwerkzeugen geändert werden. Genauso können auf den Alpha-Kanal Filter und diverse Korrekturmaßnahmen wie Gradationskurven angewendet werden.

In der nächsten Abbildung sind einfach zwei Bilder von Gebäuden in InDesign übereinandergelegt worden: Das Ergebnis sieht aus wie ein Composing in Photoshop ❶.

Im zweiten Bild wurde die Fläche des Grafikrahmens mit einem Blau gefüllt ❷. Die Füllung wird entsprechend dem Alpha-Kanal auf alle maskierten, nicht sichtbaren Bildbereiche angewendet. Der Alpha-Kanal des Gebäudebildes ❸ enthält scharfe Kanten und weiche Übergänge.

▾ Abbildung 4.42
Hier ist zweimal dasselbe Bild mit einem Alpha-Kanal zu sehen, ganz rechts der Alpha-Kanal selbst in Photoshop.

Beschneidungspfade

In Photoshop können zwar mehrere Pfade angelegt werden, es kann aber immer nur einem der Sonderstatus des Beschneidungspfades zugewiesen werden. In den BILDIMPORTOPTIONEN können Sie zunächst nur entscheiden, ob der in Photoshop erstellte Beschneidungspfad angewendet werden soll. In InDesign können Sie nach dem Import einen anderen Pfad als Beschneidungspfad wählen. Das betreffende Dialogfeld finden Sie unter OBJEKT • BESCHNEIDUNGSPFAD • OPTIONEN. Zunächst wählen Sie im Pull-down-Menü ART ❹ die Option PHOTOSHOP-PFAD. Unter PFAD ❺ kann der gewünschte Pfad als Beschneidungspfad ausgewählt werden.

◂ **Abbildung 4.43**
Im Dialogfeld BESCHNEIDUNGSPFAD lässt sich auch ein anderer Pfad auswählen.

Als Beschneidungspfad wurden jeweils der Pfad »Glasfront« ❻, »Steinfront« ❼ und »Hausfront« ❽ gewählt.

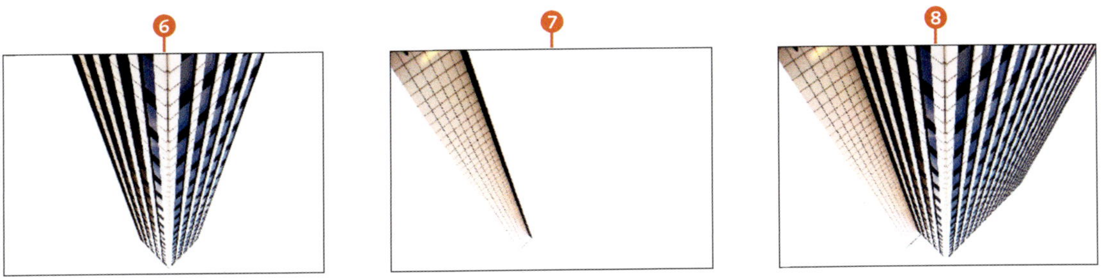

▾ **Abbildung 4.44**
In InDesign kann immer nur ein Photoshop-Pfad als Beschneidungspfad gewählt werden.

Mit Hilfe der Beschneidungspfade können sogar in InDesign auf die Schnelle Bildmontagen erstellt werden:

◂ **Abbildung 4.45**
Hier wurde einfach dasselbe Bild mehrfach über ein anderes gelegt – in InDesign.

Wenn Sie einen Beschneidungspfad in InDesign nachbearbeiten möchten, brauchen Sie nur mit dem Direktauswahl-Tool auf den sichtbaren Bereich des Bildes zu klicken: Der in Photoshop erstellte Pfad wird dadurch in InDesign aktiviert und kann mit dem Direktauswahl-Werkzeug oder dem Zeichenstift-Werkzeug bearbeitet werden. Durch die Bearbeitung wird dieser Pfad übrigens Teil der InDesign-Datei: Im Dialogfeld Beschneidungspfad wird dieser Pfad dann als »Vom Benutzer geänderter Pfad« bezeichnet.

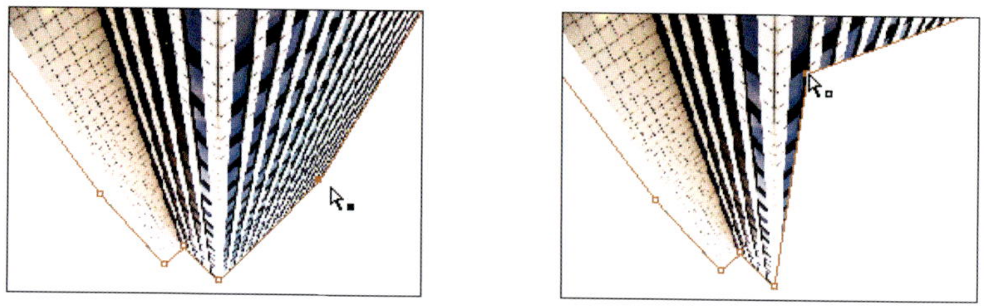

Abbildung 4.46 ▸
In InDesign können Beschneidungspfade wie jeder andere Pfad z. B. mit dem Direktauswahl-Tool bearbeitet werden.

Der Beschneidungspfad-Dialog hat noch eine weitere Funktion, die abhängig vom verwendeten Bildmaterial schnell zu recht guten Ergebnissen führt: Kanten suchen ❶. Mit folgenden Einstellungen wurde das Ausgangsbild ❷ in InDesign freigestellt.

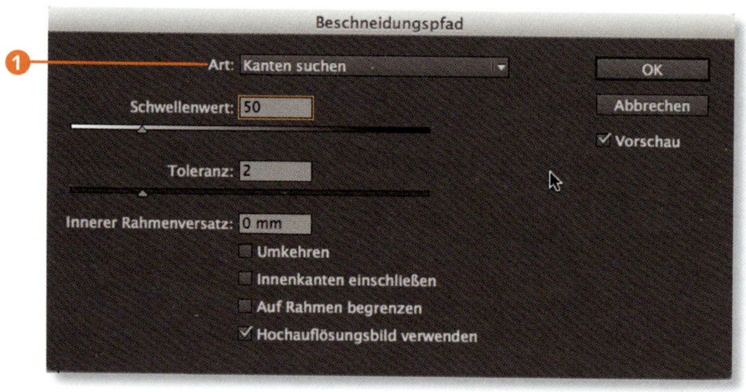

Abbildung 4.47 ▸
Mit Kanten suchen erstellt InDesign selbst Beschneidungspfade von Bildern.

Mit dem Schwellenwert wird eingestellt, ab welcher Helligkeitsstufe das Bild ausgeblendet werden soll, die Toleranz bestimmt die Genauigkeit, mit der der Beschneidungspfad von InDesign erstellt wird. Niedrigere Werte ergeben mehr Ankerpunkte, höhere Werte haben weniger Punkte und einen glatteren Kurvenverlauf zur Folge. Da InDesign die Änderung bei aktiver Vorschau direkt darstellt, sieht man die konkreten Auswirkungen auf den Beschneidungspfad ❷ und kann ausprobieren.

Nach dem Freistellen in InDesign wurde der Bildrahmen mit Blau gefüllt.

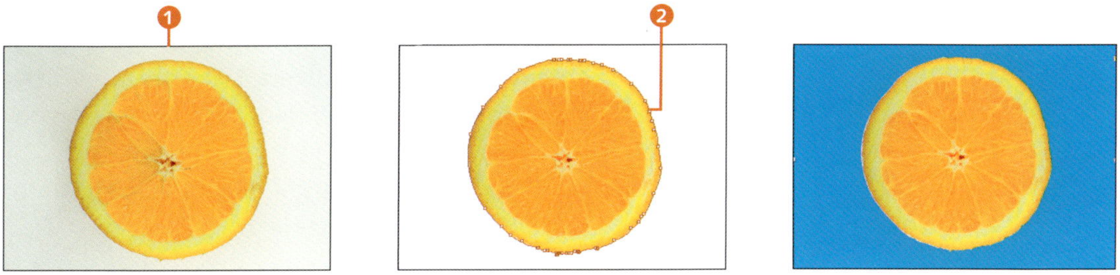

▲ **Abbildung 4.48**
Einfache Motive können in InDesign freigestellt werden, um z. B. den Hintergrund frei wählen zu können.

Sie werden feststellen, dass die InDesign-interne Möglichkeit, Beschneidungspfade zu erstellen, eigentlich nur bei Fotos anzuwenden ist, bei denen sich Motiv und Hintergrund ohnehin schon gut trennen, z. B. wenn das Motiv vor hellem oder weißem Hintergrund fotografiert wurde.

An die Möglichkeiten von Photoshop, Beschneidungspfade anzulegen, reichen die Einstellungsmöglichkeiten in InDesign bei Weitem nicht heran.

4.11 Importoptionen für AI und PDF

Wie beim Bildformat PSD empfehle ich Ihnen, für das Einfügen von Illustrator-Zeichnungen und PDFs wieder Datei • Platzieren zu verwenden. Dabei wird ein Verweis, eine sogenannte Verknüpfung, zu dem Bild auf der Festplatte erstellt. InDesign erkennt dabei beispielsweise, wenn die Datei im Ursprungsprogramm geändert wurde. Dies wird gegebenenfalls im Preflight-Bereich und im Bedienfeld Verknüpfungen angezeigt. Dieses Bedienfeld spielt eine zentrale Rolle bei der Verwaltung von Bilddaten, wir kommen im Laufe dieses Kapitels noch darauf zurück.

Es mag aber dennoch Situationen geben, in denen es Sinn macht, eine Vektordatei aus dem Ursprungsprogramm zu kopieren und diese in InDesign einzusetzen. Ein Beispiel wäre die Farbverwaltung, die vielleicht ausschließlich in InDesign stattfinden soll: Farbige Elemente werden dabei in InDesign an eine definierte Farbpalette angepasst, ohne dass dafür jedes Mal Illustrator geöffnet werden muss. Eine derartige Vorgehensweise macht aber nur

PDF
Illustrator kann eine Datei neben dem AI-Format genauso als PDF speichern. Illustrator macht beim erneuten Öffnen und Bearbeiten auch keinen Unterschied zwischen beiden Formaten. InDesign hingegen kann Layouts weder als PDF speichern noch PDFs öffnen – InDesign erstellt PDFs durch Export und kann PDFs platzieren.

Sinn, wenn das kopierte Element nur einmal im Layout vorkommt. Sehen wir uns diesen Fall einmal genauer an: Werden Daten aus einem anderen Programm nach InDesign kopiert, werden diese Daten in das InDesign-Dokument eingefügt. Für InDesign ist diese Zeichnung dann auch keine separate Datei mehr, deshalb können z. B. Pfade mit den entsprechenden Tools weiter manipuliert werden.

Das Gestaltungselement in Abbildung 4.49 wurde in Illustrator erstellt, dabei wurden drei Ebenen eingesetzt:

Abbildung 4.49 ▸ Ein Gestaltungselement wurde in Illustrator mit drei Ebenen angelegt.

Die Datei besteht aus drei Elementen, die jeweils auf einer eigenen Ebene liegen: zuunterst ein Rechteck mit dem Effekt »Ecken abrunden«, gelber Fläche und schwarzer Kontur. Darauf liegt der schwarze Pfeil (ein Vektorobjekt), und ganz oben liegt der Text »Termine«. Werden diese drei Elemente in Illustrator mittels AUSWAHL • ALLES AUSWÄHLEN markiert und kopiert, bleibt zwar in InDesign die Anordnung der einzelnen Elemente erhalten, die Ebenen werden aber nicht mit nach InDesign importiert. Das Rechteck wird in InDesign in zwei Pfade aufgeteilt: in eine Fläche und in einen zweiten Pfad mit der Kontur. Damit die Trennung des Rechtecks in Fläche und Kontur deutlich sichtbar wird, habe ich die helle Fläche verschoben ❶. Die Schrift wird beim Einfügen in einzelne Blöcke aufgetrennt ❷ und ist nicht mehr als Text zu bearbeiten.

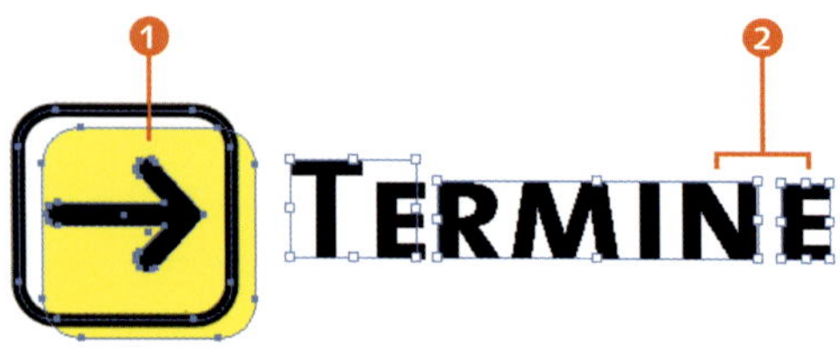

Abbildung 4.50 ▸ Die Illustrator-Grafik kommt durch KOPIEREN/EINFÜGEN ziemlich »zerschossen« in InDesign an.

Wird dieselbe Datei hingegen über DATEI • PLATZIEREN in das InDesign-Dokument eingefügt, bleiben die in Illustrator angelegten Ebenen intakt und können genau wie bei einer PSD-Datei über OBJEKT • OBJEKTEBENENOPTIONEN separat ein- oder ausgeblendet werden.

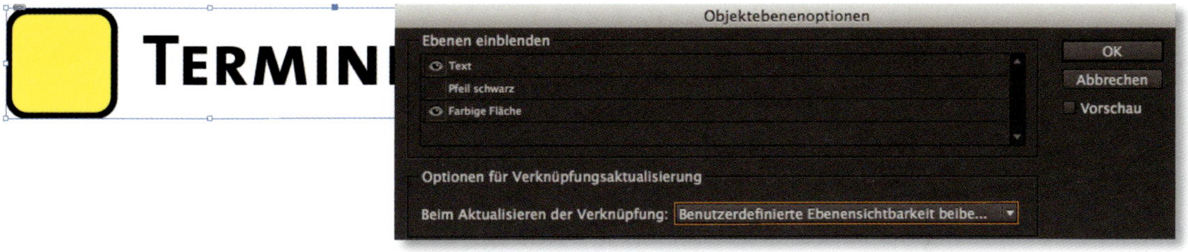

▲ **Abbildung 4.51**
Auch die Ebenen von Illustrator-Dokumenten können in InDesign separat ein- bzw. ausgeblendet werden.

Mehrseitige Dokumente importieren

Enthält ein PDF oder ein AI-Dokument mehrere Seiten, können im Import-Dialog einzelne oder mehrere Seiten zum Import angegeben werden.

Um dieses an einem Beispiel zu demonstrieren, habe ich eine Illustrator-Datei angelegt, in der derselbe Entwurf einer Anzeige in drei Versionen vorliegt: in 4c (also farbig), in Schwarzweiß und in einer Version mit einer sogenannten Sonderfarbe. Bei Anzeigen ist dies zwar unüblich – Logos auf Briefbögen und Visitenkarten werden hingegen häufig mit Sonderfarben gedruckt. Zur Verdeutlichung habe ich den Anzeigendummy oben rechts mit dem jeweiligen Farbraum gekennzeichnet ❸. Die ersten beiden sind selbsterklärend, P 72 steht für Pantone 72, ein leuchtendes Blau. Wie in InDesign können Seiten in Illustrator mit Beschnittzugabe angelegt werden ❹. Dies ist bei allen Daten wie beispielsweise bei Anzeigen, die in andere Layouts eingefügt werden, besonders empfehlenswert.

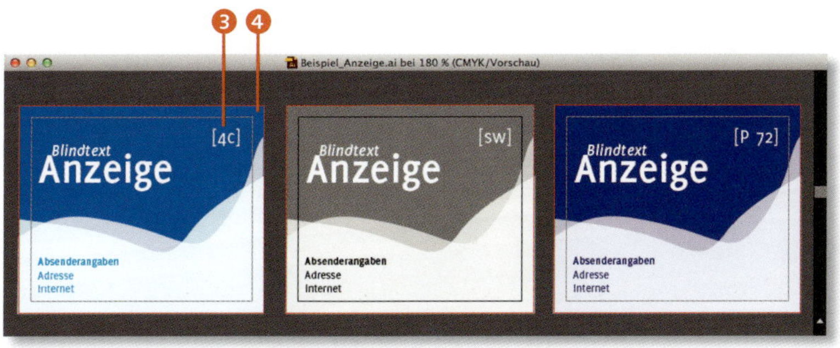

◀ **Abbildung 4.52**
Eine Anzeige wurde in Illustrator in drei Farbräumen erstellt.

Wenn bei einem Illustrator-Dokument beim Speichern als PDF in der Rubrik Marken und Anschnitt mindestens eine der möglichen Optionen Schnittmarken, Passermarken, Farbkontrollstreifen und Seiteninformationen markiert ist, wird diese als zusätzliche Ebene sozusagen an das PDF angehängt. In InDesign sind diese Ebenen wie gewohnt einzeln ein- bzw. ausblendbar, in Illustrator werden die beim PDF-Export erstellten Schnittmarken etc. nicht angezeigt.

Abbildung 4.53 ▼
Die im Dialog Adobe PDF speichern aktivierten Druckermarken werden an das PDF angehängt.

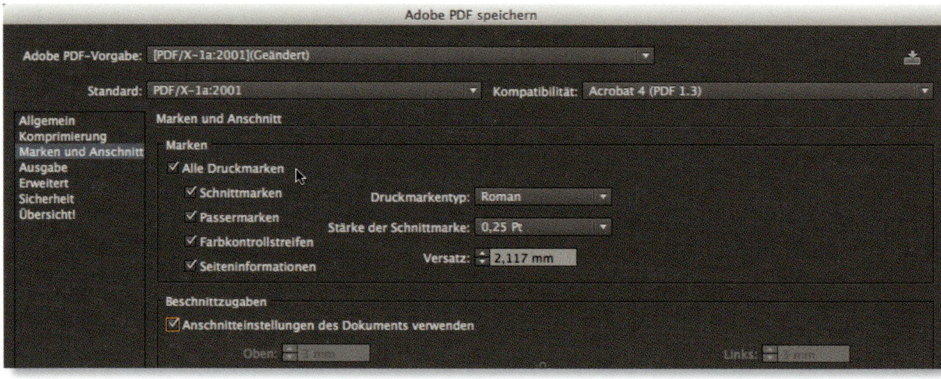

Wird ein mehrseitiges PDF nach InDesign importiert, kann neben den Ebenen auch gewählt werden, welcher Bereich der Seite(n) in das InDesign-Dokument importiert werden soll ❸. In der Vorschau ❶ ist die gewählte Seite ❷ des PDFs ggf. samt Marken zu sehen. Im Pulldown-Menü Beschneiden auf ❹ legen Sie fest, was InDesign beim Import berücksichtigen soll. Das ist besonders dann interessant, wenn Sie z. B. Anzeigen in vorbereitete Bildrahmen platzieren möchten.

Zeichenflächen

Der Begriff »Seiten« wird in Illustrator eigentlich nicht verwendet, man spricht dort von »Zeichenflächen«.

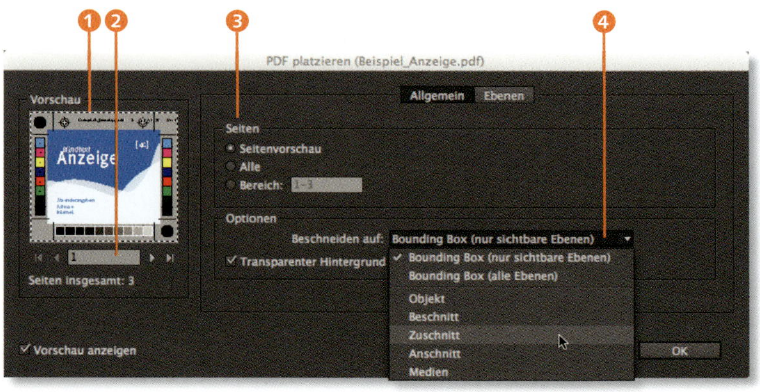

Abbildung 4.54 ▶
Im Platzieren-Dialog können Sie den Bereich wählen, der im InDesign-Dokument sichtbar sein soll.

Dieselbe Datei wurde mit diesen Optionen importiert: BOUNDING BOX (NUR SICHTBARE EBENEN) 5, ANSCHNITT 6 und ZUSCHNITT 7.

▲ **Abbildung 4.55**
Je nach gewählter Importoption werden unterschiedliche Bereiche derselben Datei importiert.

Importierte Sonderfarben

Interessant beim Import von Dateien ist, dass die verwendete Sonderfarbe tatsächlich erst in das InDesign-Dokument mit importiert wird, wenn diese Farbe auch tatsächlich auf der importierten Seite des PDFs oder AI-Dokuments verwendet wurde. Die Verwendung von Sonderfarben hat zur Folge, dass neben den eventuell verwendeten vier Offsetfarben CMYK, für die jeweils eine sogenannte Platte für den Druck belichtet wird, noch eine fünfte Platte erstellt werden muss. Im Offsetdruck werden die Farben nämlich nacheinander in der Druckmaschine auf das Papier gedruckt. Und damit von Druckdaten, die in der Regel als PDF abgeliefert werden, auch alle nötigen Platten belichtet werden können, müssen die benötigten Sonderfarben in InDesign auch hinterlegt sein. Beim Import der Pantone-Version der Anzeige wird die importierte Sonderfarbe 8 im Bedienfeld FARBFELDER angezeigt:

Sonderfarbenpaletten

Es gibt verschiedene Paletten an Sonderfarben, die gebräuchlichsten sind Pantone und HKS. Die genaue Farbangabe würde z. B. »Pantone 72 uncoated« lauten, da es die Farben entsprechend dem zu bedruckenden Papier in coated und uncoated, also für gestrichenes und ungestrichenes Papier gibt.

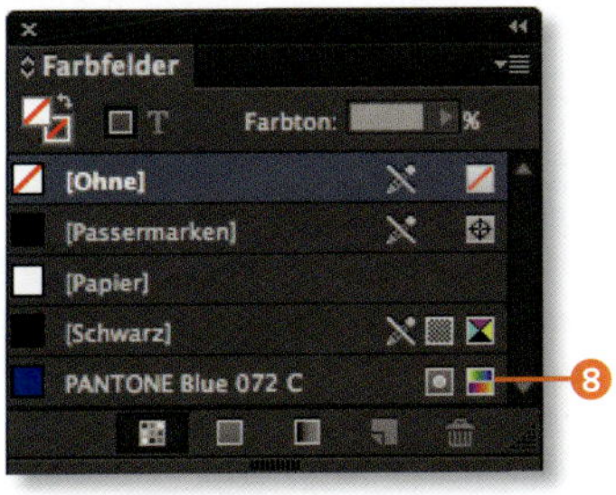

◀ **Abbildung 4.56**
Das Bedienfeld FARBFELDER liefert zu den verschiedenen Farben die entsprechenden Informationen.

Vollton- und Prozessfarben

Mit Volltonfarben können Farben gedruckt werden, die durch die vier Prozessfarben nicht reproduzierbar sind. Da jede (!) zusätzliche Volltonfarbe zu einer zusätzlichen Farbplatte im Druck führt, muss mit höheren Produktionskosten gerechnet werden. Im Bereich der Geschäftsdrucksachen, bei denen z. B. ein Briefbogen ohnehin nur mit Schwarz und einer Volltonfarbe für ein Logo zum Einsatz kommt, bietet sich der Einsatz von Volltonfarben hingegen an.

Am rechten Rand des FARBFELDER-Bedienfeldes werden pro Farbfeld zwei quadratische Icons angezeigt, von denen das linke Auskunft über die Farbart gibt. Schwarz liegt als Prozessfarbe vor, die importierte Pantone-Farbe liegt als Volltonfarbe vor. Volltonfarben lassen sich in InDesign in Prozessfarben umwandeln. Das heißt allerdings nicht, dass das Druckergebnis so aussieht, als sei es mit Sonderfarben gedruckt worden: InDesign rechnet bei der Konvertierung von Volltonfarben in Prozessfarben die Sonderfarbe in CMYK um und versucht dabei, möglichst nah an den eigentlichen Farbton der Sonderfarbe heranzukommen. In Kapitel 7, »Farben und Effekte«, werden wir uns noch genauer mit diesem Bedienfeld beschäftigen.

Arbeitet man des Öfteren mit Sonderfarben, empfiehlt sich die Anschaffung von Farbmustern, den Pantone- bzw. HKS-Fächern. Die gedruckten Farben werden von Monitoren nämlich nur annäherungsweise wiedergegeben. Solche Farbmusterfächer sind zusammengeheftete Karten, auf denen je nach Ausgabe teilweise jeweils nur eine Farbe abgedruckt ist. Ein Fächer kann dabei mehrere Hundert verschiedene Sonderfarben beinhalten. Daher sind diese Fächer in der Herstellung extrem aufwendig, was sich in den hohen Preisen, die für diese Fächer aufzubringen sind, niederschlägt.

Die Datei »Firmenname.ai« steht in den Beispielmaterialien zur Verfügung.

Weißen Hintergrund unterdrücken

Logo, Bildmarke, Wortmarke

Ein Logo ist im allgemeinen Sprachgebrauch ein Zeichen, mit dem sich eine Firma präsentiert. Es kann ein reiner Schriftzug (die Wortmarke), ein Symbol (die Bildmarke) oder eine Kombination aus beiden sein.

Manchmal sollen Logos in einer invertierten Version eingesetzt werden. Invertiert heißt hierbei, dass beispielsweise die Wortmarke, die normalerweise in Schwarz verwendet wird, in Weiß gesetzt werden soll. Das ist z. B. bei Broschüren der Fall, bei denen Farbflächen oder Fotos als Hintergrund für Logos eingesetzt werden. Für einen solchen Fall bietet sich folgendes Vorgehen an:

Zunächst wird die Zeichenfläche ❶ in Illustrator samt Wortmarke dupliziert ❷, die Wortmarke wird weiß eingefärbt. Im Unterschied zu InDesign können Sie in Illustrator als Farbe auch »Weiß« wählen ❸. Im Beispiel ist die Wortmarke in Pfade umgewandelt worden. Das ist bei Schriftzügen üblich, da dadurch bei der Weitergabe eines Logos sichergestellt wird, dass die verwendete Logo-Schrift auch tatsächlich benutzt wird. Die Logo-Schrift muss nämlich auch auf dem Rechner vorhanden sein, auf dem dieses Logo in ein Layout eingefügt wird – ansonsten greift InDesign bei der Ausgabe der Datei auf eine niedrig aufgelöste Vorschau zurück. Deshalb müssten – wenn die Schrift nicht in Pfade umgewandelt worden wäre – neben der AI-Datei auch die verwendeten Schriften weitergegeben werden, was aufgrund der Lizenzbestimmungen vieler Schriften problematisch wäre.

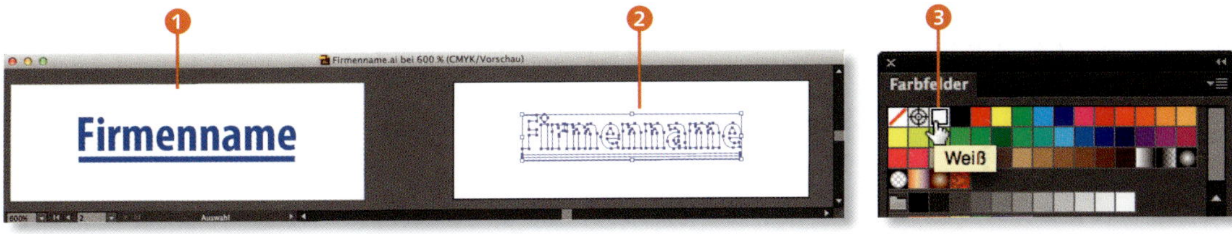

▼ **Abbildung 4.57**
In Illustrator kann im Gegensatz zu InDesign als Farbe Weiß gewählt werden.

Nach dem Abspeichern der Datei wird die zweite Seite auf einer farbigen Fläche in einem InDesign-Dokument platziert. Da die Zeichenfläche eines Illustrator-Dokuments von InDesign normalerweise als weiß angenommen wird, ist das Logo dann nicht sichtbar. Das ändern Sie durch die Aktivierung der Option Transparenter Hintergrund ❹ beim Import:

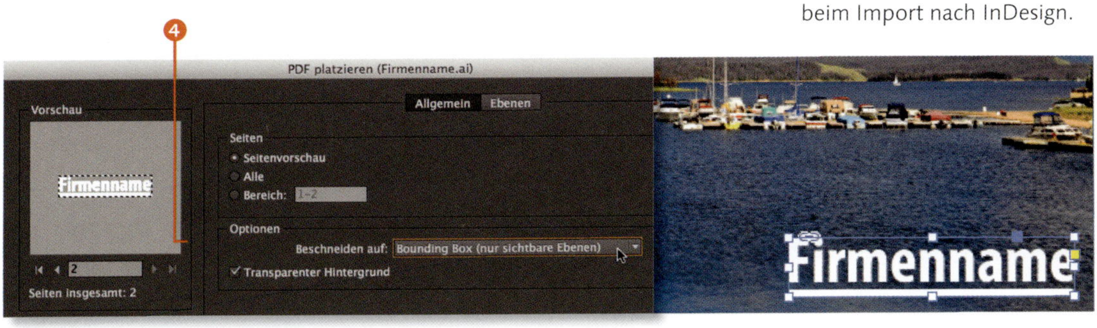

▼ **Abbildung 4.58**
Die richtige Einstellung entfernt den weißen Hintergrund beim Import nach InDesign.

An dieser Abbildung können Sie gut erkennen, was die Option Beschneiden auf • Bounding Box (nur sichtbare Ebenen) im Platzieren-Dialog bewirkt: InDesign erstellt einen Grafikrahmen, in den nur die Zeichenobjekte aus Illustrator eingepasst werden. Vergleichen Sie hierzu die Abbildung 4.57, dort ist die deutlich größere Fläche der Zeichenfläche zu erkennen – sie wird durch diese Importoption nicht berücksichtigt.

Achten Sie bei der Abbildung 4.58 oben auf die Titelzeile: Obwohl ein AI-Dokument importiert wird, behandelt InDesign es wie ein PDF.

4.12 Textumfluss

In Layouts sollen häufig Grafikrahmen – aber auch Textrahmen – den sie umgebenden Fließtext verdrängen. In nebenstehendem Beispiel sind zwei dieser Situationen zu sehen: der Textblock auf dem Spaltenzwischenraum und das Bild, das den Fließtext nach oben und unten wegdrückt. Im Fachjargon wird dies »Umfließen« genannt.

▲ **Abbildung 4.59**
Auf dieser Seite werden der kleine Textrahmen in der Mitte und das Bild vom Mengentext umflossen.

Textumfluss für einzelne Objekte steuern

Damit ein Text- oder Grafikrahmen anderen Text dazu bringt, ihn zu umfließen, rufen Sie über Fenster • Textumfluss oder [Strg]/[⌘]+[Alt]+[W] das dafür nötige Bedienfeld auf und nehmen dort die entsprechenden Einstellungen vor. Der Name ist zwar richtig, aber wenn man nicht weiß, was damit gemeint ist, dürfte man wohl eher zufällig darauf stoßen.

Abbildung 4.60 ▶
Der Rahmen mit dem eingeklinkten Text verdrängt den umliegenden Fließtext.

Die wichtigsten Einstellungen werden im oberen Bereich des Bedienfeldes vorgenommen, der untere Teil mit den Optionen spielt vor allem beim Textumfluss um Bilder eine Rolle. Darauf komme ich später zurück.

Oben bestimmen Sie mit Hilfe der fünf Buttons ❶, wie das markierte Objekt umflossen werden soll. Die Icons geben gut wieder, was die Buttons bewirken (v. l. n. r):

- **Ohne Textumfluss:** Der erste Button schaltet den Textumfluss für das markierte Objekt aus, das würde für das Beispiel in Abbildung 4.60 bedeuten, dass sich beide Textrahmen nicht gegenseitig beeinflussen und übereinanderliegen.

- **Umfließen der Bounding Box:** Der zweite Button, der im Screenshot aktiviert wurde, ist auch der am häufigsten angewendete: Er sorgt dafür, dass der Rahmen auf allen Seiten den Text verdrängt.
- **Umfließen der Objektform:** Button Nummer drei macht bei freigestellten Bildern Sinn: Durch ihn fließt der Text nicht um den Grafikrahmen, sondern um das Bild.
- **Objekt überspringen:** Der vierte Button verdrängt den Text vollständig zur linken und rechten Seite, dadurch bleibt der Text nur ober- und unterhalb des markierten Rahmens stehen.
- **In nächste Spalte springen:** Der letzte Button verdrängt den Text unterhalb des Rahmens bis in die nächste Spalte.

▲ **Abbildung 4.61**
Bei aktiver Option Umfließen der Objektform vollzieht InDesign die Grafikform nach.

In den vier Eingabefeldern ② kann der Offset, also der Abstand zwischen Rahmen und Text, eingegeben werden. Im Beispiel Abbildung 4.60 ist hier überall »0 mm« eingetragen, dadurch läuft der Text bis direkt an den Rahmen heran.

Damit der Fließtext oben und unten jeweils einen Abstand von einer Leerzeile zum Bild hat, ist für das Bild in Abbildung 4.62 für beide Richtungen im Bedienfeld Textumfluss »5 mm« eingegeben worden. In der Abbildung ist zu erkennen, dass diese Abstände zu zusätzlichen Pfaden ③ führen. Diese Pfade können bei Bedarf wie andere Pfade mit dem Direktauswahl-Tool und dem Zeichenstift-Werkzeug weiterbearbeitet werden.

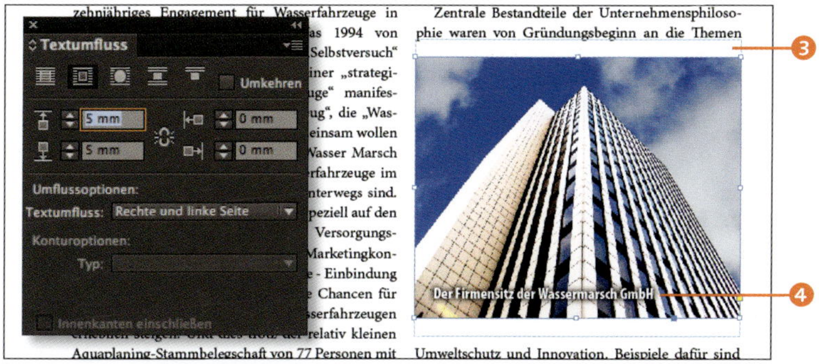

◄ **Abbildung 4.62**
Dem Grafikrahmen wurde je 5 mm Abstand nach oben und unten zugewiesen.

Damit die Bildlegende ④, die in einem eigenen Textrahmen auf dem Bild positioniert wurde, nicht auch vom Bild verdrängt wird, gibt es zwei alternative Techniken. Zum einen können Sie in den Textrahmenoptionen des Textrahmens mit der Bildunterschrift festlegen, dass keinerlei Textumfluss angewendet werden soll. Dafür rufen Sie über OBJEKT • TEXTRAHMENOPTIONEN das bekannte Bedienfeld auf. Dort markieren Sie die Checkbox TEXTUMFLUSS IGNORIEREN ①. Damit wird dieser eine Textrahmen von den Textumflusseinstellungen anderer Rahmen ausgenommen.

Wie Sie dem folgenden Screenshot ebenfalls entnehmen können, habe ich dem Textrahmen der Bildlegende für alle Seiten einen ABSTAND ZUM RAHMEN von »5 mm« zugewiesen. Dadurch brauche ich den Textrahmen nicht an einer zusätzlichen Hilfslinie auszurichten oder das TRANSFORMIEREN- oder STEUERUNG-Bedienfeld zu Hilfe zu nehmen, um die Bildlegende in einem Abstand von 5 mm vom Bildrahmen zu positionieren. Des Weiteren habe ich hier bei AUSRICHTEN die Option UNTEN gewählt, dadurch ist gewährleistet, dass sich der Text in diesem Fall am unteren Versatz ausrichtet.

Abbildung 4.63 ▸
Durch das Aktivieren von TEXTUMFLUSS IGNORIEREN können Rahmen vom Textumfluss anderer Rahmen ausgenommen werden.

Textumfluss nach Stapelreihenfolge festlegen

Sie können das Verhalten von Textrahmen bzgl. Textumfluss zu anderen Rahmen auch programmweit festlegen:

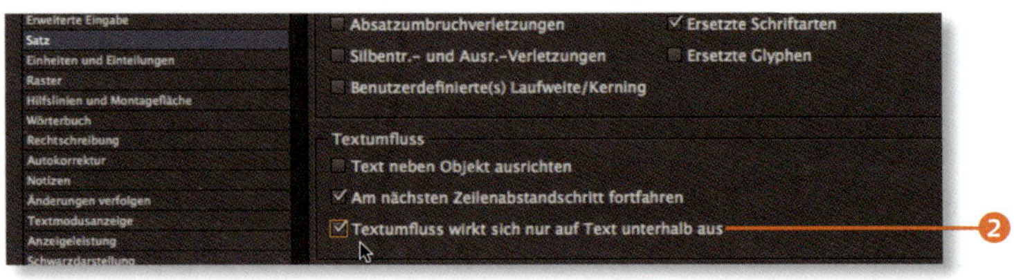

Abbildung 4.64 ▸
In den VOREINSTELLUNGEN kann das Verhalten des Textumflusses programmweit geändert werden.

Dafür rufen Sie Bearbeiten/InDesign • Voreinstellungen auf, und im Bereich Satz markieren Sie die Option Textumfluss wirkt sich nur auf Text unterhalb aus ❷. Wenn diese Option aktiviert ist, verdrängen Rahmen ❹ nur dann Text, wenn dieser unterhalb ❺ des Rahmens liegt. Liegt ein Textrahmen wie der Bildlegenden-Textrahmen ❸ in Abbildung 4.65 oberhalb des verdrängenden Rahmens, bleibt dieser Rahmen davon unberührt.

Wie in QuarkXPress

User, die von QuarkXPress kommen, kennen dieses Konzept: Rahmen, die oberhalb »verdrängender« Rahmen liegen, bleiben von deren Textumflüssen unbeeinflusst.

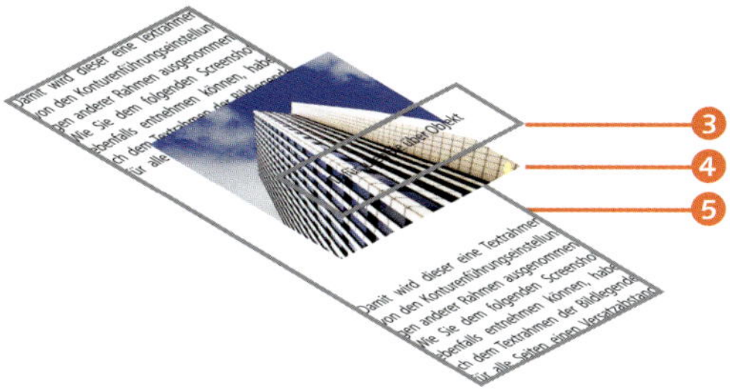

◂ **Abbildung 4.65**
Texte werden nur noch verdrängt, wenn sie unterhalb von Objekten liegen, denen ein Textumfluss zugewiesen wurde.

Mit welcher Einstellung Sie besser zurechtkommen, müssen Sie durch Ausprobieren in Erfahrung bringen.

Pfad von InDesign erstellen lassen

Bei Bildern, die schon in Photoshop freigestellt wurden oder die sich ohnehin gut von ihrem Hintergrund abheben, kann InDesign einen Pfad für den Textumfluss erstellen. Dafür klicken Sie bei markiertem Grafikrahmen den Button Umfliessen der Objektform an ❻. Bei den Konturoptionen, die Sie über das Bedienfeldmenü einblenden können, wählen Sie Kanten suchen ❼. Damit InDesign hier zu akzeptablen Ergebnissen kommt, sollte das Motiv möglichst auf weißem Hintergrund stehen.

◂ **Abbildung 4.66**
Alles Weiße wird von InDesign zum Erstellen eines Pfades zum Textumfluss herangezogen.

▲ **Abbildung 4.67**
InDesign kann in Photoshop erstellte Beschneidungspfade als Bezugsgröße für Textumflusspfade verwenden.

Photoshop-Pfad und Textumfluss

Zum Abschluss des Themas Textumfluss möchte ich noch auf das Zusammenspiel von in Photoshop erstellten Pfaden und der Textumfluss-Option in InDesign eingehen. Im nebenstehenden Layoutbeispiel sehen Sie das schon bekannte Hochhausbild. Hier orientiert sich der Text an der Hauskontur. Damit InDesign einen Pfad als Bezug für den Textumfluss heranzieht, markieren Sie zunächst das Bild und aktivieren dann im TEXTUMFLUSS-Bedienfeld den Button UMFLIESSEN DER OBJEKTFORM ❶. Unter KONTUROPTIONEN • TYP wählen Sie die Option PHOTOSHOP-PFAD ❹. Daraufhin kann der gewünschte Pfad ❺ der Photoshop-Datei ausgewählt werden. InDesign erstellt auf Grundlage des Photoshop-Pfades einen neuen Pfad ❸, der den Text im eingegebenen Abstand ❷ zum Bildmotiv hält.

Abbildung 4.68 ►
Hier sehen Sie die Einstellungen, mit denen obiges Layout realisiert wurde.

Sollten Sie einen so von InDesign erstellten Pfad weiter bearbeiten wollen, weil der Text noch nicht in gewünschter Weise um das Bild fließt, verwenden Sie zur Änderung des Pfadverlaufs das Direktauswahl-Tool und/oder den Zeichenstift. Mit dem Direktauswahl-Werkzeug können Sie einzelne Griffpunkte und Pfadsegmente modifizieren, für das Hinzufügen neuer Griffpunkte und die präzise Steuerung von Kurvenverläufen kommt der Zeichenstift zum Einsatz. In Kapitel 6, »Pfade und Objekte«, kommen wir auf das Zeichnen und die Änderung von Pfaden zurück.

Die Option KANTEN SUCHEN hätte bei dem Hochhausbild keine Aussicht auf Erfolg: Das Motiv hebt sich zu wenig vom Wolkenhimmel ab, deshalb macht bei solchen Motiven die Erstellung von Beschneidungspfaden in Photoshop Sinn, die dann in InDesign Verwendung finden.

▲ **Abbildung 4.69**
Bei kontrastarmen oder unruhigen Hintergründen wird die Funktion KANTEN SUCHEN zu keinem Ergebnis kommen.

4.13 Objektformate

Neben den Absatz- und Zeichenformaten sowie Musterseiten sind Objektformate das vierte äußerst nützliche Feature, das uns eine Menge sich wiederholender Arbeitsschritte abnimmt. Wie die anderen genannten Arbeitserleichterungen greifen auch die Objektformate das Konzept der zentralen Verwaltung wiederkehrender Gestaltungselemente auf. In Objektformaten können Sie sehr weit reichende Einstellungen nicht nur bzgl. des Aussehens treffen – in Objektformaten können Sie auch die Formatierung von Text und z. B. die Art und Weise steuern, wie InDesign Bilder in Rahmen laden soll, und Sie können hier festlegen, ob und gegebenenfalls wie Rahmen, auf die ein definiertes Objektformat angewendet wurde, von Text umflossen werden sollen.

Formatierung satt

Mit Objektformaten lassen sich komplexe Formatierungen wie die unten gezeigte beliebig oft in Dokumenten anwenden.

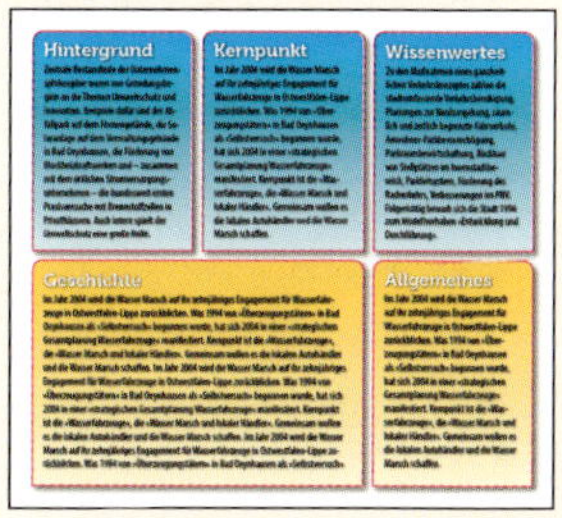

Das Bedienfeld Objektformate finden Sie im Menü Fenster • Formate, der Tastaturbefehl dafür lautet Strg/⌘+F7. Das enorme Potenzial der Objektformate wird durch das Bedienfeld beim ersten Öffnen so gar nicht deutlich: Es wird nur eine Liste mit drei vordefinierten Objektformaten gezeigt. Die Bedienelemente wie Bedienfeldmenü, Schnell anwenden und den Abreißblock unten mit dem dazugehörigen Mülleimer kennen Sie ja schon. Die konsistente Benutzeroberfläche macht es einem schön einfach, sich in noch nicht bekannte Bedienfelder einzuarbeiten:

◂ **Abbildung 4.70**
Zunächst zeigt das Bedienfeld Objektformate nur eine unspektakuläre Liste.

Was Sie dem Bedienfeld schon entnehmen können, ist die Tatsache, dass über Objektformate Grafik- und Textrahmen verwaltet werden können. Um ein neues Objektformat anzulegen, können Sie entweder genau wie z. B. bei den Absatzformaten erst einen Rahmen formatieren und dann über den Abreißblock ein neues Format erstellen, das alle Attribute des Rahmens widerspiegelt. Sie können aber auch alle Rahmenattribute sozusagen von null an in den Objektformatoptionen definieren. Es ist eine Frage der Arbeitsweise, ich empfehle Ihnen jedoch die erste Variante, weil die Möglichkeiten in den Objektformatoptionen einen anfangs vielleicht abschrecken, anstatt zu inspirieren:

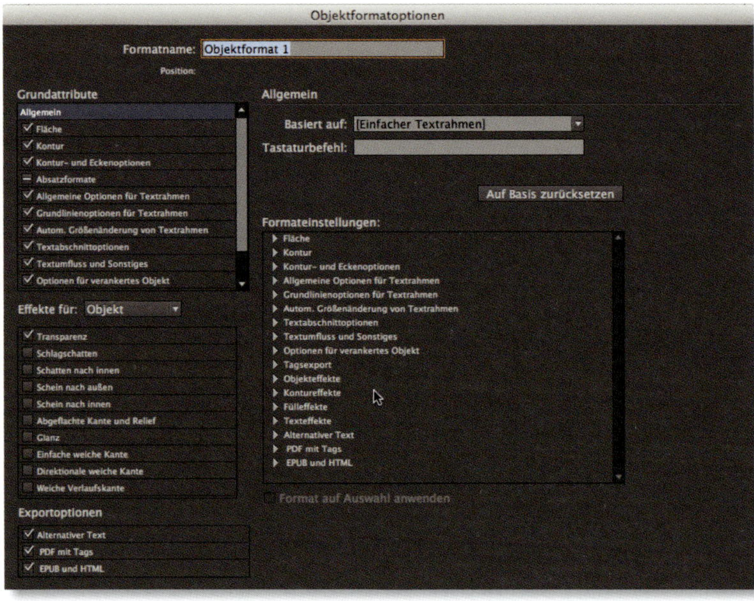

Abbildung 4.71 ▶
In den Objektformatoptionen kann so ziemlich alles an Objektattributen hinterlegt werden.

Schritt für Schritt
Bildrahmen-Objektformat erstellen

»Hochhaus_Objektformat.psd«

Zuerst wird ein Rahmen erstellt und modifiziert, und im zweiten Schritt werden diese Rahmenattribute in einem Objektformat hinterlegt. Als Beispiel dient hier das Layout aus Abbildung 4.67.

1 Bild platzieren

Platzieren Sie die Bilddatei »Hochhaus_Objektformat.psd« in der rechten Spalte einer Dokumentseite, die komplett mit Text in zwei Spalten gefüllt ist. Denken Sie daran, vor dem Platzieren von Bildern oder Text über Bearbeiten • Auswahl aufheben alles zu demarkieren. Die passende Bildgröße definieren Sie mit dem geladenen Bild im Cursor durch Klicken und direktes Ziehen. Ziehen Sie das Bild, bis es die Breite der rechten Textspalte aufweist (siehe Abbildung 4.73).

2 Textumfluss zuweisen

Während das Bild noch markiert ist, rufen Sie im Menü FENSTER das Bedienfeld TEXTUMFLUSS auf. Dort betätigen Sie den zweiten Button von links: UMFLIESSEN DER BOUNDING BOX ①. ALLE EINSTELLUNGEN GLEICHSETZEN sollte deaktiviert sein ②. Geben Sie dann bei VERSATZ OBEN bzw. UNTEN jeweils den ungefähren Wert des Zeilenabstands des Fließtextes ein. Dadurch erstellt InDesign die Textumflusspfade oben und unten am Bildrahmen, wodurch der Text einen angemessenen Abstand zum Bild einnimmt.

◂ **Abbildung 4.72**
Die Anlage eines neuen Objektformats funktioniert genauso wie bei Absatzformaten.

3 Objektformat erstellen

Öffnen Sie das Bedienfeld OBJEKTFORMATE im Menü FENSTER. Wenn, wie in diesem Fall, einem Objekt kein Objektformat explizit zugewiesen wurde, ist das Format [OHNE] markiert. Und da Sie schon den Textumfluss modifiziert haben, weist uns InDesign wie bei den Absatz- und Zeichenformaten mit einem Plus ③ auf die Abweichungen von der ursprünglichen Formatierung hin, die im Format [OHNE] hinterlegt ist.

Diese Formatierung soll nun in einem neuen Objektformat hinterlegt werden, was genauso wie bei den verwandten Bedienfeldern funktioniert: Klicken Sie auf den Button NEUES FORMAT ERSTELLEN ④. Damit erstellt InDesign das gewünschte Objektformat mit dem Namen OBJEKTFORMAT 1. Klicken Sie dieses neue Format an, um dem Bildrahmen dieses Format auch zuzuweisen. Wie z. B. von den Absatzformaten her gewohnt, öffnen Sie mit einem Rechtsklick das Kontextmenü, um hier den Befehl zum Bearbeiten der Objektformatoptionen anzuwählen. Es öffnet sich das enorm umfangreiche Fenster mit den OBJEKTFORMATOPTIONEN. Oben, neben FORMATNAME, können Sie einen aussagekräf-

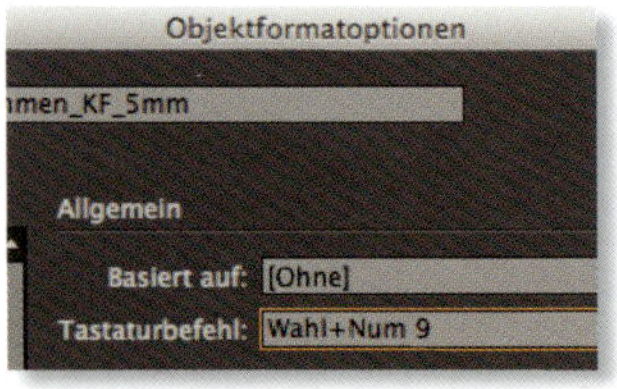

▲ **Abbildung 4.73**
Im Bereich ALLGEMEIN können Sie einen Tastaturbefehl für das Objektformat definieren.

tigeren Namen ❶ als OBJEKTFORMAT 1 vergeben. Und wenn Sie schon überzeugter Tastaturbefehlanwender sind, können Sie auch gleich einen Shortcut vergeben.

Wählen Sie im linken Auswahlmenü GRUNDATTRIBUTE ❷ den Bereich TEXTUMFLUSS UND SONSTIGES ❸. Sie werden dann in etwa Folgendes sehen:

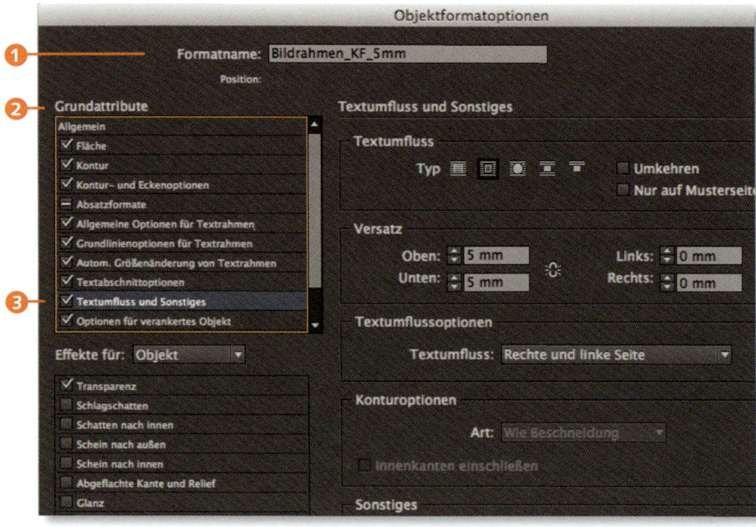

Abbildung 4.74 ▶
Das Objektformat hat die Textumflusseinstellungen des markierten Bildrahmens übernommen.

Bei TEXTUMFLUSS ist der richtige Button aktiv, bei VERSATZ sind die im Schritt 2 zugewiesenen Werte übernommen worden. Lassen Sie sich vom anderen Layout der Objektformatoptionen nicht irritieren: Hier sind dieselben Eigenschaften des TEXTUMFLUSS-Bedienfeldes zu finden.

Mit den Häkchen im Auswahlmenü GRUNDATTRIBUTE links können Sie im Bedarfsfall auswählen, welche Attribute in einem Objektformat aktiv sein sollen und damit auf Objekte angewendet werden sollen. Wenn beispielsweise nur die Textumflusseigenschaften durch dieses Objektformat auf Rahmen angewendet werden sollen, sollten alle anderen Grundattribute deaktiviert werden. Ansonsten würden diese Abweichungen gegebenenfalls im Bedienfeld mit einem Pluszeichen für lokale Formatierungen bedacht.

Um die Funktionsweise der Objektformate auszuprobieren, laden Sie sich weitere Bilder in das Dokument und wenden das eben erstellte Objektformat auf diese an. Ändern Sie anschließend einfach einmal ein paar Attribute wie die Textumflusseigenschaften, und Sie werden sehen, wie alle Bildrahmen, auf die Sie dieses Objektformat angewendet haben, umformatiert werden.

Wenn Sie der nächsten Anleitung auch noch folgen möchten, können Sie Ihr InDesign-Dokument abspeichern und gleich damit weiterarbeiten.

Schritt für Schritt
Objektformat für Textrahmen der Bildlegenden erstellen

In diesem Workshop sehen wir uns an, wie uns die Objektformate das Layouten im Umgang mit Text erleichtern. Wenn Sie eine gespeicherte Version des vorigen Workshops haben, können Sie damit weiterarbeiten, ebenso können Sie die Datei »Objektformat_Bildlegende_Anfang.indd« laden.

Die Beispieldatei für diesen Workshop ist »Objektformat_Bildlegende_Anfang.indd«. Die Verknüpfungen können Sie aktualisieren.

Stellen Sie sicher, dass in den Voreinstellungen die Option Textumfluss wirkt sich nur auf Text unterhalb aus nicht markiert ist. Sie finden diese Option in Bearbeiten/InDesign • Voreinstellungen • Satz.

1 Textrahmen erstellen

Ziehen Sie einen Textrahmen über die gesamte Breite des Hochhausbildes auf, und weisen Sie ihm über Objekt • Textrahmenoptionen einen Abstand zum Rahmen ❹ von »5 mm« zu. Ebenso definieren Sie die Textausrichtung mit Unten ❺, den Textumfluss schalten Sie über die Checkbox Textumfluss ignorieren ❻ aus.

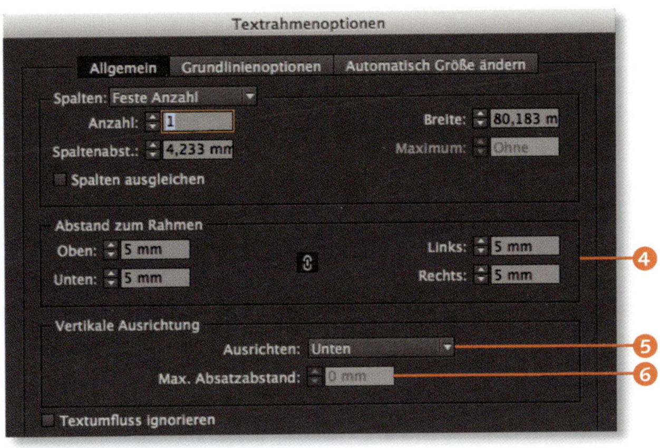

◂ **Abbildung 4.75**
Von besonderem Interesse ist die Checkbox Textumfluss ignorieren.

2 Text einfügen und formatieren

In den eben erstellten Textrahmen fügen Sie einen beliebigen Text ein und formatieren ihn nach Ihren Vorstellungen. Ich habe die Bildlegende mit Myriad Pro Bold Condensed, 12/16 Pt formatiert, die Schriftfarbe ist [Papier]. Aus diesen Absatzattributen erstellen Sie nun ein Absatzformat und nennen es »Bildlegende_weiß«.

3 Objektformat erstellen

Nachdem der Textrahmen formatiert und ein Absatzformat angelegt wurde, kann nun ein Objektformat mit ebendiesen Formatierungen erstellt werden. Markieren Sie zunächst den Textrahmen und öffnen Sie dann das Bedienfeld Objektformate, dort klicken Sie auf Neues Format erstellen. Die Optionen zum gerade erstellten Format öffnen Sie per Rechtsklick und benennen es z.B. in »Textrahmen Bildlegende weiß« um. Weisen Sie das neue Objektformat dem bestehenden Textrahmen mit der Bildlegende zu. Wenn Sie in den Grundattributen die Absatzformate ❶ anwählen und aktivieren, sehen Sie in etwa Folgendes:

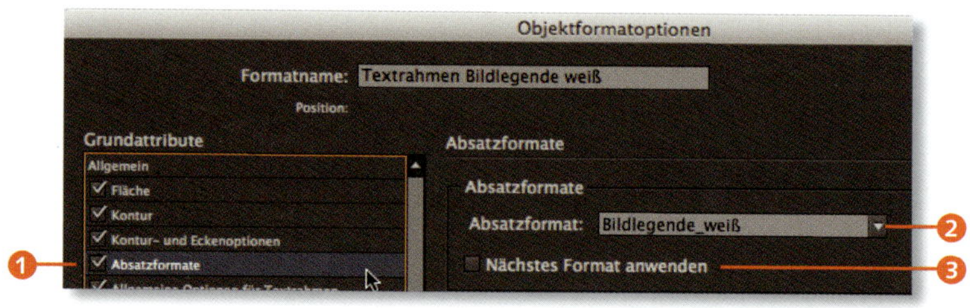

Abbildung 4.76 ▸
Sie können über Objektformate Textrahmen bestimmte Absatzformate zuweisen!

Nächstes Format anwenden

Wenn in einem Objekformat die Option Nächstes Format anwenden markiert wurde, wendet InDesign die in den Absatzformaten hinterlegten Folgeformate an – ansonsten wird auf den gesamten Text nur ein Absatzformat angewendet.

Unter Absatzformate ist das in Schritt 2 angelegte Format »Bildlegende weiß« ❷ ausgewählt. Somit können Sie innerhalb einer Datei für verschiedene Textarten die notwendigen Textrahmen mit den passenden Objektformaten anlegen, der dort hineinplatzierte Text wird dann gleich richtig formatiert.

Noch eine kurze Bemerkung zur Option Nächstes Format anwenden ❸. In Kapitel 3, »Mit Text arbeiten«, haben Sie die Absatzfunktion Nächstes Format kennengelernt (siehe Seite 138). Wird diese Option in den Objektformatoptionen aktiviert, fungiert das hier gewählte Absatzformat als erstes Format eines Textrahmens, anschließend wendet InDesign das Format an, das in den Absatzformatoptionen bei Nächstes Format definiert wurde usw.

Rahmeneinpassungsoptionen

Weiter vorn habe ich die enorm hilfreichen Befehle zum Anpassen von Grafik in Rahmen vorgestellt (siehe Seite 165). Die Art, wie eine Grafik in einen Rahmen eingepasst werden soll, können Sie einem Rahmen auch als Attribut zuweisen. Und dieses Attribut kann wiederum eine Eigenschaft eines Objektformats werden.

Wenn das Bildmaterial, mit dem Sie am häufigsten arbeiten, nicht gerade Kunstwerke sind, bei denen sich das Beschneiden auf einen bloßen Ausschnitt verbietet, werden Sie die Abbildungen so in Rahmen einpassen wollen, dass sie zum einen proportional in den Rahmen eingefügt werden und zum anderen der Rahmen vollständig ausgefüllt wird. Dieses erreichen Sie, wenn Sie die betreffenden Grafikrahmen markieren und bei Objekt • Anpassen • Rahmeneinpassungsoptionen folgende Eingaben machen:

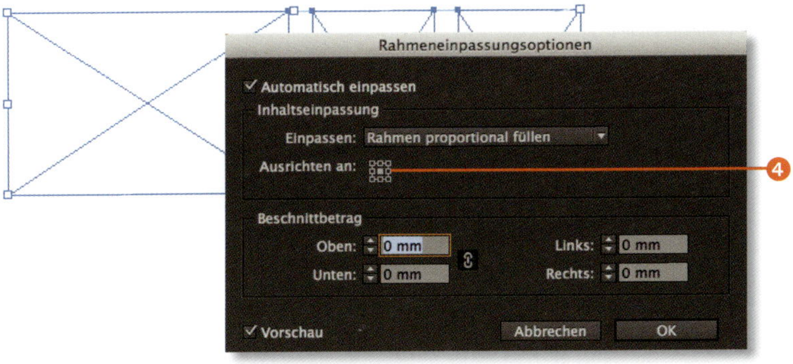

◂ **Abbildung 4.77**
Sparen Sie viel Zeit durch die richtigen Rahmeneinpassungsoptionen beim Platzieren von Bildern.

Mit dem Bezugspunkt ❹ können Sie bestimmen, von wo aus InDesign das Bild in den Rahmen einpassen soll. Ich empfehle Ihnen, hier den Mittelpunkt zu wählen, da der Bildfokus meist in der Mitte eines Fotos liegt. Die Option Rahmen proportional füllen kennen Sie ja schon von den Anpassen-Befehlen.

Durch die gewählten Rahmeneinpassungsoptionen werden die Bilder nun mittig so in die Rahmen geladen, dass diese mit ihrer Höhe und/oder ihrer Breite die Rahmen komplett ausfüllen:

◂ **Abbildung 4.78**
Durch die richtigen Rahmeneinpassungsoptionen werden die Bilder in möglichst großen Ausschnitten geladen.

In Abbildung 4.80 sehen Sie am Beispiel des mittleren Bildes von der vorigen Abbildung, wie viel vom Foto durch den Grafikrahmen beschnitten wurde und dass InDesign das Foto wie gewünscht von der Mitte aus platziert hat.

Abbildung 4.79 ▸
Mit einem gedrückt gehaltenen Klick mit dem Inhaltsauswahl-Tool wird das gesamte Bild sichtbar.

Dieses Einpassen wird übrigens nur beim tatsächlichen Platzieren eines Bildes angewendet. Soll sich ein platziertes Bild auch bei einer Größenänderung des Rahmens weiter an den Container anpassen, aktivieren Sie in den Rahmeneinpassungsoptionen Automatisch einpassen ❶. Dieselbe Option finden Sie auch im Steuerung-Bedienfeld ❷.

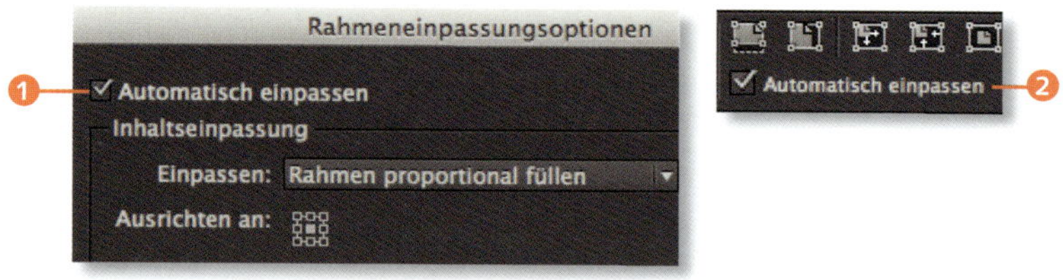

Abbildung 4.80 ▸
Mit der Funktion Automatisch anpassen können Sie Grafikrahmen zuweisen.

Möchten Sie die Rahmeneinpassung in ein Objektformat einfügen, finden Sie den entsprechenden Eintrag im Bereich Grundattribute. Evtl. müssen Sie hier etwas nach unten scrollen, um zu den Rahmeneinpassungsoptionen ❸ zu gelangen.

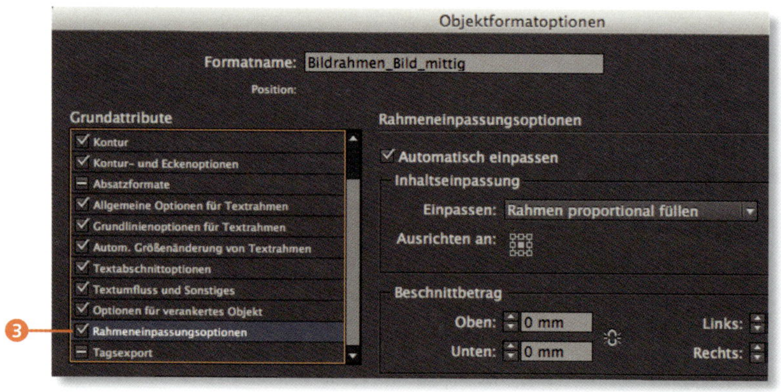

Abbildung 4.81 ▸
Weisen Sie die praktischen Rahmeneinpassungsoptionen Objektformaten zu.

Werkzeuge und Objektformate

Zum Abschluss des Themas Objektformate kommen noch einmal die Werkzeuge ins Spiel. Die Rahmenwerkzeuge sind dafür konzipiert, Texte und noch eher Grafiken aufzunehmen. Den »normalen« Pendants wie Rechteck- und Ellipse-Werkzeug können Sie aber Objektformate zuweisen – diese werden anschließend direkt von den genannten Werkzeugen erstellt. Bei dem Rechteckrahmen-Werkzeug beispielsweise funktioniert dies nicht: Objekte, die mit einem der Rahmen-Tools erstellt werden, haben zunächst nie eine Flächen- oder Konturfarbe. Bei den Rahmenwerkzeugen müssen Sie immer erst einen Rahmen erstellen und im zweiten Schritt diesem das gewünschte Objektformat zuweisen.

Um beispielsweise dem Rechteck-Tool das Objektformat BILDRAHMEN BILD MITTIG zuzuweisen, darf kein Objekt markiert sein. Dies erreichen Sie z. B. mit BEARBEITEN • AUSWAHL AUFHEBEN bzw. über [Strg]/[⌘]+[⇧]+[A]. Aktivieren Sie anschließend das Rechteck-Werkzeug ❹, und klicken Sie damit im Bedienfeld OBJEKTFORMATE auf das gewünschte Objektformat ❻. Von da an zeichnen Sie Objekte ❼, die die im gewählten Objektformat hinterlegten Attribute aufweisen ❺. Im Formatierungsbereich der Werkzeugleiste werden Verläufe immer ungeachtet ihrer tatsächlichen Ausrichtung von links nach rechts dargestellt, und wie im Screenshot zu sehen, können in Objektformaten Verläufe samt Winkel definiert werden.

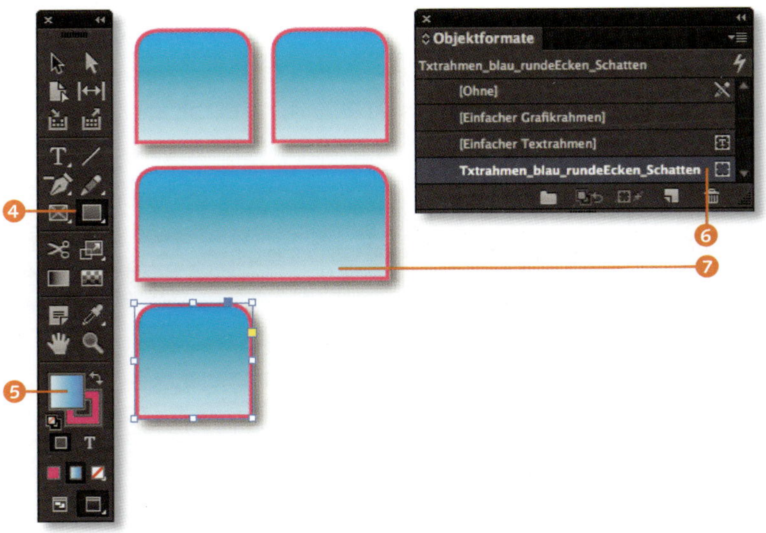

◂ **Abbildung 4.82**
Mit dem Rechteck-Tool können Sie Objekte zeichnen, die direkt mit einem Objektformat formatiert sind!

4.14 Dynamische Beschriftungen

Bridge-Fenster

Über das Menü FENSTER lassen sich in der Bridge die benötigten Informationen einblenden.

Digitalkameras speichern als sogenannte EXIF-Daten automatisch eine Vielzahl von Informationen in die Bilddateien. Diese Informationen lassen sich im Fenster METADATEN ❶ der Bridge einsehen. Daten, die rechts mit einem Stift gekennzeichnet sind ❷, können auch geändert werden. Diese Informationen können neben der Bridge auch in Photoshop oder mit den Freeware-Programmen IrfanView am PC oder GraphicConverter am Mac geändert werden.

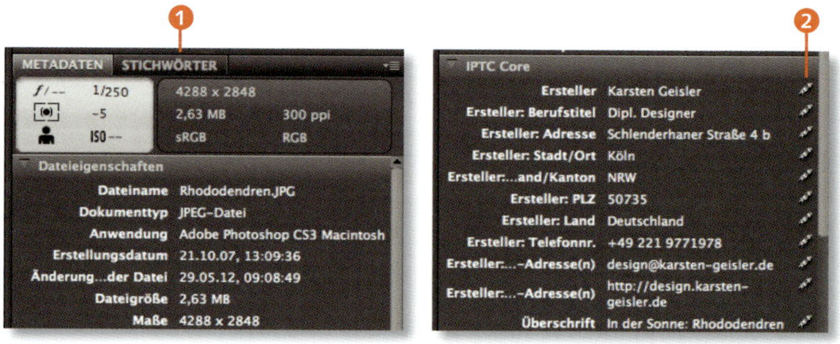

Abbildung 4.83 ▶
In der Bridge kann im Fenster METADATEN eine riesige Menge an Informationen abgelesen werden.

Diese Daten lassen sich in ein Layout einbinden. Zunächst wird wie gewohnt ein Bild platziert. Bei markiertem Bild wird mit OBJEKT • BESCHRIFTUNGEN • BESCHRIFTUNGEN EINRICHTEN ein Dialogfenster aufgerufen. Neben den gewünschten METADATEN ❹, die in InDesign als Bildbeschriftung generiert werden sollen, können hier etwa auch die AUSRICHTUNG ❸ und das ABSATZFORMAT ❺, mit dem die Beschriftung formatiert werden soll, angegeben werden. Die hier gemachten Einstellungen können später auch geändert werden, dann aber nicht mehr über dieses Dialogfenster.

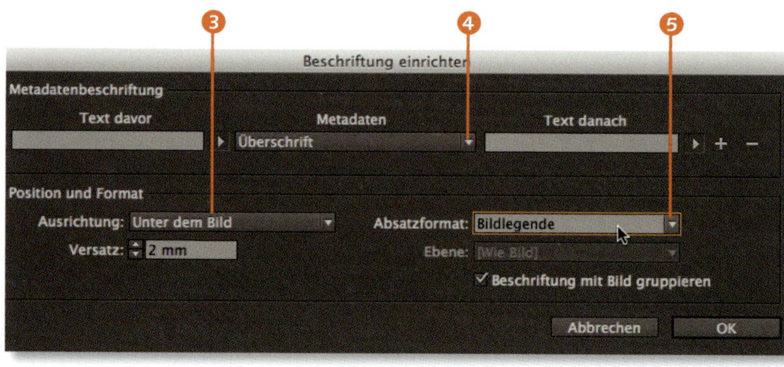

Abbildung 4.84 ▶
Im entsprechenden Dialog können die gewünschten Inhalte und die Formatierung der Beschriftung definiert werden.

Nach Bestätigung des Dialogs Beschriftung einrichten wird Objekt • Beschriftungen • Dynamische bzw. Statische Beschriftung erstellen aufgerufen. Am einfachsten lässt sich dieser Befehl mit einem Rechtsklick auf das Bild über das Kontextmenü aufrufen. InDesign erstellt daraufhin einen Textrahmen in der Breite des Bildes mit den Metadaten, die im vorigen Schritt gewählt wurden ⑥.

◂ **Abbildung 4.85**
Der von InDesign generierte Textrahmen mit der Bildbeschriftung wird in der Breite des Bildes angelegt.

Der Unterschied zwischen dynamischer und statischer Beschriftung besteht darin, dass beim dynamischen Text eine Verbindung zu den Metadaten des Bildes bestehen bleibt. Werden die entsprechenden Metadaten außerhalb von InDesign geändert, wird diese Änderung direkt im Layout übernommen. Nachteil der dynamischen Beschriftungen ist die Tatsache, dass der generierte Text von InDesign nicht umbrochen wird – er steht ausschließlich in einer Zeile und kann auch nicht geändert werden. Bei statischer Beschriftung wird der Text einfach ins Layout kopiert und kann beliebig umbrochen und verändert werden, wird aber bei einer Änderung außerhalb von InDesign nicht aktualisiert.

Bilder können auch mit mehreren Beschriftungen versehen werden. Im folgenden Beispiel sind neben den Bildlegenden auch die Copyrightangaben ⑦ aus den Bildmetadaten generiert worden.

Beschriftungen/ Bibliothek

Leider können Beschriftungen nicht als Objektformate angelegt werden. Sollen mehrere Bilder Beschriftungen an denselben Positionen mit den gleichen Metadaten erhalten, bleibt somit nur der Weg über Copy & Paste oder über Bibliotheken (siehe Kapitel 8, »Praktische Hilfsmittel«, Seite 346).

◂ **Abbildung 4.86**
Bilder können sogar mehrere statische oder dynamische Beschriftungen erhalten.

4.15 Das Bedienfeld »Verknüpfungen«

Informationen

Einen Teil der Verknüpfungsinformationen können Sie auch im Bedienfeld INFORMATIONEN ablesen.

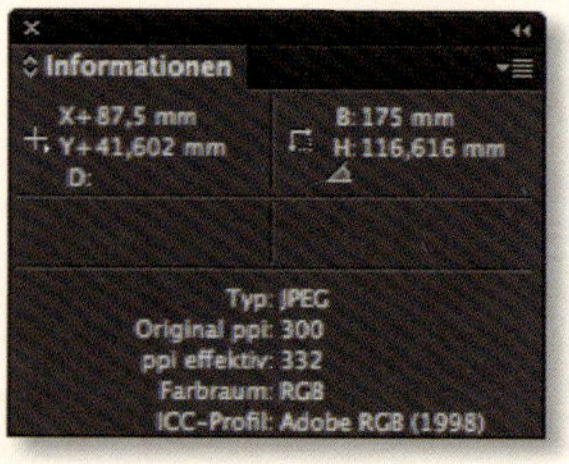

Größere Vorschau

Wenn Sie gerne größere Abbildungen in der Vorschau sehen möchten, können Sie sowohl in den Bedienfeldoptionen die Zeilengröße ändern als auch sich eine Vorschau in den VERKNÜPFUNGSINFORMATIONEN anzeigen lassen.

In den vorangegangenen Abschnitten haben Sie u.a. erfahren, wie Sie Bilder in ein InDesign-Dokument importieren, Ausschnitte von Bildern Ihren Vorstellungen entsprechend anpassen und wie Sie Bilder automatisch beschriften lassen können. Jetzt brauchen wir nur noch das VERKNÜPFUNGEN-Bedienfeld zu besprechen. Es ist für die Verwaltung der diversen Verknüpfungen eines Dokuments zuständig.

Das Bedienfeld VERKNÜPFUNGEN, das Sie über das Menü FENSTER aufrufen können, enthält eine Übersicht über alle Dateien, die mit dem aktuellen InDesign-Dokument verknüpft oder in dieses eingebettet sind.

Standardansicht

Nach dem Öffnen des VERKNÜPFUNGEN-Bedienfeldes werden Ihnen die diversen Informationen zu den verlinkten Daten Ihres aktuellen Dokuments etwa wie folgt dargeboten:

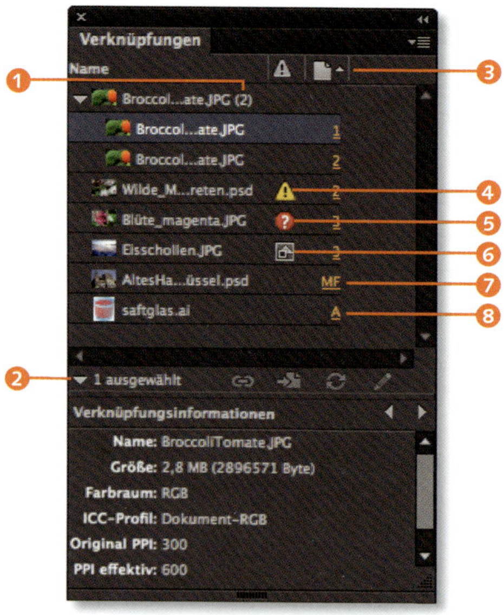

Abbildung 4.87 ▸
Das VERKNÜPFUNGEN-Bedienfeld bietet auf einen Blick die wichtigsten Informationen zu verknüpften Dateien.

Die Liste mit den Verknüpfungen des aktuellen Dokuments können Sie mit einem Klick auf einen der drei Spaltentitel NAME, STATUS und SEITE ❸ anders sortieren lassen. Hier sind die Verknüpfungen nach den Seiten sortiert, zu erkennen am schwarzen Pfeil neben dem Seiten-Icon. Die Seitenzahlen in dieser Spalte sind als Links angelegt: Ein Klick auf einen Eintrag in der Seiten-Spalte führt dazu, dass die entsprechende Seite mit der Datei direkt im Dokumentfenster angezeigt wird. Wenn eine verknüpfte Datei auf einer Musterseite liegt, wird das dazugehörige Präfix angezeigt ❽. Liegt die Grafik auf der Montagefläche, steht hier MF ❼. Wenn eine Datei mehrfach in einem InDesign-Dokument platziert wurde, wird die Anzahl der Vorkommen in Klammern hinter dem Namen angezeigt ❶. Bei Bedarf können die einzelnen Instanzen angezeigt werden, indem der Pfeil angeklickt wird. Das Warndreieck weist darauf hin, dass die platzierte Datei im Ursprungsprogramm geändert wurde und dass diese Änderung im InDesign-Dokument noch nicht aktualisiert wurde ❹. Wenn eine Datei nicht mehr verfügbar ist, weil sie z. B. auf Betriebssystemebene in ein anderes Verzeichnis verschoben wurde oder der Name geändert wurde, warnt InDesign mit diesem Verknüpfung-fehlt-Symbol ❺. Eingebettete Dateien werden mit einem gesonderten Symbol gekennzeichnet ❻. Den unteren Bereich mit den Verknüpfungsinformationen können Sie ausblenden ❷.

Warnung

Auch im Layout werden Bilder, die nicht up to date sind, mit einem Warndreieck gekennzeichnet.

Mehrere auf einen Schlag

Wenn Sie alle Instanzen einer Datei mit einer anderen verknüpfen möchten, markieren Sie einfach den übergeordneten Eintrag ❶ und betätigen dann den Button Erneut verknüpfen ❾. Dasselbe gilt auch für Verknüpfung aktualisieren ⓫.

Funktionen des Bedienfeldes

Zur Verwaltung der Verknüpfungen stehen am unteren Bedienfeldrand vier Buttons zur Verfügung:

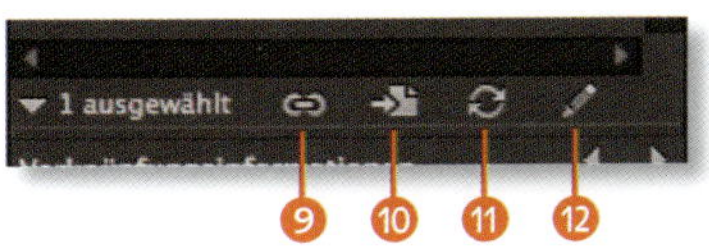

◂ **Abbildung 4.88**
Mit diesen vier Buttons werden Verknüpfungen verwaltet.

Erneut verknüpfen ❾ ist verfügbar, wenn eine Verknüpfung markiert ist. Ein Klick darauf öffnet den Platzieren-Dialog, in dem Sie eine andere Datei als Verknüpfung wählen können. Gehe zu Verknüpfung ❿ bewirkt dasselbe wie ein Klick auf den Seitenlink (s. o.). Mit Verknüpfung aktualisieren ⓫ wird die markierte Datei aktualisiert und ist nur verfügbar, wenn die platzierte Datei in InDesign nicht dem aktuellen Stand entspricht. Mit gedrückter Alt-Taste werden alle geänderten Daten im InDesign-Dokument aktualisiert. Bei Betätigung des Buttons Original bearbeiten ⓬ wird die Datei in dem Programm geöffnet, das im Betriebssystem als Standard zur Bearbeitung des entsprechenden Dateiformats (PDF, JPG etc.) festgelegt wurde.

Statt der vier Buttons unterhalb der Auflistung oder der entsprechenden Befehle im Bedienfeldmenü können Sie auch den Bildnamen in der Liste anklicken und dann das Kontextmenü aufrufen, dort sind dieselben Befehle nochmals hinterlegt. Zum Aktualisieren genügt ein Doppelklick in der Liste.

Bedienfeld anpassen

Wenn Ihnen die Informationen der Standardanzeige des VERKNÜPFUNGEN-Bedienfeldes nicht genügen, können Sie sich die angezeigten Spalten neu einrichten. Öffnen Sie hierfür die BEDIENFELDOPTIONEN, die Sie im Bedienfeldmenü finden. Zu den Standardspalten NAME ①, STATUS ② und SEITE ③ habe ich für den folgenden Screenshot noch die Spalten ORIGINAL PPI ④, PPI EFFEKTIV ⑤ und SKALIEREN ⑥ eingeblendet. Die Verknüpfungen sind nach STATUS sortiert.

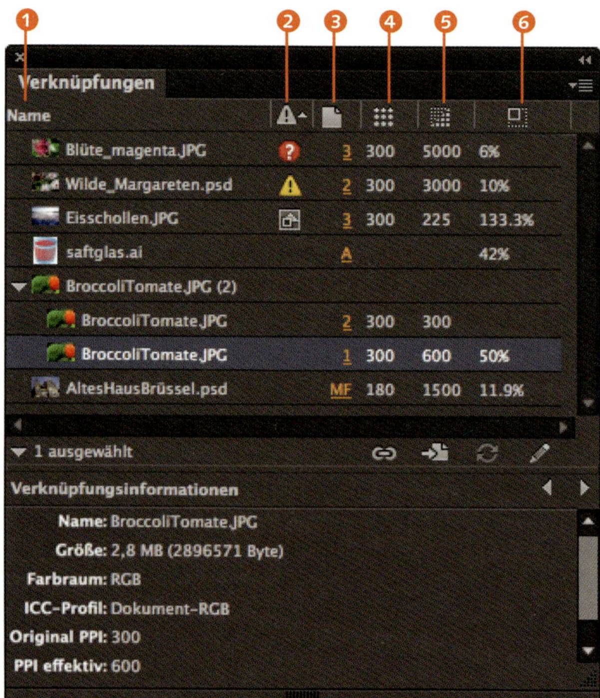

Abbildung 4.89 ▸
Die Spalten im VERKNÜPFUNGEN-Bedienfeld können individuell konfiguriert werden.

Achten Sie in Abbildung 4.90 bei dem markierten Bild auf den Zusammenhang zwischen den drei Größen Original PPI, PPI effektiv und Skalieren: Das Bild hat eine tatsächliche Auflösung von 300 ppi, die effektive Auflösung ist aber doppelt so hoch, nämlich 600 ppi, da das Bild mit einem Skalierungsfaktor von 50 % in seinem Bildrahmen platziert wurde. Die Verkleinerung eines Bildes in InDesign auf die Hälfte führt also zur Verdoppelung der Ausgabeauflösung. Der Wert der effektiven Auflösung ergibt sich demnach aus der tatsächlichen Auflösung, die mit dem Kehrwert des Skalierungsfaktors multipliziert wird.

Sie können ja einmal die Überschlagsrechnung bei ein paar anderen Bildern von Abbildung 4.90 der gegenüberliegenden Seite machen ... Ich gehe aber in Kapitel 9, »Dokumente prüfen und ausgeben«, noch einmal genauer auf diesen Zusammenhang ein.

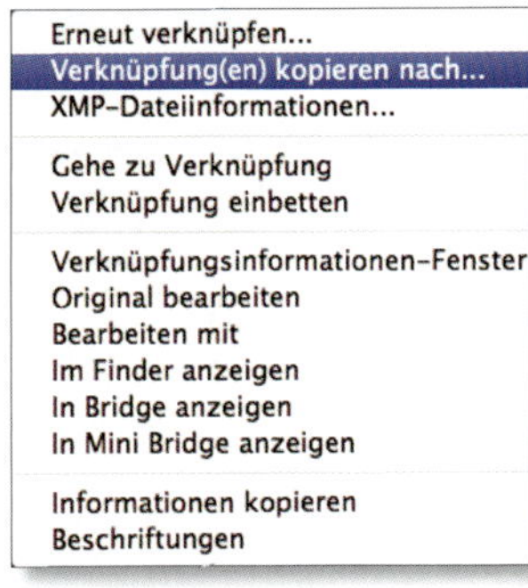

▲ **Abbildung 4.90**
Kopieren Sie Bilddaten per Kontextmenü in andere Verzeichnisse, werden die Verknüpfungen direkt aktualisiert.

Status-Spalte bereinigen

Für die Ausgabe einer InDesign-Datei auf einem Drucker oder als PDF sollte in jedem Fall die Status-Spalte des Bedienfeldes Verknüpfungen im Vorfeld von allen Warnmeldungen bereinigt werden. InDesign gibt bei dem Versuch, ein Layout mit nicht aktualisierten oder nicht mehr vorhandenen Verknüpfungen z. B. auf einem Drucker auszugeben, eine Warnung aus. Es ist zwar grundsätzlich möglich, derartige Dateien auszugeben, InDesign verwendet aber dann für veraltete oder nicht mehr verfügbare Bilder grob aufgelöste Bilder, was im Druck sichtbar werden kann.

Um die Status-Spalte von den Warndreiecken zu bereinigen, müssen Sie die entsprechenden Bilder aktualisieren. Ebenso sollten Sie Bilder, die beispielsweise durch den Import einer Word-Datei mit in das InDesign-Dokument eingebettet wurden und dann nur eine effektive Auflösung von 72 ppi aufweisen, mit einer höher aufgelösten Grafik verknüpfen. Bevor es zu fehlenden Daten aufgrund nicht mehr erreichbarer Server o. Ä. kommt, sollten Sie die betreffenden Daten am besten im Vorfeld auf die Festplatte kopieren, auf der sich auch die InDesign-Datei befindet. Am besten erreichen Sie dies durch den Befehl Verknüpfung(en) kopieren nach, den Sie im Kontextmenü finden, das Sie mit einem Rechtsklick auf eine Datei innerhalb des Bedienfeldes aufrufen.

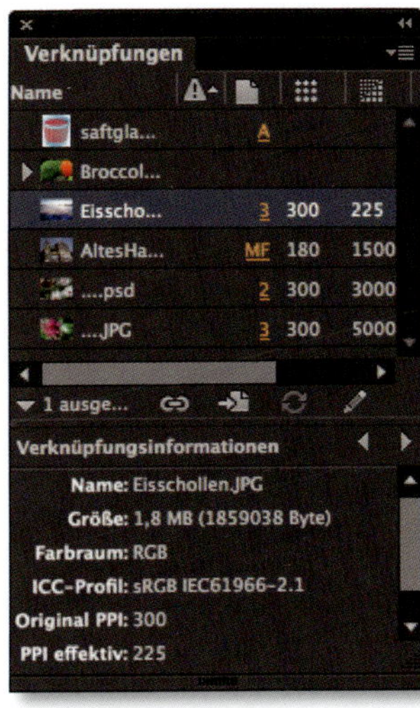

▲ **Abbildung 4.91**
Die Status-Spalte weist keinerlei Symbole mehr auf: eine Grundvoraussetzung für die Ausgabe.

4.16 Anzeigeleistung

Sie können in InDesign die Genauigkeit steuern, mit der Ihre Layouts am Monitor angezeigt werden. Zur Änderung der Anzeigeleistung wählen Sie über ANSICHT • ANZEIGELEISTUNG die gewünschte der drei möglichen Optionen an:

Abbildung 4.92 ▶
Dieses Menü ist für die dokumentweite Einstellung der Darstellung zuständig.

Ausgabeauflösung
Die jeweilige Wahl der Anzeigeleistung hat keinen Einfluss auf die Ausgabe z. B. auf einem Drucker oder als PDF.

Ich empfehle Ihnen aber auch hier, sich die Tastaturbefehle zumindest der beiden am häufigsten verwendeten Optionen NORMALE ANZEIGE und ANZEIGE MIT HOHER QUALITÄT einzuprägen, denn üblicherweise wechselt man beim Arbeiten in InDesign häufig den Fokus von der Positionierung von Bildern zur Arbeit an Texten, wofür sich unterschiedliche Anzeigequalitäten anbieten.

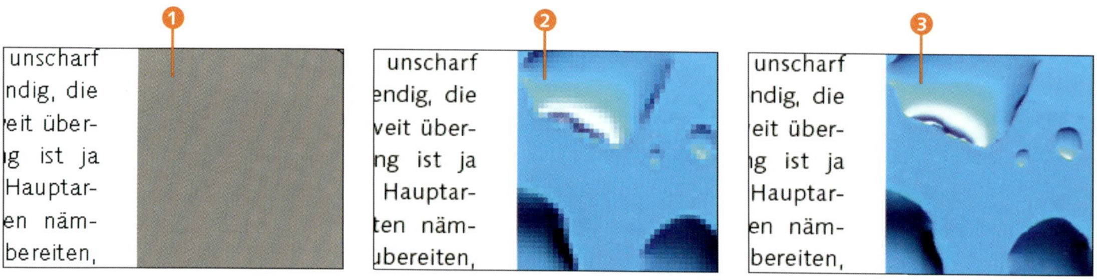

▲ **Abbildung 4.93**
Die drei Ansichtsmodi stellen Bilder (und Text) unterschiedlich dar.

Durch die Option SCHNELLE ANZEIGE ❶ werden Grafiken als graue Flächen mit einem X dargestellt. Schrift wird ohne Kantenglättung dargestellt und erscheint dadurch deutlich gepixelt. Zum Layouten und zur Arbeit an Text ist die Option NORMALE ANZEIGE ❷ praktisch: Grafiken werden mit einer niedrigen Auflösung dargestellt, Schrift wird geglättet. Mit dieser Anzeige lässt sich zügig arbeiten, da der Bildschirmaufbau rasch vonstattengeht. Zum genauen Positionieren von Bildern ist sie jedoch zu grob. Dafür wählen Sie ANZEIGE MIT HOHER QUALITÄT ❸. Bilder werden dann mit hoher Auflösung dargestellt, die Anzeige von bildlastigen Dokumenten kann sich hierdurch spürbar verlangsamen. Zur präzisen Positionierung von Grafiken ist sie dennoch die erste Wahl.

5

Tabellen

Informationen übersichtlich strukturieren

- Wie werden Tabellen erstellt?
- Wie werden Tabellendaten erfasst?
- Welche Zeilenarten kennt InDesign?
- Wie werden Tabellen formatiert?
- Wie werden Zellen- und Tabellenformate erstellt und angewendet?
- Wie kann ich Tabellendaten mit einer Layoutdatei verknüpfen?
- Wie kann ich Bilder in eine Tabelle einfügen?

5 Tabellen

InDesign ist kein Excel
Mit InDesigns Bordmitteln können Tabellen natürlich gestaltet werden, Berechnungen wie etwa Additionen kann die Layoutsoftware jedoch nicht durchführen.

Wenn man sozusagen mit InDesign CC aufwächst, kann man sich nur schwer vorstellen, wie aufwendig der Tabellensatz noch vor wenigen Jahren war. Diese graue Vorzeit des Tabellensatzes ist zum Glück vorbei, da InDesign mit äußerst umfangreichen Werkzeugen und Konzepten aufwartet, die dem Layouter nicht mehr den Angstschweiß auf die Stirn treiben, wenn er hört, dass Tabellen zu setzen und zu gestalten sind.

5.1 Eine Tabelle anlegen

Wie Sie weiter vorn gesehen haben, können kleinere Auflistungen (siehe Seite 122) mit Absatzformaten und Tabulatoren durchaus ein strukturiertes Aussehen erhalten. Wenn es jedoch um die Organisation großer, ähnlich strukturierter Informationsmengen geht, bei denen Sie z.B. farbige Flächen oder Linien als unterstützende Gestaltungsmittel einsetzen möchten, kommen Sie mit Tabulatoren und Absatzformaten schnell an die Grenze des Zumutbaren.

Tabellendaten können von verschiedenen Quellen in ein InDesign-Dokument importiert werden. Hier sind Office-Anwendungen wie MS Word, MS Excel und OpenOffice zu nennen, in denen Tabellendaten meist angelegt und als Datei dem InDesign-Anwender zur Verfügung gestellt werden. Die für den Import von Tabellendaten notwendigen Schritte sehen wir uns später in diesem Kapitel an.

Zunächst möchte ich Ihnen nahebringen, wie eine Tabelle und die Tabelleninhalte in InDesign selbst angelegt werden können. An dieser Stelle sei aber schon einmal erwähnt, dass InDesign keine tabellentypischen Funktionen wie Berechnungen oder das Sortieren von Daten beherrscht: InDesign wird also bezüglich Tabellen »nur« für eine gestalterische Aufbereitung von tabellarisch angeordneten Informationen herangezogen.

Schritt für Schritt
Eine Tabelle in InDesign erstellen

Um die Grundlagen des Tabellenaufbaus zu verstehen, werden Sie in folgendem Workshop eine Tabelle in InDesign erstellen.

1 Tabelle einfügen

Im eigens für Tabellen reservierten Menü sehen wir uns den ersten Befehl Tabelle einfügen an. Dieser Befehl ist nur dann aufrufbar, wenn das Textwerkzeug aktiv ist und sich die Texteinfügemarke in einem Textrahmen befindet: Tabellen befinden sich nämlich genau wie Text ausnahmslos in Textrahmen.

Das bedeutet für Sie, dass Sie zunächst einen Textrahmen auf einer Dokumentseite beliebiger Größe erstellen, um dann den Befehl Tabelle einfügen aufzurufen. Daraufhin erscheint folgendes Dialogfeld, in dem Sie die gezeigten Angaben zur neuen Tabelle machen können. Die hier festgelegten Tabellendefinitionen können später auch wieder geändert werden.

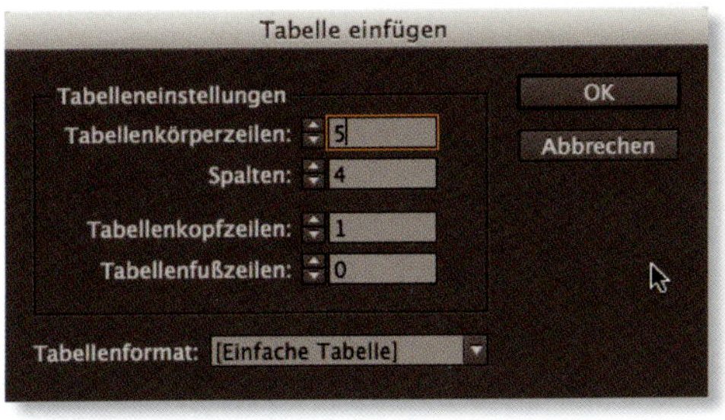

◀ **Abbildung 5.1**
Legen Sie in diesem Dialog die Anzahl der verschiedenen Zeilen und Spalten fest.

Mit Tabellenkörperzeilen sind die Tabellenzeilen gemeint, die die meisten Informationen aufnehmen werden und den größten Teil einer jeden Tabelle ausmachen. Spalten ist selbsterklärend, und mit Tabellenkopfzeilen werden die Zeilen am oberen Tabellenrand bezeichnet, die meist die Spaltenbezeichnungen aufnehmen. Tabellenfusszeilen sind ihr Pendant am unteren Rand der Tabelle und könnten beispielsweise die Legende der Tabelle beinhalten.

Ganz unten im Dialogfeld sehen Sie das Pulldown-Menü Tabellenformat, das schon einmal darauf hinweist, dass Sie auch bei Tabellen gleich gestaltete Tabellen mit Hilfe von Formaten realisieren können. Damit werden wir uns nach den Grundlagen beschäftigen.

Nach dem Bestätigen mit OK erstellt InDesign in dem zuvor aufgezogenen Textrahmen eine Tabelle gemäß den im TABELLE EINFÜGEN-Dialog gemachten Eingaben. Dabei wird die gesamte Breite des Textrahmens ausgenutzt, somit richtet sich die Spaltenbreite nach der Breite des Textrahmens:

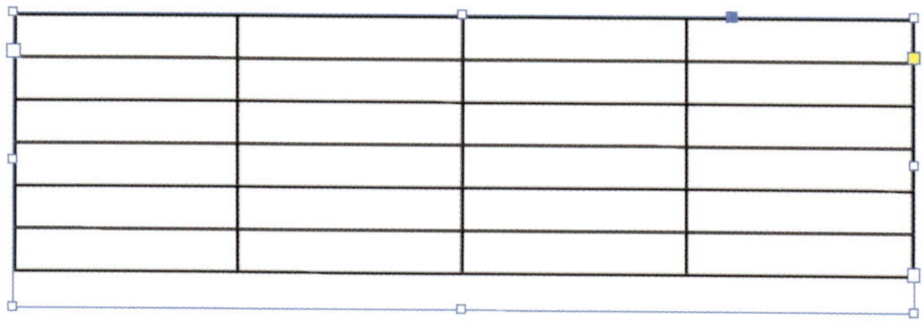

Abbildung 5.2 ▸
Die neue Tabelle wurde von InDesign angelegt.

Tabellen werden ausschließlich mit einem Werkzeug bearbeitet: dem Textwerkzeug. Das Text-Tool übernimmt dabei verschiedenste Funktionen, dementsprechend ändert sich auch der Cursor – es bleibt aber immer das Textwerkzeug, mit dem Sie Texte und Zahlen eingeben und ändern, einzelne Zellen, Spalten oder Zeilen markieren. Selbst die Größenänderung einer kompletten Tabelle können Sie mit dem Textwerkzeug vornehmen.

2 Daten eingeben

In die neu angelegte Tabelle können Sie nun ganz bequem Daten eingeben: Dazu positionieren Sie einfach die Texteinfügemarke in die betreffende Zelle und geben den gewünschten Text ein. Passt ein Text nicht vollständig in eine Zelle, wird die gesamte Zeile automatisch auf die nötige Höhe vergrößert ❶. Falls die Tabelle nun nicht mehr in den Textrahmen passt, vergrößern Sie ihn nach unten. Als Beispiel verwende ich hier das Kursangebot einer Kochschule.

Myriad

Als Schrift habe ich hier die Myriad Pro Regular verwendet. Die Schriftwahl steht hierbei aber nicht im Vordergrund, so dass Sie auch auf eine andere Schrift zurückgreifen können.

❶

Thema	Kategorie	Datum	Gebühr
Süße Suppen	A	13.06.	35,–
Herzhafte Desserts	WE	27.06./28.06.	80,–
Vorspeisen	A	30.06.	27,50
Italienische Küche	A	01.07.	35,–
Indische Küche	A	03.07.	45,–

Abbildung 5.3 ▸
Reicht der Platz einer Zelle bei der Eingabe nicht, vergrößert InDesign einfach die Tabelle nach unten.

Machen Sie sich am besten tatsächlich die Mühe, und tippen Sie dieselben Infos für Ihr Beispiel ab. Versuchen Sie dabei, die Größe der Tabelle in etwa der abgebildeten Tabelle nachzuempfinden.

Bei der Eingabe von Daten in eine Tabelle können Sie am einfachsten mit der [⇥]-Taste innerhalb der Tabelle navigieren. Mit jedem Betätigen dieser Taste bewegen Sie sich eine Zelle weiter nach rechts bzw. in die nächste Zeile. Drücken Sie zusätzlich die [⇧]-Taste, sorgt diese für die entgegengesetzte Bewegungsrichtung. Befindet sich der Cursor in der letzten Zelle rechts unten, wird durch ein Drücken der [⇥]-Taste eine neue Zeile erstellt.

Grundlinienraster

Text in Tabellen und Grundlinienraster vertragen sich nicht sonderlich gut: Der am Grundlinienraster ausgerichtete Text sorgt meist für zu große Zeilen in Tabellen. Markieren Sie dann den gesamten Tabellentext mit einem Klick auf die linke obere Ecke der Tabelle und klicken im ABSATZ-Bedienfeld auf die Option NICHT AN GRUNDLINIENRASTER AUSRICHTEN (siehe Seite 99).

3 Spaltenbreite ändern

Als Nächstes soll die erste Spalte »Thema« so weit verbreitert werden, dass alle Themen einzeilig in ihre Tabellenzellen passen. Ein einfacher Klick mit dem Textwerkzeug auf die Spaltentrennlinie und anschließendes Ziehen ❷ verbreitern zwar die Themenspalte, die der Spalte hinzugefügte Breite wird auf diese Weise allerdings auch der gesamten Tabelle hinzugefügt ❸:

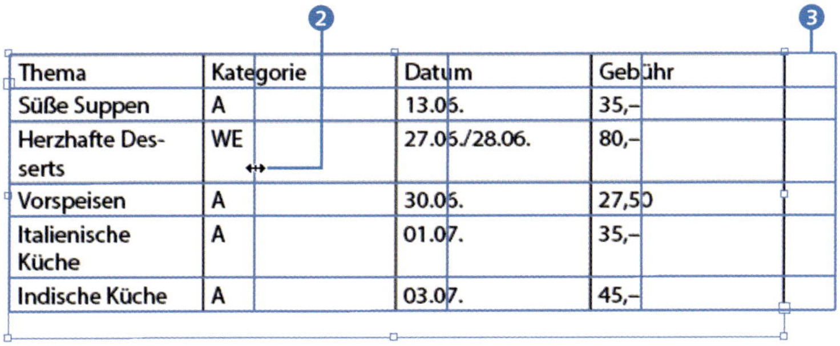

Thema	Kategorie	Datum	Gebühr
Süße Suppen	A	13.06.	35,–
Herzhafte Desserts	WE	27.06./28.06.	80,–
Vorspeisen	A	30.06.	27,50
Italienische Küche	A	01.07.	35,–
Indische Küche	A	03.07.	45,–

◂ **Abbildung 5.4**
Die Tabelle wurde hier rechts über den Textrahmen vergrößert, was für InDesign kein Problem darstellt.

Möchten Sie wirklich nur die Breite einer Spalte ändern, halten Sie hierfür zusätzlich die [⇧]-Taste gedrückt, die Gesamtbreite der Tabelle bleibt dadurch erhalten.

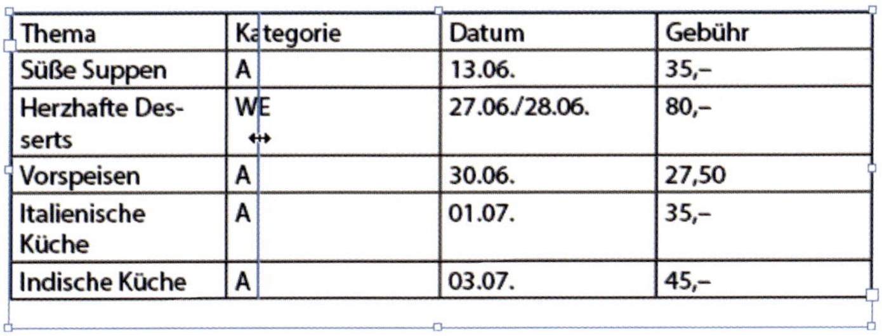

Thema	Kategorie	Datum	Gebühr
Süße Suppen	A	13.06.	35,–
Herzhafte Desserts	WE	27.06./28.06.	80,–
Vorspeisen	A	30.06.	27,50
Italienische Küche	A	01.07.	35,–
Indische Küche	A	03.07.	45,–

◂ **Abbildung 5.5**
Mit gedrückter [⇧]-Taste bleibt beim Verändern der Spaltenbreite die Tabellenbreite unverändert.

4 Mehrere Spaltenbreiten angleichen

Die drei Spalten »Kategorie«, »Datum« und »Gebühr« sehen durch ihre unterschiedlichen Breiten etwas ungeordnet aus. Schön wäre es doch, wenn alle drei Spalten die gleiche Breite hätten. Dafür müssen zunächst die drei Spalten markiert werden: Der Textcursor wird zu einem vertikalen Pfeil ①, wenn er genau oberhalb einer Spalte platziert wird. Ein anschließender Klick markiert dann die gesamte Spalte. Und um mehrere Spalten zu markieren, muss wieder die [⇧]-Taste gedrückt werden:

①

Thema	Kategorie	Datum	Gebühr
Süße Suppen	A	13.06.	35,–
Herzhafte Desserts	WE	27.06./28.06.	180,–
Vorspeisen	A	30.06.	27,50
Italienische Küche	A	01.07.	35,–
Indische Küche	A	03.07.	45,–

Abbildung 5.6 ▸
Hier sorgt die [⇧]-Taste dafür, dass mehrere Spalten aktiviert werden können.

Die [⇧]-Taste ist also eine der ersten Möglichkeiten, bei denen Sie ausprobieren sollten, wie sich die Funktionalität des Werkzeugs ändert. Was im Zusammenhang mit Tabellen nicht funktioniert, ist das Markieren von Spalten oder Zeilen, die nicht direkt neben- bzw. untereinanderstehen.

Nachdem nun die drei nebeneinanderliegenden Spalten markiert sind, kann das Kontextmenü mit einem Rechtsklick aufgerufen werden. Dort finden Sie den Befehl Spalten gleichmässig verteilen. Wählen Sie diesen Befehl an.

Übersatztext-Infos

Auch Tabellen können Übersatztext aufweisen, er wird mit einem roten Punkt in der betreffenden Zelle gekennzeichnet. Das Informationen-Fenster zeigt Ihnen die Übersatzwerte der gesamten Tabelle an, die Sie markiert haben.

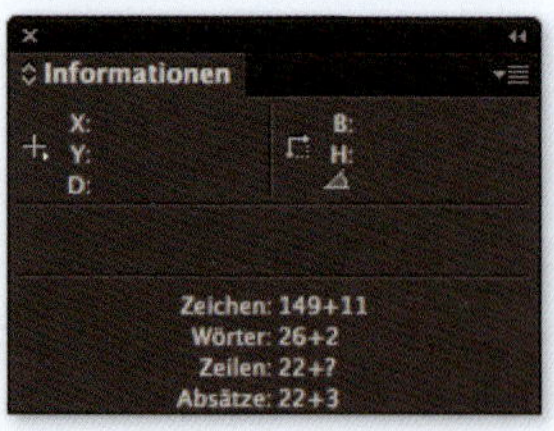

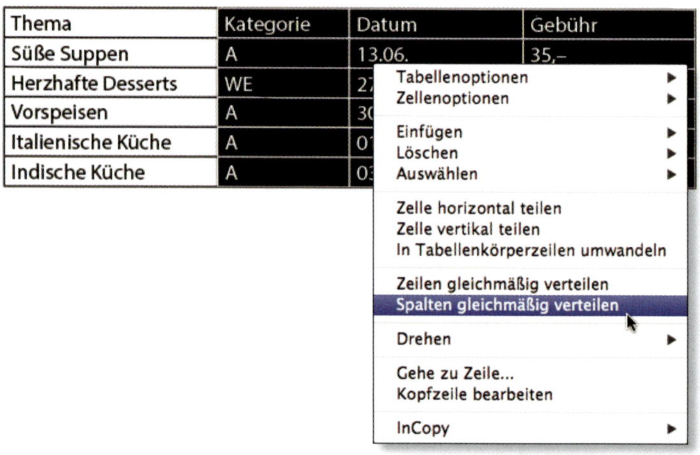

Abbildung 5.7 ▸
Das Kontextmenü ist auch im Zusammenhang mit Tabellen äußerst nützlich.

Als Nächstes überarbeiten wir die Kopfzeile, so dass sie mehr als solche erkennbar ist und richten dann die Datumsangaben und die Gebühren anders aus.

Thema	Kategorie	Datum	Gebühr
Süße Suppen	A	13.06.	35,–
Herzhafte Desserts	WE	27.06./28.06.	180,–
Vorspeisen	A	30.06.	27,50
Italienische Küche	A	01.07.	35,–
Indische Küche	A	03.07.	45,–

◂ **Abbildung 5.8**
Statt linksbündig sollen die Einträge z. T. zentriert ausgerichtet werden.

5 Zellenfarbe ändern

Kümmern wir uns zunächst um die Gestaltung der Kopfzeile. Um eine Zeile zu markieren, bewegen Sie den Cursor ganz nach links an die äußere Tabellenbegrenzung. Dort wird der Cursor zu einem horizontalen Pfeil ❷, der durch einen Klick auf den Tabellenrand die entsprechende Zeile vollständig markiert. Rufen Sie über Fenster • Farbe • Farbfelder das zugehörige Bedienfeld auf, und weisen Sie den Flächen eine Farbe Ihrer Wahl zu. Ich habe hier als Flächenfarbe ❸ für die Auswahl, in diesem Fall die Zellen der Kopfzeile, das Standardblau gewählt.

Farben zuweisen

Farben können neben dem Bedienfeld Farben ebenso über das Steuerung-Bedienfeld zugewiesen werden.

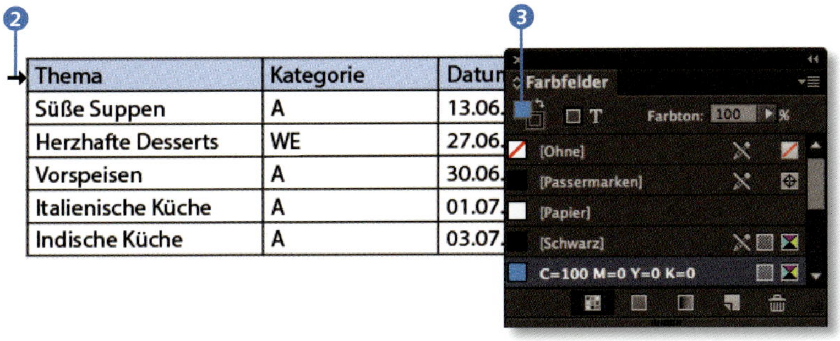

◂ **Abbildung 5.9**
Mit dem Bedienfeld Farbfelder wird den Zellenflächen eine andere Farbe zugewiesen.

6 Textfarbe ändern

Lassen Sie die Kopfzeile so lange markiert, bis Sie das Aussehen der Spaltenbezeichnungen angepasst haben. In Tabellen können Sie wie gewohnt die Schriftattribute über die Bedienfelder Zeichen und Absatz oder über das Steuerung-Bedienfeld ändern. Ich habe den Schnitt der Schrift von »Regular« in »Bold« geändert. Ändern Sie nun die Schriftfarbe, falls Ihnen der Helligkeitskontrast von Zellenfarbe und Schrift zu gering ist. Für die Änderung der

Flächenfarbe ❶ des Textes brauchen Sie im Bedienfeld Farbfelder nur den Button Formatierung wirkt sich auf Text aus ❷ anzuwählen und können daraufhin eine Farbe wählen. Ich habe mich für das Farbfeld [Papier] entschieden, die nun weißen Texte heben sich nun besser vom Blau der Zellenflächen ab und werden dadurch wieder deutlicher lesbar.

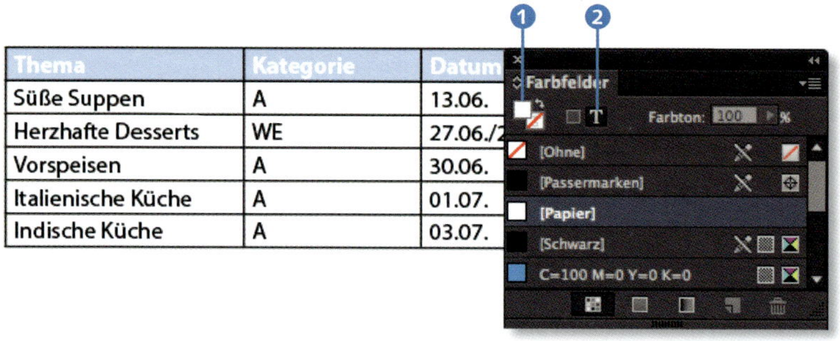

Abbildung 5.10 ▶
Über das Bedienfeld Farbfelder wird auch dem markierten Text eine andere Farbe zugewiesen.

7 Spaltenbezeichnungen ausrichten

Die drei Spalten »Kategorie«, »Datum« und »Gebühr« sollen zentriert über den Spalten stehen. Um die Spaltenbezeichnungen zu markieren, klicken Sie zunächst in das Wort »Kategorie« und betätigen dann die Esc-Taste.

Während der Tabellenbearbeitung wird durch das Drücken der Esc-Taste zwischen der Markierung des Zelleninhalts – hier der Text – und der Zelle selbst gewechselt. Dieser Tastaturbefehl ist bei der Arbeit an Tabellen äußerst empfehlenswert, da Sie sich hierdurch das Klicken in die Tabelle sparen und damit auch nicht aus Versehen die Spaltenbreiten oder Zeilenhöhen ändern. Möglich ist es aber ebenso, Tabellenbereiche durch Klicken und Ziehen zu markieren. Probieren Sie beide Techniken einfach bei der Arbeit an der Beispieltabelle einmal aus.

Thema	Kategorie	Datum	Gebühr
Süße Suppen	A	13.06.	35,–
Herzhafte Desserts	WE	27.06./28.06.	180,–
Vorspeisen	A	30.06.	27,50
Italienische Küche	A	01.07.	35,–
Indische Küche	A	03.07.	45,–

Abbildung 5.11 ▶
Die Esc-Taste schaltet zwischen der Text- und Zellenauswahl um.

Um die benachbarten Spaltenüberschriften »Datum« und »Gebühr« ebenfalls zu markieren, brauchen Sie nur wieder die

[⇧]-Taste zu drücken. Mit dem Rechtspfeil [→] können Sie nun die nächsten beiden Zellen markieren. Im Bedienfeld ABSATZ können Sie dann die zentrierte Absatzausrichtung wählen. Für die folgende Abbildung habe ich die Markierung der drei Zellen aufgehoben:

Thema	Kategorie	Datum	Gebühr
Süße Suppen	A	13.06.	35,–
Herzhafte Desserts	WE	27.06./28.06.	180,–
Vorspeisen	A	30.06.	27,50
Italienische Küche	A	01.07.	35,–
Indische Küche	A	03.07.	45,–

◂ **Abbildung 5.12**
Die drei rechten Spaltentitel sind nun zentriert ausgerichtet.

8 Einträge der Spalte »Kategorie« ausrichten

Markieren Sie mit einer der eben beschriebenen Techniken die insgesamt zehn Zellen der Spalten »Kategorie« und »Datum«, und weisen Sie den Texten dann ebenfalls die Absatzausrichtung ZENTRIEREN zu:

Thema	Kategorie	Datum	Gebühr
Süße Suppen	A	13.06.	35,–
Herzhafte Desserts	WE	27.06./28.06.	180,–
Vorspeisen	A	30.06.	27,50
Italienische Küche	A	01.07.	35,–
Indische Küche	A	03.07.	45,–

◂ **Abbildung 5.13**
Hier sind die Einträge der Spalten »Kategorie« und »Datum« zentriert worden.

9 Einträge der Spalte »Gebühr« ausrichten

Achten Sie darauf, dass für die Absatzausrichtung der Einträge in der Spalte »Gebühr« nach wie vor die Option LINKSBÜNDIG AUSRICHTEN aktiv ist: Diese Spalte soll nämlich mit Hilfe des TABULATOREN-Bedienfeldes ausgerichtet werden. Tabelleninhalte übernehmen die Ausrichtung durch das TABULATOREN-Bedienfeld nämlich nur dann, wenn ihrem Text die Absatzausrichtung LINKSBÜNDIG AUSRICHTEN zugewiesen wurde.

Markieren Sie nun die fünf Einträge der Spalte »Gebühr«. Über SCHRIFT • TABULATOREN rufen Sie das entsprechende Bedienfeld auf. In diesem Zusammenhang ist interessant, dass im Gegensatz zur Arbeit in normalen Texten in Tabellen keine Tabulatoren gesetzt werden müssen, um Inhalte dennoch über das Bedienfeld TABULATOREN in ihrer Positionierung steuern zu können. Um die Kursdaten am Komma der Kursgebühr auszurichten, setzen

Satzarten

Am schnellsten weisen Sie Absätzen die Satzarten linksbündig, rechtsbündig, zentriert und Blocksatz per Tastenkürzel zu:

[Strg]/[⌘]+[⇧]+[l]
[Strg]/[⌘]+[⇧]+[r]
[Strg]/[⌘]+[⇧]+[c]
[Strg]/[⌘]+[⇧]+[j]

Sie einen Dezimal-Tabulator ❶ und geben im Feld Ausrichten an ein Komma ein ❸. Die Position des Tabulators können Sie nach Augenmaß festlegen. Wenn Sie beim Arbeiten mit dem Tabulatoren-Bedienfeld das Layout im Dokumentfenster verschieben, bleibt das Bedienfeld an der ursprünglichen Position stehen – ein Klick auf den Magnet-Button ❷ positioniert es wieder über der aktuellen Markierung.

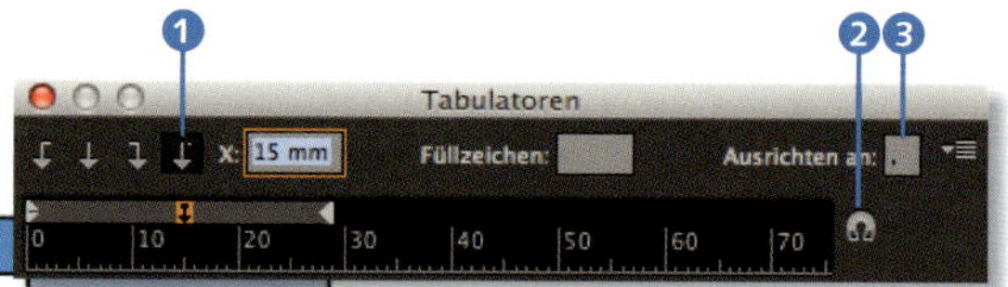

Thema	Kategorie	Datum	
Süße Suppen	A	13.06.	35,–
Herzhafte Desserts	WE	27.06./28.06.	180,–
Vorspeisen	A	30.06.	27,50
Italienische Küche	A	01.07.	35,–
Indische Küche	A	03.07.	45,–

▲ **Abbildung 5.14**
Mit dem Bedienfeld Tabulatoren lassen sich Einträge in Tabellen ausrichten.

Damit ist die Tabelle fertiggestellt. Die Gestaltungsmöglichkeiten von InDesign sind hier natürlich noch nicht ausgeschöpft – die Grundzüge des Tabellensatzes haben Sie jedoch schon kennengelernt.

Abbildung 5.15 ▶
Die Vielzahl der unternommenen Arbeitsschritte sind der fertigen Tabelle nicht anzusehen.

Thema	Kategorie	Datum	Gebühr
Süße Suppen	A	13.06.	35,–
Herzhafte Desserts	WE	27.06./28.06.	180,–
Vorspeisen	A	30.06.	27,50
Italienische Küche	A	01.07.	35,–
Indische Küche	A	03.07.	45,–

5.2 Umwandlung Text – Tabelle

Im Menü Tabelle finden Sie nach dem Eintrag Tabelle einfügen die beiden Befehle Text in Tabelle umwandeln und Tabelle in Text umwandeln. Vor allem der erste der beiden ist interessant: Wie eingangs erwähnt, werden Sie Tabellendaten meist als Excel- oder als Word-Dateien geliefert bekommen. Dass Sie wie im vorangegangenen Workshop Daten selbst eingeben, sollte doch eher die Ausnahme bleiben.

Es kann aber gut sein, dass Sie statt einer Excel-Arbeitsmappe ein Word-Dokument erhalten, in dem die Tabellendaten durch Tabulatoren voneinander getrennt sind. In einem solchen Fall markieren Sie die Daten in Ihrer Textverarbeitung, die in InDesign als Tabelle gesetzt werden sollen, und fügen sie über [Strg]/[⌘]+[V] in InDesign ein. Wenn vorher nichts markiert war, erstellt InDesign einen neuen Standard-Textrahmen, in den die Daten aus der Zwischenablage hineingeladen werden.

Die Kursdaten im folgenden Beispiel sind in Word als Text erfasst, die Anordnung in Spalten wurde mit Tabulatoren realisiert.

Thema	**Kategorie**	**Datum**	**Gebühr¶**
Süße·Suppen	A	13.06.	35,–¶
Herzhafte·Desserts	WE	27.06./28.06.	180,–¶
Vorspeisen	A*	30.06.	27,50¶
Italienische·Küche	A	01.07.	35,–¶
Indische·Küche	A	03.07.	45,–¶

A:·Abendkurs,·Beginn·19:30·Uhr¶

WE:·Wochenendkurs,·Samstag·13–18·Uhr,·Sonntag·9–13·Uhr¶

*·Beginn·20·Uhr¶

◂ **Abbildung 5.16**
Diese tabellarischen Daten wurden in Word erfasst, die Spalten wurden hier mit Tabulatoren erstellt.

Auf diesen Daten basierend, die weitgehend denen des vorangegangenen Workshops entsprechen, möchte ich Ihnen nun zeigen, wie Tabellen unter Ausnutzung der umfangreichen Tabellenfunktionen in InDesign CC formatiert werden können.

Tabellendaten als Text

Nach dem Kopieren und Einsetzen von tabellarischen Daten hat man auch in InDesign reinen Text und keine Tabelle vor sich. Wie in der Word-Vorlage sind hier ebenso die Tabulatoren zur Bildung der Spalten zu sehen ❹, mit Ausnahme der letzten, endet jede (Tabellen-)Zeile mit einem Absatzzeichen ❺.

❹ ❺

Thema»Kategorie » Datum»Gebühr¶

Süße Suppen»A » 13.06.»35,–¶

Herzhafte Desserts » WE » 27.06./28.06.» 180,–¶

Vorspeisen » A* » 30.06.»27,50¶

Italienische Küche » A » 01.07.»35,–¶

Indische Küche » A » 03.07.»45,–¶

A: Abendkurs, Beginn 19:30 Uhr¶

WE: Wochenendkurs, Samstag 13–18 Uhr, Sonntag 9–13 Uhr¶

* Beginn 20 Uhr#

◂ **Abbildung 5.17**
Dieses Zeichenchaos wird mit einem Klick in InDesign zu einer formatierbaren Tabelle.

So sehen auch Daten aus Anwendungen wie Datenbanken aus, bei denen die Spalten durch Tabstopps oder auch Kommas dargestellt werden. An dieser Stelle ist also unerheblich, von welchem Ursprungsprogramm die gelieferten Tabellendaten stammen.

Nachdem ein solcher Text in InDesign markiert wurde, kann der Befehl TABELLE • TEXT IN TABELLE UMWANDELN angewählt werden. Es erscheint das Dialogfeld aus Abbildung 5.18, in dem angegeben werden kann, welche Zeichen InDesign als SPALTEN- und ZEILENTRENNZEICHEN annehmen soll. Bei kommaseparierten Textdateien, bei denen die Spalten mit Kommas gekennzeichnet sind, kann hier als Trennzeichen statt eines Tabulators/Tabstopps auch ein Komma gewählt werden. Für das obige Beispiel sind jedoch die Standardeinstellungen richtig.

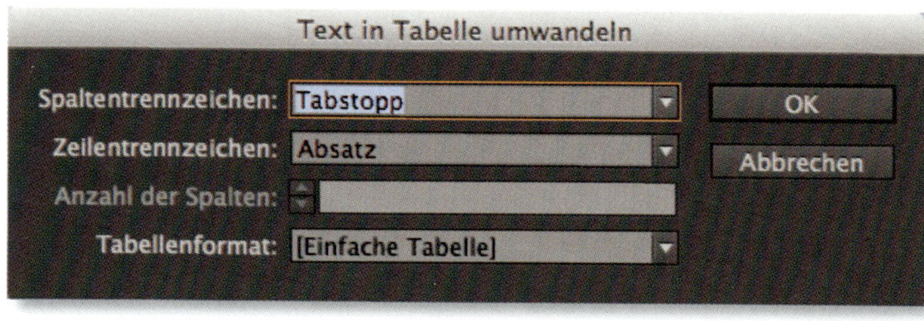

Abbildung 5.18 ▸
Welche Trennzeichen zur Erstellung von Spalten und Zeilen verwendet werden sollen, wird hier festgelegt.

Nach Bestätigung des Dialogs mit OK wird der Text in eine Standardtabelle umgewandelt. Dabei fasst InDesign alle Zellen in 1-Pt-Linien ein, was Sie ja schon aus dem vorangegangenen Workshop kennen. Die Legende der Tabelle ist bei der Konvertierung in die Tabelle statt über je eine komplette Zeile in die jeweils erste Zelle einer Zeile gesetzt worden ❶. Wie solche Situationen korrigiert werden, ist Thema des nächsten Abschnitts.

Thema	Kategorie	Datum	Gebühr
Süße Suppen	A	13.06.	35,–
Herzhafte Desserts	WE	27.06./28.06.	180,–
Vorspeisen	A*	30.06.	27,50
Italienische Küche	A	01.07.	35,–
Indische Küche	A	03.07.	45,–
A: Abendkurs, Beginn 19:30 Uhr			
WE: Wochenendkurs, Samstag 13–18 Uhr, Sonntag 9–13 Uhr			
* Beginn 20 Uhr			

❶

Abbildung 5.19 ▸
Der Text von Abbildung 5.17 wurde markiert und in eine Standardtabelle umgewandelt.

5.3 Zellen verbinden und teilen

Wenn Sie mehrere Zellen zu einer einzigen zusammenfassen möchten, markieren Sie zuerst die entsprechenden Zellen und rufen dann ZELLEN VERBINDEN z. B. über das Kontextmenü auf:

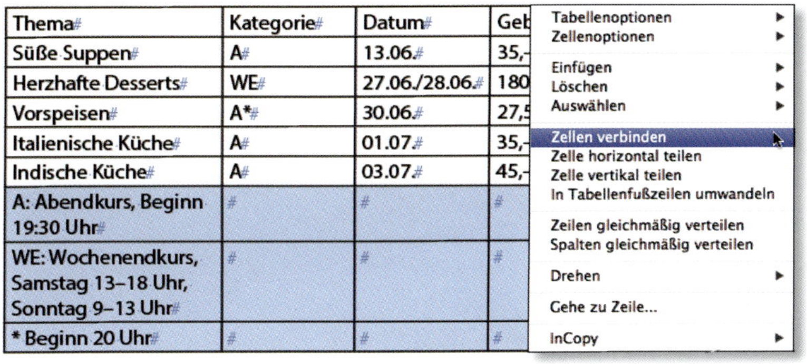

◂ **Abbildung 5.20**
Im Kontextmenü finden Sie den Befehl ZELLEN VERBINDEN.

Die Anzahl und Position der Zellen sind dabei ebenso unerheblich wie die Frage, ob eine Zelle Text enthält. InDesign fügt alle markierten Zellen zusammen, wobei die Texte, die vor der Zellenverbindung in einzelnen Zellen platziert waren, in der neuen Zelle einfach durch Absatzzeichen ❷ voneinander getrennt werden und im vorliegenden Fall in drei Zeilen untereinanderstehen:

Thema	Kategorie	Datum	Gebühr
Süße Suppen	A	13.06.	35,–
Herzhafte Desserts	WE	27.06./28.06.	180,–
Vorspeisen	A*	30.06.	27,50
Italienische Küche	A	01.07.	35,–
Indische Küche	A	03.07.	45,–
A: Abendkurs, Beginn 19:30 Uhr WE: Wochenendkurs, Samstag 13–18 Uhr, Sonntag 9–13 Uhr * Beginn 20 Uhr			

◂ **Abbildung 5.21**
Die insgesamt zwölf Zellen der unteren drei Zeilen wurden zu einer einzigen Zeile verbunden.

Mit dem Befehl ZELLVERBINDUNG AUFHEBEN im Menü TABELLE oder im STEUERUNG-Bedienfeld können Sie Zellen, die Sie vorher einmal verbunden haben, wieder auftrennen. Dieser Befehl sorgt zwar bzgl. der Zellenanzahl und -position für die Situation, die vorlag, bevor die Zellen verbunden wurden, die Texte werden durch diesen Befehl aber nicht wieder an ihrer ursprünglichen Stelle platziert. Das müssen Sie mit Copy & Paste erledigen.

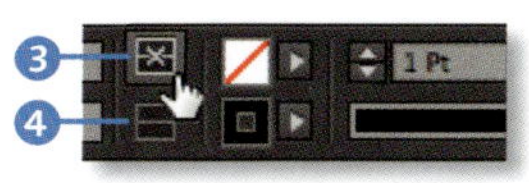

▴ **Abbildung 5.22**
Die Befehle ZELLEN VERBINDEN ❸ und ZELLVERBINDUNG AUFHEBEN ❹ finden Sie auch im STEUERUNG-Bedienfeld.

Durch den Aufruf der Befehle Zelle horizontal bzw. vertikal teilen aus dem Kontextmenü oder im Tabelle-Menü werden bei genügendem Raum die markierte Zelle oder auch mehrere Zellen entsprechend aufgeteilt. Bei der horizontalen Teilung hat die neue Zelle immer die Höhe der Schriftgröße der Ursprungszelle zuzüglich der gegebenenfalls eingegebenen Versatzabstände. Ist der Platz hierfür nicht vorhanden, vergrößert InDesign die Tabelle nach unten hin.

5.4 Zeilenarten

InDesign unterscheidet zwischen drei verschiedenen Arten von Zeilen innerhalb einer Tabelle: Den größten Anteil einer Tabelle haben die Tabellenkörperzeilen ❷. Sie nehmen die meisten Informationen auf. Häufig werden die Tabellenspalten wie im Beispiel (»Thema«, »Datum« etc.) bezeichnet, dann liegt gegebenenfalls eine Kopfzeile ❶ vor. Tatsächlich muss nämlich einer Zeile dieses Attribut in InDesign erst zugewiesen werden, Gleiches gilt für die Fußzeile ❸.

Thema	Kategorie	Datum	Gebühr
Longdrinks	13.06.	A	35,–
Alkoholfreie Drinks	27.06./28.06	WE	80,–
Drinks mit Sahne	30.06.	A*	27,50
Karibische Drinks	01.07.	A	31,–
Fruchtige Longdrinks	03.07.	A	45,–
Alkoholfreie Drinks	19./20.08.	WE	80,–

A: Abendkurs, Beginn 19:30 Uhr
WE: Wochenendkurs, Samstag 13–18 Uhr, Sonntag 9–13 Uhr
* Beginn 20 Uhr

❶ ❷ ❸

Abbildung 5.23 ▸
InDesign muss mitgeteilt werden, ob es Kopf- und Fußzeilen in einer Tabelle gibt.

Dabei ist zu beachten, dass sich Kopfzeilen immer oberhalb der Tabellenkörperzeilen, Fußzeilen immer unterhalb der Tabellenkörperzeilen befinden müssen, ansonsten sind die entsprechenden Befehle zur Zuweisung dieser beiden Zeilenattribute im Menü Tabelle ohnehin nicht anwählbar. Soll einer markierten Zeile das Attribut Kopf- bzw. Fußzeile zugewiesen werden, wird im Menü Tabelle das Untermenü Zeilen umwandeln und dann der gewünschte Eintrag In Tabellenkopf, In Tabellenkörper oder In Tabellenfuss gewählt.

Kopf- und Fußzeilen können separat ausgewählt werden: Im Menü Tabelle finden Sie das Untermenü Auswählen, und hier können Sie nicht nur zwischen den naheliegenden Tabellenabschnitten wie Zelle, Zeile und Spalte wählen, sondern neben den Tabellenkörperzeilen auch die Tabellenkopfzeilen und die Tabellenfusszeilen. Diese Wahlmöglichkeiten machen natürlich besonders bei großen Tabellen Sinn, bei denen die direkte Markierung mit dem Text-Tool umständlich ist.

▲ **Abbildung 5.24**
Unter Tabelle • Auswählen finden sich praktische Befehle samt Tastenkürzel.

Tabelle über mehrere Textrahmen verketten

Wenn Sie eine Tabelle setzen, die aufgrund ihrer Datenmenge nicht in einen einzigen Textrahmen passt, können Sie den Textrahmen mit weiteren Textrahmen verketten. Unter Tabelle • Tabellenoptionen • Tabelle einrichten können Sie definieren, ob InDesign die Kopf- und/oder Fußzeile in den Folgerahmen wiederholen soll.

Verkettung anzeigen

Über Ansicht • Extras • Textverkettungen einblenden können Sie sich diese anzeigen lassen.

In der folgenden Abbildung sehen Sie an der eingeblendeten Textverkettung, dass es sich um eine Tabelle handelt. Die Tabelle ist so eingerichtet, dass die Kopf- und Fußzeilen in allen folgenden Textrahmen wiederholt werden. Die Textrahmen können weiter wie gewohnt in Position und Größe geändert werden.

Werden Änderungen am Text der Kopf- oder Fußzeile vorgenommen, ist dies nur im ersten Textrahmen möglich. Bei den folgenden Textrahmen erscheint beim Versuch, die Kopf- oder Fußzeile zu editieren, ein Schloss-Symbol. Die Änderungen im ersten Textrahmen werden von den folgenden Textrahmen direkt übernommen.

▼ **Abbildung 5.25**
Tabellen können ihre Kopf- und Fußzeile in den nächsten verketteten Textrahmen wiederholen.

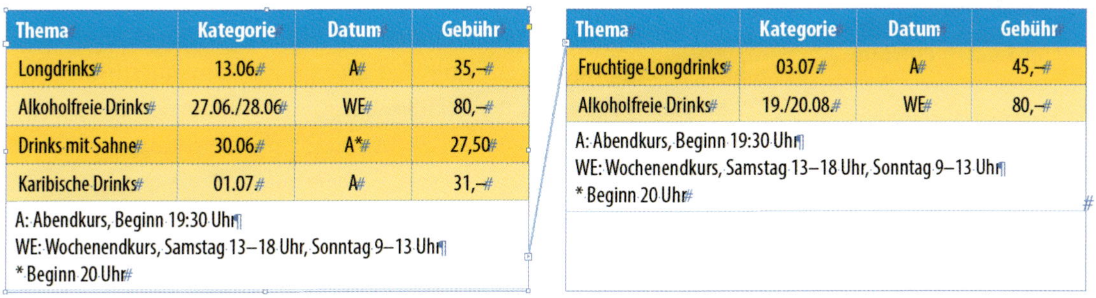

Thema	Kategorie	Datum	Gebühr
Longdrinks	13.06.	A	35,–
Alkoholfreie Drinks	27.06./28.06.	WE	80,–
Drinks mit Sahne	30.06.	A*	27,50
Karibische Drinks	01.07.	A	31,–

A: Abendkurs, Beginn 19:30 Uhr
WE: Wochenendkurs, Samstag 13–18 Uhr, Sonntag 9–13 Uhr
* Beginn 20 Uhr

Thema	Kategorie	Datum	Gebühr
Fruchtige Longdrinks	03.07.	A	45,–
Alkoholfreie Drinks	19./20.08.	WE	80,–

A: Abendkurs, Beginn 19:30 Uhr
WE: Wochenendkurs, Samstag 13–18 Uhr, Sonntag 9–13 Uhr
* Beginn 20 Uhr

5.5 Navigieren und Markieren

Bevor ich Ihnen im nächsten Abschnitt erläutern möchte, wie Sie die Konturen Ihren Vorstellungen entsprechend im Aussehen ändern können, erscheint es mir sinnvoll, erst noch zusammenfassend auf die verschiedenen Möglichkeiten der Navigation und des Markierens innerhalb einer Tabelle einzugehen.

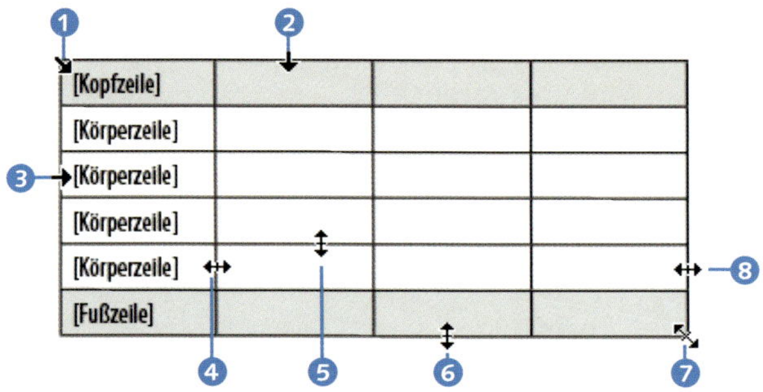

Abbildung 5.26 ▸
Mit dem Textwerkzeug kann jede Tabellenlinie markiert und durch Ziehen verändert werden.

Ausnahmslos alle Änderungen werden mit dem Text-Tool vorgenommen, das sein Aussehen der möglichen Aktion innerhalb einer Tabelle anpasst: Nimmt der Cursor die Form eines Einfachpfeiles an, wird durch einen Klick die ganze Tabelle ❶, eine Spalte ❷ oder eine Zeile ❸ markiert. Zeigt der Cursor die Form eines Doppelpfeiles, kann hiermit die Position einer Spaltentrennlinie ❹ oder einer Zeilentrennlinie ❺ innerhalb der Tabelle geändert werden. Wird mit dem Cursor an den äußeren Rändern gezogen, wird die Gesamthöhe ❻ bzw. -breite ❽ der Tabelle verändert. Durch die Änderung der Position der rechten unteren Ecke ❼ wird die Tabelle in Breite und Höhe geändert.

Wie weiter vorn erwähnt, führt das Drücken der [⇧]-Taste beim Markieren dazu, dass z. B. mehrere Zeilen markiert werden können. Dasselbe gilt natürlich auch für die Aktivierung von Zellen. Den Wechsel zwischen der Markierung der Zelle selbst und ihres Inhalts bewerkstelligen Sie am einfachsten durch das Drücken der [Esc]-Taste. Halten Sie beim Verschieben einer Spaltentrennlinie die [⇧]-Taste gedrückt, bleibt die ursprüngliche Tabellenbreite erhalten.

Anders als in normalen Textrahmen können Sie neben der Verwendung der vier Pfeiltasten auf Ihrer Tastatur auch die [⇆]-Taste einsetzen. Dabei springt die Texteinfügemarke zeilenweise eine

Tabelle skalieren

Eine Tabellen lässt sich proportional skalieren, wenn Sie den entsprechenden Textrahmen markieren und in den Skalierungseingabefeldern des Transformieren-Bedienfeldes den gewünschten Wert eingeben.

Zelle weiter nach rechts. Halten Sie hierbei die [⇧]-Taste gedrückt, bewegt sich der Cursor nach links.

Wenn Sie viel mit Tabellen arbeiten, empfehle ich Ihnen außerdem die Kombination aus [⇧]- und Pfeiltasten: Damit werden die Zellen gleich markiert, in die Sie mit dem Cursor springen.

Tabelle oder Daten?

Ob InDesign eine Tabelle als solche oder als Text nach dem Kopieren aus einem externen Programm in ein InDesign-Dokument einfügt, können Sie unter INDESIGN/BEARBEITEN • VOREINSTELLUNGEN • ZWISCHENABLAGEOPTIONEN festlegen.

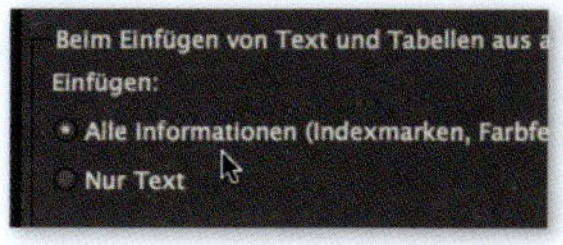

5.6 Konturen und Flächen

Neben der Typografie ist die Gestaltung der Flächen und Konturen von Tabellenzellen ein wichtiges Mittel, um Tabelleninhalte schnell erfassbar zu machen. Nach dem folgenden Workshop können Sie das Aussehen von Tabellen in kurzer Zeit Ihren Vorstellungen anpassen.

Schritt für Schritt
Eine Tabelle formatieren

Für diese Anleitung werden wir mit einer in Word erstellten Tabelle starten, um diese in InDesign zu gestalten.

1 Tabellendaten einfügen

Kopieren Sie zunächst die Tabelle aus »Tabelle_Kontur_Flaeche.doc« in ein InDesign-Dokument. Damit die Daten als Tabelle und nicht als Text eingefügt werden, muss die Option »Alle Informationen« in den Voreinstellungen aktiviert sein (siehe Kasten oben rechts). Für die Legende fügen Sie der Tabelle unten eine Zeile hinzu. Markieren Sie hierfür eine der unteren Tabellenzellen, und rufen Sie mit einem Rechtsklick das Kontextmenü auf. Wählen Sie hier EINFÜGEN • ZEILE. Kopieren Sie in die erste Zelle der neuen Zeile die unteren drei Absätze aus dem Word-Dokument. Die Tabelle sollte in etwa wie folgender Screenshot aussehen.

Die Datei »Tabelle_Kontur_Flaeche.doc« finden Sie im Beispielmaterial zum Buch.

Thema	**Datum**	**Kategorie**	**Gebühr**
Süße Suppen	13.06.*	A	35,–
Herzhafte Desserts	27.06./28.06.	WE	180,–
Vorspeisen	30.06.*	A*	27,50
Italienische Küche	01.07.*	A	31,–
Indische Küche	03.07.*	A	45,–
A: Abendkurs, Beginn 19:30 Uhr WE: Wochenendkurs, Samstag 13–18 Uhr, Sonntag 9–13 Uhr * Beginn 20 Uhr			

◂ **Abbildung 5.27**
So sehen die eingefügten Tabellendaten und die Legende in InDesign aus.

2 Tabelle modifizieren

Editieren Sie die Tabelle mit folgenden Maßnahmen:

- Verbinden Sie die vier unteren Zellen zu einer einzigen Zelle (siehe Seite 217), und weisen Sie dieser z. B. über das Kontextmenü die Eigenschaft Tabellenfusszeile zu.
- Dementsprechend erhält die obere Zeile das Attribut Tabellenkopfzeile.
- Der gesamten Tabelle weisen Sie mit dem Bedienfeld Zeichen eine Schrift und einen Schriftgrad Ihrer Wahl zu (ich habe die Myriad Pro Condensed in 12 Pt gewählt).
- Dem Kopfzeilentext können Sie einen anderen Schnitt zuweisen (ich habe Bold Condensed der Myriad Pro genommen).
- Die Kopfzeile erhält für die Flächen eine kräftige Farbe wie z. B. Blau (siehe Seite 211).
- Die Schriftfarbe der Kopfzeilentexte wird daraufhin gegebenenfalls angepasst (z. B. auf [Papier]).
- Die Einträge der Spalten »Datum« und »Kategorie« werden zentriert ausgerichtet.
- Die Spaltenbezeichnung von »Gebühr« wird ebenfalls zentriert, die Einträge darunter werden mit Hilfe eines Dezimal-Tabulators an einem Komma ausgerichtet.
- Falls die Texte nun zu nah an den Zellenkonturen stehen, vergrößern Sie den Abstand dazwischen einfach durch Erhöhung des Zellenversatzes. Die entsprechenden Eingabefelder finden Sie bei markierter Tabelle ganz rechts im Steuerung-Bedienfeld.

▲ **Abbildung 5.28**
Den Innenabstand vom Zelleninhalt zur -kontur können Sie im Steuerung-Bedienfeld definieren.

Nach diesen zahlreichen Änderungen sollte Ihre Tabelle nun etwa so aussehen:

Abbildung 5.29 ▶
Nach einigen grundlegenden Formatierungen sieht die Tabelle nun etwa so aus.

Thema	Datum	Kategorie	Gebühr
Süße Suppen	13.06.	A	35,–
Herzhafte Desserts	27.06./28.06	WE	180,–
Vorspeisen	30.06.	A*	27,50
Italienische Küche	01.07.	A	31,–
Indische Küche	03.07.	A	45,–
A: Abendkurs, Beginn 19:30 Uhr WE: Wochenendkurs, Samstag 13–18 Uhr, Sonntag 9–13 Uhr * Beginn 20 Uhr			

3 Rahmenkontur ändern

Um die Tabelle luftiger wirken zu lassen, entfernen wir zunächst den Rand um die Tabelle. Dafür markieren Sie die gesamte Tabelle, indem Sie mit dem Textwerkzeug auf die linke obere Ecke klicken. Achten Sie nun auf die Vorschau ❸ im STEUERUNG-Bedienfeld:

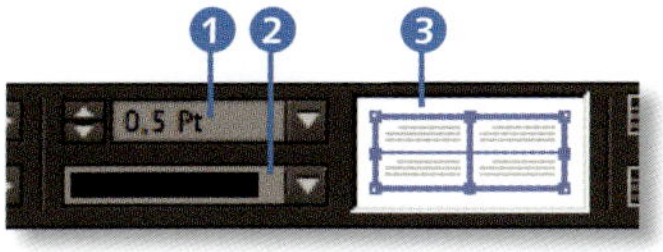

◂ **Abbildung 5.30**
In diesem Vorschaufeld ❸ treffen Sie die Wahl, welche Linien geändert werden.

Dort sind alle Linien blau markiert. Beachten Sie, dass die äußeren Linien dieser Darstellung immer die äußeren Linien der jeweiligen Markierung und nicht unbedingt den Tabellenrahmen darstellen (das ist nur jetzt der Fall, weil die Markierung den gesamten Tabellenrahmen einschließt). Mit dem nebenstehenden Eingabefeld und dem Pulldown-Menü können Sie die Konturstärke ❶ und die Konturart ❷ für die in der Vorschau markierten Linien einstellen.

Da nur die äußere Tabellenkontur geändert werden soll, müssen Sie die innere horizontale und vertikale Linie in der Vorschau demarkieren. Dafür brauchen Sie nur einen Doppelklick auf eine der inneren Linien zu machen. Wenn Sie nun die Linienstärke auf »0 Pt« herabsetzen, haben Sie Ihr Etappenziel erreicht:

Rahmenkanten

Wenn Sie im NORMAL-Modus arbeiten, können Sie die Tabellenkontur ggf. nur schlecht sehen, weil sie von der Textrahmenkante überdeckt wird. Wechseln Sie dann in den VORSCHAU-Modus oder blenden Sie die Rahmenkanten über ANSICHT • EXTRAS aus.

Thema	Datum	Kategorie	Gebühr
Süße Suppen	13.06.	A	35,–
Herzhafte Desserts	27.06./28.06	WE	180,–
Vorspeisen	30.06.	A*	27,50
Italienische Küche	01.07.	A	31,–
Indische Küche	03.07.	A	45,–

A: Abendkurs, Beginn 19:30 Uhr
WE: Wochenendkurs, Samstag 13–18 Uhr, Sonntag 9–13 Uhr
* Beginn 20 Uhr

◂ **Abbildung 5.31**
Durch das Fehlen der Umrandung wirkt die Tabelle offener.

4 Spaltenkontur ändern

Die Tabelle wirkt durch die kräftigen Spaltentrennlinien immer noch etwas schwer – um dem entgegenzuwirken, entfernen Sie nun ebenfalls die Spaltenkonturen. Die Tabelle ist dafür immer noch komplett aktiviert, und in der Vorschau demarkieren Sie die äußeren Konturen, indem Sie darauf doppelklicken. Anschließend markieren Sie mit einem Klick die mittlere vertikale Linie. Tragen Sie bei der Konturstärke wieder »0 Pt« ein.

Abbildung 5.32 ▸
Hier sind die vertikalen Linien zur Bearbeitung markiert.

Damit sind auch die Spaltentrennlinien nicht mehr sichtbar, was der Tabelle zu mehr Leichtigkeit verhilft:

Abbildung 5.33 ▸
Meist sind Spaltentrennlinien nicht nötig, da sich durch die Einträge in den Spalten ohnehin Kolumnen bilden.

Thema	Datum	Kategorie	Gebühr
Süße Suppen	13.06.	A	35,–
Herzhafte Desserts	27.06./28.06	WE	180,–
Vorspeisen	30.06.	A*	27,50
Italienische Küche	01.07.	A	31,–
Indische Küche	03.07.	A	45,–

A: Abendkurs, Beginn 19:30 Uhr
WE: Wochenendkurs, Samstag 13–18 Uhr, Sonntag 9–13 Uhr
* Beginn 20 Uhr

5 Tabellenfuß ändern

Die Informationen in der Tabellenfußzeile wirken durch dieselbe Typografie wie der Großteil der Tabelleneinträge zu wichtig. Ändern Sie einfach den Schriftgrad im Bedienfeld Zeichen. Dafür klicken Sie irgendwo in die Tabelle und rufen dann z. B. über das Kontextmenü Fusszeile bearbeiten bzw. Auswählen • Tabellenfusszeilen auf. Setzen Sie den Schriftgrad der Texte so weit herunter, dass der Unterschied zu den anderen Informationen der Tabelle deutlich sichtbar wird. Ich habe den Schriftgrad von 12 Pt auf 9 Pt verringert, den Zeilenabstand habe ich bei 12 Pt belassen:

Thema	Datum	Kategorie	Gebühr
Süße Suppen	13.06.	A	35,–
Herzhafte Desserts	27.06./28.06	WE	180,–
Vorspeisen	30.06.	A*	27,50
Italienische Küche	01.07.	A	31,–
Indische Küche	03.07.	A	45,–

A: Abendkurs, Beginn 19:30 Uhr
WE: Wochenendkurs, Samstag 13–18 Uhr, Sonntag 9–13 Uhr
* Beginn 20 Uhr

Abbildung 5.34 ▸
Jetzt hat der Text der Tabellenfußzeile einen ihm angemessenen Schriftgrad.

6 Zeilentrennlinien modifizieren

Lassen Sie uns auch noch die verbleibenden Linien zwischen den Zeilen ändern. Dafür wählen Sie im Untermenü AUSWÄHLEN des Kontextmenüs oder des Menüs TABELLE den Eintrag TABELLENKÖRPERZEILEN. In der Vorschau im Bedienfeld STEUERUNG wählen Sie jetzt nur die mittlere Horizontale aus ②, alle anderen Linien müssen gegebenenfalls abgewählt werden:

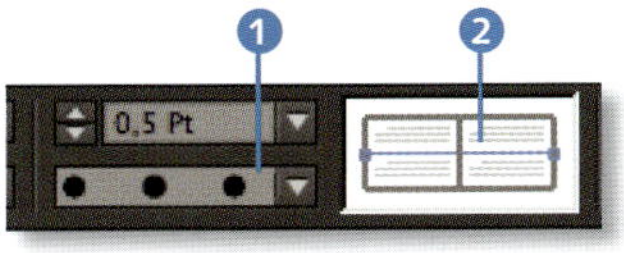

◂ **Abbildung 5.36**
So werden nur die Konturen zwischen den Zeilen aktiviert.

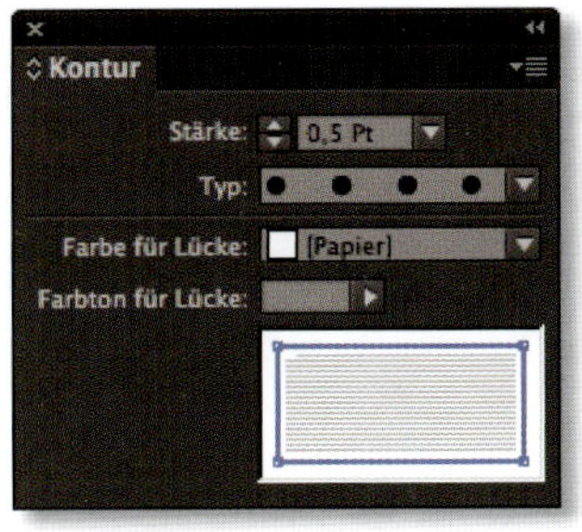

▴ **Abbildung 5.35**
Eine größere Darstellung der Vorschau finden Sie im Bedienfeld KONTUR.

Stellen Sie dann die Linien Ihren Vorstellungen entsprechend ein. Ich habe die Linienstärke bei 0,5 Pt belassen und habe als Konturtyp ① GEPUNKTET gewählt:

Thema	Datum	Kategorie	Gebühr
Süße Suppen	13.06.	A	35,–
Herzhafte Desserts	27.06./28.06	WE	180,–
Vorspeisen	30.06.	A*	27,50
Italienische Küche	01.07.	A	31,–
Indische Küche	03.07.	A	45,–

A: Abendkurs, Beginn 19:30 Uhr
WE: Wochenendkurs, Samstag 13–18 Uhr, Sonntag 9–13 Uhr
* Beginn 20 Uhr

◂ **Abbildung 5.37**
Durch die gepunktete Linie wirkt die Tabelle nochmals offener.

Linien auswählen

Die Linien in der Vorschau reagieren auch auf Mehrfachklicks: Ein Dreifachklick markiert z. B. alle Linien bzw. hebt die Markierung auf.

7 Zellenflächen ändern

Zum Ende des Workshops möchte ich Ihnen noch zeigen, wie man die Flächen einer Tabelle modifizieren kann. Die Kopfzeile haben Sie ja schon händisch geändert, sehen wir uns nun noch ein enorm hilfreiches Feature in InDesign bzgl. Tabellendesign an: abwechselnde Flächen.

Für den nächsten aufzurufenden Menüeintrag reicht es, wenn sich der Textcursor irgendwo in der Tabelle befindet. Rufen Sie TABELLE • TABELLENOPTIONEN • ABWECHSELNDE FLÄCHEN auf. Es öffnet sich der Dialog mit den Tabellenoptionen, der Bereich FLÄCHEN ist aktiv. Die insgesamt fünf Bereiche in den TABELLENOPTIONEN sind ebenso über die Unterpunkte von TABELLE • TABELLENOPTIONEN aufrufbar.

Im Unterschied zu den STEUERUNG- und KONTUR-Bedienfeldern, in denen Sie die Konturen einer Auswahl innerhalb einer Tabelle modifizieren können, werden in den TABELLENOPTIONEN globale, also für die gesamte Tabelle geltende Einstellungen getroffen. Damit alle Zeilen abwechselnd zur vorherigen anders formatiert werden, wählen Sie bei ABWECHSELNDES MUSTER die Option NACH JEDER ZEILE ❶. Bei FARBE und FARBTON ❸ können Sie die gewünschten Angaben machen, bei aktivierter Vorschau sehen Sie wie gewohnt Ihre Änderungen direkt in der Tabelle.

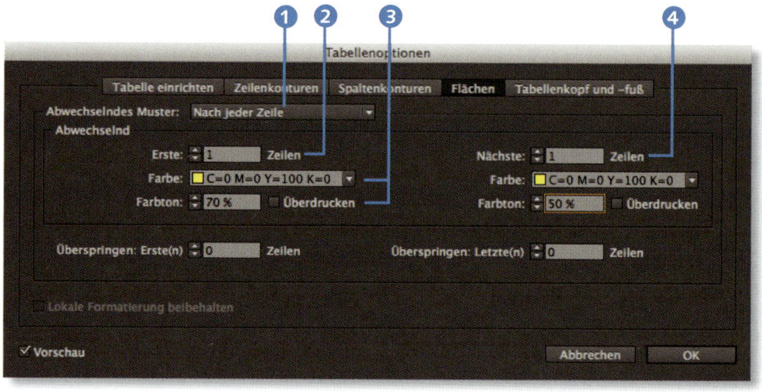

Abbildung 5.38 ►
In der Kategorie FLÄCHEN können Sie abwechselnde Muster für Zeilen festlegen.

Die Eingabe bei ERSTE ❷ bzw. NÄCHSTE ZEILEN ❹ färbt im Beispiel die erste, dritte und fünfte Zeile mit 70% Gelb, die zweite und vierte Zeile mit 50% Gelb. Durch die vorgenommenen Einträge sieht die Tabelle nun folgendermaßen aus:

Thema	Datum	Kategorie	Gebühr
Süße Suppen	13.06.	A	35,–
Herzhafte Desserts	27.06./28.06	WE	180,–
Vorspeisen	30.06.	A*	27,50
Italienische Küche	01.07.	A	31,–
Indische Küche	03.07.	A	45,–

A: Abendkurs, Beginn 19:30 Uhr
WE: Wochenendkurs, Samstag 13–18 Uhr, Sonntag 9–13 Uhr
* Beginn 20 Uhr

Abbildung 5.39 ►
Als letzter Schritt müssen noch die weißen Räume zwischen den Punkten entfernt werden.

Im Layout ist zu erkennen, dass die gepunkteten Zeilentrennlinien nicht die eben zugewiesenen Zeilenfarben haben. Sie sehen aus, als stünden sie auf Weiß.

8 Zeilenkonturen korrigieren

Um die störenden weißen Linien zu korrigieren, öffnen Sie wieder die TABELLENOPTIONEN und wählen dieses Mal die Kategorie ZEILENKONTUREN. Wenn Sie keine abwechselnden Zeilenkonturen haben möchten, tragen Sie bei NÄCHSTE ZEILEN »0« (also: Null) ein ❻. Dadurch wird die Kontur, die Sie bei ERSTE ZEILEN definieren, wiederholt. Nun tragen Sie hier die Konturattribute aus Schritt 6 bei ERSTE ein. InDesign zeigt hier nicht die vorher gemachten Konturattribute, da wir vorher die Gestaltung auf eine Auswahl und nicht auf die Tabelle angewendet haben. Im Dialogfeld können Sie die Angaben bei FARBE FÜR LÜCKE ❺ machen. Wenn Sie bei einer Konturart wie GEPUNKTET keine unterschiedlichen Farben für Punkte und Lücke haben möchten, wählen Sie [OHNE].

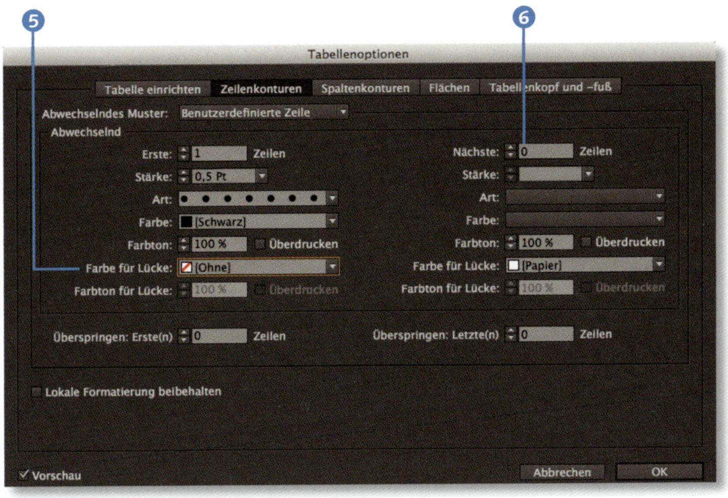

◂ **Abbildung 5.40**
Im Bereich ZEILENKONTUREN werden die weißen Zwischenräume der gepunkteten Linien entfernt.

So sieht die formatierte Tabelle aus:

Thema	Datum	Kategorie	Gebühr
Süße Suppen	13.06.	A	35,–
Herzhafte Desserts	27.06./28.06	WE	180,–
Vorspeisen	30.06.	A*	27,50
Italienische Küche	01.07.	A	31,–
Indische Küche	03.07.	A	45,–

A: Abendkurs, Beginn 19:30 Uhr
WE: Wochenendkurs, Samstag 13–18 Uhr, Sonntag 9–13 Uhr
* Beginn 20 Uhr

◂ **Abbildung 5.41**
So sieht das lohnende Ergebnis der vorangegangenen Schritte aus.

5.7 Tabellenoptionen

Die beiden Kategorien Flächen und Zeilenkonturen des Dialogfeldes Tabellenoptionen haben Sie im vorangegangenen Workshop schon kennengelernt. Werfen wir noch einen Blick auf die anderen drei Bereiche (da der Bereich Spaltenkonturen prinzipiell genauso aufgebaut ist wie der Bereich Zeilenkonturen, gehe ich auf ihn nicht gesondert ein). Die wichtigsten Änderungen an einer Tabelle können neben der Eingabe der entsprechenden Werte im Dialogfeld Tabellenoptionen auch in den Bedienfeldern Steuerung und natürlich Tabelle vorgenommen werden. Auf das Tabellen-Bedienfeld werde ich im Anschluss an diesen Abschnitt eingehen.

Anzahl Zeilen und Spalten ändern

Wenn Sie in den Tabellenoptionen mehr Tabellenkörperzeilen oder Spalten eintragen, als die aktuelle Tabelle hat, werden der Tabelle neue Zeilen unten und neue Spalten rechts hinzugefügt. Verringern Sie die bisherige Anzahl, werden Zeilen und Spalten ggf. samt Inhalt von unten bzw. rechts entfernt.

Tabelle einrichten

Innerhalb der Tabellenoptionen können Sie die jeweilige Anzahl der drei verschiedenen Zeilenarten sowie die Anzahl der Spalten ändern. Bei einer Tabelle werden durch das Eintragen von Werten bei Tabellenkopfzeilen und -fusszeilen keine bestehenden Zeilen umgewandelt, sondern neue leere hinzugefügt.

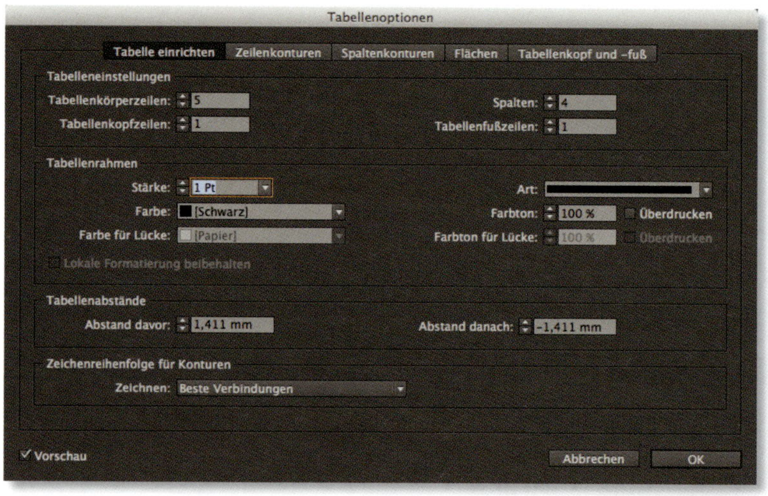

Abbildung 5.42 ►
In der Kategorie Tabelle einrichten können Sie grundlegende Eigenschaften einstellen.

Die Editiermöglichkeiten im Abschnitt Tabellenrahmen erklären sich weitgehend selbst. Mit der Checkbox Lokale Formatierung beibehalten können Sie bestimmen, ob vorgenommene Änderungen am Aussehen des Tabellenrahmens mit Hilfe Tabelle • Zellenoptionen von den Einstellungen in diesem Bereich überschrieben oder eben berücksichtigt werden sollen.

Ist die Tabelle innerhalb von Fließtext platziert, regeln die Eingaben bei Abstand davor und danach wie bei regulären Textabsätzen die Abstände ober- und unterhalb der Tabelle zum umgebenden Text.

Wenn Sie als Art des Tabellenrahmens eine Variante wählen, die wie in Abbildung 5.43 mehreren Linien als Kontur zeichnet, können Sie unter Zeichenreihenfolge für Konturen wählen, wie InDesign die Kreuzungspunkte darstellen soll. Sie können zwischen den Optionen wählen:

1. Beste Verbindungen,
2. Zeilenkonturen im Vordergrund,
3. Spaltenkonturen im Vordergrund und
4. InDesign 2.0-Kompatibilität.

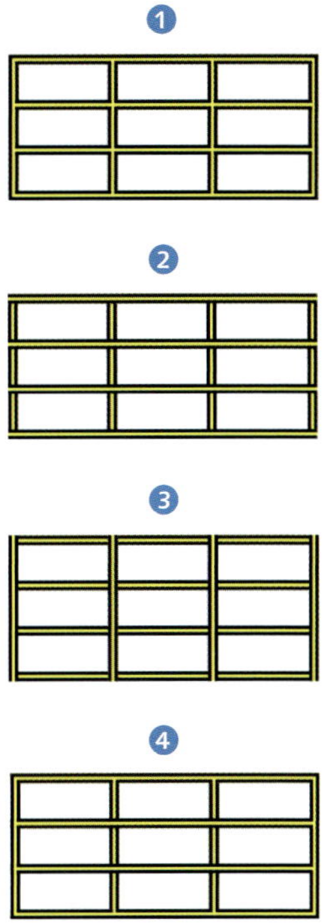

▲ **Abbildung 5.43**
Die Zeichenreihenfolge für Konturen wird bei mehrfarbigen Konturen, hier mit dem Typ Breit –Breit, nachvollziehbar.

Tabellenkopf und -fuß

Hier sind wie im Bereich Tabelle einrichten die Einstellungen zu der Anzahl der Tabellenkopf- und -fußzeilen zu finden.

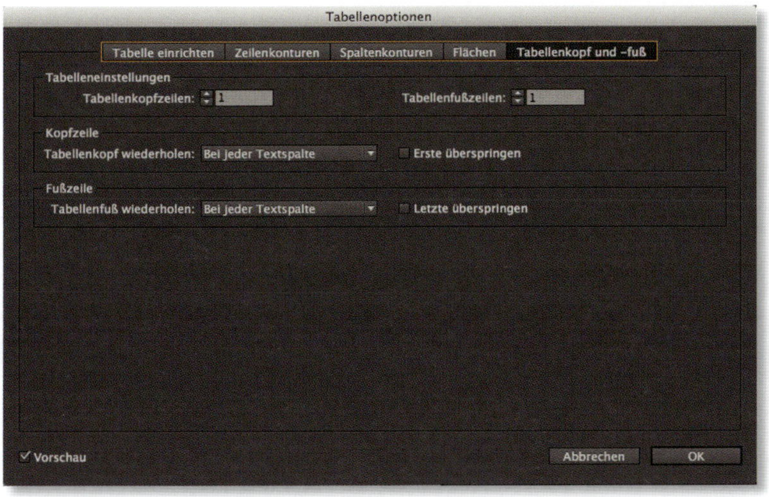

◂ **Abbildung 5.44**
Hier können Sie die Kopf- und Fußzeilen noch weiter editieren.

Für die Änderung der Werte für die jeweilige Zeilenart gilt dasselbe wie zuvor bei der Erläuterung der Kategorie Tabelle einrichten: Werden hier die Werte geändert, werden keine bestehenden Zei-

Tabellen in Spalten

Tabellen können nicht nur in mehrere Textrahmen umbrochen werden, sie können auch in mehrspaltige Textrahmen gesetzt werden.

len zu einer Kopf- oder Fußzeile umgewandelt. Stattdessen werden der Tabelle den eingegebenen Werten entsprechend neue, leere Zeilen hinzugefügt.

Bei TABELLENKOPF bzw. -FUSS WIEDERHOLEN können Sie einstellen, an welchen Stellen die Kopf- und/oder Fußzeilen bei langen Tabellen, die in mehrere Spalten oder Textrahmen umbrochen werden, wiederholt werden sollen. Durch diese Optionen lassen sich große Tabellen ohne großen Aufwand über mehrere Spalten, Textrahmen oder auch Seiten realisieren. Bei unten stehendem Beispiel werden Kopf- und Fußzeilen in jeder Textspalte wiederholt. Beachten Sie hierbei, dass sich die Fläche der obersten Tabellenkörperzeile immer nach der Fläche in der untersten Zeile der vorangehenden Spalte richtet und nicht, wie man es vielleicht erwarten würde, dieselbe Farbe wie die erste Zeile in der ersten Spalte besitzt.

Thema	Datum
Süße Suppen	13.06.
Herzhafte Desserts	27.06.
Vorspeisen	30.06.
Italienische Küche	01.07.
Indische Küche	03.07.
Kalte Suppen	04.07.
Säfte	15.07.
alle Kurse beginnen um 19:30 Uhr	

Thema	Datum
Salate	28.07.
Französische Küche	01.08.
Rohkost	19.08.
Kalte Suppen	13.06.
Vorspeisen	30.06.
Backen	01.09.
Indische Küche	03.09.
alle Kurse beginnen um 19:30 Uhr	

Thema	Datum
Gemüsesuppen	04.09.
Säfte	15.09.
Rohkost	28.09.
Süßes	01.10.
Herzhafte Desserts	27.10.
Engl. Breakfast	19.10.
alle Kurse beginnen um 19:30 Uhr	

Abbildung 5.45 ▶
Die Zeilenmuster der vorangehenden Spalte werden in der nächsten Spalte fortgeführt.

Soll die erste Zeile einer Spalte immer gleich gefärbt sein, muss der Textrahmen des Beispiels so weit vergrößert oder verkleinert werden, bis eine gerade Zeilenanzahl in jedem Rahmen/jeder Spalte Platz findet:

Thema	Datum
Süße Suppen	13.06.
Herzhafte Desserts	27.06.
Vorspeisen	30.06.
Italienische Küche	01.07.
Indische Küche	03.07.
Kalte Suppen	04.07.
Säfte	15.07.
Salate	28.07.
alle Kurse beginnen um 19:30 Uhr	

Thema	Datum
Französische Küche	01.08.
Rohkost	19.08.
Kalte Suppen	13.06.
Vorspeisen	30.06.
Backen	01.09.
Indische Küche	03.09.
Gemüsesuppen	04.09.
Säfte	15.09.
alle Kurse beginnen um 19:30 Uhr	

Thema	Datum
Rohkost	28.09.
Süßes	01.10.
Herzhafte Desserts	27.10.
Engl. Breakfast	19.10.
alle Kurse beginnen um 19:30 Uhr	

Abbildung 5.46 ▶
Durch die gerade Zeilenzahl sehen die Zeilenmuster ruhiger aus.

5.8 Das Bedienfeld »Tabelle«

Noch mehr Manipulationsmöglichkeiten bzgl. einer Tabelle finden Sie neben den Tabellenoptionen im Bedienfeld Tabelle, das Sie unter Fenster • Schrift und Tabellen • Tabelle finden oder über ⇧+F9 aufrufen können. Wenn eine oder mehrere Zellen innerhalb einer Tabelle mit dem Text-Tool markiert sind, finden Sie bei genügend großer Bildschirmbreite dieselben Eingabefelder und Buttons des Bedienfeldes Tabelle auch im Steuerung-Bedienfeld.

Tabellengröße

Leider gibt es keine Möglichkeit, die Gesamtbreite und -höhe einer Tabelle numerisch festzulegen.

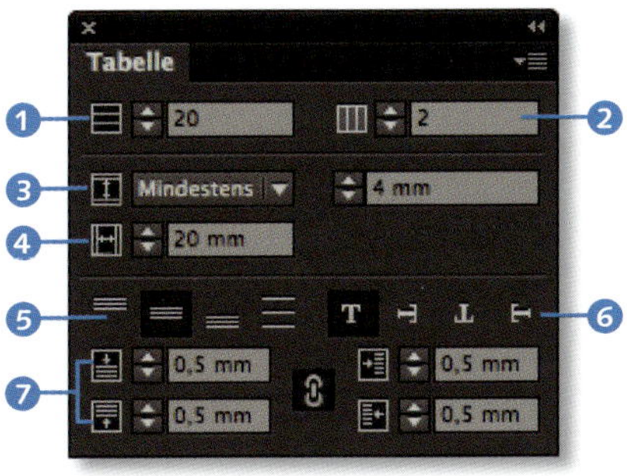

◂ **Abbildung 5.47**
Das Bedienfeld Tabelle bietet Zugriff auf wichtige Einstellungen wie beispielsweise den Zellenversatz ⑦.

Die beiden Eingabefelder Anzahl der Zeilen ① bzw. Spalten ② haben dieselbe Funktion wie ihre Entsprechungen in den Tabellenoptionen: Mit ihnen können Sie der markierten Tabelle Körperzeilen und Spalten hinzufügen. Kopf- und Fußzeilen bleiben von diesen Einstellungen hier unberührt. Verringern Sie die Anzahl Zeilen und/oder Spalten über das Bedienfeld, gibt InDesign eine Warnmeldung aus, wenn die zu löschenden Bereiche Daten enthalten. Mit der Zeilenhöhe ③ können Sie diese im Eingabefeld festlegen. Dabei stehen Ihnen zwei Optionen zur Verfügung, die Sie über das Pulldown-Menü anwählen können: Mindestens und Genau. Bei der Option Mindestens vergrößert InDesign die Zeilenhöhe entsprechend dem aktuellen Platzbedarf des Zeileninhalts. Ist Genau gewählt, hat der hier eingegebene Wert Priorität über die Inhalte, die gegebenenfalls aufgrund ihrer Größe verdrängt werden und zu Übersatz werden. Ein kleiner roter Punkt (siehe Abbildung 5.48) weist ähnlich wie das Übersatzsymbol bei Textrahmen auf diesen Umstand hin. Im Feld Spaltenbreite ④ kann die Breite der Spalten angegeben werden. Es können mehrere Spalten markiert werden, um alle auf denselben Wert zu setzen. Die Funktionen dieser vier Buttons ⑤ weisen dem Zelleninhalt – das können

▴ **Abbildung 5.48**
Wenn die Inhalte nicht in die Tabelle passen, wird dies mit roten Punkten gekennzeichnet.

auch Grafikrahmen sein – die Ausrichtung OBEN AUSRICHTEN, ZENTRIEREN, UNTEN AUSRICHTEN und BLOCKSATZ VERTIKAL zu. Durch die letzte Option werden die Inhalte auf die gesamte Zellenhöhe verteilt. Mit Hilfe der vier Drehen-Buttons ❻ können markierte Zelleninhalte gedreht werden (siehe Abbildung 5.49). Die Drehwinkel sind hierbei auf 0°, 90°, 180° und 270° festgelegt. Auch die Funktion der Eingabefelder für die Versatzarten ❼ kennen Sie schon von den Textrahmenoptionen: Damit die Inhalte innerhalb einer Tabelle nicht an die Zeilen- und Spaltentrennlinien stoßen, können mit diesen Eingabefeldern die gewünschten Abstände zu den Zellbegrenzungen definiert werden.

Thema	Datum	Kategorie	Gebühr
Süße Suppen	13.06.	A	35,–
Herzhafte Desserts	27.06.	WE	80,–
Vorspeisen	30.06.	A*	27,50
Italienische Küche	01.07.	A	31,–
Indische Küche	03.07.	A	45,–

▲ **Abbildung 5.49**
Die Inhalte der Kopfzeile können in festgelegten Winkeln geneigt werden.

Thema	Datum	Kategorie	Gebühr
Süße Suppen	13.06.	A	35,–
Herzhafte Desserts	27.06.	WE	80,–
Vorspeisen	30.06.	A*	27,50
Italienische Küche	01.07.	A	31,–
Indische Küche	03.07.	A	45,–

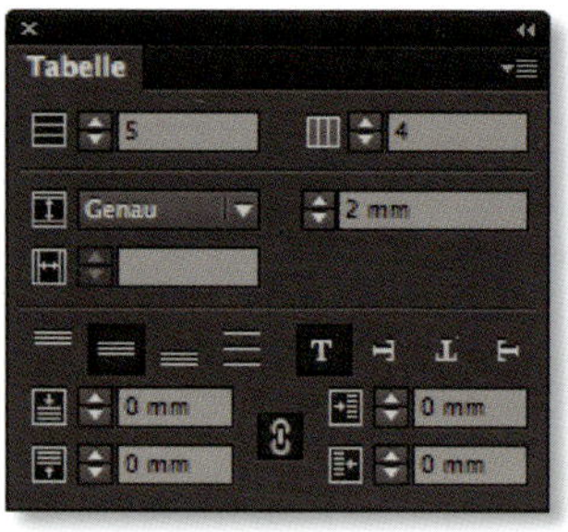

▲ **Abbildung 5.50**
Oben: Bei zu geringer Zellenhöhe und zu kleinem Zellenversatz stoßen die Inhalte aneinander.

5.9 Zeilen oder Spalten einfügen

Durch die Eingabe höherer Werte bei Zeilen oder Spalten im Dialogfeld TABELLENOPTIONEN, im Bedienfeld TABELLE oder STEUERUNG werden neue Zeilen immer unten und neue Spalten immer rechts der Tabelle hinzugefügt. Wenn Sie jedoch genauer steuern möchten, an welcher Stelle eine neue Zeile oder Spalte eingefügt werden soll, wählen Sie EINFÜGEN im Menü TABELLE oder im TABELLE-Bedienfeldmenü. Im sich dann öffnenden Untermenü können Sie zwischen Zeile und Spalte wählen. Die Position, an der InDesign z. B. die neue Spalte einfügen soll, bestimmen Sie einerseits durch die Position des Textcursors innerhalb der Tabelle und andererseits durch das Dialogfeld, in dem Sie wählen können, ob die neue(n) Spalte(n) links oder rechts der Einfügemarke erstellt werden soll(en) (bei Zeilen können Sie dementsprechend zwischen über oder unter der Einfügemarke wählen).

Ich möchte dies an einem Beispiel demonstrieren: In der folgenden Tabelle soll zwischen den Spalten »Thema« und »Kategorie« eine weitere Spalte »Datum« eingefügt werden.

Abbildung 5.51 ▶
In diese Tabelle soll noch eine Spalte zwischen »Thema« und »Kategorie« eingefügt werden.

Thema	Kategorie	Gebühr
Süße Suppen	A	35,–
Herzhafte Desserts	WE	80,–
Vorspeisen	A*	27,50
Italienische Küche	A	31,–
Indische Küche	A	45,–

Zunächst wird der Textcursor in die Spalte »Kategorie« gesetzt und anschließend der Eintrag SPALTE im EINFÜGEN-Untermenü des TABELLE-Bedienfeldes oder des Menüs TABELLE gewählt. Es öffnet sich folgendes Dialogfeld, in dem die gewünschte Spaltenanzahl und die Position angegeben werden:

Zeile einfügen

Zum Einfügen von Zeilen gehen Sie analog zum hier beschriebenen Verfahren vor.

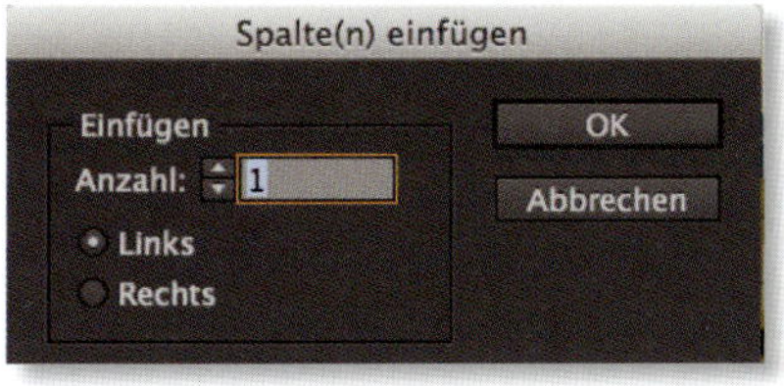

◄ **Abbildung 5.52**
Sie können im Dialogfeld SPALTE(N) EINFÜGEN angeben, wo die neue Spalte erstellt werden soll.

InDesign erstellt daraufhin eine leere Spalte in der Breite der Spalte, in der der Cursor positioniert war:

Thema		Kategorie	Gebühr
Süße Suppen		A	35,–
Herzhafte Desserts		WE	80,–
Vorspeisen		A*	27,50
Italienische Küche		A	31,–
Indische Küche		A	45,–

◄ **Abbildung 5.53**
Und schon ist innerhalb der Tabelle eine neue, leere Spalte von InDesign erstellt worden.

Nun müssen nur noch die Daten aus dem Ursprungsdokument (hier aus einer Word-Datei) kopiert und in die markierte Spalte in InDesign einfügt werden.

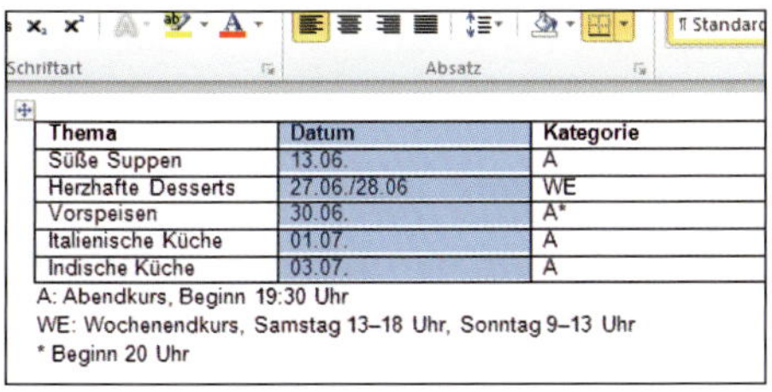

Thema	Datum	Kategorie
Süße Suppen	13.06.	A
Herzhafte Desserts	27.06./28.06	WE
Vorspeisen	30.06.	A*
Italienische Küche	01.07.	A
Indische Küche	03.07.	A

A: Abendkurs, Beginn 19:30 Uhr
WE: Wochenendkurs, Samstag 13–18 Uhr, Sonntag 9–13 Uhr
* Beginn 20 Uhr

Thema	Datum	Kategorie	Gebühr
Süße Suppen	13.06.	A	35,–
Herzhafte Desserts	27.06./28.06	WE	80,–
Vorspeisen	30.06.	A*	27,50
Italienische Küche	01.07.	A	31,–
Indische Küche	03.07.	A	45,–

▲ **Abbildung 5.54**
Die Daten wurden aus der Textverarbeitung kopiert und in die neue Spalte eingefügt.

Damit InDesign die Daten aus dem Zwischenspeicher auch als Text und nicht als neue Tabelle einfügt, muss die Option NUR TEXT in den Voreinstellungen aktiv sein (siehe Kasten Seite 221). Übrigens können Sie auch mehr Zeilen samt Inhalten kopieren, als in der neu angelegten Spalte vorgesehen sind, InDesign fügt dann einfach die nötigen Tabellenkörperzeilen hinzu.

5.10 Reihenfolge ändern

Für das Vertauschen von Spalten oder Zeilen müssen wir uns mit einem Workaround helfen. In folgender Tabelle sollen die Spalten »Datum« und »Kategorie« vertauscht werden.

Thema	Datum	Kategorie	Gebühr
Süße Suppen	13.06.	A	35,–
Herzhafte Desserts	27.06.	WE	80,–
Vorspeisen	30.06.	A*	27,50
Italienische Küche	01.07.	A	31,–
Indische Küche	03.07.	A	45,–

Abbildung 5.55 ▸
Hier sollen die Spalten »Datum« und »Kategorie« vertauscht werden.

Da die Spalten nicht durch Ziehen und Loslassen (»Drag & Drop«) getauscht werden können, wird zunächst eine der beiden Spalten markiert und kopiert (hier die Spalte »Datum«). Die kopierte Spalte wird mit Strg/⌘+V in eine freie Stelle des Dokuments eingesetzt, der für die Tabelle nötige Textrahmen ❶ wird dabei automatisch erstellt:

Thema	Datum	Kategorie	Gebühr
Süße Suppen	13.06.	A	35,–
Herzhafte Desserts	27.06.	WE	80,–
Vorspeisen	30.06.	A*	27,50
Italienische Küche	01.07.	A	31,–
Indische Küche	03.07.	A	45,–

❶

Datum
13.06.
27.06.
30.06.
01.07.
03.07.

Abbildung 5.56 ▸
Der Tausch von Spalten geht nur über Umwege.

Jetzt kann die Spalte »Kategorie« markiert und kopiert und dann in die Spalte »Datum« eingefügt werden. Die bisherigen Einträge in dieser Spalte werden dabei kommentarlos von InDesign überschrieben.

Thema	Kategorie	Kategorie	Gebühr
Süße Suppen	A	A	35,–
Herzhafte Desserts	WE	WE	80,–
Vorspeisen	A*	A*	27,50
Italienische Küche	A	A	31,–
Indische Küche	A	A	45,–

Datum
13.06.
27.06.
30.06.
01.07.
03.07.

Abbildung 5.57 ▸
Die Spalte »Kategorie« ist kopiert und in die ursprüngliche Spalte »Datum« eingefügt worden.

Dasselbe muss dann noch mit der zuvor herauskopierten Spalte »Datum« wiederholt werden – damit befinden sich die Spalten in der gewünschten Reihenfolge, die jetzt nicht mehr benötigte überzählige Spalte kann nun gelöscht werden:

Thema	Kategorie	Datum	Gebühr
Süße Suppen	A	13.06.	35,–
Herzhafte Desserts	WE	27.06.	80,–
Vorspeisen	A*	30.06.	27,50
Italienische Küche	A	01.07.	31,–
Indische Küche	A	03.07.	45,–

◂ **Abbildung 5.58**
Die zuvor herauskopierte Spalte »Datum« wurde in die ursprüngliche »Kategorie«-Spalte eingefügt.

Die Vorgehensweise beim Vertauschen von Zeilen ist prinzipiell dieselbe wie beim Tausch von Spalten.

5.11 Tabellen- und Zellenformate

Bisher haben wir uns die Formatierungsmöglichkeiten einzelner Tabellen angesehen. Sie haben zwar auch schon die Möglichkeit kennengelernt, große Tabellen in mehrere Spalten oder Textrahmen zu umbrechen – aber auch dabei ginge es letztlich um eine einzelne Tabelle. Stellen Sie sich nun vor, Sie stehen vor der Aufgabe, in einer Publikation mehrere Tabellen mit denselben Formatierungen zu setzen. Als Beispiel kann hier noch einmal die Kochschule dienen: In einem Programmheft sollen Kurse nach Jahreszeiten oder Monaten kategorisiert gesetzt werden. Um die Formatierungen in solch einem Fall nicht zwölf Mal zu kopieren und wieder einzusetzen, hat Adobe die Tabellen- und Zellenformate in InDesign implementiert.

Das Prinzip der Tabellen- und Zellenformate kennen Sie vom Grundsatz her von den Absatz- und Zeichenformaten. Sie werden auf den folgenden Seiten sehen, dass besonders die Zellenformate etwas anders als die Zeichenformate funktionieren. Und: Die Tabellenformate sind in einer Hinsicht noch komplexer als Absatzformate. Tabellenformate greifen nämlich auf Zellenformate zurück, die ihrerseits wiederum auf Absatzformate zurückgreifen. Es gibt bei Tabellenformaten somit eine Verschachtelungsebene mehr.

Tabstopp in einer Zelle

Die Betätigung der [⇆]-Taste innerhalb einer Tabelle lässt die Texteinfügemarke in die nächste Zelle springen. Möchten Sie einen Tabstopp setzen, ist am Mac zusätzlich zur [⇆]-Taste das Drücken der [Alt]-Taste notwendig. Am PC fügen Sie einen Tabulator über SCHRIFT • SONDERZEICHEN EINFÜGEN • ANDERE ein.

Das Bedienfeld »Tabellenformate«

Sehen wir uns zunächst das Bedienfeld TABELLENFORMATE an, das Sie wie die anderen FORMAT-Bedienfelder über FENSTER • FORMATE • TABELLENFORMATE aufrufen können. Die Liste enthält zunächst nur das von Adobe vorgegebene Tabellenformat [EINFACHE TABELLE].

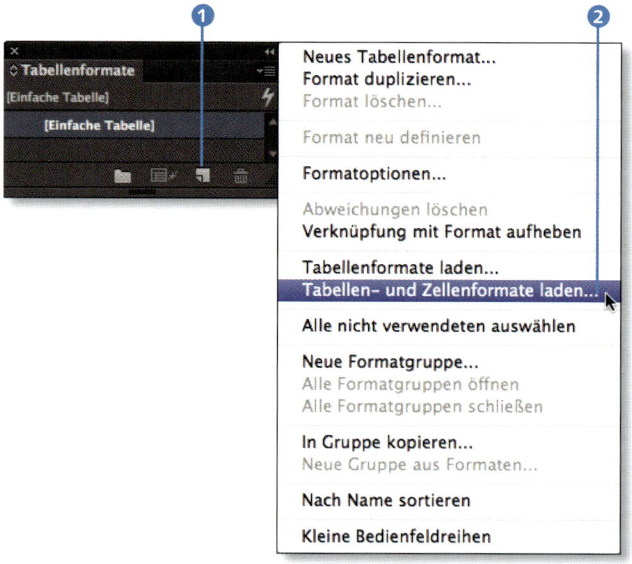

Abbildung 5.59 ▶
Die grundsätzliche Funktionsweise des Bedienfeldes TABELLENFORMATE kennen Sie bereits.

An dieser Stelle möchte ich noch einmal darauf hinweisen, dass Sie wie bei den anderen Formatbedienfeldern bestehende Formate aus anderen Dokumenten in das aktuelle InDesign-Dokument laden können ❷. Wenn Sie in mehreren Dokumenten dieselben Formatierungen anwenden möchten, ist dieser nur im Bedienfeldmenü hinterlegte Befehl äußerst praktisch.

Wie gewohnt, können Sie mit Hilfe des Buttons NEUES FORMAT ERSTELLEN ❶ ein neues Tabellenformat anlegen. Mit einem Doppelklick auf das neue Format TABELLENFORMAT 1 öffnet sich das Dialogfenster TABELLENFORMATOPTIONEN, was Sie nach der Lektüre des Abschnitts 5.7, »Tabellenoptionen«, ebenfalls kaum überraschen dürfte. Im unteren Bereich sehen Sie den interessanten Bereich ZELLENFORMATE. Hier werden den verschiedenen Zeilen und Spalten die gewünschten Zellenformate zugewiesen. Bei einem neuen Tabellenformat wird hier bei den meisten Einträgen [WIE TABELLENKÖRPERZEILEN] angezeigt. Würde einer Tabelle dieses Tabellenformat zugewiesen werden, würden Zeilen, die als Kopf- oder Fußzeilen definiert wurden, genauso aussehen wie die Tabellenkörperzeile.

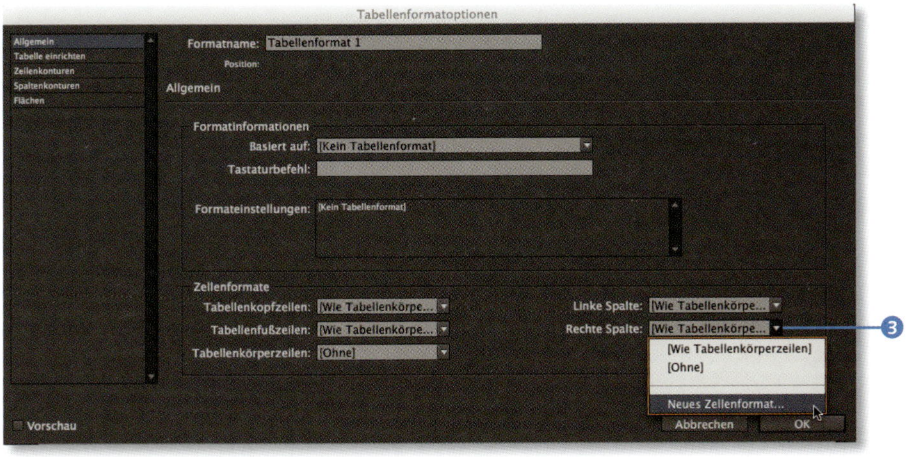

▲ **Abbildung 5.60**
Tabellenformate können auf Zellenformate zugreifen.

Ein Klick auf ein beliebiges Pulldown-Menü ❸ zeigt die Zellenformate, die im aktuellen Dokument zur Verfügung stehen. Außerdem kann über dieses Menü auch der Eintrag Neues Zellenformat gewählt werden. Bei Betätigung dieses Befehls öffnet sich das Dialogfeld Neues Zellenformat:

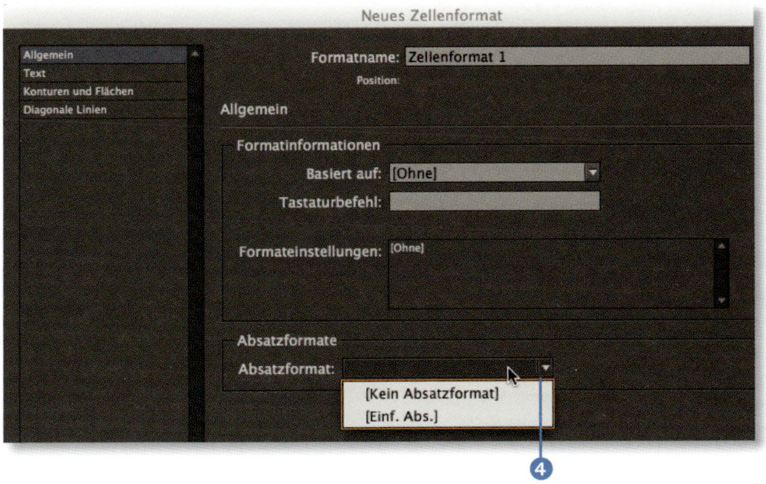

◂ **Abbildung 5.61**
Und Zellenformate können wiederum auf Absatzformate zugreifen.

Und hier können Sie wiederum einem Zellenformat ein Absatzformat ❹ zuweisen. Damit ist die anfangs erwähnte dritte Verschachtelungsebene innerhalb der Tabellenformate erreicht. Genau wie bei den Absatz- und Zeichenformaten und den Objektformaten bleibt es Ihnen überlassen, ob Sie zuerst eine Tabelle formatieren und die verschiedenen Formate in einem zweiten Schritt diese Gestaltung übernehmen lassen oder ob Sie zuerst die Formate anlegen und diese anschließend auf eine Tabelle anwenden.

Schritt für Schritt
Eine Tabelle mit Formaten anlegen

Wie Sie im vorigen Abschnitt gesehen haben, ist das letzte Glied in der Kette Tabellenformat – Zellenformat – Absatzformat die Typografie. Wenn wir die Perspektive wechseln, stellen Absatzformate die Grundlage dar, auf der die Zellen- und schließlich die Tabellenformate aufbauen.

Die vorbereitete Tabelle finden Sie in Dokument »Tabellenformate_Anfang.indd«.

1 Definition der notwendigen Absatzformate

Die Beispieltabelle mit den Januarterminen einer Kochschule wurde vollständig formatiert und dient als Grundlage zur Erstellung eines Tabellenformats. Dieses Tabellenformat könnte anschließend auf die anderen elf Tabellen des Kursprogramms angewendet werden.

Thema	Kategorie	Datum	Gebühr
Italienische Küche	A	14.01.	35,–
Frühstück	WE	17.01./18.01.	180,–
Vorspeisen	A*	21.01.	27,50
Süße Suppen	A	28.01.	31,–
Indische Küche	A	31.01.	45,–

A: Abendkurs, Beginn 19:30 Uhr
WE: Wochenendkurs, Samstag 13–18 Uhr, Sonntag 9–13 Uhr
* Beginn 20 Uhr

Abbildung 5.62 ▸
Die Formatierung dieser Tabelle soll in ein Tabellenformat überführt werden.

Lassen Sie uns zunächst klären, wie viele Absatzformate für die Tabelle notwendig sind. In der Kopfzeile ❶ sind zwei unterschiedliche Formatierungen zu sehen: links bei »Thema« die linksbündig ausgerichtete, bei den anderen drei Spaltenbeschreibungen die zentrierte Variante der weißen Schrift. Da wir im Tabellenformat später nur ein Absatzformat für die gesamte Kopfzeile anwenden können, müssen wir uns hier für ein Absatzformat entscheiden. Für die Kursthemen ❷ wird dieselbe Formatierung wie bei der dazugehörigen Spaltenüberschrift verwendet, dieses Mal lediglich mit Schwarz als Zeichenfarbe. Der Löwenanteil der Informationen ❸ wird im Schriftschnitt »Normal« gesetzt. Die Typografie der Fußzeile ❹ entspricht bis auf den geringeren Schriftgrad der der Einträge »Kategorie«, »Datum« und »Gebühr«. Somit ist die Anlage von vier Absatzformaten zur Erstellung eines Tabellenformats in unserem Beispiel sinnvoll.

Da die Formatierung der verschiedenen Tabelleninfos schon vorliegt, ist das Anlegen der vier Absatzformate schnell erledigt.

◂ **Abbildung 5.63**
Für die vier Zellenformate wurde je ein Absatzformat angelegt.

Beginnen Sie einfach mit der Kopfzeile, und setzen Sie den Textcursor in einen der drei rechten Spaltenköpfe »Kategorie«, »Datum« oder »Gebühr«. Da das neue Absatzformat immerhin für diese drei gelten kann, wähle ich dieses Vorgehen. Die Formatierung von »Thema« ist sozusagen nur eine Abweichung, und wir korrigieren dies im letzten Schritt dieses Workshops mit einer sogenannten lokalen Formatierung. Das bedeutet, dass wir diese Formatabweichung über ein Bedienfeld angeben, ohne ein Absatzformat dafür anzulegen. Betätigen Sie nun im Bedienfeld ABSATZFORMATE den Button NEUES FORMAT ERSTELLEN ❺. Dadurch legt InDesign das neue Format ABSATZFORMAT 1 an. Mit einem Doppelklick auf ABSATZFORMAT 1 öffnen sich die entsprechenden Absatzformatoptionen. Als Namen geben Sie »Typo_Kopf« ein. Da gleich auch noch Zellenformate angelegt werden, nehme ich »Typo« zur besseren Unterscheidbarkeit mit in die Namen der Absatzformate auf.

Für die verbleibenden drei Absatzformate gehen Sie genauso vor, so dass das Bedienfeld ABSATZFORMATE nun in etwa wie oben abgebildet aussieht.

Absatzformatgruppen

Sie können Absatzformate im ABSATZFORMATE-Bedienfeld in Ordnern zusammenfassen. Erstellen Sie z. B. mit einem Klick auf das Ordnersymbol am unteren Bedienfeldrand eine Absatzformatgruppe für die Absatzformate, die nur in einer Tabelle verwendet werden. Die Absatzformate können Sie per Drag & Drop einsortieren.

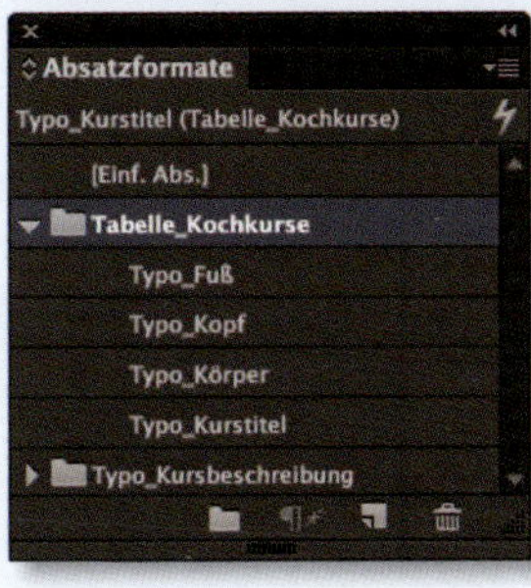

Alphabetische Listen

Umfangreiche Listen z. B. im ABSATZFORMATE-Bedienfeld werden übersichtlicher, wenn Sie sie sich NACH NAME SORTIEREN lassen. Den entsprechenden Befehl finden Sie in diversen Bedienfeldmenüs.

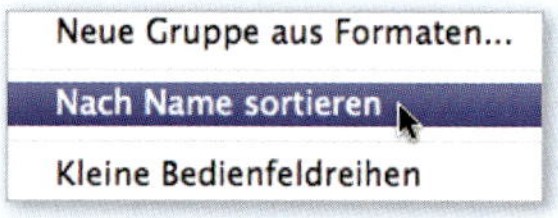

Beachten Sie, dass die vier Absatzformate bisher lediglich im Dokument angelegt wurden, sie sind aber noch keinem Text zugewiesen worden.

2 Anlage von Zellenformaten

Öffnen Sie zunächst das Bedienfeld ZELLENFORMATE über FENSTER • FORMATE. Außer dem vorinstallierten [OHNE] ist hier noch kein Zellenformat angelegt. Positionieren Sie den Textcursor nun in eine der rechten Kopfzellen mit den zentrierten Spaltentiteln, und legen Sie ein neues Zellenformat an, indem Sie auf den Button mit dem Abreißblock klicken. Mit einem Rechtsklick öffnen Sie die Zellenformatoptionen. Ändern Sie den Namen in »Zelle_Kopf« ①, und bei ABSATZFORMAT wählen Sie das eben angelegte Format »Typo_Kopf« ②.

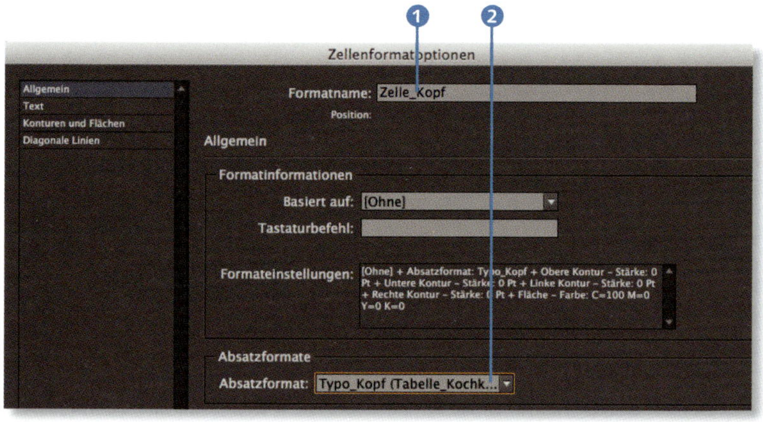

Abbildung 5.64 ▸
Absatzformate können Zellenformaten zugeteilt werden.

Diese Änderungen bestätigen Sie mit OK. Zur Anlage der drei Zellenformate für die Fußzeilen, Körperzellen und die linke Spalte mit den Kurstiteln wiederholen Sie die letzten Schritte. Achten Sie dabei darauf, dass Sie jedes Mal den Cursor in die entsprechende Zelle setzen, damit InDesign die bestehende Formatierung der Fläche und Kontur gleich in das neue Zellenformat mit übernimmt.

Die vorbereiteten Absatzformate ordnen Sie – wenig überraschend – folgendermaßen den Zellenformaten zu:

- Zellenformat »Zelle Kurstitel«/Absatzformat »Typo Kurstitel«
- Zellenformat »Zelle Fuß«/Absatzformat »Typo Fuß«
- Zellenformat »Zelle Körper«/Absatzformat »Typo Körper«

Damit sind die im vorigen Schritt erstellten Absatzformate in die Zellenformate eingebettet. Die Liste der Zellenformate umfasst nun die vier benötigten Formate:

◂ **Abbildung 5.65**
Mit den vier Zellenformaten sind die entsprechenden Absatzformate verknüpft.

Diese müssen jetzt wiederum nur noch in ein Tabellenformat aufgenommen werden, damit die Gestaltung bei Bedarf auf mehrere Tabellen angewendet werden kann.

3 Anlage des Tabellenformats

Als Nächstes legen Sie das Tabellenformat an. Markieren Sie dafür die gesamte Tabelle mit dem Text-Tool durch einen Klick auf die linke obere Ecke (siehe nebenstehende Abbildung).

Rufen Sie als Nächstes das Bedienfeld Tabellenformate über Fenster • Formate auf, und klicken Sie abermals auf Neues Format erstellen ③.

▴ **Abbildung 5.66**
Mit einem Klick wird die formatierte Tabelle markiert.

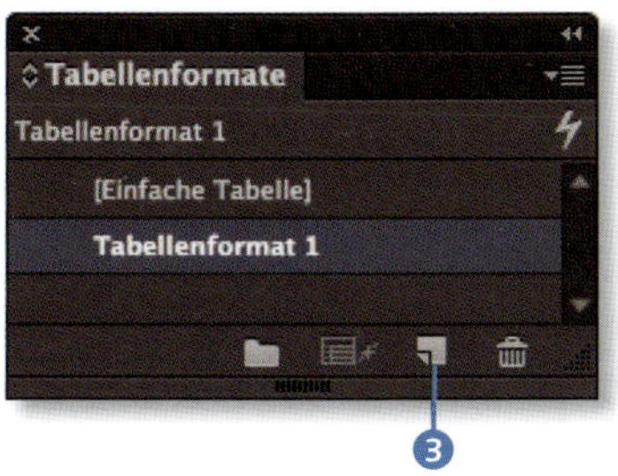

◂ **Abbildung 5.67**
Ein neues Tabellenformat, in dem die Zellen- und Absatzformate verwendet werden, wird angelegt.

Wie bei Absatzformaten und den Zellenformaten übernimmt InDesign auch bei der Anlage eines Tabellenformats allein dadurch, dass Sie vorher die Tabelle markieren, wichtige Tabellenattribute in das neue Tabellenformat. Öffnen Sie mit einem Rechtsklick das Kontextmenü, und wählen Sie "Tabellenformat 1" bearbeiten, um es in »Kochkurs« umzubenennen.

In den Formateinstellungen ❶ sind die automatisch übernommenen Attribute aufgelistet.

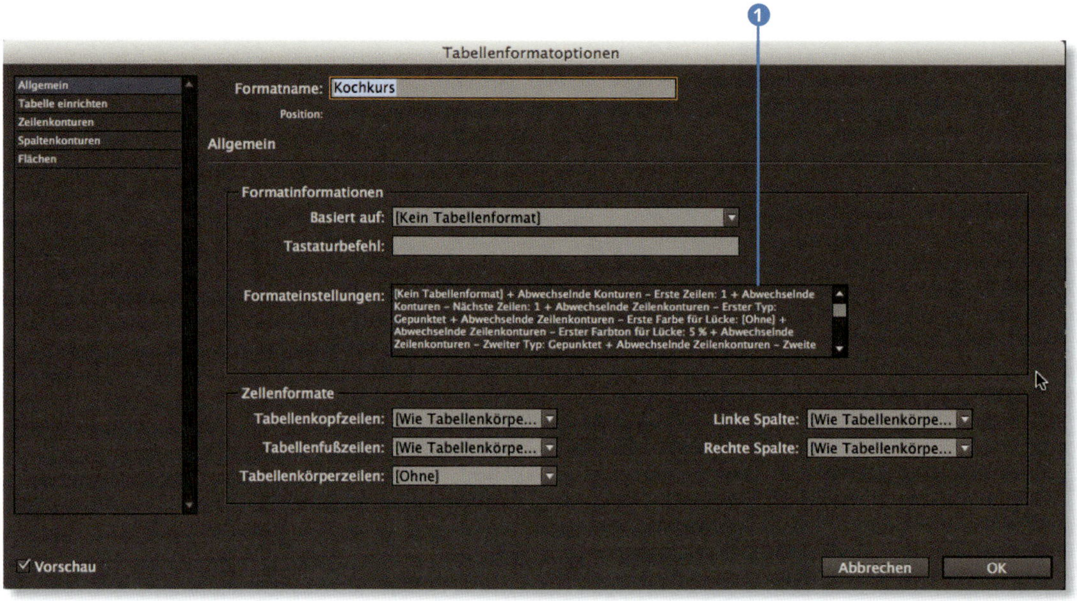

▲ **Abbildung 5.68**
In den Tabellenformatoptionen sind schon einige Formatierungen hinterlegt, noch fehlen die Zellenformate.

Verlassen Sie mit OK den Dialog, um eben zu überprüfen, welche Formatierungen InDesign tatsächlich im neuen Tabellenformat hinterlegt hat, ohne die Formateinstellungen durchlesen zu müssen. Dafür duplizieren Sie zunächst die bisherige Tabelle. Aktivieren Sie das Auswahl-Tool, markieren Sie hiermit die Tabelle, und ziehen Sie die Tabelle samt Textrahmen mit gedrückter Alt+⇧-Taste nach unten. Dadurch erstellen Sie eine Kopie der markierten Tabelle, die exakt vertikal unter der bestehenden angelegt wird.

Entfernen Sie nun alle Formatierungen, die diese Tabellenkopie enthält. Markieren Sie die gesamte Tabelle mit einem Klick mit dem Text-Tool auf die linke obere Ecke der Tabelle. Klicken Sie anschließend jeweils mit gedrückter Alt-Taste im Tabellenformate-Bedienfeld auf den Eintrag [Einfache Tabelle], im Zellenformate-Bedienfeld auf [Ohne], im Absatzformate-Bedienfeld auf [Einf. Abs.].

Die kopierte Tabelle wird nun nur noch mit schwarzen 1-Pt-Konturen und ohne Zellenflächen dargestellt, alle Texte sind mit der Times formatiert ❷. Falls der Textrahmen und/oder die Tabelle selbst Übersatzwarnungen anzeigen, weil die Standardtextformatierung mehr Platz benötigt, vergrößern Sie den Textrahmen oder die entsprechende Tabellenspalte.

Weisen Sie nun der Tabelle das Tabellenformat KOCHKURS zu. Markieren Sie hierfür die Tabelle, oder setzen Sie den Textcursor in eine beliebige Zelle, und klicken Sie auf das gewünschte Tabellenformat ❹ im TABELLENFORMATE-Bedienfeld: Es sind noch nicht alle Formatierungen im Tabellenformat enthalten ❸.

▼ Abbildung 5.69
Im Tabellenformat »Kochkurs« sind noch nicht alle Formatierungen korrekt hinterlegt.

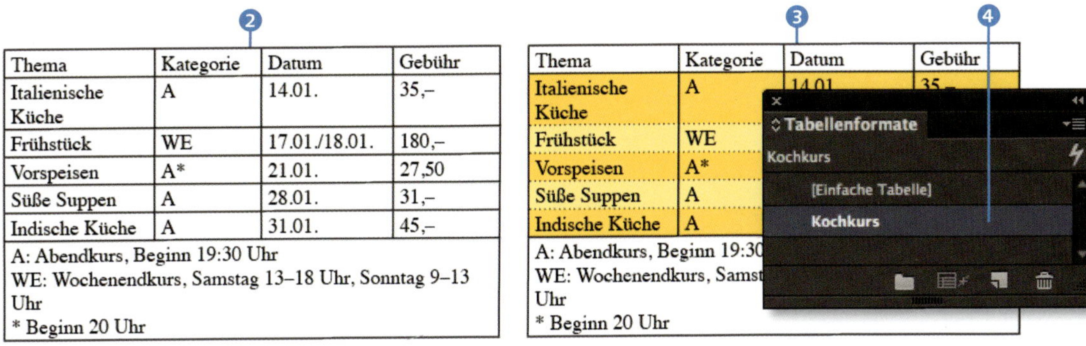

Öffnen Sie im TABELLENFORMATE-Bedienfeld mit einem Rechtsklick auf den Namen die Tabellenformatoptionen von KOCHKURS. Ändern Sie hier im Bereich ZELLENFORMATE ❺ die Zuordnung, wo InDesign auf welche Zellenformate zugreifen soll. Bis auf RECHTE SPALTE werden alle Einstellungen geändert:

▼ Abbildung 5.70
In den Tabellenformatoptionen werden die entsprechenden Zellenformate zugewiesen.

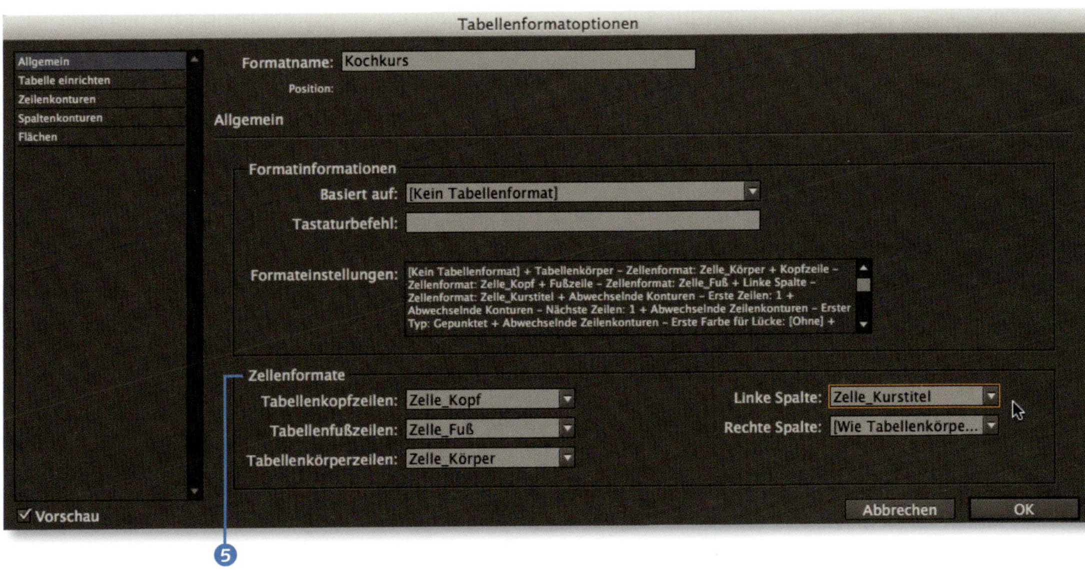

4 Lokale Formatierungen vornehmen

Das Ergebnis, das Sie schon mit aktiver Vorschau innerhalb der Tabellenformatoptionen begutachten können, entspricht bis auf die Satzart der Spaltenbeschriftung »Thema« ❶ der gewünschten Gestaltung.

Abbildung 5.71 ▸
Die Kopfzeile ist durch die Anwendung des Tabellenformats mit demselben Zellenformat formatiert.

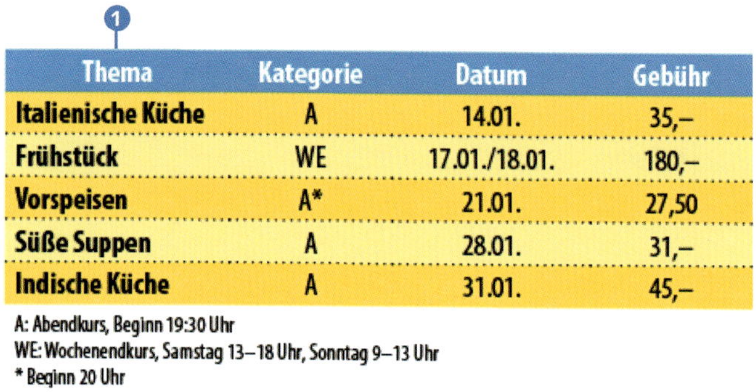

Thema	Kategorie	Datum	Gebühr
Italienische Küche	A	14.01.	35,–
Frühstück	WE	17.01./18.01.	180,–
Vorspeisen	A*	21.01.	27,50
Süße Suppen	A	28.01.	31,–
Indische Küche	A	31.01.	45,–

A: Abendkurs, Beginn 19:30 Uhr
WE: Wochenendkurs, Samstag 13–18 Uhr, Sonntag 9–13 Uhr
* Beginn 20 Uhr

Lokale Formatierung

Die Bedienfelder ZELLENFORMATE und TABELLENFORMATE zeigen wie etwa das ABSATZFORMATE-Bedienfeld mit einem Pluszeichen hinter dem entsprechenden Eintrag, wenn die konkrete Formatierung von der im Format hinterlegten abweicht. Mit dem Button ABWEICHUNGEN IN AUSWAHL LÖSCHEN setzen Sie das Format zurück.

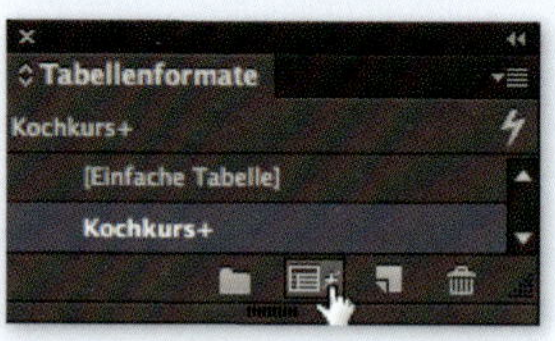

Da wir in den TABELLENFORMATOPTIONEN »nur« den fünf Bereichen Tabellenkopfzeilen, -fußzeilen, -körperzeilen sowie linke und rechte Spalte Zellenformate und damit Absatzformate zuweisen können, müssen wir die Abweichung bei »Thema« als lokale Abweichung manuell korrigieren.

Mit dem Tabellenformat KOCHKURS ließen sich – mit Ausnahme des »Thema«-Spaltenkopfes – nun die anderen elf Monatstabellen ohne Weiteres gleichförmig formatieren. Änderungen an einem der Absatz-/Zellenformate oder des Tabellenformats selbst lassen sich dann dokumentweit vornehmen.

Beschränkungen von Tabellenformaten

Überraschenderweise können Sie keine Definitionen etwa der Tabellenbreite oder -höhe, der SPALTENBREITE ❷ oder der ZEILENHÖHE ❸ in einem Tabellenformat definieren. Dieses sind Einstellungen, die Sie zwar im STEUERUNG- oder TABELLE-Bedienfeld vornehmen können, im Tabellenformat finden Sie jedoch keine Entsprechung hierzu.

Abbildung 5.72 ▸
Diese Tabelleneigenschaften lassen sich nicht per Tabellenformat definieren.

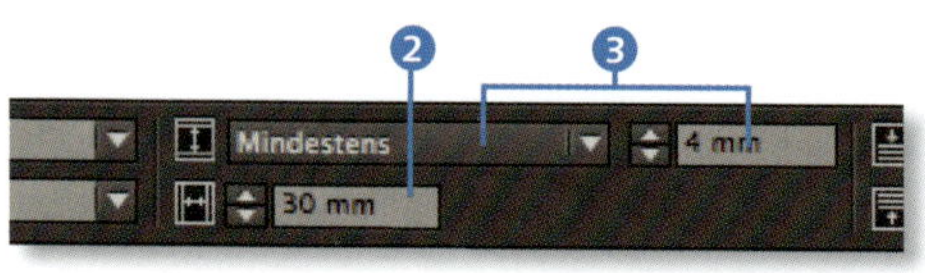

5.12 Tabellendaten platzieren

Bisher haben Sie drei Möglichkeiten kennengelernt, wie Sie eine Tabelle mit Daten füllen können: durch das Eingeben der Daten mit der Tastatur direkt in InDesign, durch die Umwandlung von Text in eine Tabelle und durch das Kopieren und Einfügen von Daten aus dem Ursprungsprogramm in die InDesign-Tabelle.

Eine vierte interessante Möglichkeit besteht darin, Tabellendaten aus anderen Dateien zu platzieren. Anders als beim Copy/Paste-Vorgehen brauchen die entsprechenden Tabellendateien dabei nicht geöffnet zu sein. Das Vorgehen kennen Sie vom Platzieren von Text- und Bilddaten. Genau wie bei Text- oder Bilddateien rufen Sie auch bei Tabellendaten über DATEI • PLATZIEREN den bekannten PLATZIEREN-Dialog auf. Konzentrieren wir uns auf den Import von Tabellendaten, die im XLS-Dateiformat vorliegen und somit in Excel oder einer anderen Tabellenanwendung erstellt wurden.

Dateien platzieren

Sie können Daten unterschiedlichster Art wie etwa Bilder, Texte, Tabellendaten und andere InDesign-Dokumente im PLATZIEREN-Dialog in einem Rutsch markieren. InDesign lädt alle Dokumente in den Cursor, mit dem Sie dann die Position festlegen, wohin InDesign die Daten im Layout platzieren soll.

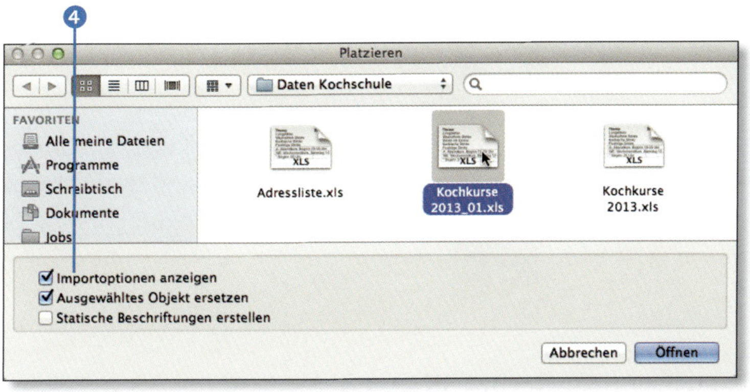

◂ **Abbildung 5.73**
InDesign platziert ohne Weiteres Tabellendaten.

Excel-Dateien liegen als sogenannte Arbeitsmappen vor, in denen mehrere Tabellen ❺ angelegt sein können.

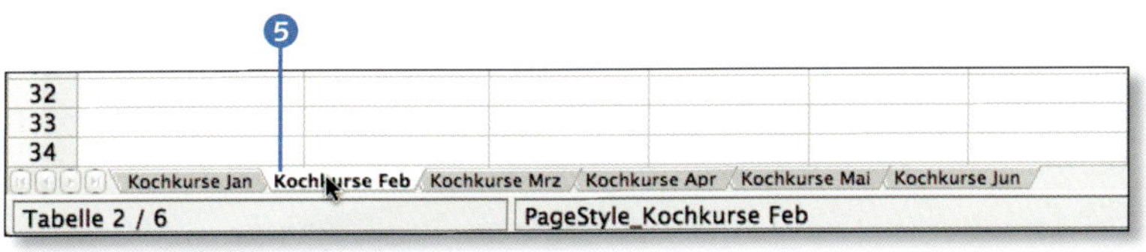

◂ **Abbildung 5.74**
Mit Hilfe der Tabellenimportoptionen ❹ können Sie konkrete Tabellen einer Arbeitsmappe platzieren.

Damit Sie beim Platzieren solcher Daten auch die gewünschten Tabellen oder sogar nur bestimmte Bereiche einzelner Tabellen

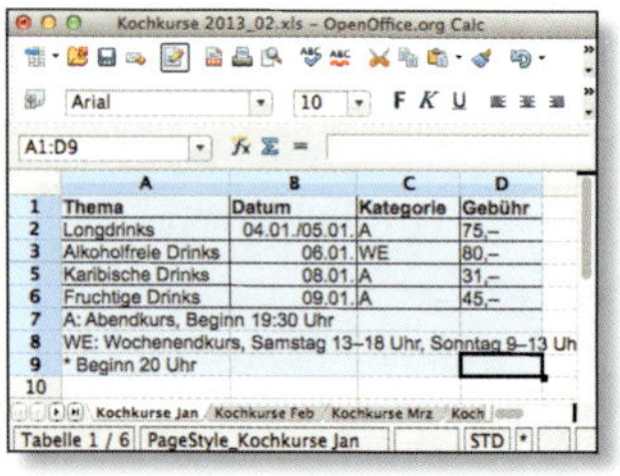

▲ **Abbildung 5.75**
Im Import-Dialog können Sie genau festlegen, welche Daten einer Tabelle importiert werden sollen.

platzieren können, blenden Sie sich wie beim Bild- und Textimport mit der Aktivierung der Checkbox IMPORTOPTIONEN ANZEIGEN ❹ (siehe Abbildung 5.73) die entsprechenden Auswahlmöglichkeiten ein. Ein Klick auf den ÖFFNEN-Button blendet die MICROSOFT EXCEL-IMPORTOPTIONEN ein.

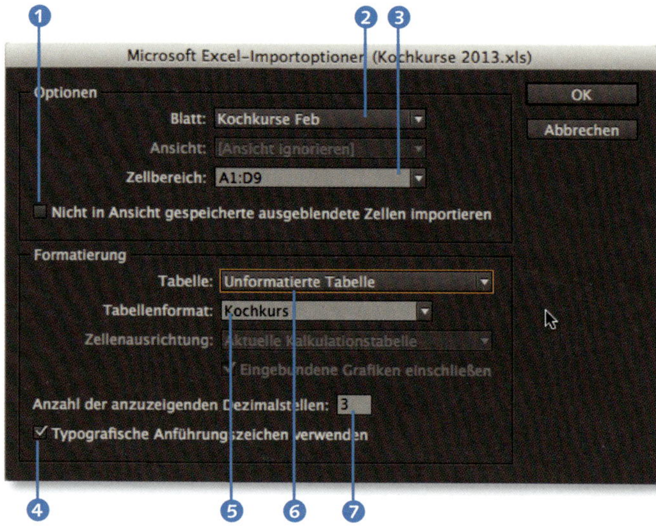

Abbildung 5.76 ▶
Auch bei Tabellen bieten die Importoptionen vielfältige Möglichkeiten der Steuerung, was wie importiert wird.

Im Beispiel wurde das Excel-Dokument »Kochkurse 2013.xls« markiert. Die Tabellen mit den Daten der Kurse sind nach Monat auf einem sogenannten Blatt innerhalb dieses Dokuments angelegt (siehe Abbildung 5.74).

Optionen

In den Tabellenimportoptionen kann das gewünschte BLATT per Pulldown-Menü ausgewählt werden ❷. InDesign registriert, in welchen Zellen der Excel-Datei Daten eingegeben sind, und zeigt den entsprechenden Bereich im ZELLBEREICH ❸ an. Bei Bedarf können Sie den Bereich der bei BLATT gewählten Tabelle auch eingrenzen: Die Großbuchstaben stehen hierbei für die Spalten, die anschließenden Zahlen für die Zeilen. Im Beispiel würden also die Daten der ersten vier Spalten A, B, C, D und der ersten zehn Zeilen bei Bestätigung des Dialogs mit OK importiert werden. Da in Tabellendokumenten einzelne Zellen, die beispielsweise Zwischensummen enthalten, wahlweise ausgeblendet werden können, kann im Import-Dialog festgelegt werden, ob diese mit importiert werden sollen ❶. Somit können Sie Daten im Tabellendokument ausblenden, die gar nicht erst nach InDesign importiert werden sollen.

Formatierung

Im Bereich Formatierung des Dialogfeldes können Sie im Pulldown-Menü Tabelle ❻ zwischen den Optionen Formatierte Tabelle, Unformatierte Tabelle, Unformatierter Text mit Tabulatortrennzeichen und Nur einmal formatiert wählen. Die beiden erstgenannten Optionen sind selbsterklärend, bedeutsam an der Option Unformatierte Tabelle ist jedoch, dass nur bei der Wahl dieser Option das nächste Pulldown-Menü Tabellenformat überhaupt anwählbar ist. Die Option Unformatierter Text mit Tabulatortrennzeichen führt dazu, dass die Tabellendaten eben nicht als Tabelle, sondern als Text importiert werden. Durch die hierbei von InDesign eingefügten Tabulatortrennzeichen können die Tabelleninhalte nach dem Import mit Hilfe des Bedienfeldes Tabulatoren positioniert werden. Ist die Option Nur einmal formatiert aktiv, versucht InDesign, für die platzierte Tabelle das Originalaussehen der Excel-Datei beizubehalten. Wenn Sie diese Tabelle in InDesign anschließend mit Tabellen-/Zellenformaten gestalten, berücksichtigt InDesign diese Änderungen bei einer Aktualisierung der verknüpften Tabelle. Lokale Formatierungen gehen bei einer Aktualisierung verloren. Das sehen wir uns im nächsten Abschnitt, »Verknüpfte Tabellen«, noch genauer an.

Bei Tabellenformat ❺ können Sie das gewünschte Format aus der Liste der im aktuellen Dokument erstellten Tabellenformate wählen. Sie können also nicht nur bereits importierten Tabellen Formate zuweisen, sondern die Formatierung schon beim Import erledigen.

Mit der Anzahl der anzuzeigenden Dezimalstellen ❼ können Sie festlegen, wie viele Zahlen hinter dem Komma bei Zahlen importiert werden sollen und dementsprechend von InDesign gerundet werden. Die letzte Importoption ❹ ist standardmäßig aktiviert: Dann werden etwa Zollzeichen, die statt korrekter Zeichen in Excel verwendet wurden, beim Import nach InDesign in die richtigen An- und Abführungszeichen umgewandelt.

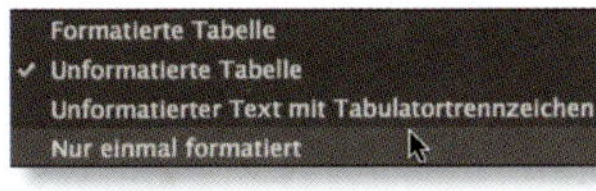

▲ **Abbildung 5.77**
Vier Optionen stehen zur Auswahl, wenn es um den Tabellenimport geht.

Tabellenoptionen

Von besonderem Interesse sind die beiden Optionen Unformatierte Tabelle und Nur einmal formatiert. Bei der zweiten Option versucht InDesign, der platzierten Tabelle das Originalaussehen der Excel-Datei zu verleihen.

5.13 Verknüpfte Tabellen

Formate

Wenn Sie mit verknüpften Tabellen arbeiten möchten/müssen, realisieren Sie die Tabellengestaltung weitestgehend mit Formaten. Lokale Formatierungen werden bei jeder Aktualisierung der Tabellendaten überschrieben.

Es gibt noch eine weitere Möglichkeit, Tabellendaten in ein Layout einzufügen: Sie können Tabellen genau wie Bilddaten mit einem InDesign-Dokument verknüpfen. Dabei werden Änderungen an der Tabellendatei im Ursprungsprogramm an InDesign weitergegeben – das ist bei häufig zu aktualisierenden Daten interessant. Abhängig von der Menge der sich ändernden Daten könnten diese auch aus Excel herauskopiert und ins InDesign-Dokument eingefügt werden. Je nach Umfang der Änderungen an der Tabelle in Excel und der Tabellengröße ist Copy/Paste aber als zweite Wahl einzustufen.

Voreinstellungen anpassen

Um Tabellendaten mit einer InDesign-Datei zu verknüpfen, müssen Sie in den Programmvoreinstellungen eine kleine Änderung vornehmen, standardmäßig ist die Verknüpfung von Tabellendaten nämlich deaktiviert. Unter Bearbeiten/InDesign • Voreinstellungen finden Sie in den Kategorien links den Eintrag Dateihandhabung. Dort markieren Sie die Checkbox neben Beim Platzieren von Text- und Tabellendateien Verknüpfungen erstellen ①. Beachten Sie, dass diese Voreinstellungen dokument- und nicht programmweit gelten.

Abbildung 5.78 ▼
Um Tabellen zu verknüpfen, anstatt sie zu importieren, bedarf es der Änderung der Voreinstellungen.

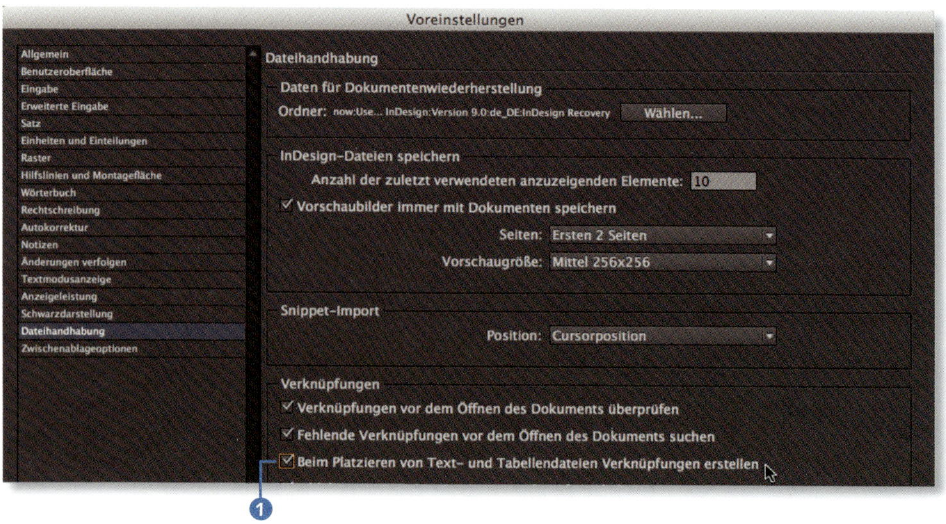

Nach der Aktivierung dieser Option werden Tabellendaten nicht mehr importiert, sondern verweisen durch die Verknüpfung auf die Tabellendatei auf Ihrer Festplatte, auf CD oder auf dem Server. Hier gilt natürlich dasselbe wie für Bilddaten: Verknüpfte Daten müssen für InDesign verfügbar sein. Das heißt, dass Sie weder den Namen noch den Speicherort einer Datei ändern sollten, die mit einer InDesign-Datei verknüpft wurde – andernfalls hat InDesign keine Chance, die Daten erwartungsgemäß darzustellen. Ebenso sollte natürlich der Server oder die CD mit den Daten für InDesign auffindbar, also gemountet sein.

Daten verknüpfen

In InDesign platzierte Text- und Tabellendaten können nicht im Nachhinein verknüpft werden. Sie müssen nach der Änderung der Voreinstellungen erneut importiert werden.

Sollen in einem InDesign-Dokument z. B. *nicht verknüpfte* Texte und *verknüpfte* Tabellen enthalten sein, müssen Sie die Voreinstellungen vor dem jeweiligen Platzieren der Daten umstellen.

Tabellendaten verknüpfen

Für das Platzieren ändert sich durch die geänderten Voreinstellungen nichts: Sie gehen wie gewohnt vor und nehmen die gewünschten Änderungen in den Importoptionen vor. Im Bedienfeld VERKNÜPFUNGEN werden die so verknüpften Tabellen aufgelistet. Hier sind wie bei Bildern z. B. der Dateiname, die Seite, auf der die Tabelle eingefügt wurde, und der Status der verknüpften Datei abzulesen:

◂ **Abbildung 5.79**
Mit dem VERKNÜPFUNGEN-Bedienfeld können verknüpfte Excel-Dokumente wie Bilder verwaltet werden.

Wird die verknüpfte Tabellendatei nun in Excel oder OpenOffice geändert, wird dies vom Bedienfeld VERKNÜPFUNGEN genau wie bei geänderten Bilddaten umgehend registriert und mit einem gelben Warndreieck in der Statuszeile visualisiert. Und genau wie bei anderen Verknüpfungen auch, können Sie die im Ursprungsprogramm geänderte Tabellendatei mit einem Doppelklick auf das Warndreieck hinter dem Namen oder mit dem VERKNÜPFUNG AKTUALISIEREN-Button ❸ auf den neuesten Stand bringen. Dateien, die InDesign nicht mehr findet, können ebenfalls aus dem VERKNÜPFUNGEN-Bedienfeld neu verknüpft ❷ werden.

5.14 Bilder in Tabellen

Verankertes Objekt

Bilder, die wie hier beschrieben in eine Tabelle oder einen Text eingefügt werden, sind sogenannte »verankerte Objekte«, die über OBJEKT • VERANKERTES OBJEKT weiter editiert werden können.

Neben Text können auch Bilder in Tabellenzellen platziert werden. Um eine Bilddatei in einen Text oder in eine Tabelle einzufügen, muss der Textcursor nur an der gewünschten Stelle des Textes oder eben der Tabelle positioniert sein. Anschließend wird der PLATZIEREN-Dialog wie gewohnt aufgerufen. Nach Auswahl der entsprechenden Bilddatei wird das Bild an der Position des Textcursors eingefügt.

Grundsätzlich ist es bei dieser Vorgehensweise jedoch ratsam, vor dem Platzieren erst einen Bildrahmen in der gewünschten Größe im Text oder in der Tabelle zu verankern. An folgendem Beispiel, bei dem in einer Tabelle Icons vor den Adresseinträgen eingefügt werden, möchte ich das Vorgehen erläutern.

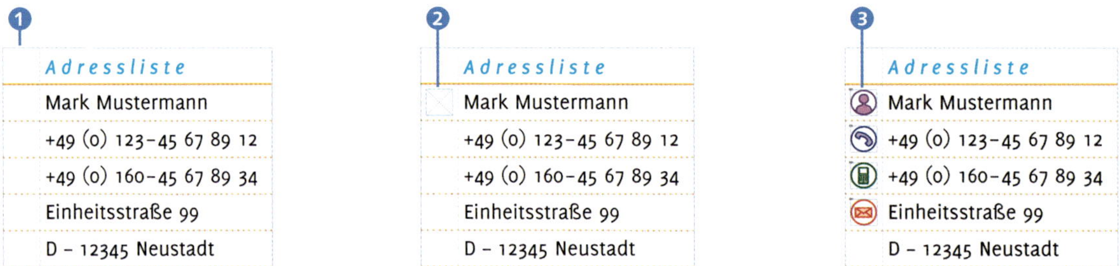

▲ **Abbildung 5.80**
Die vier Icons werden als verankerte Objekte in Zellen eingefügt.

Zunächst wird eine Tabelle aufgebaut, die eine Spalte für die zu ladenden Icons enthält (1). Anschließend wird ein Grafikrahmen der richtigen Größe erstellt. Dieser wird über BEARBEITEN • AUSSCHNEIDEN in den Zwischenspeicher geladen. Der Textcursor wird in die Zelle positioniert, in der die erste Grafik geladen werden soll. Die Platzhalterrahmen brauchen dann nur noch mit BEARBEITEN • EINFÜGEN in die entsprechenden Zellen eingefügt zu werden (2). Die Grafiken werden anschließend wie gewohnt in die vorbereiteten Rahmen platziert (3). In Tabellen verhalten sich verankerte Objekte wie Absätze und können so z. B. über die Satzart zentriert mittig in einer Tabellenzelle ausgerichtet werden. Die Spalte mit den Grafiken kann über das Bedienfeld TABELLE z. B. in der Breite angepasst werden. Ebenso lässt sich hierüber dann auch bei Bedarf der Versatz der Grafiken zur Zellenbegrenzung weiter steuern. Bei einem Zellenversatz von 0 mm lassen sich die Grafiken auch ganz nach links an den linken Tabellenrand verschieben.

Tabellenzellen

Die Ausrichtung innerhalb von Tabellenzellen wird wie bei Textrahmen eingestellt. Folgende Einstellungen sorgen bei einem Zellversatz von 0 mm für eine horizontal und vertikal mittige Ausrichtung.

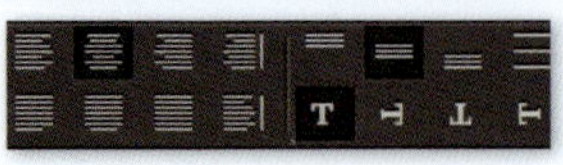

Pfade und Objekte

Die Grundlagen der Illustration

- Was sind Pfade?
- Wie werden Pfade erstellt und bearbeitet?
- Wie kann ich Text auf Pfaden erstellen?
- Wie kann ich Objekte auswählen und ausrichten?

6 Pfade und Objekte

In den vorangegangenen Kapiteln spielten Pfade und Objekte zwischendurch immer mal wieder eine Rolle, aber es lohnt sich, dass wir uns nun detaillierter mit der Erstellung und Bearbeitung von Pfaden und Objekten beschäftigen. Auch wenn InDesign kein spezialisiertes Illustrationsprogramm wie etwa Illustrator ist – die Möglichkeiten, Pfade zu erstellen und weiterzubearbeiten, sind auch bei InDesign beachtlich.

6.1 Grundlagen Pfade

▲ **Abbildung 6.1**
Die Standardeinstellung weist neuen Pfaden als Fläche »keine«, als Konturfarbe Schwarz zu.

Ein Pfad ist zunächst einmal eine Linie, die z. B. mit einem der Zeichenwerkzeuge wie Zeichenstift, Buntstift oder Linienzeichner-Werkzeug erstellt werden kann. Einem solchen Pfad können über die Toolbox oder das Bedienfeld FARBFELDER die beiden wichtigsten Attribute zugewiesen werden: eine *Konturfarbe* und eine *Flächenfarbe*. Ist einem Pfad keine der beiden Farben zugewiesen worden, wird er in der Ausgabe nicht berücksichtigt und ist somit unsichtbar. Bearbeitet werden kann ein solcher Pfad aber dennoch: Im Bildschirmmodus NORMAL werden auch solche im Druck unsichtbaren Pfade dargestellt.

Richtiges Tool

Bei der Arbeit mit Pfaden und Objekten ist die Wahl des richtigen Tools essenziell: Auswahl-Tool für »das Grobe«, Direktauswahl-Tool für »das Feine«.

Sehen wir uns den einfachsten aller möglichen Pfade einmal an: Der gerade Pfad im Beispiel unten hat eine schwarze Kontur in der Stärke 1 Pt und ist links nicht markiert, in der Mitte mit dem Auswahl-Tool und rechts mit dem Direktauswahl-Tool markiert.

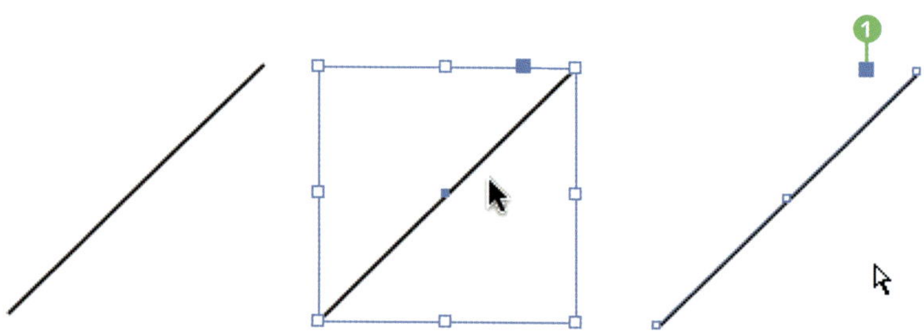

Abbildung 6.2 ▶
Hier sehen Sie denselben Pfad in drei verschiedenen Zuständen.

6.2 Begrenzungsrahmen

Wird ein beliebiges Objekt mit dem Auswahl-Tool markiert, wird von InDesign immer ein sogenannter Begrenzungsrahmen um das eigentliche Objekt dargestellt. Unter die Bezeichnung »Objekt« fällt in InDesign jedes druckbare Element. Zu Objekten zählen somit importierte Grafiken, Tabellen, Textrahmen und eben Pfade.

Ein Begrenzungsrahmen, der ein Objekt umschließt, hat immer eine rechteckige Form und gibt in seinen Ausmaßen die Größe des Objekts an. Ein solcher Rahmen hat an seinen vier Ecken und auf den vier Seitenmitten Auswahlgriffe, die mit dem Auswahlwerkzeug angeklickt und gezogen werden können ❷. Durch diese Aktion verändern Sie immer die Proportionen des markierten Objekts ❸.

Grafikrahmen

Bei Rahmen, die Grafiken enthalten, führt eine Veränderung der Proportionen eines Begrenzungsrahmens immer zu einer Veränderung des sichtbaren Ausschnitts der betreffenden Grafik.

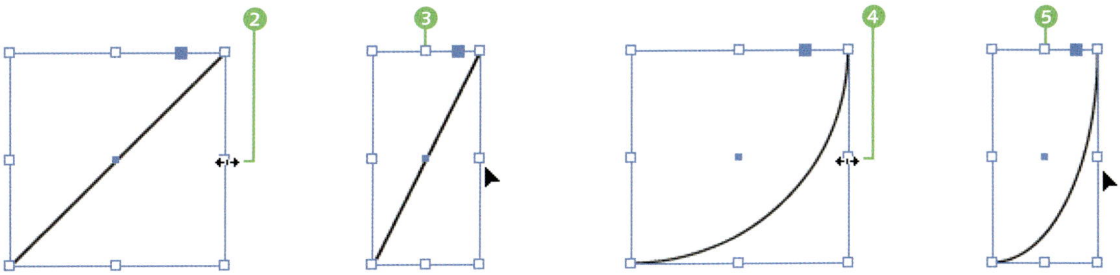

▲ **Abbildung 6.3**
Wird ein mittlerer Griffpunkt gezogen, verändern sich die Proportionen.

Bei gekrümmten Pfaden ❹ wird die Form durch dieselbe Aktion gestaucht ❺.

Soll das markierte Objekt in der Größe geändert werden und dabei seine Proportionen beibehalten, klicken Sie einen der Auswahlpunkte mit dem Auswahl-Tool an und halten gleichzeitig die [⇧]-Taste gedrückt. Dadurch wird die Bewegungsrichtung bei der Größenänderung auf den 45°-Winkel bzw. ein Vielfaches davon beschränkt.

Objekt verankern

Neben den acht äußeren Griffpunkten und dem Objektmittelpunkt weisen alle Objekte in InDesign an der oberen rechten Ecke ein weiteres gefülltes Quadrat ❶ auf. Dieses wird auch im Anzeigemodus NORMAL ohne Begrenzungsrahmen eingeblendet (siehe Abbildung 6.2). Damit beispielsweise ein erklärender Zusatztext

– unabhängig von einer eventuellen Änderung der Textlänge des Fließtextes – immer neben einer konkreten Textstelle steht, wird der Grafikrahmen im Haupttext verankert. Verankerte Objekte fließen durch die Verankerung mit dem Fließtext mit.

Um ein Objekt in einem Text zu verankern, ziehen Sie das Quadrat ❶ mit dem Auswahl- oder Direktauswahl-Tool an die gewünschte Stelle im Text ❹. Das Quadrat wird dann als Anker dargestellt ❷, Verankerungen können Sie sich über Ansicht • Extras • Textverkettungen einblenden anzeigen lassen ❸.

Marginalien

Zusatzinformationen, die Details oder Hintergrundinformationen zum Haupttext liefern, werden Marginalien genannt und stehen häufig wie hier in eigenen Spalten, den Marginalspalten.

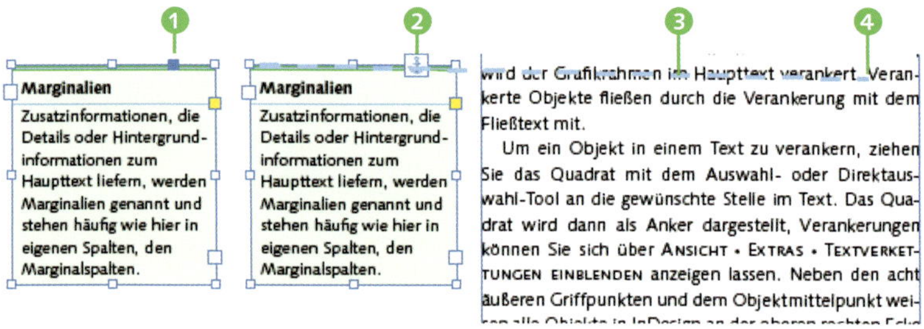

Abbildung 6.4 ▶
Objekte können einfach per Drag & Drop in einem Text verankert werden und fließen dann mit dem Text mit.

Für verankerte Objekte können Sie weitere Optionen und den Befehl zum Lösen aus dem Text einfach über das Kontextmenü aufrufen.

6.3 Pfadelemente

Wird ein Pfad mit dem Direktauswahl-Tool markiert, werden die unterschiedlichen Elemente, aus denen ein Pfad besteht, sichtbar und sind damit weiter editierbar.

Objektmittelpunkte

Um eine möglichst große Übersichtlichkeit zu erreichen, zeige ich in den folgenden Beispielen nicht den Objektmittelpunkt und das blaue Quadrat zum Verankern, die automatisch eingeblendet werden, wenn ein Objekt markiert ist.

Endpunkte

In folgendem Beispiel sind die beiden Endpunkte sichtbar, der obere ist vom Direktauswahl-Werkzeug markiert worden ❺ und kann nun unabhängig vom unteren verschoben werden ❻.

Abbildung 6.5 ▶
Endpunkte können vom Direktauswahl-Tool markiert und dann verschoben werden.

Ankerpunkte

Neben den Endpunkten gibt es noch eine zweite Punktart: den Ankerpunkt. Er kommt in zwei Varianten vor: als Eckpunkt 7 und als Übergangspunkt 8.

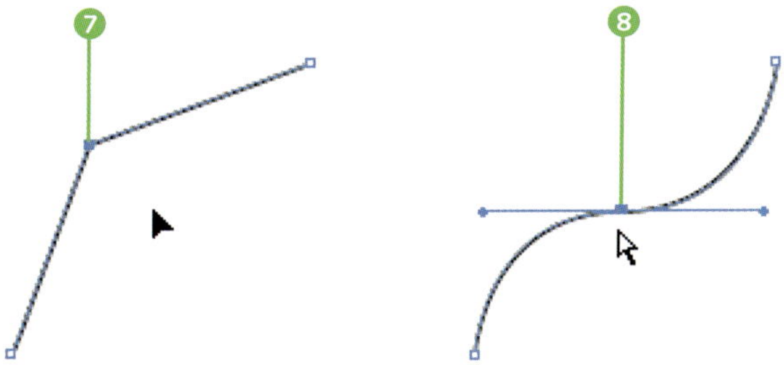

◂ **Abbildung 6.6**
Ein Ankerpunkt ist entweder Eck- oder Übergangspunkt.

Eckpunkte liegen immer dann vor, wenn die Linie ihre Richtung abrupt ändert. Übergangspunkte hingegen verbinden immer geschwungene Pfadteile miteinander und sorgen dabei für weiche Übergänge.

Pfadpunkte können mit dem Direktauswahl-Tool einzeln oder zu mehreren markiert und dann in ihrer Lage geändert werden. Auch dadurch verändert sich der Verlauf der Linie.

Pfadsegmente

Die Teile eines Pfades, die jeweils zwischen zwei Ankerpunkten liegen, werden Pfadsegmente genannt. Bei geschwungenen Pfaden können die Pfadsegmente direkt mit dem Direktauswahl-Tool markiert und verschoben werden. Solange nicht auch die benachbarten Ankerpunkte markiert sind, ändert sich hierdurch nur die Krümmung des betreffenden Pfadsegments.

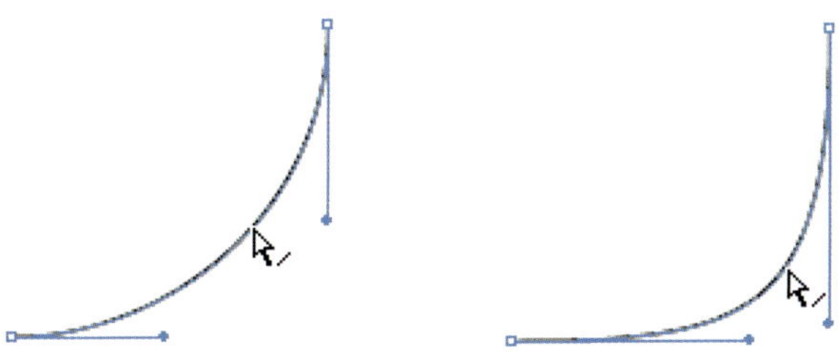

◂ **Abbildung 6.7**
Bei gekrümmten Pfaden können einzelne Pfadsegmente angeklickt und verschoben werden.

Ein einfacher Pfad besteht also immer aus zwei Eckpunkten, die durch mindestens ein Pfadsegment verbunden sind.

Grifflinien und -punkte

Pfade können in ihrem Kurvenverlauf durch die Grifflinien 2, die mit dem Direktauswahl-Tool an den Griffpunkten 1 angeklickt werden können, äußerst präzise verändert werden.

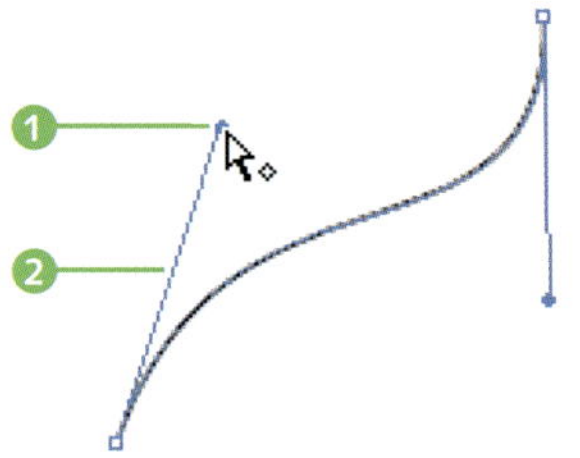

Abbildung 6.8 ▸
Mit Hilfe von Grifflinien wird der Kurvenverlauf von Pfaden gesteuert.

Feintuning von Pfaden
Die Bearbeitung von Details an Pfaden wird immer mit dem Direktauswahl-Tool oder dem Zeichenstift-Werkzeug und seinen Varianten durchgeführt.

Grifflinien sind Teil aller Übergangspunkte und gegebenenfalls auch von Eck- und Endpunkten. Diese Hilfslinien sind nur sichtbar, wenn ein Pfad, ein Pfadsegment oder ein Ankerpunkt aktiviert ist. Sie dienen ausschließlich der Modifikation von Pfaden und sind nicht druckend.

6.4 Pfadarten

In InDesign wird zwischen drei Arten von Pfaden unterschieden: geöffneter Pfad, geschlossener Pfad und verknüpfter Pfad.

Offener Pfad

Alle bisher gezeigten Beispiele dieses Kapitels sind offene Pfade: Sie verfügen alle über zwei Endpunkte. Offene Pfade können sich auch selbst überlappen, so dass beispielsweise schleifenförmige Linienverläufe möglich sind. Die Endpunkte markieren dabei aber immer noch den Anfang bzw. das Ende eines Pfades, der trotz der Überlappung immer noch ein offener Pfad ist.

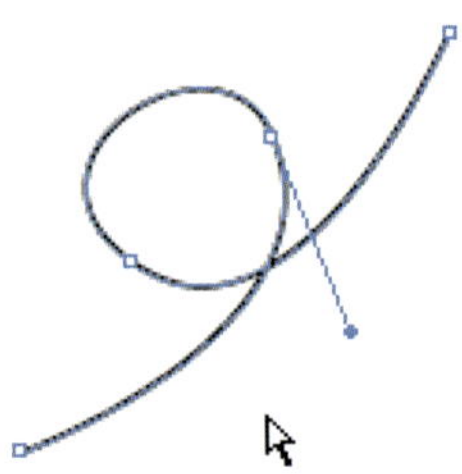

Abbildung 6.9 ▸
Pfade können sich selbst schneiden.

Geschlossener Pfad

Hat ein Pfad keine Endpunkte, ist es ein geschlossener Pfad. Im folgenden Beispiel sind die vier Übergangspunkte, die Grifflinien des markierten Ankerpunktes und die der nächstliegenden Ankerpunkte zu sehen. InDesign zeigt nicht nur die Grifflinien des markierten Ankerpunktes an, sondern alle, die den Kurvenverlauf des Pfadsegments definieren.

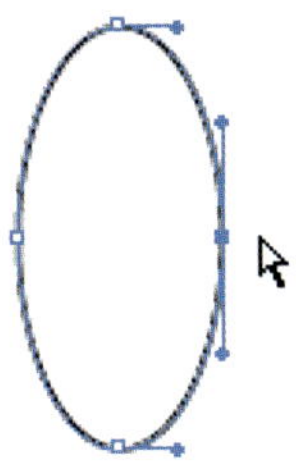

◂ **Abbildung 6.10**
Ein geschlossener Pfad hat keine Endpunkte.

Geschlossene Pfade haben Sie übrigens schon in den Kapiteln zu Texten und Bildern kennengelernt: Jeder Text- und Bildrahmen ist für InDesign auch ein Pfad. Das heißt für Sie, dass Sie die unterschiedlichen Rahmen genauso weiterbearbeiten können wie selbst erstellte Pfade, die Sie vielleicht mit einem der Zeichenwerkzeuge erzeugt haben.

▴ **Abbildung 6.11**
In verknüpfte Pfade können nicht nur Bilder eingesetzt werden, ihnen können auch Verläufe zugewiesen werden.

Verknüpfter Pfad

Ein verknüpfter Pfad besteht immer aus mindestens zwei geschlossenen Pfaden, die über den Befehl Objekt • Pfade • Verknüpften Pfad erstellen zusammengefügt wurden. Durch diese Aktion wird beispielsweise erreicht, dass man durch eine Form hindurchsehen kann.

◂ **Abbildung 6.12**
Durch verknüpfte Pfade kann hindurchgesehen werden.

Beide Pfade und ihre Pfadelemente lassen sich nach der Verknüpfung weiterhin einzeln bearbeiten.

6.5 Pfade zeichnen

Jetzt haben Sie schon einiges zu Pfaden gelesen und gesehen – nun soll es in die Praxis gehen. Zunächst werden Sie lernen, wie man einfache Formen mit dem Zeichenstift-Werkzeug erstellt. Nach dem Workshop zu geraden Liniensegmenten und verknüpften Pfaden werde ich auf das Zeichnen von gekrümmten Pfaden eingehen.

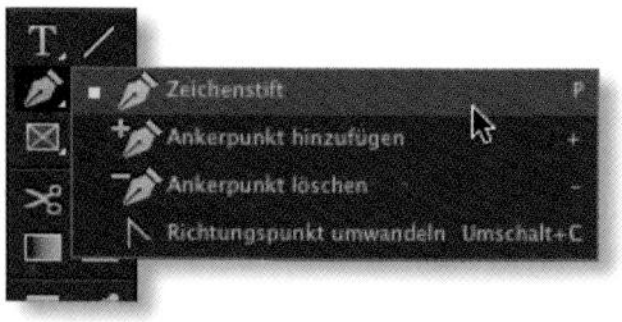

▲ **Abbildung 6.13**
Zunächst werden Sie das Zeichenstift-Werkzeug einsetzen.

Grundsätzlich können Sie zum Zeichnen auch das intuitivere Buntstift-Werkzeug verwenden, es lässt sich aber nicht so präzise handhaben wie das Zeichenstift-Tool, weshalb ich mich hier auf Letzteres beschränke.

Zeichnen gerader Pfadsegmente

Mit dem Zeichenstift-Werkzeug werden durch einfaches Klicken nacheinander Ankerpunkte an die gewünschten Stellen gesetzt. Wichtig ist hierbei, dass wirklich nur geklickt wird – die Maustaste muss direkt danach wieder gelöst werden, sonst wird ein Übergangspunkt erstellt, der weiche Übergänge zwischen Pfadsegmenten formt.

Abbildung 6.14 ▶
Um gerade Pfadsegmente zu erstellen, darf mit der Zeichenfeder nur geklickt, nicht gezogen werden.

Pfade können zu jedem beliebigen späteren Zeitpunkt weitergezeichnet werden. Positionieren Sie hierfür einfach den Zeichenstift auf einem der Endpunkte des bestehenden Pfades. Dieser muss noch nicht einmal aktiviert sein: Bei der Positionierung des Zeichnen-Tools registriert InDesign auch bei demarkierten Pfaden, dass ein Endpunkt unter dem Cursor liegt. Neben dem Zeichenfeder-Icon blendet InDesign dann eine kleine schräge Linie ein, und mit einem Klick auf den Endpunkt wird der offene Pfad aktiviert. Sie können den Pfad dann mit verschiedenen Techniken weiterzeichnen.

Zeichnen gekrümmter Pfade mit Übergangspunkten

Das Zeichnen von Krümmungen unterscheidet sich in einem wesentlichen Punkt vom Zeichnen gerader Pfadsegmente: Nachdem ein Ankerpunkt gesetzt wurde, bleibt die Maustaste gedrückt und wird in die gewünschte Richtung gezogen. Dadurch werden die Grifflinien aus dem gerade gesetzten Ankerpunkt gezogen, und bei gedrückter Maustaste wird die Länge und der Winkel der Grifflinien definiert:

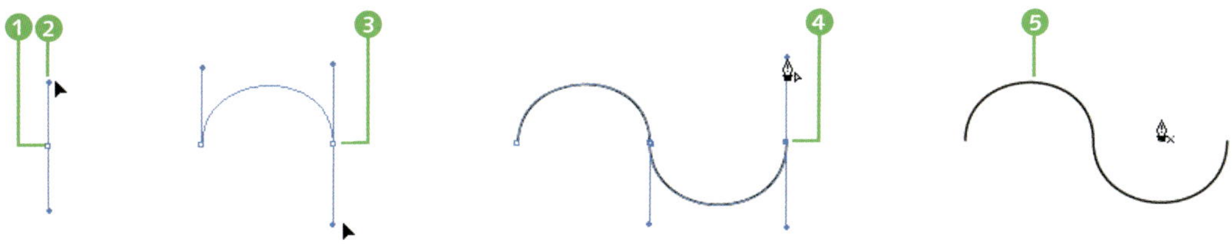

▲ **Abbildung 6.15**
Für die geschlängelte Linie müssen drei Ankerpunkte gesetzt werden.

Ein Ankerpunkt ❶ wurde mit dem Zeichenstift gesetzt, und mit gedrückter Maus werden die Grifflinien aus dem Ankerpunkt auf die gewünschte Länge und mit dem gewünschten Winkel gezogen ❷. Dann erst wird die Maus losgelassen, und der nächste Ankerpunkt wird gesetzt ❸. Wieder wird die Grifflinie bis auf die gewünschte Länge herausgezogen. Die Vorgehensweise ist beim dritten Ankerpunkt dieselbe ❹. Die rechte Abbildung zeigt den fertigen, demarkierten Pfad, wie er gedruckt werden würde ❺. An den Abbildungen ist gut zu erkennen, dass die Grifflinien immer paarweise aus den Ankerpunkten gezogen werden und dass diese immer dieselbe Länge aufweisen. Bei der späteren Bearbeitung kann man beides selbstverständlich ändern.

Übrigens ist es überraschenderweise vergleichsweise schwierig, beispielsweise ein Kreissegment wie einen Viertelkreis zu zeichnen. Auch symmetrische Pfade sind schwieriger zu erstellen, als man meinen sollte. Für beide Anforderungen gibt es aber in InDesign Abhilfe. Für einen Viertelkreis könnten Sie zunächst auch erst einen kompletten Kreis mit dem Ellipse-Werkzeug zeichnen. Im zweiten Schritt schneiden Sie sich mit dem Werkzeug SCHERE einfach das benötigte Teilstück heraus. Für symmetrische Zeichnungen erstellen Sie erst die eine Hälfte und spiegeln diese mit Hilfe des STEUERUNG-Bedienfeldes. Überlegen Sie also vor dem Zeichnen, ob Sie alles mit der Zeichenfeder neu erstellen müssen.

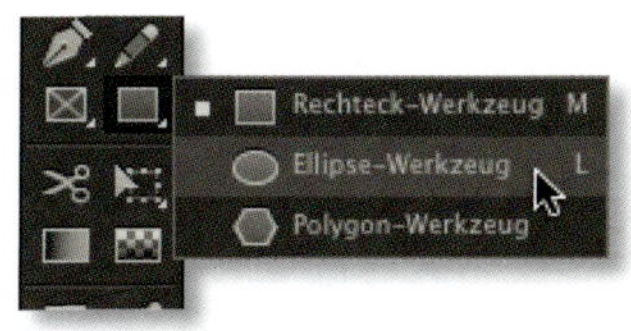

▲ **Abbildung 6.16**
Bedenken Sie, dass sich Grundformen auch einfach mit den Form-Tools erstellen lassen.

▲ **Abbildung 6.17**
Pfade lassen sich auch mit der Schere und den Transformations-Tools bearbeiten.

Zeichnen gekrümmter Pfade mit Eckpunkten

Als dritte Möglichkeit, wie Punkte Segmente eines Pfades verbinden können, schauen wir uns die Kombination von Eckpunkt und gekrümmten Segmenten an.

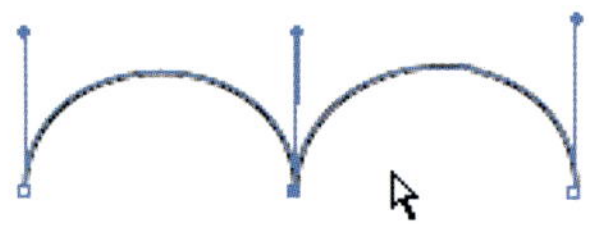

Abbildung 6.18 ▸
Der Ankerpunkt in der Mitte ist ein Eckpunkt.

Obwohl die beiden Pfadsegmente zu beiden Seiten des Ankerpunktes in der Mitte gekrümmt sind, liegt in Abbildung 6.18 ein Eckpunkt vor, da der Pfad an dieser Stelle abrupt seine Richtung ändert.

Wie ein Pfad wie der oben gezeigte in einem Arbeitsschritt gezeichnet werden kann, sehen wir uns in einer Sequenz an, die Sie in InDesign nachvollziehen sollten. Die ersten beiden Punkte werden genauso angelegt wie bei dem vorangegangenen Beispiel:

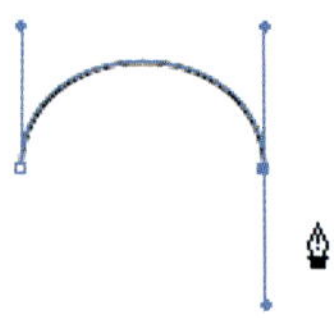

Abbildung 6.19 ▸
Die ersten beiden Punkte werden genau wie im vorangegangenen Beispiel angelegt.

Ankerpunkte ändern

Wenn Sie während des Zeichnens den aktuellen Ankerpunkt verschieben möchten, drücken Sie einfach die Leertaste: Sie können dann den aktiven Ankerpunkt an der Grifflinie verschieben.

Um nun den Pfad nach oben, in entgegengesetzter Richtung weiterzuzeichnen, muss das Richtungspunkt-umwandeln-Tool aktiviert werden. Am einfachsten erreichen Sie dies, indem Sie durch das Drücken der Alt-Taste vom Zeichenstift-Tool temporär zum Richtungspunkt-umwandeln-Werkzeug wechseln. Beim Wechsel zu diesem Werkzeug über die Werkzeugleiste oder durch Drücken des Tastaturbefehls ⇧+C würde nämlich der letzte Ankerpunkt deaktiviert, und Sie müssten diesen zum Weiterzeichnen erst wieder mit dem Zeichenstift-Werkzeug anklicken.

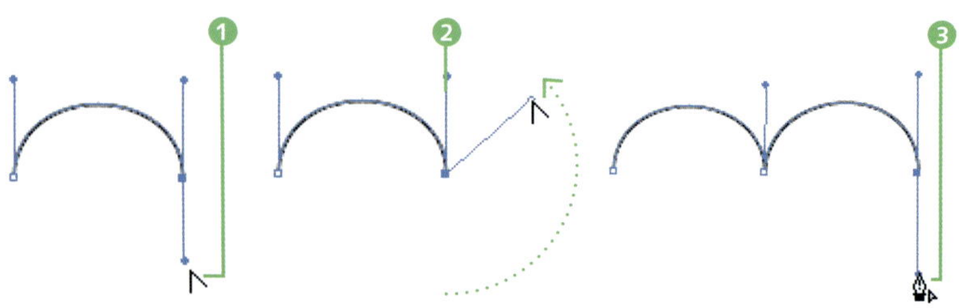

Abbildung 6.20 ▸
Durch einen Klick mit dem Richtungspunkt-umwandeln-Werkzeug wird hier ein Übergangspunkt zum Eckpunkt.

Das Richtungspunkt-umwandeln-Werkzeug erkennen Sie, solange mit ihm kein Griffpunkt markiert ist, an dem offenen Pfeil ❶. Nach dem Klick auf den Griffpunkt kann die dazugehörige Grifflinie unabhängig von ihrem Pendant bewegt werden ❷. Nachdem die Grifflinie die gewünschte Länge und den gewünschten Winkel angenommen hat, wird mit dem Zeichenstift wie gewohnt weitergezeichnet ❸.

Eingeschränkte Bewegungsfreiheit

Die [⇧]-Taste führt beim Bewegen einer Grifflinie dazu, dass die Bewegungsmöglichkeiten auf das Vielfache von 45°-Winkeln eingeschränkt sind.

6.6 Pfade bearbeiten

Häufig gelingt es einem nicht, auf Anhieb die gewünschte Form zu erstellen: Das Zeichenstift-Tool ist zwar ein äußerst präzise einsetzbares Tool, nur ist es anfangs nicht sonderlich intuitiv zu bedienen. Hier müssen Sie durchaus etwas Einarbeitungszeit einplanen – aber gerade bei diesem Tool lohnt sich die Beschäftigung damit, da es auch in den meisten anderen Programmen der diversen Suites von Adobe an ganz zentralen Stellen vorkommt (z. B. bei der Erstellung von Beschneidungspfaden in Photoshop). Im Folgenden lernen Sie weitere Techniken zur Bearbeitung von Pfaden kennen.

Pfeiltasten justieren

Unter BEARBEITEN/INDESIGN • VOREINSTELLUNGEN im Bereich EINHEITEN UND EINTEILUNGEN können Sie die Schrittweite der Pfeiltasten ändern.

Direktauswahl-Werkzeug

Sehen wir uns zunächst die Verwendungsmöglichkeiten des Direktauswahl-Tools an. Wie Sie wissen, lassen sich mit diesem Werkzeug einzelne Ankerpunkte markieren, und diese können dann in der Position verändert werden. Um mehrere Ankerpunkte zu markieren, die nicht direkt nebeneinanderliegen, halten Sie die [⇧]-Taste gedrückt. Zum Verschieben der Ankerpunkte können Sie auch die Pfeiltasten einsetzen. Die Schrittweite der Pfeiltasten können Sie in den Voreinstellungen Ihren Bedürfnissen entsprechend anpassen.

Bei mehreren Ankerpunkten, die hingegen nebeneinanderliegen, ziehen Sie einfach ein Rechteck mit dem Direktauswahl-Cursor auf ❹, und alle Ankerpunkte, die durch diese Aktion überstrichen werden, sind daraufhin markiert (❺ und ❻). Diese Auswahltechnik lässt sich übrigens mit der Auswahl einzelner Punkte mit Hilfe der [⇧]-Taste beliebig kombinieren.

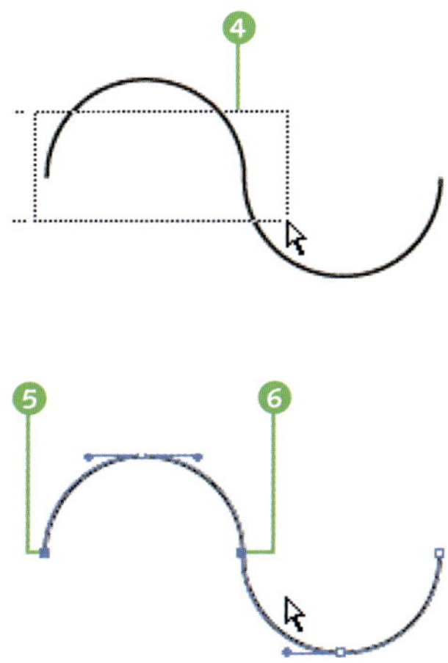

▲ **Abbildung 6.21**
Mit dem Direktauswahl-Tool können Sie Auswahlrechtecke auch über Ankerpunkte aufziehen.

Grifflinien löschen

Mit einem Klick des Richtungspunkt-umwandeln-Tools auf einen Ankerpunkt werden die Grifflinien entfernt.

Richtungspunkt-umwandeln-Werkzeug

Mit diesem Tool können Punkte nicht nur beim Zeichnen, sondern auch danach in ihr jeweiliges Gegenteil umgewandelt werden: Durch einen Klick mit diesem Werkzeug auf eine Grifflinie ❷ eines Übergangspunktes ❶ wird der Punkt zu einem Eckpunkt, und die Grifflinie lässt sich individuell bewegen ❸.

Abbildung 6.22 ►
Mit einem Klick auf einen Griffpunkt mit dem Richtungspunkt-umwandeln-Tool lässt sich jede Grifflinie separat bearbeiten.

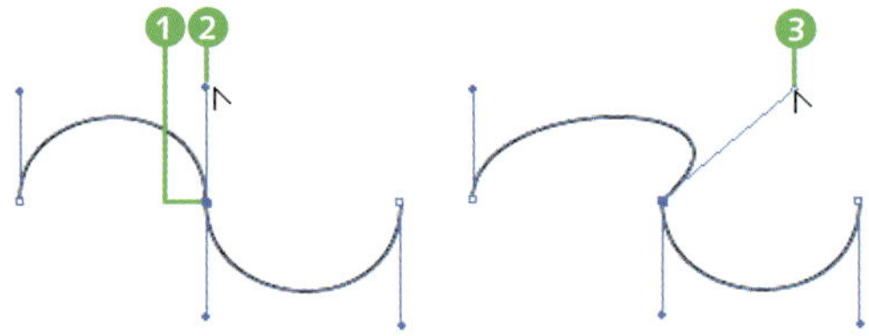

Ein Eckpunkt ❹ lässt sich in einen Übergangspunkt umwandeln, indem Grifflinien mit dem Richtungspunkt-umwandeln-Tool aus dem betreffenden Ankerpunkt herausgezogen werden ❺.

Abbildung 6.23 ►
Ebenso lassen sich Eckpunkte auch wieder in Übergangspunkte umwandeln.

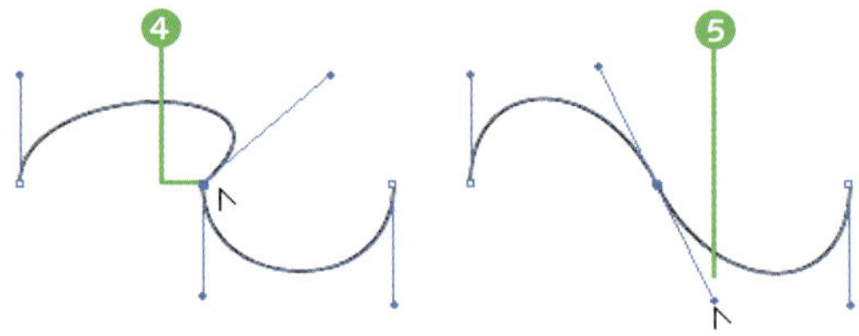

6.7 Das Bedienfeld »Pathfinder«

▲ Abbildung 6.24
Das Bedienfeld PATHFINDER bietet eine ganze Reihe von Funktionen, von denen einige eher exotischer Natur sind.

Dieses Bedienfeld mit dem eigentümlichen Namen – im deutschsprachigen Raum dürfen wir wohl froh sein, dass das Bedienfeld nicht mit Pfadfinder übersetzt wurde – bietet wichtige Pfadfunktionen. Sie können es über FENSTER • OBJEKT UND LAYOUT aufrufen. Die Befehle, die im Bedienfeld als Buttons hinterlegt sind, finden Sie auch noch einmal im Menü OBJEKT in den vier Untermenüs PFADE, PATHFINDER, FORM KONVERTIEREN und PUNKT KONVERTIEREN.

Die wichtigsten Befehle der Bereiche PFADE, PATHFINDER, FORM KONVERTIEREN und PUNKT KONVERTIEREN möchte ich im Folgenden entsprechend den vier Bereichen PFADE, PATHFINDER, FORM KONVERTIEREN und PUNKT KONVERTIEREN vorstellen, in die die Funktionen gruppiert sind.

6.8 Funktionen »Pfade«

Der Bereich PFADE beherbergt vier Befehle, die von unterschiedlicher Bedeutung für die Praxis sind.

▲ **Abbildung 6.25**
Der Bereich PFADE

Pfad zusammenfügen

Mit dem Button PFAD VERBINDEN können Sie zwei offene Pfade zu einem offenen Pfad kombinieren. Das heißt, dass dieser Befehl die beiden Pfade an jeweils einem Endpunkt miteinander verbindet. Dabei ist das Ergebnis dieses Befehls davon abhängig, ob die beiden Pfade mit dem Auswahl- oder dem Direktauswahl-Tool markiert wurden, bevor der Befehl PFAD VERBINDEN angewendet wurde.

▲ **Abbildung 6.26**
Die Funktionen des PATHFINDER-Bedienfeldes finden Sie ebenfalls im Menü OBJEKT.

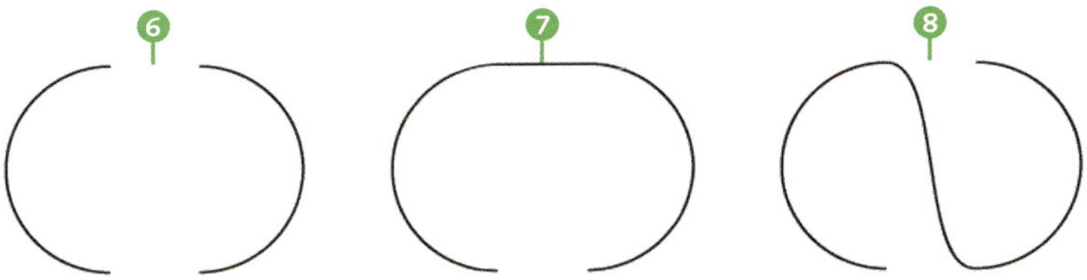

◂ **Abbildung 6.27**
Die beiden rechten Formen sind beide Ergebnisse desselben Befehls – nach unterschiedlicher Markierung.

Bevor der Befehl PFAD VERBINDEN auf die beiden offenen Pfade ❻ angewendet wurde, wurden dieselben Pfade einmal mit dem Auswahl-Tool markiert. Das Ergebnis ❼ sieht anders aus, als wenn gegenüberliegende Eckpunkte mit dem Direktauswahl-Tool markiert werden und dann PFAD VERBINDEN angewendet wird ❽.

Pfade verbinden

Eckpunkte verschiedener Pfade lassen sich auch mit dem Zeichenstift-Tool verbinden.

Pfad öffnen

Einen geschlossenen Pfad können Sie mit dem Befehl PFAD ÖFFNEN an einem Ankerpunkt öffnen. Da sich nicht – z. B. durch das Markieren eines Ankerpunktes mit dem Direktauswahl-Werkzeug – steuern lässt, an welchem Ankerpunkt der Pfad geöffnet wird, führt dieser Befehl zu eher zufälligen Ergebnissen.

Mit der Schere können Sie im Gegensatz zu diesem Button einfach durch Anklicken der gewünschten Stelle den Pfad öffnen. Der Pfad muss dafür aktiviert sein. Die Schere fügt dem Pfad an der Schnittstelle zwei neue Endpunkte hinzu, die dann wie gewohnt beispielsweise mit dem Direktauswahl-Tool bearbeitet werden können. Die Schere teilt neben geschlossenen ebenso offene Pfade.

Pfad schließen

Soll ein offener Pfad geschlossen werden, kann dies mit diesem Button erreicht werden. Vorhandene Grifflinien werden beim Schließen eines Pfades berücksichtigt.

Die beiden Pfade aus dem Beispiel auf Seite 263 sehen nach Ausführung dieses Befehls so aus:

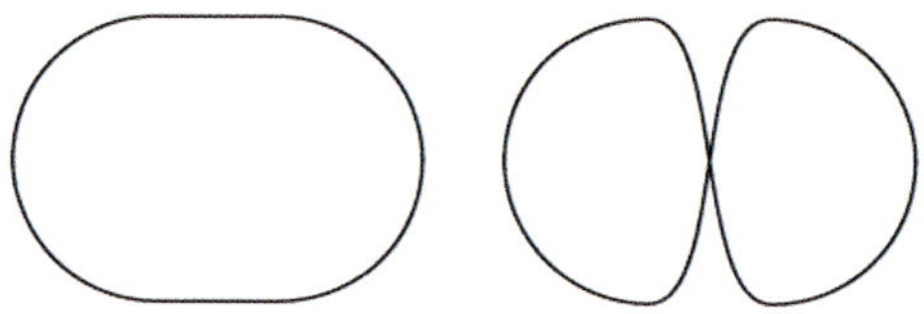

Abbildung 6.28 ▸
Diese beiden Formen sind aus den Pfaden von Abbildung 6.27 durch den Befehl PFAD SCHLIESSEN entstanden.

Pfad umkehren

Grundsätzlich haben alle Pfade für InDesign immer eine Richtung. Für den Anwender ist diese Pfadrichtung allerdings nur in Ausnahmefällen von Bedeutung. Offensichtlich wird die Richtungsänderung bei Pfaden mit Pfeilspitzen und -enden:

Abbildung 6.29 ▸
Hier ist zweimal derselbe Pfad zu sehen: Er unterscheidet sich nur in der Richtung.

6.9 Funktionen »Pathfinder«

▲ Abbildung 6.30
Natürlich finden Sie im PATHFINDER-Bedienfeld die eigentlichen Pathfinder-Befehle.

Im Bedienfeld PATHFINDER finden Sie den Bereich PATHFINDER. Hier ist Adobe wohl die Benennung der in vier Unterbereiche zusammengefassten Funktionen schwergefallen. Zur Demonstration der fünf Funktionen kommen folgende zwei Pfade zum Einsatz. Achten Sie auch auf die Flächen- und Konturstile.

Abbildung 6.31 ▸
Die Pathfinder-Aktionen werden auf diese Pfade angewendet.

Addieren

Mit der Betätigung dieses Buttons werden einfach die beiden aktivierten Pfade zu einem Pfad zusammengefasst. Dabei gehen die sich überlappenden Pfadbereiche verloren, der neue Pfad erhält die Kontur- und Flächenattribute des vorderen Objekts.

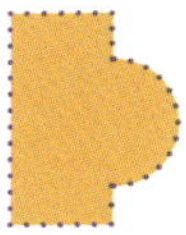

◂ **Abbildung 6.32**
Die beiden Pfade wurden addiert.

Subtrahieren

Durch diesen Befehl wird das vordere vom hinteren Objekt abgezogen, das seine Flächenfarbe und seine ursprüngliche Kontur beibehält.

◂ **Abbildung 6.33**
Der vordere Kreispfad wurde durch Subtrahieren aus der hinteren Form ausgestanzt.

Schnittmenge bilden

Der mittlere Button lässt von den beiden markierten Pfaden nur die Schnittmenge stehen.

◂ **Abbildung 6.34**
Der Befehlsname sagt alles.

Überlappung ausschließen

Die Funktion dieses Befehls ähnelt der von Objekt • Pfade • Verknüpften Pfad erstellen. Bei Überlappung ausschliessen ❶ wird im Gegensatz zu Verknüpften Pfad erstellen ❷ das vordere Objekt als Referenz herangezogen.

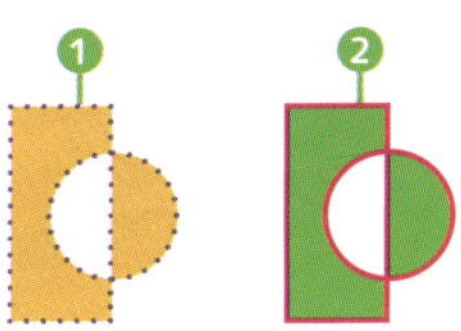

◂ **Abbildung 6.35**
Die beiden Pfade werden auf zwei Arten zu einem verknüpften Pfad kombiniert.

Interessant ist in diesem Zusammenhang der Befehl Objekt • Pfade • Verknüpften Pfad lösen. Dieser Befehl bewirkt bei Pfaden, die mit Überlappung ausschliessen verknüpft wurden, dass anschließend zwei neue Pfade vorliegen, die dann immer noch die Flächen- und Konturformatierung des vorderen Objekts aufweisen:

Abbildung 6.36 ▸
Durch den Befehl Überlappung ausschliessen werden tatsächlich zwei Pfade erstellt.

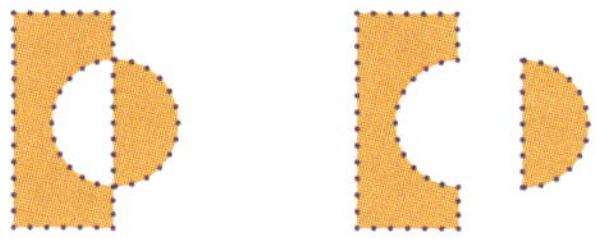

Wird dieser Befehl auf eine Pfadkombination angewendet, die durch Verknüpften Pfad erstellen erstellt wurde, werden einfach die beiden ursprünglichen Pfadformen wiederhergestellt, die Formatierung bleibt die des hinteren Objekts:

Abbildung 6.37 ▸
Der Befehl Verknüpften Pfad erstellen kann auch später rückgängig gemacht werden.

Hinteres Objekt abziehen

Dieser Befehl entspricht in seiner Funktion dem Befehl Subtrahieren, nur dass hier eben das hintere vom vorderen Objekt subtrahiert wird:

Abbildung 6.38 ▸
Hier hat das hinten liegende Rechteck als Stanze fungiert.

Alle Pfadaktionen des Bereichs Pathfinder können auch auf mehrere Pfade gleichzeitig angewendet werden. Im folgenden Beispiel wird auf die drei einzelnen Pfade ❶ der Befehl Subtrahieren angewendet ❷.

Abbildung 6.39 ▸
Auf diese drei Pfade wurde der Befehl Subtrahieren angewendet.

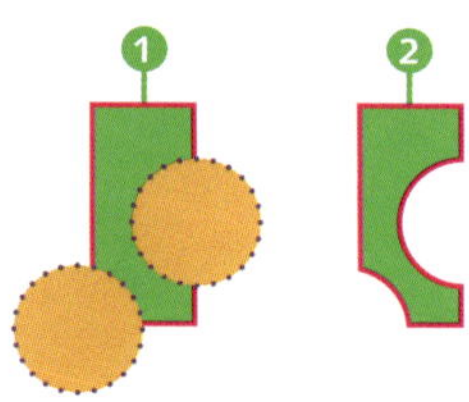

6.10 Funktionen »Form konvertieren«

In diesem Bereich des Bedienfeldes PATHFINDER finden Sie neun Buttons, mit denen Sie einen beliebigen Pfad in eine andere Form konvertieren können.

Rahmenform ändern

Die Funktionen von FORM KONVERTIEREN können auch z. B. auf Textrahmen angewendet werden.

◂ **Abbildung 6.40**
Die Icons spiegeln ihre jeweiligen Funktionen gut wider.

InDesign wendet zwei verschiedene Verfahren beim Konvertieren einer Form an: Wird beispielsweise auf ein Rechteck der Befehl ABGERUNDETES RECHTECK ❸ angewendet, weist InDesign diesem Rechteck sozusagen den Effekt abgerundeter Ecken zu. Die abgerundeten Ecken sind dadurch nicht Teil des Pfades und können nicht mit dem Direktauswahl- oder dem Zeichenstift-Werkzeug nachbearbeitet werden.

Die anderen Buttons

Ich beschränke mich hier auf zwei Befehle, da die anderen Buttons analog zu diesen beiden Beispielen funktionieren. Probieren Sie diese einfach aus!

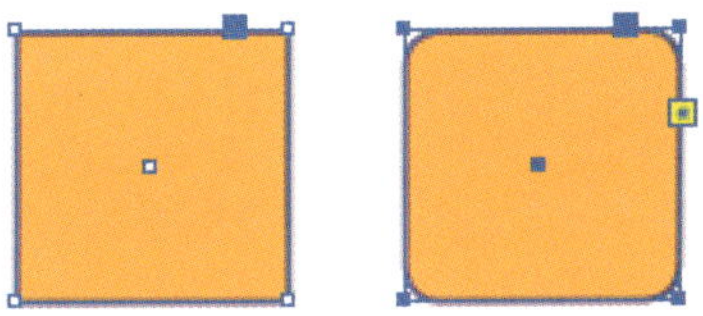

◂ **Abbildung 6.41**
Die abgerundeten Ecken sind nicht Teil des Pfades.

Wird hingegen auf ein Rechteck der Befehl DREIECK ❹ angewendet, ändert sich der Pfad selbst.

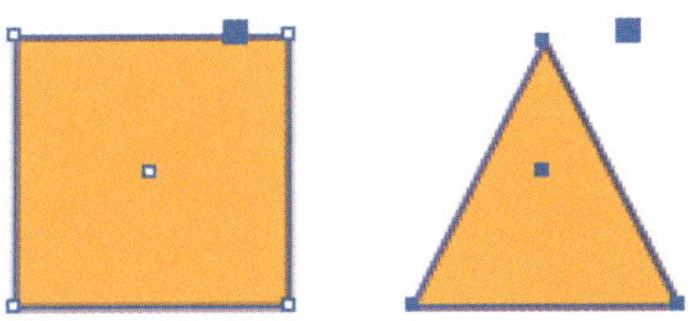

◂ **Abbildung 6.42**
Durch den Befehl DREIECK ändert sich die Pfadform selbst.

Die diversen Konvertierungsbefehle verwenden übrigens immer den zuletzt eingestellten Wert der betreffenden Funktion. So könnten Sie mit einem Doppelklick auf das Polygon-Tool in der Werkzeugleiste die gewünschte Sternform angeben, und bei der nächsten Konvertierung eines Pfades in ein Polygon durch einen Klick auf den betreffenden Button des Pathfinders greift InDesign auf diese Voreinstellung zurück.

Linien – Rahmen

Mit den Funktionen FORM KONVERTIEREN können auch einfache Linien in Rahmen umgewandelt werden.

6.11 Funktionen »Punkt konvertieren«

▲ **Abbildung 6.43**
Hiermit kann die Art eines Punktes geändert werden.

Die verbleibenden vier Buttons ändern die Art eines oder mehrerer markierter Ankerpunkte.

Einfacher Eckpunkt

Der erste Button ändert den markierten Übergangspunkt ❶ in einen einfachen Eckpunkt. Dieser weist keine Grifflinien mehr auf ❷:

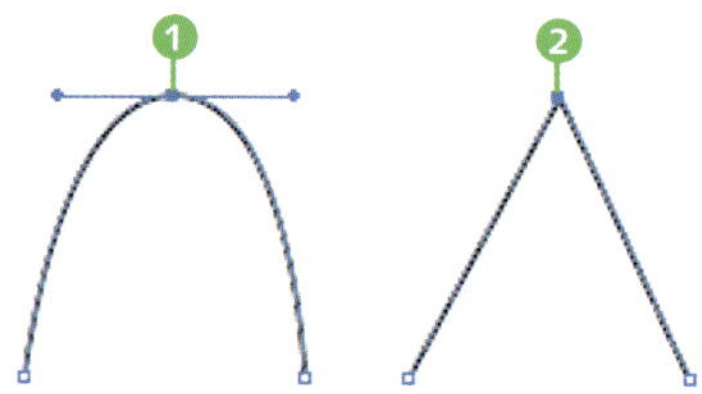

Abbildung 6.44 ►
Ein Übergangspunkt wird in einen Eckpunkt ohne Grifflinien umgewandelt.

Eckpunkt

Durch den Button Eckpunkt wird ebenfalls ein Übergangspunkt in einen Eckpunkt umgewandelt, dieses Mal behält der Eckpunkt jedoch Grifflinien, wodurch die ursprüngliche Form des Pfades erhalten bleibt ❸. Dass hier nun ein Eckpunkt vorliegt, wird erst durch die weitere Bearbeitung der jetzt unabhängigen Grifflinien sichtbar ❹.

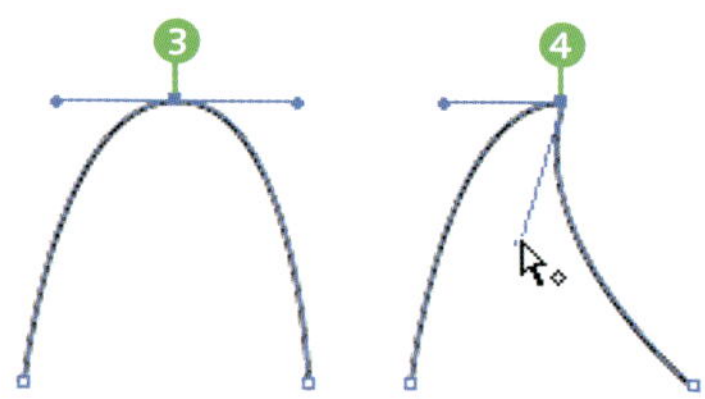

Abbildung 6.45 ►
Hier behält der Punkt seine Grifflinien auch nach der Umwandlung in einen Eckpunkt.

Kurvenpunkt

Wie bei den Eckpunkten gibt es auch für Kurvenpunkte zwei Buttons. Durch Drücken des Buttons Kurvenpunkt wird eine Ecke ❺ in eine Kurve umgewandelt. Die Grifflinien verlaufen nun in einer Linie und sind unterschiedlich lang ❻. Dadurch versucht InDesign die ursprüngliche Form in etwa beizubehalten.

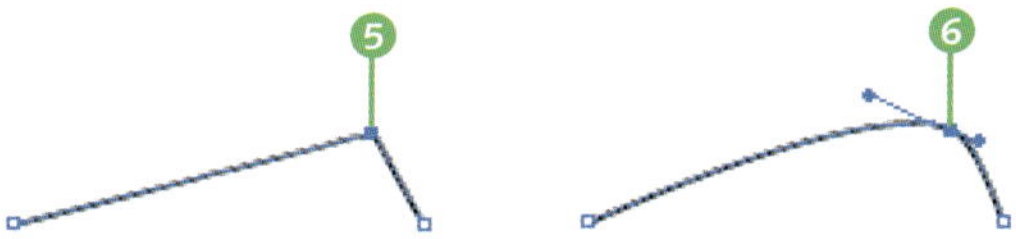

◀ **Abbildung 6.46**
Die Funktion KURVENPUNKT erzeugt unterschiedlich lange Grifflinien.

Symmetrischer Kurvenpunkt

Derselbe Ausgangspfad 5 erhält durch Aktivierung des letzten Buttons im Bedienfeld PATHFINDER einen etwas anderen Kurvenverlauf. Der Button SYMMETRISCHER KURVENPUNKT erstellt immer gleich lange Grifflinien, weshalb die Kurve 7 hier etwas bauchiger ausfällt.

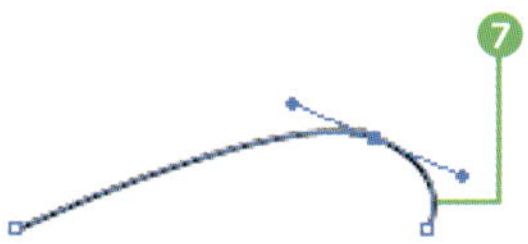

◀ **Abbildung 6.47**
Die Funktion SYMMETRISCHER KURVENPUNKT erzeugt gleich lange Grifflinien.

Wie weiter vorn erklärt, können Punkte auch mit Hilfe des Richtungspunkt-umwandeln-Werkzeugs in die jeweils andere Punktart geändert werden. Die vier Buttons im PATHFINDER-Bedienfeld erlauben jedoch eine genauere Steuerung des zu erwartenden Ergebnisses.

6.12 Eckenoptionen

Einem Rechteck können nicht nur durch den entsprechenden Button im PATHFINDER-Bedienfeld abgerundete Ecken zugewiesen werden. Im Menü OBJEKT lassen sich auch die ECKENOPTIONEN aufrufen:

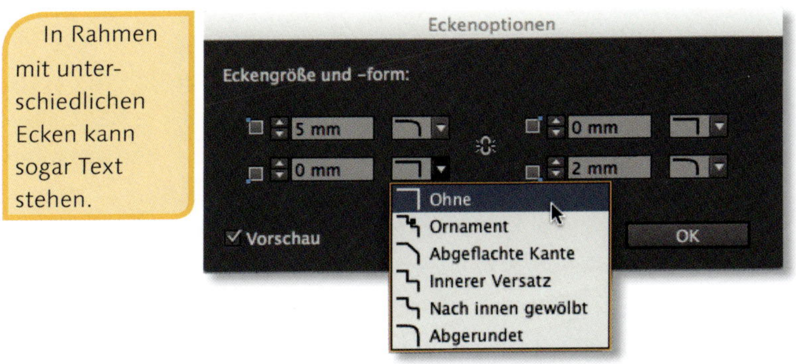

◀ **Abbildung 6.48**
Über die ECKENOPTIONEN sind einem Textrahmen verschiedene Eckenradien und -formen zugewiesen worden.

In den vier Eingabefeldern kann je Ecke der gewünschte Eckenradius eingegeben werden. Aus dem Pulldown-Menü daneben lässt sich außerdem für jede Ecke eine individuelle Form auswählen.

Die Ecken können auch direkt am Rahmen geändert werden. Dazu wird das gelbe Quadrat an der rechten Seite ① mit dem Auswahlwerkzeug angeklickt. Daraufhin erscheinen vier gelbe Rauten an den Ecken des Rahmens ②. Durch Ziehen einer Raute wird der Radius für alle Ecken gleichzeitig geändert ③. Soll eine Ecke individuell verändert werden, wird zusätzlich die [⇧]-Taste gedrückt.

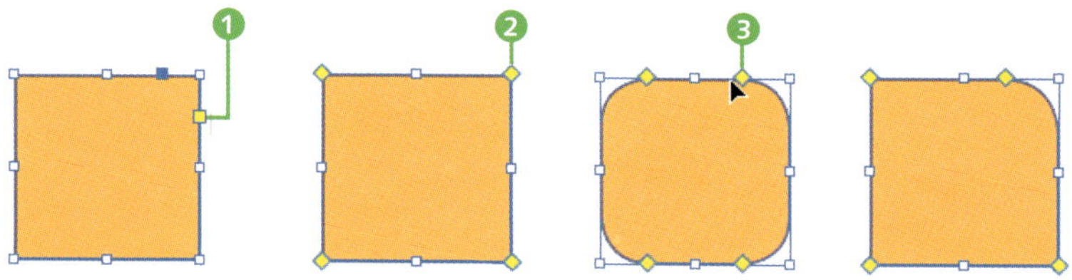

Abbildung 6.49 ►
Die Ecken können auch ganz einfach mit dem Auswahlwerkzeug geändert werden.

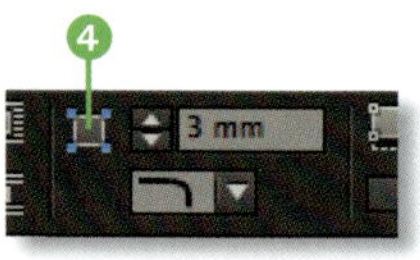

▲ **Abbildung 6.50**
Das Steuerung-Bedienfeld bietet auch Eckenoptionen.

Bei aktivem Auswahlwerkzeug können die Eckenoptionen auch im Steuerung-Bedienfeld für alle Ecken eingestellt werden. Sehr schnell können Sie die Eckenoptionen eines markierten Objekts aufrufen, indem Sie mit gedrückter [Alt]-Taste auf das entsprechende Icon ④ im Steuerung-Bedienfeld klicken.

6.13 Text auf Pfad

Wenn Sie Text einer bestimmten Form anpassen möchten, bietet InDesign die Möglichkeit, Text auf einem Pfad zu positionieren. Der Text kann auf einem Pfad immer nur einzeilig sein. Passt die Textmenge nicht auf den Pfad, entsteht wie bei Textrahmen Übersatz. Die Form des Pfades kann unabhängig vom Text mit den beschriebenen Techniken weiterbearbeitet werden. Die Techniken der Textbearbeitung unterscheiden sich bei Pfadtext allerdings in einigen Details von der Textmanipulation innerhalb eines Textrahmens.

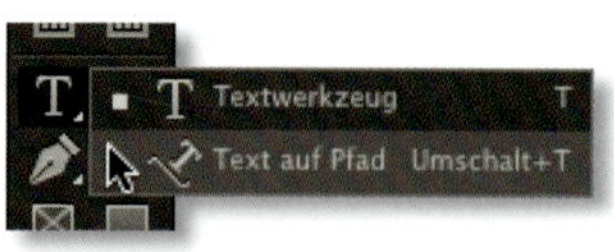

▲ **Abbildung 6.51**
Für die Eingabe von Text auf Pfaden ist ein eigenes Tool vorgesehen.

Text kann auf einem markierten Pfad direkt mit dem Text-auf-Pfad-Werkzeug eingegeben werden. Neben den bekannten Möglichkeiten, Text zu formatieren, bietet InDesign mit drei speziellen Pfadtext-Symbolen zusätzliche Elemente an, den Text zu positionieren: die Anfangsklammer ❺, die Mittelpunktklammer ❻ und die Endklammer ❼.

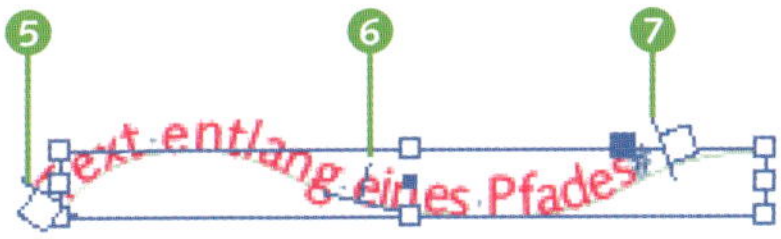

◀ **Abbildung 6.52**
Pfadtexte können mit Hilfe dieser drei Linien auf dem Pfad verschoben werden.

Die Anfangs- und Endklammer definieren den Bereich, in dem Text auf dem Pfad stehen kann. Mit der Mittelpunktklammer kann der Pfadtext mitsamt den beiden äußeren Klammern verschoben werden. Beachten Sie, dass diese drei Klammern nicht mit einem der Textwerkzeuge verschoben werden, sondern mit dem Auswahl-Tool. Das Auswahl-Tool blendet kleine Symbole ein, wenn sich der Cursor in der Nähe einer Klammer befindet:

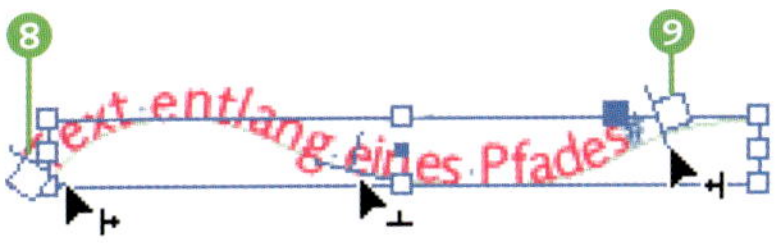

◀ **Abbildung 6.53**
In der Bildmontage sind die verschiedenen Symbole für die Klammern und der Textein- und -ausgang zu sehen.

Beim Auswählen der gewünschten Klammer müssen Sie darauf achten, dass Sie nicht die Quadrate an der Anfangs- oder Endklammer anklicken: Dies sind genau wie bei Textrahmen der Texteingang ❽ und Textausgang ❾, mit deren Hilfe sich auch mehrere Pfadtexte verketten lassen.

Reicht der Platz eines Pfades für den eingegebenen Text nicht aus, sehen Sie am Textausgang das Übersatzzeichen ❿. Sie können den Pfad einfach durch Verschieben der Griffpunkte verlängern, oder Sie erstellen einen zweiten Pfad, auf dem der Text weiterlaufen soll. Mit einem Klick mit dem Text-auf-Pfad-Tool auf den nächsten Pfad definieren Sie, dass Sie Text auf dem Pfad einfügen möchten. Der Übersatztext wird mit einem Klick auf den Textausgang des ersten Pfades ❿ in den Cursor geladen und kann nun mit einem weiteren Klick auf den zweiten Pfad gesetzt werden.

▼ **Abbildung 6.54**
Ähnlich wie Textrahmen können auch Pfade mit Texten miteinander verkettet werden.

Schritt für Schritt
Text auf Kreispfaden

Soll Pfadtext wie in nebenstehender Wortmarke auf einem Kreis sowohl in der oberen als auch in der unteren Hälfte von links nach rechts zu lesen sein, gibt es ein paar Dinge zu beachten. Lassen Sie mich diese im folgenden Workshop erläutern.

1 Kreis erstellen

Zeichnen Sie mit dem Ellipse-Tool einen Kreis, indem Sie mit dem Ellipse-Tool einfach auf eine freie Stelle klicken und in dem Dialog, der daraufhin eingeblendet wird, die gewünschte Größe eingeben. Ich habe mich für einen Kreis mit einem Durchmesser von 25 mm entschieden.

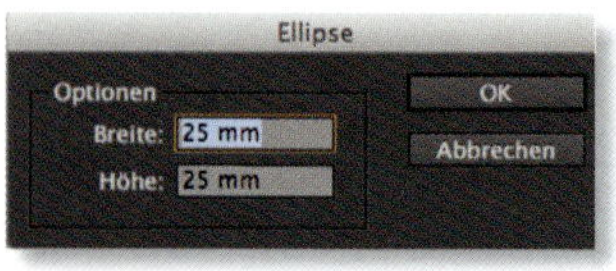

▲ **Abbildung 6.55**
Wenn Sie mit dem Ellipse-Tool einfach klicken, können Sie die gewünschten Maße direkt angeben.

Falls Ihr Kreispfad eine Flächenfarbe und/oder eine Konturfarbe hat, ändern Sie dies, indem Sie in der Werkzeugleiste erst das Flächen- ❶ bzw. Kontur-Symbol ❷ anklicken und dann jeweils den Button KEINE ANWENDEN ❸ anklicken.

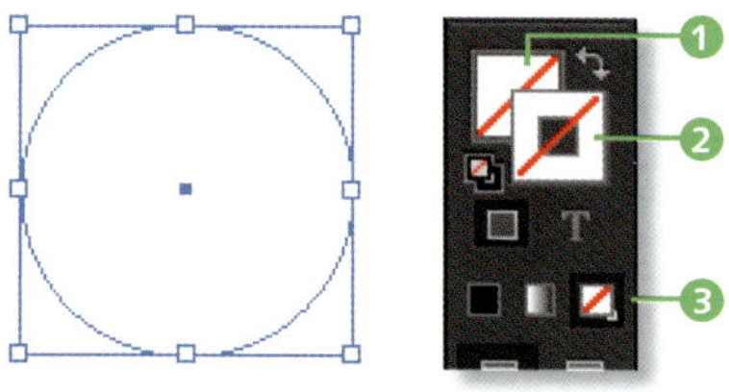

Abbildung 6.56 ►
Dieser Pfad hat weder eine Flächen- noch eine Konturfarbe.

2 Text oben eingeben

Wählen Sie nun das Text-auf-Pfad-Werkzeug, und klicken Sie damit in den oberen Bereich auf den Pfad. An dieser Stelle erscheint direkt die blinkende Texteinfügemarke ❹. Geben Sie »Ich bin sie gelaufen« ein. Als Schrift verwende ich hier die Myriad Pro Bold Condensed in 14 Pt.

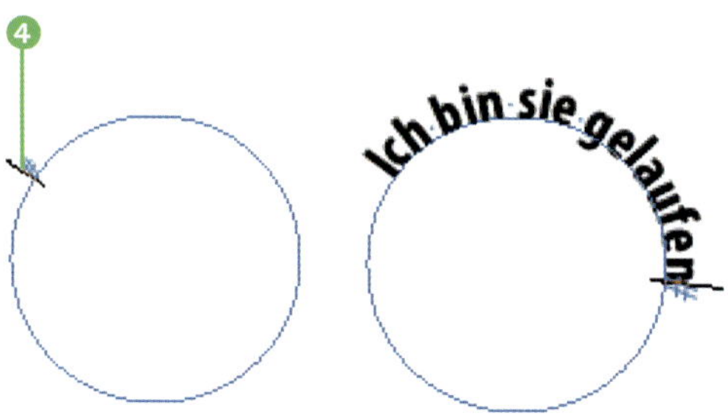

Abbildung 6.57 ►
Nachdem der Textcursor auf dem Pfad positioniert wurde, können Sie direkt losschreiben.

3 Text anpassen und formatieren

Ändern Sie im Absatz- oder Steuerung-Bedienfeld die Satzart auf Zentrieren. Auch wenn das Ergebnis nicht nach zentriertem Text aussieht, macht dieser Zwischenschritt Sinn, und damit der Text mittig oben steht, schieben Sie die Mittelpunktklammer ⑤ mit dem Auswahlwerkzeug nach oben an die höchste Stelle. Achten Sie dabei darauf, dass die Mittelpunktklammer ⑥ weiterhin nach außen zeigt, sonst kippt InDesign den Text nach innen.

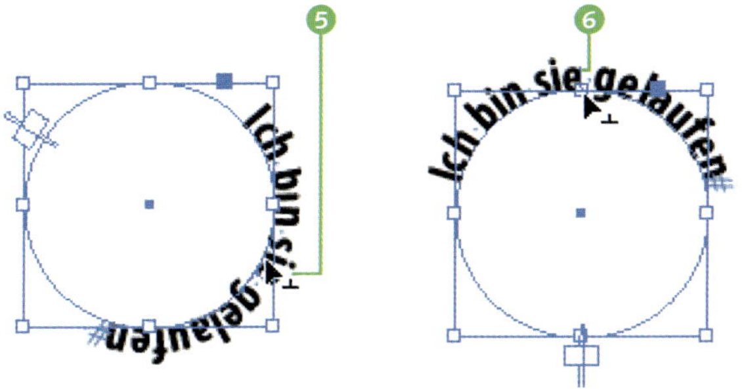

◂ **Abbildung 6.58**
An dem Häkchen in der Mitte des Textes wird der Text nach oben in die Mitte geschoben.

Wie Sie sehen können, dreht InDesign die Anfangs- und Endklammer beim Verschieben der Mittelpunktklammer mit.

4 Pfad für den unteren Text erstellen

Der Text, der im unteren Teil (im Beispiel »Köln 2013«) stehen soll, kann nicht auf demselben Pfad eingegeben werden, da er dann auf dem Kopf stehen würde: Wir müssen hierfür einen zweiten Pfad erstellen. Übrigens kann auch das Schere-Werkzeug nicht den bestehenden Pfad mit dem Text teilen, da es grundsätzlich nicht bei Pfaden mit Text anwendbar ist.

Da der zweite Pfad dieselbe Größe und dieselbe Position wie der erste Kreispfad haben soll, kopieren wir einfach den ersten Pfad und fügen ihn mit Bearbeiten • An Originalposition einfügen an genau derselben Stelle wieder ein. Diesen ungeheuer wichtigen Befehl sollten Sie sich möglichst mit dem Tastaturbefehl Strg/⌘+Alt+⇧+V merken. Jetzt liegen zwei exakte Kopien exakt übereinander, was zur Folge hat, dass dies nicht zu erkennen ist.

Sie werden später in diesem Kapitel noch Techniken kennenlernen, mit denen Sie übereinanderliegende Objekte genau markieren können.

Text auf Pfad ändern

Wenn Sie Text auf einem Pfad eingegeben haben, werden alle weiteren Textänderungen mit dem normalen Text-Tool realisiert. Formatierungen nehmen Sie wie gewohnt mit Hilfe der Bedienfelder Zeichen, Absatz oder Steuerung vor.

5 Text unten bearbeiten

Als Nächstes verschieben Sie den Text des oberen Pfades nach unten: Klicken Sie mit dem Auswahlwerkzeug die Mittelpunktklammer im oberen Text an, und ziehen Sie diese auf dem Pfad nach unten ❶ auf die gegenüberliegende Seite. Um den Text am Pfad zu spiegeln, damit er nicht mehr über Kopf steht, ziehen Sie die Mittelpunktklammer nach innen ❷. Anschließend ersetzen Sie noch den unteren Text ❸.

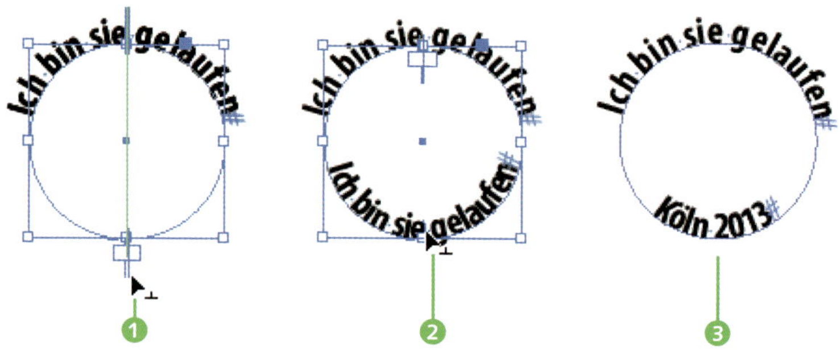

Abbildung 6.59 ▸ Der Text der standgerechten Kopie wird an der Mittelpunktklammer nach unten geschoben und am Pfad gespiegelt.

6 Pfadtexte angleichen

Die beiden Texte passen noch nicht zusammen, da der obere außerhalb, der untere Text aber innerhalb des Kreises steht. Zur Korrektur markieren Sie beide Pfade, indem Sie mit dem Auswahlwerkzeug ein Auswahlrechteck aufziehen, das beide Kreise berühren muss ❹. Dass hier beide Pfade aktiviert sind, ist nur an den vier Textein- und Textausgängen zu erkennen ❺.

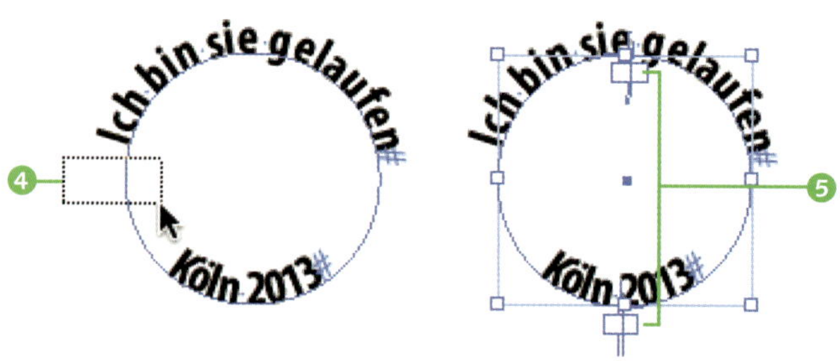

Abbildung 6.60 ▸ Beide Pfadtexte werden zur weiteren Modifikation mit dem Auswahlwerkzeug markiert.

Die einzelnen Texte könnte man zwar mittels Grundlinienversatz über den Pfad verschieben, einfacher lässt es sich aber über die PFADTEXTOPTIONEN bewerkstelligen. Dieses Dialogfeld können Sie über SCHRIFT • PFADTEXT aufrufen. Im Pulldown-Menü EFFEKT ist REGENBOGEN markiert. Wählen Sie im Pulldown-Menü AUS-

RICHTEN den Eintrag ZENTRIEREN ❻. Mit dieser Einstellung sind nun beide Texte mit ihrer Schriftgröße mittig an ihren Pfaden ausgerichtet und fügen sich dadurch optisch zu einem Kreis:

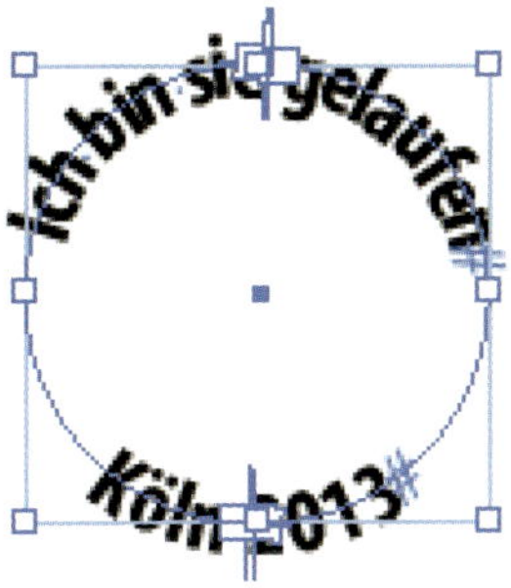

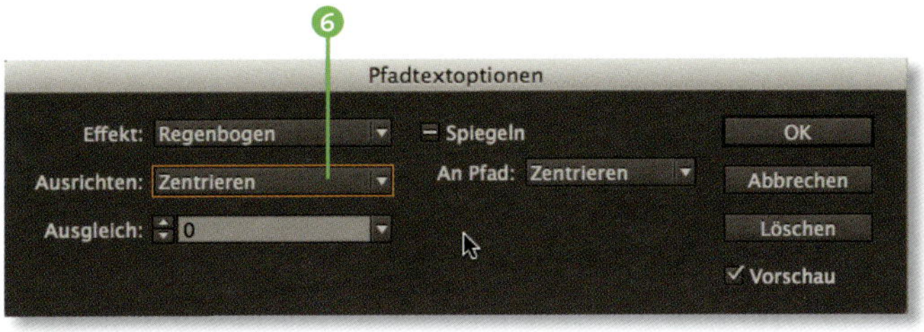

▲ **Abbildung 6.61**
Auch zu Pfadtexten gibt es ein Dialogfeld – für unsere Wortmarke ist das Menü AUSRICHTEN von Interesse.

7 Mittleren Textrahmen erstellen

Ziehen Sie einen separaten Textrahmen auf, und geben Sie in 33 Pt den Text »42 km« ein ❼. Verkleinern Sie den Textrahmen, um das Handling nicht unnötig zu erschweren. Sie erreichen dies bequem durch den Befehl im Kontextmenü RAHMEN AN INHALT ANPASSEN.

◄ **Abbildung 6.62**
Der Text in der Mitte wird hinzugefügt.

8 Schriftgrößen optimieren

Um die beiden seitlichen Lücken zwischen den Texten zu verringern, habe ich den unteren Text »Köln 2013« um 4 Pt auf 18 Pt vergrößert und den mittleren Text etwas nach unten gerückt.

Kleine Textrahmen

Der Befehl RAHMEN AN INHALT ANPASSEN, den Sie in Zusammenhang mit Bildern schon kennengelernt haben, ist auch bei Textrahmen ein großartiger »Timesaver«.

◄ **Abbildung 6.63**
Die Texte werden optisch angepasst.

Textformatierung

Am einfachsten wechseln Sie zwischen den Formatierungsmodi Fläche/Kontur und Text, indem Sie die Taste [J] drücken.

9 Texte formatieren

Um die Wortmarke noch etwas prägnanter werden zu lassen, markieren Sie beide Pfadtexte und den Textrahmen mit »42 km« ❶ mit dem Auswahl-Tool und weisen den Texten über das Bedienfeld Farbfelder als Flächenfarbe [Papier] und für die Kontur das voreingestellte Rot zu. Achten Sie bei diesen Formatierungen darauf, dass Sie den entsprechenden Button für Text ❺ und nicht für Rahmen ❹ aktiviert haben und dass Sie das richtige Symbol für Fläche ❷ oder Kontur ❸ vorn aktivieren.

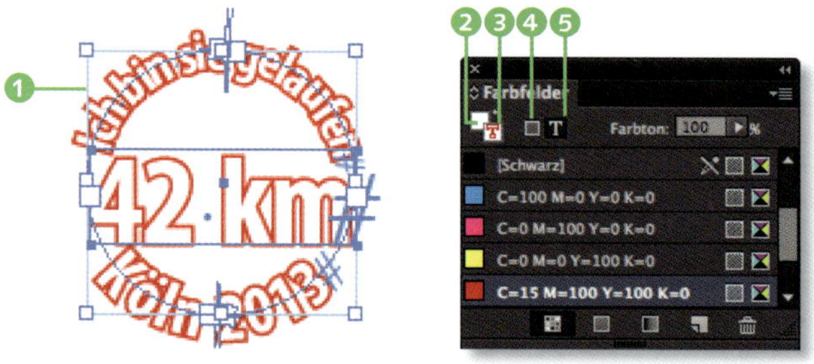

Abbildung 6.64 ▸
Die Texte werden gleichzeitig formatiert.

10 Konturstärke modifizieren

Setzen Sie die Kontur von »42 km« auf 3 Pt ❼. Markieren Sie hierfür den Textrahmen, und öffnen Sie über das Fenster-Menü das Kontur-Bedienfeld. Markieren Sie vor der Änderung der Konturstärke in der Werkzeugleiste unbedingt den Button mit dem »T« ❻. Die Konturstärke der beiden Pfadtexte erhöhen Sie auf 2 Pt.

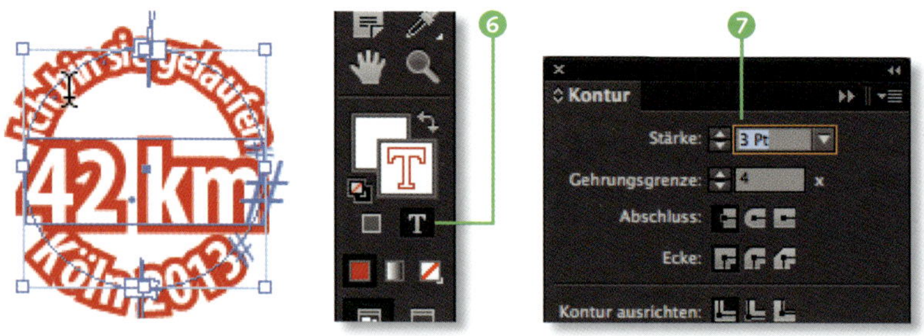

Abbildung 6.65 ▸
Die Konturen der Texte werden angezogen.

11 Zeichenabstand erhöhen

Durch die starken Konturen wirken die Zeichen etwas zu eng, dies können Sie bei Pfadtext mit dem Bedienfeld Pfadtextoptionen regulieren. Markieren Sie den oberen Text – da Sie in Schritt 4 eine Kopie auf dem ersten Pfad eingefügt haben, markieren Sie mit einem einfachen Klick des Auswahl-Tools immer nur den oberen Textpfad. Wenn Sie die [Strg]/[⌘]-Taste beim Klicken drücken, können Sie sich von oben nach unten durch übereinanderliegende Objekte klicken. Beim zweiten Klick haben Sie in unserem Fall den Pfad mit »Ich bin sie gelaufen« markiert. Rufen Sie das Bedienfeld Pfadtextoptionen über Schrift • Pfadtext auf. Geben Sie bei Ausgleich »-2« ein.

Objektreihenfolge

Kopierte und dann eingefügte Objekte liegen genau wie neu erstellte Objekte immer zuoberst.

◄▲ **Abbildung 6.66**
Durch negative Werte bei Ausgleich wird der Zeichenabstand auf einem gekrümmten Pfad erhöht.

12 Wortmarke drehen

Drehen Sie die Wortmarke noch um ein paar Grad, um sie dynamischer wirken zu lassen. Markieren Sie dafür die beiden Textpfade und den Textrahmen mit dem Auswahlwerkzeug. Wenn Sie den Cursor an einer der Ecken des Begrenzungsrahmens positionieren, blendet InDesign kleine gebogene Doppelpfeile ein, an denen Sie die aktiven Objekte um 4° gegen den Uhrzeigersinn drehen.

◄ **Abbildung 6.67**
Die erstellten Textpfade und der »42 km«-Textrahmen wurden um wenige Grade gedreht.

13 Schlagschatten hinzufügen

Einen Schlagschatten können Sie beliebigen Objekten über Objekt • Effekte • Schlagschatten hinzufügen. Meine Einstellungen und das Endergebnis sehen Sie hier:

▼ **Abbildung 6.68**
Diese Einstellungen führen zu dem gewünschten leichten Schlagschatten.

6.14 Objektspezifische Aktionen

Auf den vorangegangenen Seiten haben Sie gesehen, wie Objekte mit dem Auswahlwerkzeug und Pfadsegmente oder Ankerpunkte mit dem Direktauswahl-Werkzeug ausgewählt werden können. Sehen wir uns nun noch weitere wichtige Techniken an, die die Manipulation von Objekten betreffen.

Werkzeughinweise

Um schnell einmal die verschiedenen Funktionen und die Zusatztasten und deren Bedeutung von einzelnen InDesign-Werkzeugen nachzuschauen, öffnen Sie die Werkzeughinweise über Fenster • Hilfsprogramme.

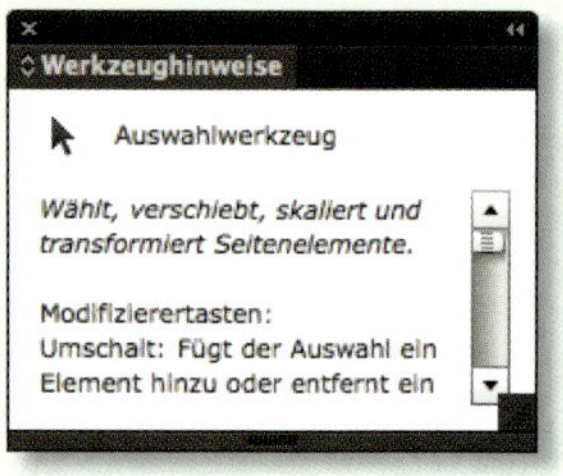

6.15 Objekte auswählen

Für die Aktivierung von Objekten ist das wichtigste Werkzeug zuständig: das Auswahlwerkzeug. Sie wählen es mit einem Klick in der Werkzeugleiste aus, drücken das Tastenkürzel [V] oder aktivieren es temporär durch Drücken der [Strg]/[⌘]-Taste.

Ein einzelnes Objekt aktivieren Sie durch einfaches Klicken ❶. Mit gedrückter [⇧]-Taste können Sie andere Objekte der Auswahl hinzufügen ❷. Mehrere nebeneinanderliegende Objekte können Sie gleichzeitig aktivieren, indem Sie ein Auswahlrechteck um die gewünschten Objekte aufziehen ❸. Dabei reicht es, dass das Auswahlrechteck die Objekte lediglich berührt ❹.

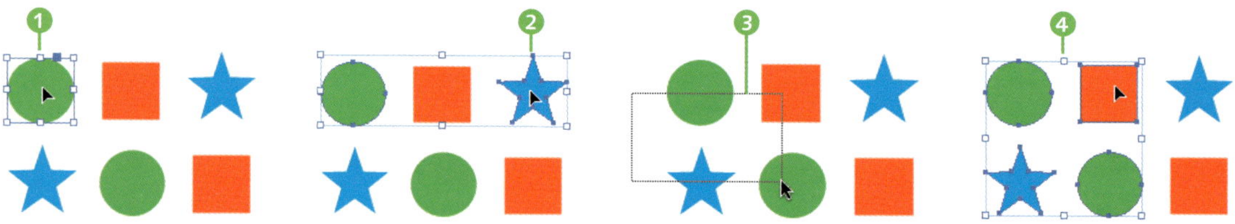

▲ **Abbildung 6.69**
Mehrere Objekte können auf mehrere Arten mit dem Auswahl-Tool aktiviert werden.

Wenn Sie einzelne Objekte markieren möchten, die sich teilweise oder ganz verdecken, weil sie übereinanderliegen, halten Sie die [Strg]/[⌘]-Taste beim Klicken gedrückt. Dadurch können Sie sich im Objektstapel immer weiter nach unten durchklicken. Jedes Objekt, das Sie dabei im Stapel treffen, wird auch markiert:

Abbildung 6.70 ▶
Mit dem Auswahl-Tool und gedrückter [Strg]/[⌘]-Taste können Sie sich durch ganze Objektstapel klicken.

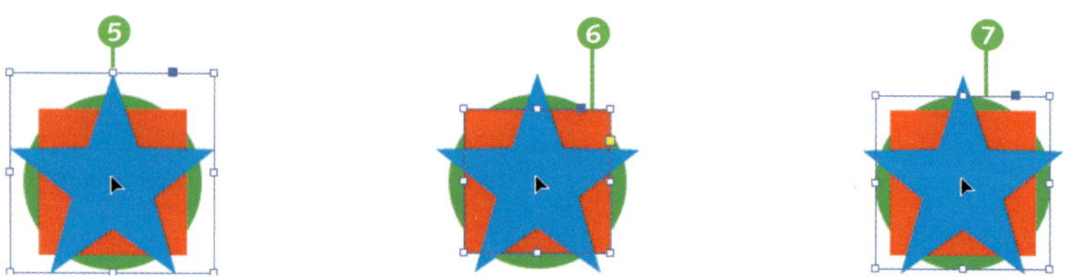

Durch den ersten Klick wird der obere Stern ❺, durch den zweiten Klick das mittlere Quadrat ❻ und durch den dritten Klick der untere Kreis markiert ❼. Der Cursor braucht dafür nicht bewegt zu werden.

Bei dieser Auswahlmethode ist übrigens entscheidend, ob das Objekt an der Stelle, die angeklickt wird, eine Füllung hat oder nicht – es ist also nicht die Größe des Begrenzungsrahmens für die Markierung ausschlaggebend, sondern die Form und Füllung des Objekts. Der Stern im Beispiel würde also nicht mit ausgewählt werden, wenn das Auswahl-Tool nicht auf die tatsächliche Sternfläche klicken würde.

Auswahl ändern

Eine Auswahl können Sie mit den verschiedenen Techniken erweitern: Neue Objekte fügen Sie mit gedrückter [⇧]-Taste der bestehenden Auswahl hinzu oder demarkieren ein aktives Objekt. Oft ist es einfacher, zunächst eine zu große Auswahl zu treffen, um dann einzelne Objekte wieder von der Auswahl abzuziehen.

6.16 Objekte ausrichten

Häufig sollen Gestaltungselemente wie Textrahmen, Grafikrahmen, Flächen oder Linien in einer ganz bestimmten Weise zueinander angeordnet werden.

Auswählen per Menü

Befehle zum Markieren von Objekten finden Sie auch im Kontextmenü und im Menü OBJEKT unter AUSWÄHLEN.

Intelligente Hilfslinien

In vielen Fällen reichen schon die Hinweise, die die intelligenten Hilfslinien bereitstellen, wenn Sie ein Objekt in die Nähe von anderen Objekten positionieren. Einstellungen bzgl. der intelligenten Hilfslinien können Sie in den Voreinstellungen im Bereich HILFSLINIEN UND MONTAGEFLÄCHE vornehmen.

So zeigt InDesign durch das Einblenden von Hilfslinien, wenn sich Objekte beispielsweise mittig nebeneinander befinden ❽. Auch bei gleichen Abständen zwischen mehreren Objekten wird dies angezeigt ❾.

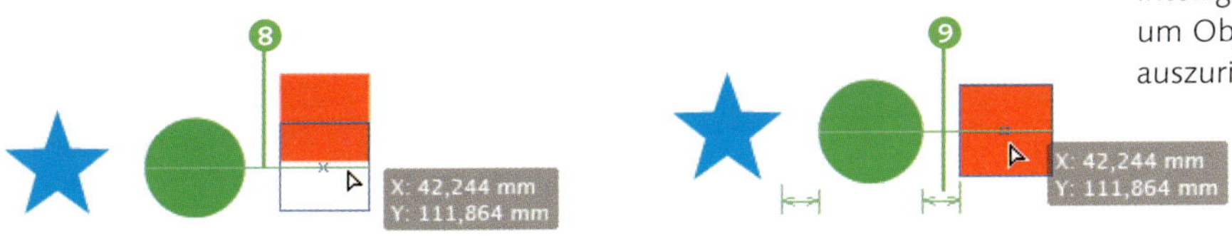

▼ **Abbildung 6.71**
Oft reichen schon die intelligenten Hilfslinien, um Objekte aneinander auszurichten.

Wenn Sie mehrere Objekte gleichzeitig nach bestimmten Kriterien ausrichten möchten, reichen die intelligenten Hilfslinien oft nicht mehr aus.

Ausrichten-Bedienfeld

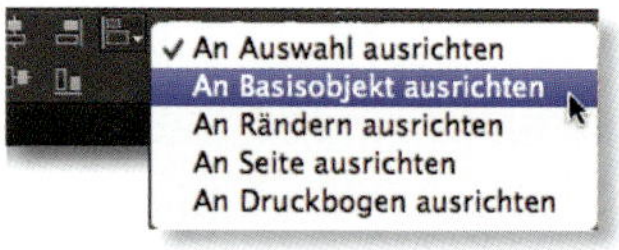

▲ **Abbildung 6.72**
Im Steuerung-Bedienfeld können Sie dieselbe Wahl wie im Pulldown-Menü des Bedienfeldes ❹ treffen.

Sie finden das Ausrichten-Bedienfeld unter Fenster • Objekte und Layout, die meisten Buttons davon finden Sie auch noch einmal im Steuerung-Bedienfeld.

Abbildung 6.73 ►
Die meisten der Buttons haben Sie eben schon im Steuerung-Bedienfeld gesehen.

▲ **Abbildung 6.74**
So sieht die Ausgangssituation für die folgenden Beispiele der Ausrichten-Befehle aus.

Das Bedienfeld ist in die drei Bereiche Objekte ausrichten, Objekte verteilen und Abstand verteilen unterteilt. Die Befehle von Abstand verteilen sind im Steuerung-Bedienfeld nicht anwählbar. An drei Buttons möchte ich das Konzept des Bedienfeldes erläutern.

Durch die Betätigung einer der im Bereich Objekte ausrichten hinterlegten Funktionen werden die markierten Objekte aneinander ausgerichtet: Der Befehl Linke Kanten ausrichten ❶ führt dann auch erwartungsgemäß dazu, dass die Objekte ungeachtet ihrer sonstigen Eigenschaften wie Breite oder Position an der linken Seite des am weitesten links positionierten Sterns ausgerichtet werden ❺. Wenn im Pulldown-Menü ❹ statt der voreingestellten Option An Auswahl ausrichten nun An Rändern ausrichten gewählt wird, werden die Objekte dementsprechend am linken Rand zur Seite ausgerichtet ❻. Wird An Seite ausrichten gewählt, werden die aktivierten Objekte bis zur Formatkante versetzt ❼.

▼ **Abbildung 6.75**
Entsprechend der gewählten Option werden die Objekte aneinander oder z. B. am Rand der Seite ausgerichtet.

Eine weitere praktische Option ist An Basisobjekt ausrichten. Dabei richtet InDesign die aktiven Objekte an einem Referenzobjekt aus. Um ein Basisobjekt zu definieren, klicken Sie in der zuvor erstellten Auswahl ein zweites Mal auf eines der aktivierten Objekte ❽. Wenn Sie dann auf einen der Ausrichten-Buttons klicken, werden alle Objekte der Auswahl an dem Referenzobjekt ausgerichtet ❾.

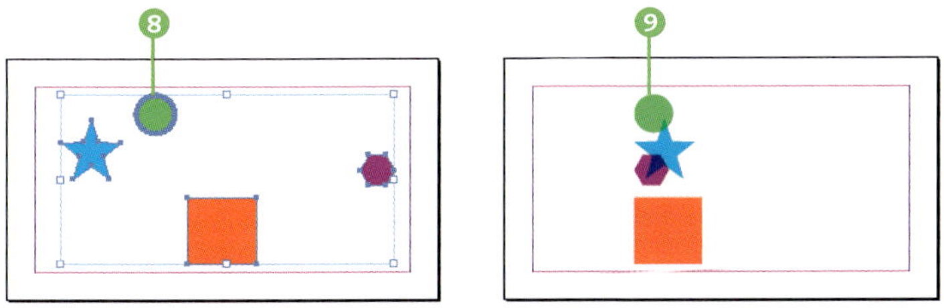

◂ **Abbildung 6.76**
Mit einem weiteren Klick bestimmen Sie das Basisobjekt, an dem die anderen Objekte ausgerichtet werden.

Wird einer der praktischen Befehle des Bereichs Objekte verteilen angewählt, werden die Objekte zwischen denjenigen Objekten verteilt, die sich am weitesten außen befinden. Hierbei entscheidet die Auswahl im Pulldown-Menü darüber, ob diese äußeren Objekte an ihrer ursprünglichen Position bleiben (das ist bei der Option An Auswahl ausrichten der Fall) oder ob diese Objekte mit jeweils einer Kante ihres Begrenzungsrahmens bis an die jeweiligen Ränder verschoben werden (das ist bei der Option An Rändern ausrichten der Fall).

In den folgenden drei Screenshots sind die Ergebnisse des Befehls Um horizontale Mittelachse verteilen ❷ zu sehen, und zwar einmal mit der aktivierten Option An Auswahl ausrichten ❿ und im zweiten Fall mit der Option An Rändern ausrichten ⓫. Für den dritten Screenshot wurde die Option Abstand verwenden ❸ aktiviert. Die Objekte wurden mit dem eingegebenen Abstand von 10 mm an ihren Mitten ausgerichtet ⓬. (Der Maßstab stimmt wegen der Verkleinerung der Bilder nicht.)

▾ **Abbildung 6.77**
Die Befehle des Bereichs Objekte verteilen sind vielseitig und haben großen praktischen Nutzen.

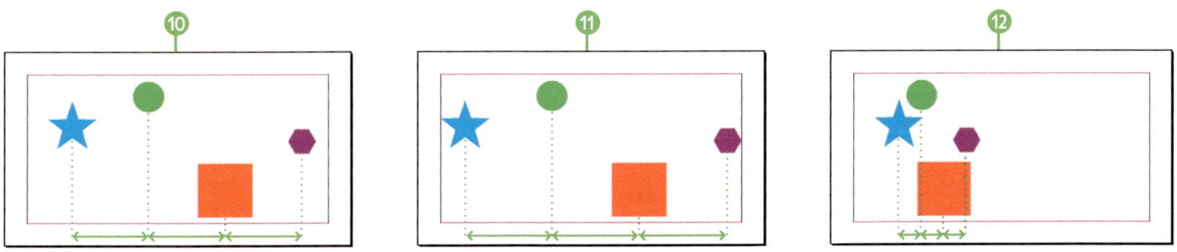

Die beiden Buttons im unteren, dritten Bereich ABSTAND VERTEILEN führen bei den aktiven Objekten dazu, dass die Objekte, die sich zwischen den beiden äußeren (bezogen auf die horizontalen oder vertikalen Abstände) befinden, gleichmäßig verteilt werden, so dass alle Objekte denselben Abstand zueinander haben.

Links sehen Sie das Ergebnis von ZWISCHENRAUM HORIZONTAL VERTEILEN bei aktivierter Option AN AUSWAHL AUSRICHTEN, rechts ist die Situation bei aktivierter Option AN RÄNDERN AUSRICHTEN zu sehen.

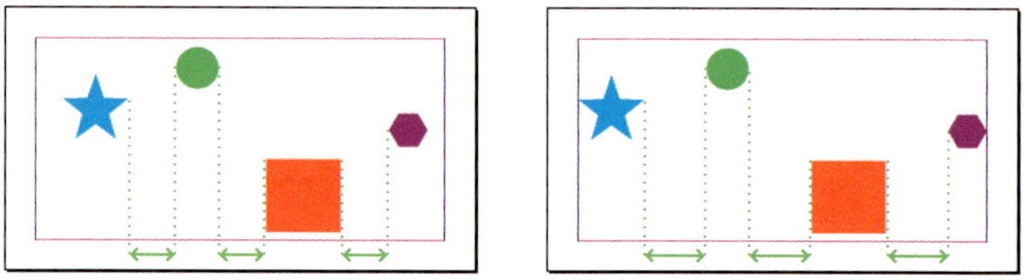

Abbildung 6.78 ▸
Bei den Verteilen-Befehlen führt das Ergebnis immer zu gleichen Abständen zwischen den Objekten.

Wie bei den Funktionen von OBJEKTE VERTEILEN können Sie hier ebenfalls konkrete Abstände angeben, die InDesign beim Verteilen der Objekte erreichen soll.

6.17 Objekte gruppieren

Eine wichtige Maßnahme im Umgang mit Objekten ist die Möglichkeit der Gruppierung. Objekte, die gruppiert wurden, können beispielsweise bezüglich Position, Größe und Drehwinkel wie ein Objekt behandelt werden. Objekte in Gruppen ändern ihre individuellen Attribute durch die Gruppierung nicht, es können auch ohne Weiteres verschiedene Objektarten wie Text-, Grafikrahmen und Zeichenobjekte in einer Gruppe zusammengefasst werden. Gruppen können sogar mit anderen Gruppen zu einer größeren Gruppe organisiert werden.

Um Objekte zu gruppieren, wählen Sie nach der Aktivierung der gewünschten Objekte den Befehl OBJEKT • GRUPPIEREN. Gruppen sind durch einen Begrenzungsrahmen um alle zur Gruppe gehörenden Objekte gekennzeichnet. Objektgruppen können sogar als solche in der Größe geändert werden.

Für das folgende Beispiel wurden die vier Objekte gruppiert ❶, mit dem Auswahl-Tool verschoben ❷, gedreht und durch Ziehen an der unteren rechten Ecke bei gedrückter [⇧]-Taste proportional vergrößert ❸.

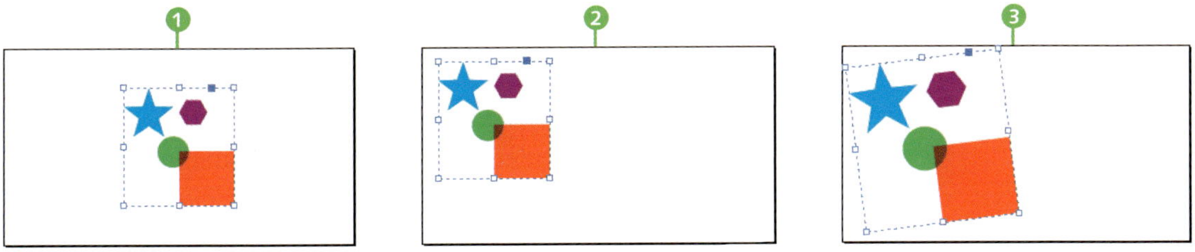

▲ **Abbildung 6.79**
Sollen mehrere Objekte ihre relative Position zueinander behalten, bietet sich die Gruppierung an.

Objekte, die sich in einer Gruppe befinden, können mit einem Doppelklick aktiviert und individuell bearbeitet werden ❹. Durch Drücken der [Esc]-Taste wird die Markierung des einzelnen Objekts aufgehoben, und die gesamte übergeordnete Gruppe ❺ ist wieder aktiviert.

◄ **Abbildung 6.80**
Einzelne Objekte können in einer Gruppe ausgewählt und weiter editiert werden.

6.18 Objekte duplizieren

Objekte können auf verschiedene Weise vervielfältigt werden. Die naheliegendste ist gleichzeitig die ungenaueste Methode: Nachdem das betreffende Objekt markiert wurde, wird es über BEARBEITEN • KOPIEREN in den Zwischenspeicher geladen und daraufhin mit BEARBEITEN • EINFÜGEN wieder eingesetzt. Hierbei erstellt InDesign eine Kopie und setzt diese auf die Mitte des sichtbaren Bereichs einer Dokumentseite.

Nach dem Kopieren kann ein Duplikat aber auch mit BEARBEITEN • AN ORIGINALPOSITION EINFÜGEN entweder genau über dem Original eingefügt werden, wie Sie es im Workshop mit der »42 km«-Wortmarke gesehen haben, oder aber Sie wechseln zu einer anderen Seite und fügen dort die Kopie ein. Der erste Befehl kann dabei auch BEARBEITEN • AUSSCHNEIDEN sein.

Des Weiteren können Sie auch einfach das Originalobjekt mit dem Auswahlwerkzeug markieren und mit gedrückter [Alt]-Taste auf eine andere Position auf der Seite ziehen – hierdurch wird ebenfalls eine Kopie erzeugt.

Im Menü Bearbeiten finden Sie dann auch noch die Befehle Duplizieren und Duplizieren und versetzt einfügen. Während Sie beim ersten der beiden Befehle keine besonderen Steuerungsmöglichkeiten haben, außer dass sich InDesign die Einstellungen vom letzten Duplizieren merkt und diese erneut anwendet, öffnet sich durch Duplizieren und versetzt einfügen das folgende Dialogfeld, in dem Sie die gewünschten Eingaben machen können:

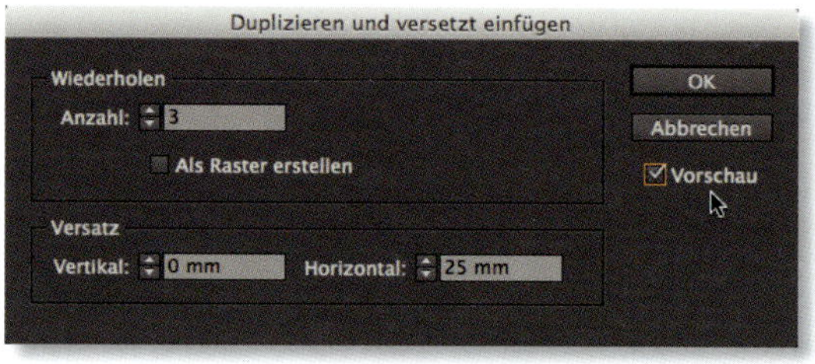

Abbildung 6.81 ▸ Wenn Sie viele Duplikate in einem bestimmten Abstand brauchen: Über dieses Dialogfeld sind die Kopien im Handumdrehen erstellt.

6.19 Objekt sperren

Wenn Sie einzelne Objekte oder Gruppen zeitweise von einer weiteren Bearbeitung ausnehmen möchten, können Sie diese mit dem Befehl Objekt • sperren auf der Dokumentseite festsetzen. Bei Gruppen wird durch diesen Befehl immer die gesamte Gruppierung gesperrt.

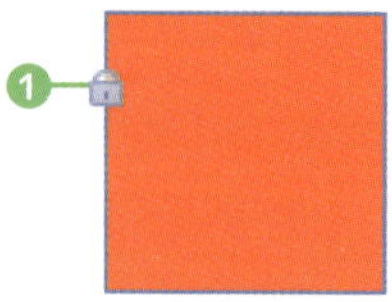

Abbildung 6.82 ▸ Gesperrte Objekte können nicht bearbeitet werden und sind erkennbar am abgeschlossenen Schloss.

Objekte, die gesperrt wurden, werden mit einem Schloss (1) gekennzeichnet und sind dann nicht mehr aktivierbar. Ein Klick auf das Schloss entsperrt das Objekt und ermöglicht eine weitere Bearbeitung. Sind mehrere Objekte auf einer Seite oder einem Druckbogen gesperrt worden, können diese mit Objekt • Alles auf Druckbogen entsperren gelöst werden.

6.20 QR-Code

Dieses spezielle Objekt verdient zum Abschluss des Kapitels noch unsere Aufmerksamkeit. QR-Codes, die Sie von InDesign generieren lassen, sind eine eigenständige Art von Objekt, die sich in mancher Hinsicht wie Grafiken verhalten, dabei aber keine Grafiken sind. So erstellt InDesign um jeden neuen QR-Code automatisch einen Grafikrahmen, in dem der Code frei verschiebbar ist. Alternativ können Sie auch erst einen Rahmen z. B. mit dem Rechteckrahmen-Werkzeug erstellen, in dem der neue Code erstellt wird.

In beiden Fällen rufen Sie über OBJEKT • QR-CODE GENERIEREN ein Fenster auf, in dem Sie die gewünschten Informationen und Formatierungen eingeben und ändern können. Neben der automatisch aktiven Option HYPERLINK können Sie vier weitere Inhalte im QR-Code hinterlegen ②.

QR-Code
Die Bezeichnung für diese meist schwarz-weißen, quadratischen Kästchenmuster leitet sich von »quick response« (engl. schnelle Antwort) ab.

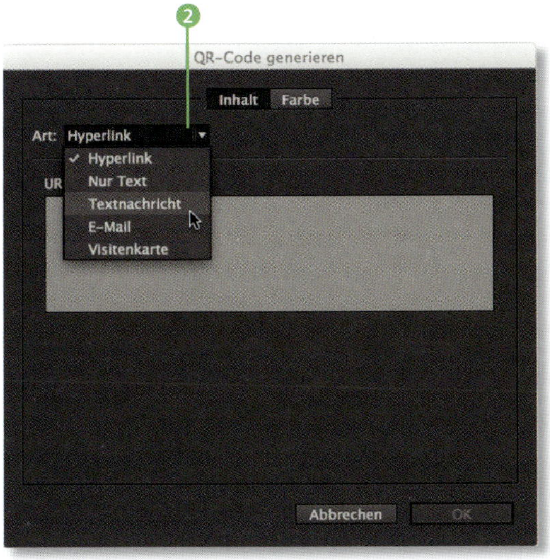

◂ **Abbildung 6.83**
Sie können fünf verschiedene Inhalte als QR-Code generieren.

Im Unterschied zu anderen QR-Code-Generatoren können Sie die Inhalte eines bereits erstellten QR-Codes jederzeit wieder ändern. Rufen Sie hierfür einfach per Kontext-Menü den QR-CODE BEARBEITEN auf. Sie gelangen dann wieder zu oben abgebildetem Fenster, nur die Titelzeile ist anders benannt. Nun können Sie nicht nur den Inhalt des Codes ändern, auch die Art lässt sich so erneut festlegen.

URL-Shortener

Die Komplexität eines QR-Codes ist abhängig von der Informationsmenge, die erfasst wird. So kann es sich lohnen, lange Webadressen bei einem Dienst wie *goo.gl/*, *bitly.com* oder *tinyurl.de* zu kürzen und diese Kurz-URL im QR-Code zu verwenden, damit QR-Scanner das Muster besser erfassen können.

Die Farbe des Codes legen Sie fest, indem Sie den Reiter FARBE ❶ klicken und eines der zuvor im aktiven Dokument definierten Farbfelder wählen. Mit der hier gewählte Farbe wird der Code selbst gefärbt ❷.

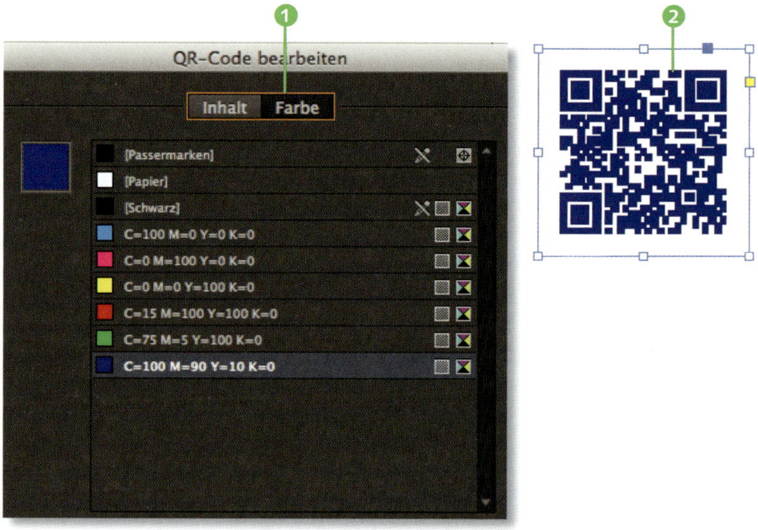

Abbildung 6.84 ►
Die Farbe des Codes kann wie sein Inhalt auch später modifiziert werden.

Falls Sie auch den Hintergrund eines QR-Codes einfärben möchten, können Sie dies wie von anderen Rahmenobjekten gewohnt erledigen. Grundsätzlich sollten Sie beim Erstellen von QR-Codes auf einen möglichst hohen Kontrast von Code zu Hintergrund achten.

InDesign blendet Ihnen per QuickInfo die jeweiligen Infos ein, die als QR-Code generiert wurden ❹, wenn Sie den Cursor über einem Code stehen lassen. Dabei ist es unerheblich, welches Werkzeug gerade aktiv ist. Trotz des eingeblendeten Inhaltsauswahlwerkzeuges ❸ liegt bei QR-Codes weder eine verknüpfte noch eine eingebettete Grafik vor, weshalb QR-Codes auch nicht im VERKNÜPFUNGEN-Bedienfeld zu finden sind.

Abbildung 6.85 ►
InDesign blendet die im Code hinterlegten Informationen ein, wenn der Cursor über einem Code steht.

7

Farben und Effekte

Geben Sie Ihren Layouts das gewisse Etwas

- Welche Arten von Farben gibt es?
- Wie werden Farben angelegt und modifiziert?
- Was ist ein Verlauf und wie wird er angewendet?
- Wie wende ich Farben auf Objekte an?
- Was ist Farbmanagement und warum sollte ich damit arbeiten?
- Was ist ein Effekt?
- Wie wende ich einen Effekt auf ein Objekt an?

7 Farben und Effekte

Mit Farben und Effekten können Sie das Aussehen beliebiger Objekte beeinflussen. Die Anwendung von Farben ist bisher schon häufiger angesprochen worden, in diesem Kapitel werden wir uns die Verwaltung von Farben genauer ansehen. InDesign bietet mittlerweile eine beachtliche Anzahl Effekte an, die ähnlich wie in Photoshop und Illustrator, aber auch wie in den Video-Applikationen Premiere und After Effects auf Objekte angewendet werden, ohne Teil von ihnen zu werden.

7.1 Das Bedienfeld »Farbfelder«

Lassen Sie uns Ihr bisher angeeignetes Wissen um das FARBFELDER-Bedienfeld vertiefen. Da es zu den wichtigsten Bedienfeldern gehört, ist es mit einem Ein-Tasten-Befehl einzublenden: [F5], zu finden ist es ansonsten unter FENSTER • FARBE.

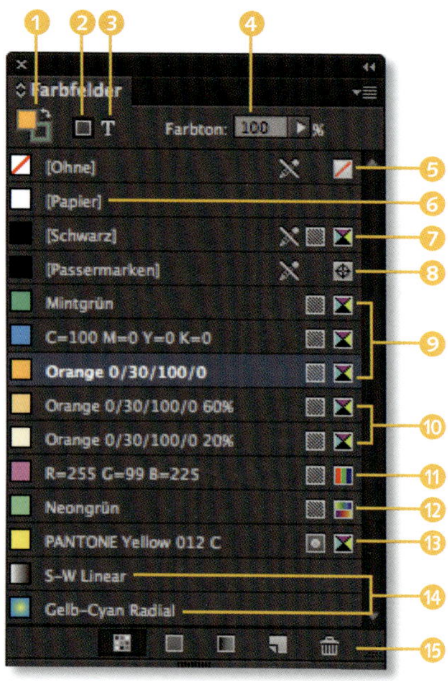

Abbildung 7.1 ▸
Das FARBFELDER-Bedienfeld bietet übersichtlichen Zugriff auf Farb-, Farbton- und Verlaufsfelder.

Reihenfolge von Farben

Anders als etwa im VERKNÜPFUNGEN-Bedienfeld können Sie die Farben im FARBFELDER-Bedienfeld nicht automatisch umsortieren lassen. Farben lassen sich aber per Drag & Drop in die gewünschte Reihenfolge bringen.

Was wird farbig formatiert?

Ob die Fläche oder die Kontur eines markierten Objekts formatiert wird, legen Sie mit diesen Buttons ❶ fest. Ein Klick auf das entsprechende Symbol holt dieses in den Vordergrund. Einfacher wechseln Sie zwischen Fläche und Kontur mit der Taste [X], dabei darf sich der Textcursor natürlich nicht im Text befinden. Mit dem kleinen Pfeil oben rechts am Flächen-/Kontur-Button vertauschen Sie die Formatierung von Fläche und Kontur.

Bei Textrahmen ist neben dem normalen Rahmen-Button ❷ auch noch der Text-Button ❸ anwählbar, mit dem Sie entscheiden, ob sich die Farbänderung auf den Container – den Textrahmen – oder auf die Schrift auswirken soll. Ist hier Text ⓱ angewählt, ändern sich dementsprechend auch die Symbole für Fläche und Kontur ⓰.

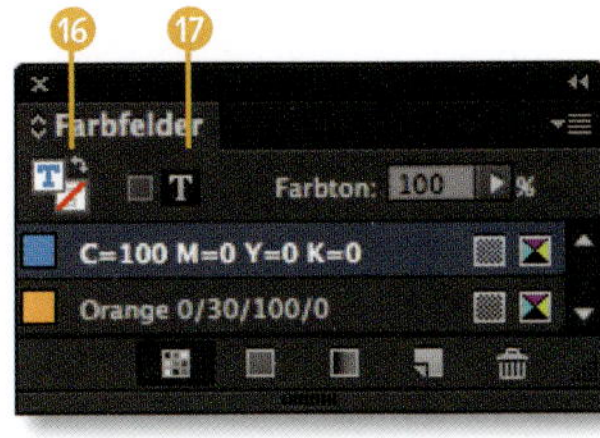

▲ **Abbildung 7.2**
Wenn bei aktivem Textrahmen der Textbutton markiert ist, ändern sich auch die Flächen- und Kontur-Symbole.

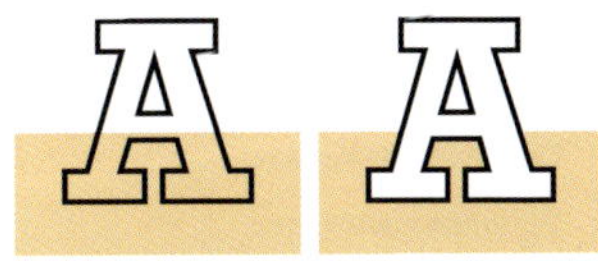

▲ **Abbildung 7.3**
Auf die Fläche des linken A wurde das Farbfeld [Ohne], bei der rechten Version das Farbfeld [Papier] angewendet.

Mit welcher Farbe wird formatiert?

Mit dem Wert bei Farbton ❹ wird angegeben, mit welcher Intensität die gewählte Farbe angewendet werden soll. Das oberste Farbfeld [Ohne] ❺ entfernt gegebenenfalls eine Farbe von einer Fläche oder Kontur. Es kann mit dem Tastaturbefehl [#] oder [/] auf dem Nummernblock direkt angewählt werden. Wird einer Fläche das Farbfeld [Papier] ❻ zugewiesen, führt dies dazu, dass andere Objekte, die von diesem papierfarbenen Objekt überlappt werden, an den verdeckten Stellen nicht ausgegeben werden (siehe Abbildung 7.3). Das Farbfeld [Schwarz] ❼ kann weder bearbeitet noch gelöscht werden. Dasselbe gilt für das Farbfeld [Passermarken] ❽. Farbfelder können auf verschiedene Arten benannt werden ❾. Neben den Farbfeldern können auch Farbtonfelder ❿ angelegt werden. In ihnen wird eine andere Intensität desjenigen Farbfeldes hinterlegt, auf dem sie basieren. Neben den Farben des CMYK-Farbraumes können auch hier Farben des RGB-Farbraumes ⓫ und des unüblichen Lab-Farbraumes angelegt werden ⓬. Neben den Farbfeldern, die auf Prozessfarben basieren oder als solche gedruckt werden, können auch Volltonfarben in Farbfeldern hinterlegt werden ⓭. Im Farbfelder-Bedienfeld können auch Verläufe ⓮ erstellt werden. Mit den ersten drei Buttons ganz unten können Sie filtern, welche Farbfelder angezeigt werden ⓯.

Passermarken

Passermarken dienen beim Offsetdruck dem Justieren der Druckmaschinen. An ihnen ist ablesbar, ob die verschiedenen Farben standgenau übereinandergedruckt werden. Das Farbfeld [Passermarken] fasst dementsprechend immer alle Farben zusammen, für die im Offsetdruck einzelne Druckplatten benötigt werden, weshalb Sie dieses Farbfeld keinen Objekten zuweisen sollten.

7.2 Farbfelder anlegen

▲ **Abbildung 7.4**
Legen Sie neue Einträge im Bedienfeld Farbfelder am besten über das Bedienfeldmenü an.

Der Vorteil von Farbfeldern liegt darin, dass Sie Farben dokumentweit verwalten können. Eine Farbe, die in einem Layout an verschiedenen Stellen eingesetzt wird, kann über das Farbfelder-Bedienfeld schnell geändert werden. Die Änderung wirkt sich dann automatisch auf alle Objekte aus, die mit diesem Farbfeld formatiert wurden.

Um aus dem Bedienfeld heraus ein neues Farbfeld anzulegen, können Sie die von anderen Bedienfeldern bekannten Methoden wählen: Entweder Sie klicken am unteren Bedienfeldrand auf den Button mit dem Abreißblock, oder Sie wählen im Bedienfeldmenü den entsprechenden Eintrag. Als weitere Methode können Sie vorhandene Einträge genauso wie bei anderen Bedienfeldern duplizieren, indem Sie das gewünschte Farbfeld auf den Abreißblock ziehen.

Neues Farbfeld

Nach der Anwahl des Befehls Neues Farbfeld im Bedienfeldmenü erscheint der dazugehörige Dialog.

Abbildung 7.5 ▶
Farben lassen sich mit dem Dialog Neues Farbfeld präzise steuern.

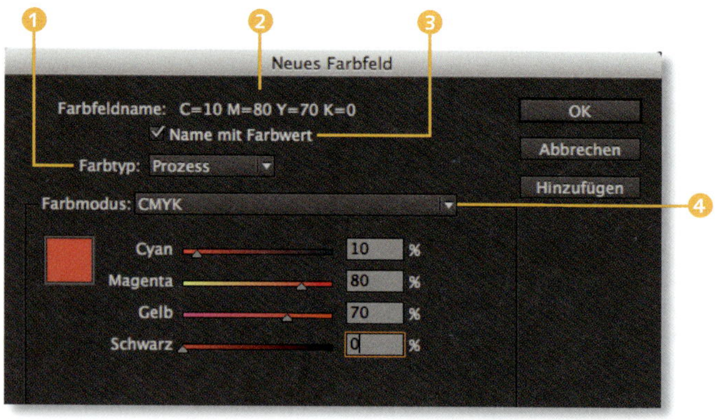

Wenn Sie die Checkbox Name mit Farbwert **3** markiert haben, stehen die aktuellen Farbwerte bei Farbfeldname, dieser ist manuell dann nicht zu ändern. Werden die Farbwerte im unteren Bereich durch das Verschieben der Regler an den Farbbalken geändert, spiegeln sich diese Änderungen direkt im Farbfeldnamen wider. Leider sind die so abgeleiteten Farbnamen wie im

Größere Schritte

Da feinere Farbabstufungen als 5%-Schritte ohnehin kaum auszumachen sind, empfehle ich Ihnen die Anlage von Farben mit glatten Farbwerten. Farben in 5er-Schritten finden Sie auch in Farbmusterbüchern.

Beispiel »C=10 M=80 Y=70 K=5« ❷ schlecht zu lesen. Alternativ können Sie die Checkbox Name mit Farbwert demarkieren. Dann können Sie selbst Farbnamen vergeben, wobei hier natürlich auch die aktuellen Farbwerte zusätzlich eingetragen werden können. Die von Ihnen eingetragenen Farbwerte müssen nach einer Änderung der Farbanteile manuell korrigiert werden.

Bei Farbtyp ❶ können Sie zwischen Prozess und Vollton wählen. Diese beiden Farbtypen wurden in Kapitel 4, »Bilder«, auf Seite 182 schon besprochen. Hier sollte bei Print-Projekten in der Regel Prozess stehen; wenn Sie bewusst mit einer Sonderfarbe arbeiten, wählen Sie hier Vollton.

Neben den geläufigen Farbräumen CMYK und RGB steht Ihnen bei Farbmodus ❹ auch noch der eher exotische Lab-Farbraum zur Verfügung, der im Zusammenhang mit Photoshop interessant ist, in InDesign aber keine nennenswerte Rolle spielt. Klappen Sie das Pulldown-Menü auf, sehen Sie hier eine umfangreiche Liste der installierten Sonderfarben-Bibliotheken (siehe Abbildung 7.6), aus der Sie die gewünschte Farbpalette für eine Volltonfarbe wählen können.

Normalerweise steht die Art der Ausgabe eines Layouts von Anbeginn fest und wird fast ausschließlich CMYK sein, da die allermeisten Drucksachen im Offset gedruckt werden und Offsetdruck gleichbedeutend mit CMYK ist (eventuell mit einer zusätzlichen Sonderfarbe). Wenn Ihr Layout in einer kleineren Auflage z. B. im Digitaldruck produziert werden soll, sind möglicherweise auch RGB-Daten erwünscht. Das sollten Sie frühzeitig mit dem Druckdienstleister klären, um von Beginn an im korrekten Farbmodus zu arbeiten.

Sonderfall Sonderfarbe

Um ein Farbfeld mit einer Sonderfarbe anzulegen, wählen Sie wie oben beschrieben bei Farbtyp Vollton ❸ und bei Farbmodus ❹ die Sonderfarbpalette, die beim Druck zum Einsatz kommen soll, beispielsweise Pantone + Solid coated. Nun erscheint statt der vier Farbbalken bei CMYK eine Auswahlliste der gerade gewählten Pantone-Farbpalette, da der Sinn von Sonderfarben gerade darin liegt, dass sie auf fertige Farbtöne zugreifen und diese eben nicht selbst mischen. Oberhalb dieser Liste ist ein Eingabefeld, in

Übersichtliche Farbnamen

Da es im Druckgewerbe ohnehin verbreitet ist, die Farbwerte ohne die Farben zu nennen, kann man zur besseren Lesbarkeit auch in InDesign auf die Farbkürzel im Namen verzichten.

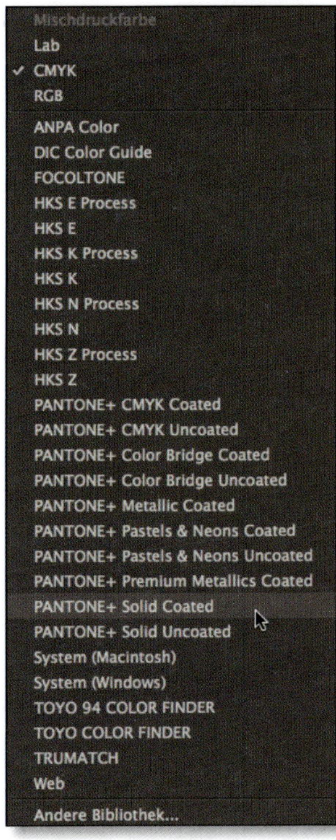

▲ **Abbildung 7.6**
Bei der Programminstallation wurden schon zahlreiche Sonderfarben-Bibliotheken mit installiert.

das Sie die Farbnummer der gewünschten Farbe eingeben können ①. Das setzt voraus, dass Sie sich im Vorfeld entweder anhand eines Pantone-Fächers für eine konkrete Farbe entschieden haben oder dass Ihnen vom Kunden z. B. als Hausfarbe der Firma eine bestimmte Farbe einer Farbskala mitgeteilt wurde.

Volltonfarben-Import

Eine Volltonfarbe kann in InDesign nicht geändert werden, wenn sie durch das Platzieren einer Datei mit importiert wurde. Diese Farbänderung muss im Ursprungsprogramm oder später in Acrobat erfolgen.

Abbildung 7.7 ▸ Bei Volltonfarben wird der Farbfeldname automatisch durch die Wahl der konkreten Farbe vergeben.

InDesign kann Volltonfarben auch zu CMYK-Farben umrechnen. Ändern Sie bei Farbmodus eine Volltonfarbe zu CMYK, und InDesign wandelt die bisherige Sonderfarbe in CMYK um:

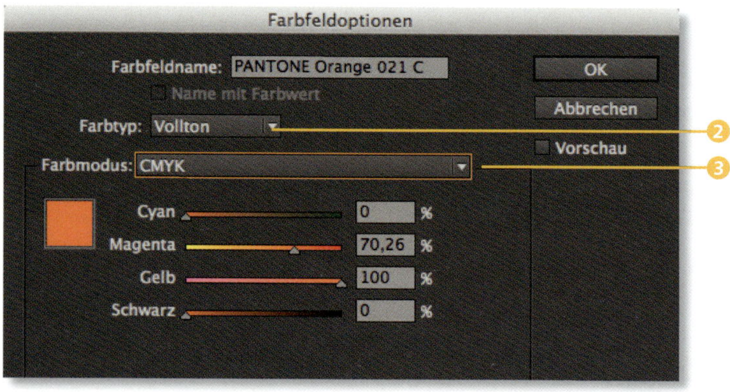

Abbildung 7.8 ▸ Wird eine Volltonfarbe in eine Prozessfarbe umgewandelt, ändert sich der Farbton z. T. drastisch.

Bei der Umwandlung von Pantone zu CMYK hat InDesign den kompletten Pantone-Namen im Farbfeldnamen übernommen, der nun aber nach Bedarf überschrieben werden kann. Beachten Sie, dass für InDesign trotz des Farbmodus CMYK ③ immer noch eine Volltonfarbe ② vorliegt und für diese Farbe eine zusätzliche Platte belichtet werden würde. Um dies zu vermeiden, wählen Sie auch bei Farbtyp statt Vollton die Option Prozess.

Farbfeldoptionen

Mit einem Doppelklick auf einen Farbfeldnamen im Farbfelder-Bedienfeld öffnen sich die Farbfeldoptionen.

7.3 Farbfelder löschen und ersetzen

Möchten Sie ein einzelnes Farbfeld löschen, ziehen Sie das entsprechende Farbfeld auf den FARBFELD LÖSCHEN-Button mit dem Mülleimer am unteren Bedienfeldrand oder klicken diesen Button an. Ist die betreffende Farbe an keiner Stelle des Dokuments eingesetzt worden, löscht InDesign diese Farbe, ohne eine Warnung auszugeben.

Beim Löschen einer Farbe, die im Dokument verwendet wird, erscheint hingegen folgender Warndialog, in dem Sie sich entscheiden müssen, welche Ersatzfarbe stattdessen verwendet werden soll:

RGB-Farben-Import

Da Office-Programme wie Word und Excel keine Prozessfarben kennen, werden beim Platzieren von Text- und Tabellendaten schnell auch RGB-Farben importiert. Nach dem Import sind diese als Farbfelder aufgeführt und können gelöscht, ersetzt oder umgewandelt werden.

◂ **Abbildung 7.9**
Beim Löschen von verwendeten Farben können diese auch durch andere ersetzt werden.

Im Pulldown-Menü DEFINIERTES FARBFELD finden Sie alle Farbfelder, die im Bedienfeld hinterlegt sind. Durch diese Funktion können Sie somit auch Farben austauschen.

Eine sehr praktische Funktion zum Löschen von Farbfeldern ist im Bedienfeldmenü abgelegt. Dort finden Sie den Befehl ALLE NICHT VERWENDETEN AUSWÄHLEN. Dieser Befehl markiert bei Aktivierung alle Farbfelder, die nicht (mehr) im aktuellen InDesign-Dokument verwendet werden. Diese Farben können anschließend mit einem Klick auf den FARBFELD LÖSCHEN-Button aus dem Dokument entfernt werden.

7.4 Farbtonfelder anlegen

Die Intensität einer Farbe kann im FARBFELDER-Bedienfeld stufenlos über den Farbtonwähler oder direkt über die Eingabe eines konkreten Wertes gesteuert werden. Dabei ist mit 100% die Vollfläche, mit 0% kein Farbauftrag gemeint. 0% einer Farbe hat denselben Effekt wie die Zuweisung des Farbfeldes [PAPIER]. Das so formatierte Objekt führt dazu, dass unter ihm liegende Objekte

Offsetdruck

Beim Offsetdruck gibt es nur zwei Möglichkeiten des Farbauftrags: Farbe oder keine Farbe. In der Vergrößerung wird erkennbar, dass der Eindruck von helleren Flächen durch kleinere Rasterpunkte erreicht wird und dass diese sich erst bei der Wahrnehmung durch das menschliche Auge zu einem helleren Ton mischen. Unten sind die Raster einer Vollfläche (also 100%), von 60% und 20% abgebildet.

bei der Ausgabe in den verdeckten Bereichen nicht berücksichtigt werden und somit nicht sichtbar sind.

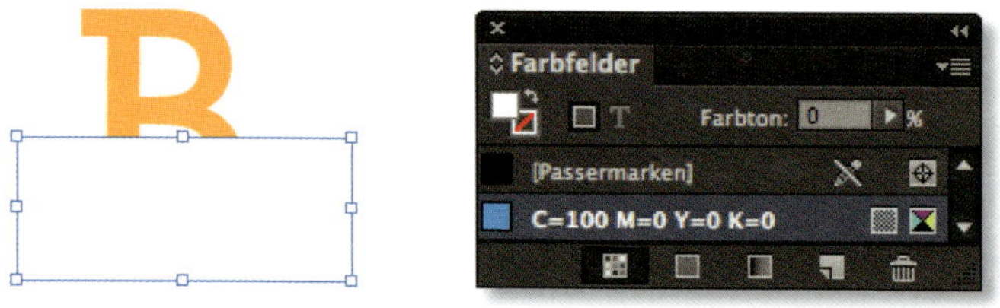

Abbildung 7.10 ►
Die Fläche des Rechtecks ist mit 0% Cyan formatiert, was denselben Effekt wie die Zuweisung von [Papier] hat. Das B wird dadurch verdeckt.

Wenn Sie häufiger mit denselben Abstufungen einer Farbe arbeiten, z. B. 60% und 10% eines Orange, macht es Sinn, diese Farbvarianten im FARBFELDER-Bedienfeld als Farbtonfelder zu hinterlegen. Dafür markieren Sie das Farbfeld, von dem Sie ein Farbtonfeld erzeugen möchten, und wählen dann im Bedienfeldmenü den Eintrag NEUES FARBTONFELD. Darauf öffnet sich ein Dialogfeld, in dem Sie lediglich den Farbton ② einstellen können:

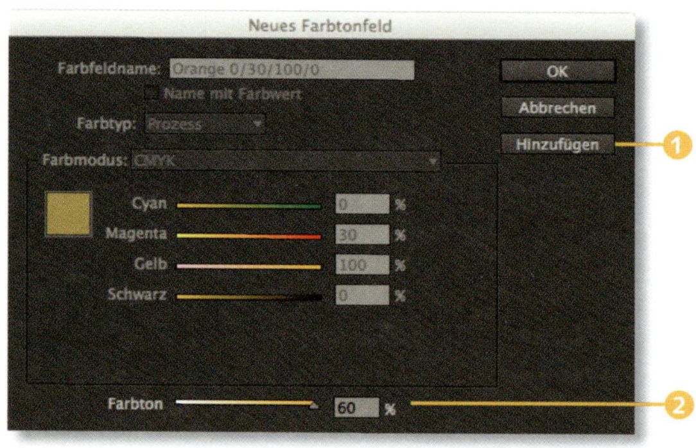

Abbildung 7.11 ►
Bei der Anlage eines Farbtonfeldes kann lediglich der FARBTON eingegeben werden.

Mit OK verlassen Sie das Dialogfeld. Wenn Sie mehrere Farbtonfelder anlegen möchten, die alle auf einer Farbe beruhen, können Sie auch auf HINZUFÜGEN ① klicken. Dadurch wird ebenfalls ein neues Farbtonfeld hinterlegt, und Sie können mit der Eingabe eines Wertes für das nächste Farbtonfeld fortfahren.

Abbildung 7.12 ►
Farbtonfelder werden mit dem entsprechenden Prozentwert hinter dem Namen gekennzeichnet.

Im Unterschied zu Farbfeldern kann der Farbton ③ von Farbtonfeldern nicht im FARBFELDER-Bedienfeld geändert werden. Der angezeigte Farbton entspricht bei Farbtonfeldern immer ihrem definierten Wert ④.

Durch die Farbtonfelder sind Sie nun in der Lage, im ganzen Dokument mit konsistenten Farbabstufungen zu arbeiten. Da die Farbtonfelder auf einem Farbfeld beruhen, ändern sich die Farbtonfelder, sobald das Basisfarbfeld modifiziert wird.

Keine Farbgruppen

Im Unterschied beispielsweise zu Absatzformaten, die innerhalb ihres Bedienfeldes zur besseren Übersicht zu Gruppen zusammengefasst werden können, geht dies im FARBFELDER-Bedienfeld leider nicht.

7.5 Verlaufsfelder anlegen

Verlaufsfelder können nur über das Menü des Bedienfeldes erzeugt werden. Dort ruft der Befehl NEUES VERLAUFSFELD einen Dialog auf, in dem der Verlauf definiert wird. Bei ART ⑤ können Sie zwischen den beiden möglichen Verlaufsformen LINEAR und RADIAL wählen. Als REGLERFARBE ⑥ stehen Ihnen Lab, CMYK, RGB und die bisher angelegten Farbfelder zur Verfügung. Damit Sie hier zwischen den verschiedenen Reglerfarben wählen können, muss einer der Farbregler ⑦ oder ⑨ unter dem VERLAUFSBALKEN markiert sein. Diese Regler bestimmen die Punkte eines Verlaufs, an denen die jeweilige Farbe als reine Farbe ohne Beimischung der anderen Verlaufsfarbe erreicht ist. Die Position der Regler können Sie durch Verschieben oder durch die Eingabe eines konkreten Prozentwertes ⑩ ändern. Der Mittelpunkt zwischen zwei benachbarten Verlaufsfarben wird durch die Raute ⑧ über dem Verlaufsbalken repräsentiert und kann individuell positioniert werden.

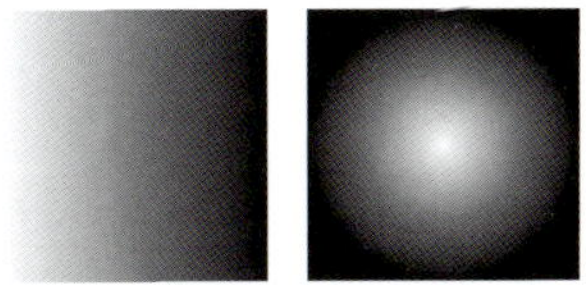

▲ **Abbildung 7.13**
Der Standardverlauf von Weiß/[PAPIER] nach Schwarz in den Varianten LINEAR und RADIAL wurde auf die Flächen angewendet.

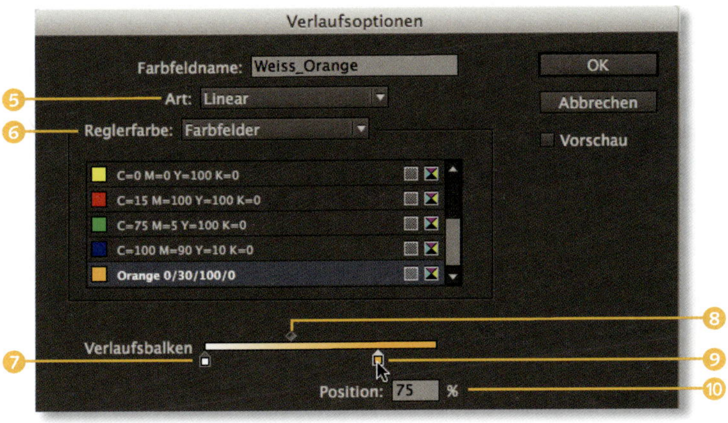

◀ **Abbildung 7.14**
Markierte Farbregler ⑨ werden mit einem winzigen Dreieck gekennzeichnet.

Die genaue Funktionsweise der Farbregler und des Mittelpunktes möchte ich an folgenden drei Beispielen erläutern. Der Verlaufsbalken gibt die Farbverteilung innerhalb des Verlaufs wieder. Ein Verlauf, der einem Objekt zugewiesen wurde, orientiert sich an der Größe des Objekts und ändert sich bei einer Änderung der Objektproportionen mit. Zur Demonstration habe ich deshalb denselben Verlauf immer auf zwei Objekte angewendet:

Abbildung 7.15 ▸
Auf beide Objekte wurde derselbe Verlauf mittels eines Verlaufsfeldes angewendet.

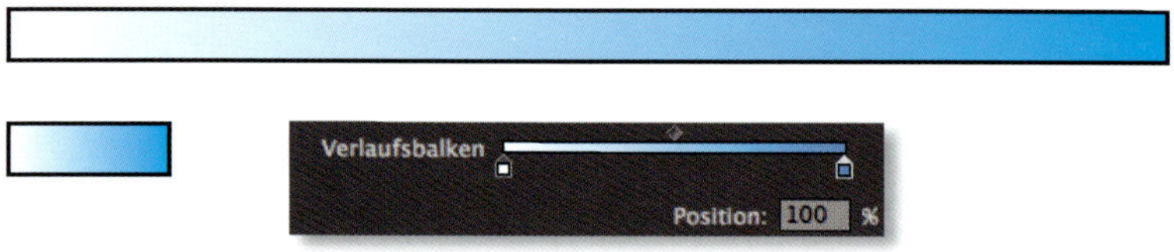

Der Punkt, an dem zwei benachbarte Farben (1) und (3) zu je 50 % gemischt sind (2), kann über das Eingabefeld (4) präzise definiert werden. Bei ihm ist im Unterschied zu den Verlaufsfarben mit 100 % immer der Abstand zwischen den beiden benachbarten Verlaufsfarben gemeint.

Abbildung 7.16 ▸
Verläufe können auch mit mehreren Farben angelegt werden.

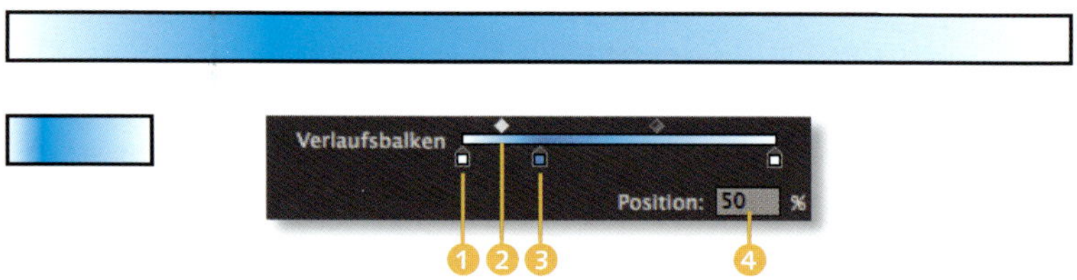

Neue Verlaufsfarben werden mit einem Klick unterhalb des Farbbalkens erstellt. Haben zwei benachbarte Verlaufsfarben dieselbe Farbe, wird durch sie eine einfarbige Fläche definiert (5).

Abbildung 7.17 ▸
Verläufe können auch Bereiche ohne Farbübergänge beinhalten.

In den nächsten Abschnitten sehen wir uns an, wie Verläufe auf Flächen (oder Konturen) angewendet werden. Die Vorgehensweise unterscheidet sich nämlich z. T. grundlegend von der Zuweisung von Farbfeldern auf Objekte.

7.6 Verlaufsfelder anwenden

Wie bei Farbfeldern und Farbtonfeldern können auch Verlaufsfelder auf aktivierte Objekte angewendet werden, indem einfach das gewünschte Verlaufsfeld im FARBFELDER-Bedienfeld angewählt wird. Somit können auch Verläufe dokumentweit verwaltet werden: Objekten, die denselben Verlauf aufweisen sollen, muss nur dasselbe Verlaufsfeld zugewiesen werden. Änderungen an diesem Verlaufsfeld sind anschließend an allen Objekten sichtbar, denen dieses Verlaufsfeld zugewiesen wurde.

▲ **Abbildung 7.18**
Verläufe können unabhängig auf Fläche und Kontur angewendet werden.

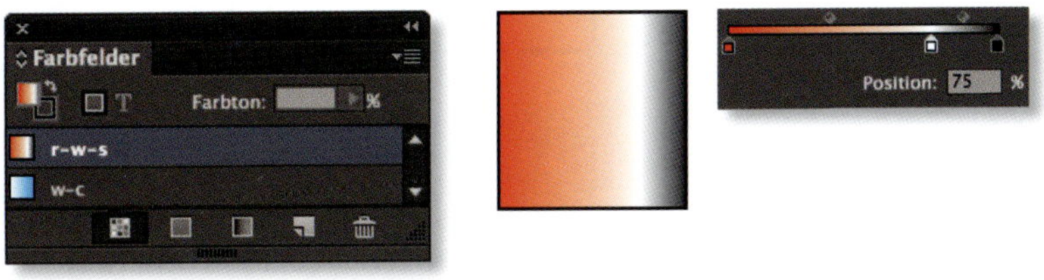

◀ **Abbildung 7.19**
Diese Einstellung ist im Verlauf »r-w-s« hinterlegt und wurde auf das Quadrat angewendet.

Um einen Verlauf in seiner Ausrichtung zu ändern, rufen Sie das VERLAUF-Bedienfeld im Menü FENSTER • FARBE auf. Im Eingabefeld WINKEL können Sie den gewünschten Winkel eintragen.

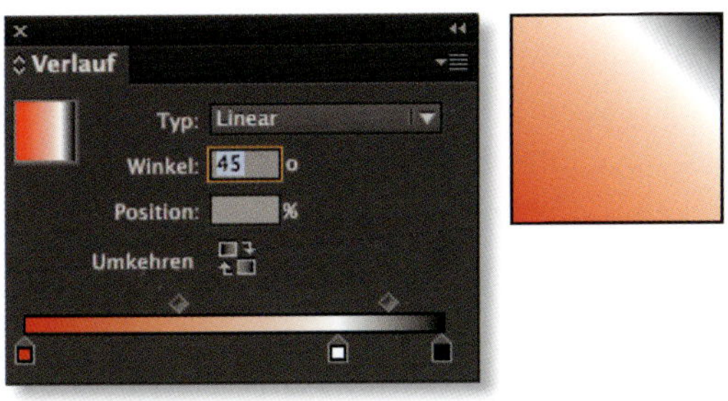

◀ **Abbildung 7.20**
Die Richtung des Verlaufs kann im Bedienfeld VERLAUF geändert werden.

7.7 Mit dem Verlaufsfarbfeld-Werkzeug arbeiten

▲ **Abbildung 7.21**
Verläufe können auch mit dem entsprechenden Werkzeug angewendet werden.

Mit den eben vorgestellten Techniken ist die Strecke, über die sich der Verlauf erstreckt, immer abhängig vom Objekt. Genauer steuern lässt sich die Länge eines Verlaufs mit dem Verlaufsfarbfeld-Werkzeug. Mit diesem Tool lassen sich der Winkel und die Länge des Verlaufs mit zwei individuell zu setzenden Punkten festlegen. Wie immer bei Objektmanipulationen muss das zu ändernde Objekt markiert sein. Bei aktiviertem Verlaufsfarbfeld-Werkzeug wird mit dem ersten Klick der Startpunkt des Verlaufs definiert. Mit gedrückter Maustaste kann dann in der gewünschten Richtung und über die gewünschte Länge gezogen werden. Erst beim Lösen der gedrückten Maustaste wird der Endpunkt des Verlaufs definiert.

▼ Abbildung 7.22
Hier wurde derselbe Verlauf aus Abbildung 7.20 auf eine kürzere Strecke angewendet.

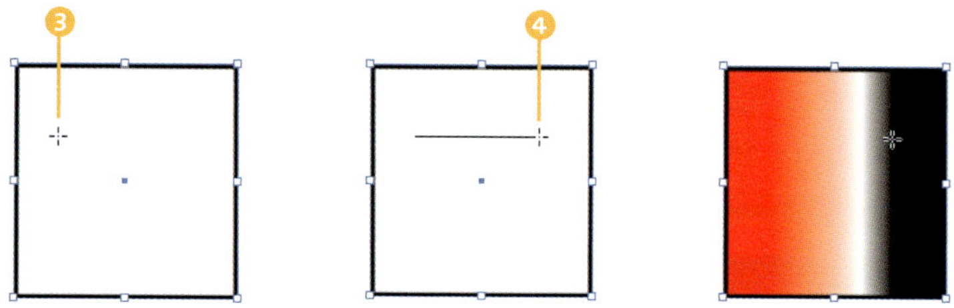

Hierbei wird der Anfangspunkt 3 des Verlaufs immer durch den linken Punkt des Verlaufsbalkens 1 im Verlaufsfeld repräsentiert, der Endpunkt 4 wird dementsprechend durch das rechte Ende 2 des Verlaufsbalkens dargestellt. Wird das Verlaufsfarbfeld-Werkzeug, wie im Beispiel zu sehen, nur über einen Teil des markierten Objekts gezogen, werden die außerhalb des definierten Verlaufs liegenden Objektbereiche in der Anfangs- und Endfarbe eingefärbt.

Der Anfangs- und Endpunkt eines Verlaufs kann ebenso gut außerhalb eines Objekts liegen. Dementsprechend sieht man dann auch nur einen Teil des hinterlegten Verlaufsmusters.

Mehreren Objekten kann auch gleichzeitig dasselbe Verlaufsfeld zugewiesen werden, indem die Objekte markiert werden und dann das gewünschte Verlaufsfeld angewählt wird. Um mehreren Objekten einen Verlauf mit demselben Start- und Endpunkt zuzuweisen, werden zunächst wieder die Objekte markiert. Mit dem Verlaufsfarbfeld-Tool kann dann genau wie bei einzelnen Objekten der Anfangs- und Endpunkt des Verlaufs durch Klicken und Ziehen definiert werden. In Abbildung 7.23 wurde der radiale Verlauf vom Innern der Pfeile nach außen gezogen.

Bug oder Feature?

Radiale Verläufe, die einem hochformatigen Rechteck zugewiesen werden, sehen ellipsenförmig aus. Bei querformatigen Rechtecken zeichnet InDesign hingegen kreisrunde Verläufe. In den Beispielen unten wurde derselbe Verlauf auf beide Rahmen angewendet.

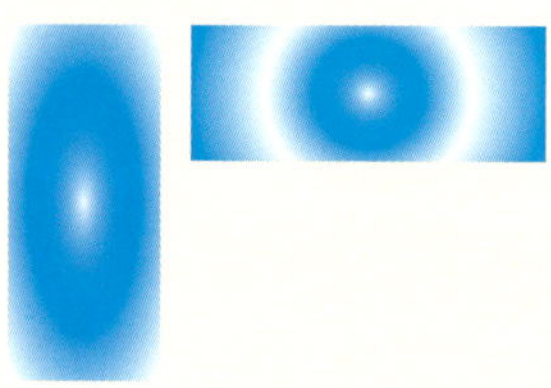

Abbildung 7.23 ▶
Verläufe können auch auf mehrere Objekte gleichzeitig angewendet werden.

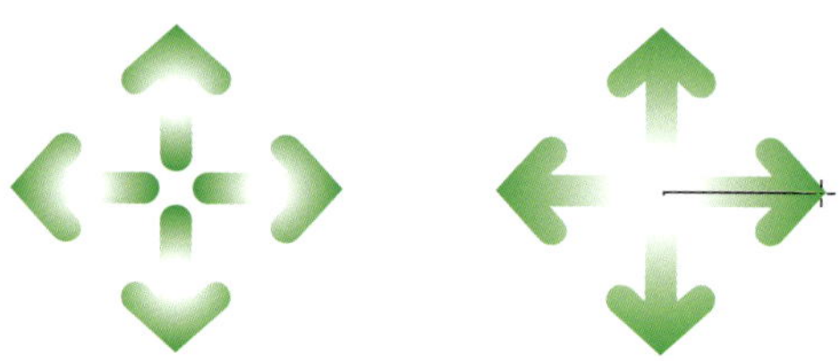

7.8 Farbfelder austauschen

Eine Möglichkeit, eine Farbe von einem in ein anderes Dokument zu übernehmen, besteht darin, ein eingefärbtes Objekt aus einem Dokument zu kopieren und in ein zweites Dokument einzufügen. War die betreffende Farbe im Ursprungsdokument als Farbfeld hinterlegt, wird dieses auch mit in das Zieldokument importiert.

Sollen alle Farbfelder samt Farbtonfeldern und Verlaufsfeldern eines Dokuments in ein anderes übernommen werden, wird in dem Dokument, in das die Farbfelder importiert werden sollen, der Befehl FARBFELDER LADEN im Bedienfeldmenü aufgerufen. Daraufhin öffnet sich ein Dialog, in dem die Datei mit den gewünschten Farbfeldern angewählt werden kann.

Eine dritte Möglichkeit für den Austausch von Farbfeldern besteht darin, einzelne Farbfelder mit gedrückter [Strg]/[⌘]-Taste im FARBFELDER-Bedienfeld zu markieren (5 und 6) und anschließend im Bedienfeldmenü den Befehl FARBFELDER SPEICHERN anzuwählen. Hierbei können keine Farbton- oder Verlaufsfelder gespeichert werden. Die beim Speichern der Farbfelder erstellte Datei mit der Endung .ase (Adobe Swatch Exchange) kann nicht nur von anderen InDesign-Dokumenten, sondern auch von Programmen wie Illustrator und Photoshop geladen werden.

▲ **Abbildung 7.24**
Die Bridge informiert über FENSTER • METADATEN-FENSTER über die verwendeten Farbfelder eines Dokumentes.

▲ **Abbildung 7.25**
Hier sehen Sie eine Farb-Bibliothek in der Bridge.

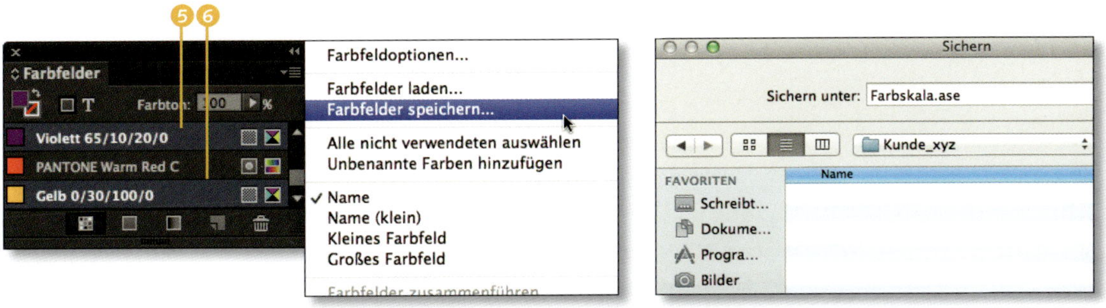

▲ **Abbildung 7.26**
Farbfelder werden über das FARBFELDER-Bedienfeldmenü als ASE-Datei gespeichert bzw. geladen.

In Illustrator und Photoshop werden ASE-Bibliotheken über das Menü des jeweiligen FARBFELDER-Bedienfeldes geladen. Die ausgetauschten Farben sind von da an als zusätzliche Farbfelder hinterlegt und können wie gewohnt in den anderen Applikationen verwendet werden. Dieser Austausch von Farben ermöglicht es dem Designer, Farben in verschiedenen Applikationen, und damit in verschiedenen Dateiformaten konsistent einzusetzen.

7.9 Das Bedienfeld »Farbe«

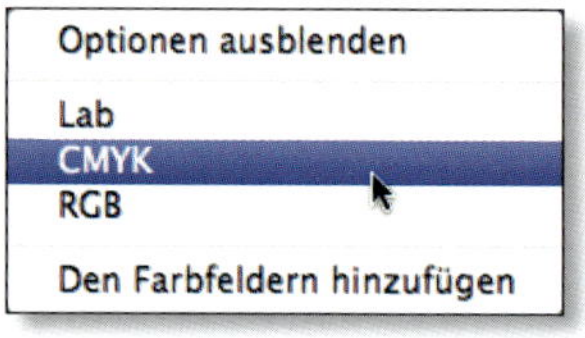

▲ **Abbildung 7.27**
Über das Bedienfeldmenü kann der Farbmodus gewählt werden, der im Bedienfeld angezeigt wird.

Dieses Bedienfeld wird Photoshop- und Illustrator-Anwendern bekannt vorkommen. Wie das FARBFELDER-Bedienfeld ist es im Menü FENSTER • FARBE hinterlegt, der Tastenbefehl lautet [F6]. Von der Werkzeugleiste und dem FARBFELDER-Bedienfeld ist der Formatierungsbereich (1) hinlänglich bekannt. Im unteren Bereich des Bedienfeldes FARBE können Sie Farben aus einer digitalen Farbpalette wählen oder über die Regler Ihren Vorstellungen entsprechend zusammenmischen. Im Palettenbereich stehen unabhängig vom gewählten Farbmodus immer die drei Farboptionen KEINE (2), WEISS und SCHWARZ (3) zur Verfügung. Die drei Farbräume CMYK, RGB und Lab werden hierbei unterstützt und bei Bedarf über das Bedienfeldmenü gewählt.

Abbildung 7.28 ►
Die Farbe der rechten Abbildung wurde durch Verstellen der Regler links bei gedrückter [⇧]-Taste erzielt.

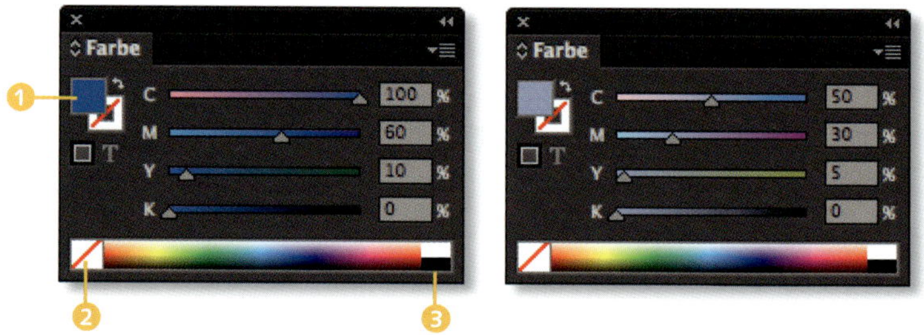

Soll eine neu gemischte Farbe in das FARBFELDER-Bedienfeld übernommen werden, rufen Sie den Befehl DEN FARBFELDERN HINZUFÜGEN im Bedienfeldmenü (siehe Abbildung 7.27) auf. InDesign benennt die neue Farbe automatisch nach den angewendeten Farbwerten. Beim Mischen einer neuen Farbe ist die Funktion der [⇧]-Taste praktisch, durch sie bleibt das Mischungsverhältnis einer Farbe beim Verschieben eines Reglers erhalten. Dadurch können Sie hier Farbtonvarianten einer Farbe erstellen.

7.10 Der Farbwähler-Dialog

Farben lassen sich außerdem über einen weiteren Dialog wählen, der in ähnlicher Form von Illustrator und Photoshop bekannt ist. Dieser FARBWÄHLER-Dialog wird eingeblendet, wenn Sie auf das Flächen- oder Kontur-Symbol des Formatierungsbereichs der

Werkzeugleiste doppelklicken. In einem zweigeteilten Farbfeld wird unten die zuletzt verwendete Farbe ❺, darüber die aktuelle Farbe ❻ angezeigt, die innerhalb des Dialogfeldes definiert wird. Mit dem Radio-Button ❽ legen Sie fest, welchen Farbanteil Sie mit dem Schieberegler ❾ ändern möchten. Wenn Sie den Cursor in eines der Eingabefelder von RGB oder Lab setzen, ändert sich die Buttonbeschriftung entsprechend des so gewählten Farbraums. Für den Druck sollten Sie jedoch unbedingt bei CMYK bleiben. Wenn Sie den Dialog mit OK statt CMYK-Farbfeld hinzufügen ❼ bestätigen, wird eine unbenannte Farbe erstellt, die auf das gegebenenfalls zuvor aktivierte Objekt angewendet wird, ohne dass diese Farbe im Bedienfeld Farbfelder hinterlegt wird. Mit dem Fadenkreuz ❹ kann die gewünschte Farbe gewählt werden.

▲ **Abbildung 7.29**
Mit einem Doppelklick auf das Flächen- oder Kontur-Symbol wird der Farbwähler geöffnet.

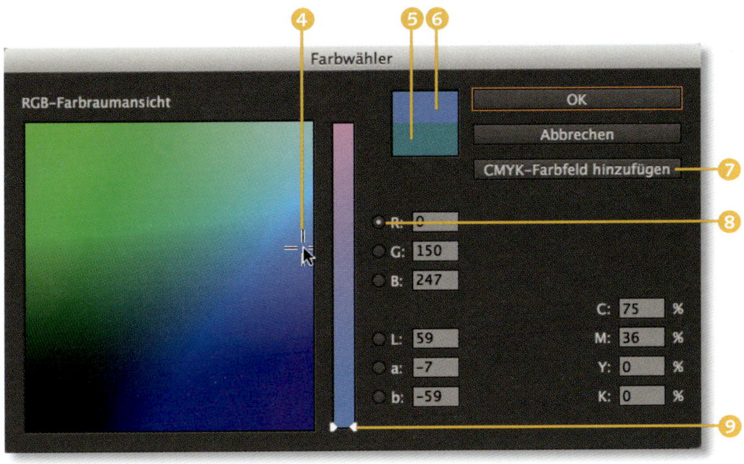

◂ **Abbildung 7.30**
Im Farbwähler-Dialog können neue Farben nicht nur definiert, sondern auch gleich als Farbfeld hinterlegt werden.

7.11 Farbe mit der Pipette aufnehmen

In Kapitel 3, »Mit Text arbeiten«, haben Sie das Pipette-Werkzeug im Zusammenhang mit der Formatierung von Text kennengelernt. Mit diesem Tool lassen sich auch Farben aufnehmen, um diese auf ein anderes Objekt anzuwenden. Interessant ist beispielsweise die Möglichkeit, aus Bildern, die in einem InDesign-Dokument platziert sind, Farben aufzunehmen. Durch die Anwendung der InDesign-Pipette brauchen nicht die Ursprungsprogramme wie Photoshop oder Illustrator bemüht zu werden, die ebenfalls über

Pipetten-Tools verfügen, um die konkreten Farbwerte nachzumessen.

Die Objektattribute, die die Pipette aufnehmen soll, lassen sich über die Pipette-Optionen steuern, die Sie mit einem Doppelklick auf die Pipette in der Werkzeugleiste öffnen können. Um beispielsweise einem Text wie im folgenden Beispiel einen Farbton aus dem Bild zuzuweisen, muss in den Optionen bei Flächeneinstellungen • Farbe und Farbton ① aktiviert sein. Bei markiertem Textrahmen brauchen dann nur noch z. B. in der Werkzeugleiste die Buttons Text/Fläche aktiviert zu werden ②, um anschließend den gewünschten Farbton mit der Pipette aus dem Foto ④ aufzunehmen. Die Farbe wird direkt auf den Text ③ angewendet.

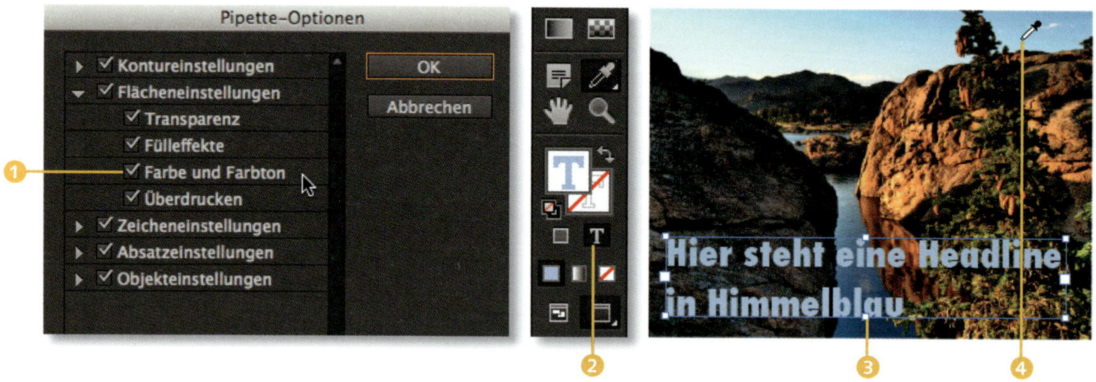

Abbildung 7.31 ▲
Mit den richtigen Einstellungen können Sie Farben aus Bildern auf andere Objekte anwenden.

Haben Sie noch nicht den richtigen Farbton im Bild getroffen, können Sie mit gedrückter [Alt]-Taste einen neuen Bereich des Bildes mit dem Pipette-Tool anklicken. Ohne diese Zusatztaste wird durch erneutes Klicken die zuvor gewählte Farbe auf den Grafikrahmen angewendet.

Möchten Sie eine Farbe, die mit einer der eben beschriebenen Methoden erstellt wurde, als Farbfeld anlegen, um diese Farbe an mehreren Stellen des Dokuments oder in Absatz- oder Zeichenformaten anzuwenden, wählen Sie im Menü des Farbfelder-Bedienfeldes den Eintrag Neues Farbfeld. Möchten Sie alle Farben, die zwar im Layout eingesetzt werden, aber noch nicht als Farbfelder hinterlegt wurden, in das Bedienfeld Farbfelder übernehmen, wählen Sie im Bedienfeldmenü den Befehl Unbenannte Farben hinzufügen. Die betreffenden Farben werden im jeweiligen Farbmodus den Farbfeldern hinzugefügt.

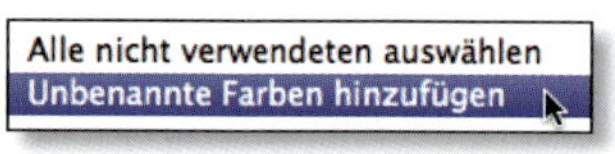

▲ **Abbildung 7.32**
Sollen alle im Dokument verwendeten Farben als Farbfelder hinterlegt werden, rufen Sie den Befehl Unbenannte Farben hinzufügen auf.

7.12 Das Bedienfeld »Kuler«

Mit diesem Bedienfeld können Farbkombinationen auf äußerst elegante Weise erstellt, angewendet und ausgetauscht werden. Das KULER-Bedienfeld können Sie über FENSTER • ERWEITERUNGEN aufrufen.

▲ **Abbildung 7.33**
Über das KULER-Bedienfeld haben Sie Zugriff auf eine ständig wachsende Auswahl an Farbpaletten.

Farbschemen durchsuchen

Im oberen Bereich sind drei Buttons sichtbar, INFO ist hierbei nicht von besonderem Interesse. Ist der Button DURCHSUCHEN 5 aktiv, werden im Hauptbereich des Bedienfeldes Farbschemen mit Namen aufgelistet. Die Farbpaletten im KULER-Bedienfeld setzen sich grundsätzlich immer aus fünf Farben zusammen. Im Suchfeld 6 können Sie ein beliebiges Wort eingeben, das Sie mit den Farben, die Sie suchen, assoziieren. Mit Pfeilen links vom Eingabefeld können Sie sich den nächsten/vorangegangenen Satz Farbschemen anzeigen lassen, der runde Doppelpfeil daneben aktualisiert die Suchergebnisse. Da Kuler ein webbasierter Dienst ist, müssen Sie über eine aktive Verbindung zum Internet verfügen, damit die Adobe-Datenbank durchsucht werden kann.

Mit Hilfe der Filter 7 können Sie sich beispielsweise nur die Farbkombinationen anzeigen lassen, die am neusten sind oder die am häufigsten abgerufen werden. Es kommen immer neue Schemen dazu, da Anwender aus aller Welt ihre selbst zusammengestellten Farben über *kuler.adobe.com* allen anderen Anwendern zur Verfügung stellen können. Neben dem Namen des markierten Farbschemas 8 ist ein kleiner Pfeil zu sehen, der bei Betätigung Zugriff auf die drei interessanten Optionen DIESES FARBSCHEMA BEARBEITEN, ZUM FARBFELDBEDIENFELD HINZUFÜGEN und ONLINE IN KULER ANZEIGEN bietet. Die zweite Option können Sie ebenso über einen Button am unteren Bedienfeldrand 10 aufrufen. Wenn Sie eines der angezeigten Farbschemas verwenden möchten, fügen Sie es mit einer der beiden Methoden dem FARBFELDER-Bedienfeld hinzu. Die Option ONLINE IN KULER ANZEIGEN ruft die Kuler-Website in Ihrem bevorzugten Browser auf. Mit einem Klick auf den linken der beiden unteren Buttons 9 wird das markierte Farbschema im Erstellen-Modus des KULER-Bedienfeldes geöffnet.

Farbschemen erstellen

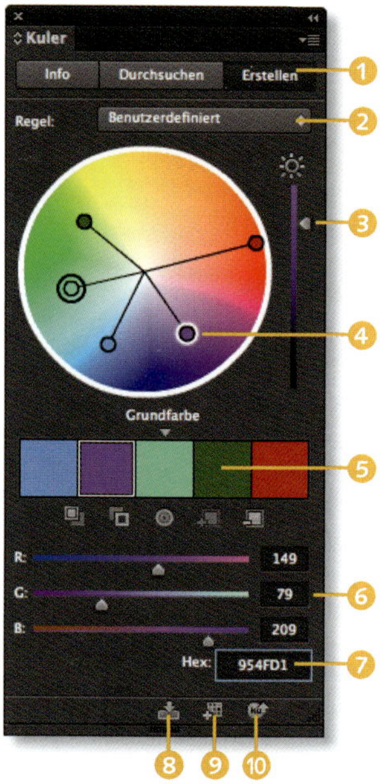

▲ **Abbildung 7.34**
Adobe macht das Anlegen von stimmigen Farbkombinationen leicht.

Das KULER-Bedienfeld verfügt mit dem Button ERSTELLEN ① über eine intuitiv zu bedienende Oberfläche, mit der Sie auf Basis einer bestehenden Farbpalette diese ändern oder ganz neue Farbkombinationen erstellen können. Im Bereich REGEL ② können Sie außer der in nebenstehender Abbildung gezeigten Option BENUTZERDEFINIERT auch noch andere Optionen wählen. Hier lässt sich beispielsweise festlegen, dass die Farben im Farbrad zueinander komplementär sein sollen. Dadurch sind die fünf Kreise auf der Farbscheibe nicht mehr frei positionierbar, sondern befinden sich z. B. alle auf einer Linie. Mit dem Helligkeitsregler ③ kann der entsprechende Wert der aktiven Farbe ④ individuell eingestellt werden. Farben lassen sich nicht nur über die Kreise im Farbrad markieren, ein Klick auf die Farbfelder ⑤ aktiviert eine einzelne Farbe ebenso. Mit einem Doppelklick wird die entsprechende Farbe als aktuelle Farbe für Fläche oder Kontur entsprechend dem vorn stehenden Symbol im Formatierungsbereich der Werkzeugleiste oder des FARBFELDER-Bedienfeldes von KULER übernommen. Die Farben lassen sich im KULER-Bedienfeld leider nur im RGB-Farbraum ⑥ mischen oder als Hexadezimalfarbe ⑦ definieren. Da RGB-Farben im Druck überhaupt keine Rolle spielen und Hexadezimalfarben ausschließlich bei Web-Designern gängig sind, ist das Bedienfeld in dieser Hinsicht für Print-Designer noch ausbaufähig. Mit dem Button DIESES SCHEMA BENENNEN UND SPEICHERN ⑧ kann die selbst erstellte Farbpalette innerhalb des KULER-Bedienfeldes gespeichert und im Bereich DURCHSUCHEN des Bedienfeldes wieder aufgerufen werden. Der Button DIESES FARBSCHEMA ZU FARBFELDERN HINZUFÜGEN ⑨ ist vom Bereich DURCHSUCHEN bekannt, und der Button FARBSCHEMA IN KULER HOCHLADEN ⑩ lädt die erstellte Farbkombination auf den Adobe-Server. Dafür öffnet sich in Ihrem Browser zunächst die Kuler-Website, auf der Sie sich mit Ihrer Adobe-ID anmelden, um Ihre neue Farbpalette hochladen zu können.

Das Kuler-Webinterface

Das englischsprachige Webinterface auf *http://kuler.adobe.com* entspricht von den Funktionen weitgehend dem Programm-Pendant. Aufgrund des größeren Platzes, der Ihnen im Browser zu Verfügung steht, lassen sich hier einige Funktionen allerdings besser einsetzen. So lassen sich etwa die Farbkombinationen von Kollegen komfortabler durchsuchen und vergleichen. Diese finden Sie unter EXPLORE ⓭.

Wenn Sie im Bereich CREATE ⓬ ein Farbschema erstellt haben, lässt es sich mit dem Button SAVE ⓫ auf den Adobe-Servern abspeichern. Weitere Einstellungen an dem Farbthema können Sie im Bereich MY THEMES ⓮ vornehmen, in dem Sie all Ihre eigenen Farbkreationen finden. Hier können Sie auch beispielsweise festlegen, ob Ihre neue Farbkombination nur für Sie selbst oder auch für andere Nutzer sicht- und nutzbar sein soll.

▼ Abbildung 7.35
Das Farbschema von Abbildung 7.34 wurde hochgeladen.

Für die iPhone- und iPad-User unter Ihnen: Kuler gibt es auch als App. Damit ist es möglich, Farben für Farbthemen aus Fotos zu verwenden. Selbst mit Photoshop können Sie nicht so komfortabel Farbmuster erstellen.

7.13 Farbmanagement

ICC

Dem 1993 gegründeten International Color Consortium, dem die ICC-Profile ihre Namen verdanken, gehört eine Vielzahl Hard- und Softwarehersteller an. Dazu gehören etwa Apple, Canon, Heidelberger Druckmaschinen, Hewlett Packard, Xerox und selbstverständlich Adobe. Das Ziel dieses Zusammenschlusses ist die plattform-, software- und hardwareunabhängige Vereinheitlichung von Farbmanagement.

Lab

Wie bei CMYK und RGB bezeichnen die drei Buchstaben Lab die drei Kanäle, aus denen sich ein Bild, das im Lab-Farbraum vorliegt, zusammensetzt. Im L-Kanal (»Luminanz«) sind die Helligkeitsinformationen gespeichert, im a-Kanal die Grün-Rot-Anteile und im b-Kanal die Blau-Gelb-Anteile.

Für viele Anwender ist das Thema Farbmanagement ein Buch mit sieben Siegeln und wird aufgrund der vermeintlichen Komplexität gerne »außen vor« gelassen. Tatsache ist: In dem Moment, in dem Sie ein Dokument in InDesign anlegen, ist Farbmanagement im Spiel – Sie stehen also in Wirklichkeit gar nicht vor der Wahl, ob Sie sich mit Farbmanagement beschäftigen oder nicht. Und so möchte ich Ihnen auf den nächsten Seiten das grundlegende Konzept verständlich machen und Ihnen konkrete Anleitungen geben, wie Sie für sich Farbmanagement anwenden können.

Was ist Farbmanagement?

Mit Farbmanagement sind Maßnahmen gemeint, die dafür sorgen sollen, eine möglichst gleichbleibende Farbwiedergabe im gesamten digitalen/analogen Workflow zu gewährleisten. Die zentrale Technologie in diesem Zusammenhang sind sogenannte *ICC-Profile*. Mit Hilfe dieser Profile können die individuellen Farbräume der diversen Ein- und Ausgabegeräte ineinander umgerechnet werden, um so eine weitestgehende Farbkonstanz innerhalb des Produktionsprozesses zu gewährleisten.

Warum ist das Umrechnen von einem in das nächste Profil nötig? Dafür beschäftigen wir uns mit dem zentralen Begriff des »Farbraums«. In Kapitel 4, »Bilder«, haben Sie die grundlegenden Begriffe der beiden wichtigsten Farbräume kennengelernt: CMYK und RGB. Zum Verständnis von Farbräumen und Farbprofilen kommt nun noch ein dritter hinzu: Lab. Dieser spielt in der Praxis des Layouts in InDesign eigentlich überhaupt keine Rolle. Im Bereich des Farbmanagements ist er der zentrale Farbraum.

Das liegt daran, dass der Lab-Farbraum der einzige Farbraum ist, der alle vom Menschen wahrnehmbaren Farben enthält. In vorigem Satz wird schon die Notwendigkeit des Farbmanagements deutlich: Farbmanagement ist der Versuch, Farben auf verschiedenen Ausgabegeräten und -medien gleich aussehen zu lassen. Ich schreibe bewusst »Versuch«: Weil Farbräume unterschiedlich groß sind, ist es schlichtweg unmöglich, z. B. alle Lab-Farben im Offsetdruck wiederzugeben. Ebenso ist es nicht möglich, etwa alle RGB-Farben auf einem Tintenstrahldrucker auszugeben.

Folgende Schemazeichnung soll diesen Zusammenhang verdeutlichen. In dieser sogenannten »Schuhsohle« sind die reinen Farben außen zu sehen und werden zum Weiß in der Mitte aufgehellt. Zu Schwarz abgedunkelte Farben sind in dieser Illustration nicht berücksichtigt.

Die größte Fläche mit der durchgezogenen Kontur beinhaltet alle sichtbaren Farben – es ist also der Lab-Farbraum 1. Das gestrichelte Dreieck 2 fasst RGB-Farben zusammen, und das gepunktete Fünfeck 3 stellt die CMYK-Farben dar.

Sowohl als auch

Da in InDesign-Dokumenten sowohl RGB- als auch CMYK-Farben vorkommen können, greift InDesign im Unterschied zu beispielsweise Photoshop immer auf RGB- und CMYK-Profile zu.

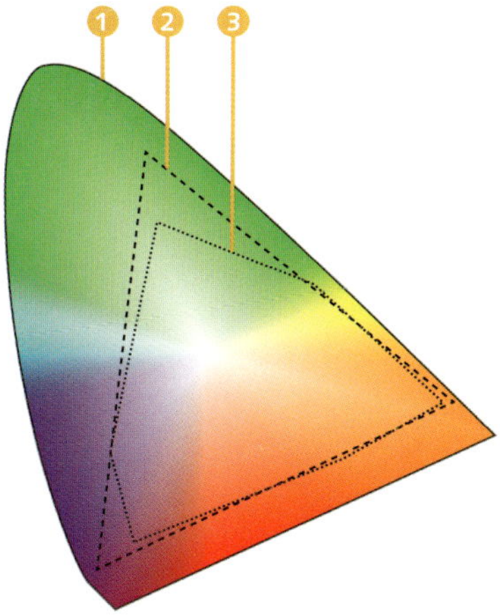

◂ **Abbildung 7.36**
Hier sind die Verhältnisse der verschiedenen Farbräume zueinander wiedergegeben.

Verallgemeinernd können wir somit festhalten, dass der RGB-Farbraum lediglich eine Teilmenge vom Lab-Raum ist und dass die CMYK-Farben wiederum eine Teilmenge des RGB-Farbraumes sind.

Verschiedene RGB- und CMYK-Farbräume

Nun könnten Sie sich fragen, weshalb man nicht z.B. einfach immer im kleinsten Farbraum arbeitet. Dann gäbe es ja keinen Bedarf an der Umrechnung von einem in das andere Farbprofil. Das hat mehrere Gründe: Digitale Bilddaten werden von einer Kamera beispielsweise in RGB und nicht in CMYK geliefert. Dasselbe gilt für Scanner. Und wenn Sie nun ein PDF für den Monitor erstellen, weil das PDF etwa im Intranet eines Kunden zur Verfügung gestellt wird, würden Sie sich durch den kleinen CMYK-Raum die Möglichkeit verschenken, beispielsweise leuchtendes

Farbumfangwarnungen

Wenn Sie in InDesign eine Farbe anlegen, die außerhalb des aktuellen Arbeitsfarbraums liegt, erhalten Sie eine Warnung ①.

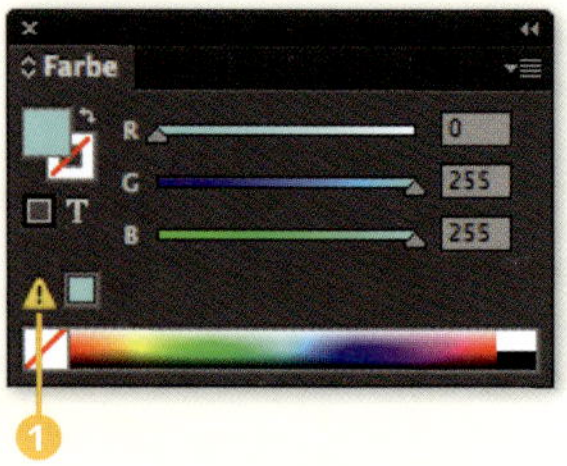

Himmelblau darzustellen. Layouts, die für Tabletgeräte wie das iPad erstellt werden, würden durch die Verwendung von CMYK ebenfalls nur Nachteile erfahren.

Wenn Layouts jedoch gedruckt werden, egal ob auf einem Tinten- oder Laserdrucker, einem Proofgerät oder auf einer Offsetmaschine, findet an einer Stelle unweigerlich die Umwandlung der Farben in den CMYK-Raum statt.

Da es nicht nur je ein Kamera-, Scanner-, Monitor- und Druckermodell usw. gibt, können diese Geräte jeweils andere Farben darstellen: Sie verwenden verschieden große RGB-Farbräume.

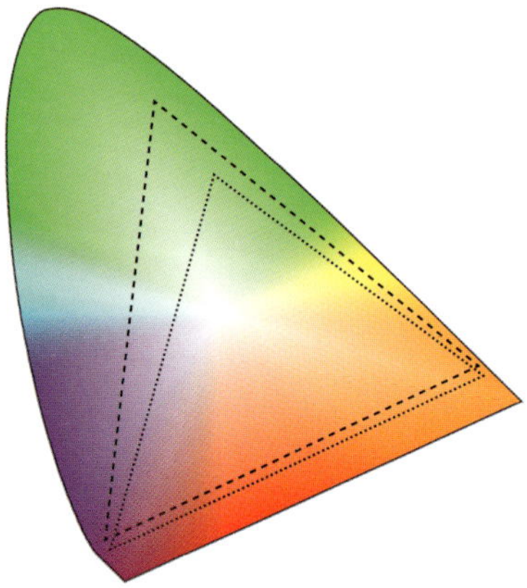

Abbildung 7.37 ▸
Verschiedene Ein- und Ausgabegeräte verwenden nicht unbedingt denselben RGB-Farbraum (hier als verschiedene Dreiecke dargestellt).

Und natürlich gibt es unzählige Bedruckmaterialien – denken Sie nur an die unterschiedlichen Farbdarstellungen eines Kunstkataloges und einer Tageszeitung. Das hochweiße, glänzende Papier des Kataloges kann einen weitaus größeren Bereich von Farben wiedergeben als das poröse, gräuliche Zeitungspapier. Diese Farbräume, sowohl die der Eingabegeräte wie Kameras als auch die der Ausgabegeräte wie Monitore und die des Druckmediums können in Farbprofilen gespeichert werden.

Farbprofile

Farbprofile sind praktisch Tabellen, die zwei Daten einander zuordnen. Einer der beiden Werte ist, unabhängig vom Gerät, ein Lab-Wert. Dieser ist der absolute Farbwert, weil er im Gegensatz zu seinem jeweiligen RGB- oder CMYK-Pendant immer gleich bleibt.

Sehen wir uns das anhand eines Beispiels an. Eine Digitalkamera »sieht« ein strahlendes Neonblau. Da die Kamera RGB-Bilder weitergibt, speichert die Kamera das Blau als RGB-Wert 0/255/255. Verfügt die Kamera über ein Farbprofil, wird diesem RGB-Wert z.B. der Lab-Wert 80/–55/–17 zugewiesen. Das Farbprofil der Kamera ist in unserem Beispiel das Quellprofil, auf das sich die anderen Ausgabegeräte beziehen.

Wird das Bild am Monitor geöffnet, der ein Farbprofil besitzt, sieht die Color Engine des Rechners im Farbprofil des Monitors nach, was beim Lab-Wert 80/–55/–17 für ein RGB-Wert steht. Dieser kann vom RGB-Wert der Kamera abweichen, das Aussehen sollte aber dem Bild der Kamera weitestgehend entsprechen.

Soll dasselbe Bild nun gedruckt werden, sorgt das Farbmanagement wieder dafür, dass die eigentliche Farbe, nämlich Lab 80/–55/–17, auch im Druck dargestellt wird. Im entsprechenden Farbprofil z.B. für den Offsetdruck auf Bilderdruckpapier stehen dann als CMYK-Werte 54/0/24/0. Soll das Bild auf Zeitungspapier gedruckt werden, wird ein passendes Zielprofil gewählt, und dem Blau werden nun die CMYK-Werte 46/0/6/0 zugewiesen. Hier gilt dasselbe wie bei den RGB-Farben: Die konkrete Zusammensetzung der Druckfarben variiert, dies aber im Hinblick darauf, dass der Farbeindruck möglichst derselbe wie in allen anderen Ausgabesituationen sein soll.

Somit ist der Lab-Wert bei allen Profilen für das Aussehen der eigentlichen Farbe zuständig, die verschiedenen RGB- und CMYK-Werte für die möglichst akkurate Wiedergabe auf dem jeweiligen Ausgabemedium. Dass die Farbwirkung vom Ausgabegerät oder -medium abhängig ist, muss dabei berücksichtigt werden.

Arbeitsfarbräume

Neben dem Fotografieren und Einscannen von Bildmaterial gibt es noch einen weiteren Bereich, bei dem Farbmanagement sofort zum Tragen kommt: Alle Daten, die Sie in einem DTP-Programm erstellen, greifen auf Farbprofile zurück. Photoshop-Daten sind immer mit einem RGB- oder einem CMYK-Profil erstellt. Auch in Illustrator wird über den Dokumentfarbmodus geregelt, ob Sie in RGB oder CMYK arbeiten. InDesign-Dokumente können hingegen RGB- und CMYK-Bilddaten gleichzeitig enthalten.

Schwarzaufbau

Werden RGB-Bilder in den CMYK-Farbraum umgewandelt, entscheidet das verwendete Farbprofil, in welchem Mischungsverhältnis der vier Druckfarben dunkle Bildbereiche wiedergegeben werden.

Arbeitsfarbräume

Bilddaten, denen keine Profile zugewiesen wurden, werden die Profile der Arbeitsfarbräume zugewiesen. Dasselbe gilt für alle im Dokument angelegten Farben.

In den sogenannten Arbeitsfarbräumen ist in InDesign definiert, welche Profile dann zum Einsatz kommen. Die entsprechenden Einstellungen finden Sie in InDesign unter BEARBEITEN • FARBEINSTELLUNGEN.

Nehmen Sie hier nur dann Änderungen vor, wenn Sie kein Photoshop benutzen. Andernfalls werden nämlich die entscheidenden Farbeinstellungen im Bildbearbeitungsprogramm vorgenommen. Diese können anschließend nämlich über das Programm Bridge CC synchronisiert werden. Der Vollständigkeit halber zeige ich Ihnen zunächst das Vorgehen, wie Sie die gewünschten Einstellungen vornehmen, falls Sie nicht in Besitz einer Photoshop-Lizenz sein sollten.

7.14 Farbmanagement in InDesign

Öffnen Sie über BEARBEITEN • FARBEINSTELLUNGEN das entsprechende Fenster. Im Bereich ARBEITSFARBRÄUME ist jeweils ein Pulldown-Menü für RGB und CMYK zu sehen. Als CMYK-Arbeitsfarbraum wählen Sie das Preset EUROPA, DRUCKVORSTUFE 3 ②, falls hier etwas anderes voreingestellt sein sollte.

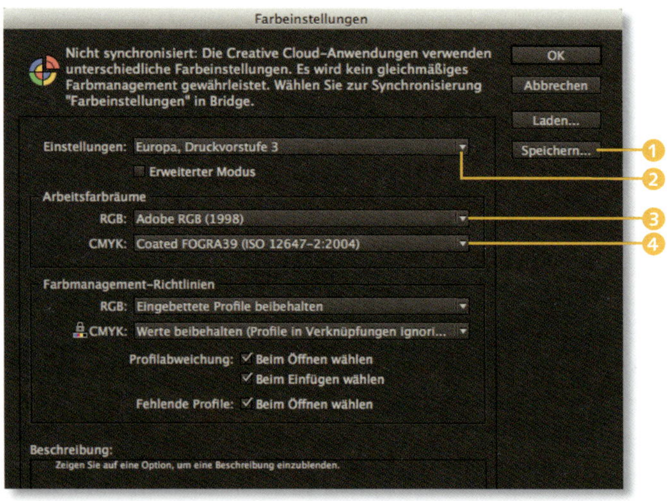

Abbildung 7.38 ▸
Ändern Sie gegebenenfalls die amerikanischen Farbeinstellungen.

Mit der Wahl der europäischen Voreinstellungen ändern sich alle Optionen. Als RGB-Arbeitsfarbraum ist ADOBE RGB (1998) ③ aktiviert worden. Im Vergleich zu einem anderen weit verbreiteten Farbraum (sRGB) kann Adobe RGB mehr Farben abbilden. Mit dem CMYK-Arbeitsfarbraum Coated FOGRA39 (ISO 12647-2:2004) ④ ist ein für europäische Druckbedingungen optimiertes Farbprofil aktiviert worden. Zur Übung können Sie dieses Profil unter dem Namen »Coated_Fogra39_adobe« ① abspeichern. Bei Bedarf können Sie sich auf diese Weise für die verschiedenen Anforderungen die passenden Voreinstellungssets zusammenstellen und wenn erforderlich ⑤ anwählen.

Praktikable Presets

Adobe liefert praktikable Farbmanagement-Presets mit, die Sie bei Bedarf als Grundlage für eigene Farbeinstellungen verwenden können.

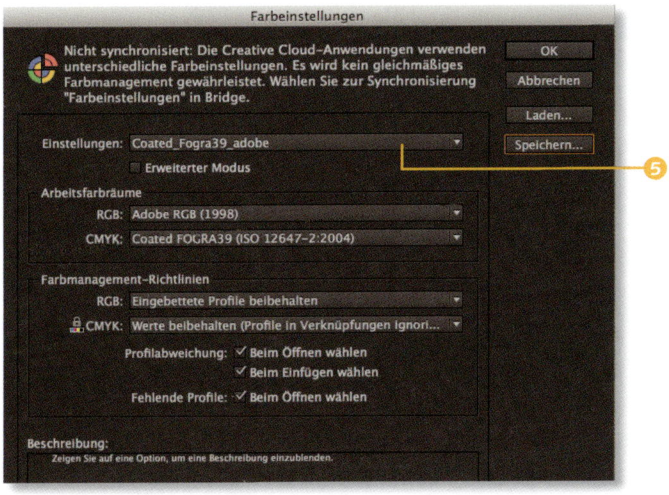

◂ Abbildung 7.39
Die praktikablen Vorgaben von Adobe sind unter einem neuen Namen gespeichert und aktiviert worden.

Alle Einstellungen gelten ab dem Moment, in dem sie aktiviert werden. Alle Dokumente, die nach der Umstellung der Farbeinstellungen angelegt werden, betten nun die gewählten Arbeitsfarbräume ein. In InDesign erstellte Grafiken greifen ebenfalls auf die gewählten Farbprofile zurück. Da diese Einstellungen programmweit und nicht dokumentweit gelten, kann es durchaus Sinn machen, dass Sie die Einstellungen pro Job ändern, beispielsweise, wenn Sie zwischen dem Layout von Broschüren auch einmal eine Anzeige für den Zeitungsdruck erstellen. Danach wechseln Sie zurück zu den Voreinstellungen, die Sie für die Broschüren benötigen.

Durch die Farbmanagement-Richtlinien werden Sie nun jedes Mal, wenn Sie ein InDesign-Dokument oder eine Grafik in InDesign platzieren, die nicht den Arbeitsfarbräumen entspricht, darauf hingewiesen. Sie haben dadurch die Möglichkeit der Einflussnahme, ohne dass Konvertierungen automatisch erfolgen.

Farbmanagement-Richtlinien

Schauen wir uns genauer an, was die Farbmanagement-Richtlinien, die Sie eben im Farbeinstellungsset abgespeichert haben, für die weitere Arbeit mit InDesign-Dokumenten bedeuten.

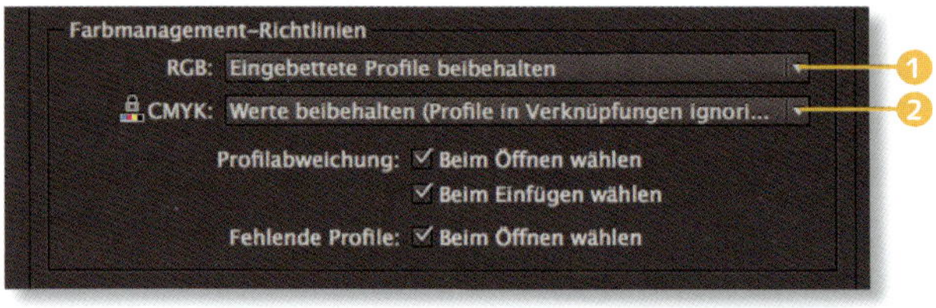

Abbildung 7.40 ▸
Bei Farbprofil-Abweichungen werden Ihnen von InDesign von nun an Warnungen eingeblendet.

RGB-Daten, in die Profile der aktuellen Arbeitsfarbräume eingebettet wurden, werden bei diesen Einstellungen ❶ von InDesign verwendet. CMYK-Daten werden, auch wenn sie über Profile verfügen, ohne Profile in ein Dokument platziert ❷. Wenn Sie InDesign-Dokumente öffnen oder Bilder in InDesign verwenden, in die andere Profile als die der Arbeitsfarbräume eingebettet wurden, erhalten Sie von nun an eine Warnmeldung, die Sie aus verschiedenen Optionen wählen lässt.

Da in InDesign-Daten sowohl RGB- als auch CMYK-Elemente vorkommen können, erhalten Sie auch zwei Aufforderungen, in denen Sie entscheiden können, wie InDesign vorgehen soll. Im oberen Bereich ist das jeweilige RGB- bzw. CMYK-Profil des zu öffnenden Dokuments zu sehen (❹ und ❼). Wenn Sie dem Dokument die in den Farbeinstellungen definierten Profile zuweisen möchten, markieren Sie die entsprechenden Einträge (❸ und ❻), die neuen Farbprofile sind vorgewählt (❺ und ❽).

Profile ändern

Dokumenten können Sie bei geänderten Ausgabeanforderungen auch über Bearbeiten • Profile zuweisen das jeweils gewünschte Profil zuweisen.

Abbildung 7.41 ▾
Weisen Sie beim Öffnen von Dokumenten bei Bedarf die aktuellen Farbprofile für RGB und CMYK zu.

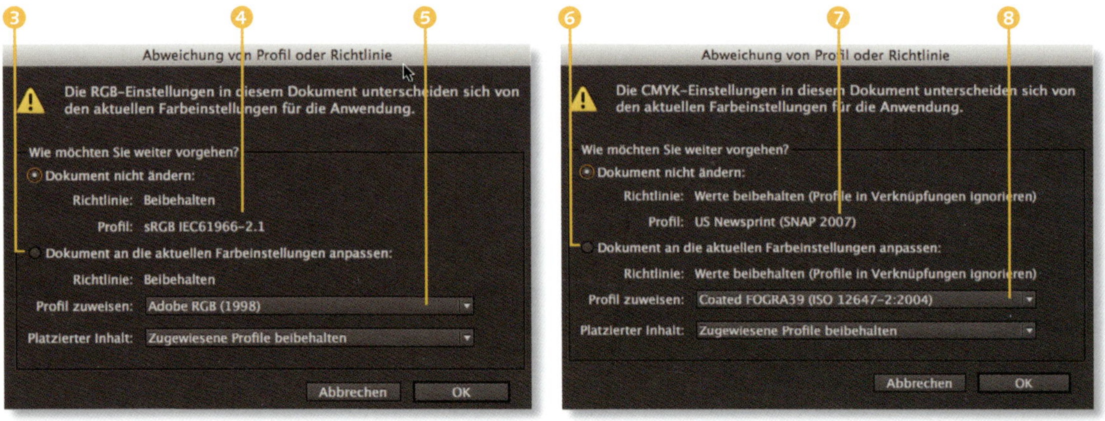

Dieses Vorgehen bietet sich beispielsweise dann an, wenn Sie eine bestehende Zeitungsanzeige mit korrektem Zeitungspapier-Profil für ein Magazin umarbeiten möchten. Somit passen Sie das Dokument den neuen Ausgabebedingungen an.

Der Farbeindruck kann sich durch die jeweilige Zuweisung durchaus ändern. Abhängig davon, wie weit sich die Profile unterscheiden, kann diese Änderung auch drastisch ausfallen. Das ist ja auch gewollt, weil Ihnen die Farbprofile einen visuellen Eindruck vermitteln, mit welcher Farbwirkung Sie auf einem konkreten Ausgabemedium rechnen können.

Daten profilieren

Für eine größtmögliche Kontrolle über Farben sollten Sie Ihre Bilder in Photoshop immer mit den gewünschten Profilen versehen.

7.15 Farbeinstellungen synchronisieren

Damit Sie in allen DTP-Programmen (InDesign, Illustrator und Photoshop) der Creative Cloud dieselben Farbprofile beim Öffnen, Bearbeiten und Speichern verwenden, sollten Sie Ihre Farbeinstellungen mit Hilfe der Bridge synchronisieren. Wählen Sie im BEARBEITEN-Menü der Bridge die FARBEINSTELLUNGEN aus. Hier können Sie nun die in InDesign erstellten Farbeinstellungen aktivieren (9).

Abweichungen

Bestehende Daten verursachen mit den entsprechenden Farbeinstellungen auch in Photoshop und Illustrator Warnmeldungen, wenn die Programme beim Öffnen einer Datei Abweichungen von den in der Bridge aktivierten Farbprofilen feststellen.

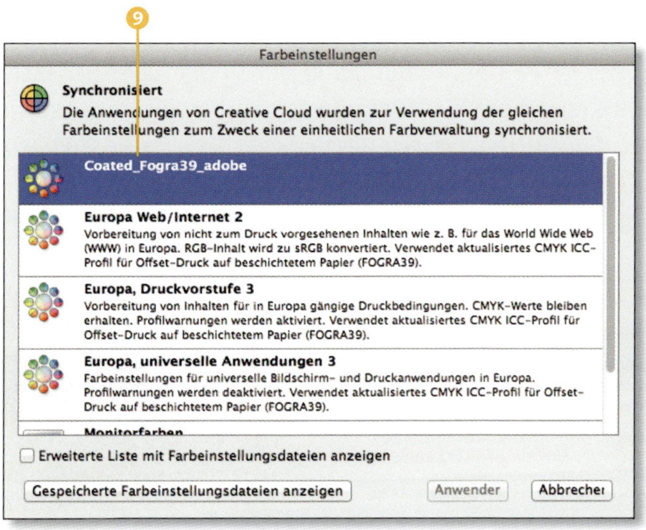

◂ **Abbildung 7.42**
Mit der Bridge lassen sich alle Creative-Cloud-Programme mit denselben Farbeinstellungen synchronisieren.

Sind in einem CC-Programm andere Farbeinstellungen aktiv, zerfällt das Passkreuz in zwei Teile und symbolisiert dadurch, dass

Nicht synchronisiert

Sind in einem der CC-Programme die Farbeinstellungen geändert worden, erkennen dies die anderen Programme. Im jeweiligen FARBEINSTELLUNGEN-Dialog sehen Sie dann das Symbol für nicht synchronisierte Anwendungen.

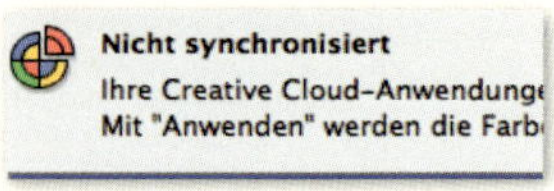

das Farbmanagement zwischen den Anwendungen der Creative Cloud nicht mehr synchronisiert ist. Dementsprechend ist mit unterschiedlichen Ausgabeergebnissen zu rechnen.

7.16 Installation von ICC-Profilen und Farbsets

Farbeinstellungen, die Sie, wie in Abschnitt 7.14 erläutert, selbst erstellen können, greifen ihrerseits auf ICC-Profile zurück. In einem ICC-Profil ist die Tabelle mit den Soll- und Ist-Werten z. B. für die Ausgabe auf einem speziellen Papier enthalten. Solche ICC-Profile erhalten Sie evtl. bei einem Kauf eines Druckers, Scanners oder Monitors dazu. ICC-Profile können Sie sich ebenso von Webseiten herunterladen, oder Sie erhalten möglicherweise von Ihrer Druckerei ein zu Ihrem Druckjob passendes Profil zugemailt. Kopieren Sie das gewünschte Profil auf einem Windows-System in den Ordner WINDOWS/SYSTEM32/SPOOL/DRIVERS/COLOR. Arbeiten Sie an einem Mac, kopieren Sie die .icc-Datei nach /LIBRARY/COLORSYNC/PROFILES. Dieses Profil steht Ihnen danach zur Auswahl in den FARBEINSTELLUNGEN-Dialogen zur Verfügung.

Werden Ihnen zusätzlich auch Farbsets gestellt, so haben sie die Dateiendung .csf (Color Setting File). Lassen Sie sich das Verzeichnis auf Ihrem Rechner von der Bridge anzeigen, in das diese Dateien abgelegt werden. Rufen Sie in der Bridge über BEARBEITEN • FARBEINSTELLUNGEN das Dialogfenster auf, und aktivieren Sie unten links den Button GESPEICHERTE FARBEINSTELLUNGSDATEIEN ANZEIGEN 1. Das Verzeichnis mit den Settings, in das Sie die .csf-Datei ablegen, wird daraufhin im systemeigenen Dateimanager angezeigt.

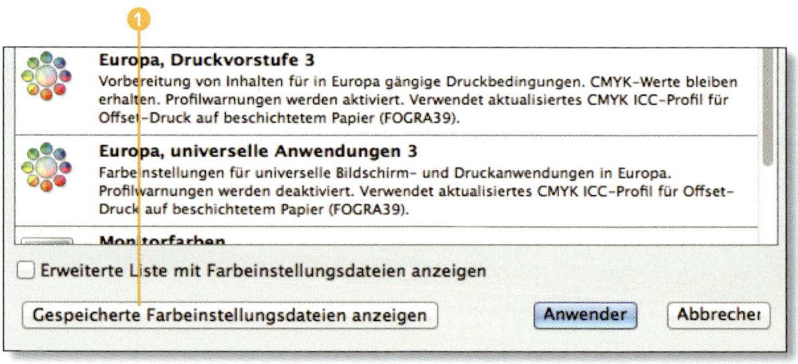

Abbildung 7.43 ▸
Aus der Bridge können Sie sich das Verzeichnis anzeigen lassen, in das die .csf-Daten gespeichert werden.

7.17 Effekte

Die Flächen oder Konturen von Objekten und Texten sind immer deckend, wenn ihnen eine Farbe zugewiesen wurde. Wie Sie weiter vorn gesehen haben, gilt dies auch für Farben mit einem Tonwert von 0%. Um bei Objekten auf vielfältige Weise die unter ihnen befindlichen Objekte durchscheinen zu lassen oder um Objekten Effekte wie einen Schlagschatten hinzuzufügen, ist in InDesign das Bedienfeld Effekte implementiert. Sie finden es direkt im Fenster-Menü.

Photoshop- und Illustrator-Usern werden die Konzepte der Füllmethoden, Ebenen- bzw. Grafikstile bekannt vorkommen, denn die Umsetzung der Effekte in InDesign ist stark von den anderen DTP-Anwendungen übernommen. So ändern zugewiesene Effekte oder Füllmethoden nicht etwa die Bearbeitbarkeit von Text. Dieser bleibt sozusagen unberührt von den Effekten und kann wie gewohnt weiter bearbeitet werden.

In Bezug auf Text unterliegt die Anwendung gewissen Grenzen. Es lassen sich immer nur ganze Textrahmen mit denselben Effekten versehen, es ist beispielsweise nicht möglich, einer Headline einen anderen Effekt zuzuweisen als dem Fließtext, wenn beide im selben Textrahmen stehen ❷. Aus diesem Grund sind Effekte auch nicht in den Absatzformaten zu finden. Sie können aber in Objektformaten abgespeichert werden, da diese, wie der Name schon sagt, auf Objekte wie eben Textrahmen oder Pfade und nicht auf einzelne Textabschnitte oder Zeichen angewendet werden können.

Mit Hilfe des Bedienfelds Effekte, das wir uns gleich im Detail ansehen werden, können Sie dem Objekt selbst ❺, der Kontur ❸, der Fläche und dem Text ❷ eines Objekts verschiedene Effekte zuweisen. Die Füllung der Fläche ist ein Verlauf ❹, kein Effekt.

◂ **Abbildung 7.44**
Das Objekt – der Textrahmen – selbst und der Text haben verschiedene Schlagschatten.

▲ **Abbildung 7.45**
Der Füllmodus Multiplizieren demonstriert die subtraktiven CMY-Farben.

7.18 Das Bedienfeld »Effekte«

Im folgenden Beispiel sind der Kontur und dem Text des aktivierten Objekts Effekte zugewiesen worden. Die Transparenz der Objektfläche ist auf 90% heruntergesetzt worden ③.

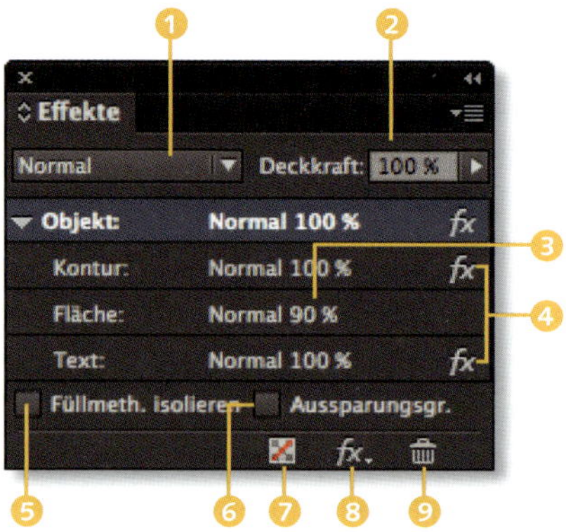

Abbildung 7.46 ▶
Effekte werden hier definiert und zugewiesen.

▲ **Abbildung 7.47**
Mit Füllmethode isolieren (links) bzw. Aussparungsgruppe (rechts) steuern Sie das Mischverhalten einer Gruppe.

In dem Pulldown-Menü der Füllmethoden ① stehen Ihnen sechzehn Varianten zur Verfügung. Mit ihnen können Sie einstellen, auf welche Weise das Objekt, die Kontur, die Fläche oder der Text in das darunterliegende Objekt bzw. das Papierweiß übergeblendet wird. Mit der Deckkraft ② wird die Transparenz des markierten Objekts gesteuert. »100%« bedeutet hierbei vollständig deckend, und unter dem markierten Objekt befindliche Objekte werden verdeckt, »0%« führt zur vollständigen Transparenz des markierten Objekts. Das fx ④ (englisch ausgesprochen: eff-ex für effects) zeigt im Bedienfeld an, dass auf das betreffende Objekt ein Effekt angewendet wurde. Bei markierter Checkbox Füllmethode isolieren ⑤ wirken sich die angewendeten Transparenzeffekte nur auf die zu einer Gruppe zusammengefassten Objekte und nicht auf die gegebenenfalls unter ihnen liegenden Objekte aus. Im Gegensatz dazu wird durch die Aktivierung von Aussparungsgruppe ⑥ eine Füllmethode eben nicht auf die Objekte der Gruppe, sondern auf den Hintergrund angewendet. Die Gruppenobjekte werden hierbei ausgespart. In Bezug auf diese beiden Füllmethoden sind mit Gruppe gleichzeitig markierte Objekte gemeint. Diese müssen nicht, wie in Kapitel 6, »Pfade und Objekte«, gezeigt, gruppiert sein. Sollen alle Transparenzeffekte von einem Objekt entfernt werden, reicht ein Klick auf diesen Button ⑦. Hinter diesem fx-

▲ **Abbildung 7.48**
Der Füllmodus Negativ Multiplizieren demonstriert die additiven RGB-Farben.

Button ⑧ verbirgt sich ein Menü, über das Sie die verschiedenen Effekte anwählen können. Bei Betätigung öffnet sich ein Dialogfeld, in dem Sie die gewünschten Effekte aktivieren und modifizieren können. Der bekannte Mülleimer ⑨ entfernt bei Bedarf Effekte, die auf einen Teil des Objekts wie Kontur, Fläche oder Text angewendet wurden. Schauen wir uns alle Füllmethoden an, mit denen Sie festlegen, wie die Farben des markierten Objektes mit darunter liegenden Objekten und deren jeweiligen Farben verrechnet werden.

▲ **Abbildung 7.49**
Das Steuerung-Bedienfeld bietet auch Zugriff auf Effekte und Transparenzen.

Die Füllmethoden

Die verschiedenen Füllmethoden ① lassen sich am besten an einem Beispiel verdeutlichen, einige Effekte unterscheiden sich untereinander hauptsächlich in der Intensität, nicht in der Art des Effekts. Einige der möglichen Effekte werden Sie vermutlich in InDesign nie anwenden. Im Folgenden wird die Farbe des unteren Objekts als Grundfarbe, die des oberen Objekts als Angleichungsfarbe bezeichnet. Das Ergebnis der Überblendung führt zur Ergebnisfarbe.

1. Normal ist die Standardeinstellung, das untere Objekt wird verdeckt, es gibt keine Ergebnisfarbe.
2. Bei Multiplizieren ist die Ergebnisfarbe immer dunkler, eine Überblendung mit Schwarz bleibt schwarz. Dieser Effekt ähnelt dem Zeichnen mit Filzstiften oder Markern, bei dem sich die Farben überlagern.
3. Die Füllmethode Negativ multiplizieren liefert das entgegengesetzte Ergebnis: Das Ergebnis ist immer heller, Weiß setzt sich durch – ähnlich wie zwei Spotlights, Diaprojektoren oder Beamer, die dieselbe Stelle anstrahlen.
4. Beim Ineinanderkopieren entscheidet die Grundfarbe darüber, ob die Farben multipliziert oder negativ multipliziert werden.
5. Die Füllmethode Weiches Licht imitiert die Beleuchtung mit diffusem Licht. Dabei sorgen helle Bereiche für eine Aufhellung des unteren Objekts, dunkle Bildbereiche dunkeln es dementsprechend ab.
6. Hartes Licht imitiert Scheinwerferlicht. Der Effekt ist ausgeprägter als bei Weiches Licht.
7. Farbig abwedeln führt zur Aufhellung der Grundfarbe.

▲ **Abbildung 7.50**
Füllmethoden 1. bis 7.

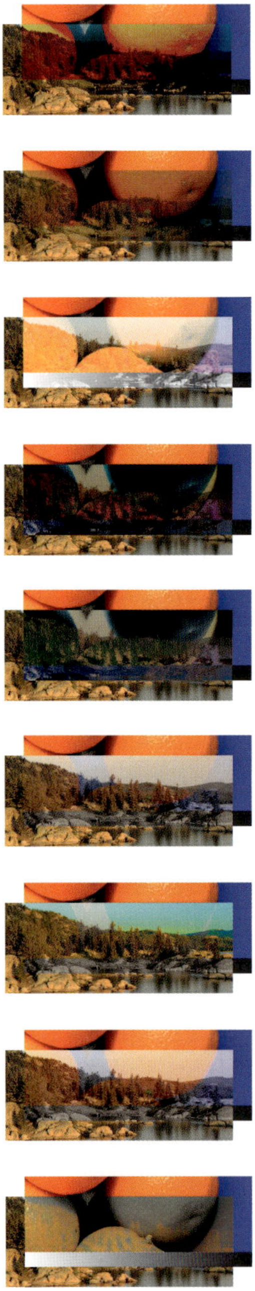

▲ **Abbildung 7.51**
Füllmethoden 8. bis 16.

8. FARBIG NACHBELICHTEN hat das Gegenteil zur Folge: Die Grundfarbe wird abgedunkelt. (Wie FARBIG ABWEDELN ahmt dieser Füllmodus eine Technik nach, die in der Dunkelkammer angewandt wurde.)
9. Beim ABDUNKELN wird die jeweils dunklere der beiden Farben zur Ergebnisfarbe. Am Beispielbild ist dies gut am Graukeil zu erkennen.
10. Wird die Füllmethode AUFHELLEN angewendet, setzt sich die jeweils hellere Farbe von Hinter- bzw. Vordergrund als Ergebnisfarbe durch.
11. Bei DIFFERENZ wird die hellere Farbe von der jeweils anderen abgezogen.
12. AUSSCHLUSS führt zu einem ähnlichen Ergebnis wie DIFFERENZ, der Kontrast ist hierbei jedoch geringer.
13. Die Option FARBTON nimmt für die Ergebnisfarbe die Helligkeit und die Sättigung des Hintergrundbildes an, als Farbton kommt die Farbe des Vordergrundes zum Einsatz.
14. Bei der Füllmethode SÄTTIGUNG werden die Helligkeit und der Farbton des Hintergrundes und die Sättigung des Vordergrundes zur Berechnung der Ergebnisfarbe herangezogen.
15. Durch die Füllmethode FARBE können beispielsweise Graustufenbilder eingefärbt werden, da die Helligkeit des Hintergrundes mit der Sättigung und dem Farbton des Vordergrundes verrechnet werden.
16. Mit LUMINANZ wird das Gegenteil von Farbe erreicht, hierbei wird zur Berechnung der Ergebnisfarbe der Farbton und die Sättigung der Grundfarbe mit der Helligkeit (Luminanz) der Angleichungsfarbe herangezogen.

Die letzten sechs Füllmethoden sollten wegen zu erwartender Probleme nicht mit Volltonfarben angewendet werden.

Die verschiedenen Füllmethoden erschließen sich einem nicht allein durchs Lesen: Experimentieren Sie mit den verschiedenen Füllmethoden, damit Sie ein Gefühl für die möglichen Effekte bekommen, die sich damit erzielen lassen. Neben dem Modus NORMAL, kombiniert mit unterschiedlicher Deckkraft, kommen am häufigsten die Füllmethoden MULTIPLIZIEREN und NEGATIV MULTIPLIZIEREN in InDesign zum Einsatz. Einem Objekt können nicht verschiedene Füllmethoden gleichzeitig zugewiesen werden.

7.19 Effekte zuweisen

Mit einem Klick auf OBJEKT, KONTUR, FLÄCHE oder TEXT (1) legen Sie im EFFEKTE-Bedienfeld das Ziel fest, worauf ein Effekt angewendet werden soll. Über den FX-Button (2) am unteren Bedienfeldrand lassen sich die neun möglichen Effekte aufrufen. Nach Wahl eines Effekts öffnet sich der EFFEKTE-Dialog, in dem der entsprechende Effekt eingestellt werden kann. Die Optionen des Schlagschatteneffekts möchte ich stellvertretend für die anderen Effekte erläutern.

▼ Abbildung 7.52
Im linken Bereich können Sie mit einem Klick auf den Begriff die gewünschten Effekte aktivieren (3). Im rechten Bereich werden die Optionen des markierten Effekts eingeblendet.

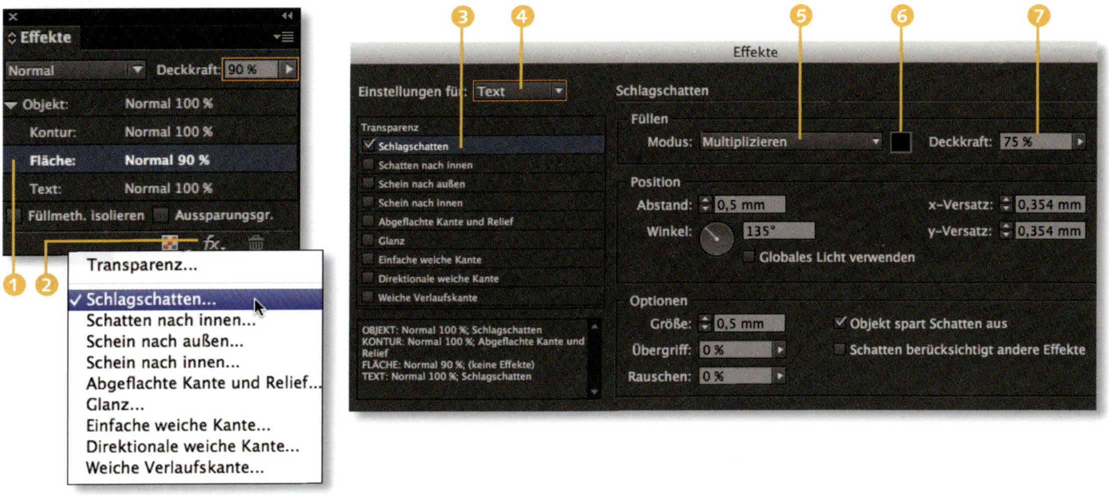

Im Pulldown-Menü EINSTELLUNGEN FÜR (4) können Sie wie im Bedienfeld definieren, ob die Effekteinstellungen für das gesamte OBJEKT, die KONTUR, die FLÄCHE oder den TEXT gelten sollen. Sie können an dieser Stelle auch eine andere Wahl als im Bedienfeld treffen. Hierüber ist es möglich, dem Objekt insgesamt bestimmte Effekte zuzuweisen und beispielsweise auf den Text einen anderen Effekt anzuwenden. Beim Füllmodus (5) stehen Ihnen die eben vorgestellten Optionen zur Auswahl. Ein Klick auf den Farbe-Button (6) öffnet einen Dialog, in dem eines der im Dokument angelegten Farbfelder angewählt werden kann. Mit der DECKKRAFT (7) steuern Sie, wie transparent die gewählte Farbe die unteren Objekte überlagern soll. Eine Deckkraft von 100% hat dieselbe Wirkung wie der Füllmodus NORMAL. Die Farbe des Effekts überdeckt dann das unter ihr positionierte Objekt vollständig.

Text und Effekte

Um einem Text einen Effekt zuzuweisen, muss der Textrahmen, nicht der Text selbst markiert sein.

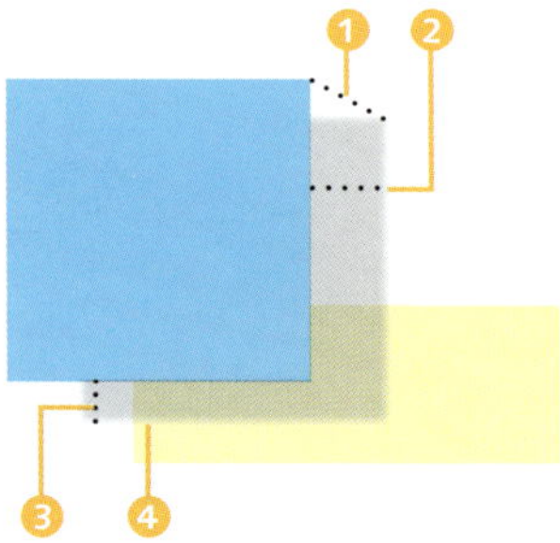

▲ **Abbildung 7.53**
Das Ergebnis von angewendeten Effekten lässt sich präzise steuern.

▲ **Abbildung 7.54**
Auf dieses Quadrat wurde ein Schlagschatten mit der Größe 0 mm angewendet.

Im Bereich Position können Sie einstellen, wo sich der Schlagschatten in Bezug auf das markierte Objekt befinden soll. Die möglichen Eingaben hier stehen in Wechselwirkung zueinander. Der Abstand bestimmt die absolute Entfernung des Schattens zum Objekt. Bei rechteckigen Formen ist dieser Wert z. B. am Abstand zwischen den Ecken des Objekts und dem Schatten sichtbar ①. Mit Winkel können Sie die Richtung der virtuellen Lichtquelle einstellen. Mit diesem Wert steht der x-Versatz ② und y-Versatz ③ im direkten Zusammenhang. Ändern Sie hier einen der drei Werte, passen sich die anderen beiden diesem an. Wenn Sie die Checkbox Globales Licht verwenden aktivieren, können Sie mehrere Effekte und mehrere Objekte, bei denen diese Option ebenfalls aktiviert wurde, miteinander synchronisieren. Dadurch brauchen Sie den Winkel nicht bei allen betreffenden Effekten manuell einzugeben. Diese Option steht für die Effekte Schlagschatten, Schatten nach innen und Abgeflachte Kante und Relief zur Verfügung.

Im Bereich Optionen regelt der Wert bei Grösse den Bereich, in dem der Schlagschatten weichgezeichnet wird ④. Je kleiner der Wert, desto härter wird die Kante von InDesign dargestellt. Auf das Quadrat in Abbildung 7.53 wurde 0,5 mm angewendet. Durch den Wert »0« wird wie in Abbildung 7.54 keine Weichzeichnung vorgenommen.

Harte Schlagschatten können Texte auf unruhigen Abbildungen lesbarer machen (siehe Abbildung 7.55).

▲ **Abbildung 7.55**
Der weiße Text wäre ohne den harten Schlagschatten nur schlecht lesbar.

Als weitere Effekte stehen Schatten nach innen ⑤, Schein nach aussen ⑥, Schein nach innen ⑦, Abgeflachte Kante und Relief ⑧, Glanz ⑨, Einfache weiche Kante ⑩, Direktionale weiche Kante ⑪ und Weiche Verlaufskante ⑫ zur Verfügung.

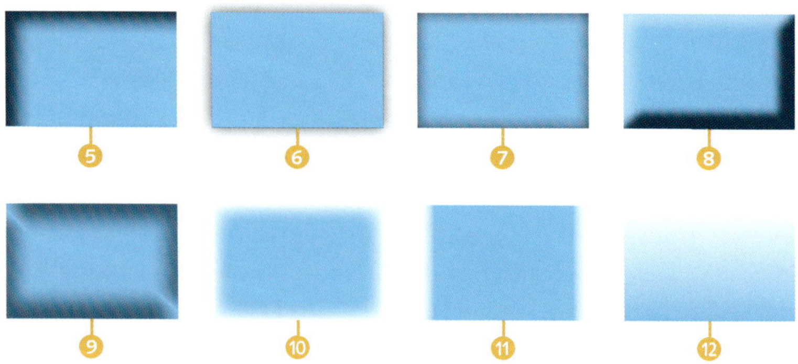

Abbildung 7.56 ▶
Neben dem Effekt Schlagschatten können Sie acht weitere Effekte einsetzen.

Kopieren von Transparenzeffekten

Effekte, die auf einem Objekt angewendet wurden, können auf verschiedene Weise auf andere Objekte übertragen werden. Das Objekt, von dem die Effekteinstellungen kopiert werden sollen, muss aktiv sein ⓭. Das FX-Symbol kann dann aus dem EFFEKTE-Bedienfeld auf das nächste Objekt gezogen werden ⓮, die Effekte werden direkt angewendet ⓯. Effekte, die z. B. nur auf die Fläche angewendet wurden, können ebenso ausgetauscht werden.

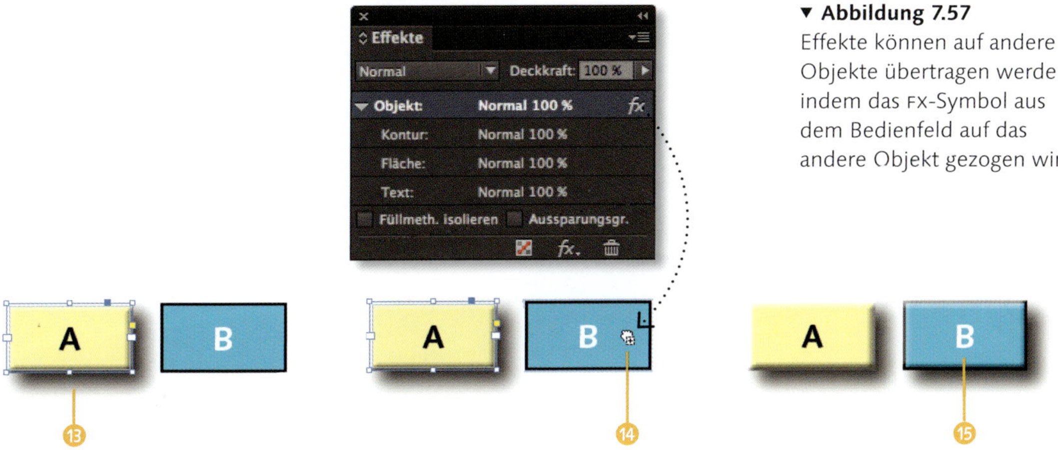

▼ **Abbildung 7.57**
Effekte können auf andere Objekte übertragen werden, indem das FX-Symbol aus dem Bedienfeld auf das andere Objekt gezogen wird.

Achten Sie bei dem Beispiel darauf, dass die Effekte, nicht die Formatierung des Buchstabens, der Flächen- und Konturfarbe übertragen werden.

Transparenzeffekte können ebenfalls mit dem Pipette-Werkzeug auf mehrere Objekte übertragen werden. Mit einem Doppelklick können Sie die PIPETTE-OPTIONEN öffnen. Dort lässt sich einstellen, dass beispielsweise alle Objekteinstellungen mit Ausnahme der Objekttransparenz aufgenommen werden sollen.

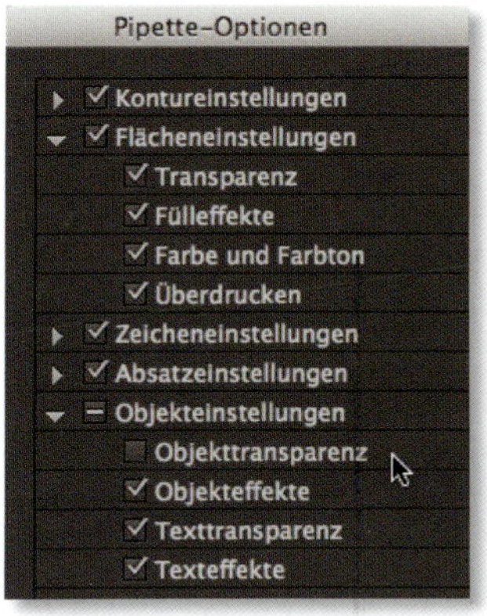

▲ **Abbildung 7.58**
Bei diesen Einstellungen werden mit der Pipette Objekteffekte kopiert, Objekttransparenz jedoch nicht.

Objektformate und Effekte

Wenn Sie bestimmte Effekte mehrmals in einem Dokument verwenden möchten, sollten Sie die gewünschten Einstellungen in einem Objektformat definieren. Objektformate haben Sie bereits im Abschnitt 4.13 kennengelernt. Wenn Sie nun ein Objekt mit bestimmten Effekten versehen haben, öffnen Sie über FENSTER • FORMATE die OBJEKTFORMATE. Wenn Sie dort ein neues Objektformat angelegt haben, können Sie sich die Objektformatoptionen anzeigen lassen. Dort sehen Sie links einen Bereich, in dem Sie dieselben Optionen wie im EFFEKTE-Bedienfeld finden ❶. Das Feintuning ❷ des markierten Effekts im großen rechten Bereich ist Ihnen ebenso bekannt.

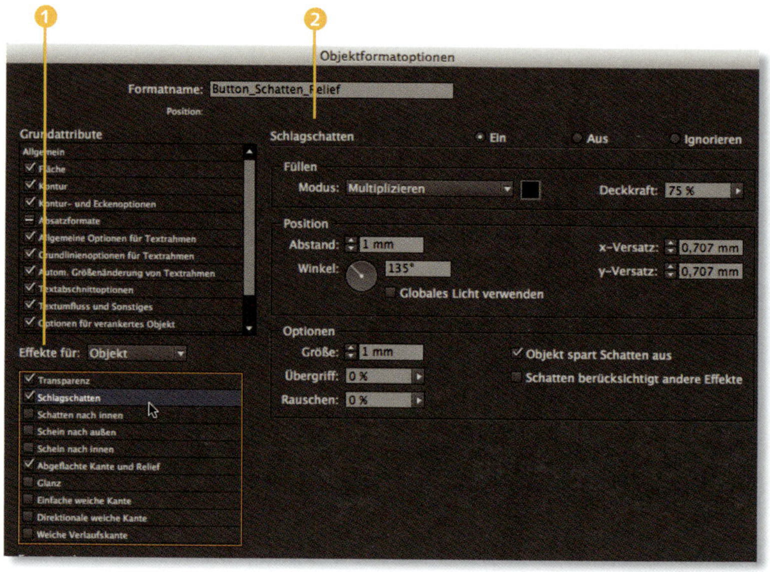

Abbildung 7.59 ▸
Verwenden Sie Objektformate, wenn Sie dieselben Effekte mehrfach anwenden möchten.

Gruppen

Transparenzeffekte sind davon abhängig, ob die Deckkraft der Objekte zuerst geändert wurde und die Objekte dann gruppiert wurden ❸ oder ob die Objekte erst zu einer Gruppe zusammengefasst wurden und anschließend die Deckkraft geändert wurde. Im zweiten Fall wird die Gruppe nämlich als ein Objekt behandelt ❹ und verhält sich damit wie eine Aussparungsgruppe.

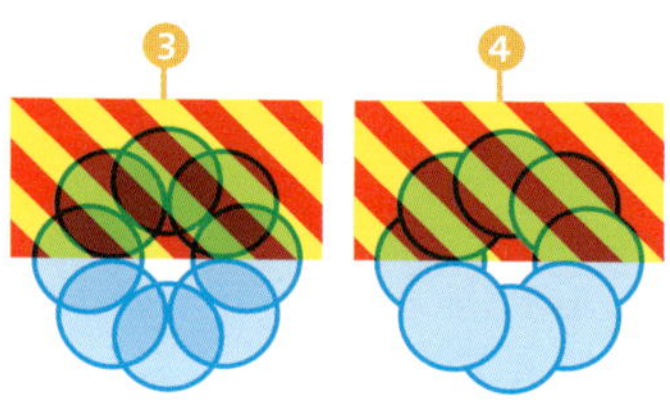

Abbildung 7.60 ▸
Die Reihenfolge, wann gruppiert wird, entscheidet über das Aussehen.

Die Kreise sind wie in Abbildung 7.47 mit der Füllmethode MULTIPLIZIEREN versehen worden.

8

Praktische Hilfsmittel

Die Lotsen von InDesign

- Wofür werden Lineale in InDesign verwendet?
- Was sind Hilfslinien und wie werden sie erstellt?
- Was sind intelligente Hilfslinien?
- Was ist ein Grundlinienraster?
- Wie kann ich einen Satzspiegel konstruieren?
- Was sind Ebenen und wie kann ich damit Objekte organisieren?
- Was ist eine Bibliothek in InDesign?
- Was sind Snippets?
- Wie kann ich die mächtige GREP-Suche selbst einsetzen?

8 Praktische Hilfsmittel

Mittlerweile haben Sie eine Reihe wichtiger und zeitsparender Funktionen von InDesign kennengelernt. Die meisten nutzen das Konzept von der zentralen Verwaltung aus, damit dieselben Attribute wie Farbe, Zeichen- und Absatzformate sowie Layoutentscheidungen etwa bezüglich Rändern und Spalten nicht immer wieder eingegeben werden müssen. In diesem Kapitel werde ich Ihnen weitere Hilfsmittel vorstellen, die das Gestalten in InDesign spürbar effizienter werden lassen.

8.1 Lineale

▲ **Abbildung 8.1**
Lineale können auch über die Anwendungsleiste eingeblendet werden.

Als Vorbereitung zu den Hilfslinien beschäftigen wir uns mit den Linealen. Sie werden über ANSICHT • LINEALE EINBLENDEN, das Menü ANZEIGEOPTIONEN der Anwendungsleiste oder durch Strg/⌘+R (»R« für engl.: »ruler«) eingeblendet. Sie sind nicht Teil des Layouts und werden somit bei der Ausgabe nicht berücksichtigt. Die Position des horizontalen und vertikalen Lineals ist immer am oberen bzw. linken Rand des Dokumentfensters. Die Einheit der Lineale lässt sich über das Kontextmenü ändern, das sich durch einen Rechtsklick auf ein Lineal öffnet.

Abbildung 8.2 ►
Wichtige Linealeinstellungen können direkt im Kontextmenü der Lineale vorgenommen werden.

Die Linealeinheiten können für beide Lineale unterschiedlich angegeben werden. Die Einheiten, die für die Lineale gelten, werden auch für die Objektangaben im STEUERUNG- und im TRANSFORMIEREN-Bedienfeld angewendet.

Im Lineal-Kontextmenü können Sie auch festlegen, ob sich das horizontale Lineal über den gesamten Druckbogen erstrecken soll ❶, ob jede Seite ein eigenes Lineal haben soll (❷ und ❸) oder ob sich das Lineal vom Bund ❹ aus nach links und rechts ausdehnen soll.

▲ **Abbildung 8.3**
Unterschiedliche Linealeinheiten werden von den Objektangaben in den Bedienfeldern übernommen.

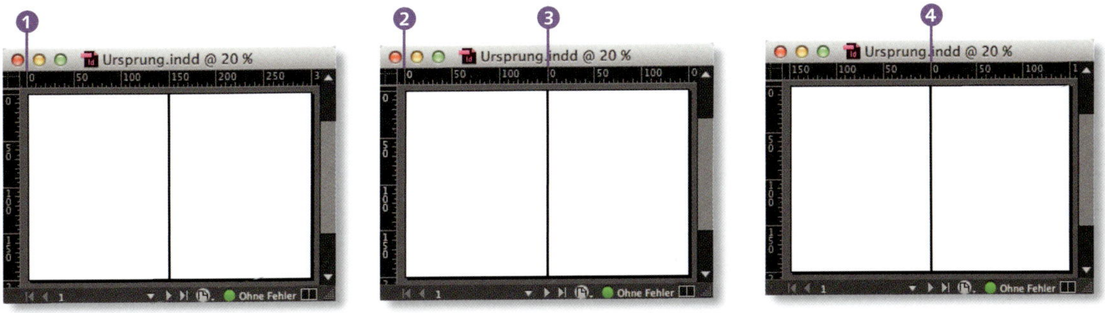

▲ **Abbildung 8.4**
Die Ausrichtung der Lineale kann geändert werden.

Alle Positionierungsmaße von Objekten werden vom Linealursprung aus angegeben. Dieser befindet sich bei neuen Dokumenten immer in der linken oberen Ecke eines Druckbogens. Möchte man diesen Ursprung an eine andere Stelle verschieben, muss eine der Optionen LINEAL PRO SEITE oder LINEAL PRO DRUCKBOGEN gewählt sein. Das Fadenkreuz links oben ❺ symbolisiert den Linealursprung und kann frei auf der Seite positioniert werden ❻. Die neue Position des Ursprungs (❼ und ❽) ändert sich für alle Seiten des Dokuments und kann mit einem Doppelklick auf das Fadenkreuz ❺ auf die linke obere Ecke des Druckbogens zurückgesetzt werden.

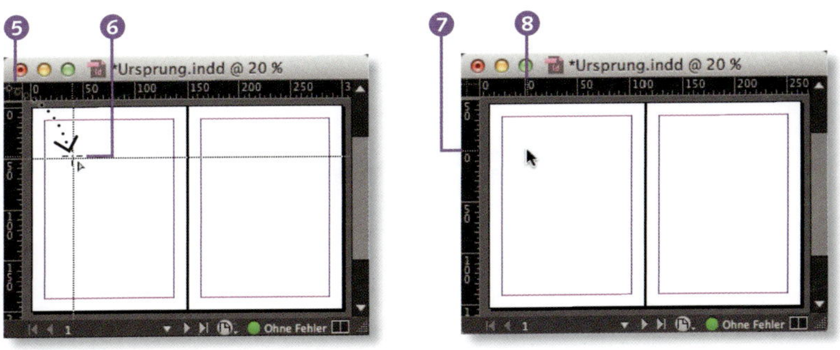

◄ **Abbildung 8.5**
Der Ursprung der Lineale wird neu festgelegt.

Hilfslinien ausdrucken

Hilfslinien werden nur ausgegeben, wenn im DRUCKEN-Dialog die entsprechende Checkbox markiert ist.

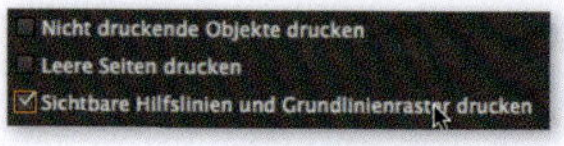

Hilfslinien auf Musterseiten

Wenn Sie Hilfslinien auf mehreren Seiten benötigen, legen Sie die Linien auf den entsprechenden Musterseiten an.

Zwei Hilfslinien erstellen

Ziehen Sie mit gedrückter [Strg]/[⌘]-Taste aus dem Ursprungssymbol oben links den Cursor auf die Seite, werden ein horizontales und ein vertikales Lineal erstellt.

8.2 Hilfslinien

Das wichtigste Hilfsmittel in DTP-Programmen sind Hilfslinien, die vom Anwender frei positioniert werden können, um an ihnen Objekte auszurichten. Hinsichtlich der Positionierung ähneln Hilfslinien Pfaden, aber im Gegensatz zu Pfaden kann einer Hilfslinie z. B. keine Konturstärke oder Flächenfarbe zugewiesen werden. Hilfslinien können auch nicht in ihrer Form geändert werden, sie sind immer gerade und vertikal oder horizontal ausgerichtet. Hilfslinien können in InDesign auf zwei Arten erstellt werden.

Hilfslinien aus dem Lineal auf die Seite ziehen

Hilfslinien können am einfachsten erstellt werden, indem sie aus dem Lineal gezogen und an beliebiger Stelle der Dokument- oder Musterseite positioniert werden. Dabei entscheidet die Stelle, an der die Hilfslinie losgelassen wird, darüber, ob die Hilfslinie auf dem gesamten Druckbogen oder nur auf einer Seite positioniert wird. Eine Seitenhilfslinie wird erstellt, wenn die neue Hilfslinie auf der Seite selbst losgelassen wird ❶. Um eine sogenannte Druckbogenhilfslinie zu erstellen, wird die Hilfslinie auf der Montagefläche ❷ losgelassen.

Die Positionierung kann auf die aktuelle Linealeinheit beschränkt werden, indem beim Ziehen einer Linie aus dem Lineal die [⇧]-Taste gedrückt wird. Die Hilfslinie rastet dadurch in der gewählten Linealeinheit ein.

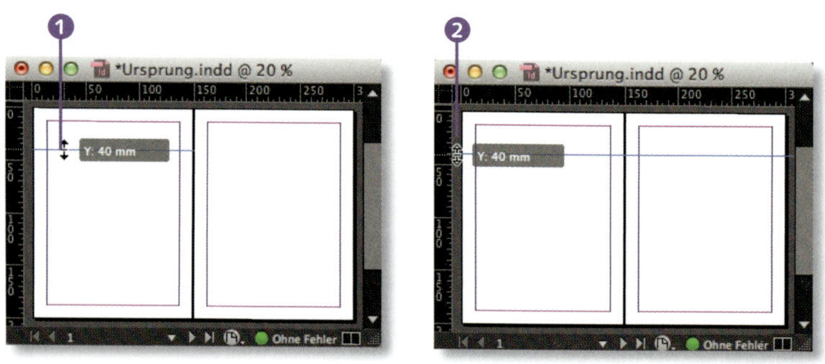

Abbildung 8.6 ►
Hilfslinien können für eine Seite oder einen ganzen Druckbogen erzeugt werden.

Hilfslinien können beliebig auf der Seite verschoben werden. Mit einem der Auswahl-Tools kann eine Hilfslinie wie gewohnt markiert und wie ein gewöhnliches Objekt an die gewünschte Stelle der Seite geschoben werden. Soll die Hilfslinie an einer konkreten Stelle positioniert werden, kann dies durch die Eingabe des entsprechenden numerischen Wertes bei der X- bzw. Y-Position erreicht werden (siehe nebenstehende Abbildung).

▲ **Abbildung 8.7**
Im Steuerung-Bedienfeld kann für Hilfslinien nur der X- oder Y-Wert eingegeben werden.

Die Auswahl mehrerer Hilfslinien ist, wie von anderen Objekten bekannt, mit gedrückter [⇧]-Taste möglich. Soll eine Hilfslinie gelöscht werden, wird sie zurück auf ein Lineal gezogen oder mit Bearbeiten • Löschen von der Seite entfernt. Sollen alle Hilfslinien einer Seite bzw. eines Druckbogens gelöscht werden, wird der Befehl Alle Hilfslinien auf Druckbogen löschen im Kontextmenü der Lineale aufgerufen.

Hilfslinien sperren

Damit Hilfslinien nicht aus Versehen markiert und verschoben werden, können Sie Hilfslinien festsetzen. Den entsprechenden Befehl finden Sie unter Ansicht • Raster und Hilfslinien • Hilfslinien sperren. Über das Kontextmenü, das Sie sich mit einem Rechtsklick auf eine leere Stelle Ihres Dokuments einblenden lassen können, haben Sie noch schnelleren Zugriff auf alle Funktionen, die die verschiedenen Hilfslinien betreffen.

Direkte Aktivierung

Hilfslinien werden bei dem Befehl Bearbeiten • Alles auswählen nicht mit berücksichtigt, wenn sich schon andere Objekte auf der Seite befinden und müssen dann direkt markiert werden.

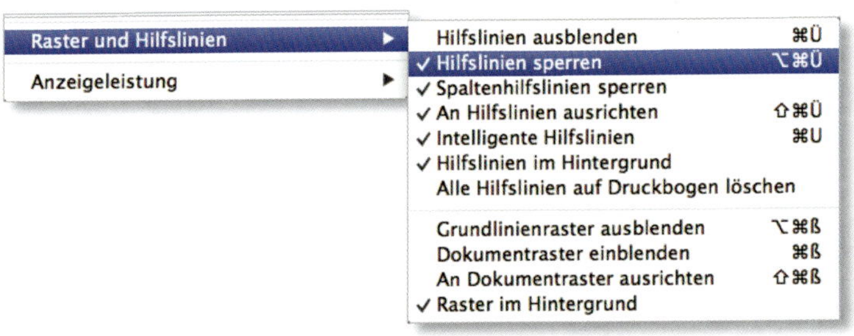

◄ **Abbildung 8.8**
Einen besonders schnellen Zugriff auf die zahlreichen Hilfslinienoptionen bietet Ihnen das Kontextmenü.

Um dieses Kontextmenü aufzurufen, das übrigens über zwei Befehle mehr als sein Pendant im Ansicht-Menü verfügt, darf allerdings kein Objekt markiert sein. Um eventuell aktive Objekte zu demarkieren, drücken Sie den Tastaturbefehl [Strg]/[⌘]+[⇧]+[A] für Auswahl aufheben im Bearbeiten-Menü.

Durch den Befehl Hilfslinien sperren werden alle erstellten Hilfslinien vor einer Bearbeitung so lange geschützt, bis der genannte Befehl erneut ausgeführt und dadurch das Häkchen vor dem Befehl im Menü entfernt wird.

Hilfslinien per Doppelklick

Mit einem Doppelklick auf ein Lineal wird an der entsprechenden Stelle ebenfalls eine Hilfslinie erstellt.

Ausrichtungsbereich

Ab welcher Entfernung von einer Hilfslinie diese ein Objekt anziehen soll, lässt sich unter Bearbeiten/InDesign • Voreinstellungen im Bereich Hilfslinien und Montagefläche einstellen.

Beachten Sie beim Umgang mit Hilfslinien, dass Objekte nur dann an Hilfslinien ausgerichtet werden können, wenn die Hilfslinien auf »sichtbar« gestellt sind und die Option An Hilfslinien ausrichten aktiviert wurde. Der gewählte Bildschirmmodus hat hingegen keinen Einfluss auf das Verhalten der Hilfslinien.

Hilfslinien automatisch erstellen

Sollen Hilfslinien automatisch und in Abhängigkeit vom Seitenformat oder vom erstellten Satzspiegel erstellt werden, rufen Sie hierfür im Layout-Menü den Eintrag Hilfslinien erstellen auf. Analog zu den Angaben bei Spalten, die Sie bereits aus dem Dialog Neues Dokument kennen, können hier auch Zeilen mit den dazugehörigen Abständen, die hier mit Ränder bezeichnet sind, erstellt werden. Von großer Bedeutung sind hier die Optionen. Sie haben die Wahl, ob sich die neuen Hilfslinien am Satzspiegel, also an den aktuellen Rändern ❹, oder an der gesamten Seite orientieren sollen ❸. Die jeweiligen Ergebnisse fallen gegebenenfalls deutlich anders aus. In den abgebildeten Beispielen wurde einmal Ränder ❶ und einmal Seite ❷ als Anpassungsoption gewählt, die anderen Einstellungen entsprachen dem unten abgebildeten Screenshot.

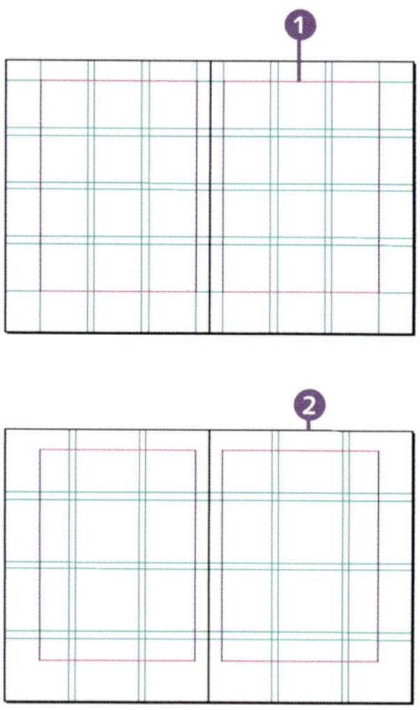

▲ **Abbildung 8.9**
Mit Ausnahme der Ränder-/Seite-Anpassung wurden die Hilfslinien bei beiden Versionen mit denselben Einstellungen erstellt.

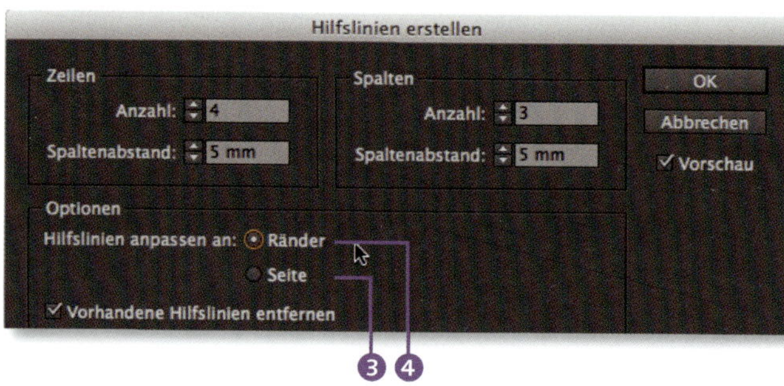

Wenn Sie eventuell vorher erstellte Hilfslinien entfernen möchten, brauchen Sie nur die entsprechende Checkbox zu markieren.

Mit Hilfe des Hilfslinien erstellen-Dialogs lässt sich der Satzspiegel, der durch die Ränder und Spalten der Seiten definiert wird, weiter in sogenannte Rasterzellen oder -felder aufteilen. Das Layouten mit solchen Rastersystemen gewährleistet ein durchgängiges, wiedererkennbares Layout, da die erstellten Felder für Bilder und die Positionierung von Textrahmen verwendet werden. Somit gibt es abhängig von der Anzahl der Rasterfelder eine überschaubare Menge möglicher Bildrahmenformate. Aus diesem Grund kann man zügig in solche Gestaltungsraster hineinarbeiten. Diese Art der Gestaltung wird Rastertypografie genannt und ist innerhalb der Typografie eines der zentralen Themen.

8.3 Intelligente Hilfslinien

InDesign blendet die intelligenten Hilfslinien nur bei Bedarf ein und führt Vergleiche zu Objekten in der Nähe durch.

Wird ein Objekt in der Nähe eines anderen positioniert, blendet InDesign kurzzeitig die intelligenten Hilfslinien ein, die anzeigen, dass das aktive Objekt mit dem benachbarten Objekt an einer Kante oder an der Objektmitte ausgerichtet ist oder über dieselbe Breite, dieselbe Höhe oder denselben Drehwinkel verfügt. Genauso zeigen die intelligenten Hilfslinien an, wenn ein Objekt in der vertikalen und/oder horizontalen Seitenmitte platziert ist.

Im Beispiel unten ist das aktive Rechteck an der Oberkante ❺ des großen Rechtecks links ausgerichtet. Die intelligenten Hilfslinien blenden hier auch einen Hinweis ❻ ein, dass der Abstand zwischen den drei Objekten gleich ist.

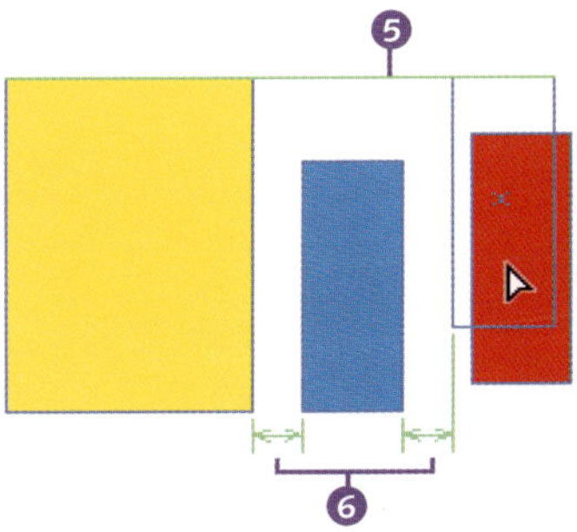

◂ **Abbildung 8.10**
Die intelligenten Hilfslinien haben enormes Potenzial zum zeitsparenden Arbeiten.

Einzelne Kategorien können Sie in den Voreinstellungen unter Bearbeiten/InDesign • Voreinstellungen im Bereich Hilfslinien und Montagefläche ausschalten, des Weiteren können Sie dort auch die Farbe der intelligenten Hilfslinien ändern, sollte Ihnen das vordefinierte Grün nicht zusagen.

8.4 Grundlinienraster

Textrahmenoptionen

Für Textrahmen (Objekt • Textrahmenoptionen) lassen sich individuelle Grundlinienraster anlegen.

Am Grundlinienraster, das aus einer Vielzahl von horizontalen Hilfslinien besteht, können Texte und Bilder ausgerichtet werden. Eingeblendet wird es über Ansicht • Raster und Hilfslinien • Grundlinienraster einblenden und ist wie die anderen Hilfslinien nur im Bildschirmmodus Normal sichtbar. Im Folgenden ist mit Grundlinienraster immer das Raster gemeint, das für ein komplettes Dokument erstellt und angewendet wird. Für Textrahmen können nämlich noch individuelle Grundlinienoptionen im gleichlautenden Register des Bedienfeldes Objekt • Textrahmenoptionen definiert werden.

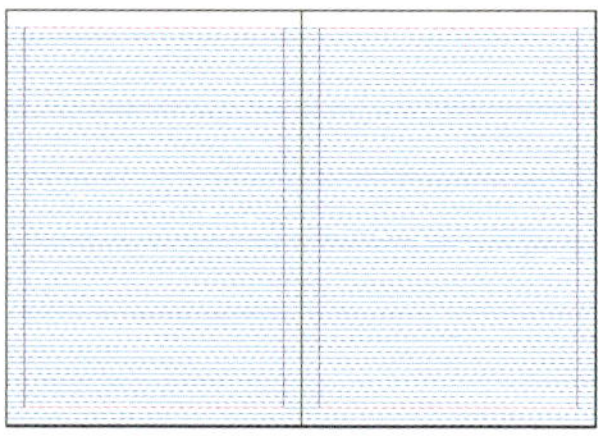

▲ **Abbildung 8.11**
Das Grundlinienraster überzieht alle Seiten bzw. Druckbögen mit horizontalen Hilfslinien.

Der große Vorteil eines Grundlinienrasters liegt in der enormen Steigerung der Effizienz. Arbeitet man ohne Grundlinienraster, führt dies zwangsläufig zu Texten und Bildern, die nicht aneinander ausgerichtet sind und somit eine unsaubere Anmutung haben ❶. Wird der gesamte Fließtext am Grundlinienraster ausgerichtet, steht er dokumentweit auf denselben Linien ❷ und verspringt selbst bei eventuell eingefügten Abständen z.B. nach Überschriften nicht. Diese sogenannte Registerhaltigkeit stellt auch sicher, dass Texte, die auf doppelseitig bedruckten Seiten stehen, nicht versetzt durch das Papier hindurchscheinen.

▲ **Abbildung 8.12**
Im Unterschied zur linken Version ist der rechte Text komplett am Grundlinienraster ausgerichtet.

Im Beispiel ❷ sind der gesamte Text und das Bild am Grundlinienraster ausgerichtet. Dadurch bringt man sehr schnell und ohne ständiges Nachmessen und Justieren – im wahrsten Sinne des Wortes – eine Linie ins Layout.

Jedes InDesign-Dokument hat ein Grundlinienraster. Dem Text muss nur das Absatzattribut An Grundlinienraster ausrichten zugewiesen werden, was natürlich möglichst über die Absatzformate realisiert werden sollte. Für kürzere Texte oder während der Layoutkonzeption kann auch der entsprechende Button im ABSATZ- oder STEUERUNG-Bedienfeld eingesetzt werden.

Beachten Sie bei der Ausrichtung von Text am Grundlinienraster, dass der aktuelle Zeilenabstand gleich oder kleiner dem Abstand des Grundlinienrasters sein sollte. Wenn der Zeilenabstand jedoch größer als der des Grundlinienrasters ist, überspringt InDesign mindestens eine Zeile.

Die Eigenschaften eines Grundlinienrasters sind Teil der Voreinstellungen. Sie finden diese unter BEARBEITEN/INDESIGN • VOREINSTELLUNGEN im Bereich RASTER.

▲ **Abbildung 8.13**
Mit dem unteren Button werden Absätze im STEUERUNG-Bedienfeld am Grundlinienraster ausgerichtet.

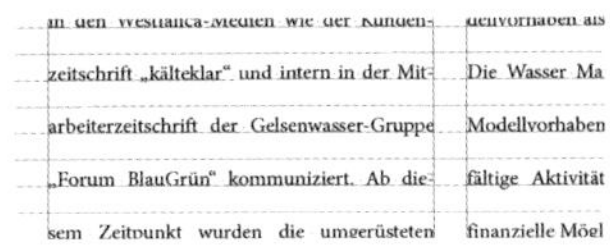

▲ **Abbildung 8.14**
Wenn der Zeilenabstand des Textes größer als der des Grundlinienrasters ist, wird immer mindestens eine Zeile übersprungen.

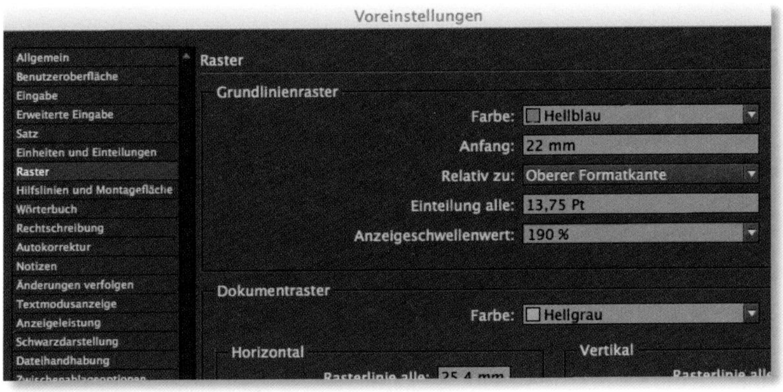

◄ **Abbildung 8.15**
Grundlinienraster werden für das aktuelle Dokument in den VOREINSTELLUNGEN eingestellt.

Mit welcher Farbe die Linien des Grundlinienrasters dargestellt werden sollen, können Sie mit dem Pulldown-Menü ändern. Bei ANFANG wird der Abstand von oben eingetragen, an dem die erste Linie des Grundlinienrasters positioniert werden soll. Ob sich diese erste Linie relativ zu OBERER FORMATKANTE oder zum OBEREN TEXTRAND verhält, den Sie über LAYOUT • RÄNDER UND SPALTEN eingestellt haben, wird über die beiden möglichen Optionen bei RELATIV ZU definiert. Da bei der Option OBEREN TEXTRAND das Grundlinienraster nur im Bereich des Satzspiegels dargestellt wird, vergibt man sich hierdurch die Möglichkeit, Elemente wie Seitenzahl oder lebenden Kolumnentitel auch am Grundlinienraster auszurichten. Bei EINTEILUNG ALLE sollte gegebenenfalls der Zeilenabstand stehen, der schon beim Fließtext verwendet wird. Der ANZEIGESCHWELLENWERT bestimmt, ab welcher Zoomstufe das Grundlinienraster eingeblendet wird. Dass man das Grundlinienraster tatsächlich sieht, macht vor allem Sinn bei Detailarbeiten,

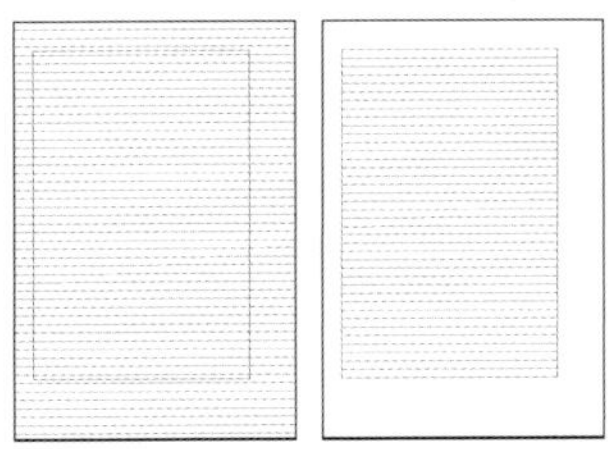

▲ **Abbildung 8.16**
Links bezieht sich die erste Linie auf die obere Formatkante, rechts auf den oberen Textrand.

Raster im Hintergrund

Ob Raster vor oder hinter Objekten dargestellt werden, können Sie mit dem entsprechenden Befehl z. B. im Kontextmenü regeln.

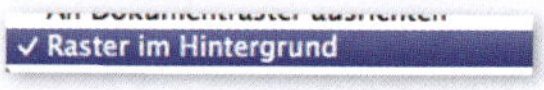

z. B. beim Festlegen von Bildrahmengrößen. Und da diese in der Regel eher bei größeren Zoomstufen erledigt werden, kann man hier den gewünschten Prozentwert eingeben, ab dem das Raster eingeblendet wird. Ein Wert von 200 %, den ich sehr praktisch finde, führt dazu, dass bei allen Vergrößerungsstufen bis 199 % das Grundlinienraster nicht zu sehen ist. Daran ändert auch der Bildschirmmodus NORMAL und die Ansichtsoption GRUNDLINIENRASTER EINBLENDEN nichts. Praktisch an dem 200 %-Anzeigeschwellwert ist, dass Sie sich das Layout mit [Strg]/[⌘]+[2] in dieser Vergrößerung anzeigen lassen können.

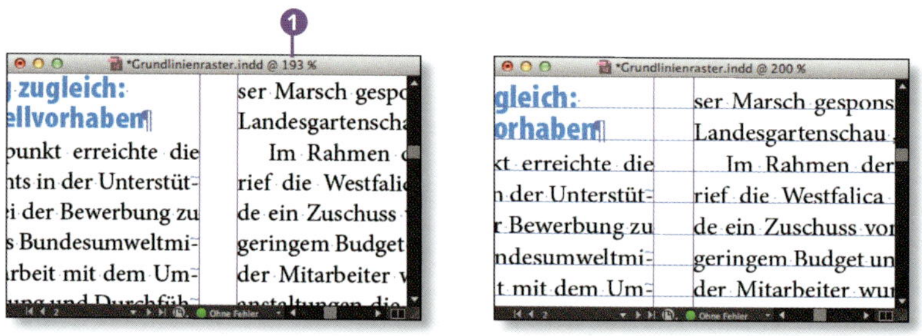

Abbildung 8.17 ►
Bei einem Anzeigeschwellenwert von z. B. 200 % wird das Grundlinienraster bei geringeren Zoomstufen **1** ausgeblendet.

Zeilenabstand in mm

InDesign rechnet die Schrittweite des Grundlinienrasters, die man in mm angegeben hat, in pt um (5 mm = 14,173 Pt).

Absatzformate und Grundlinienraster

Um Texte über Absatzformate am Grundlinienraster auszurichten, rufen Sie mit einem Rechtsklick auf den Namen des Absatzformats im ABSATZFORMATE-Bedienfeld die ABSATZFORMATOPTIONEN auf.

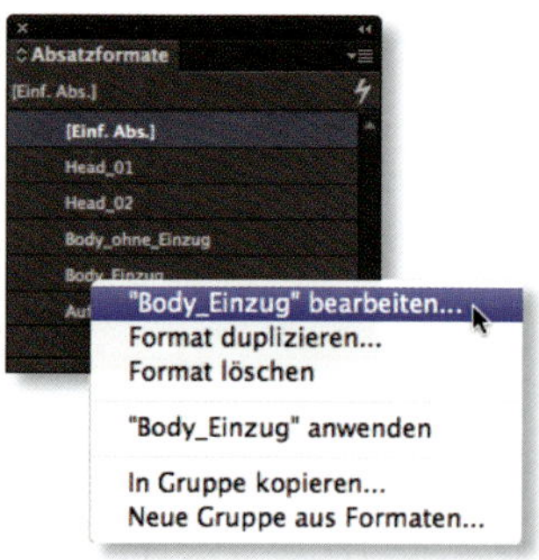

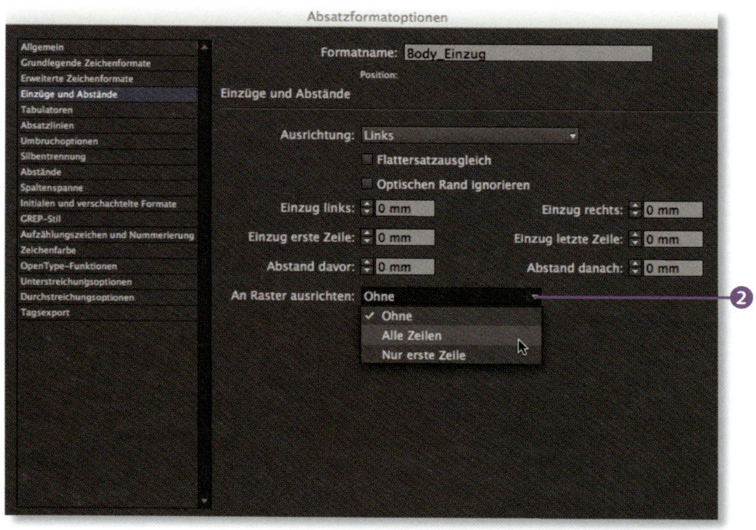

Abbildung 8.18 ▲►
Mit einem Rechtsklick auf den Formatnamen können Sie die ABSATZFORMATOPTIONEN öffnen.

Im Bereich Einzüge und Abstände finden Sie bei An Raster ausrichten ein Pulldown-Menü ❷. Hier sind die drei Optionen Ohne, Alle Zeilen und Nur erste Zeile verfügbar. Die Option Ohne ist selbsterklärend, beachten Sie bei der Option Alle Zeilen, dass sich diese Einstellung nicht auf alle Zeilen des Dokuments bezieht, sondern nur auf die Texte, die mit dem gerade bearbeiteten Absatzformat formatiert werden. Die dritte Option Nur erste Zeile bietet sich beispielsweise bei Überschriften an, die aufgrund ihres größeren Schriftgrades auch nach einem größeren Zeilenabstand verlangen ❸. Um nun nicht den doppelten Zeilenabstand des Fließtextes zu verwenden ❹, wird nur die erste Zeile am Grundlinienraster ausgerichtet ❺. Wenn Sie wie im Screenshot unten z. B. den 1,5-fachen Zeilenabstand des Grundlinienrasters für eine Zwischenüberschrift wählen, ist auch jede dritte Zeile wieder mit dem Fließtext alineiert.

Texteigenschaft

Ob ein Text am Grundlinienraster ausgerichtet wird, ist eine Eigenschaft der Textformatierung und nicht eine des Rasters.

▼ Abbildung 8.19
Mit der Option Nur erste Zeile kann der Anfang eines Absatzes mit größerem Zeilenabstand am Grundlinienraster ausgerichtet werden.

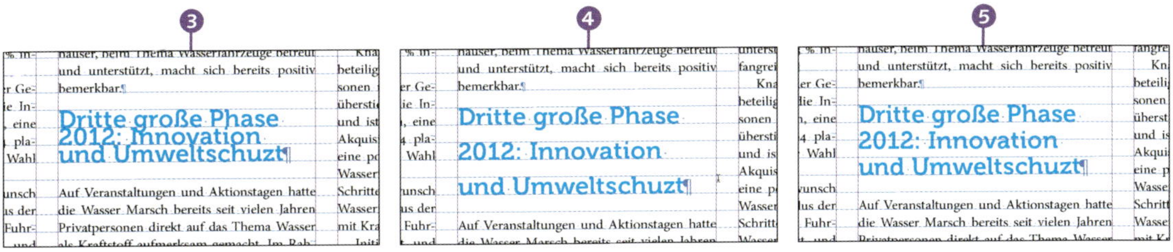

Schritt für Schritt
Satzspiegel konstruieren und Grundlinienraster definieren

In diesem Workshop möchte ich Ihnen zeigen, wie Sie einen Satzspiegel mit harmonischen Proportionen konstruieren können und wie Sie es erreichen, dass sich Satzspiegel und Grundlinienraster aufeinander beziehen.

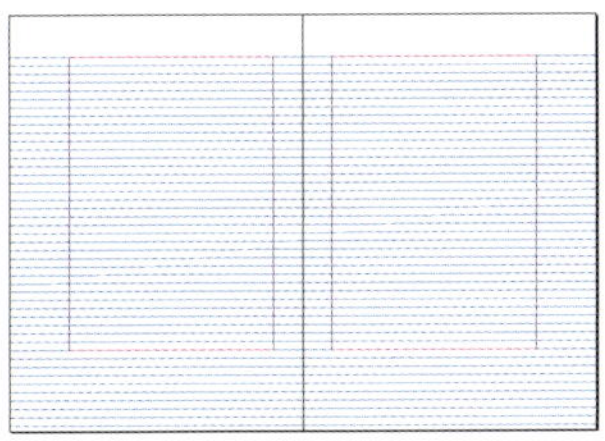

▲ Abbildung 8.20
Das Ziel ist ein Satzspiegel mit harmonischen Proportionen und passendem Grundlinienraster.

1 Dokument anlegen

Legen Sie ein doppelseitiges Dokument im Format DIN A5 mit primärem Textrahmen an. Alle Vorgaben bezüglich Rändern und Spalten können Sie übernehmen.

Vor allem in der Buchtypografie wird ein spezielles Konstruktionsprinzip beim Erstellen eines Satzspiegels angewendet, das zu einem angenehmen Verhältnis von bedruckter und unbedruckter

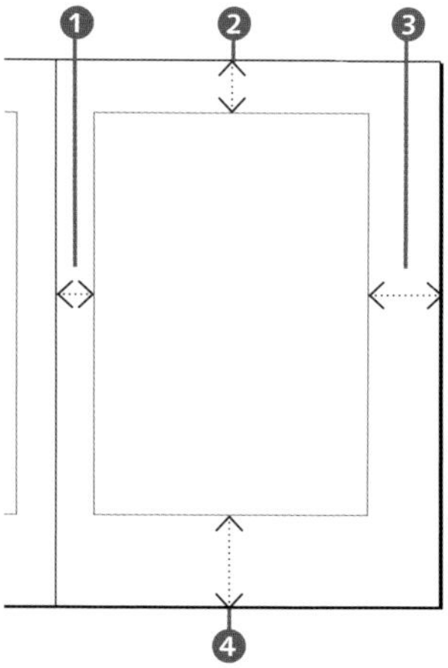

▲ **Abbildung 8.21**
Die Stege nehmen im Uhrzeigersinn vom Bundsteg ausgehend in ihrer Größe zu.

Fläche führt. Dieses Konstruktionsprinzip ist ebenso simpel, wie es zu überzeugenden Ergebnissen führt. Damit sich die bedruckten Flächen einer Doppelseite aufeinander beziehen und nicht als unabhängige Flächen wahrgenommen werden und damit außerdem der Satzspiegel optisch nicht nach unten fällt, werden Satzspiegel häufig so angelegt, dass die Ränder in folgender Reihenfolge in ihrer Größe zunehmen: innen (Bundsteg) ❶, oben (Kopfsteg) ❷, außen (Außensteg) ❸, unten (Fußsteg) ❹.

Öffnen Sie nun die Musterseite »A-Musterseite« mit einem Doppelklick auf das entsprechende Symbol in dem Bedienfeld SEITEN. Damit Sie die komplette Doppelseite sehen können, passen Sie die Doppelseite gegebenenfalls über ANSICHT • DRUCKBOGEN IN FENSTER EINPASSEN in Ihr Dokumentfenster ein:

Abbildung 8.22 ▶
Der Standardsatzspiegel wirkt durch seine symmetrischen Ränder unharmonisch.

2 Zeichnen von zwei diagonalen Linien

▲ **Abbildung 8.23**
Mit dem Linienzeichner-Tool werden zwei Diagonalen zur Orientierung gezeichnet.

Aktivieren Sie nun das Linienzeichner-Werkzeug, und zeichnen Sie zunächst eine Diagonale von links unten über die Doppelseite nach rechts oben. Dafür klicken Sie auf die untere linke Ecke der Doppelseite, halten die Maus gedrückt und ziehen damit zur gegenüberliegenden Ecke rechts oben. Die intelligenten Hilfslinien helfen auch hier bei der exakten Zeichnung.

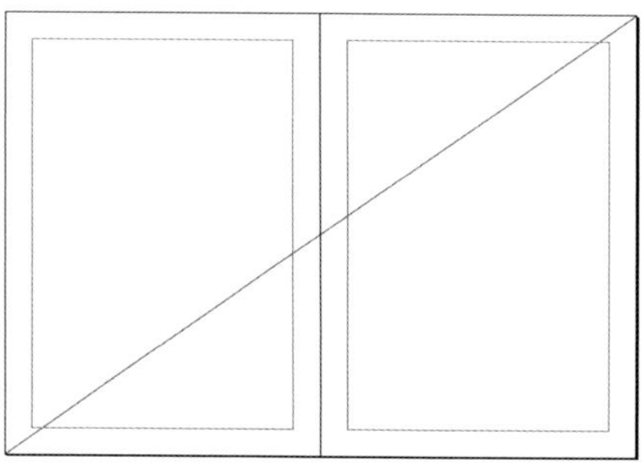

Abbildung 8.24 ▶
Die erste Linie, die zur Orientierung dienen soll, wird über die gesamte Doppelseite gezeichnet.

An dieser und einer zweiten Diagonale orientieren wir uns gleich bei der Erstellung des Satzspiegels. Zeichnen Sie nun ebenfalls mit dem Linienzeichner-Tool die zweite Diagonale, dieses Mal auf der rechten Seite von links oben nach rechts unten:

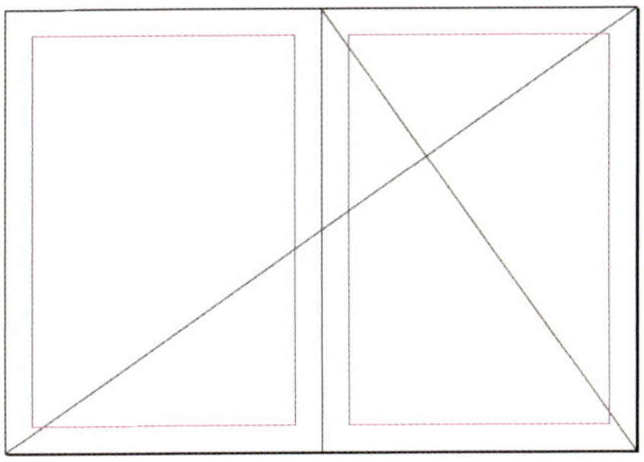

◂ **Abbildung 8.25**
Die beiden gezeichneten Linien dienen beim Erstellen des Satzspiegels zur Orientierung.

Die beiden erstellten Linien sind alles, was zur Konstruktion eines ausgeglichenen Satzspiegels erforderlich ist. Der Satzspiegel ergibt sich aus drei Kreuzungspunkten mit den beiden Diagonalen. Aus der Festlegung des ersten Punktes bei ❺ ergeben sich zwangsläufig die beiden anderen (❻ und ❼). Das klingt komplizierter als es ist, Sie werden diesen Zusammenhang beim nächsten Schritt des Workshops nachvollziehen können.

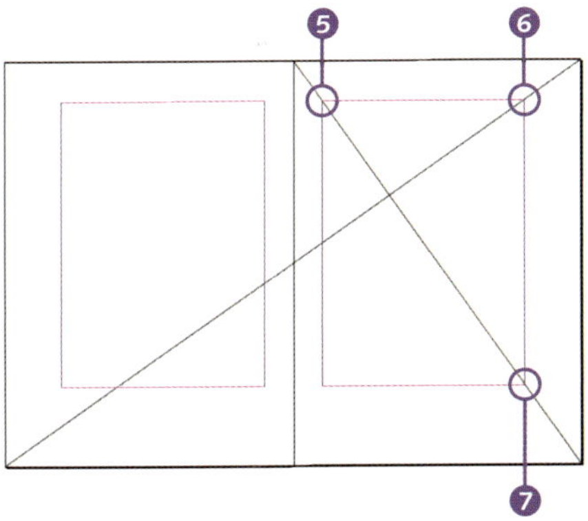

◂ **Abbildung 8.26**
Durch die drei Kreuzungspunkte mit den Diagonalen wird der Satzspiegel definiert.

Interessant hierbei ist, dass Sie die Größe des Satzspiegels beliebig wählen können, das Größenverhältnis der vier Stege zueinander bleibt dabei immer gleich und folgt damit auch dem bereits erläuterten erstrebenswerten Rhythmus. Die Wahl der Satzspiegelgröße richtet sich im Allgemeinen nach dem gewählten Seitenformat und den Inhalten, die gelayoutet werden sollen.

Layoutanpassung

Durch die Layoutanpassung passt sich der primäre Textrahmen den Rändern und Spalten an.

3 Bundsteg definieren

Wir beginnen mit der Definition des Randes, der am Ende den kleinsten Wert haben wird: dem Bundsteg. Um den Satzspiegel zu ändern, rufen Sie den Dialog RÄNDER UND SPALTEN im LAYOUT-Menü auf. Aktivieren Sie VORSCHAU ❹ und lösen Sie ggf. das Verkettungssymbol ❷, damit Sie die Ränder unabhängig voneinander einstellen können. Aktivieren Sie dann noch die Layoutanpassung ❶. Vergrößern Sie anschließend den Wert bei INNEN ❸ auf 15 mm, damit der Bundsteg großzügiger ausfällt und damit wir die voreingestellten Kommazahlen loswerden.

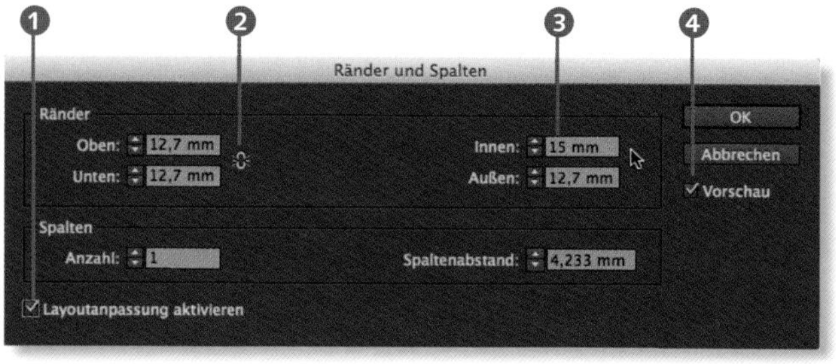

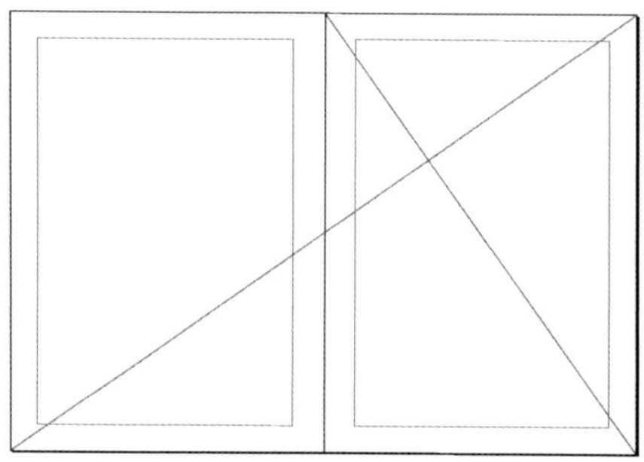

▲ **Abbildung 8.27**
Wir legen den Bundsteg fest, indem wir den Wert bei INNEN auf 15 mm setzen.

4 Kopfsteg definieren

Vergrößern Sie den Wert bei OBEN ❺ so weit, bis die obere linke Ecke mit der kurzen Diagonale zusammenfällt ❻. Das ist in unserem Beispiel bei 21 mm der Fall.

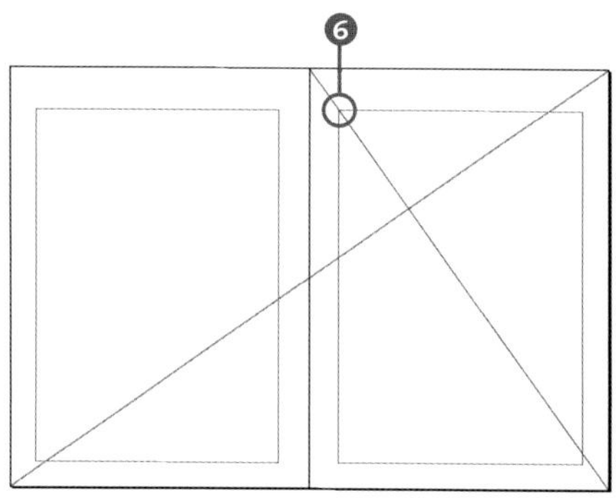

▲ **Abbildung 8.28**
Der Wert bei OBEN wird so lange erhöht, bis die obere linke Ecke auf der kurzen Diagonale liegt.

5 Außensteg definieren

Um als Nächstes den Außensteg festzulegen, gehen Sie genauso vor. Erhöhen Sie den Wert bei AUSSEN ❼, bis die rechte obere

Ecke mit der langen Diagonale übereinstimmt ❽. Ich bin hierbei auf 30 mm gekommen.

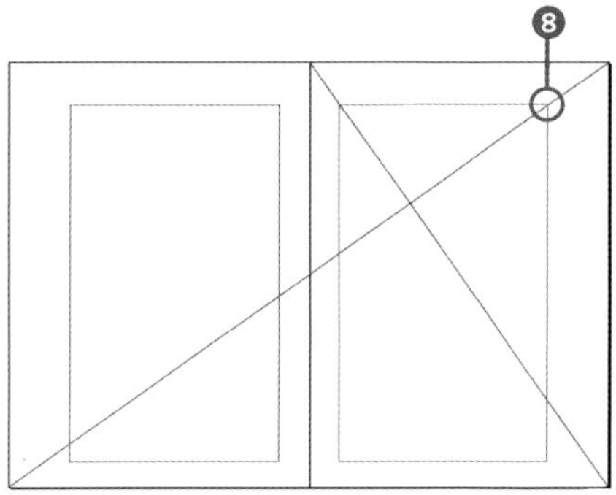

▲ **Abbildung 8.29**
Als Nächstes wird der Außensteg geändert.

6 Fußsteg definieren

Nun brauchen Sie nur noch den Fußsteg zu verbreitern, bis auch die rechte untere Ecke mit der kurzen Diagonale übereinstimmt ❿. Erhöhen Sie dafür den Wert bei UNTEN ❾. Ich komme dabei auf 42 mm. Damit ist der Satzspiegel fürs Erste fertiggestellt – bestätigen Sie Ihre Eingaben mit OK. Sobald das Grundlinienraster eingerichtet ist, müssen wir nämlich noch nachkorrigieren.

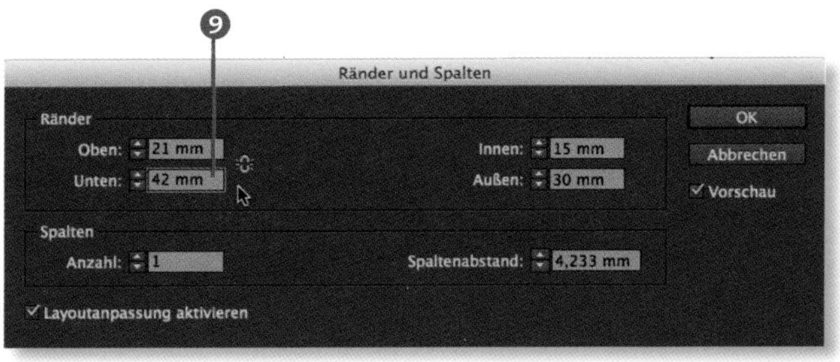

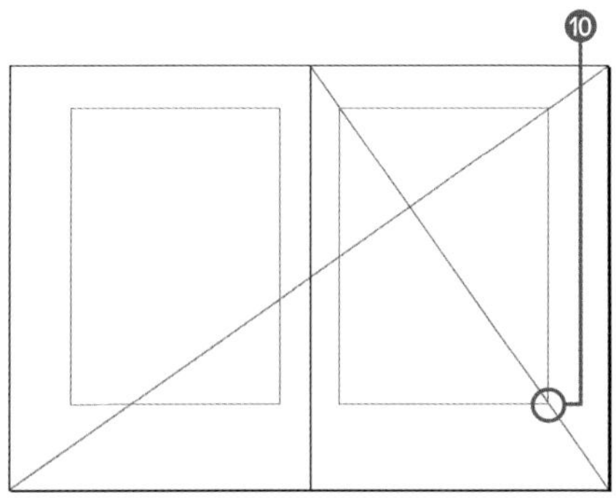

▲ **Abbildung 8.30**
Nachdem auch der Fußsteg geändert wurde, ist der Satzspiegel fertiggestellt.

Übrigens hätten Sie bei der Anlage des Satzspiegels auch mit der Änderung des Kopfsteges oder eines anderen beliebigen Randes beginnen können. Wie Sie bei dieser Satzspiegelkonstruktion gesehen haben, hängt hierbei jeder Rand mit den jeweils anderen Rändern eng zusammen. Wird der Wert eines Randes geändert, müssen alle anderen daraufhin angepasst werden.

Für das noch einzurichtende Grundlinienraster brauchen Sie die beiden Diagonalen nicht mehr, sie können gelöscht werden.

7 Grundlinienraster einrichten

Blenden Sie nun das Grundlinienraster über ANSICHT • RASTER UND HILFSLINIEN • GRUNDLINIENRASTER EINBLENDEN ein. Das Grundlinienraster ist weder oben ❶ noch unten ❷ am Satzspiegel angepasst.

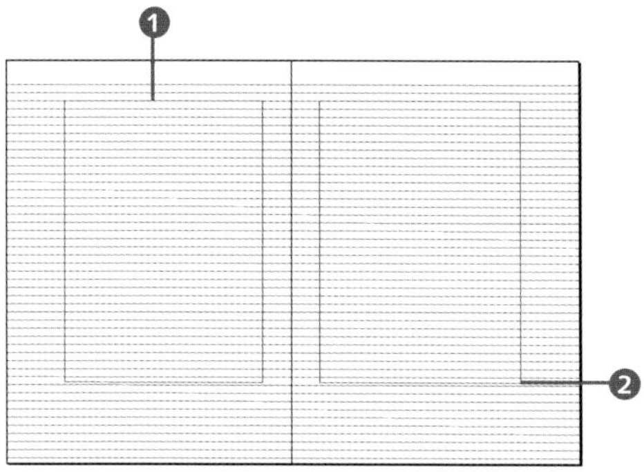

Abbildung 8.31 ▸
Das Grundlinienraster verspringt zum Satzspiegel.

Damit das Grundlinienraster bündig bei der oberen Satzspiegelkante beginnt, muss als Beginn des Grundlinienrasters nur derselbe Wert wie beim Kopfsteg hinterlegt werden.

Rufen Sie über BEARBEITEN/INDESIGN • VOREINSTELLUNGEN • RASTER die gewünschte Kategorie der Voreinstellungen auf und tragen dort bei ANFANG ❸ den Wert ein, den Sie in Schritt 4 bei OBEN eingegeben haben.

▾ Abbildung 8.32
Entspricht der Wert des Kopfsteges dem Anfang des Grundlinienrasters, beginnen beide an derselben Position.

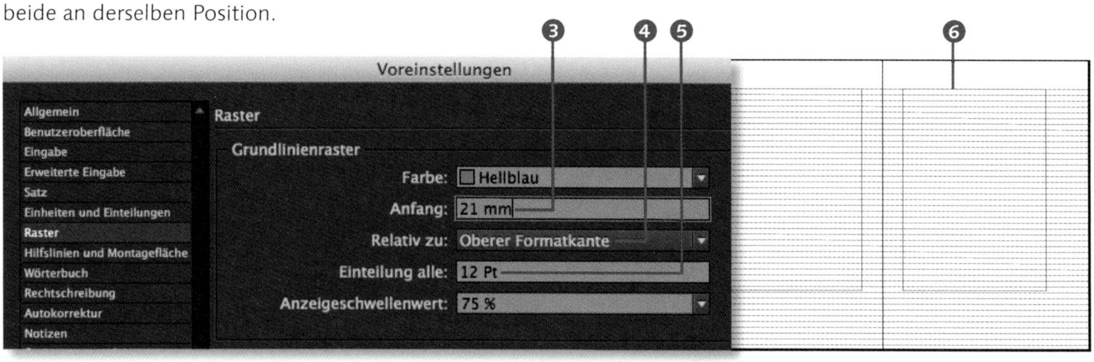

Lassen Sie die Option OBERER FORMATKANTE bei RELATIV ZU ❹ aktiviert. Wenn Sie nun die getroffenen Änderungen an den Voreinstellungen mit OK bestätigen und damit den Dialog verlassen, sehen Sie, wie Satzspiegel und Grundlinienraster nun exakt an derselben Position beginnen ❻. Am unteren Rand hingegen passen Grundlinienraster und Satzspiegel noch nicht genau aufeinander.

8 Fußsteg anpassen

An dieser Stelle stellt sich einem nun eigentlich erst einmal die Frage, ob das Grundlinienraster dem Satzspiegel oder der Satzspiegel dem Raster angepasst werden soll? Ich empfehle Ihnen, den Satzspiegel dem Raster anzupassen. Außerdem müssen Sie, damit Sie mit einem konkreten Wert für den Zeilenabstand arbeiten können, zunächst die Fließtextschrift und den Schriftgrad festlegen. Dafür sollten Sie Ausdrucke mit verschiedenen Schriften, Größen und Abständen im bisher erstellten Satzspiegel machen, da eine Beurteilung von Größen am Monitor äußerst schwer fällt.

Lassen Sie uns in unserem Workshop aber davon ausgehen, dass die 12 Pt, die in den Voreinstellungen bei EINTEILUNG ALLE ❺ voreingestellt sind, für das Layout funktionieren. Ansonsten müsste hier natürlich der passende Zeilenabstand für die gewählte Schrift und den gewählten Schriftgrad eingetragen werden.

Um nun den Satzspiegel an das Grundlinienraster anzupassen, vergrößern Sie den Fußsteg mit dem Zoomwerkzeug so weit, dass Sie den unteren Bereich der Seite gut sehen können. Wählen Sie nun das Messwerkzeug, und klicken Sie auf die Grundlinie, an der der Satzspiegel unten enden soll ❼. Ziehen Sie das Werkzeug nun bei gedrückter [⇧]-Taste bis an den unteren Seitenrand ❽. Das INFORMATIONEN-Fenster wird automatisch eingeblendet, hier können Sie die Länge der eben mit dem Messwerkzeug markierten Strecke ablesen ❾.

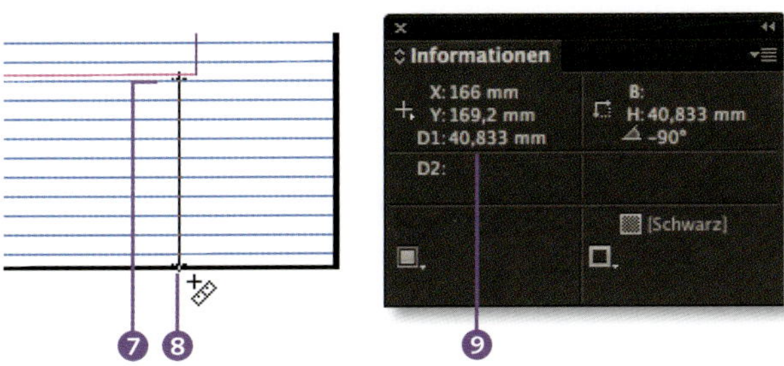

Der abgelesene Wert muss jetzt nur noch für den Fußsteg eingesetzt werden. Dafür rufen Sie noch einmal das Dialogfeld RÄNDER UND SPALTEN im Menü LAYOUT auf und tragen den Wert bei

Schneller Werte ändern

Am einfachsten ändern Sie numerische Werte, indem Sie die Pfeiltasten auf der Tastatur verwenden. Durch das Drücken der [⇧]-Taste werden die Werte in glatten 10er-Sprüngen geändert.

▲ **Abbildung 8.33**
Mit dem Messwerkzeug können Sie den Abstand von der Grundlinie zum Seitenrand in Erfahrung bringen.

◄ **Abbildung 8.34**
Das Messwerkzeug liefert in Kombination mit dem INFORMATIONEN-Bedienfeld die gewünschte Information.

Unten ein ❶. Verlassen Sie das Dialogfeld mit OK. Satzspiegel und Grundlinienraster stimmen nun überein:

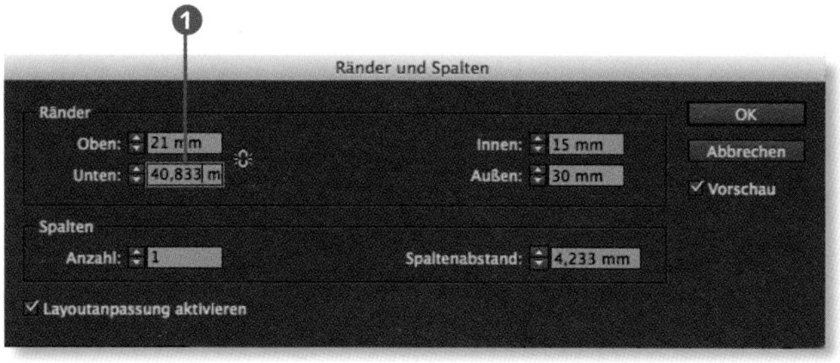

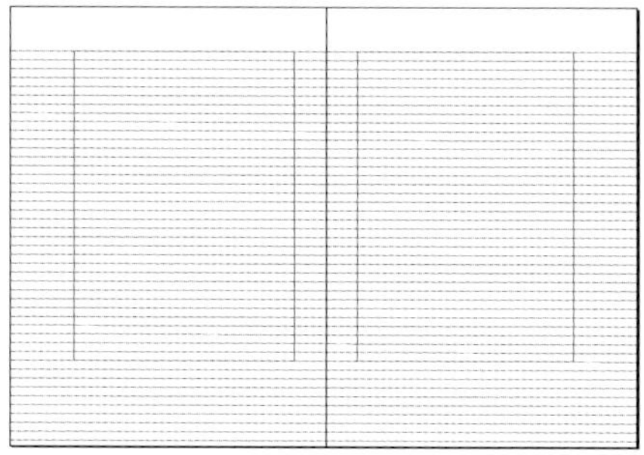

Abbildung 8.35 ▲▶
Nachdem bei Unten der zuvor ermittelte Wert eingetragen wurde, stimmen Satzspiegel und Grundlinienraster überein.

Vorschau aktualisieren
Drücken Sie nach der Eingabe von Werten in Dialog-Fenstern die [⇥]-Taste, damit InDesign die Änderung in der Vorschau aktualisiert.

Der in diesem Workshop erstellte Satzspiegel stellt nur eine von vielen Möglichkeiten dar. Ebenso sind mehrere Techniken im Umgang mit dem Grundlinienraster denkbar. So könnte das Grundlinienraster auch schon oberhalb des Satzspiegels beginnen, damit dort platzierte Kolumnentitel ebenfalls am Grundlinienraster ausgerichtet werden können.

8.5 Dokumentraster

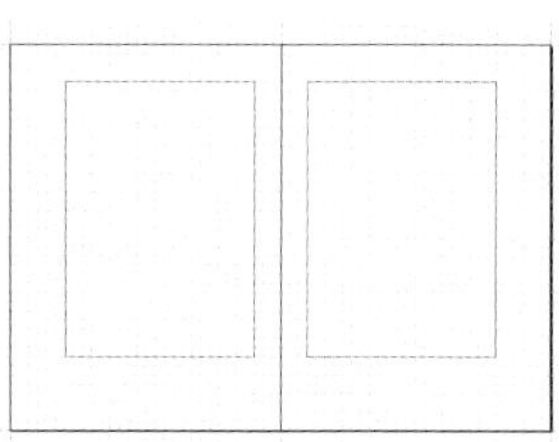

▲ **Abbildung 8.36**
Das Dokumentraster überzieht die Dokumentseiten bei entsprechenden Vorgaben mit einem Rechenpapier.

InDesign bietet neben dem Grundlinienraster mit dem Dokumentraster noch ein zweites Raster. Im Unterschied zum Grundlinienraster ist das Dokumentraster ausschließlich zum Ausrichten von Objekten vorgesehen. Während das Grundlinienraster wie die Lineatur eines Schreibheftes wirkt, erinnert das Dokumentraster an das Kästchenmuster von Rechenpapier. Eingeblendet wird es über Ansicht • Raster und Hilfslinien • Dokumentraster einblenden. Sollen Objekte am Dokumentraster ausgerichtet werden, wird dieses Feature im selben Untermenü über An Dokumentraster ausrichten aktiviert.

Unter Bearbeiten/InDesign • Voreinstellungen • Raster können Sie die horizontale und vertikale Einteilung ändern. Wenn Sie hier bei Rasterlinie alle die Maße Ihres Dokumentseitenfomats angeben, können Sie mit der Eingabe bei Unterbereiche die Seiten weiter unterteilen.

8.6 Ebenen

Neben Hilfslinien und Grundlinienraster sind Ebenen ein äußerst wichtiges Hilfsmittel. Dass Objekte immer entsprechend ihrer Reihenfolge, in der sie erstellt wurden, übereinanderliegen, haben Sie in Kapitel 6, »Pfade und Objekte«, auf Seite 277 gesehen. Nun können Objekte weiter auf Ebenen organisiert und in der gesamten Stapelreihenfolge geändert werden. Zur Verwaltung von Ebenen rufen Sie das entsprechende Bedienfeld über FENSTER • EBENEN oder mit [F7] auf.

Überall Ebenen

Ebenen finden sich genauso wie andere zentrale Bedienkonzepte wie Werkzeugleiste oder Pfade auch in anderen Adobe-Programmen.

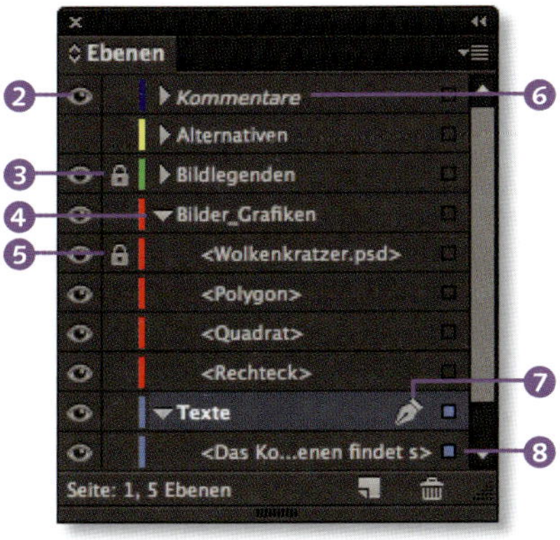

◂ **Abbildung 8.37**
Das EBENEN-Bedienfeld bietet enormes Potenzial zur Objektorganisation.

Das Auge ❷ signalisiert, dass die entsprechende Ebene und alle auf ihr abgelegten Objekte sichtbar sind. Ist die Sichtbarkeit mit einem Klick auf das Augen-Symbol ausgeschaltet worden, ist das entsprechende Feld leer. In der zweiten Spalte kann mit einem Klick auf ein leeres Feld das Schloss-Symbol aufgerufen werden. Es signalisiert, dass diese Ebene ❸ oder das Objekt ❺ momentan nicht bearbeitet werden kann. Einzelne Objekte und Objektgruppen können im EBENEN-Bedienfeld eingeblendet werden, indem die Ebene am kleinen Dreieck aufgeklappt wird ❹. Die nun sichtbaren Ebenenelemente werden von InDesign automatisch benannt und repräsentieren ihre Stapelreihenfolge innerhalb der aufgeklappten Ebene. Ebenen mit kursiven Namen ❻ werden beim Druck nicht mit ausgegeben. Die Zeichenfeder ❼ kennzeichnet die sogenannte Zielebene: Sie ist markiert und kann bearbeitet werden. Neue Objekte werden automatisch auf der Zielebene erstellt. Ist ein Objekt markiert, wird dies durch ein kleines Quadrat ❽ in der jeweiligen Ebenenfarbe kenntlich gemacht.

Ebene kopieren

Soll eine Ebene mit allen auf ihr befindlichen Objekten kopiert werden, wird die gewünschte Ebene auf den Button NEUE EBENE ERSTELLEN gezogen.

Stapelreihenfolge

Objekte werden mit Hilfe von Ebenen auf zweierlei Weise gestapelt. Zum einen gibt es pro Ebene eine Stapelreihenfolge, zum anderen können die Ebenen als Einheit in der Ebenenreihenfolge geändert werden.

Um einen Einstieg in das Konzept von Ebenen zu finden, stellen Sie sich die Objekte auf einer Ebene wie Klarsichtfolien vor. Deren Stapelreihenfolge wird zunächst von InDesign durch die Reihenfolge bestimmt, in der die einzelnen Objekte erstellt wurden. Als Bild für die Ebenen dienen Klarsichthüllen, in die Sie die Folien ablegen können. Die Klarsichthüllen (Ebenen) mit den Klarsichtfolien (Objekten) lassen sich wiederum beliebig stapeln.

Jedes InDesign-Dokument hat von vornherein eine Ebene. Sofern keine weiteren Ebenen angelegt werden, befinden sich alle Objekte auf dieser Ebene. Im folgenden Beispiel sind drei Objekte ❶ auf der Bilder_Grafiken genannten und rot gefärbten Ebene ❷ angelegt worden. Der Stern soll nun zwischen Quadrat und Kreis verschoben werden. Dafür wird einfach das Objekt, das im Ebenen-Bedienfeld mit <Polygon> gekennzeichnet ist, im Bedienfeld angefasst ❸ und unter das Objekt <Quadrat> gezogen ❺. Im Layout wird das Ergebnis angezeigt ❹.

Objekte auf Musterseiten

Eine Sonderstellung in Bezug auf die Stapelreihenfolge von Objekten nehmen Objekte ein, die auf der Musterseite erstellt werden. Sie liegen auf Dokumentseiten immer unter anderen Objekten, die zwar auf derselben Ebene, aber auf der Dokumentseite angelegt wurden.

Ebenenoptionen

Mit einem Doppelklick auf den Ebenennamen öffnen Sie die Ebenenoptionen.

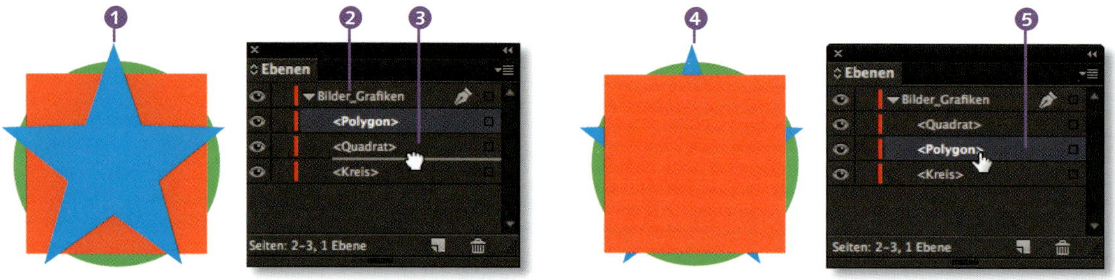

▲ **Abbildung 8.38**
Die drei Objekte werden auf derselben Ebene in eine andere Stapelreihenfolge gebracht.

Bei der gezeigten Vorgehensweise wurde der Stern im Layout nicht markiert und konnte dennoch verschoben werden.

Von der Anzahl und Komplexität der im Layout verwendeten Objekte ist es abhängig, ob die Objektauswahl mit dem Auswahlwerkzeug oder im Ebenen-Bedienfeld vorgenommen wird. Wie beim Auswahl-Tool können auch im Ebenen-Bedienfeld mehrere Objekte durch Halten der ⇧-Taste markiert werden. So angewählte Objekte können anschließend gemeinsam verschoben werden.

Durch einen Klick auf den Button Neue Ebene erstellen am unteren Bedienfeldrand können weitere Ebenen angelegt werden, auf die z. B. Elemente verschoben werden können. Hierzu wird zunächst das Objekt im Ebenen-Bedienfeld markiert und statt wie im vorangegangenen Beispiel innerhalb derselben Ebene auf eine andere Ebene ❻ gezogen. Im Beispiel liegt der Kreis nun auf der separaten Ebene Ebene 2 über der Ebene Bilder_Grafiken ❼.

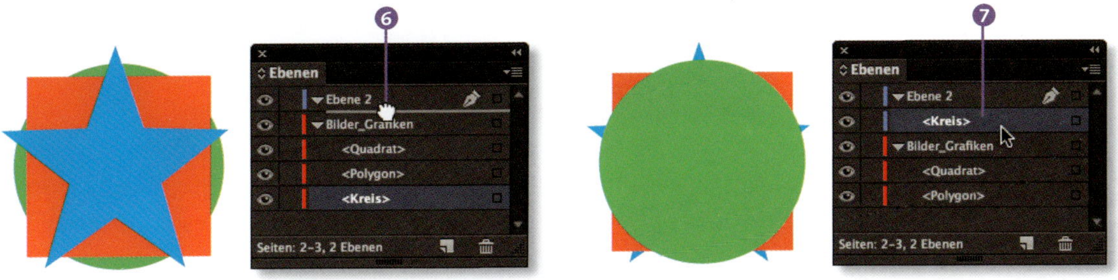

▼ Abbildung 8.39
Hier wird der Kreis auf eine andere Ebene verschoben.

Beim Verschieben von Objekten zwischen Ebenen ❽ können Sie eine Kopie des Objekts auf der Zielebene erstellen ❾, wenn Sie dabei die [Alt]-Taste drücken.

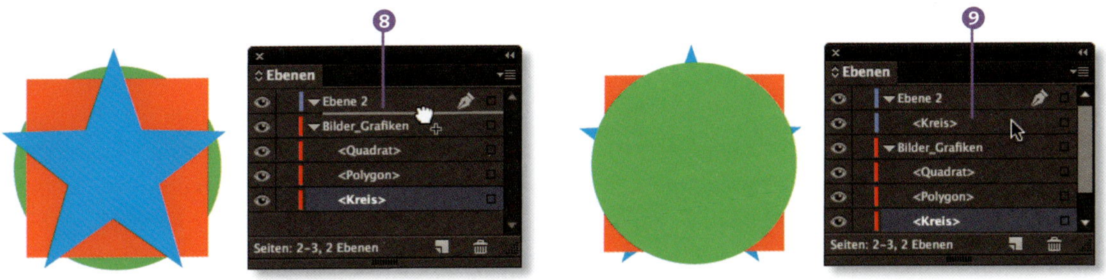

▼ Abbildung 8.40
Beim Verschieben zwischen Ebenen können gleich Kopien erstellt werden.

Um die Reihenfolge der Ebenen zu ändern, wird hierfür die Ebene im Bedienfeld angeklickt ❿ und an die gewünschte Stelle gezogen. Alle Objekte dieser Ebene werden mit verschoben ⓫.

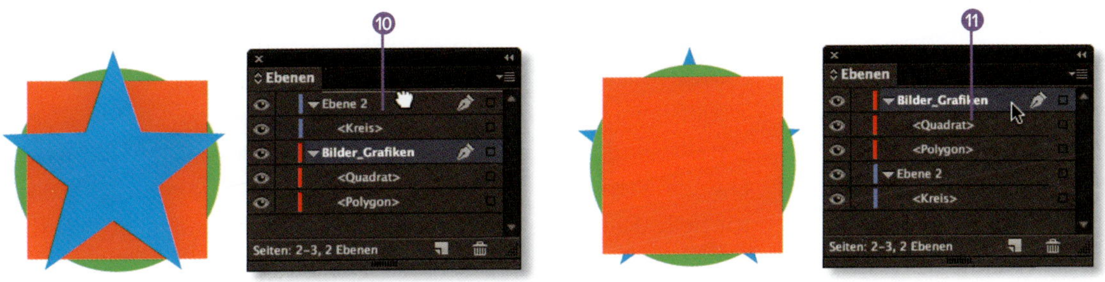

▼ Abbildung 8.41
Auch komplette Ebenen mitsamt ihren Objekten können verschoben werden.

Ebenenoptionen

Um einer Ebene spezifische Eigenschaften zuzuweisen, rufen Sie die Ebenenoptionen entweder über das Bedienfeldmenü oder durch einen Doppelklick auf ihren Namen auf.

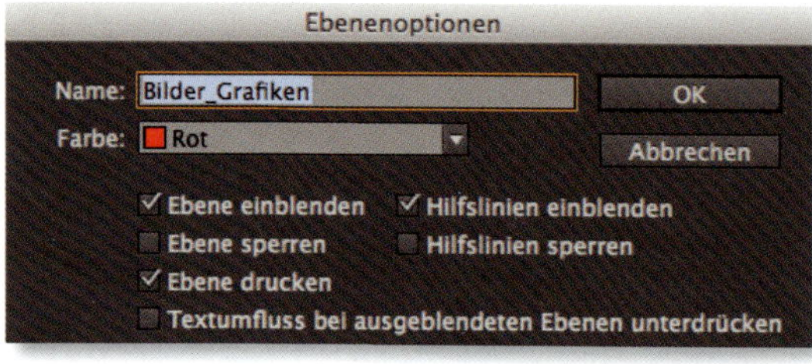

Abbildung 8.42 ▸
Die Ebenenoptionen lassen sich über das Bedienfeldmenü oder per Doppelklick öffnen.

Vergeben Sie hier aussagekräftige Namen. InDesign legt für jede neue Ebene automatisch eine andere Farbe fest; möchten Sie diese ändern, können Sie bei Farbe aus einer vordefinierten Liste wählen. Begrenzungsrahmen aller Objekte einer Ebene werden in der jeweiligen Ebenenfarbe dargestellt. Ob eine Ebene mit ihren Objekten sichtbar ist, können Sie mit der Checkbox Ebene einblenden steuern. Dies hat denselben Effekt wie die Aktivierung/Deaktivierung der Sichtbarkeit im Bedienfeld (siehe nebenstehende Abbildung). Selbiges gilt für die Option Ebene sperren. Ist die Ebene sichtbar, steht als besondere Option Ebene drucken zur Verfügung. Mit dieser Ebenenoption ist man beispielsweise in der Lage, eine alternative Gestaltung in einem InDesign-Dokument anzulegen. Welche Version beim Druck ausgegeben wird, lässt sich dann über die Ebenenoptionen regeln. Ebenso kann man mit dieser Option eine Ebene für Kommentare oder Korrekturanweisungen anlegen, die zwar für den Layouter sichtbar sind, aber beim Ausdruck nicht berücksichtigt werden. Ebenen, bei denen diese Option deaktiviert wurde, werden im Ebenen-Bedienfeld in kursiver Schrift angezeigt. Auch die Option Textumfluss bei ausgeblendeten Ebenen unterdrücken ist für die Entwicklung von Layoutalternativen interessant. Wir kommen gleich noch darauf zurück.

▲ Abbildung 8.43
Der Ebenenstatus bezüglich der Eigenschaften »sichtbar« und »gesperrt« wird auch im Bedienfeld wiedergegeben und ist auch dort einstellbar.

Andere ausblenden/ sperren

Möchten Sie alle Ebenen bis auf die aktuell markierte Ebene ausblenden oder sperren, klicken Sie mit gedrückter Alt-Taste auf das jeweilige Feld neben dem Ebenennamen, der weiter zugänglich bleiben soll.

Hilfslinien werden immer auf der aktuell markierten Ebene erstellt, und da die Option Hilfslinien einblenden bei neuen Ebenen aktiv ist, werden auch alle Hilfslinien angezeigt. Sollen spezielle Hilfslinien nur für besondere Layoutaufgaben sichtbar sein, lässt sich dies mit dieser Option realisieren. Erstellte Hilfslinien lassen sich dokumentweit sperren, indem beispielsweise die Option Hilfslinien sperren unter Ansicht • Raster und Hilfslinien aktiviert wird. Über die Option Hilfslinien sperren im Ebenenoptionen-Dialog können Hilfslinien ebenenweise gesperrt werden.

Hilfslinien-Ebene

Es kann durchaus Sinn machen, eine Ebene nur für Hilfslinien zu erstellen.

Textumfluss bei ausgeblendeten Ebenen unterdrücken

Wenn bei der Konzeption eines Layouts Varianten angelegt werden, brauchen bei entsprechender Planung und bei Gebrauch von Ebenen keine neuen InDesign-Dokumente erstellt zu werden:

▼ Abbildung 8.44
Der Textrahmen kann mitsamt seiner Konturenführung ausgeblendet werden.

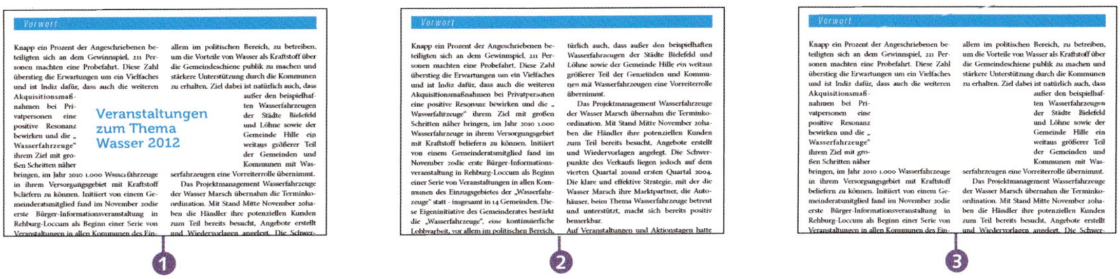

Der eingeklinkte Textrahmen verdrängt durch die ihm zugewiesenen Textumflusswerte den Fließtext ❶. Liegt dieser Textrahmen auf einer separaten Ebene und ist bei dieser die Option Textumfluss bei ausgeblendeten Ebenen unterdrücken aktiv, verdrängt der Textrahmen den Fließtext nicht mehr, wenn die entsprechende Ebene ausgeblendet wird ❷. Andernfalls wird zwar der Textrahmen ausgeblendet, die Konturenführung wirkt aber weiter auf den Fließtext ❸.

Ebenen beim Einfügen erhalten

Diese Option finden Sie wie ein paar weitere nützliche Befehle im Bedienfeldmenü. Ebenen beim Einfügen erhalten ist standardmäßig deaktiviert, was zur Folge hat, dass Objekte, die von anderen Seiten oder Dokumenten kopiert oder ausgeschnitten wurden, beim Einsetzen alle zusammen auf der derzeit aktiven Ebene eingefügt werden. Ist diese Option aktiviert, werden die Objekte wieder auf ihrer ursprünglichen Ebene eingesetzt.

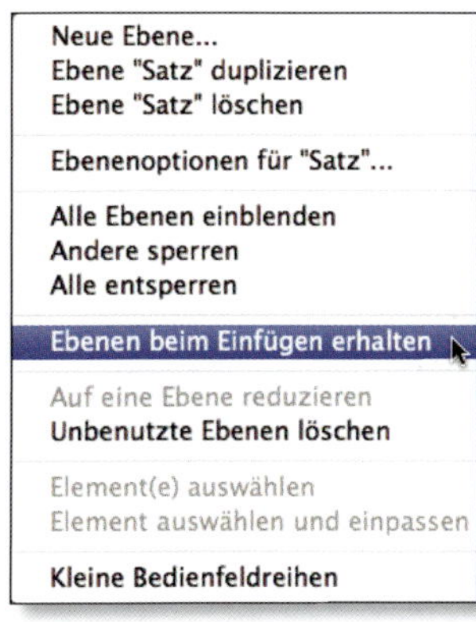

▲ Abbildung 8.45
Auch bei den Ebenen lohnt sich ein Blick ins Bedienfeldmenü.

8.7 Bibliotheken

Austausch

Objekte einer Bibliothek können in beliebigen anderen Dokumenten platziert werden – sie sind nicht auf das Ursprungsdokument beschränkt.

In einer Bibliothek können Sie beliebige Elemente ablegen, die Sie innerhalb eines Dokuments oder in verschiedenen InDesign-Dokumenten immer wieder verwenden. Eine Bibliothek ist eine eigenständige Datei und wird über DATEI • NEU • BIBLIOTHEK angelegt. Nach Aufruf dieses Menüeintrags werden Sie direkt aufgefordert, einen Speicherort für die neue Bibliothek festzulegen. InDesign-Bibliotheken haben die Dateiendung .indl für InDesign Library (engl. für Bibliothek) ❶. Nach dem Sichern wird die neue, leere Bibliothek direkt geöffnet.

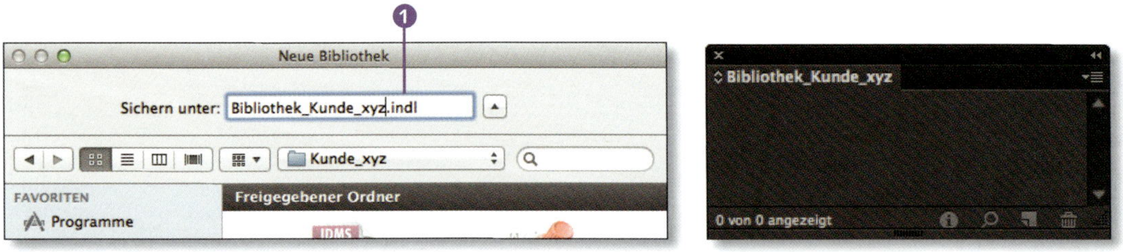

▲ **Abbildung 8.46**
Nachdem eine Bibliotheksdatei angelegt wurde, wird diese direkt geöffnet.

Objekte können in die Bibliothek aufgenommen werden, indem sie auf das Fenster der Bibliothek gezogen werden ❷. Werden Objekte der Bibliothek hinzugefügt, erstellt InDesign automatisch Kopien der Objekte, die in die Bibliothek aufgenommen werden. Die Seite, von der die Objekte stammen, bleibt dabei unverändert.

▲ **Abbildung 8.47**
Objekte können einfach auf das Bibliotheksfenster gezogen werden.

Im Menü des Bibliothekfensters sind außerdem zwei Befehle hinterlegt, mit denen ebenfalls Objekte zur Bibliothek hinzugefügt werden. Hier stehen Ihnen die beiden Varianten ELEMENTE AUF SEITE [AKTUELLE SEITE] HINZUFÜGEN/ALS SEPARATE OBJEKTE HINZUFÜGEN zur Verfügung. Durch den Befehl ELEMENTE AUF SEITE [AKTUELLE SEITE] HINZUFÜGEN werden alle Objekte als Einheit in der Bibliothek zusammengefasst ❸. Im Gegensatz dazu werden die Seitenobjekte durch den Befehl Elemente auf Seite [aktuelle Seite] als separate Objekte hinzufügen als einzelne Objekte der Bibliothek hinzugefügt ❹.

◀ **Abbildung 8.48**
Es können auch alle Objekte einer Seite gleichzeitig in die Bibliothek aufgenommen werden.

Objekte, die sich in einer Bibliothek befinden, werden bei Bedarf einfach wieder auf eine Dokumentseite gezogen. Dabei verbleibt das Bibliothekselement in der Bibliothek, auf der Dokumentseite wird eine Kopie positioniert.

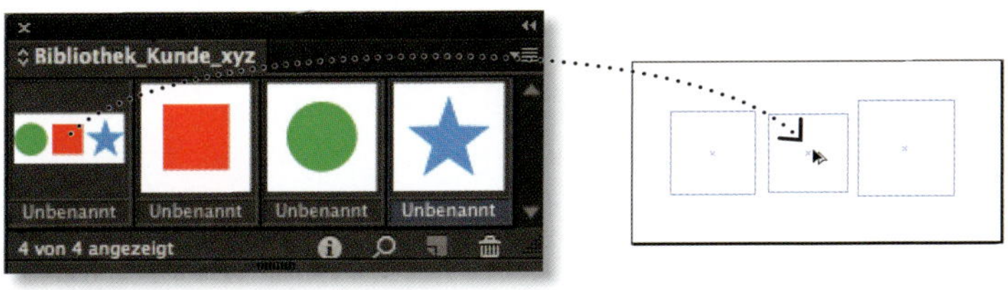

◀ **Abbildung 8.49**
Werden Objekte aus der Bibliothek auf eine Dokumentseite gezogen, wird automatisch eine Kopie erstellt.

Noch interessanter ist das Einsetzen von Bibliotheksobjekten über den Befehl Objekt(e) platzieren aus dem Bibliotheksmenü bzw. aus dem Kontextmenü, das sich durch einen Rechtsklick auf ein Objekt in der Bibliothek öffnet. Wird dieser Befehl gewählt, wird das markierte Objekt mit seinen ursprünglichen Koordinaten auf der aktuellen Seite platziert. Ein Objekt selbst »merkt« sich nämlich seine Objekteigenschaften, die es hatte, als es der Bibliothek hinzugefügt wurde.

Da eine Bibliothek auch komplexere Objekte aufnehmen kann, bieten sich hier enorme Möglichkeiten. So lassen sich beispielsweise auch Bildrahmen mit Textrahmen, die die Bildlegende aufnehmen sollen, in eine Bibliothek ziehen. Jedes Mal, wenn ein solcher Bildrahmen mit vorbereiteten Bildlegendentextrahmen benötigt wird, wird dieser aus der Bibliothek an der Position der Dokumentseite platziert, auf der er im Ursprungsdokument positioniert war.

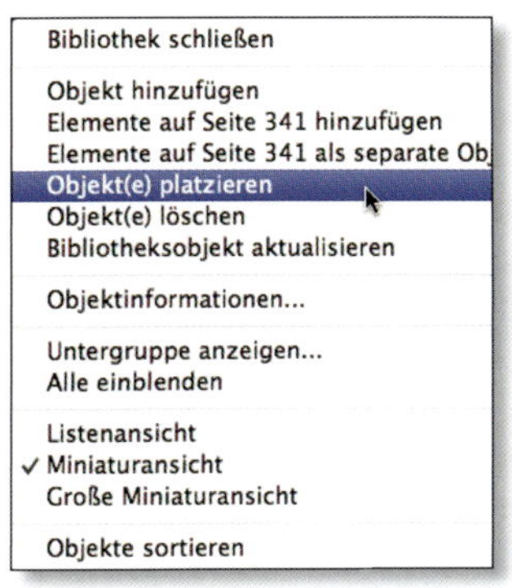

▲ **Abbildung 8.50**
Besonders interessant ist der Befehl Objekt(e) platzieren im Menü einer Bibliothek.

Besonderheiten von Bibliotheken

▲ **Abbildung 8.51**
Bibliotheken werden wie Layoutdokumente im Menü FENSTER aufgelistet.

InDesign-Bibliotheken weisen im Vergleich zu InDesign-Dokumenten einige Besonderheiten auf. Bibliotheken befinden sich immer im Vordergrund vor Dokumentfenstern und können nicht wie Dokumentfenster mittels Registerkarten am oberen Rand eines Dokumentfensters organisiert werden. Darin und in ihrem Layout ähneln sie eher Bedienfeldern, sie sind jedoch selbstständige InDesign-Dateien. Eine Bibliothek wird gespeichert, wenn sie geschlossen wird, einen eigenen Menüeintrag dafür gibt es nicht.

8.8 Snippets

▲ **Abbildung 8.52**
In der Bridge werden Snippets mit einer Vorschau ihres Inhalts dargestellt.

Die Fähigkeit von Objekten, Eigenschaften wie Koordinaten zu speichern, kann neben den Bibliotheken noch durch eine weitere Dateiart ausgenutzt werden: das Snippet (engl. für Schnipsel). Ein Snippet wird durch den Export von Objekten erzeugt. Hierzu rufen Sie DATEI • EXPORTIEREN auf. Im EXPORTIEREN-Dialog wird als Format INDESIGN-SNIPPET gewählt ❷, worauf sich die Dateiendung zu .idms ändert ❶.

Abbildung 8.53 ►
Aus InDesign können Objekte exportiert werden, es steht dann das Format INDESIGN-SNIPPET zur Verfügung.

Um ein Snippet wieder in ein InDesign-Dokument einzufügen, wählen Sie DATEI • PLATZIEREN. Wird dann ein Snippet gewählt, wird das Snippet ähnlich wie bei Bildern mit einer Miniaturvorschau am Cursor gezeigt. Ein Klick auf eine leere Stelle platziert das Snippet an die betreffende Stelle.

Soll das Snippet an seiner Originalposition eingefügt werden, rufen Sie die Kategorie DATEIHANDHABUNG in den Voreinstellungen (BEARBEITEN/INDESIGN • VOREINSTELLUNGEN) auf. Dort mar-

Anzeigenplatzhalter

Snippets bieten sich etwa zum Positionieren von Platzhaltern für Anzeigen beim Magazinlayout an, da Größe und Position der vorbereiteten Rahmen vordefiniert sind.

kieren Sie statt CURSORPOSITION die Option URSPRÜNGLICHE POSITION. Alternativ können Sie beim Platzieren von Snippets auch die [Alt]-Taste drücken; dadurch wird die in den Voreinstellungen gewählte Option übergangen, und das Snippet wird mit der jeweils anderen Option platziert.

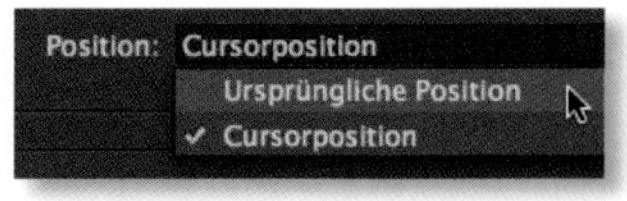

▲ **Abbildung 8.54**
Die in den Voreinstellungen markierte Option entscheidet über die Handhabung von Snippets beim Platzieren.

8.9 Spezielle Textfunktionen

InDesign bietet neben umfangreichen Layout- und Formatierungsfunktionen auch hilfreiche Funktionen zur eigentlichen Textverarbeitung an.

Textbearbeitung durch Ziehen und Loslassen

In den Voreinstellungen (BEARBEITEN/INDESIGN • VOREINSTELLUNGEN) im Register EINGABE finden Sie den Bereich TEXTBEARBEITUNG DURCH ZIEHEN UND ABLEGEN mit den beiden Optionen IN LAYOUTANSICHT AKTIVIEREN und IM TEXTMODUS AKTIVIEREN. Ich empfehle Ihnen, beide zu aktivieren.

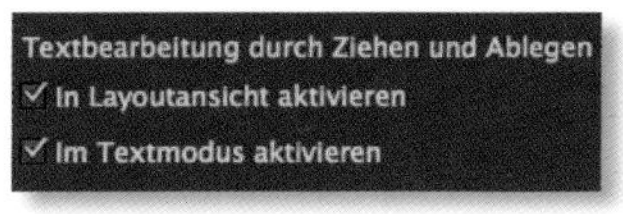

▲ **Abbildung 8.55**
Aktivieren Sie beide Optionen in den Voreinstellungen.

Mit TEXTBEARBEITUNG DURCH ZIEHEN UND ABLEGEN ist eine Funktion gemeint, mit der Text einfach an eine andere Stelle verschoben werden kann. Ist diese Funktion aktiv, wird der betreffende Text wie gewohnt mit dem Textcursor markiert ❸, der Cursor wird dann mit gedrückter Maustaste an der Stelle positioniert, an der der markierte Text eingefügt werden soll ❹, und beim Loslassen der Maus wird der aktivierte Text von InDesign ausgeschnitten und an der neuen Stelle eingefügt ❺.

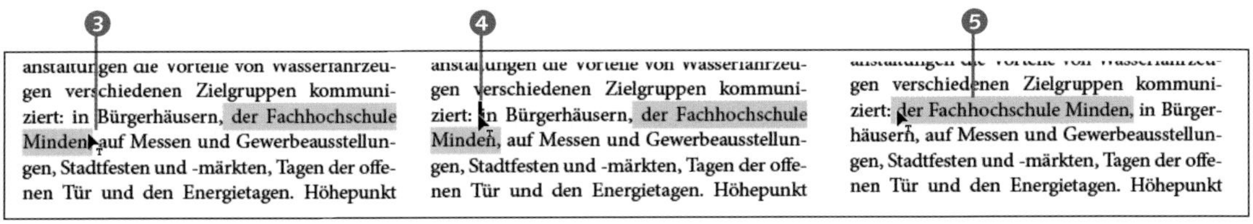

▲ **Abbildung 8.56**
Ist die oben gezeigte Textbearbeitungsoption aktiv, ist dies auch am veränderten Aussehen des Textcursors erkennbar.

Für Textkorrekturen, bei denen es nicht nur um Löschen und Einfügen von neuen Texten, sondern auch um das Umstellen von bestehenden Textpassagen geht, ist diese Option eine willkommene Arbeitserleichterung.

Textmodus

Verborgene Zeichen

Die Sichtbarkeit von verborgenen Zeichen wie etwa Leerzeichen steuern Sie über SCHRIFT • VERBORGENE ZEICHEN EINBLENDEN bzw. AUSBLENDEN.

Im Textmodus wird Ihnen der reine Text bar jeder Formatierung angezeigt. Aufgerufen wird diese besondere Textdarstellung über BEARBEITEN • IM TEXTMODUS BEARBEITEN oder über Strg/⌘+Y. Da im Textmodus immer Textabschnitte dargestellt werden, muss der Textcursor in einem Text positioniert sein. Entsprechend der Länge des Textes kann es eine Weile dauern, bis InDesign den aktuellen Text einblendet.

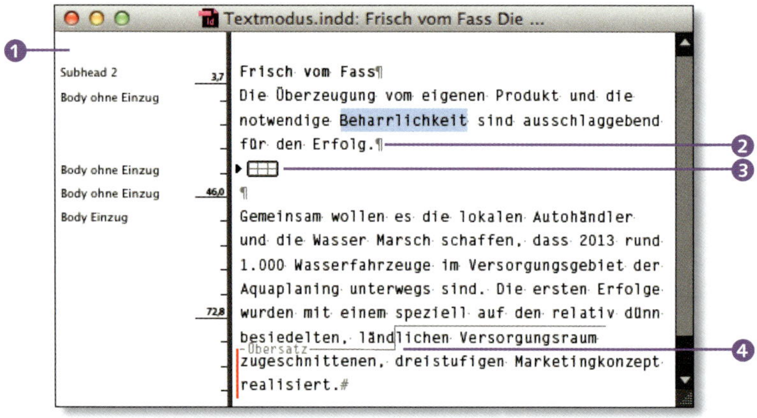

Abbildung 8.57 ▸
Für eine Reihe von Arbeiten ist die nüchterne Darstellung im Textmodus sehr hilfreich.

Textmodus modifizieren

Wenn Sie das Erscheinungsbild des Textmodus ändern möchten, können Sie dies in den Voreinstellungen in der Kategorie TEXTMODUSANZEIGE erledigen. Dort lassen sich u.a. die Schrift und der Schriftgrad einstellen.

Anzeigeoptionen

Im Menü ANSICHT • TEXTMODUS lassen sich verschiedene weitere Optionen wählen.

Das Textmodus-Fenster ist vertikal in zwei Bereiche aufgeteilt. Links sind die Absatzformate aufgelistet ❶, die auf den Text im rechten Bereich angewendet wurden. An dieser Auflistung lässt sich die aktuelle Formatierung gegebenenfalls wesentlich besser überblicken und bei Bedarf überprüfen. Am formatierten Text im Layoutmodus ist ja nicht erkennbar, ob Absatzformate angewendet wurden oder ob der Text nur lokal formatiert wurde. Im Hauptbereich rechts werden neben dem eigentlichen Text auch die nichtdruckenden verborgenen Zeichen wie Leerzeichen und Absatzenden ❷ eingeblendet. Die zugrunde liegende Textstruktur ist so eindeutig zu erkennen. Tabellen werden im Textmodus als kleine Boxen ❸ dargestellt, die an dem Ausklapp-Pfeil vergrößert werden können. Interessant ist auch die Tatsache, dass im Textmodus der gesamte Text eines Textabschnitts präsentiert wird: Ist Übersatztext vorhanden, wird dieser genau gekennzeichnet ❹ und kann bearbeitet werden. Der Textmodus ist somit die einzige Möglichkeit, sich den konkreten Übersatz anzeigen zu lassen, ohne z.B. den entsprechenden Textrahmen zu vergrößern.

Gerade auch bei Tabellen kann der Textmodus sehr hilfreich sein. Zelleninhalte lassen sich im Textmodus gegebenenfalls einfacher markieren und ändern. Ausgeklappte Tabellen werden hier als einfache Listen ❺ dargestellt.

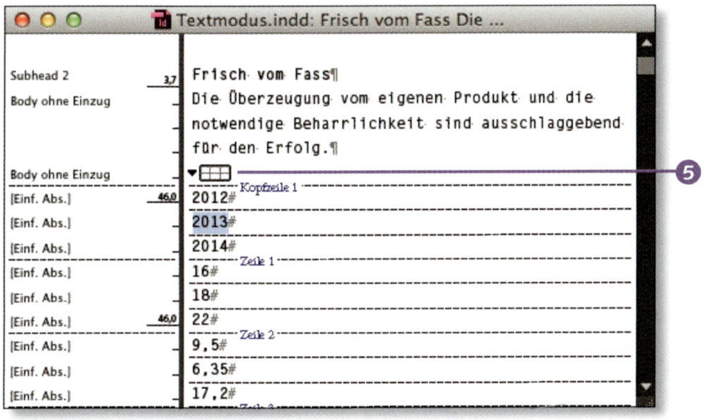

◂ **Abbildung 8.58**
Im Textmodus lassen sich auch Tabelleninhalte bearbeiten.

Autokorrektur

Wenn Sie selbst Texte in InDesign verfassen, könnte die Autokorrektur für Sie von Interesse sein. Ist dieses Feature aktiviert, kann InDesign selbstständig falsch geschriebene Wörter korrigieren. Das funktioniert allerdings nur beim tatsächlichen Schreiben von Texten – die Autokorrektur kann nicht auf schon verfasste Texte angewendet werden.

In den Voreinstellungen finden Sie in der Kategorie Autokorrektur zunächst ein leeres Feld, das Sie selbst mit von Ihnen häufig falsch geschriebenen Wörtern und deren korrekter Schreibweise füllen müssen. Ist die Autokorrektur aktiviert ❻, ersetzt InDesign das vertippte Wort durch die richtige Version.

Textbausteine

Geben Sie selbst vergebene Abkürzungen als Rechtschreibfehler an und bei Korrektur den ausgeschriebenen Begriff, sparen Sie sich viel Tipparbeit. Aus »VKP« könnte die Autokorrektur »Versandkostenpauschale« machen.

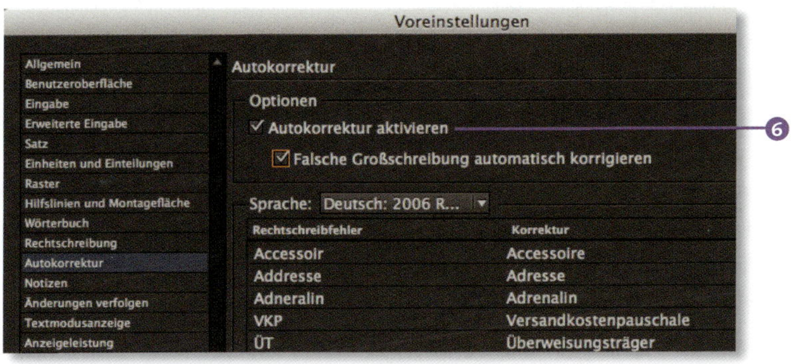

◂ **Abbildung 8.59**
Die Autokorrektur lässt sich auch für Textbausteine einsetzen.

8.10 GREP-Suche

GREP

GREP steht für **g**lobal **r**egular **e**xpression **p**rint (engl. für: globale Suche und Ausgabe regulärer Ausdrücke).

Sie finden diese mächtige Suche im SUCHEN/ERSETZEN-Dialog, den Sie über das Menü BEARBEITEN aufrufen können. Die Suche mit GREP verwendet sogenannte reguläre Ausdrücke. Das sind Zeichenkombinationen, die bestimmte Zeichenmuster beschreiben und nicht wie bei der normalen Textsuche konkrete Wörter.

Wortvarianten finden

In Kapitel 3, »Arbeiten mit Text«, mussten Sie immer auf ein Wort doppelklicken, nachdem die Funktion Suchen/Ersetzen den Suchbegriff »Wasserfahrzeug« gefunden hatte, damit auch Varianten wie »Wasserfahrzeuge« und »Wasserfahrzeugen« markiert wurden. Den so markierten Wörtern wurde anschließend ein Zeichenformat zugewiesen (siehe Seite 91).

Mit GREP können Sie das Aufspüren von solchen Wortvarianten vollständig automatisch ablaufen lassen. Ich möchte Ihnen zwei Möglichkeiten vorstellen, um ein bestimmtes Wort mit seinen Varianten zu finden. Möchten Sie eine GREP-Suche erstellen, machen Sie sich zuerst Gedanken über die genaue Anforderung an die Suche. Bedenken Sie hierbei auch, dass GREP nicht nur eine Funktion von Suchen/Ersetzen, sondern auch eine Option innerhalb der Absatzformate ist.

Bestimmte Varianten finden

Schauen wir uns zunächst an, wie Sie ganz konkrete Varianten vom Wort »Wasserfahrzeug« mit einem GREP-Ausdruck finden können. Gefunden werden soll neben »Wasserfahrzeug« auch »Wasserfahrzeuge« und »Wasserfahrzeugen«. Wie bei einer Textsuche kann das unveränderte Wort einfach in das Eingabefeld SUCHEN NACH: der GREP-Suche ❸ eingegeben werden. Die beiden anderen Suchbegriffe werden ebenfalls in das Eingabefeld eingegeben ❶ und mit einem senkrechten Strich [Alt Gr]+[>]/[⌥]+[7] voneinander getrennt ❷. Dieser Strich bedeutet innerhalb von GREP ganz einfach »oder«.

Probieren Sie einfach an einem Beispiel aus, wie die Ergebnisse der GREP-Suche bei verschiedenen Suchausdrücken ausfallen. Eine Suche nach Wasserfahrzeug|Wasserfahrzeuge|Wasserfahrzeugen würde nämlich immer nur »Wasserfahrzeug« finden.

◂ **Abbildung 8.60**
Die Reihenfolge kann in GREP entscheidend für den Erfolg der Suche sein.

GREP geht die Suchbegriffe von links nach rechts durch und beendet die Suche in dem Augenblick, in dem ein Treffer erfolgt ist. In der genannten Abfrage kommt es deshalb nie dazu, dass die Suche bis »Wasserfahrzeuge« oder gar »Wasserfahrzeugen« ausgeweitet wird: Selbst wenn das Wort mit »e« endet, hört InDesign bei »Wasserfahrzeug« auf zu suchen. Ein einfaches Ändern der Reihenfolge führt aber zum Erfolg: Wasserfahrzeugen|Wasserfahrzeuge|Wasserfahrzeug ❹.

◂ **Abbildung 8.61**
GREP geht die Suchwörter von links nach rechts durch, deshalb muss das längste Wort links stehen.

Suchausdruck verkürzen

Diese Suche lässt sich noch knapper in GREP ausdrücken. Die drei gesuchten Wörter haben alle denselben Wortstamm »Wasserfahrzeug«, es kann ein »e« oder »en« angehängt sein. Die beiden Zeichen »e« und »n« werden in eckige Klammern am PC mit [Alt Gr]+[8] bzw. [9] gesetzt, am Mac mit [Alt]+[5] bzw. [6].

Durch die eckigen Klammern haben wir für GREP eine sogenannte Zeichenklasse definiert. Die Zeichenklasse [0-9] steht z. B. für »alle Ziffern«, [a-z] für alle Kleinbuchstaben ohne Umlaute etc. In Zeichenklassen können auch verschiedene Gruppen zusammengefasst werden: [0-9a-z] würde also alle Ziffern und alle Kleinbuchstaben ohne Umlaute finden. Bei Zeichenklassen ist die Reihenfolge der enthaltenen Zeichen meist vernachlässigbar. Für unser Beispiel schreiben wir einfach hinter `Wasserfahrzeug` die Zeichenklasse [en].

Schließlich müssen wir InDesign nur noch mitteilen, wie häufig die Begriffe in der Zeichenklasse vorkommen sollen, damit InDesign alle gewünschten Wortvarianten findet. Im Flyout-Menü neben SUCHEN NACH ❷ finden Sie den Eintrag WIEDERHOLUNG. Hier finden Sie eine Reihe nützlicher Befehle. Nach der Anwahl des Eintrags NULL ODER MEHRERE MALE ❸ fügt InDesign hinter unserem bisherigen Suchausdruck ein * ein ❶. Dieser Ausdruck findet »Wasserfahrzeug«, »Wasserfahrzeuge« und »Wasserfahrzeugen«.

Abbildung 8.62 ▲
NULL ODER MEHRERE MALE ist für unser Beispiel der gesuchte Eintrag.

Metazeichen

Um zu erklären, was das * bewirkt, beschäftigen wir uns eben mit dem zentralen Begriff des Metazeichens. In der »GREP-Sprache« gibt es sehr viele davon. Da uns InDesign über das oben gezeigte Menü Zugriff auf die wichtigsten GREP-Ausdrücke und -Funktionen bereitstellt und uns die entsprechenden Metazeichen in die Eingabefelder einfügt, wenn wir den gewünschten Befehl angewählt haben, müssen Sie sich diese Kürzel nicht merken. Metazeichen können auch aus mehreren Zeichen zusammengesetzt sein. So steht etwa das Metazeichen `\d` für »beliebige Ziffer«.

Das *-Metazeichen für NULL ODER MEHRERE MALE bezieht sich in unserem Beispiel auf die Zeichenklasse [en], hinter der es steht. Nullmal bedeutet somit, dass auch »Wasserfahrzeug« als Treffer gilt. Im Unterschied zu dem Suchausdruck mit den drei buchstäblichen Suchwörtern von weiter oben verhält sich GREP in der Regel »gierig«. Das bedeutet, dass GREP versucht, möglichst viel vom Suchausdruck zu finden. Genau das ist in unserem Fall gewollt: Jetzt hört GREP nämlich nur mit der Suche auf, wenn dem Wort »Wasserfahrzeug« keine beliebige und beliebig lange Zeichenkombination aus »e« und »n« folgt. Dadurch ist gewährleistet, dass neben »Wasserfahrzeug« nun auch die Varianten »Wasserfahrzeuge« und »Wasserfahrzeugen« als Treffer ausgegeben werden. Soll die Suche auch bei »Wasserfahrzeugs« erfolgreich sein, wird die bisherige Zeichenklasse einfach um »s« erweitert: [ens].

GREP-Suchen speichern

Ausdrücke der GREP-Suche werden schnell komplex und sind wegen der Metazeichen häufig schlecht lesbar. Speichern Sie sich GREP-Suchen über einen Klick auf ❹ deshalb unbedingt unter aussagekräftigen Namen ab.

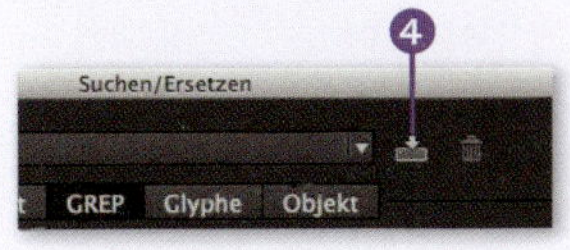

Beliebige Wortvarianten finden

Wenn Sie nun auch noch beliebige Varianten wie »Wasserfahrzeugfarbe«, »Wasserfahrzeugführer« und »Wasserfahrzeugführerschein« finden möchten, gibt es in GREP ein weiteres Metazeichen, das einfach alle beliebigen Wortzeichen findet: \w. Zu Wortzeichen zählen alle Buchstaben samt Umlauten (und Ziffern). Satzzeichen, Striche und Leerräume werden durch Wortzeichen nicht berücksichtigt.

◂ **Abbildung 8.63**
Jetzt werden beliebige Wortvarianten wie »Wasserfahrzeugfarbe« etc. auch gefunden.

Bis-Striche zwischen Ziffern setzen

Zwischen Jahres- und Seitenzahlen wird als typografisch korrektes Zeichen der Halbgeviertstrich (–) gesetzt. Mit GREP lässt sich das in Textdateien meist verwendete Divis (-) ganz einfach suchen und durch den Halbgeviertstrich ersetzen.

Bevor wir uns eine Möglichkeit der Umsetzung anschauen, lernen Sie noch eine weitere interessante Funktion innerhalb von

▲ **Abbildung 8.64**
Ein Divis zwischen beliebigen Ziffern wird mit Hilfe von GREP ganz einfach ausgetauscht.

GREP-Stile

Bedenken Sie, dass Sie GREP-Ausdrücke nicht nur bei Suchen/Ersetzen verwenden können, sondern auch als GREP-Stil von Absatzformaten (siehe Seite 107). Der Vorteil von GREP-Stilen liegt darin, dass Sie nicht manuell nach Ausdrücken suchen müssen, da InDesign Texte fortlaufend nach den Ausdrücken eines GREP-Stils durchsucht und die gewünschten Formate automatisch zuweist.

GREP kennen. Sie können gefundene Textstellen bei Ändern in nochmals verwenden. Alle Texte, die Sie bei Ändern in nochmals benutzen möchten, werden bei Suchen nach in runde Klammern gefasst. Bei Ändern in werden die gefundenen Texte durch die Zeichenkombination aus Dollarzeichen und einer Ziffer wiedergegeben. Dieses Prinzip soll Ihnen der Suchausdruck in Abbildung 8.64 verdeutlichen.

`\d` steht für eine beliebige Ziffer ❶, die Klammern erlauben, dass die gefundenen Ziffern bei Ändern in einfach wieder mit `$1` und `$2` eingesetzt werden und damit unverändert bleiben. Das Metazeichen `~=` steht für den gewünschten Halbgeviertstrich, der zwischen die beiden gefundenen Ziffern eingefügt wird ❷. Dieses Kürzel ist über das Flyout-Menü eingefügt worden.

Lookbehind/Lookahead

Der obige Suchbegriff `(\d)-(\d)` ist korrekt und tut auch, was er soll. Allerdings ist das Einfügen der gefundenen Ziffern unten bei Ändern in nicht wirklich nötig. Wir können dieselben Suchergebnisse mit einer weiteren praktischen Funktion umsetzen, auf die ich gleich noch einmal in einem anderen Beispiel eingehen möchte. Diese Funktion verbirgt sich hinter Lookbehind und Lookahead. Hiermit können Sie Bedingungen erstellen, ohne dass diese in den Suchergebnissen weiter verwendet werden. Also z. B.: »Finde einen Divis, wenn erstens davor eine beliebige Ziffer und zweitens danach eine beliebige Ziffer steht«.

Wenn Sie im Flyout-Menü bei Suchen nach den Menüpunkt Entsprechung aufrufen, haben Sie Zugriff auf die positiven und negativen Lookbehinds bzw. Lookaheads. Wenn Sie den Eintrag Positives Lookbehind aufrufen, fügt InDesign folgende Zeichenfolge bei Suchen nach ein: `(?<=)`. Das sieht kompliziert aus, ist aber sehr nützlich. Hinter das Gleichheitszeichen kommt der Suchbegriff, nach dem das Lookbehind Ausschau hält. In unserem Fall ist das das Metazeichen für eine Ziffer `\d`. Damit ist das Positive Lookbehind komplett: `(?<=\d)`. Dies ist der GREP-Ausdruck für die Bedingung: »Vor dem eigentlichen Suchbegriff muss irgendeine Ziffer stehen.« Dem folgt der Suchausdruck, um den es eigentlich geht – der Divis. Er kann einfach eingetippt werden. Der Suchbegriff sieht damit so aus: `(?<=\d)-` ❸.

Jetzt müssen wir noch die zweite Bedingung als GREP-Ausdruck zusammenstellen. Hier kommt das positive Lookahead zum Einsatz. Es wird auch über das Flyout-Menü eingefügt und hat die Form `(?=)`. Wie beim positiven Lookbehind muss auch hier wieder hinter dem Gleichheitszeichen der Suchbegriff für diese Bedingung eingegeben werden. In unserem Fall ist das wieder das Metazeichen für eine Ziffer. Bei ÄNDERN IN steht wieder das Metazeichen ~= für Halbgeviertstrich ❹. Damit ist die GREP-Suche komplett.

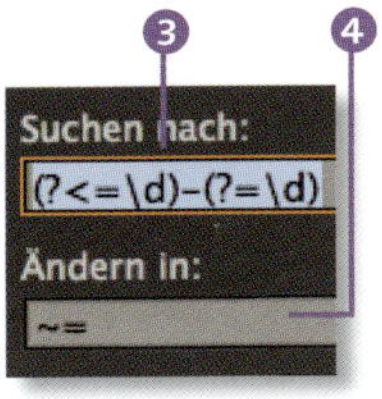

Kapitel 1-2
S. 356-370
Von 1970-1975

Kapitel 1–2
S. 356–370
Von 1970–1975

◂ **Abbildung 8.65**
Mit Lookbehind und Lookahead wurden Bedingungen erstellt, die bei der Suche erfüllt sein müssen.

Mit einem positiven Lookbehind lassen sich auch die hochgestellten Ziffern von m^2, m^3, cm^2, cm^3 usw. finden und beispielsweise einem Zeichenformat ❼ zuweisen, das die OpenType-Funktion der hochgestellten Ziffern auf die jeweiligen Ziffern anwendet. Der Suchbegriff für diese Aufgabe lautet dann: `(?<=m)\d` ❺. Weil die Suchen/Ersetzen-Funktion ein Zeichenformat anwendet und nichts ersetzt wird, bleibt das Feld ÄNDERN IN ❻ leer.

▾ **Abbildung 8.66**
Der Suchausdruck findet jede beliebige Ziffer, die direkt einem »m« folgt, und weist ein Zeichenformat zu.

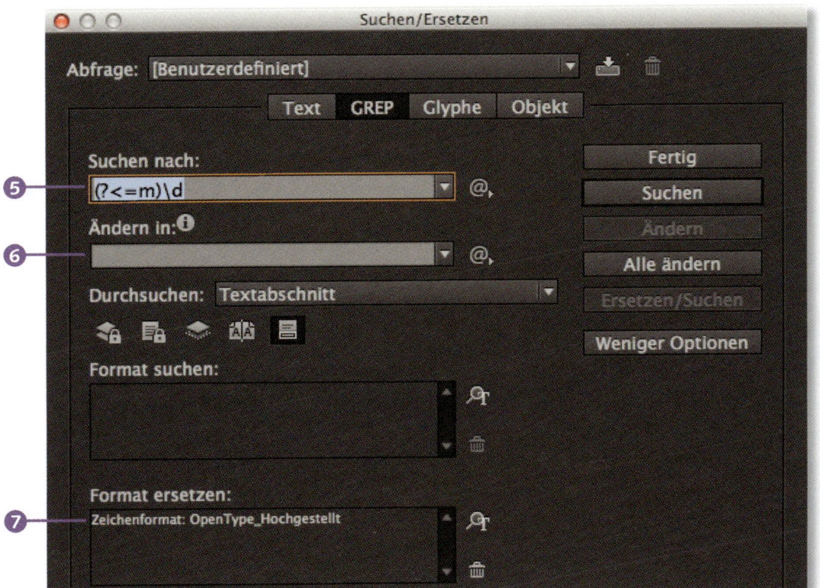

12 cm2
18 mm3
21 km2

12 cm^2
18 mm^3
21 km^2

Reihenfolge von Suchergebnissen ändern

Ein besonderes Feature besteht bei GREP darin, dass die Reihenfolge von Suchergebnissen geändert werden kann. Im folgenden Beispiel werden Nachname und Vorname vertauscht, das Komma nach den Nachnamen wird dabei gelöscht:

Abbildung 8.67 ▸ Mit GREP kann die Abfolge der Namen einer Liste problemlos getauscht werden.

Ausdrücke, die in runden Klammern stehen ①, können im Bereich ÄNDERN IN ② in ihrer Reihenfolge geändert werden. `$1` entspricht dem Suchergebnis, das durch das Suchmuster der ersten Klammer bei SUCHEN NACH steht. In diesem Fall ist dies also der Nachname. Er wird im Feld ÄNDERN IN an die zweite Stelle nach `$2`, dem Suchergebnis für den Vornamen, gestellt.

Die Namen selbst werden durch die Zeichenklasse (in eckigen Klammern) `-` (Bindestrich), `\w` (beliebiges Wortzeichen) und (Leerzeichen) gefunden. Das Sternchen `*` bedeutet, dass die Zeichen, die in den eckigen Klammern davor stehen, im Suchausdruck vorkommen können, aber nicht müssen.

Tabelle 8.1 ▸ Hier finden Sie wichtige Metazeichen für den Einsatz bei der GREP-Suche (und den GREP-Stilen).

Suchmuster	Metazeichen
beliebige Ziffer	`\d`
beliebiges Zeichen	`.`
beliebiges Wortzeichen	`\w`
beliebiger Leerraum	`\s`
null oder einmal	`?`
null oder mehrere Male	`*`
einmal oder mehrere Male	`+`
Zeichengruppe	`[]`
oder	`|`
Absatzbeginn	`^`

Groß-/Kleinschreibung

Viele Metazeichen kommen groß- und kleingeschrieben vor: \s (beliebiger Leerraum) – \S (alle Zeichen, die kein Leerraum sind) usw.

9

Dokumente prüfen und ausgeben

Perfekte PDF-Dateien für den Druck

- Wie kann ich Schriftprobleme erkennen und lösen?
- Wie kann ich Layouts für ältere Programmversionen speichern?
- Was ist Transparenzreduzierung?
- Was ist Separation und wie kann ich diese überprüfen?
- Was ist Live-Preflight?
- Wie kann ich meine Layouts auf einem Drucker ausgeben?
- Wie kann ich Layoutdaten als PDF exportieren?
- Wie sammle ich meine Layoutdaten zur Archivierung?

9 Dokumente prüfen und ausgeben

Fontutilities

Programme, die Schriften verwalten, bieten die Möglichkeit, Fonts erst dann zu laden, wenn sie benötigt werden. Der Vorteil dabei liegt darin, dass die aktivierten Schriften nur so lange das System belasten, wie sie beispielsweise von InDesign benötigt werden. Wird ein Dokument geschlossen, das andere als Systemschriften verwendet, werden diese Schriften wieder deaktiviert. Als Fontutilities bieten sich etwa Extensis Suitcase und Linotype Fontexplorer an.

Jedes gelungene Layout will letztlich ausgegeben werden. Sei es, dass es auf einem Desktop-Drucker gedruckt oder im Digital- oder Offsetdruck vervielfältigt wird. In den beiden letztgenannten Fällen werden Sie am ehesten PDF-Dateien an die Druckdienstleister weitergeben und keine offenen InDesign-Dokumente. Damit die jeweilige Ausgabe ohne Überraschungen vonstattengeht, sehen wir uns die verschiedenen vorbereitenden Maßnahmen und individuellen Arbeitsschritte einmal genauer an.

9.1 Schriftprobleme lösen

Adobe stellt InDesign-Anwendern verschiedene umfangreiche Funktionen bereit, die das Prüfen und das eventuell notwendige Beheben von potenziellen Problemen vereinfachen. Auf einige Fallstricke weist InDesign automatisch hin, wenn Schwierigkeiten festgestellt werden. Das ist beispielsweise bei Schriftproblemen der Fall. Wird ein InDesign-Dokument geöffnet, in dem Schriften eingesetzt werden, die auf dem aktuellen System nicht verfügbar sind, wird eine Warnmeldung eingeblendet, in der alle fehlenden Schriften aufgelistet sind:

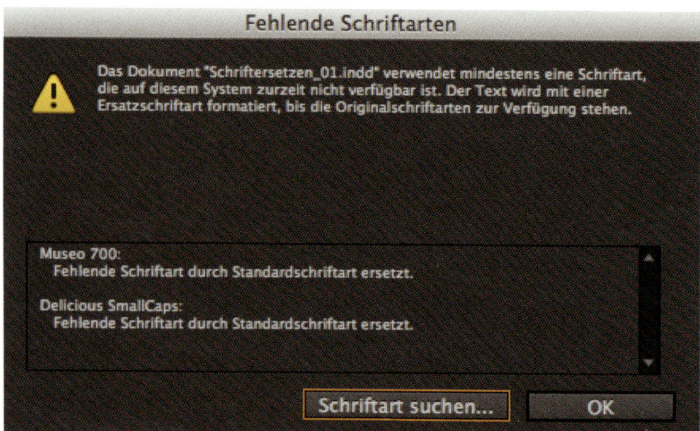

Abbildung 9.1 ▸
InDesign merkt beim Öffnen von Dateien, ob die verwendeten Schriften auf dem Rechner verfügbar sind.

Bestätigen Sie das Dialogfenster mit OK, wird das betreffende Dokument geöffnet, und alle Textpassagen, die Schriften verwenden, die dem Betriebssystem und damit InDesign derzeit nicht zur Verfügung stehen, werden mit Rosa unterlegt. Als Ersatzschrift wird die Myriad verwendet:

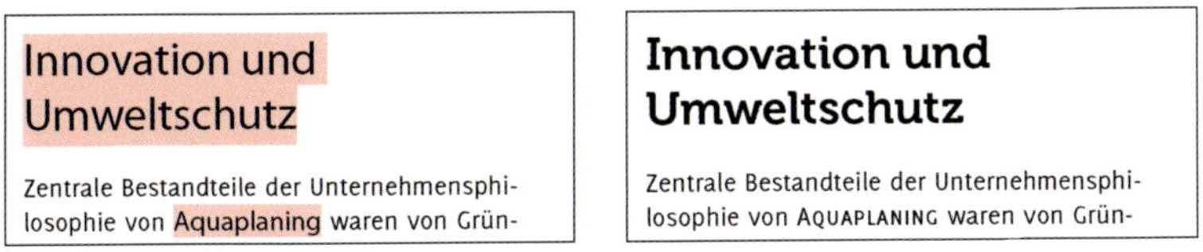

◂ **Abbildung 9.2**
InDesign markiert Texte rosa, wenn diese mit Schriften formatiert wurden, die nicht (mehr) zur Verfügung stehen.

Wählen Sie im Dialog Fehlende Schriftarten statt des OK- den Schriftart suchen-Button, erscheint ein zweiter Dialog, in dem Sie fehlende Schriften durch solche ersetzen können, die auf Ihrem Rechner aktiv sind:

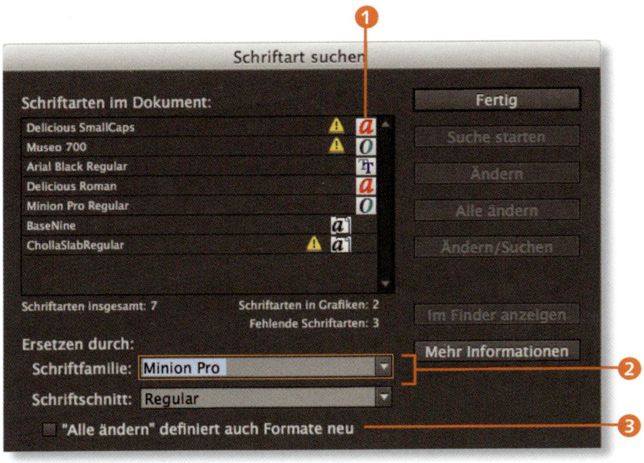

◂ **Abbildung 9.3**
Der Dialog Schriftart suchen bietet umfangreiche Möglichkeiten, mit fehlenden Schriften umzugehen.

Alle im Dokument verwendeten Schriften werden nach ihren Schnitten aufgelistet, die Icons ❶ am rechten Rand geben wie in den Fontmenüs die jeweilige Schrifttechnologie an. Im Beispiel aus Abbildung 9.3 fehlt neben der Museo 700 für die Headline die Delicious SmallCaps für das Wort »Aquaplaning«. Bei Ersetzen durch ❷ können Sie die gewünschte Schriftfamilie und den gewünschten Schriftschnitt angeben, die den in der Liste markierten Schriftschnitt ersetzen sollen. Mit "Alle ändern" definiert auch Formate neu ❸ können Sie die Schrift sogar in Absatzformaten und Zeichenformaten ersetzen.

Schriftart ersetzen

Mit dem Button Fertig verlassen Sie den Schriftart suchen-Dialog, unabhängig davon, ob Sie Schriften ersetzt haben oder nicht. Suche starten durchsucht das gesamte Dokument nach der ersten Position, an der die markierte Schrift verwendet wird, und zeigt diese im Dokumentfenster an. Mit den daraufhin zur Verfügung stehenden Buttons Weitersuchen bzw. Ändern können Sie bestimmen, wie InDesign weiter vorgehen soll. Mit Betätigung des Weitersuchen-Buttons ❸ bleibt die Textstelle unverändert, Ändern ❹ würde dementsprechend die Schriftart und den Schriftschnitt der durch die Suche markierten Wörter ändern. Mit Alle ändern ❺ würden alle Stellen, an denen die fehlende Schrift eingesetzt wird, geändert. Ändern/Suchen ❻ veranlasst InDesign dazu, die aktuell gefundene Textpassage zu ändern und direkt weiterzusuchen.

Abbildung 9.4 ►
Mit Hilfe des Dialogs Schriftart suchen können Schriften dokumentweit ersetzt werden.

▲ Abbildung 9.5
Wird eine Grafik in der Liste markiert, ändert sich die Beschriftung des zweiten Buttons in Grafik suchen.

Interessant ist auch die Fähigkeit von InDesign, fehlende Schriften in platzierten Grafiken zu bemerken. Grafiken, die bearbeitbaren Text enthalten, werden im Schriftart suchen-Dialog durch ein Dokumentsymbol mit einem »a« gekennzeichnet ❶. Fehlt die Schrift, die im Dokument verwendet wird, erhält dieses Symbol wie die fehlenden Dokumentschriften ein Warndreieck ❷. Beachten Sie hierbei, dass InDesign dies nur anmerkt, wenn Sie den Dialog Schriftart suchen öffnen. Beim Öffnen eines InDesign-Dokumentes, das Grafiken mit fehlenden Schriften enthält, wird diese Information nicht angezeigt (siehe Abbildung 9.1). Ähnlich wie im Bedienfeld VERKNÜPFUNGEN können Sie die gewünschte Grafik in der Auflistung des SCHRIFTART SUCHEN-Dialogs markieren und durch einen Klick auf den Button, der dann mit GRAFIK SUCHEN beschriftet ist, die entsprechende Grafik im Layout im Dokumentfenster einblenden. Fehlende Schriften in Grafiken können von InDesign zwar erkannt und angezeigt werden, soll eine solche Schrift jedoch durch eine auf dem aktuellen Rechner vorhandene ersetzt werden, so muss dies in der Ursprungsapplikation der Grafik erledigt werden.

Aufräumen

Ein Blick in den SCHRIFTART SUCHEN-Dialog, den Sie auch über das Menü SCHRIFT aufrufen können, lohnt sich auch, nachdem importierte Word-Texte formatiert wurden. InDesign merkt auch jedes z. B. mit der Times oder Arial formatierte Leerzeichen (!) und Absatzende an. Um spätere Verwirrung zu vermeiden, ersetzen Sie solche Schriften frühzeitig mit Hilfe dieses Dialogs.

Schriftwarnungen

Die Preflight-Leiste am unteren Dokumentfensterrand weist mit einer roten »Ampel« auch auf fehlende Schriften hin. Über das Menü neben dem roten Kreis 7 öffnen Sie das PREFLIGHT-Bedienfeld. Im Beispiel werden auch hier die drei fehlenden Schriften aufgelistet und wie im Dialog SCHRIFTART SUCHEN können die entsprechenden Textstellen und Grafiken 8 vom PREFLIGHT-Bedienfeld aus direkt im Dokumentfenster aufgerufen werden. Wir werden dieses hervorragende Feature später noch detaillierter besprechen.

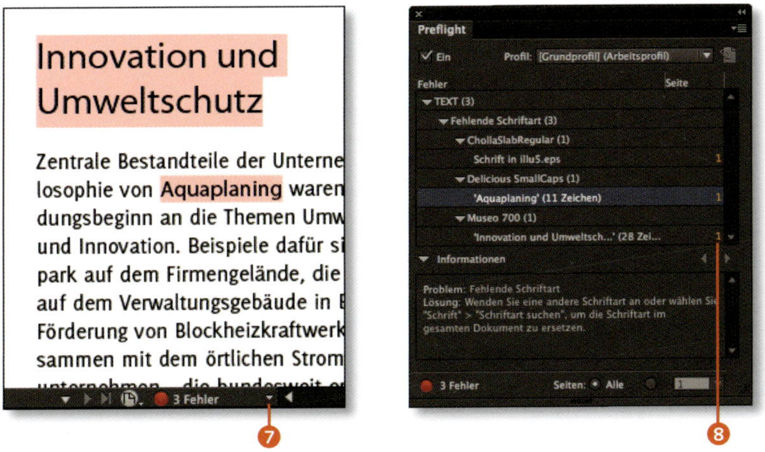

◂ **Abbildung 9.6**
Das PREFLIGHT-Fenster weist auch auf fehlende Schriften und mögliche Gegenmaßnahmen hin.

Neben diesem sogenannten Live-Preflight werden Sie außerdem bei dem Versuch, eine Datei als PDF oder auf einem Drucker auszugeben, mit einem Warnhinweis auf die fehlenden Schriften aufmerksam gemacht.

9.2 Dateien älterer Programmversionen öffnen

▲ **Abbildung 9.7**
Beim Öffnen eines Dokuments, das in einer älteren InDesign-Version erstellt wurde, wird im Dokumenttitel [Umgewandelt] angezeigt.

Wenn Sie ein InDesign-Dokument öffnen, das mit einer älteren InDesign-Version erstellt wurde als die, mit der Sie arbeiten, wird die Datei in das Dateiformat Ihrer Version konvertiert. Erkennbar ist dies an der Fensterzeile, dort wird neben dem Dokumentnamen [Umgewandelt] eingeblendet. Möchten Sie ein konvertiertes Dokument schließen, werden Sie – selbst ohne zusätzliche Änderungen vorgenommen zu haben – von InDesign gefragt, ob Sie die Änderungen speichern wollen. Bestätigen Sie dies durch Drücken des Speichern-Buttons, ist die Datei von nun an nur noch mit der InDesign-Version zu öffnen, mit der Sie die Datei gespeichert haben, da Sie durch das Speichern die Konvertierung der Datei in das neuere Dokumentformat bestätigen.

Abbildung 9.8 ►
Wird ein Dokument einer älteren InDesign-Version geöffnet und gespeichert, kann es nur noch mit dem neueren Programm geöffnet werden.

Falls Sie in Ihrem Arbeitsalltag mit verschiedenen InDesign-Versionen arbeiten müssen, lohnt sich für Sie evtl. die Anschaffung des Programms Soxy. Mit einem Doppelklick auf eine InDesign-Datei wird nämlich grundsätzlich von den Betriebssystemen die neuste InDesign-Programmversion gestartet. Mit Soxy können Sie Dateien der gewünschten Programmversion zuordnen. Sie finden weitere Infos zu diesem Tool auf *www.rorohiko.com*.

9.3 Dateien für Vorgängerversionen speichern

InDesign kann zwar immer problemlos Dateien von vorangegangenen Programmversionen öffnen, es ist hingegen nicht möglich, direkt Layouts aus einem Programm einer höheren Versionsnummer mit einer älteren InDesign-Version zu öffnen.

Möglich ist der Austausch von einer höheren Programmversion in eine ältere dennoch. Diese Weitergabe funktioniert von InDesign CC aus an InDesign CS4 und höher. Um nun eine Datei für eine Vorgängerversion von InDesign zu speichern, muss die Datei im .idml-Format (InDesignMarkUpLanguage) ❶ abgespeichert werden. Dieses Format kann im Dialog über DATEI • SPEICHERN UNTER gewählt werden ❷.

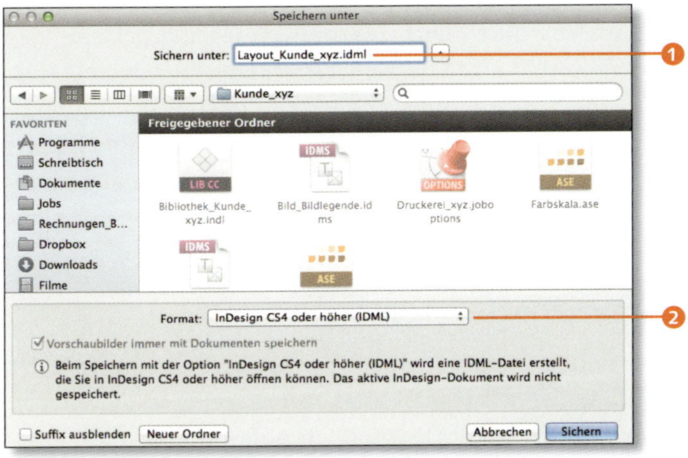

◂ **Abbildung 9.9**
Im SPEICHERN UNTER-Dialog steht Ihnen auch ein InDesign-Austauschformat für ältere Programme zur Verfügung.

Damit eine Datei im jeweiligen Austauschformat von der passenden Programmversion geöffnet werden kann, müssen gegebenenfalls die dafür notwendigen Zusatzmodule aktualisiert werden. Rufen Sie hierfür in dem Programm, mit dem die .idml-Datei geöffnet werden soll, HILFE • AKTUALISIERUNGEN auf. Hierfür muss eine Internetverbindung bestehen. Das Programm Adobe Application Manager wird daraufhin gestartet und überprüft, ob Updates für die installierten Adobe-Programme verfügbar sind. Folgen Sie gegebenenfalls den Bildschirmanweisungen. Anschließend sollte sich die .idml-Datei von der CS4-Version öffnen lassen. Hierbei wandelt InDesign die .idml-Datei in ein unbenanntes Dokument der vorangegangenen Programmversion um. Entsprechend den im Ursprungsdokument angewendeten versionsspezifischen Features kann es hierbei jedoch zu Unterschieden kommen.

Zusammenfassend kann festgestellt werden, dass es zwar grundsätzlich möglich ist, InDesign-Daten zwischen verschiedenen Betriebssystemen und/oder Programmversionen auszutauschen, wegen der möglichen Probleme ist dies aber nicht empfehlenswert und sollte nach Möglichkeit vermieden werden. Dies gilt besonders für komplexe Layouts, die intensiven Gebrauch von Funktionen der höheren Programmversion machen.

Probleme mit Daten
Falls Sie einmal Probleme mit einer InDesign-Datei bekommen sollten, empfiehlt es sich, das betroffene Dokument einmal als .idml-Datei auszugeben und dann wieder normal in InDesign zu öffnen. Diese »Kur« kann diverse Probleme beheben.

9.4 Transparenzreduzierung

Für den Anwender wird im Druckfenster (siehe Abbildung 9.10) ersichtlich, dass InDesign bei der Ausgabe von Objekten, auf die Transparenzeffekte angewendet wurden, eine sogenannte Transparenzreduzierung durchführt. Hierbei werden die betreffenden Objekte in vektorbasierte und gerasterte Bereiche aufgeteilt. Das ist bei Ausgabeprozessen notwendig, die die Transparenzfunktionen von InDesign nicht unterstützen. Dazu zählt beispielsweise der Druck auf Desktop-Druckern oder, abhängig von der gewählten PDF-Version, auch die Ausgabe einer Datei als PDF.

Transparenzfüllraum

Im InDesign-Dokument können sich Objekte überlagern, die in verschiedenen Farbräumen vorliegen. Die Reduzierung von Transparenzen kann hingegen immer nur in einem Farbraum erfolgen. Dieser kann unter Bearbeiten • Transparenzfüllraum festgelegt werden. Hier steht der jeweilige RGB- bzw. CMYK-Arbeitsfarbraum zur Wahl.

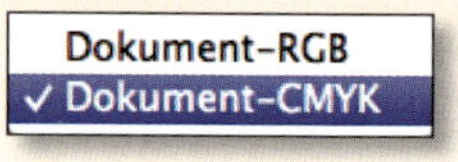

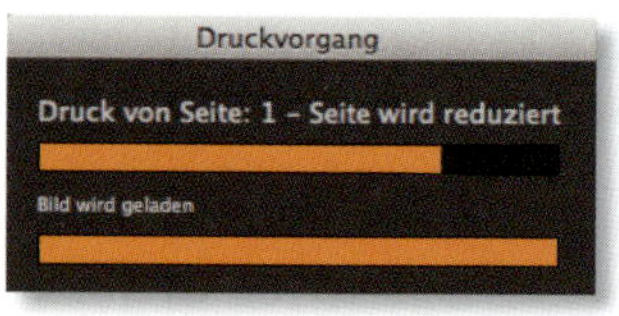

▲ **Abbildung 9.10**
Dokumentseiten werden bei der Ausgabe, hier beim Ausdruck, reduziert.

Transparenzreduzierungsvorgaben

Es sind drei Reduzierungsvorgaben vorinstalliert, auf die InDesign bei der Ausgabe von Transparenzen zurückgreift. In diesen Vorgaben ist hinterlegt, wie InDesign beim Auflösen der Transparenzen verfahren soll. Im Allgemeinen sorgen diese drei Vorgaben für gute Ergebnisse. Sollten Sie dennoch andere Vorgaben als diese drei benötigen, um so die besten Ausgabeergebnisse für Ihre individuellen Geräte zu erstellen, können Sie diese im Dialog Transparenzreduzierungsvorgaben anlegen. Sie finden ihn im Menü Bearbeiten. Über diesen Dialog lassen sich nicht nur eigene Vorgaben erstellen, hier können ebenso Vorgaben geladen oder über den Befehl Speichern in einer .flst-Datei gespeichert werden, die Sie Ihrerseits weitergeben können.

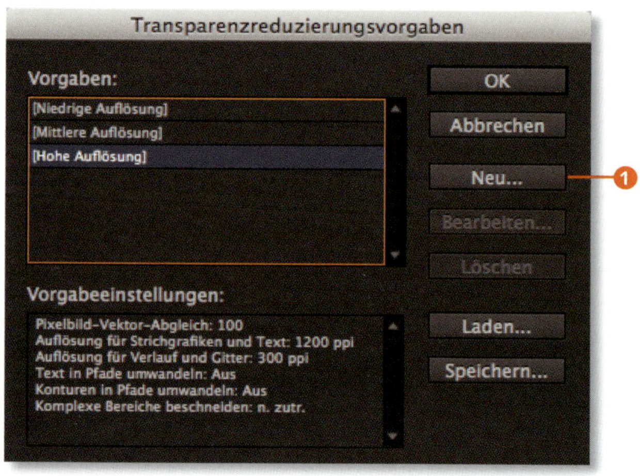

Abbildung 9.11 ▶
Die vorinstallierten Vorgaben lassen sich zwar nicht öffnen, im unteren Bereich sind aber die diversen Einstellungen einzusehen.

Mit einem Klick auf NEU ❶ erhalten Sie ein neues Fenster, in dem zunächst die Werte des zuvor unter VORGABEN markierten Presets zu sehen sind. Im folgenden Screenshot sind die Vorgaben von der Vorgabe [HOHE AUFLÖSUNG] zu sehen:

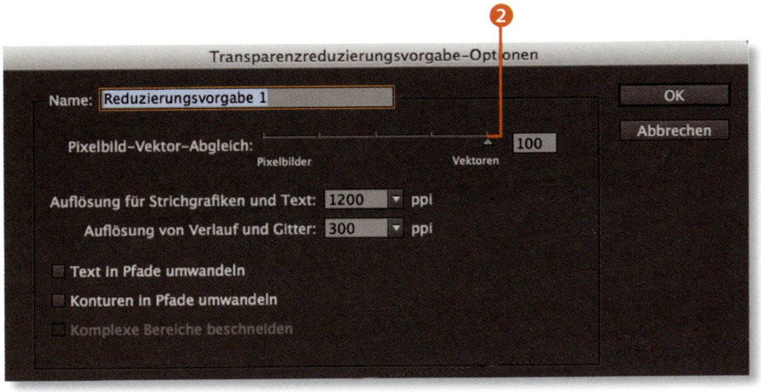

◂ **Abbildung 9.12**
Wenn die Ausgabe von Transparenzen auf eigenen Ausgabegeräte wie etwa Tintenstrahl- oder Laserdrucker Probleme bereiten, erstellen Sie sich eigene Vorgaben.

Beim PIXELBILD-VEKTOR-ABGLEICH können Sie festlegen, ob bei der Reduzierung eher die Vektorformen beibehalten oder Pixelbilder errechnet werden. Mit dem Wert bei AUFLÖSUNG FÜR STRICHGRAFIKEN UND TEXT werden alle von der Reduzierung betroffenen Objekte gerastert. Der Wert sollte zwischen 600 und 1.200 ppi stehen. Bei AUFLÖSUNG VON VERLAUF UND GITTER wird geregelt, wie Verläufe und die von Illustrator bekannten Verlaufsgitter gerastert werden. Empfehlenswert sind Werte zwischen 150 und 300 ppi. Wenn die Option TEXT IN PFADE UMWANDELN aktiviert ist, enthält die ausgegebene Seite keinen Text mehr, da dieser nur noch in Pfaden vorliegt. Dies kann beim Druck auf Desktop-Druckern zu einem kräftigeren Schriftbild führen. KONTUREN IN PFADE UMWANDELN sorgt dafür, dass die Objektkonturen durch die Pfadumwandlung dieselbe Strichstärke behalten.

Die letzte Option KOMPLEXE BEREICHE BESCHNEIDEN sorgt dafür, dass die Grenze zwischen einer durch die Transparenzreduzierung gerasterten Bildfläche und einer durch einen Pfad definierten Fläche an diesem Pfad verläuft. Andernfalls kann es zu sichtbaren Artefakten bei der Reduzierung kommen. Diese Option steht nur zur Wahl, wenn der Pixelbild-Vektor-Abgleich nicht auf 0 oder 100 steht. Entsprechend der Komplexität der zu erwartenden Pfade kann es zu Ausgabeproblemen kommen. Versuchen Sie es dann mit veränderten Vorgaben.

Pixelbild-Vektor-Abgleich

Je mehr der Regler ❷ Richtung PIXELBILDER geschoben wird, umso größer sind die Daten. Steht der Regler mehr bei VEKTOREN, versucht InDesign eher Pfaddaten zu erstellen. Das kann allerdings bei Druckern mit geringer Auflösung zu einer vergrößerten Darstellung des Textes führen, da InDesign Text bei einer solchen Einstellung in Konturen umwandelt und diese im Druck eventuell zu fett gedruckt werden.

Was bei der Reduzierung passiert

Zur Veranschaulichung wurde dieselbe InDesign-Datei mit unterschiedlichen Transparenzreduzierungsvorgaben als PDF ausgegeben. Entsprechend den zu verrechnenden Objekten fallen die Ergebnisse der Transparenzreduzierung unterschiedlich aus.

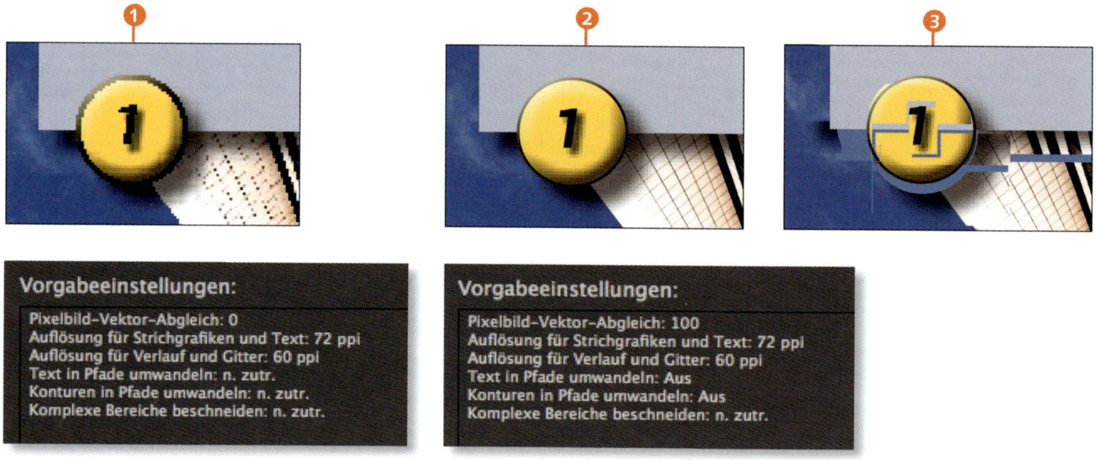

▲ **Abbildung 9.13**
Mit sehr niedrigen Auflösungen lassen sich die verschiedenen Auswirkungen bei der Reduzierung am besten nachvollziehen.

Der durch den PDF-Export gerasterte Text ist hier ❶ gut zu erkennen, in dieser Version sind alle Vektoren und Texte in Pixeln ausgegeben worden – es liegt im PDF kein Text mehr vor, das Reduzierungsergebnis gleicht einem Bitmap. Bei der zweiten Version wurden die Pfade möglichst beibehalten, zu erkennen ist dies an der gewohnt scharfen Kontur der Ziffer ❷. Zur Demonstration, wie die Objekte des Layouts bei der Reduzierung zerschnitten werden, sind einige Flächen in Adobe Acrobat XI Pro mit dem Text-und-Bilder-bearbeiten-Werkzeug markiert und verschoben worden ❸. So ist erkennbar, was mit Transparenzreduzierung gemeint ist: Beim Berechnen von Transparenzen werden die vorhandenen Objekte wie im Beispiel in zahllose Flächen aufgeteilt, bei denen keine mehr über Effekte wie »Schlagschatten« verfügt. Vielmehr wird jedem Pixel ein Farbton zugewiesen, durch den der Eindruck eines Effekts erzielt wird.

Das Ergebnis hat Ähnlichkeit mit dem Verrechnen von Ebenen in Photoshop. Nach dem Befehl Auf Hintergrund reduzieren hat man etwa auch in Photoshop keinen Zugriff mehr auf Effekte und Einstellungsebenen – das Bild ist wie ein PDF aus InDesign reduziert.

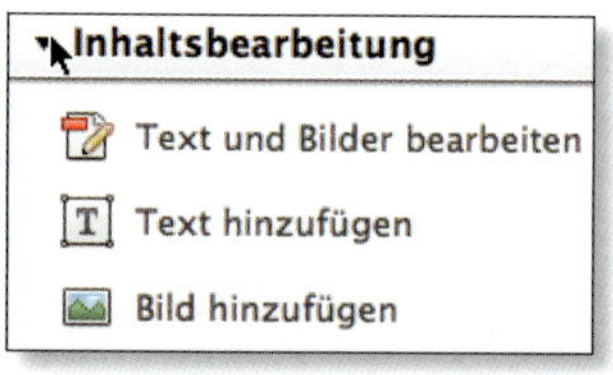

▲ **Abbildung 9.14**
In Adobe Acrobat Pro lassen sich PDFs mit verschiedenen Werkzeugen und Funktionen weiterbearbeiten.

Reduzierungsvorgaben und Ausdrucken

Transparenzreduzierungsvorgaben ❺ sind in den verschiedenen Ausgabeoptionen in der Kategorie ERWEITERT ❹ anwählbar.

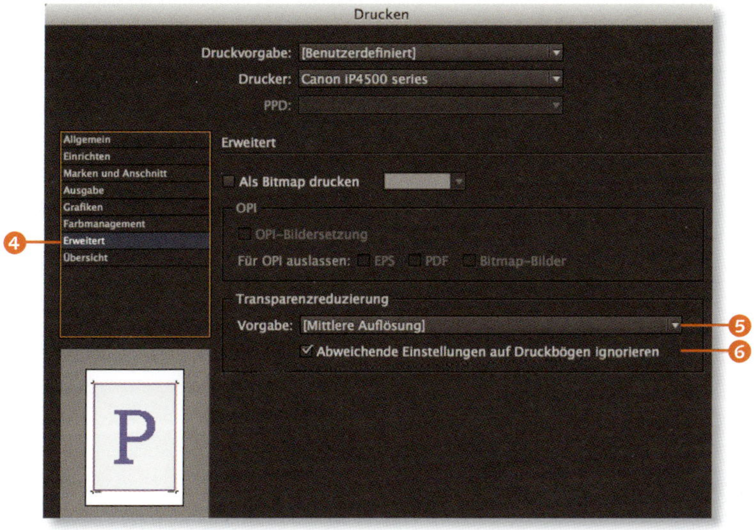

◀ **Abbildung 9.15**
Im DRUCKEN-Dialog kann die gewünschte Reduzierungsvorgabe gewählt werden.

Transparenzen im Bedienfeld »Seiten«

Druckbögen, auf denen Transparenzeffekte eingesetzt wurden, sind an einem kleinen Quadrat mit Karomuster ❼ im SEITEN-Bedienfeld zu erkennen.

InDesign bietet über den Eintrag SEITENATTRIBUTE • DRUCKBOGENREDUZIERUNG im Menü des SEITEN-Bedienfelds die Möglichkeit, einzelnen Druckbögen individuelle Reduzierungseinstellungen zuzuweisen. Das kann z. B. beim Drucken Sinn machen, wenn für das gesamte Dokument eine Reduzierung mit mittlerer Qualität ausreichend ist und nur auf einzelnen Seiten komplexere Transparenzeffekte angewendet wurden, die mit einer höheren Auflösung reduziert werden sollen. Sollen diese hier vorgenommenen Abweichungen vom Dokumentstandard wiederum bei der Ausgabe nicht berücksichtigt werden, kann dies auch im DRUCKEN-Dialog mit einer Aktivierung der Checkbox ABWEICHENDE EINSTELLUNGEN AUF DRUCKBÖGEN IGNORIEREN ❻ erreicht werden.

▲ **Abbildung 9.16**
Über das SEITEN-Bedienfeldmenü können einzelnen Druckbögen vom Dokumentstandard abweichende Reduzierungseinstellungen zugewiesen werden.

Reduzierungsvorgaben und PDF-Ausgabe

Beim Export von InDesign-Dokumenten als PDFs können Sie im Export-Dialog aus verschiedenen vorinstallierten PDF-Versionen wählen. Wenn Sie ein Preset wählen, das eine höhere Version als 1.4 vorsieht, wird bei der PDF-Ausgabe keine Transparenzreduzierung vorgenommen, das entsprechende Pulldown-Menü ist dann

Reduzierungen für die Ausgabe

Die Berechnungen zur Reduzierung von Transparenzen werden nur zur Ausgabe vorgenommen und beeinflussen nicht die InDesign-Datei.

ausgegraut ②. Im Pulldown-Menü Kompatibilität können Sie die gewünschte PDF-Version anwählen ③. Klären Sie im Vorfeld der Produktion jedoch, welchen PDF-Standard Ihr Druckdienstleister erwartet ①. Häufig wird nämlich immer noch eine PDF/X-1-Datei gewünscht – diese unterstützt keine Transparenzen. Deshalb sind im Export-Dialog beispielsweise auch nicht gleichzeitig PDF/X-1 und PDF 1.4 anwählbar.

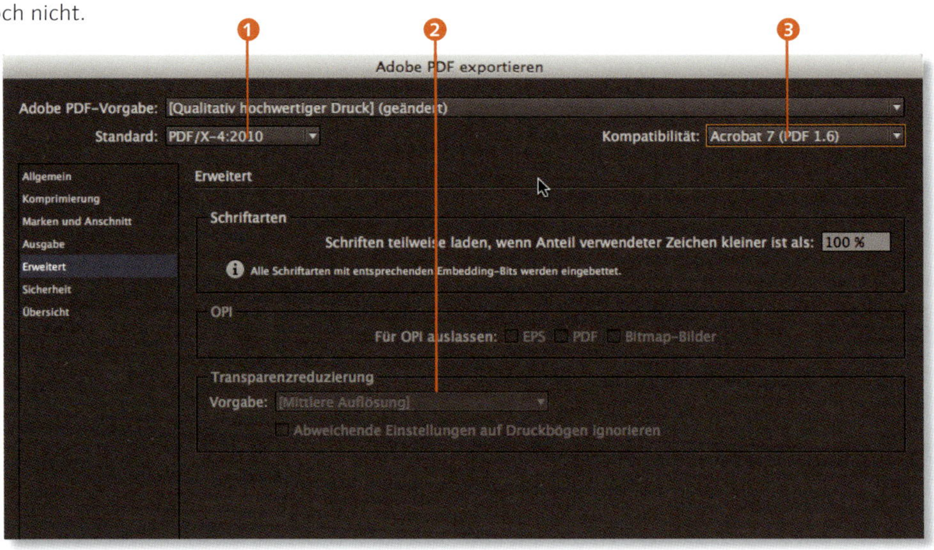

Abbildung 9.17 ▼
PDF/X-4-Dateien unterstützen zwar Transparenzen, durchgesetzt hat sich dieser Standard aber noch nicht.

Bedienfeld »Reduzierungsvorschau«

Im Menü Fenster • Ausgabe finden Sie verschiedene Bedienfelder, mit denen Sie das zu erwartende Ergebnis der Dokumentausgabe am Bildschirm vor der eigentlichen Ausgabe überprüfen können. Das Bedienfeld Reduzierungsvorschau kann Ihnen die verschiedenen Konsequenzen aus der Transparenzreduzierung im Vorfeld der Ausgabe anzeigen.

Abbildung 9.18 ▶
Transparenzen können im Layout mit einem Bedienfeld überprüft werden.

Im Menü Markieren ❹ stehen Ihnen neben Ohne acht weitere Optionen zur Verfügung (siehe Abbildung 9.19). Hiermit steuern Sie, was InDesign zur Kontrolle der Transparenzreduzierung im Layout hervorheben soll. Befinden sich auf der aktuellen Dokumentseite entsprechende Objekte, werden diese in Rot gekennzeichnet ❾.

Dass Sie sich im Reduzierungsvorschaumodus befinden, wird von InDesign durch zwei Maßnahmen gekennzeichnet. Zum einen erscheint [Reduzierungsvorschau] neben dem Dokumentnamen in der Dokumenttitelleiste (siehe Abbildung 9.20), zum anderen werden alle Dokumentseiten in Graustufen angezeigt.

Durch die Wahl des Menüpunktes Ohne wechseln Sie zur Standardansicht zurück. Wenn Sie mit dem Bedienfeld Reduzierungsvorschau arbeiten, markieren Sie die Checkbox Automatisch aktualisieren ❺, sonst müssen Sie bei jedem Wechsel der Markieren-Option den danebenstehenden Button Aktualisieren betätigen. Im Pulldown-Menü Vorgabe ❻ sind alle zur Verfügung stehenden Transparenzreduzierungsvorgaben anwählbar. In Kombination mit den verschiedenen Markieren-Optionen lassen sich die Auswirkungen verschiedener Vorgaben beurteilen. Sollten Sie, wie bereits erwähnt, für einzelne Druckbögen individuelle Tranzparenzreduzierungen definiert haben, lassen sich diese mit der Checkbox Abweichung für Druckbogen ignorieren ❼ bei der Reduzierungsvorschau übergehen. Mit einem Klick auf Für Druckausgabe übernehmen ❽ wird das unter Vorgabe gewählte Preset für den nächsten Ausdruck des Dokuments übernommen.

In der Vorschau können Sie beispielsweise erkennen, dass Text mit den entsprechenden Einstellungen in Pfade konvertiert wird, wenn er mit einem Transparenzeffekt wie beispielsweise einem Schlagschatten verrechnet wird ⓫. Mit der Markierungsoption In Pfade umgewandelter Text ❿ wird dies angezeigt.

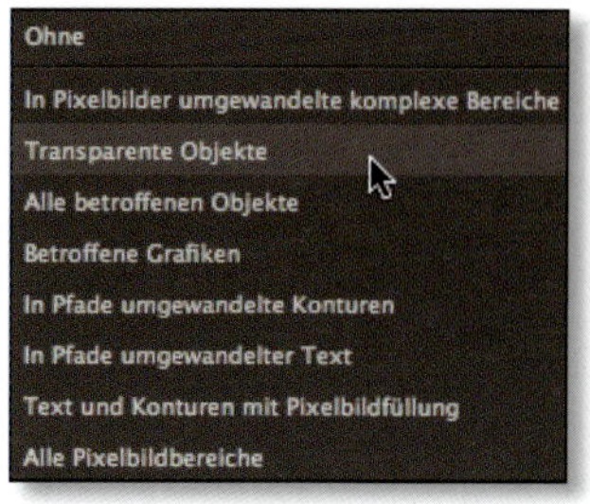

▲ **Abbildung 9.19**
Über das Pulldown-Menü Markieren ❹ können Sie genau auswählen, was InDesign im Layout markieren soll.

▲ **Abbildung 9.20**
InDesign weist auch in der Titelleiste darauf hin, dass Sie sich im Reduzierungsvorschaumodus befinden.

◀ **Abbildung 9.21**
Text, der beispielsweise unter einem Schatten steht, wird gegebenenfalls bei der Ausgabe von InDesign in Pfade umgewandelt.

Für hochauflösende Ausgaben ist dies kein Problem, bei der Ausgabe auf einem Desktop-Drucker jedoch könnten die Textpartien zu kräftig erscheinen. Um dies zu umgehen, stellen Sie den Text mit Hilfe des Befehls Objekt • Anordnen • In den Vordergrund oder über das Ebenen-Bedienfeld über das Objekt, auf das Transparenzeffekte angewendet werden. Text, der vor transparenten Objekten steht, wird nämlich von der Umwandlung in Pfade ausgenommen ❶:

Abbildung 9.22 ▸
Texte werden bei der Transparenzreduzierung von der Umwandlung in Pfade ausgenommen, wenn sie vor dem transparenten Objekt stehen.

9.5 Das Bedienfeld »Separationsvorschau«

Ein weiteres Bedienfeld zur Überprüfung des Dokuments im Hinblick auf eine bestimmte Ausgabe bietet InDesign mit der Separationsvorschau, das wie die Reduzierungsvorschau im Menü Fenster • Ausgabe zu finden ist.

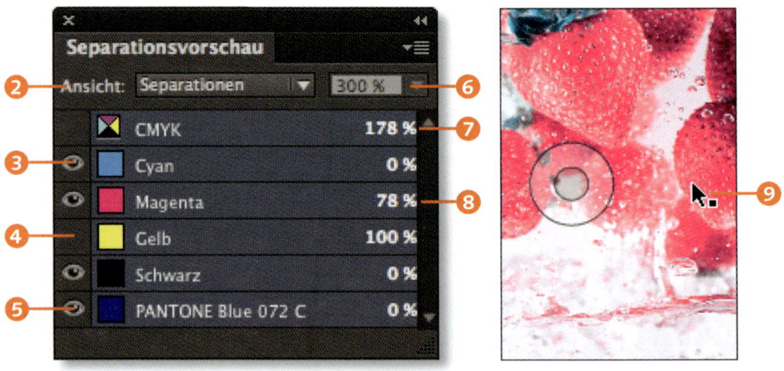

Abbildung 9.23 ▸
Mit der Separationsvorschau haben Sie einen Überblick über die sogenannten Farbauszüge und den Gesamtfarbauftrag. Hier ist der Gelbkanal ausgeschaltet.

Im Pulldown-Menü Ansicht ❷ stehen neben der hier gezeigten Option Separationen noch Aus und Farbauftrag zur Wahl. Aus dem Ebenen-Bedienfeld ist die Funktion des Auges ❸ bekannt: Ein Klick darauf blendet in diesem Bedienfeld den entsprechenden Farbauszug aus, und das Augen-Symbol verschwindet ❹. Möchten Sie sich nur einen bestimmten Farbauszug ansehen, klicken Sie auf den betreffenden Farbnamen, alle anderen Farben werden daraufhin ausgeblendet. Neben den vier Offset-Druckfarben CMYK wird gegebenenfalls auch der Farbauszug der im Dokument verwendeten Volltonfarbe gezeigt ❺. Die Summe der übereinander druckbaren Farbanteile liegt je nach Druckverfahren und verwendetem Papier bei einem Wert zwischen 250 und 350%, den Sie in dem Eingabefeld für den Gesamtfarbauftrag ❻ nach Absprache mit Ihrem Druckdienstleister eintragen können. Der tatsächliche Wert des Gesamtfarbauftrags der Stelle, an der sich der Cursor im Dokument befindet ❾, wird neben CMYK angezeigt ❼. Dieser Wert gibt immer den tatsächlichen Gesamtwert an und ist unabhängig von den eventuell ausgeblendeten Farbauszügen. Der Farbauftrag der einzelnen Farben wird ebenfalls angezeigt ❽.

Farbauszug

Für jede der vier Offsetfarben wird beim Druck ein sogenannter Farbauszug erstellt. Auf ihm sind nur die Teile des Layouts sichtbar, die Farbanteile der jeweiligen Farbe verwenden. Normale Drucksachen kommen somit mit vier Auszügen für jede der vier Offset-Druckfarben aus. Kommt eine Volltonfarbe zum Einsatz, muss für diese ein zusätzlicher Farbauszug erstellt werden.

Farbauftrag

Wird im Bedienfeld Separationsvorschau im Menü Ansicht die Option Farbauftrag gewählt, werden die Farbnamen im Bedienfeld ausgegraut, da in diesem Modus immer der Gesamtfarbauftrag im Dokument dargestellt wird. Alle Farben werden in diesem Modus in Graustufen wiedergegeben. Bereiche des Dokuments, in denen der im Feld Gesamtfarbauftrag ❻ über das Pulldown-Menü gewählte Prozentwert erreicht oder überschritten wird, werden in Rot gekennzeichnet. Je größer die Abweichung vom angegebenen Grenzwert ist, desto kräftiger erscheint das Rot. Dies gilt nicht nur für die im InDesign-Dokument angelegten Objekte, sondern auch für alle importierten Bilder und Grafiken. Sollten Sie in einem Dokument solche Bereiche feststellen, müssen diese in der Ursprungsapplikation korrigiert werden.

▲ **Abbildung 9.24**
Drei Ansichtsoptionen stehen im Bedienfeld Separationsvorschau zur Wahl.

Überdruckenvorschau

Sie befinden sich automatisch im Modus Überdruckenvorschau, wenn Sie im Bedienfeld Separationsvorschau unter Ansicht die Option Separationen gewählt haben. Überdrucken ist ein weiterer Fachbegriff aus dem Gebiet des Druckens, den ich kurz erläutern möchte.

Jedes Objekt, das in InDesign eine farbige Kontur und/oder eine farbige Fläche hat, verdeckt die unter ihm liegenden Objekte (es sei denn, dem Objekt wurde über Fenster • Effekte eine Transparenz zugewiesen). Im Beispiel liegt ein gelber Kreis mit den CMYK-Werten 0/0/100/0 auf einem cyanfarbenen Rechteck mit den Werten 100/0/0/0. Für die Separation, also die Ausgabe einer Layoutdatei auf einem Belichter oder direkt auf die Druckplatten, bedeutet dies, dass verdeckte Objekte ausgespart werden. Im Beispiel wird der Kreis auf der Platte, die in der Druckmaschine Cyan druckt, ausgespart ❶.

Abbildung 9.25 ▸
Bei der Separation werden deckende Objekte von den unter ihnen liegenden Objekten ausgespart.

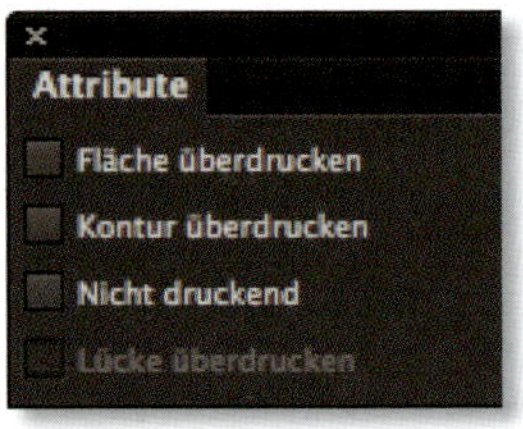

▴ Abbildung 9.26
Über Fenster • Ausgabe • Attribute können Objekte als überdruckend definiert werden.

Eine Ausnahme hierbei bildet die Farbe [Schwarz], sie überdruckt immer ❷, jedenfalls solange Schwarz mit dem Farbton 100% wiedergegeben werden soll. Mit Überdrucken ist das genaue Gegenteil von Aussparen gemeint. Beim Überdrucken ist auf den anderen Farbauszügen nichts von der überdruckenden Farbe zu sehen ❸, was für den Druck bedeutet, dass bei überdruckenden Objekten alle beteiligten Farben übereinandergedruckt werden und gegebenenfalls eine Mischfarbe ❹ bilden. Dass ein Objekt überdrucken soll, wird bei Bedarf explizit im Attribute-Bedienfeld (siehe Abbildung 9.26) festgelegt und muss mit Umsicht vorgenommen werden.

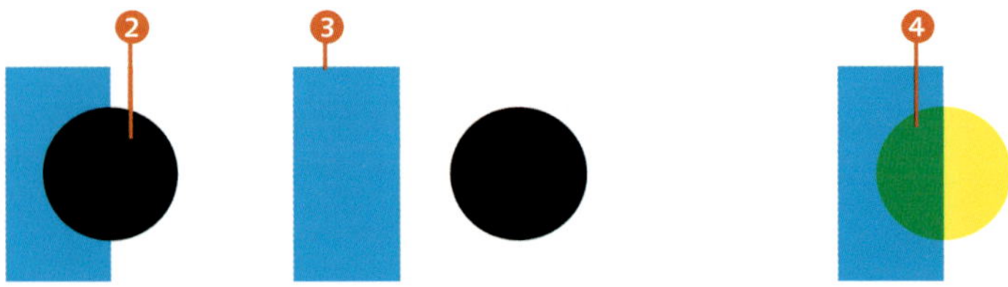

Abbildung 9.27 ▸
Schwarz überdruckt immer, von den schwarzen Objekten ist deshalb auf den unteren Farbauszügen nichts zu sehen.

Vorsicht ist auch deshalb geboten, weil überdruckende Elemente in der Normal-Ansicht von InDesign als deckend wiedergegeben werden – nur in der Überdruckenvorschau ist sichtbar, welche Farben durch den Zusammendruck zu erwarten sind.

9.6 Druckfarben-Manager

Über die Menüs der Bedienfelder Separationsvorschau und Farbfelder haben Sie Zugriff auf ein weiteres Bedienfeld, den Druckfarben-Manager. Dieser ist ebenso in der Kategorie Ausgabe des Druck- bzw. PDF-Exportdialogs zu finden. Im Druckfarben-Manager sind alle Farbauszüge der aktuellen Datei aufgelistet.

Stellen Sie sich vor, Sie arbeiten an einem InDesign-Dokument, in das verschiedene Logovarianten und andere Designelemente eines Kunden eingefügt werden sollen. Logos und Grafiken werden Ihnen gestellt, und Sie stellen fest, dass in den Fremddaten derselbe Farbton, nämlich die Hausfarbe des Kunden, mit verschiedenen Volltonfarben realisiert wurde. Dies bemerken Sie an den zusätzlichen Farbfeldern ❺, die InDesign beim Import von Grafiken, in denen Volltonfarben verwendet wurden, der Farbfelderliste hinzufügt. In der Liste der Farbauszüge sind die drei zusätzlichen Volltonfarben ebenfalls zu sehen ❻.

◂ **Abbildung 9.28**
Die verwendeten Volltonfarben werden in den Bedienfeldern Farbfelder und Separationsvorschau aufgelistet.

Eine solche Datei würde bei der Separation tatsächlich statt der regulären vier Farbauszüge gleich drei zusätzliche Farbauszüge ergeben. Die umständliche Methode, um das zu umgehen, würde so aussehen, dass alle betreffenden Daten in ihren Ursprungsprogrammen geöffnet und die Farben dort vereinheitlicht würden.

Mit dem Druckfarben-Manager hingegen lassen sich die Sonderfarben direkt aus InDesign heraus verwalten. Die Bilddaten müssen dadurch nicht in anderen Programmen geöffnet und korrigiert werden und bleiben mit ihren unterschiedlichen Volltonfarben unangetastet.

Mit einem Klick auf das Spotcolor-Icon vor den Namen der Volltonfarben wird die entsprechende Farbe in 4c umgewandelt ❶. Sollen alle vorhandenen Volltonfarben bei der Separation nach 4c konvertiert werden, genügt ein Klick auf die Checkbox ALLE VOLLTONFARBEN IN PROZESSFARBEN UMWANDELN ❷.

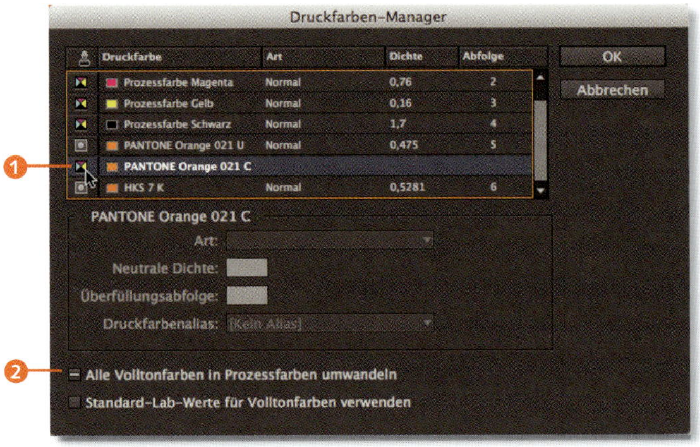

Abbildung 9.29 ▶
Mit dem DRUCKFARBEN-MANAGER haben Sie die Anzahl der Farbauszüge im Griff.

Als weitere Variante kann ein sogenannter Alias für Volltonfarben verwendet werden. Mit einem Alias ist man in der Lage, die verschiedenen Volltonfarben in einer zusammenzufassen. Dadurch wird im Beispiel statt der drei Farbplatten nur noch eine benötigt. Um das zu erreichen, wird die Farbe im DRUCKFARBEN-MANAGER gewählt, die nun keinen eigenen Farbauszug mehr erhalten soll ❸. Im zweiten Schritt wird im Dropdown-Menü DRUCKFARBENALIAS ❺ diejenige Farbe gewählt, auf deren Auszug die oben ausgewählte Farbe ausgegeben werden soll. Im Beispiel werden die Farben PANTONE ORANGE 021 U und HKS 7 K ❹ bei der Ausgabe auf dem PANTONE ORANGE 021 C-Auszug erscheinen.

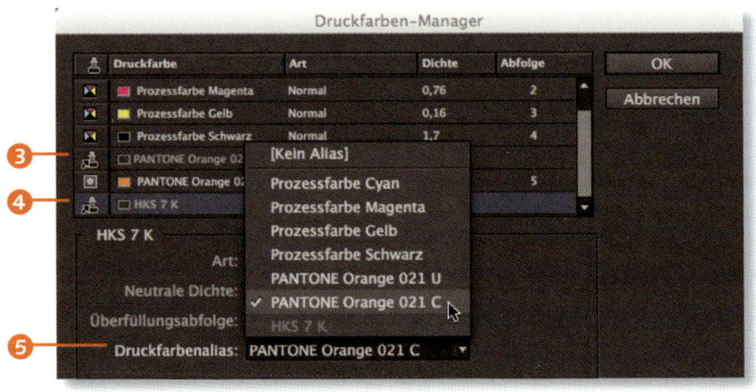

Abbildung 9.30 ▶
Über den DRUCKFARBEN-MANAGER lassen sich Volltonfarben zusammenfassen, ohne dass die betroffenen Grafiken geändert werden müssen.

Beachten Sie, dass diese Zusammenfassung keine Auswirkung auf die Farbfelder hat, dort bleiben alle drei Vollton-Farbfelder als solche bestehen ❻. Es wird also tatsächlich nur die Ausgabe modifiziert. In der SEPARATIONSVORSCHAU spiegelt sich die verringerte Anzahl der Farbauszüge daher wider ❼.

◂ **Abbildung 9.31**
Werden Volltonfarben im DRUCKFARBEN-MANAGER zusammengefasst, hat dies keine Auswirkung auf die Farbfelder, auf die Separation allerdings schon.

9.7 Das Bedienfeld »Preflight«

Unter Preflight wird die Prüfung eines Dokuments hinsichtlich der gewünschten Ausgabe verstanden. Hierbei wird beispielsweise geprüft, ob die verwendeten Bilddaten im gewünschten Farbraum vorliegen und über die notwendige Auflösung verfügen. Durch den Live-Preflight wird das jeweils geöffnete InDesign-Dokument laufend auf die in den Preflight-Vorgaben hinterlegten Parameter geprüft. Diese Preflight-Vorgaben werden im Bedienfeld PREFLIGHT definiert und erlauben eine präzise Definition der zu überprüfenden Eigenschaften eines Dokuments. Hier können nicht nur die Farbraum- und Auflösungseigenschaften von platzierten Bildern festgelegt werden, sondern beispielsweise auch, ob Sonderfarben und unproportional skalierte Bilddaten erlaubt sind. Texteigenschaften wie Abweichungen von Absatz- und Zeichenformaten können ebenfalls von Preflight überprüft werden.

Darüber hinaus können verschiedene Preflight-Profile erstellt werden, die den unterschiedlichen Ausgabegeräten und -techniken entsprechen. Soll ein Dokument an einem anderen Rechner weiterbearbeitet werden, kann das gewünschte Profil in die Datei eingebettet werden, damit der Preflight am zweiten Rechner ebenso wie auf dem Ursprungssystem vorgenommen werden kann.

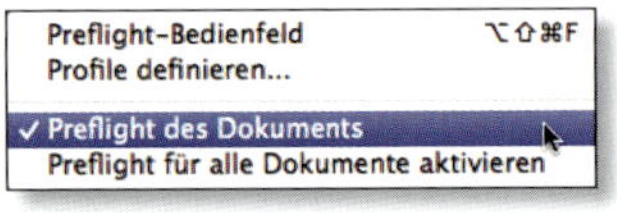

▲ **Abbildung 9.32**
Die Statuszeile des PREFLIGHT selbst hat auch ein Menü, über das Sie z. B. den Preflight auch deaktivieren können.

Das Bedienfeld PREFLIGHT lässt sich über FENSTER • AUSGABE oder über einen Doppelklick auf die Statuszeile am unteren Rand des Dokumentfensters öffnen.

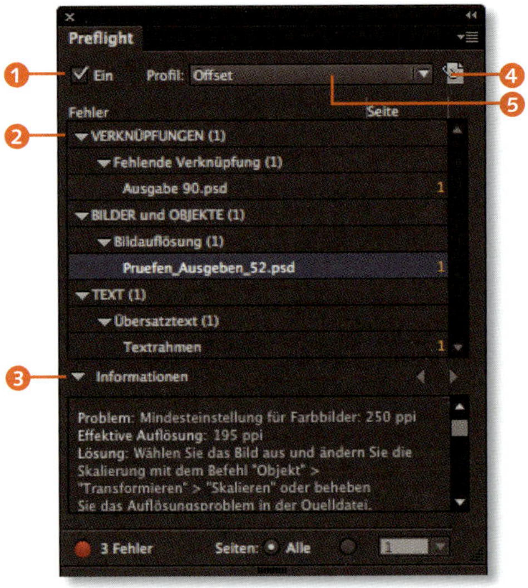

Abbildung 9.33 ►
Im PREFLIGHT-Bedienfeld werden nicht nur detaillierte Fehlerbeschreibungen ausgegeben, sondern auch mögliche Lösungswege.

Sollten Sie sich von dem roten Button in der Statuszeile, der bei erkannten Fehlern eingeblendet wird, beim Layouten abgelenkt fühlen, können Sie hier ❶ den Preflight für das aktuelle Dokument ausschalten. Im Bereich FEHLER werden die gefundenen Probleme in verschiedenen Kategorien zusammengefasst ❷. Ein Klick auf die Ausklapp-Pfeile blendet die entsprechenden Fehler ein. Am rechten Bedienfeldrand sind die Seitenzahlen wie im VERKNÜPFUNGEN-Bedienfeld als Link dargestellt, dadurch wird das problematische Objekt nach einem Klick auf die Seitenzahl im Dokumentfenster eingeblendet. Im unteren Teil ❸ des PREFLIGHT-Fensters wird eine genaue Beschreibung des oben markierten Fehlers eingeblendet. Darüber hinaus schlägt InDesign Arbeitsschritte zur Behebung des Fehlers vor. Mit Hilfe des Einbetten-Buttons ❹ kann das aktuelle Preflight-Profil in das InDesign-Dokument eingebettet werden, wenn das Dokument an Kollegen weitergegeben werden soll. Im Pulldown-Menü PROFIL ❺ stehen zunächst nur die vorinstallierten Vorgaben [GRUNDPROFIL] und [DIGITALE VERÖFFENTLICHUNG] zur Auswahl. Über das Bedienfeldmenü können über den Befehl PROFILE DEFINIEREN neue Profile erstellt werden. Für Abbildung 9.33 wurde im Vorfeld ein Profil »Offset« angelegt und angewählt.

Ein neues Preflight-Profil anlegen

Wenn Sie im Menü des PREFLIGHT-Bedienfelds den Befehl PROFILE DEFINIEREN wählen, öffnet sich der Dialog PREFLIGHT-PROFILE. Hier können Sie definieren, was nach Anwahl des Profils im Bedienfeld überhaupt als Fehler erkannt werden soll. Die aufgeräumte Oberfläche macht die Anlage eines neuen Profils äußerst anwenderfreundlich, die Wahl der gewünschten Einstellungen erfolgt meist über Checkboxen oder über Pulldown-Menüs.

▲ **Abbildung 9.34**
Über das Bedienfeldmenü können neue Preflight-Profile angelegt werden.

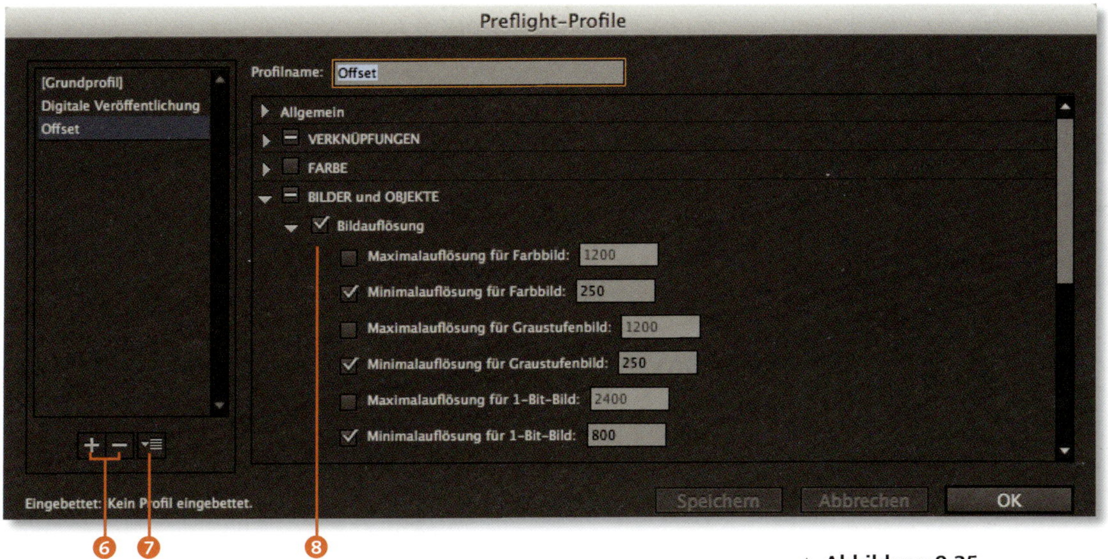

▲ **Abbildung 9.35**
Legen Sie eigene Preflight-Vorgaben an.

Mit den Plus- und Minus-Buttons ❻ wird ein neues Profil angelegt bzw. das in der Liste oberhalb markierte Profil gelöscht. Das PREFLIGHT-PROFILMENÜ ❼ bietet Optionen zum Laden, Exportieren und Einbetten von Profilen (siehe Abbildung 9.36). Nachdem man ein eigenes Preflight-Profil angelegt hat, kann dieses über den Befehl PROFIL EXPORTIEREN auf der Festplatte gesichert werden, um darauf von anderen InDesign-Dokumenten mit dem Befehl PROFIL LADEN zugreifen zu können. Im Beispiel wurde für das gewählte Preflight-Profil u.a. festgelegt, dass die Bilder im Dokument eine Auflösung von mindestens 250 ppi haben sollen ❽. Die getroffenen Einstellungen gelten sowohl für Objekte, die in InDesign erstellt wurden, als auch für platzierte Grafiken.

Neben den detaillierten Bildeigenschaften, die InDesign prüfen kann, lohnt sich auch ein Blick auf die Texteigenschaften.

▲ **Abbildung 9.36**
Im Dialog PREFLIGHT-PROFILE können weitere Optionen aufgerufen werden.

9.8 Drucken

Wenn Sie ein Dokument drucken möchten, wählen Sie Datei • Drucken oder betätigen [Strg]/[⌘]+[P] (für engl.: *print*). Daraufhin öffnet sich der umfangreiche Drucken-Dialog mit dem aktiven Register Allgemein ❹.

Register »Allgemein«

▲ **Abbildung 9.37**
Die von Ihrem System aus verfügbaren Drucker werden im Menü Drucker ❷ aufgeführt.

Der Drucken-Dialog weist acht Register ❹ auf, deren wichtigste Einstellungen ich auf den folgenden Seiten vorstellen möchte.

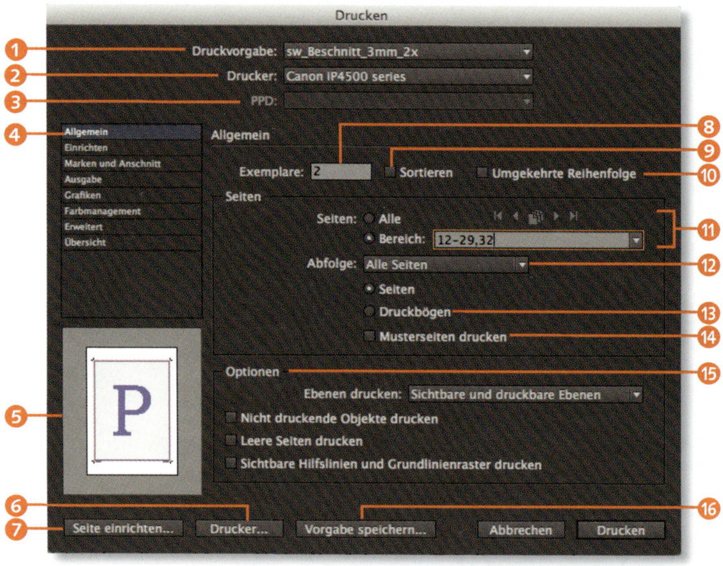

Abbildung 9.38 ▶
Der Drucken-Dialog mit den allgemeinen Einstellungen

Alle Einstellungen, die Sie im Drucken-Dialog treffen, können Sie mit Hilfe des Vorgabe speichern-Buttons ⓰ abspeichern. Diese Vorgaben sind dann unter Druckvorgabe ❶ aufrufbar. Unter Drucker ❷ stehen Ihnen die aktuell an Ihr System angeschlossenen Drucker zur Auswahl. Das Pulldown-Menü PPD ❸, in dem die diversen **P**ostScript **P**rinter **D**escriptions zum Erstellen von PDFs oder PostScript-Dateien anwählbar sind, soll uns hier nicht weiter beschäftigen. Auf die PDF-Ausgabe über den Export komme ich später zurück.

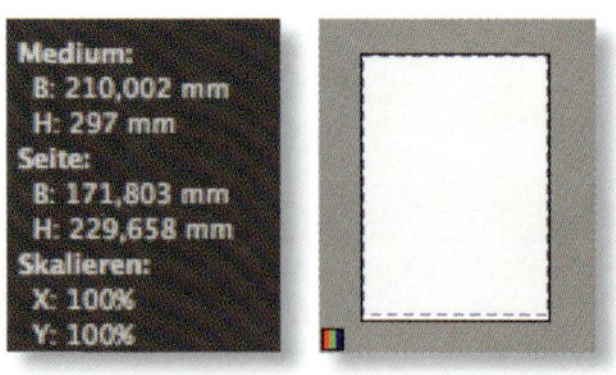

▲ **Abbildung 9.39**
Per Klick auf die Vorschau stehen noch zwei weitere Darstellungen zur Verfügung.

In einer kleinen Vorschau ❺ wird die zu erwartende Seitenausgabe mit den wichtigsten Parametern dargestellt. Erkennbar ist hier beispielsweise, wie die Dokumentseite auf dem Ausdruck platziert werden wird (zentriert, links etc.) und ob die Beschnittzugabe und Passermarken ausgegeben werden.

Mit dem Button Drucker (Mac)/Einrichten (Win) (6) wird der vom zuvor angewählten Drucker verwendete Druckertreiber mit seinen individuellen Einstellungsmöglichkeiten geöffnet. Hier finden Sie z. B. die Einstellungen zum verwendeten Papier. Dies sollte auch eine der wenigen Einstellungen bleiben, die Sie im Druckertreiber vornehmen, da bei allen Einstellungen, die sowohl im Druckertreiber als auch im InDesign-Drucken-Dialog vorgenommen werden können, die Einstellungen des Drucken-Dialogs Vorrang haben. Dasselbe gilt für den Mac-Button Seite einrichten (7) – nach Möglichkeit sollten Sie ihn nicht verwenden, da die Seiteneinstellungen ebenso im Drucken-Dialog vorgenommen werden können und gegenüber denen des Druckertreibers Vorrang haben. Bei Exemplare (8) können Sie die Zahl der Kopien angeben, die InDesign ausgeben soll. Wenn hier mehr als »1« eingetragen wurde, ist auch die Checkbox Sortieren (9) aktivierbar. Ist sie markiert, werden die Kopien stapelweise ausgedruckt: Es werden dann erst alle Seiten der ersten Kopie ausgegeben, dann der komplette zweite Satz Seiten etc.

Die Checkbox Umgekehrte Reihenfolge (10) kehrt die Seitenabfolge, in der die Seiten normalerweise von Ihrem Drucker ausgegeben werden, um. Der Effekt dieser Option ist abhängig von der im Druckertreiber gemachten Einstellung.

Ob Sie alle, einen oder mehrere Bereiche des Dokuments drucken möchten, entscheiden Sie mit der Aktivierung der entsprechenden Checkbox oder der Eingabe der gewünschten Seiten (11). Neben Alle Seiten können Sie im Menü Abfolge (12) festlegen, dass beispielsweise nur die ungeraden Seiten gedruckt werden sollen. Sollen die Seiten als Druckbögen gedruckt werden, ist dies mit der Aktivierung von Druckbögen (13) möglich. Die Seiten werden dann entsprechend ihrer Positionierung im Seiten-Bedienfeld ausgegeben. Zur Ausgabe aller Musterseiten dient die Checkbox Musterseiten drucken (14).

Im Bereich Optionen (15) stehen Ihnen weitere Steuerungsmöglichkeiten zur Verfügung. Interessant ist hier vor allem die Möglichkeit, Hilfslinien und Grundlinienraster mit auszugeben, es können auch alle anderen nichtdruckende Objekte aktiviert werden.

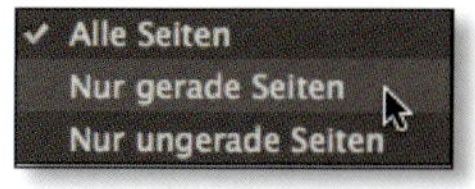

▲ **Abbildung 9.40**
Im Menü Abfolge können Sie bestimmen, welche Seiten ausgegeben werden sollen.

Seitenbereiche

Es können auch nicht zusammenhängende Seitenbereiche gedruckt werden, diese geben Sie unter Bereich (11) mit Kommata getrennt ein: etwa 90–91, 96, 98–115.

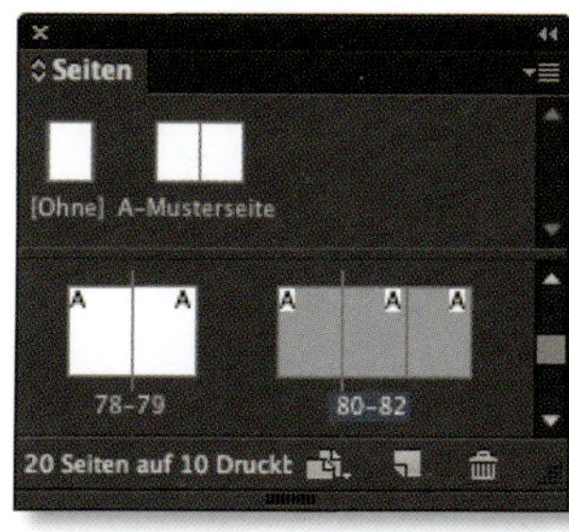

▲ **Abbildung 9.41**
Ist im Drucken-Dialog Druckbögen markiert, werden zusammenhängende Seiten (78–79, aber auch 80–82) auf je einer Seite gedruckt.

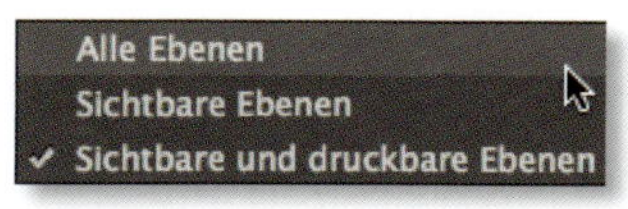

▲ **Abbildung 9.42**
Über das Menü Ebenen drucken lässt sich die Ausgabe der Ebenen entsprechend den im Bedienfeld Ebenen gemachten Einstellungen steuern.

Register »Einrichten«

Die Einstellungen im EINRICHTEN-Register sind weniger umfangreich als die von ALLGEMEIN, bieten aber weitere interessante Druckoptionen.

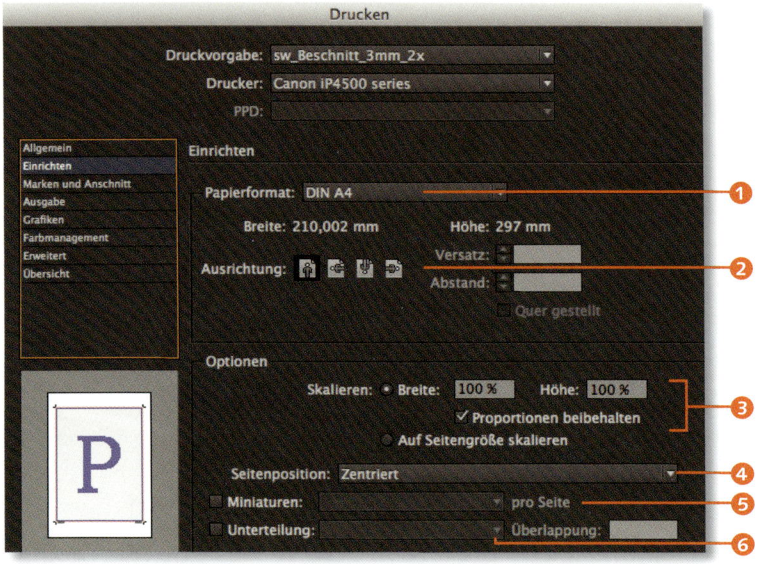

Abbildung 9.43 ▸
Einstellungen unter dem Menüpunkt EINRICHTEN

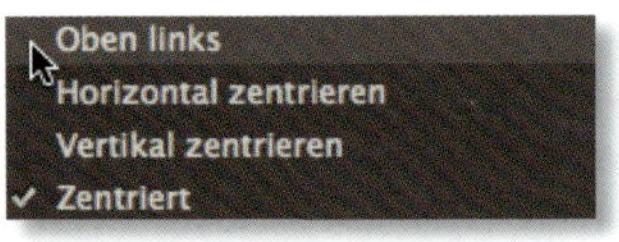

▴ Abbildung 9.44
Im Pulldown-Menü SEITENPOSITION stehen Ihnen vier Optionen zur Verfügung.

Unter PAPIERFORMAT ❶ können Sie aus den verfügbaren Medienformaten das gewünschte Format wählen. Mit den vier Buttons ❷ legen Sie die AUSRICHTUNG Ihres Dokuments fest. Die verschiedenen Einstellungsoptionen im Bereich SKALIEREN ❸ stehen alle in engem Zusammenhang miteinander. Ist die Checkbox PROPORTIONEN BEIBEHALTEN aktiv, ändert sich der jeweils andere Wert bei BREITE bzw. HÖHE gleich mit. Von besonderem Interesse ist die Option AUF SEITENGRÖSSE SKALIEREN. Ist sie markiert, vergrößert oder verkleinert InDesign das Dokumentformat auf die maximale Ausgabegröße. Marken, die im Register MARKEN UND ANSCHNITT markiert werden, werden dabei mitgerechnet.

Wo das InDesign-Layout in Bezug auf das Druckerpapier ausgegeben wird, können Sie mit den bei SEITENPOSITION ❹ hinterlegten Optionen festlegen. Zur Seitenplanung oder zur Übersicht umfangreicher Dokumente können bis zu 49 (!) Seitenminiaturen des aktuellen Layouts pro Druckseite ausgegeben werden ❺. Mit der Option UNTERTEILUNG ❻ können große Dokumente auf mehrere DIN-A4-Seiten aufgeteilt ausgegeben werden.

Register schnell wählen

Wie in anderen Dialogfenstern können Sie im DRUCKEN-Dialog z. B. mit Strg/⌘+2 direkt das zweite Register EINRICHTEN anzeigen lassen.

Register »Marken und Anschnitt«

Hier steuern Sie, welche Druckermarken ausgegeben werden sollen und ob eine Beschnittzugabe mit ausgegeben werden soll.

Schnittmarken

Bei der Ausgabe von Layouts als PDF stehen zum Großteil dieselben Optionen wie beim gewöhnlichen Druck zur Verfügung. Meist wird vom Druckdienstleister eine Beschnittzugabe im PDF gewünscht, die Sie wie im DRUCKEN-Dialog bei MARKEN UND ANSCHNITT definieren können.

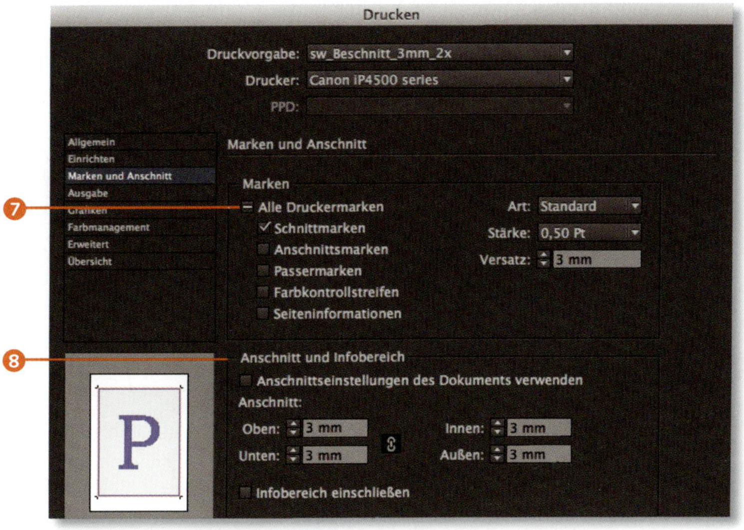

◂ **Abbildung 9.45**
Das Ausdrucken von Schnittmarken erleichtert die Montage von Layouts z. B. für Präsentationen.

Möchten Sie alle fünf Druckermarken ausgeben, aktivieren Sie ALLE DRUCKERMARKEN 7. Bedenken Sie, dass diese Marken einen Platzbedarf auf dem Druckerpapier haben: Ein Layout, das im DIN-A4-Format angelegt wurde, lässt sich auf einem DIN-A4-Format mit Druckermarken nur verkleinert ausgeben. Die SCHNITTMARKEN dienen der Orientierung und definieren das Nettoformat des Ausdrucks. Wird der Ausdruck an den Schnittmarken beschnitten, hat man die Dokumentseite ohne Beschnittzugabe o. Ä. vor sich. Die ANSCHNITTSMARKEN brauchen in der Regel nicht mit ausgegeben zu werden, sie definieren lediglich den Bereich, der weiter unten im selben Dialog als Anschnitt definiert wurde. Die PASSERMARKEN dienen der Positionierung der verschiedenen Farbauszüge an der Druckmaschine, bei Tintenstrahlern etwa sind sie nicht notwendig. Genauso verhält es sich bei dem FARBKONTROLLSTREIFEN, der wie die Passermarken erst im Offsetdruck von Bedeutung ist. Bei aktivierten SEITENINFORMATIONEN wird der Dokumentname samt aktueller Seitenzahl mit Ausgabedatum und -zeit mit ausgedruckt. Im Bereich ANSCHNITT UND INFOBEREICH 8 können Sie in den Eingabefeldern neue Werte eingeben oder mit einem Klick die Dokumentwerte anwenden.

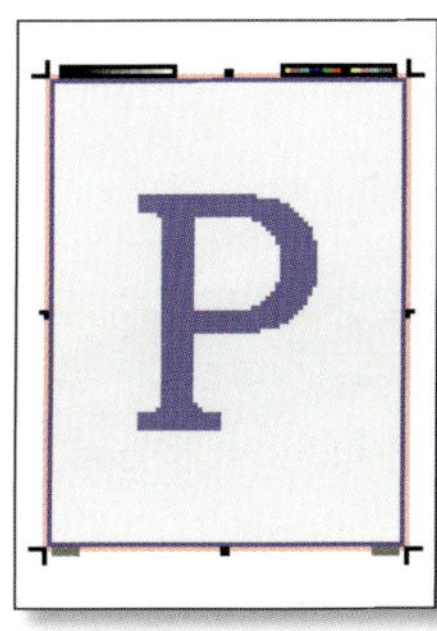

▴ **Abbildung 9.46**
Hier wurden alle Druckermarken aktiviert.

Register »Ausgabe«

Im Register AUSGABE wird festgelegt, ob der Ausdruck in Farbe oder in Graustufen erfolgen soll.

▲ **Abbildung 9.47**
Bei Tintenstrahldruckern stehen COMPOSITE-GRAU und -RGB zur Wahl.

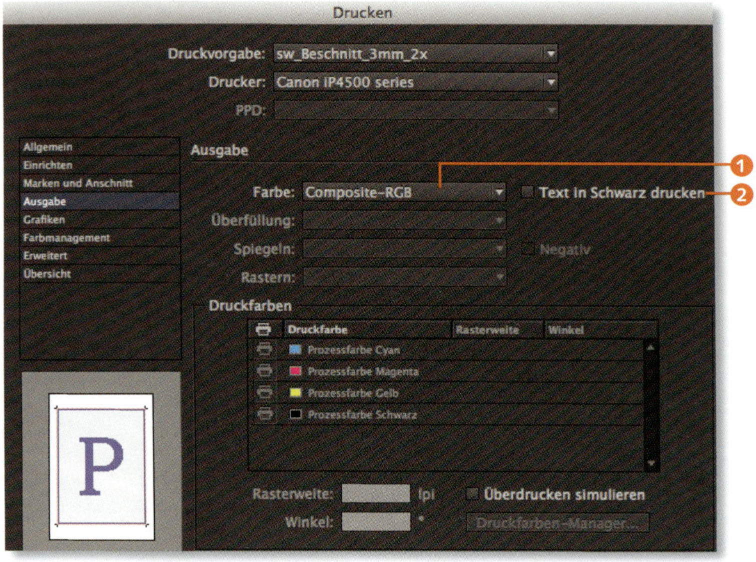

Abbildung 9.48 ▶
Soll die Datei in Graustufen ausgegeben werden, kann dies im Register AUSGABE festgelegt werden.

Bei FARBE ❶ stehen dafür die beiden Optionen COMPOSITE-GRAU und COMPOSITE-RGB zur Auswahl. Außerdem kann mit der Checkbox TEXT IN SCHWARZ DRUCKEN ❷ für die Ausgabe von Text, unabhängig von der im Layout zugewiesenen Textfarbe, Schwarz als Farbe erzwungen werden. Die Anwendung dieser Option wirkt sich nur auf Text aus, der in InDesign gesetzt wurde, und nicht auf Texte in platzierten PDFs oder EPS-Daten.

Register »Grafiken«

▲ **Abbildung 9.49**
Mit diesen vier Optionen können Sie festlegen, welche Bilddaten zum Drucker geschickt werden.

Im Pulldown-Menü DATEN SENDEN ❸ können Sie zwischen vier Optionen wählen, die die Datenmenge beeinflussen, die zum Druck von Bildern an den Drucker gesendet wird. Bei gewählter Option ALLE werden die gegebenenfalls hochaufgelösten Daten gesendet, was natürlich zu den größten Datenmengen und dementsprechend zu längeren Verarbeitungszeiten führen kann. Die bei der Option AUFLÖSUNG REDUZIEREN gesendeten Datenmengen richten sich nach dem jeweiligen Drucker. Diese Option wird nicht auf PDFs und EPS-Grafiken angewendet. Für Layout- und Textkorrekturen bietet sich die Option BILDSCHIRMVERSION an. Alle Bitmaps werden dann mit einer Auflösung von 72 dpi gedruckt. Für reine Textkorrekturen kann auch die Option OHNE gewählt werden. Bilder werden dann als Rahmen mit einem X ausgedruckt. Der Umbruch bleibt trotz nicht ausgegebener Bilder vollständig erhalten.

Daten senden

Für die Druckausgabe auf Desktopdruckern reicht in der Regel die Option AUFLÖSUNG REDUZIEREN, für Produktions-PDFs sollten Sie ALLE wählen.

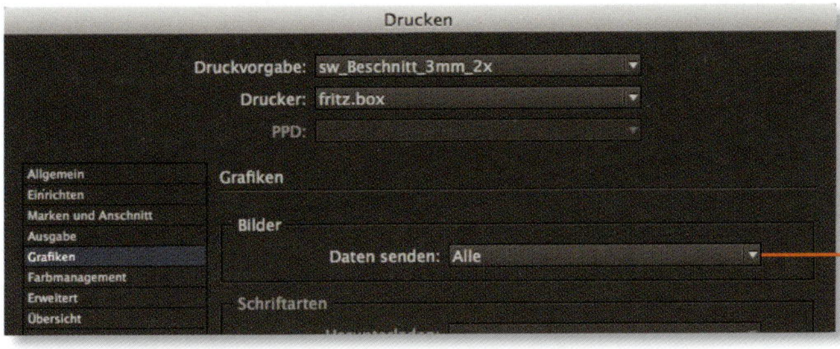

◀ **Abbildung 9.50**
Bei DATEN SENDEN können Sie die Datenmenge der Grafiken festlegen, die dem Drucker zur Verfügung gestellt werden.

9.8.1 Register »Farbmanagement«

Im Register FARBMANAGEMENT wird festgelegt, mit welchem Farbprofil gedruckt werden soll.

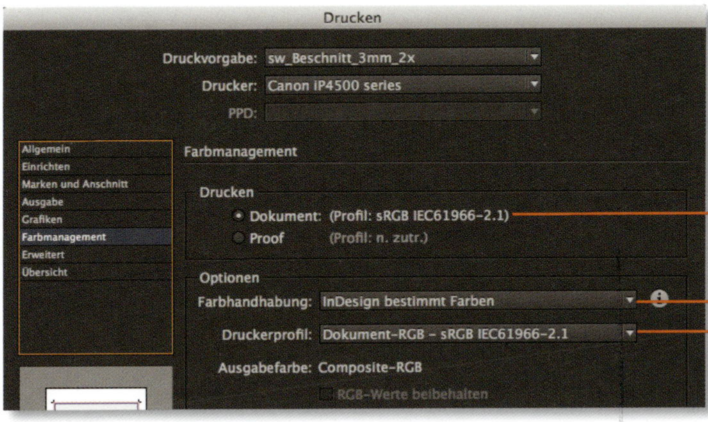

◀ **Abbildung 9.51**
Wählen Sie im Register FARBMANAGEMENT das passende Druckerprofil.

▲ **Abbildung 9.52**
Im Pulldown-Menü DRUCKERPROFIL stehen Ihnen gegebenenfalls auch vom Hersteller installierte Farbprofile für Ihren Drucker zur Verfügung.

Für einen gewöhnlichen Ausdruck auf einem Tintenstrahldrucker wählen Sie unter DRUCKEN ❹ DOKUMENT. Das aktuelle RGB-Dokumentfarbprofil wird Ihnen rechts in Klammern angezeigt. Deaktivieren Sie gegebenenfalls die FARBHANDHABUNG ❺ in Ihrem Druckertreiber. Und unter DRUCKERPROFIL ❻ brauchen Sie nur noch das für Ihren Drucker und das gewählte Druckmedium passende Farbprofil auszuwählen.

Wählen Sie im Bereich DRUCKEN die Option PROOF, haben Sie die Möglichkeit, sogar auf Desktop-Druckern Proofs auszugeben. Dafür müssen Sie zunächst über ANSICHT • PROOF EINRICHTEN • BENUTZERDEFINIERT einen Dialog öffnen, in dem Sie das gewünschte Ausgabeprofil ❶ wählen:

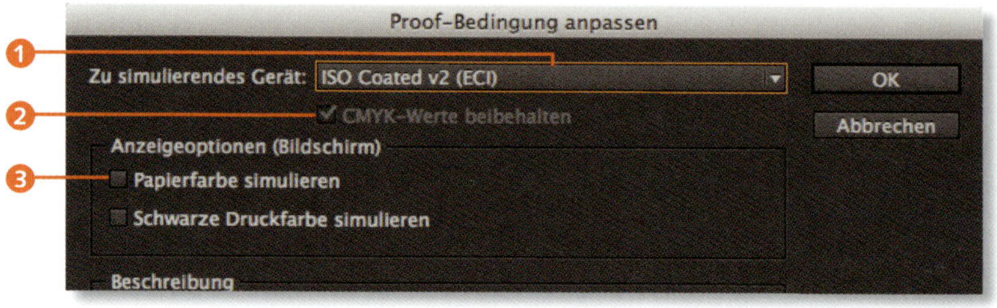

Abbildung 9.53 ▸ Um die gewünschte Ausgabeart zu simulieren, brauchen Sie hier lediglich das entsprechende Farbprofil auszuwählen.

Unveränderte CMYK-Werte

Dass die Farbwerte beibehalten werden, lässt sich einfach überprüfen, indem Sie eine Farbfläche mit möglichst hohem Gesamtfarbauftrag erstellen. Messen Sie mit der Ansichtsoption FARBAUFTRAG im Bedienfeld SEPARATIONSVORSCHAU (FENSTER • AUSGABE) die Farbe mit aktivierter und ohne aktivierte Option CMYK-WERTE BEIBEHALTEN.

Die Option CMYK-WERTE BEIBEHALTEN ❷ ist nur verfügbar, wenn Sie oben ein anderes als das Dokument-Profil gewählt haben. InDesign rechnet die Farben für den Proof entsprechend dem gewählten Profil um, die Farbwerte im Dokument selbst bleiben dabei unverändert. Durch Aktivierung von PAPIERFARBE SIMULIEREN ❸ stellt InDesign die Dokumentseiten statt in dem gewohnten reinen Weiß in einem mehr oder minder leichten Ton dar. Diese Färbung ist dem Papier, für das das gewählte Farbprofil gilt, nachempfunden.

Haben Sie im Dialog PROOF-BEDINGUNG ANPASSEN das gewünschte Farbprofil für die Ausgabe gewählt, wird dieses bei Aktivierung von PROOF im DRUCKEN-Dialog angezeigt ❺. Soll die Papierfarbe auch auf dem Ausdruck ausgedruckt werden, klicken Sie die entsprechende Checkbox ❼ an. Die dann gedruckte Papierfarbe ist die durch das Farbprofil festgelegte Farbe und nicht etwa der Farbton, den Sie dem Farbfeld PAPIER ❹ zuweisen können, um beispielsweise ein Recyclingpapier zu simulieren:

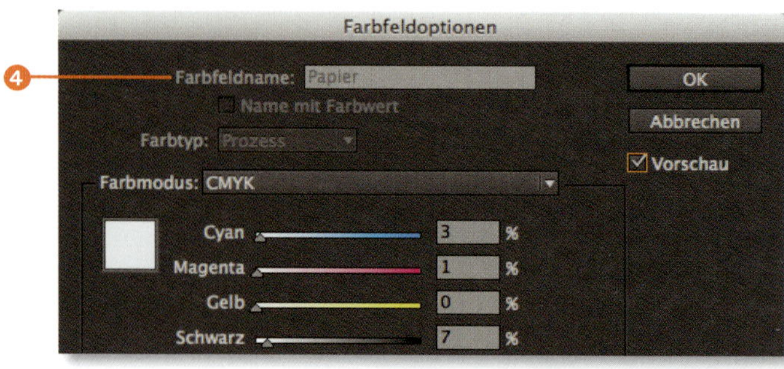

Abbildung 9.54 ▸ Sie können dem Farbfeld PAPIER einen individuellen Farbton zuweisen.

Bei DRUCKERPROFIL 6 wählen Sie wie beim normalen Ausdruck den passenden Drucker aus.

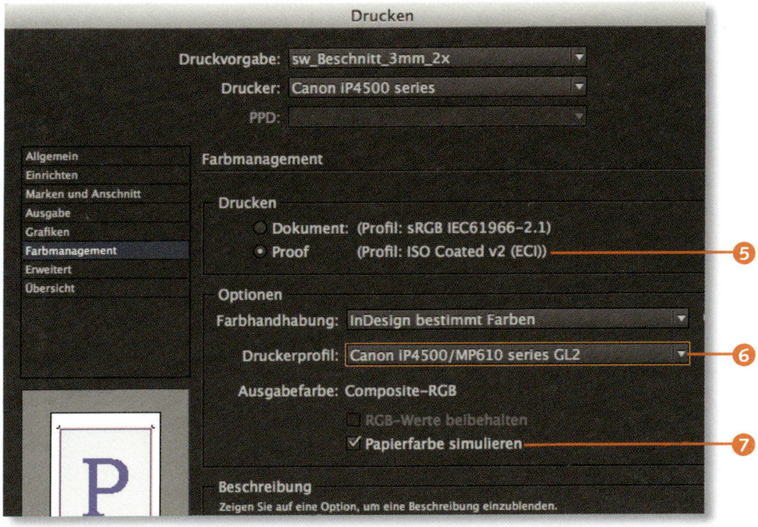

◂ **Abbildung 9.55**
Auf das Dokument wird das im Dialog PROOF-BEDINGUNG ANPASSEN gewählte Profil angewendet.

Register »Erweitert«

Sollen platzierte PostScript-Grafiken wie EPS-Dateien auf einem nicht PostScript-fähigen Drucker ausgegeben werden, muss damit gerechnet werden, dass diese nur mit einer Bildschirmauflösung von 72 dpi gedruckt werden. Ein Workaround für derartige Situationen wäre der Weg über den PDF-Export, da alle Grafiken in PDFs auch von nicht PostScript-fähigen Druckern in hoher Qualität reproduziert werden können. Ansonsten kann im Register ERWEITERT auch der Druck von Dokumentseiten als Bitmap gewählt werden 8. Wie weiter vorn besprochen, können Sie hier auch wählen, mit welchen Reduzierungsvorgaben Transparenzeffekte ausgegeben werden sollen 9 (siehe Seite 366).

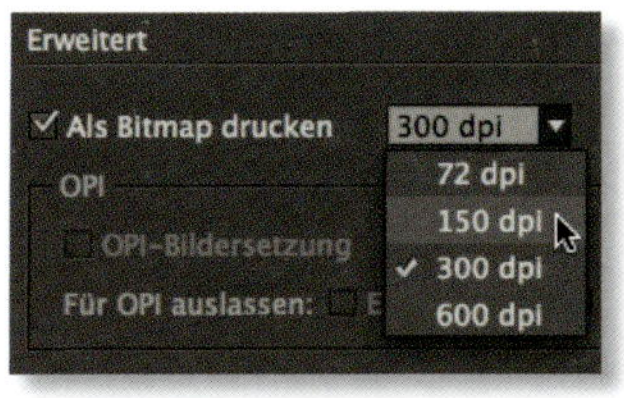

▴ **Abbildung 9.56**
Die Auflösung für die Bitmap-Ausgabe kann über ein Menü gewählt werden.

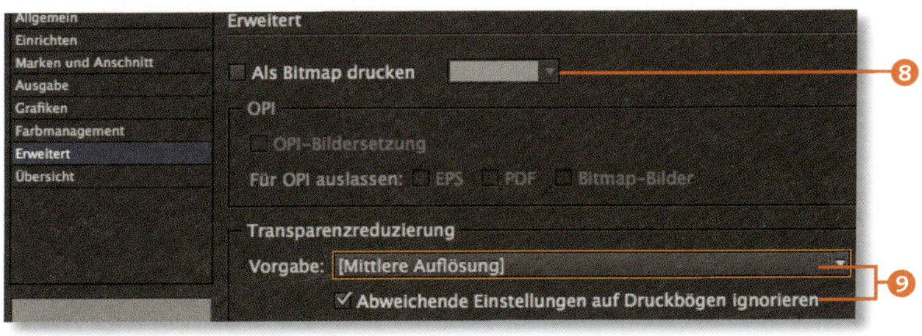

◂ **Abbildung 9.57**
Im Register ERWEITERT lässt sich die gewünschte TRANSPARENZREDUZIERUNG wählen.

Register »Übersicht«

Besonders wenn Sie mit verschiedenen Presets arbeiten, die Sie mit dem Button Vorgabe speichern ❶ angelegt haben, bietet das achte Register beim Wechsel zwischen verschiedenen Vorgaben einen schnellen Überblick über die jeweiligen Einstellungen:

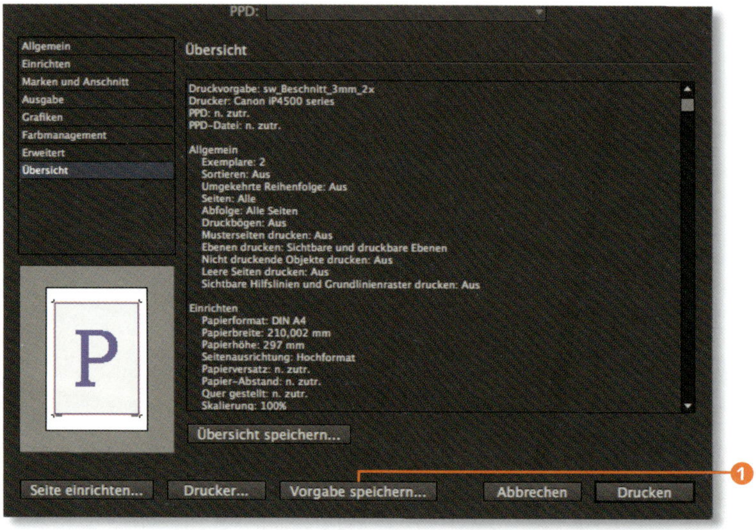

Abbildung 9.58 ▸
Das Register Übersicht fasst die vorgenommenen Einstellungen zusammen und bietet sich für den Vergleich verschiedener Vorgaben an.

9.9 Broschüre drucken

Neben dem soeben besprochenen Befehl Drucken, bei dem die Seiten immer in der Reihenfolge (bzw. umgekehrten Reihenfolge) ausgegeben werden, in der sie im Dokument vorkommen, bietet InDesign noch einen weiteren Druckbefehl an, der oft übersehen wird: Mit dem Befehl Broschüre drucken wird eine Datei ausgeschossen gedruckt. Mit Ausschießen wird die Neupositionierung von Dokumentseiten bezeichnet, die eigentlich erst in der Druckvorstufe vorgenommen wird, damit die Seiten nach dem Druck überhaupt geheftet werden können ❷.

Im Offsetdruck beispielsweise werden keine Einzelseiten ausgegeben, sondern die Seiten werden entsprechend ihrer Position im fertigen Endprodukt paarweise auf einem Bogen montiert ❸. Ein Bogen im Offset entspricht damit nicht dem Druckbogen von InDesign, der immer die direkt nebeneinanderliegenden Seiten im Bedienfeld Seiten bezeichnet.

Broschürendruck

Leider kann ein Layout nicht ausgeschossen als PDF ausgegeben werden, Sie können mit dem Befehl Broschüre drucken nur Ihren Drucker ansteuern.

Durch das Ausschießen liegt bei einem Achtseiter dann die erste Seite der letzten gegenüber, die zweite der vorletzten usw.

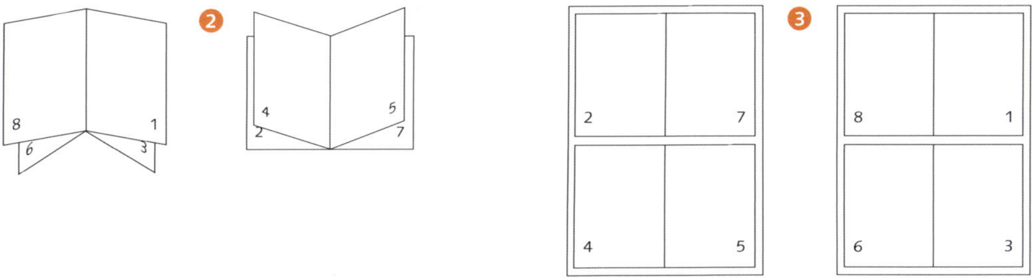

▲ **Abbildung 9.59**
Beim Ausschießen werden die Dokumentseiten so angeordnet, dass sie nach dem Druck gefalzt und geheftet werden können.

Nach dem Aufruf von Datei • Broschüre drucken erscheint der entsprechende Dialog, mit dem Sie die Ausgabe einer Datei auf Doppelseiten steuern können:

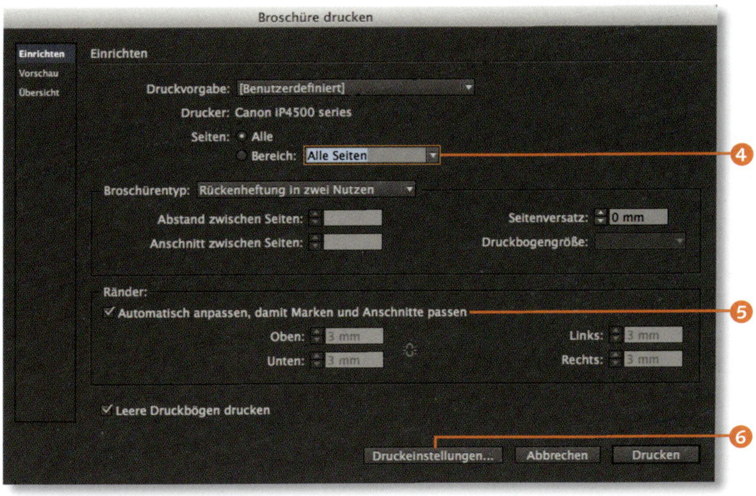

◄ **Abbildung 9.60**
InDesign kann für Sie das Ausschießen übernehmen.

Der Dialog Broschüre drucken verfügt über die drei Register Einrichten, Vorschau und Übersicht. Die grundlegenden Einstellungen bezüglich der Druckausgabe sind über den Button Druckeinstellungen 6 am unteren Dialogfeldrand zu erreichen.

Wenn Sie Ihr Layout mit Schnittmarken ausgeben möchten, kann InDesign das Dokument auf die nötige Größe so weit verkleinern, dass Beschnitt, Beschnittmarken etc. mit auf das gewählte Papierformat passen. Dafür aktivieren Sie den Button Automatisch anpassen, damit Marken und Anschnitte passen 5. Die Eingabefelder werden dann ausgegraut.

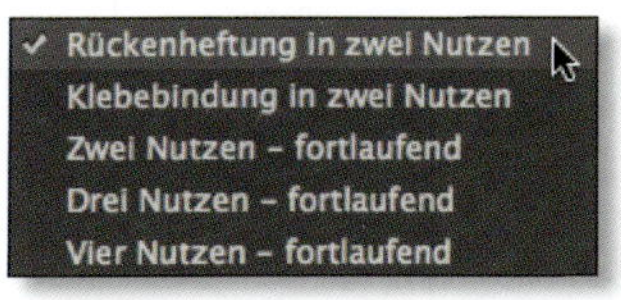

▲ **Abbildung 9.61**
Als Broschürentyp 4 stehen Ihnen mehrere Varianten zur Verfügung.

Nutzen

Mit »Nutzen« wird die größtmögliche Anzahl von Seiten bezeichnet, die auf einen Bogen passen. Die Anzahl der Nutzen ist somit abhängig von Endformat und Bogengröße.

Im Register VORSCHAU erhalten Sie eine Übersicht, wie die Seiten ausgegeben werden. Für eine Rückendrahtheftung mit zwei Nutzen beispielsweise müssen die Seiten, die gedruckt werden, immer durch vier teilbar sein. Ein sechsseitiges Dokument würde automatisch als Achtseiter ausgegeben werden, beim Ausdruck werden die benötigten Seiten automatisch hinzugefügt.

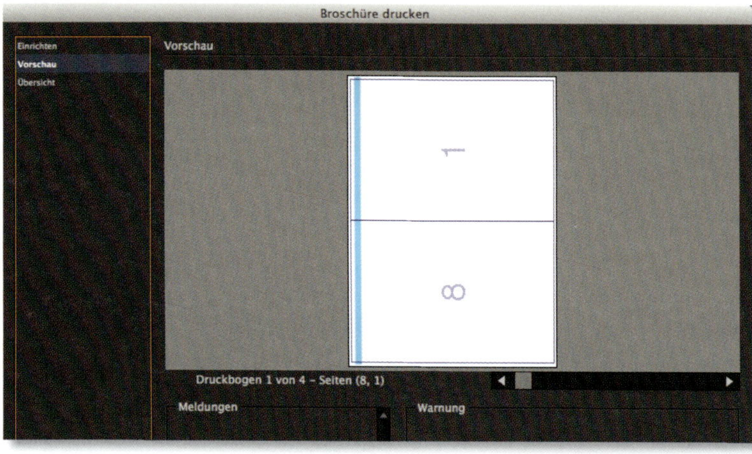

Abbildung 9.62 ▸
Das Register VORSCHAU bietet einen Eindruck von der gedruckten Broschüre.

Das Register ÜBERSICHT entspricht in seiner Funktion dem aus dem DRUCKEN-Dialog bekannten Register.

9.10 Reinzeichnung

Alle Arbeitsschritte, die zur Druckvorbereitung nach Layout und Textkorrektur durchgeführt werden, werden unter dem Begriff »Reinzeichnung« zusammengefasst. Hierzu gehören z. B. Überprüfung und Korrektur aller randabfallenden Elemente, der verwendeten Farbräume von in InDesign erstellten Designelementen und Grafiken. Außerdem sollten die Werte von PPI EFFEKTIV überprüft und gegebenenfalls in Photoshop angeglichen werden. Über das Bedienfeld PREFLIGHT lassen sich alle genannten möglichen Fehlerquellen anzeigen.

Nach der gängigen Praxis werden Sie nach Absprache mit Ihrem Druckdienstleister PDFs zur Produktion weitergeben. Beim Export einer InDesign-Datei in ein PDF können zwar auch Bilddaten auf die gewünschte Auflösung heruntergerechnet werden. Dadurch vergibt man sich jedoch die Möglichkeit, die platzierten Grafiken in Photoshop scharfzuzeichnen. Scharfzeichnen ist ein Effekt in Photoshop, der eigentlich auf alle zu reproduzierenden Bitmaps angewendet werden sollte, damit die im Druck erwünschte Bildschärfe erreicht wird.

Bitmaps in Photoshop optimieren

Die Zusammenhänge zwischen den beiden in Kapitel 4, »Bilder«, angesprochenen Größen Original PPI und PPI effektiv und die in Photoshop nötigen Arbeitsschritte zur Optimierung von Rasterbildern möchte ich im Folgenden erläutern.

Bitmaps werden in Layouts selten so verwendet, dass die Auflösung der Bilddatei, die mit Original PPI angegeben wird, der effektiven Auflösung entspricht. Das ist nämlich nur dann der Fall, wenn das platzierte Bild im Layout nicht skaliert wird – nur dann entspricht PPI effektiv dem Wert von Original PPI. Im Beispiel wurde dasselbe Bild unterschiedlich groß im Layout platziert: links in der Originalgröße, die Spalte Skalieren bleibt dann leer, rechts in 50 % ❶. Die effektive Auflösung ist dann doppelt so hoch wie die tatsächliche Auflösung.

Kleine Bilddaten

Da bei der Ausgabe zu viele Bildinformationen sogar zu schlechterer Bildqualität führen können, werden für hochwertige Drucksachen die verwendeten Bilder so optimiert, dass sie unskaliert in der gewünschten Ausgabeauflösung vorliegen. Die hierfür notwendigen Schritte werden in Photoshop vorgenommen.

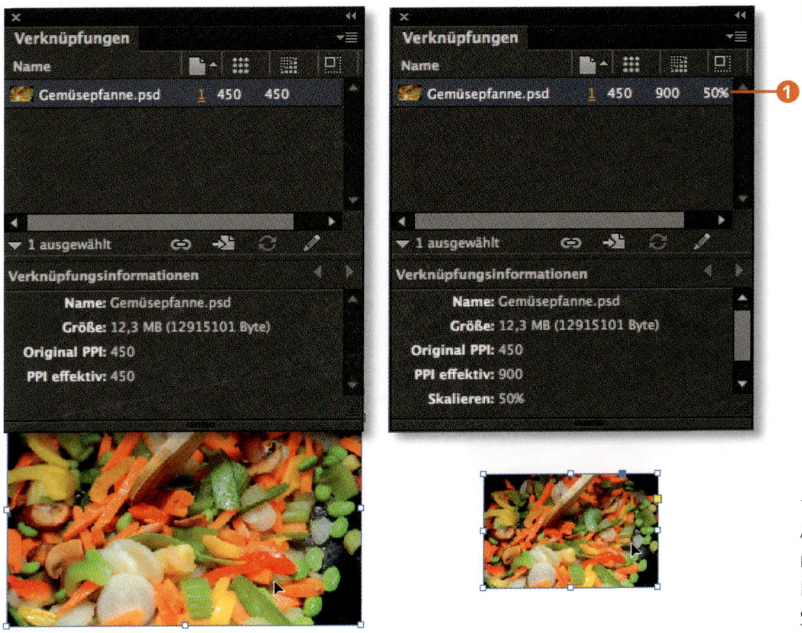

◂ **Abbildung 9.63**
Achten Sie auf den Zusammenhang zwischen Original PPI, PPI effektiv und dem Skalierungswert.

Gemeinhin gelten 300 ppi effektiv als Größe, die für die meisten Druckverfahren angemessen ist, und deutlich größere Auflösungswerte tragen nicht zwangsläufig zu größerer Bildqualität im Druck bei. Wie Sie eben gesehen haben, vergrößert sich der Wert von PPI EFFEKTIV umgekehrt proportional zur Skalierung. Um eine Bilddatei auf die gewünschte Auflösung von 300 ppi effektiv herunterzurechnen, sind mehrere Arbeitsschritte nötig.

Eingaben zurücksetzen

Sollten Sie die Eingaben auf den Ausgangswert zurücksetzen wollen, halten Sie die [Alt]-Taste gedrückt. Der ABBRECHEN-Button ändert dadurch seine Beschriftung in ZURÜCKSETZEN.

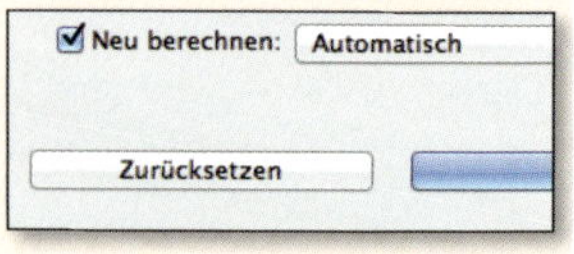

Bildgröße ändern

Als Beispiel dient das rechte Bild aus Abbildung 9.63, das mit einer Skalierung von 50 % im Layout platziert ist. Die Original-Auflösung des Bildes selbst beträgt 450 ppi. Mit einem Doppelklick und gedrückter [Alt]-Taste wird das Bild in der Ursprungsapplikation, in diesem Fall Photoshop CC, geöffnet. Der Dialog BILDGRÖSSE im Menü BILD gibt nicht nur Auskunft über die Größenverhältnisse der Datei, hier können die diversen Einträge individuell oder in gegenseitiger Abhängigkeit verändert werden.

Zunächst wird die Einheit von Breite und Höhe mittels Pulldown-Menü von PIXEL auf PROZENT ❸ geändert. Da die effektive Auflösung des Bildes im Layout mit 900 ppi um den Faktor 3 zu groß ist, wird bei BREITE der Kehrwert, also 33,33 Prozent ❷ eingegeben. Die durch die Verkleinerung zu erwartende Dateigröße wird von Photoshop direkt oben ❶ ausgegeben. Im Feld AUFLÖSUNG wird nun der gewünschte Wert von 300 Pixel/Zoll eingegeben ❹. Im Gegensatz zur Änderung der Breite hat dies keine Auswirkung auf die Anzahl der Pixel und die Bildgröße, es ändert sich lediglich den Skalierungswert in InDesign.

Bildgröße/Dateigröße

Wird ein Bitmap bei gleicher Auflösung auf die Hälfte der ursprünglichen Bildgröße verkleinert, verringert sich die Dateigröße auf ein Viertel (siehe Pixelmaße oben in den Screenshots von Abbildung 9.64).

Bildgröße verringern

Durch die Verkleinerung werden Bildinformationen gelöscht, deshalb sollten Sie diese Änderung ausschließlich an Duplikaten und nicht an Originalen durchführen.

Abbildung 9.64 ▸
Die Bilddatei wird auf ein Drittel ihrer Maße verkleinert.

Wird die neu berechnete Datei im InDesign-Dokument aktualisiert, liegt sie nun ohne Skalierung ❺ mit einer effektiven Auflösung von 300 ppi vor.

◂ **Abbildung 9.65**
Die herunter gerechnete Datei ist nun unskaliert im Layout platziert.

In Farbprofil umwandeln

Nun könnte die Datei auch noch in das gewünschte CMYK-Farbprofil umgewandelt werden. Dafür rufen Sie in Photoshop über BEARBEITEN • IN FARBPROFIL UMWANDELN den gleichnamigen Dialog auf, in dem Sie das Zielprofil ❻ wählen. Um einen Eindruck der verwendeten Farben nach der Ausgabe zu erhalten, wählen Sie in Photoshop oder InDesign ANSICHT • FARBPROOF.

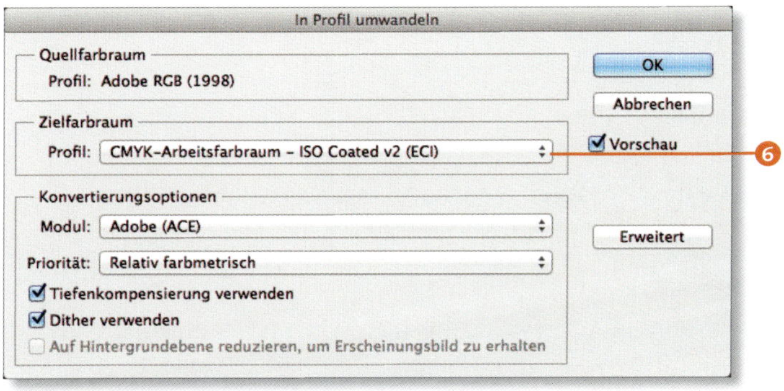

◂ **Abbildung 9.66**
Das gewünschte Farbprofil wird bei Bedarf auf die Bilddatei angewendet.

Die Umwandlung von RGB-Daten in Photoshop nach 4c ist optional: Bei einem sogenannten medienneutralen Workflow wird bis zur Ausgabe des Layouts mit RGB-Daten gearbeitet.

Medienneutraler Workflow

Beim medienneutralen Workflow sind Sie in der Lage, ein Layout etwa mit strahlenden Blautönen in ein RGB-PDF für ein Intranet auszugeben und ein CMYK-PDF mit umgewandelten Farben für den Offsetdruck.

Datei scharfzeichnen

Nach dem Verringern der Dateigröße und dem damit verbundenen Verlust von Bildinformationen bietet es sich an, die Bilddatei scharfzuzeichnen. Je mehr Bilddaten beim Verkleinern verloren gingen, desto offensichtlicher wird die Wirkung des Scharfzeichnens. Dafür wird in Photoshop FILTER • SCHARFZEICHNUNGSFILTER • UNSCHARF MASKIEREN aufgerufen. Dieser umständliche Name bezeichnet die Arbeitsweise dieses Effektes: Bereiche mit weichen Übergängen wie Haut oder Wolken können bei der Anwendung dieses Filters maskiert, also geschützt, werden. Die Scharfzeichnung wird somit auf die Bildbereiche beschränkt, die ohnehin schon Kontrast aufweisen, denn das Scharfzeichnen ist eigentlich eine Erhöhung des Kontrastes. Auf die hierfür benötigten Filterparameter haben Sie über den Dialog UNSCHARF MASKIEREN Zugriff. Schalten Sie auch hier die Vorschau ein, um die Auswirkung Ihrer Einstellungen direkt am Bildmaterial beurteilen zu können:

Abbildung 9.67 ▸
Für hochwertige Drucksachen sollten Bilder vor dem Druck grundsätzlich mit dem Photoshop-Filter UNSCHARF MASKIEREN bearbeitet werden.

Mit STÄRKE wird die Verstärkung des Kontrastes geregelt. Werte um die 100% reichen hier oft aus, empfehlenswert sind Werte etwa zwischen 80% und 200%. Der RADIUS bestimmt, wie viele Pixel des zu schärfenden Bereichs in die Kontrastverstärkung mit eingerechnet werden sollen. Bei Werten über 2 Pixel ist mit auffälligen Farbsäumen zu rechnen. Der SCHWELLENWERT bestimmt, ab welchen Farbunterschieden der Filter arbeiten soll. Hiermit wird die Maskierung von unscharfen Bildbereichen gesteuert. Bei einem Schwellenwert von 0 wird der Filter auf das gesamte Bild angewendet, es werden dann keine Bildbereiche von der Bearbeitung des Filters ausgenommen. Durch einen Schwellenwert von 10 wird im Beispiel das Gemüse, das Tiefenunschärfe aufweist, nicht scharfgezeichnet.

Bedenken Sie beim Einstellen der Parameter von UNSCHARF MASKIEREN, dass die Scharfzeichnungswirkung am Monitor deutlicher erscheint als im gedruckten Endergebnis. Das bedeutet, dass die Scharfzeichnung am Monitor ruhig etwas übertrieben wirken kann, um im Druck gut auszusehen.

Abhängig vom Bildmotiv kann man überzeugende Ergebnisse auch dadurch erzielen, dass nicht alle Farbkanäle scharfgezeichnet werden, sondern nur der Schwarz-Kanal. Dadurch entgeht man beispielsweise bei Porträts der Gefahr, Hautunreinheiten durch eine Scharfzeichnung zu betonen.

Nach diesem letzten Arbeitsschritt der Schärfung werden alle vorgenommenen Änderungen an der Größe und Auflösung, die Umwandlung in ein Farbprofil sowie die Scharfzeichnung der Bitmap-Datei mit DATEI • SICHERN in die Datei geschrieben. Nach dem Wechsel zurück zu InDesign werden nach der automatischen Aktualisierung alle grundlegenden Bildänderungen im Bedienfeld VERKNÜPFUNGEN wiedergegeben.

Auch beim PDF-Export können Sie bestimmen, ob und wie Bilddaten heruntergerechnet werden (siehe Seite 398). Die Möglichkeiten, beim Export darauf Einfluss zu nehmen, sind jedoch bei Weitem nicht mit denen von Photoshop vergleichbar, so wird beim Erstellen von PDFs auch keine Schärfung der Bilddaten vorgenommen. Hier werden in der Praxis sicher die individuellen Anforderungen an das Endergebnis entscheiden, ob und wie Bilder in Photoshop optimiert werden oder ob die Möglichkeiten von InDesign ausreichen.

Übrigens können Sie, bevor Sie den Filter UNSCHARF MASKIEREN auf ein Bild anwenden, die betreffende Ebene über das Menü FILTER • FÜR SMARTFILTER KONVERTIEREN in ein sogenanntes Smartobjekt umwandeln. Wenn Sie dann scharfzeichnen, haben Sie weiter Zugriff auf die Filtereinstellungen, ohne Smartobjekt wird der Filter direkt ins Bild gerechnet.

Smartobjekte

In Photoshop haben Sie auf Filter, die Sie auf Smartobjekte angewendet haben, weiterhin Zugriff. Diese Vorgehensweise wird als non-destruktiv bezeichnet, weil solche Arbeitsschritte die eigentlichen Bildinformationen unangetastet lassen. Deshalb kann etwa das Scharfzeichnen eines Smartobjekts zu jedem beliebigen späteren Zeitpunkt geändert oder wieder rückgängig gemacht werden.

9.11 PDF-Export

Soll ein InDesign-Layout an eine Druckerei weitergegeben werden, geschieht das meist im PDF-Format. Da Adobe seine Layoutsoftware mit der Preflight-Funktion, der Reduzierungs- und Separationsvorschau sowie praktikablen Presets zum Exportieren von Layouts als PDF ausstattet, ist eine ganze Reihe hilfreicher Funktionen an Bord, die die Erstellung von im Offset druckbaren PDFs selbst unerfahreneren Anwendern ermöglichen.

Soll ein Layout als PDF exportiert werden, wird der Befehl Datei • Exportieren aktiviert. Im Exportieren-Dialog wird als Format bzw. Dateityp Adobe PDF (Druck) ❶ gewählt.

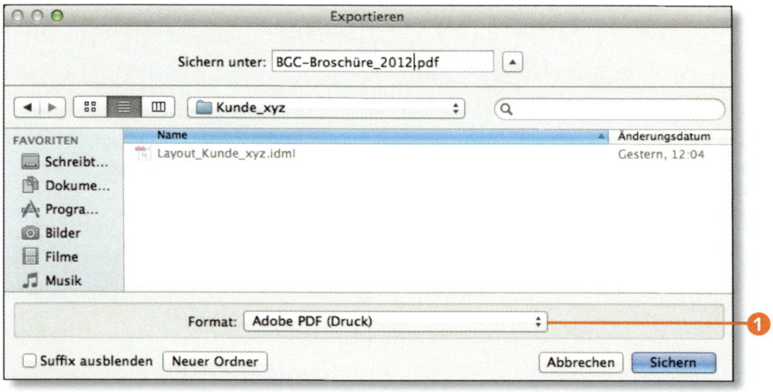

Abbildung 9.68 ▸ Nach der Anwahl des Befehls Exportieren im Menü Datei wird Adobe PDF (Druck) als Format gewählt.

PDF

Das PDF-Format (**P**ortable **D**ocument **F**ormat) wurde von Adobe entwickelt und 1993 vorgestellt. Der Vorteil von PDF-Daten liegt darin, dass Layouts beim Empfänger durch die Einbettung von Grafiken und Schriften so aussehen, wie vom Layouter vorgesehen – dabei ist zum Öffnen eines PDFs nicht das Ursprungsprogramm wie etwa InDesign notwendig, sondern nur der frei verfügbare Acrobat Reader. Auch die jeweils verwendeten Betriebssysteme sind bei der PDF-Weitergabe unerheblich.

Register »Allgemein«

Im Dialog Adobe PDF exportieren sind die diversen Einstellungs- und Kontrolloptionen in sieben Registern zusammengefasst. Da einige der Register des Dialogs Adobe PDF exportieren denen des Drucken-Dialogs entsprechen, werde ich in diesem Abschnitt nicht noch einmal auf diese eingehen. Wie auch im Drucken-Dialog lassen sich im Adobe PDF exportieren-Dialog über den Button Vorgabe speichern am unteren Dialogfeldrand selbst erstellte Presets abspeichern, die dann über Adobe PDF-Vorgabe ❷ wieder anwählbar sind. Die Optionen bei Standard, Kompatibilität und Seiten wurden bereits vorgestellt. Alles unter Optionen und Einschliessen betrifft das Aussehen und das Verhalten des PDFs, wenn es in Acrobat geöffnet wird, und spielen für die Ausgabe für einen Druckereibetrieb keine zentrale Rolle.

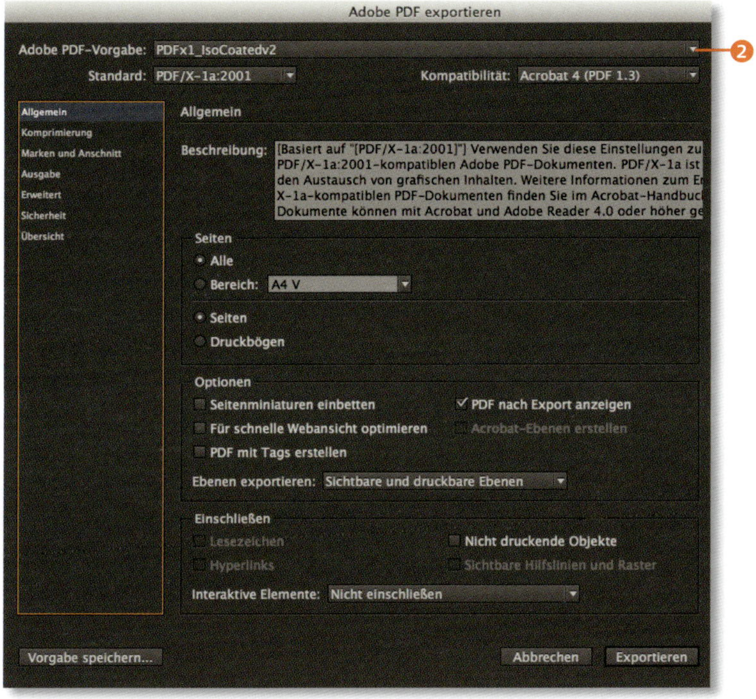

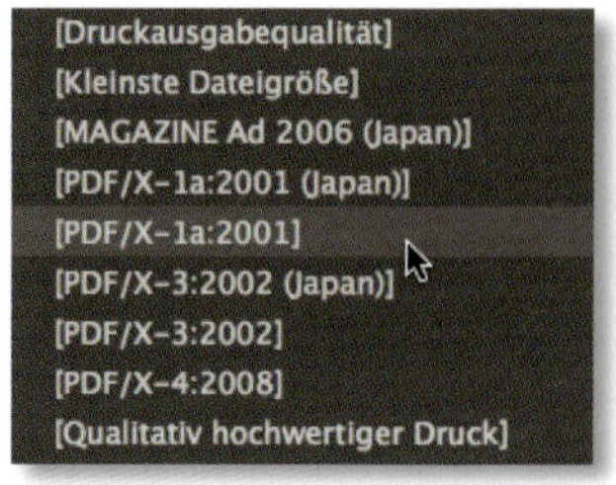

▲ **Abbildung 9.69**
Bei der Programminstallation wird auch eine Reihe praktikabler PDF-Presets installiert.

◀ **Abbildung 9.70**
Der Dialog zum Export von PDF-Daten enthält neben den Optionen, die vom DRUCKEN-Dialog bekannt sind, weitere PDF-spezifische Optionen.

PDF-Vorgaben laden

Statt selbst ein passendes Preset zu erstellen, erhalten Sie eventuell auch von Ihrem Druckdienstleister eine Vorgabedatei gestellt. Diese können Sie über einen Dialog laden, wenn Sie DATEI • ADOBE PDF-VORGABEN • DEFINIEREN aufrufen. Nach dem Betätigen des LADEN-Buttons ❸ können Sie die Datei mit den PDF-Exportvorgaben auf Ihrer Festplatte wählen. Dieses Preset ist dann im Dialog ADOBE PDF EXPORTIEREN als Adobe PDF-Vorgabe anzuwählen.

Druckerei_xyz.joboptions

▲ **Abbildung 9.71**
Wenn Sie ein PDF-Preset von Ihrer Druckerei gestellt bekommen, können Sie dieses bequem laden und anwenden.

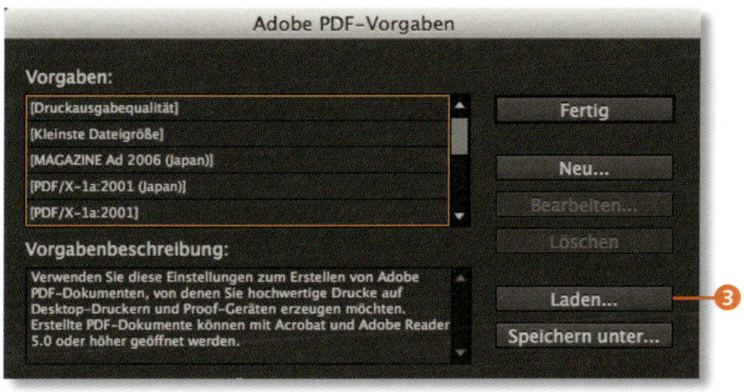

◀ **Abbildung 9.72**
PDF-Presets lassen sich einfach austauschen.

Register »Komprimierung«

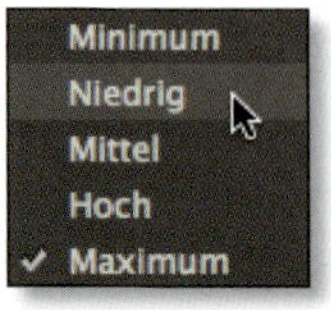

▲ **Abbildung 9.73**
Als Bildqualität von JPEGs stehen Ihnen diese fünf Stufen zur Verfügung.

Im zweiten Register können Einstellungen vorgenommen werden, die den Umgang mit Bilddaten beim PDF-Export steuern. Die von Adobe mitgelieferten Presets liefern alle vernünftige Ergebnisse. Zum Verständnis, wie InDesign beim Erstellen von PDFs vorgeht, lohnt sich ein Blick in die Komprimierungsvorgaben z. B. des Presets [Kleinste Dateigrösse]. Dieses Preset bietet sich an, wenn ein Layout zur Abstimmung per E-Mail an einen Kunden gesendet werden soll. Darüber hinaus machen PDFs mit niedrig aufgelösten Bildern durch ihre geringen Datenmengen bei der Veröffentlichung von Layouts im Kunden-Intranet oder im Internet Sinn.

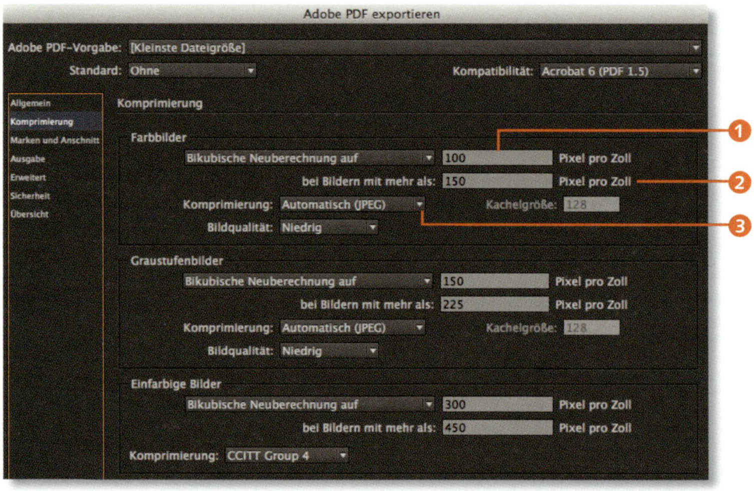

Abbildung 9.74 ▸
Das Preset [Kleinste Dateigrösse] bietet sich für alle Anwendungen an, bei denen die Bildqualität keine Priorität hat.

Das Register Komprimierung ist in die drei ähnlich aufgebauten Bereiche Farbbilder, Graustufenbilder und Einfarbige Bilder eingeteilt. Die Einstellungsmöglichkeiten werden am Beispiel Farbbilder vorgestellt. Als Interpolationsmethode ist standardmäßig diejenige gewählt, die die hochwertigsten Ergebnisse liefert: Bikubische Neuberechnung auf. Im Eingabefeld daneben kann die gewünschte Auflösung eingetragen werden ❶. Mit der Eingabe im nächsten Feld ❷ kann gesteuert werden, ab welcher Bildauflösung das sogenannte Downsampling, also die Verringerung der Auflösung, angewendet werden soll. Welche Komprimierungstechnik angewendet wird, kann bei Komprimierung ❸ angewählt werden. JPEG ist zwar ein verlustbehaftetes Verfahren, für die meisten Anwendungen ist es dennoch die beste Wahl.

Register »Marken und Anschnitt«

Die Einstellungen dieses Registers entsprechen denen des Drucken-Dialogs (siehe Seite 383).

Register »Ausgabe«

Ist eine PDF/X-1-Datei erwünscht ❹, wählen Sie bei FARBKONVERTIERUNG ❺ die Option IN ZIELPROFIL KONVERTIEREN (WERTE BEIBEHALTEN) und bei ZIEL ❻ das gewünschte Farbprofil an. Der Zusatz bei FARBKONVERTIERUNG weist darauf hin, dass keine Reduktion des Gesamtfarbauftrags stattfindet, da alle Farben, so wie sie im Layout verwendet werden, in das PDF übernommen werden. Aus diesem Grund sollte das InDesign-Dokument vor der PDF-Ausgabe mit der Ansichtsoption FARBAUFTRAG des Bedienfeldes SEPARATIONSVORSCHAU überprüft werden. Im Dokument platzierte RGB-Grafiken und in InDesign erstellte Objekte im RGB-Farbraum werden dann für die PDF-Ausgabe in das Zielprofil konvertiert.

Die Funktion des DRUCKFARBEN-MANAGERS, den Sie auch hier noch einmal antreffen, wurde bereits weiter vorn vorgestellt (siehe Seite 375). Die Einstellungen, die Sie im DRUCKFARBEN-MANAGER vornehmen, wirken immer dokumentweit, unabhängig davon, ob Sie das Dialogfenster aus dem PDF-Export-Dialog oder etwa über das FARBFELDER-Bedienfeld aufgerufen haben.

Im Bereich BESCHREIBUNG ❼ werden aufschlussreiche Texte eingeblendet, wenn Sie den Cursor über den fraglichen Eingabefeldern und Pulldown-Menüs positionieren.

Presets

Wenn Sie sich weiter über die Einstellungen der PDF-Exportpresets informieren möchten, wählen Sie einmal verschiedene PDF-Vorgaben an und beobachten, wie sich dabei die verschiedenen Einstellungen ändern.

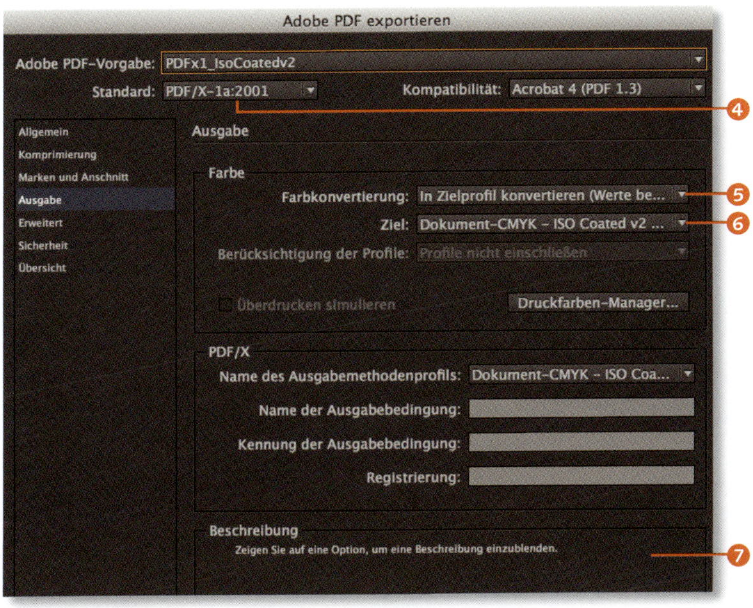

◄ **Abbildung 9.75**
Wählen Sie bei FARBKONVERTIERUNG für eine PDF/X-Datei immer IN ZIELPROFIL KONVERTIEREN (WERTE BEIBEHALTEN).

Register »Erweitert«

Im Bereich SCHRIFTARTEN können Sie festlegen, wie InDesign beim Erstellen von PDFs mit Schriften verfahren soll, die in der InDesign-Datei verwendet werden. Es gibt hierbei zwei mögliche Alternativen: Entweder wird der komplette Schriftsatz in das PDF eingebettet oder nur eine sogenannte Untergruppe. Damit sind genau die Glyphen gemeint, die auch tatsächlich im PDF verwendet werden.

Mit dem Prozentsatz im Eingabefeld ❶ können Sie steuern, welches Konzept der Schrifteinbettung angewendet werden soll. Bei 100% wird die Untergruppe, bei 0% der komplette Zeichensatz eingebettet. Mit dazwischenliegenden Werten kann gesteuert werden, dass beispielsweise Schriften, deren Glyphensatz zu 50% im Layout verwendet wird, komplett eingebettet werden.

Die Möglichkeit, bei der Ausgabe ein bestimmtes Transparenzreduzierungs-Preset anzuwenden, ist bereits weiter vorn erläutert worden (siehe Seite 369). Da für PDF/X-konforme Dateien keine Sicherheitseinstellungen vorgesehen sind, gehe ich auf das Register SICHERHEIT nicht ein. Die Funktion des Registers ÜBERSICHT ist schon im Abschnitt auf Seite 388 vorgestellt worden.

Abbildung 9.76 ▼
Im Register ERWEITERT können Sie steuern, wie Schriften in das PDF eingebettet werden.

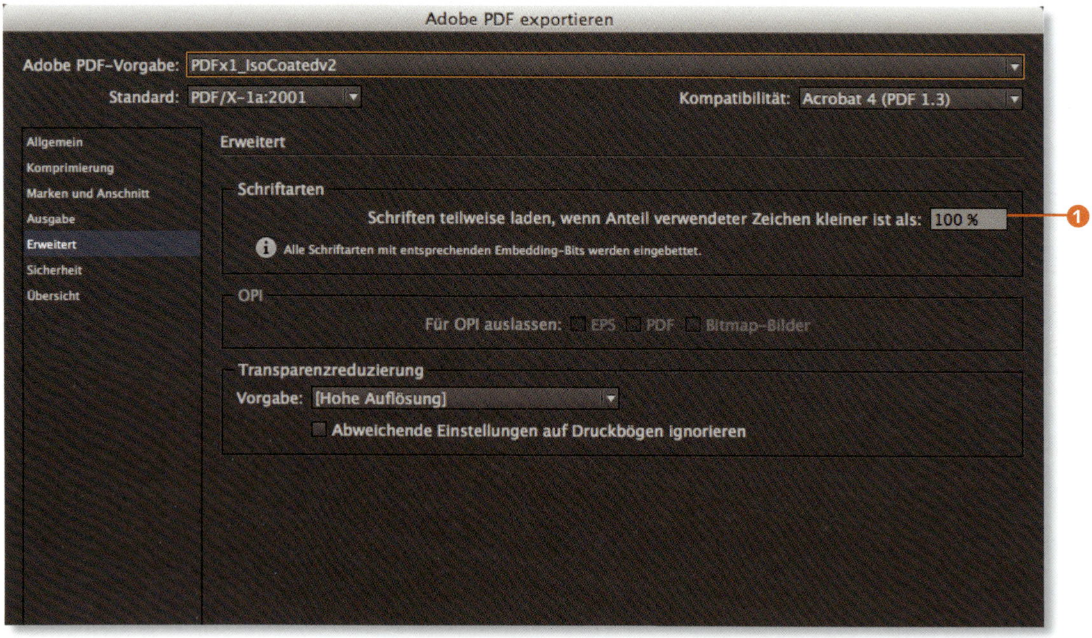

9.12 Verpacken – InDesign-Dateien weitergeben

Bevor sich das PDF-Format zum Standard der Druckdaten entwickelte, wurden offene InDesign-Dokumente mit allen verwendeten Schriften und Bilddaten an die Druckdienstleister verschickt. Um alle relevanten Daten einer Layoutdatei zusammenzuführen, gibt es den Befehl VERPACKEN im Menü DATEI. Das durch diesen Befehl von InDesign ausgeführte Sammeln von Daten macht auch heute noch Sinn, etwa, wenn Bilddaten von verschiedenen Datenträgern wie Server, CD und Festplatte stammen und zur zentralen Verwaltung auf dem Rechner zusammengeführt werden sollen, auf dem das Layout erstellt wird. Das Verpacken sollte ebenso ausgeführt werden, wenn Layoutdaten an Kollegen weitergegeben werden sollen, oder wenn ein Layout auf verschiedenen Rechnern bearbeitet werden soll. Eine weitere Gelegenheit für die Anwendung dieses Befehls bietet sich bei der Archivierung der Layoutdaten. Wenn alle Daten eines Layouts in einem Verzeichnis abgelegt sind, kann hiervon ohne Weiteres ein Sicherungsmedium wie eine CD oder DVD gebrannt werden.

Wird der Befehl VERPACKEN angewählt, wird zunächst der Bereich ÜBERSICHT ❷ über die verwendeten Daten eingeblendet. Dabei werden Sie gegebenenfalls schon auf mögliche Probleme hingewiesen. In folgendem Beispiel liegen die Verknüpfungen und Bilder des Dokuments in RGB vor und werden deshalb angemerkt ❸.

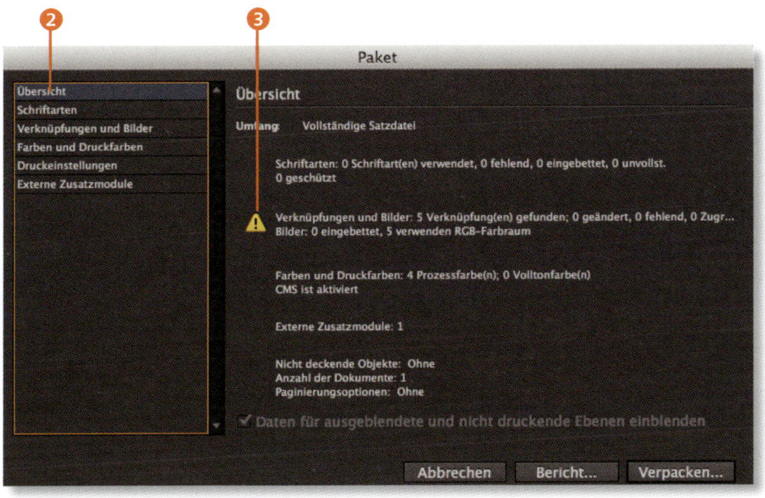

◂ **Abbildung 9.77**
Durch den Befehl VERPACKEN werden zunächst alle relevanten Informationen der Layoutdatei eingeblendet.

Die im Dialogfenster PAKETE bereitgestellten Informationen können über sechs Register genauer begutachtet werden, so dass sich beispielsweise die Bilddaten in einer Übersicht anzeigen lassen. Ist von Ihrer Seite alles in Ordnung mit allen im Dokument verwendeten Bildern, Schriften, Farben usw., können Sie den VERPACKEN-Button betätigen. Dadurch werden Sie zu einem Dialog geführt, in dem Sie den Speicherort und den Verzeichnisnamen für alle zusammengetragenen Daten angeben können.

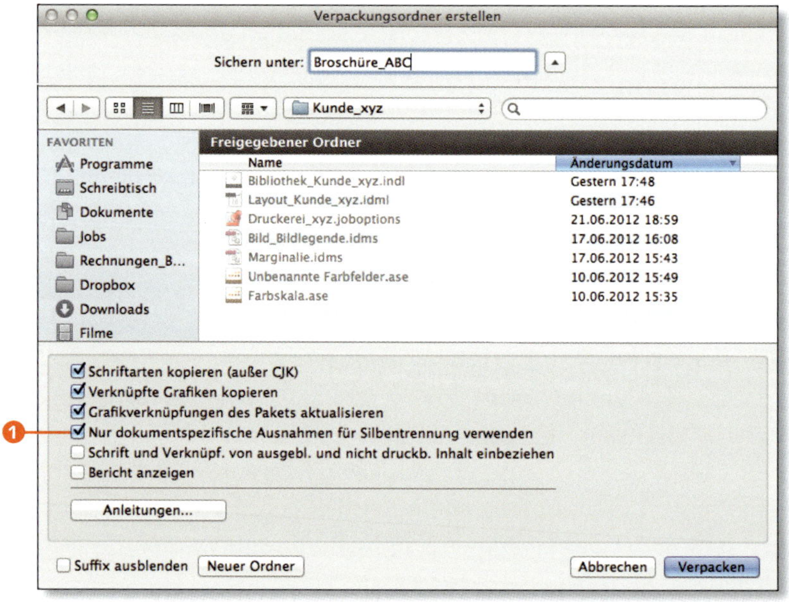

Abbildung 9.78 ▸
InDesign sammelt auf Knopfdruck alle verwendeten Daten eines Layouts in einem neuen Verzeichnis.

Durch das Betätigen des VERPACKEN-Buttons wird ein neues Verzeichnis erstellt, in das die InDesign-Datei und jeweils Unterverzeichnisse für die verwendeten Schriften und Grafiken kopiert werden. Dieses kann dann z. B. auf CD/DVD gebrannt werden. Nun haben Sie zwei gleich lautende Dateien auf dem Rechner, wobei die Ursprungsdatei weiter geöffnet ist. Am besten schließen Sie diese gleich und löschen sie dann.

Achten Sie auf die Option, die die Silbentrennung betrifft: Diese sollten Sie aktivieren ❶, wenn die Datei auf einem anderen Rechner weiterbearbeitet werden soll. Ansonsten kann es zu Umbruchabweichungen kommen, wenn am Text weitergearbeitet wird und auf beiden Rechnern verschiedene Trennvorgaben/Wörterbücher verwendet werden.

10

Digital Publishing

Neues Lesen – neue Designstrategien

- Was ist Digital Publishing?
- Welche Dateiformate werden dabei verwendet?
- Welche Besonderheiten gibt es zu beachten?
- Wie kann ich Layouts für verschiedene Geräte ausgeben?
- Wie kann ich meinen Layouts Interaktivität hinzufügen?

10 Digital Publishing

Amazon
Im Mai 2011 veröffentlichte Amazon eine Pressemitteilung: amazon.com verkauft seither auf dem nordamerikanischen Markt mehr Kindle-Bücher als gedruckte Werke (für die es keine Kindle-Version gibt).

Neben der Ausgabe von Layouts für den Druck rückt die Veröffentlichung von Inhalten für digitale Endgeräte immer weiter in den Fokus der Mediengestalter. In diesem Kapitel werde ich Ihnen einen Überblick über grundlegende Konzepte zur Erstellung von Daten geben, die auf unterschiedlichen Geräten verfügbar sein sollen. Zum Abschluss lernen Sie noch die diversen Möglichkeiten kennen, um PDFs mit Interaktivität oder Formulareigenschaften zu versehen.

10.1 Digitales Publizieren

Mit der zunehmenden Verbreitung von Tablet-Geräten, auf denen Bücher und Magazine gelesen werden können, steht der Printdesigner mit der Produktion von für Tablets geeigneten Daten neuen Herausforderungen und Möglichkeiten gegenüber. Für den Tablet-Markt werden aus InDesign zwei gesonderte Dateiarten erstellt: EPUB für E-Books und Folio für digitale Magazine.

▼ Abbildung 10.1
Zwei völlig unterschiedliche Medien für den Tablet-Markt: ein E-Book im Kindle Previewer und ein digitales Magazin.

Kindle Previewer

Wasserfahrzeuge

Im Jahr 2004 wird die Wasser Marsch auf ihr zehnjähriges Engagement für Wasserfahrzeuge in Ruhrgebiet-Lippe zurückblicken. Was 1994 von „Überzeugungstätern" in Bochum als „Selbstversuch" begonnen wurde, hat sich 2004 in einer „strategischen Gesamtplanung Wasserfahrzeuge" manifestiert. Kernpunkt ist die „Wasserfahrzeug", die „Wasser Marsch und lokaler Händler". Gemeinsam wollen es die lokalen Autohändler und die Wasser Marsch schaffen, dass 2010 rund 1.000 Wasserfahrzeuge im Versorgungsgebiet der Aquaplaning unterwegs sind.

Erste Erfolge

Und dies trotz der relativ kleinen Aquaplaning-Stammbelegschaft von 77 Personen mit kleinem Budget (75.000 EURO für 2003, 100.000 Euro für 2004 für den Bereich Wasserfahrzeuge) und kleiner bis mittlerer Größe der kooperierenden Händler. Die ersten Erfolge wurden mit einem speziell auf den relativ dünn besiedelten, ländlichen Versorgungsraum zugeschnittenen, dreistufigen Marketingkonzept realisiert. Durch die - auch formale - Einbindung der örtlichen Autohändler werden die Chancen für eine breitere Vermarktung von Wasserfahrzeugen erheblich steigen.

3% locations 7 - 16 191

3% 7 - 16

INTERVIEW

Optimismus ist kein Luxus

„Innovation, umweltschonender Umgang mit Energie und die Suche nach neuen Anwendungsfeldern für unser Produkt Wasser, das sind gleich drei gute Gründe, sich für Wasser im Verkehr zu engagieren. Nach den ersten Henne-Ei-Diskussionen, wie man am besten anfängt, hat die Wasser Marsch mit dem eigenen Fuhrpark und einer kleinen Tankstelle auf dem Hof die Entwicklung gestartet.

DIESE ZEITSCHRIFT: **Hi Steve – schön, dass Du Dir Zeit für ein umfassenderes Interview nimmst! Die ersten Erfolge wurden mit einem speziell auf den relativ dünn besiedelten, ländlichen Versorgungsraum zugeschnittenen, dreistufigen Marketingkonzept realisiert. Durch die – auch formale – Einbindung der örtlichen Autohändler werden die Chancen für eine breitere Vermarktung von Wasserfahrzeugen erheblich steigen.**
STEVE: Und dies trotz der relativ kleinen Aquaplaning-Stammbelegschaft von 77 Personen mit kleinem Budget (75.000 EURO für 2003, 100.000 Euro für 2004 für den Bereich Wasserfahrzeuge) und kleiner bis mittlerer Größe der kooperierenden Autohändler.

DZ: **Die Wassermarsch GmbH mit Sitz in Bochum ist eine hundertprozentige Tochtergesellschaft der Vereinigten Kälte- und Wasserversorgung GmbH, und somit eingebunden in die Gelsenwasser-Gruppe.**
STEVE: Die Wasser Marsch ist heute Energiepartner für 13 Städte und Gemeinden in Ruhrgebiet und im angrenzenden Süd-Niedersachsen. Die Wasserabgabe über ein Rohrnetz von 1.273 km Länge betrug im Jahr 2000 insgesamt 1.697 Mio. kWh, davon an Haushalte 959 Mio. kWh (das sind 43.460 Haushalte), Industrie 304 Mio. kWh, Kureinrichtungen, Kliniken, öffentliche Einrichtungen 255 Mio. kWh, Handel und Gewerbe 179 Mio. kWh. Die Wasser Marsch ist heute Energiepartner für 13 Städte und Gemeinden in Ruhrgebiet. 1.273 km Länge betrug im Jahr 2000 insgesamt 1.697 Mio. kWh, davon an Haushalte 959 Mio. kWh (das sind 43.460 Haushalte), Industrie 304 Mio. kWh, Kureinrichtungen, Kliniken, öffentliche Einrichtungen 255 Mio. kWh, Handel und Gewerbe 179 Mio. kWh.

DZ: **Im Jahr 2004 wird die Wasser Marsch auf ihr zehnjähriges Engagement für Wasserfahrzeuge in Ruhrgebiet-Lippe zurückblicken. Was 1994 von „Überzeugungstätern" in Bochum als „Selbstversuch" begonnen wurde, hat sich 2004 in einer „strategischen Gesamtplanung Wasserfahrzeuge" manifestiert.**
STEVE: Die ersten Erfolge wurden mit einem speziell auf den relativ dünn besiedelten, ländlichen Versorgungsraum zugeschnittenen, dreistufigen Marketingkonzept realisiert.

DZ: **Durch die – auch formale – Einbindung der örtlichen Autohändler werden die Chancen.**
STEVE: Die Wassermarsch GmbH mit Sitz in Bochum ist eine hundertprozentige Tochtergesellschaft der Vereinigten Kälte- und Wasserversorgung GmbH, Rheda-Wiedenbrück, und somit eingebun-

Die Wasser Marsch ist heute Energiepartner für 13 Städte

In Ruhrgebiet und im angrenzenden Süd-Niedersachsen

10.2 EPUB/HTML – E-Books erstellen

Im Gegensatz zum Folio-Format ist das EPUB-Format (.epub) eher mit einer Webseite als mit einem Printprodukt zu vergleichen. Designer, die Erfahrungen im Webdesign gesammelt haben, werden hier viele Gestaltungsprinzipien wiederfinden – mitsamt den spezifischen Einschränkungen, aber eben auch mit den Möglichkeiten einfacher Webseiten. Zur Technik von EPUBs sind vor allem HTML, CSS und JavaScript zu zählen. Ein grundlegendes Verständnis dieser Technologien ist für das Erstellen und die Bearbeitung von EPUB-Daten unabdinglich. Denn obwohl Adobe mit der Veröffentlichung von InDesign CC viel dafür getan hat, dass der Export von InDesign-Daten in das EPUB-Format kaum noch eine Nachbearbeitung der HTML- und CSS-Daten benötigt, ist mit einem gewissen Arbeitsaufwand bei EPUBs immer noch zu rechnen, nachdem InDesign die Datei erstellt hat.

Wann welches Format?
Sollen lange, lineare Texte mit wenig Abbildungen veröffentlicht werden, bietet sich das EPUB-Format an. Soll der Anwender nur geringen Einfluss auf die Darstellung des Layouts haben, sollte das Folio-Format bevorzugt werden. Darüber hinaus müssen natürlich die jeweiligen Gegebenheiten des Endgerätes berücksichtigt werden.

Wie bei Webseiten ist auch beim Veröffentlichen von EPUBs weder die genaue Darstellungsgröße, -auflösung noch die Software bekannt, mit der der Anwender die erstellte Datei ansehen wird, da E-Books auf diversen Endgeräten dargestellt werden. Hinzu kommt, dass der Betrachter auf den verschiedenen Lesegeräten die Möglichkeit hat, das Aussehen eines Textes etwa durch die Veränderung der Darstellungsgröße oder der Schriftart selbst zu ändern ❶. Dieser Umstand muss beim Erstellen von Daten, die als EPUB ausgegeben werden sollen, von Anfang an berücksichtigt werden. Letztlich betrachtet der User ein E-Book auf seinem Gerät mit einem Browser, der bloß Darstellungsmöglichkeiten bietet, die an die Anfangszeit des Internets erinnern.

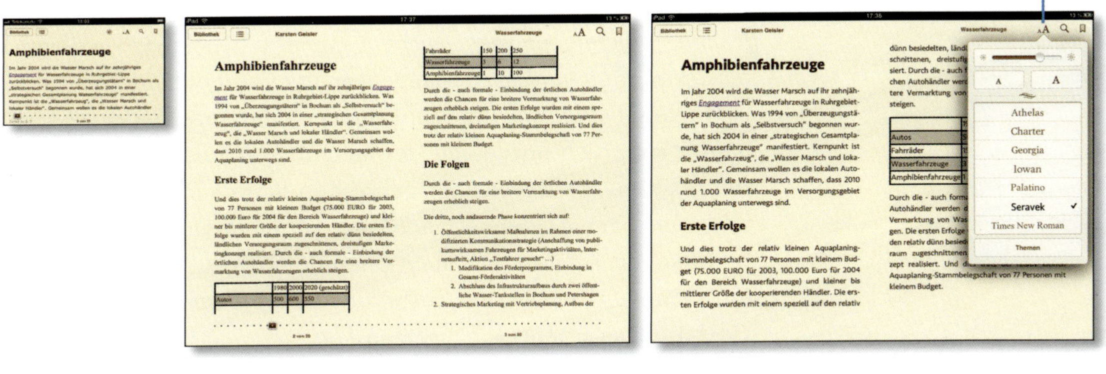

▼ **Abbildung 10.2**
Dasselbe E-Book auf iPhone und iPad in verschiedenen Schriftarten und -größen.

Anlage einer Datei für EPUB

Zielmedium Web

Neben Druck und Digitale Veröffentlichung ist als dritte Option noch Web im Pulldown-Menü Zielmedium wählbar. Dieses ist für Layouts vorgesehen, die als PDF- oder Flash-Datei im Internet veröffentlicht werden sollen.

Obwohl das konkrete Ausgabeformat, in dem das EPUB später gelesen werden wird, unbekannt und variabel ist, muss in InDesign doch eine konkrete Seitengröße eingegeben werden. Wenn Sie Datei • Neu • Dokument wählen und im Dialogfenster Neues Dokument als Zielmedium Digitale Veröffentlichung ❶ auswählen, ändern sich die Einheiten zu px, als Seitenformat ❷ ist das Preset iPad angewählt und 1024×768 px, Querformat voreingestellt. Damit legen Sie ein InDesign-Dokument mit der Bildschirmgröße des iPad 2 an.

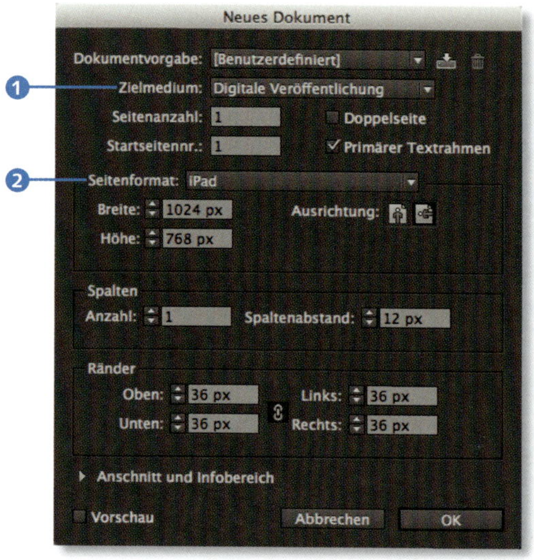

Abbildung 10.3 ▸ EPUB-/HTML-Daten kennen im Wortsinn kein Seitenformat, in InDesign müssen Sie dennoch eines definieren.

Das neue Dokument kann nun gesetzt werden. Gängige Gestaltungselemente wie etwa Mehrspaltigkeit brauchen in einem Layout, das als EPUB ausgegeben werden soll, nicht in Betracht gezogen zu werden. Dasselbe gilt für Gestaltungselemente auf Mustervorlagen, da diese nicht automatisch beim EPUB-Export berücksichtigt werden. Genauso verhält es sich mit statischen Seitenzahlen: Diese brauchen für E-Books nicht angelegt zu werden, da der Umbruch und damit der Seitenumfang u.a. von der Bildschirmgröße, der im Reader gewählten Schrift und von der Entscheidung des Anwenders abhängt, ob er das E-Book horizontal oder vertikal liest. Somit empfiehlt es sich aufgrund der vielen Einschränkungen bei der Gestaltung von E-Books, eher weniger Gestaltungselemente einzusetzen.

Print oder EPUB

Da sich die jeweiligen Vorgaben für Print bzw. EPUB doch in wesentlichen Bereichen unterscheiden, dürfte es in den meisten Fällen einfacher sein, neue InDesign-Dokumente für den EPUB-Export zu erstellen, als bestehende Print-Layouts für die EPUB-Ausgabe anzupassen.

HTML und CSS

Absatz- und Zeichenformate spielen bei der Gestaltung von EPUBs weniger zur Definition einer konkreten Typografie eine Rolle, als vielmehr zur sauberen Zuweisung von sogenannten Tags. Diese werden in HTML verwendet, um Texten eine bestimmte Gestaltung zuzuweisen. Die konkrete Formatierung wiederum ist in einer CSS-Datei hinterlegt, auf die die HTML-Dateien verweisen. Somit sind Inhalt (HTML) und Formatierung (CSS) strikt voneinander getrennt. Durch diese Trennung wird zweierlei erreicht. Erstens, der Code der HTML-Dateien wird übersichtlicher (und kürzer und damit kleiner), weil die konkreten Angaben, wie etwa die Definition der Schriftart, -größe und des Zeilenabstands, in die CSS-Datei ausgelagert werden. Zweitens wird die Verwaltung und ggf. eine Änderung des Aussehens von HTML-Daten durch die Bündelung in eine CSS-Datei deutlich vereinfacht. Soll beispielsweise die Schriftart für eine große Anzahl HTML-Seiten eines EPUBs oder einer Website geändert werden, muss dies eben nicht in jeder einzelnen HTML-Datei umgesetzt werden. Es muss nur noch die eine CSS-Datei modifiziert werden, von der alle HTML-Dateien ihre Gestaltung beziehen.

Cascading Style Sheets

Üblicherweise wird dieser Begriff nicht ins Deutsche übersetzt. Er bedeutet so viel wie »Sich vererbende Formatangaben«. Dieses Prinzip kennen Sie von den Absatzformaten: Sie können Absatzformate mit der Option ALLGEMEIN • BASIERT AUF aufeinander aufbauen lassen. Nicht weiter geänderte Absatzformatierungen werden dadurch auf das »Kind«-Absatzformat weitervererbt (siehe Seite 137).

Updates

Wie schnell die Entwicklung im Bereich des Digital Publishing vonstattengeht, erkennen Sie auch an den kurzen Upgradezyklen der diversen Programme, die hierbei zum Einsatz kommen.

Weitere Editoren

Wenn Sie häufiger E-Books erstellen, empfiehlt es sich, dass Sie sich mit weiteren Programmen beschäftigen, mit denen Sie die von InDesign CC exportierten HTML- und CSS-Daten weiter bearbeiten können: *Sigil* und *Kindle Previewer*. Beide stehen für Windows und Macintosh zum kostenlosen Download bereit. Mit Sigil können Sie die verschiedenen Dateien eines EPUBs, ähnlich wie mit einem WYSIWYG-Web-Entwicklungstool wie Adobe Dreamweaver, nachbearbeiten. Darüber hinaus kann Sigil auch auf Grundlage der verwendeten Absatzformate Inhaltsverzeichnisse erstellen. Der Kindle Previewer von Amazon hingegen kann die erstellten EPUBs für verschiedene Kindle-Versionen auf dem Rechner simulieren. Neben diesen beiden sind noch zwei weitere Programme eine Erwähnung wert: zum einen *Adobe Digital Editions* für die Anzeige und *Calibre* zur weiteren Bearbeitung von EPUBs. Auch diese beiden Hilfsprogramme können Sie sich kostenfrei aus dem Internet herunterladen und installieren.

epubzengarden.com

Unter dieser Adresse finden Sie eine Website, deren Aussehen Sie durch die Anwahl verschiedener CSS-Dateien im Menü CHANGE THE STYLE ändern können. Der Inhalt – die HTML-Datei – bleibt davon unberührt.

Die Datei finden Sie unter dem Namen »Layout_nach_EPUB.epub«.

Zur Verdeutlichung, wie HTML und CSS zusammenarbeiten, öffnen Sie die Datei »Layout_nach_EPUB.epub« mit dem Programm Sigil (*code.google.com/p/sigil/*). Sie sehen dieselbe Datei in einer Vorschau, die die Datei ähnlich einem E-Book-Reader darstellt. Schauen wir uns die Verzeichnisstruktur einer EPUB-Datei in Sigil an, sehen wir die von InDesign CC generierten XHTML-Daten in einem TEXT-Verzeichnis ❶. Diese XHTML-Datei verweist auf die CSS-Datei »idGeneratedStyles.css« im STYLES-Verzeichnis ❷.

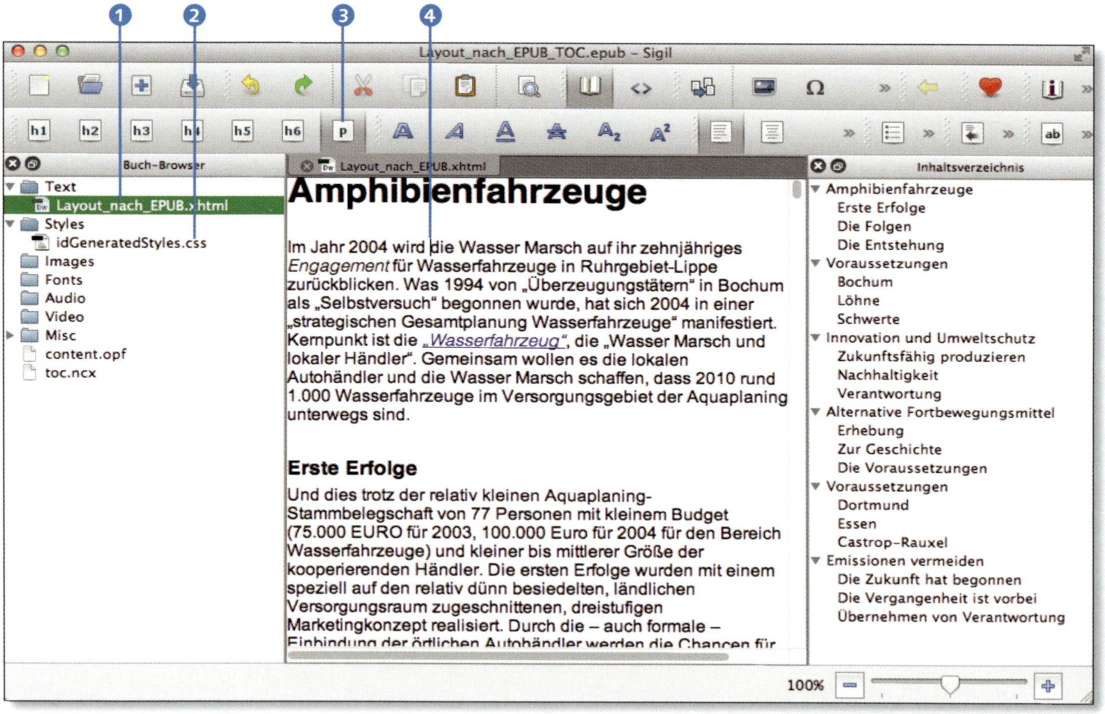

▲ **Abbildung 10.4**
Eine EPUB-Datei wird im Programm Sigil kontrolliert.

Im Beispiel sehen Sie den Cursor im ersten Absatz ❹. Dass dieser Textabschnitt als normaler Text gekennzeichnet (aus dem Englischen: getaggt) ist, erkennen Sie am gedrückten Button mit dem P ❸ in der Formatierungsleiste. Dieses Kennzeichnen/Taggen von Texten nimmt InDesign beim EPUB-Export vor. Die Software greift dabei einfach auf die durch Absatz- und Zeichenformate realisierten Formatierungen zurück. Wobei es hier vielmehr um die Art und Position von Formatierungen als um deren Gestaltung geht.

XHTML/HTML

Diese Abkürzungen stehen für Extensible/Hypertext Markup Language.

In XHTML werden die Tags, die dem Browser oder dem E-Book-Reader mitteilen, wie Text dargestellt werden soll, fast ausschließlich paarweise angewendet: in einer öffnenden `<beliebiges-Tag>` und einer schließenden Version `</beliebigesTag>`. Dabei wird zwischen Block- und Inline-Elementen unterschieden. Block-Elemente formatieren absatzweise und entsprechen damit den InDesign-Absatzformaten. Sollen innerhalb von Absätzen einzelne Textpassagen anders formatiert werden, kommen hingegen Inline-Elemente zum Einsatz, die so den Zeichenformaten in InDesign entsprechen.

Block- und Inline-Elemente

Da Block-Elemente immer absatzweise eingesetzt werden müssen, können sie keine weiteren Block-Elemente enthalten. Inline-Elemente können hingegen ineinander verschachtelt werden. Detaillierte Beschreibungen zu (Web-)HTML finden Sie unter *http://de.selfhtml.org*.

Der Tagsexport

Für EPUB-HTML steht dem Designer eine Liste von sieben Standard-HTML-Tags zur Kennzeichnung von Block-Elementen/Absätzen zur Verfügung. Eines haben Sie eben schon in Sigil kennengelernt: das p-Tag ❸, die anderen finden Sie links davon. Diese sieben Standard-Tags finden Sie in InDesign im Bereich Tagsexport innerhalb der Absatzformatoptionen eines beliebigen Absatzformats.

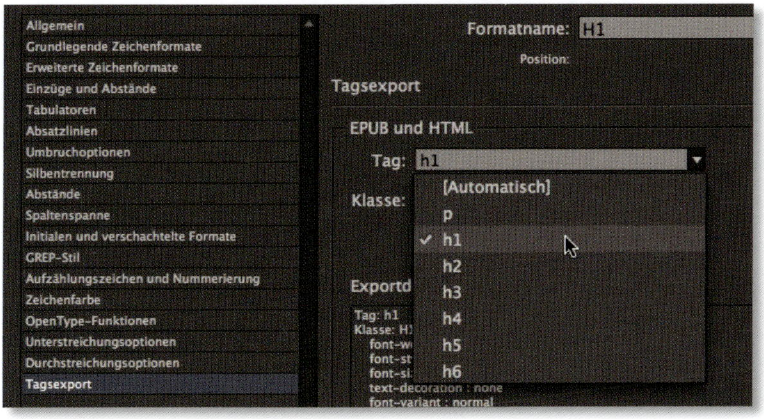

◂ **Abbildung 10.5**
Es stehen sieben Standard-Tags zur Weitergabe an HTML-Dateien zur Verfügung.

Die Logik hinter diesen Tags: »p« steht für das englische *paragraph*, also *Absatz*. »h1« bis »h6« stehen für sechs Größen von Überschriften, engl. *heads*. Dabei ist »h1« die größte und damit wichtigste Überschrift, die zur Verfügung steht. Es lassen sich durchaus mehr Formate zuweisen.

Analog zu den Block-Elementen lassen sich aus InDesign drei Standard-Tags für Inline-Elemente über die Zeichenformatoptionen zuweisen.

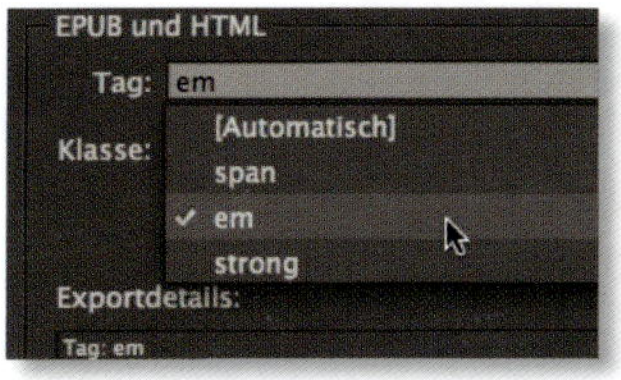

▴ **Abbildung 10.6**
Bei den Inline-Elementen stehen drei Tags zur Auswahl.

Der Klassen-Export

Sobald Sie etwa für Fließtexte mehr als zwei Absatzformate verwenden, reicht hierfür nicht mehr das reine p-Tag, um beide in einer HTML-Datei zu kennzeichnen. Hierfür benötigen Sie Klassen, die etwa p-Tags weiter differenzieren können.

Wenn Sie z. B. mit den beiden Absatzformaten »body_ohne_Einzug« und »body_mit_Einzug« arbeiten, erhalten beide in den Absatzformatoptionen im Bereich Tagsexport das Tag p zugewiesen. Das bedeutet, dass InDesign CC beim HTML-Export alle Absätze mit öffnenden und schließenden p-Tags einrahmt. Außerdem versieht InDesign die jeweiligen Absätze automatisch mit Klassennamen, die dem Formatnamen entsprechen, Sie können aber bei Klasse auch explizit eigene Namen vergeben. Verwenden Sie bei der Benennung von Absatz- und Zeichenformaten nur Buchstaben und Unterstriche; auf Umlaute und Leerzeichen sollten Sie verzichten.

Keine Sonderzeichen

Absatz- und Zeichenformatnamen sollten keine Umlaute und Leerzeichen enthalten. Diese können beim Generieren von CSS-Daten zu unschönen, schlecht lesbaren Namensvarianten führen.

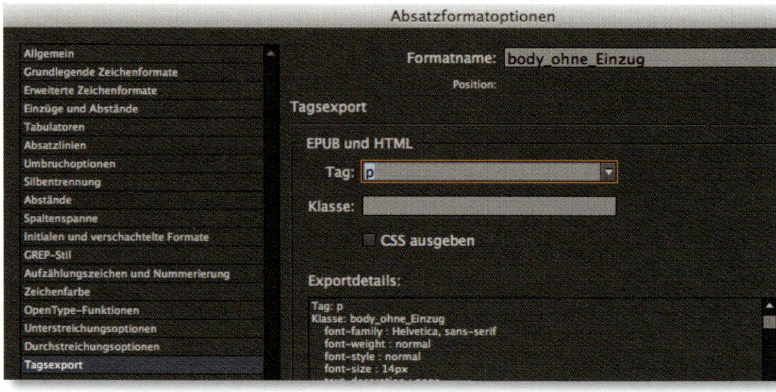

Abbildung 10.7 ▸
Klassennamen werden im Bereich Tagsexport der Absatzformatoptionen benannt.

In der Codeansicht von Sigil sieht der so getaggte aus InDesign exportierte Code dann folgendermaßen aus:

```
    <h1 class="H1" id="_idParaDest-1">Amphibienfahrzeuge</h1>

    <p class="body_ohne_Einzug">Im Jahr 2004 wird die Wasser Mars
auf ihr zehnjähriges <em class="auszeichnung">Engagement</em> für
Wasserfahrzeuge in Ruhrgebiet-Lippe zurückblicken.</p>

    <p class="body_mit_Einzug">Die ersten Erfolge wurden mit eine
speziell auf den relativ dünn besiedelten, ländlichen
Versorgungsraum zugeschnittenen, dreistufigen Marketingkonzept
realisiert.</p>
  </div>
</body>
</html>
```

Abbildung 10.8 ▴▸
Mit einem Klick auf den Quelltext-Button können Sie sich einen Überblick über den Code verschaffen.

In den Menüs der beiden Bedienfelder Absatzformate und Zeichenformate finden Sie den Eintrag Alle Exporttags bearbeiten. Er zeigt in einer Übersicht die vorgenommenen Tag-Zuordnungen aller InDesign-Formate an. Hier können auch neue Zuweisungen vorgenommen und bestehende bearbeitet werden. Außerdem sehen Sie hier in der Spalte Css ausgeben ❶, ob das betreffende Format in die CSS-Datei aufgenommen wird.

CSS ausgeben

Diese Option regelt nur, ob die generierte CSS-Datei bestimmte Stildefinitionen enthält. Die Tags werden in jedem Fall in die XHTML-Datei geschrieben.

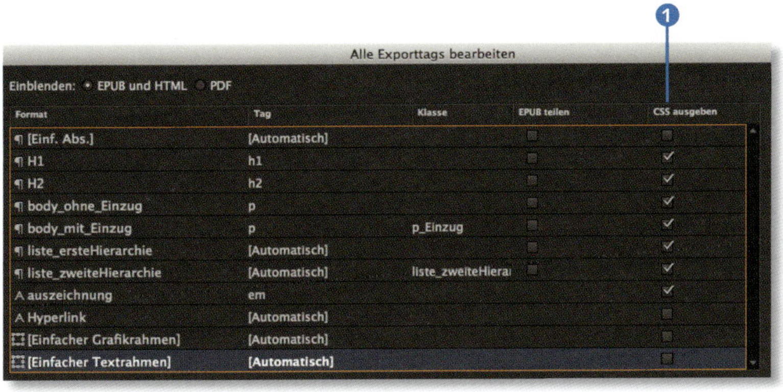

◂ **Abbildung 10.9**
Alle Exporttags bearbeiten bietet eine Übersicht über alle Absatz- und Zeichenformate und deren Tag-Zuordnungen.

Diese Einstellungen können Sie am Dokument »Layout_nach_EPUB.indd« aus dem Beispielmaterial nachvollziehen.

Die Datei »Layout_nach_EPUB.indd« finden Sie im Beispielmaterial.

Bilder in EPUBs

Nachdem wir uns bisher mit Text beschäftigt haben, sehen wir uns an, was es bei Bildern bezüglich EPUBs zu beachten gilt.

Um sich die Anforderungen an Bilder in E-Books zu vergegenwärtigen: E-Books sind im Grunde beliebig lange Webseiten, bei denen jedes Element vom Schriftzeichen bis zum Bild eine eindeutige Position hat. Versuchen Sie sich vorzustellen, dass jedes Element des Layouts im E-Book wie auf einer Perlenschnur aufgereiht ist. Bei zusammenhängenden, langen Texten stellt das weder an das Layout noch an die HTML-Datei besondere Anforderungen. In dem Moment, in dem Bilder oder erläuternde Texte, die nicht im Fließtext stehen, hinzukommen, müssen derartigen Elementen im Layout – oder besser: im Textfluss – eindeutige Positionen zugewiesen werden.

Um das Vorgehen von InDesign CC zu verstehen, wenn ein Layout als EPUB exportiert wird, das nicht optimiert wurde, sehen wir uns folgendes zweiseitiges Layout an, das für die Printausgabe gestaltet wurde. Links ist das PDF zu sehen, rechts die Datei als EPUB exportiert und in Sigil geöffnet.

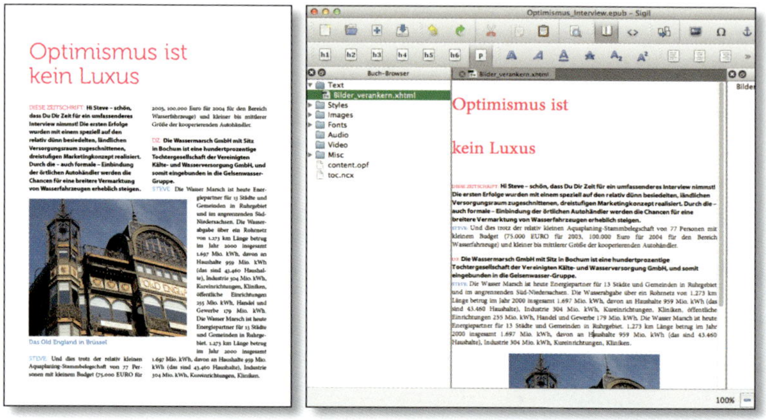

Abbildung 10.10 ▸
Wird das Layout (links) nicht für den EPUB-Export optimiert, stellt InDesign alle Bilder ans Ende des E-Books.

Verankerte Objekte

Sollen im Text verankerte Objekte bearbeitet oder aus der Verankerung gelöst werden, rufen Sie den entsprechenden Befehl über OBJEKT • VERANKERTES OBJEKT oder das Kontextmenü auf.

InDesign liest ein Layout von links oben nach unten und arbeitet sich dann weiter nach rechts vor. Dass in dem gezeigten Beispiel das Bild ans Ende des E-Books gestellt wurde, liegt daran, dass der gesamte Text ein zusammenhängender, verketteter Text ist und von InDesign als ein Objekt erfasst wird. Das Bild ist auf dem Layout zwar das zweite Objekt, wird aber erst nach dem gesamten Text im E-Book eingebunden.

Objekte im Text verankern

Damit die Bilder auch im E-Book weiter an den richtigen Textstellen stehen, werden sie im Text verankert. Mit dem Auswahlwerkzeug wird das kleine Quadrat an der oberen Objektbegrenzung ❶ an die gewünschte Textstelle im Layout gezogen ❷.

Abbildung 10.11 ▸
Zum Verankern von einzelnen Objekten oder Gruppen wird das Quadrat in die gewünschte Textstelle gezogen.

Damit die Bildlegenden auch im E-Book weiter bei den Bildern stehen, können Bild und Bildlegende mit dem Auswahlwerkzeug bei gedrückter [⇧]-Taste markiert und über OBJEKT • GRUPPIEREN zu einer Objektgruppe zusammengefügt werden. Eine solche Gruppe kann wie einzelne Objekte im Text verankert werden und erscheint im E-Book dann auch an der gewünschten Stelle im Textfluss.

Darstellung

Die Darstellung von EPUB-Daten in Sigil oder Adobe Digital Editions lässt nur bedingt Rückschlüsse auf das Aussehen des E-Books auf konkreten Ausgabegeräten zu. Hier heißt es testen, testen, testen.

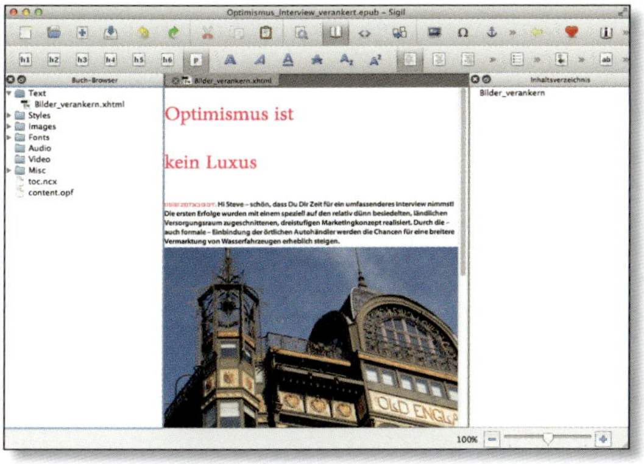

◂ **Abbildung 10.12**
Durch die Verankerung im Textfluss steht das Bild samt Bildlegende jetzt immer an der richtigen Stelle.

Übrigens ist das Verankern von Objekten keine Funktion, die auf das Erstellen von E-Books beschränkt ist. Vor allem bei langen Dokumenten wie Büchern, bei denen weiterführende kürzere Texte, die sogenannten Marginalien, bestimmten Textstellen zugeordnet sind, kommen verankerte Objekte zum Einsatz, damit diese mit dem Fließtext bei einer Umbruchänderung stets an der passenden Stelle stehen bleiben.

Es bleibt zu definieren, wie sich Bilder bei verschiedenen Ausgabegrößen verhalten sollen: Sollen sie eine vom Ausgabegerät unabhängige absolute, unveränderliche Größe beibehalten oder sollen sie sich an die Ausgabegröße anpassen?

Objektexportoptionen

In InDesign CC können Sie Bilder individuell für den Export optimieren, Exporteinstellungen per Objektstil zuweisen oder dokumentweit für alle Bilder dieselben Ausgabeoptionen beim Export anwenden.

Sollen einzelne Bilder für den EPUB-Export optimiert werden, markieren Sie das entsprechende Bild und rufen über OBJEKT •

Objektexportoptionen den entsprechenden Dialog auf, im Kontextmenü finden Sie diesen Menüeintrag leider nicht. Am oberen Rand des Dialogs sind drei Bereiche zu wählen, in denen weitere Optionen einzustellen sind.

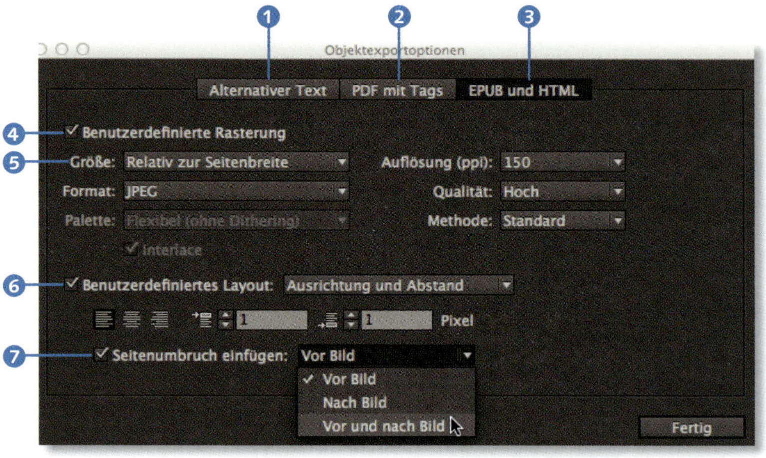

Abbildung 10.13 ▶
In den Objektexportoptionen können Sie definieren, wie einzelne Abbildungen exportiert werden sollen.

Für die meisten InDesign-User dürfte der gezeigte Bereich EPUB und HTML ❸ am interessantesten sein. Die beiden Rubriken Alternativer Text ❶ und PDF mit Tags ❷ sind für den Export einer Datei für das Internet oder eben als PDF vorgesehen: Für barrierefreie Dokumente ist hier die Möglichkeit vorgesehen, im Bereich Alternativer Text etwa Bilder mit erklärenden Textinfos zu versehen, die z. B. von Screenreadern Usern mit eingeschränktem Sehvermögen vorgelesen werden können. Dies ist auch im Webdesign eine gängige Praxis. Im Bereich PDF mit Tags können Elemente mit Tags – ähnlich den HTML-Tags für den EPUB-Export – versehen werden. Ein PDF, das so getaggt wurde, verfügt dann über weitere Informationen bzgl. seiner Struktur, was die Verwendbarkeit des PDFs erhöht.

Ist EPUB und HTML angewählt, werden eine ganze Reihe von Optionen eingeblendet, die bestimmen, wie InDesign das aktivierte Bild beim Export ins EPUB-Format behandeln soll. Bemerkenswert ist hier die Option Benutzerdefinierte Rasterung ❹, mit der nicht nur die Auflösung u. Ä. angepasst werden kann. Hier sind besonders die Möglichkeiten unter Grösse ❺ hervorzuheben: Sie haben hier die Möglichkeit, zwischen den beiden Alternativen Fester Wert und Relativ zur Seitenbreite zu wählen:

Auflösung

Die voreingestellten 150 ppi gelten als Mittelwert für die aktuell gängigen Geräte und können somit übernommen werden.

- Wird Fester Wert aktiviert, exportiert InDesign das aktivierte Bild in der Größe, in der es im Layout platziert ist.
- Mit Relativ zur Seitenbreite wird das Bild im E-Book später auf dem Ausgabegerät entsprechend der prozentualen Breite zur Seitenbreite des InDesign-Dokuments dynamisch angepasst. Nimmt also ein Bild im Layout ein Drittel der Seitenbreite ein, wird dieses Bild auch auf den verschiedenen Lesegeräten immer ein Drittel der jeweiligen Bildschirmbreite einnehmen.

Bei Benutzerdefiniertes Layout 6 kann mit drei Buttons und zwei Eingabefeldern eingestellt werden, wie das markierte Bild im Textfluss des E-Books erscheinen soll. Die Buttons sind von den Satzarten der Absatzformatierungsoptionen bekannt, hier bestimmen sie jedoch die Ausrichtung eines Bildes bezüglich des Bildschirmrands eines E-Book-Readers. In den beiden daneben stehenden Eingabefeldern kann der Abstand in Pixeln vor und nach dem Bild zum umgebenden Text eingestellt werden.

Mit der Option Seitenumbruch einfügen 7 kann im Pulldown-Menü zwischen drei Varianten gewählt werden. Die entsprechend aktivierte Option sorgt dafür, dass etwa ein Bild immer oben als Erstes (Vor Bild) oder als Letztes (Nach Bild) auf einer Bildschirmseite im E-Book zu sehen sein wird. Soll es immer alleine, also ohne Text auf einer E-Book-Seite stehen, wird Vor und nach Bild gewählt.

Objektformatoptionen

Die Exportoptionen, die Sie für einzelne Bilder festlegen können, finden Sie auch in den Objektformatoptionen. Wenn Sie also immer wieder dieselben Einstellungen vornehmen möchten, verwenden Sie besser Objektformate.

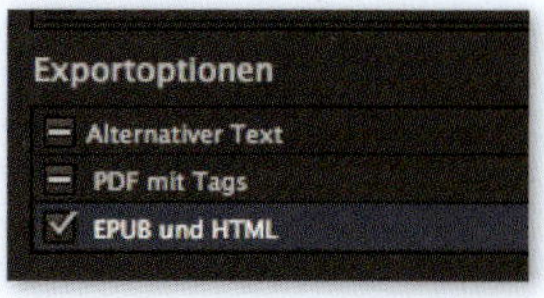

Das Artikel-Bedienfeld

Print-Layouts leben häufig von der freien Positionierung von Bildern und Texten auf dem Format. Dazu werden meist viele unverkettete Textrahmen eingesetzt. Da InDesign in solchen Fällen keinen linearen Text mehr vor sich hat, der über mehrere Textrahmen läuft, sieht das Layout nach dem EPUB-Layout noch »zerschossener« aus als im oben gezeigten Beispiel (siehe Abbildung 10.10). Um die einzeln auf der Seite verteilten Texte beim EPUB-Export dennoch in eine Reihenfolge zu bringen, geht InDesign wieder nur nach der weiter oben genannten Regel vor und beginnt oben links, das Layout nach unten zu scannen, und arbeitet sich dann immer weiter nach rechts vor. Mit dem Artikel-Bedienfeld lässt sich hier gegensteuern.

An folgendem Beispiel können Sie nachvollziehen, wie InDesign vorgeht, um aus einzelnen Texten einen zusammenhängenden Text fürs EPUB-Format herzustellen. Links ist das ursprüngliche Print-Layout mit verschiedenen nicht verketteten Textrahmen zu sehen, rechts ist das Layout nach dem EPUB-Export in Sigil geöffnet worden. Hier ist die Reihenfolge nun durch den Export als EPUB komplett vertauscht worden: Erst kommt der Interviewtext, dann der Vorlauftext und erst ganz am Schluss ist die Headline zu sehen.

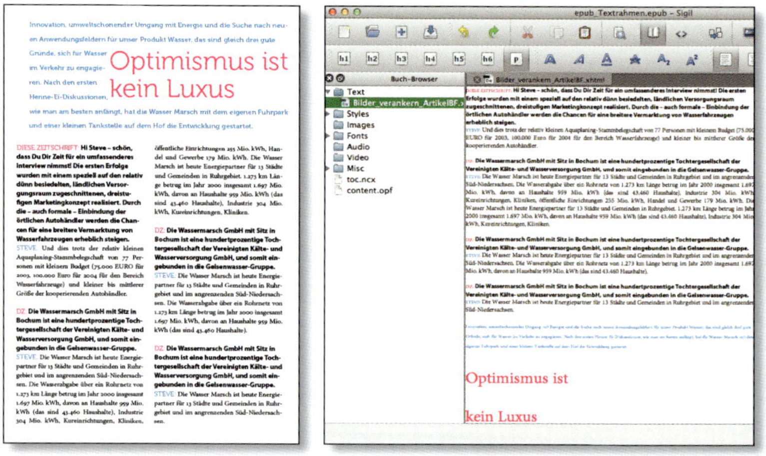

Abbildung 10.14 ▸
Bei Layouts mit freierer Gestaltung wird ohne entsprechende Vorarbeit ein ziemlich chaotisches EPUB generiert.

Um gar nicht erst solche chaotischen EPUBs exportieren zu müssen, die dann noch in z. B. Sigil aufwändig nachbearbeitet werden müssten, hat Adobe das ARTIKEL-Bedienfeld eingeführt. Sie rufen es wie gewohnt über FENSTER auf. Entsprechend dem Bedienfeldnamen erstellen Sie hier einzelne »Artikel« und können diesen Artikeln einfach über Drag & Drop neue Elemente wie Textrahmen, Abbildungen und Objektgruppen hinzufügen. Außerdem kann in diesem Bedienfeld nicht nur die Reihenfolge der Elemente, die zu einem Artikel gehören, sondern auch die Reihenfolge der Artikel untereinander festgelegt werden.

Artikel erstellen

Schauen wir uns den Einsatz des ARTIKEL-Bedienfelds am eben gezeigten Beispiel an. Wie von anderen Bedienfeldern bekannt, sorgt ein Klick auf den Button mit dem Abreißblock ❷ für ein neues Element des entsprechenden Bedienfelds: Hier wird also ein neuer Artikel angelegt. Anschließend werden Sie in einem kleinen Dialogfenster aufgefordert, einen Namen für den neuen Artikel einzugeben. Dieser erscheint dann als Listeneintrag im Bedienfeld. Sollen nun dem Artikel neue Elemente hinzugefügt werden, markieren Sie zuerst das betreffende Objekt und klicken den Plus-Button ①. Die Reihenfolge der Artikelelemente und der Artikel selbst sortieren Sie einfach durch Ziehen der Bezeichnungen im ARTIKEL-Bedienfeld um.

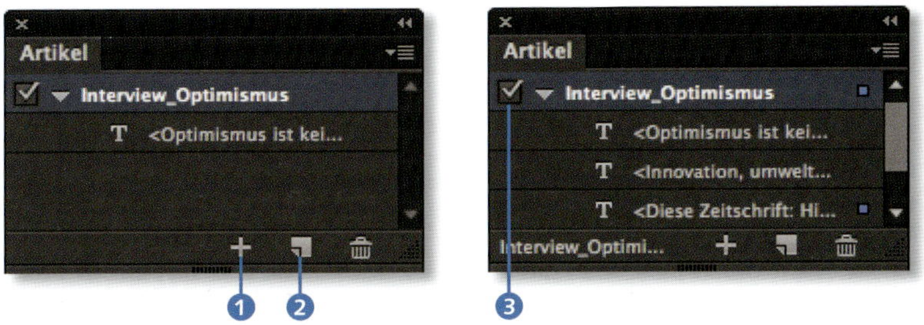

◂ **Abbildung 10.15**
Mit dem ARTIKEL-Bedienfeld lässt sich die Reihenfolge von Texten und Bildern beim EPUB-Export steuern.

Damit die Reihenfolge im ARTIKEL-Bedienfeld beim Export von InDesign CC berücksichtigt wird, muss die entsprechende Option in den EPUB-Exportoptionen explizit aktiviert werden. Darauf kommen wir gleich noch einmal zu sprechen.

Objekte vom EPUB-Export ausschließen

Mit dem ARTIKEL-Bedienfeld bestimmen Sie nicht nur, in welcher Reihenfolge bestimmte Objekte in ein EPUB aufgenommen werden, sondern auch, welche Textrahmen, Bilder und sonstige Gestaltungselemente überhaupt in das EPUB exportiert werden. Objekte, die Sie nicht als Teil eines Artikels definiert haben, werden mit der entsprechend deaktivierten Option beim EPUB-Dialog von InDesign auch nicht berücksichtigt. Das macht z.B. bei Schmuckelementen Sinn. Ebenso können einzelne Artikel komplett mit einem Klick auf die Checkbox ARTIKEL BERÜCKSICHTIGEN ③ vom Export ausgeschlossen bzw. wieder für den Export markiert werden. Diese Funktion betrifft grundsätzlich vollständige Artikel; einzelne Bilder oder Gestaltungselemente, die Teil eines Artikels sind, können im ARTIKEL-Bedienfeld nicht individuell markiert bzw. demarkiert werden.

Der EPUB-Export

Ist eine InDesign-Datei so weit für den Export als EPUB-Datei vorbereitet, wird über Datei • Exportieren der schon bekannte Export-Dialog aufgerufen. Hier wählen Sie als Format EPUB ①.

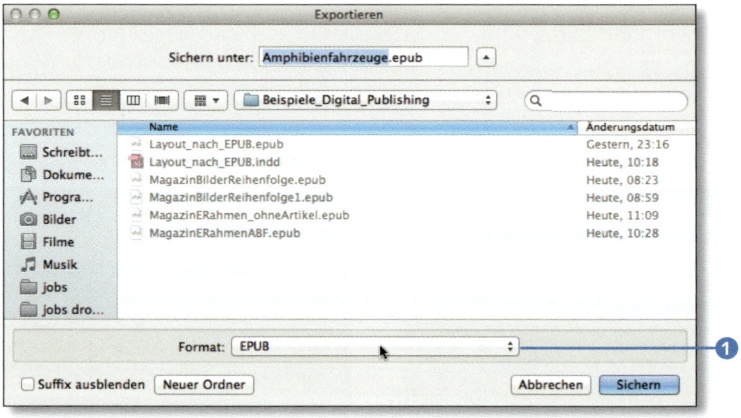

Abbildung 10.16 ▸
EPUBs können direkt aus InDesign CC heraus exportiert werden.

Daraufhin blenden sich die EPUB-Exportoptionen ein. Dort lassen sich in den drei Bereichen Allgemein, Bild und Erweitert weitere Einstellungen vornehmen.

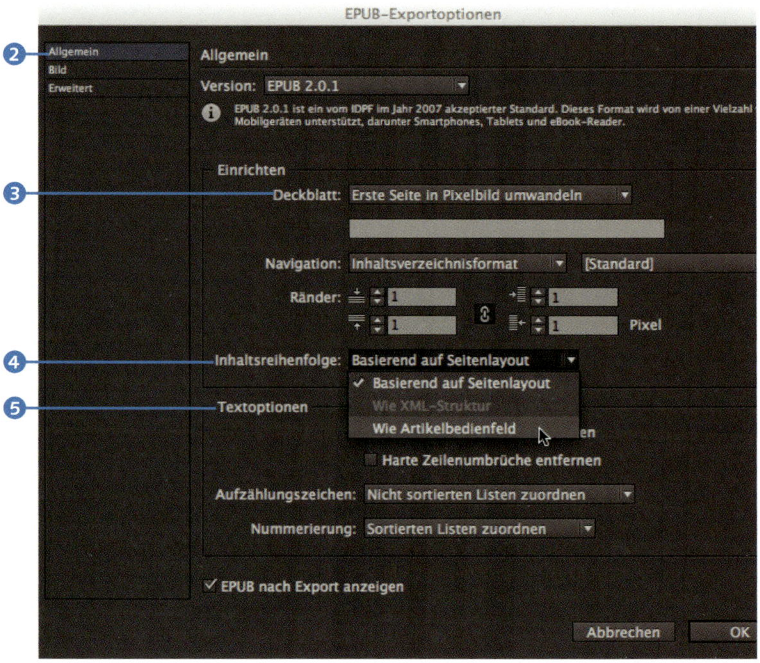

Abbildung 10.17 ▸
In den EPUB-Exportoptionen lassen sich weitreichende Einstellungen vornehmen.

Sehen wir uns die wichtigsten Optionen des Bereichs ALLGEMEIN ❷ an. Unter DECKBLATT ❸ kann eine von drei Optionen gewählt werden. Mit Deckblatt ist das Titelbild eines E-Books gemeint, das im E-Book-Reader zu sehen sein wird. Meist wird sicher die dritte Option, BILD AUSWÄHLEN, gewählt werden. Als Bildformate bieten sich hier etwa .png und .jpg an. Sollen Artikel und die darin definierte Abfolge von Inhalten beim EPUB-Export berücksichtigt werden, wird hier unter INHALTSREIHENFOLGE ❹ die Option WIE ARTIKELBEDIENFELD aktiviert. Im Bereich TEXTOPTIONEN ❺ können Sie angeben, ob harte Zeilenumbrüche entfernt werden sollen. Die beiden vorgestellten Optionen bei AUFZÄHLUNGSZEICHEN und NUMMERIERUNG sind sinnvoll und brauchen in der Regel nicht geändert zu werden.

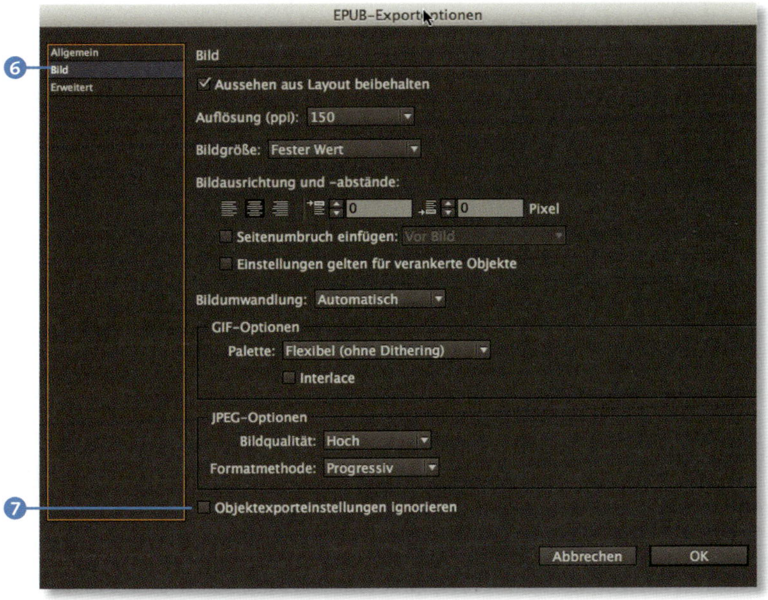

◂ **Abbildung 10.18**
Im Bereich BILD können für alle Bilder eines Dokuments Einstellungen vorgenommen werden.

Die Einstellungen im Bereich BILD ❻ kennen Sie schon von den Objektexportoptionen (siehe Seite 413), die Einstellungen in den Exportoptionen betreffen jedoch alle bzw. den Großteil der Bilder eines Dokuments. Denkbar ist es, in den EPUB-Exportoptionen den Bildexport generell festzulegen, für einzelne Bilder jedoch individuelle Objektexportoptionen einzustellen. Sollen dennoch alle Bilder gleich exportiert werden, können die individuellen Objektexporteinstellungen hier auch ignoriert werden ❼.

Als dritten Bereich innerhalb der EPUB-Exportoptionen finden Sie Erweitert ①.

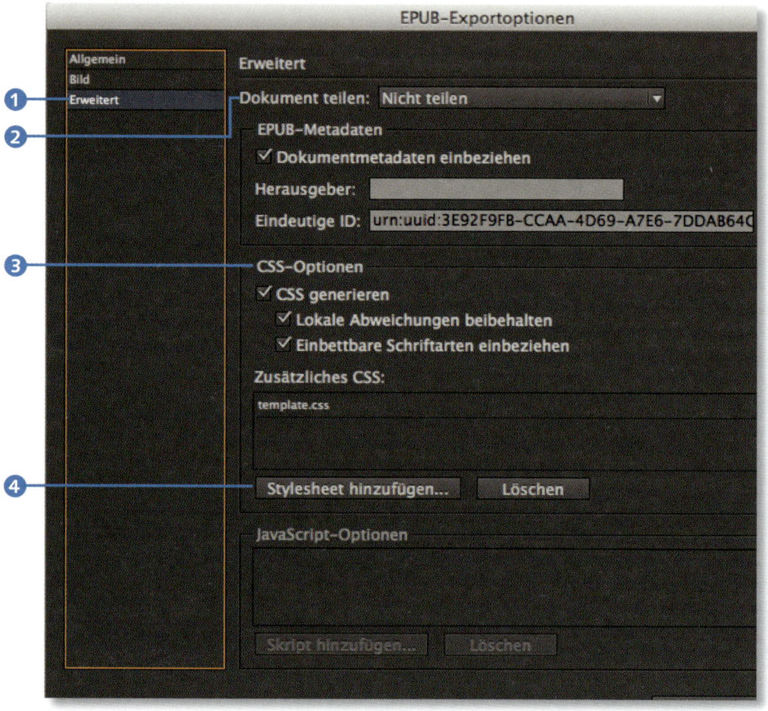

Abbildung 10.19 ▸
In den EPUB-Exportoptionen lassen sich weitreichende Einstellungen vornehmen.

Wenn bei Dokument teilen ② die voreingestellte Option Nicht teilen aktiviert bleibt, erstellt InDesign beim EPUB-Export eine durchgehende XHTML-Datei. Meist ist es jedoch gewünscht, dass ein E-Book mehrere XHTML-Dateien aufweist. Diese könnten beispielsweise so erstellt werden, dass Kapitelanfänge immer auf einer neuen Seite beginnen und nicht einfach im fortlaufenden Text direkt am Textende des vorigen Kapitels stehen. Im Pull-down-Menü bei Dokument teilen können Sie auch eines der im InDesign-Dokument angelegten Absatzformate wählen, an dem immer ein neues XHTML-Dokument erstellt werden soll. Dafür würde sich etwa, wie eben erwähnt, die Kapitelüberschrift anbieten. Der Bereich CSS-Optionen ③ ist eine genauere Betrachtung wert. Ist Lokale Abweichungen aktiv, schreibt InDesign eine ganze Reihe von Formatierungsanweisungen in die CSS-Datei, um die Formatanweisung der Absatz- und Zeichenformate möglichst genau in CSS nachzubilden. Dadurch kann der CSS-Code ggf. sehr lang und unübersichtlich werden. Hier muss letztlich auch der Workflow darüber entscheiden, was an dieser Stelle Sinn macht. Wenn die Funktion LOKALE ABWEICHUNGEN BEIBEHALTEN aktiviert ist, werden auch Texte mit lokalen Formatierungen (also solchen, die nicht mit Absatz- oder Zeichenformaten realisiert wurden) in den HTML-Code übernommen. Ansonsten werden diese beim EPUB-Export nicht berücksichtigt. Da InDesign-Dokumente grundsätzlich keine lokalen Abweichungen enthalten sollten, weil sie die Kontrolle und die Pflege unnötig erschweren, sollten Sie diese Option nicht aktivieren. Weil E-Book-Reader ihre eigenen Schrift-Sets verwenden, brauchen in der Regel auch keine Schriftarten in ein EPUB eingebettet zu werden. Durch die Option EINBETTBARE SCHRIFTARTEN EINBEZIEHEN werden sonst die verwendeten Schriften in die EPUB-Datei kopiert. Interessant ist hier auch, die Funktion STYLESHEET HINZUFÜGEN ④ zu aktivieren. Hierdurch ist der InDesign-User in der Lage, optimierte und bewährte Stylesheets in das EPUB zu übernehmen.

Zusammenfassend lässt sich feststellen, dass im EPUB-Bereich – ähnlich wie beim Webdesign – aufgrund der vielen Unwägbarkeiten sehr viel getestet werden muss. Das unterscheidet die Erstellung von EPUBs deutlich vom Layout und der Ausgabe von Print-Layouts. Wenden wir uns nun dem zweiten großen Bereich des Digital Publishing zu.

EPUB = ZIP

Eine EPUB-Datei ist im Prinzip ein ZIP-komprimiertes Verzeichnis, das weitere Unterverzeichnisse haben kann. Diese Verzeichnisstruktur sehen Sie in der linken Seitenleiste BUCH-BROWSER in Sigil.

10.3 Folio – Digitale Magazine

Folios sind bezüglich des grundsätzlichen Aufbaus viel eher mit den gewohnten Print-Layouts zu vergleichen als EPUBs. Bei Folios können allerdings im Gegensatz zu statischen Medien die umfangreichen Möglichkeiten der Interaktivität und multimedialen Inhalte eingesetzt werden. Wie Sie sehen werden, ist das Erstellen der Daten bei Folios in mancher Hinsicht zunächst ungewöhnlich, da dieses nicht nur auf der eigenen Festplatte, sondern auch auf Adobe-eigenen Servern stattfindet.

Für das Erstellen eines Folios kommen zunächst die vom Printbereich bekannten Arbeitsschritte zum Einsatz: Texte, Bilder und Gestaltungselemente werden wie gewohnt auf den einzelnen Seiten platziert und gelayoutet. Auch Schriften können wie gewohnt

Digitale Magazine

Vorreiter und weithin bekannte digital Magazine sind die englischsprachigen »WIRED« und »Martha Stewart Living«. Von beiden Magazinen gibt es Gratisausgaben. Außerdem sollten Sie sich unbedingt »Done« von Johannes Henseler ansehen. Henseler erhielt mit seinem interaktiven und multimedialen Magazin einen »Adobe 2011 Max Award«.

verwendet werden – Einschränkungen hinsichtlich der Schriftwahl gibt es im Gegensatz zu EPUBs nicht.

Im Printbereich könnte man ein Magazin mit zehn Beiträgen in einer InDesign-Datei bearbeiten (in der Praxis wird jedoch für derartige Projekte häufig die Buchfunktion von InDesign eingesetzt). Bei Folios muss pro Beitrag ein eigenständiges InDesign-Dokument erstellt werden.

Sehen wir uns das Prinzip von Folios an folgendem Schemabild an. Hierbei entsprechen die Buchstaben von A bis I je einem Artikel, der in diesem Beispiel zwischen einer und vier Seiten lang ist:

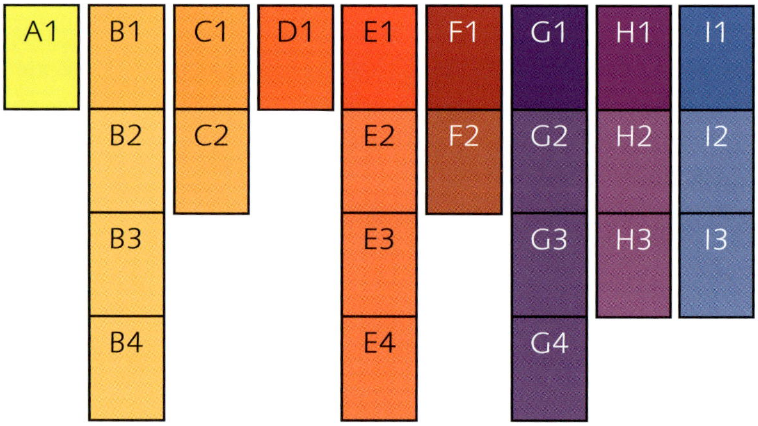

Abbildung 10.20 ▸ Die einzelnen Beiträge (hier mit A bis I markiert) eines Folios müssen als separate InDesign-Daten erstellt werden.

Die Navigation zwischen den Artikeln, also die Bewegung auf der horizontalen Achse, wird auf dem iPad durch das Wischen in eben dieser Achse erreicht. Die Navigation auf der vertikalen Achse, um weitere Seiten eines Artikels anschauen zu können, erreicht der Betrachter, indem er auf der Seite nach oben wischt.

Folios sind starre Layouts

Sollen Betrachter ein Folio sowohl bei horizontaler als auch bei vertikaler Ausrichtung des iPads ansehen und lesen können, müssen alle Beiträge auch in beiden Varianten in InDesign erstellt werden!

Da Folios sich im Gegensatz zu EPUBs nicht automatisch der vom Betrachter gewählten horizontalen bzw. vertikalen Ausrichtung des iPads anpassen, müssen alle Beiträge auch in einer horizontalen und vertikalen Variante erstellt werden, wenn dem Benutzer diese Entscheidungsfreiheit zugestanden wird. Für diese Designanforderung hat Adobe verschiedene zeitsparende Funktionen wie Liquid Layout, Alternatives Layout und das Inhaltsaufnahme-/Inhaltsplatzierung-Werkzeug implementiert, die ich Ihnen auf den folgenden Seiten vorstellen möchte.

10.4 Ein Folio erstellen

Im Folgenden möchte ich die wesentlichen Schritte zur Erstellung eines Folios skizzieren, das aus mehreren Beiträgen besteht und das auf einem iPad sowohl im Quer- als auch im Hochformat funktionieren soll.

Layout im Querformat erstellen

Zunächst wird ein neues Dokument angelegt. Im Dialogfenster NEUES DOKUMENT wird als Zielmedium DIGITALE VERÖFFENTLICHUNG ❶, als Seitenformat IPAD ❸ gewählt. Wenn das Dokument längere Texte enthält, markieren Sie die Option PRIMÄRER TEXTRAHMEN ❷. Wenn Sie auch schon wissen, wie viele Spalten Sie für Ihr Layout benötigen, machen Sie in diesem Fenster die entsprechenden Eingaben.

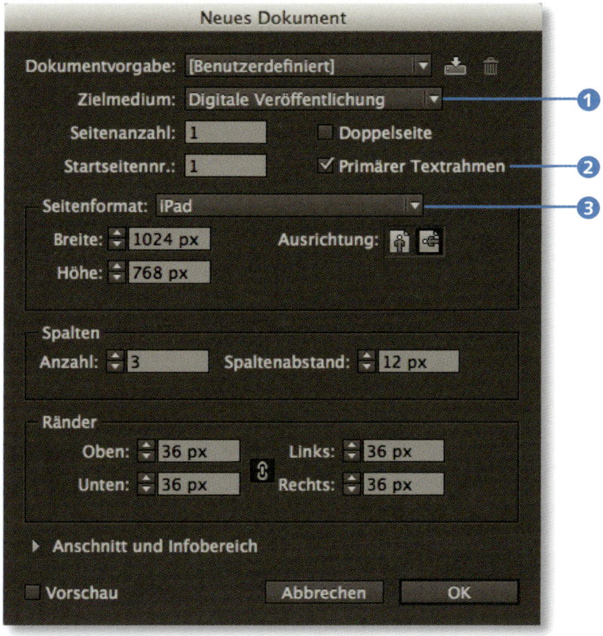

◂ **Abbildung 10.21**
Das Beispiellayout soll drei Spalten haben.

Das neue Dokument wird anschließend wie gewohnt gestaltet. Wenn das Folio mehrere Beiträge enthalten soll, wird für jeden Beitrag ein neues Dokument erstellt. Diese Einzeldokumente werden später im FOLIO BUILDER-Bedienfeld zusammengestellt.

Als Beispiel dient ein zweiseitiges Dokument, bei dem der Text über zwei verkettete Textrahmen fließt, die jeweils drei Spalten haben. Die Bilder sind mit den jeweiligen Bildlegenden gruppiert.

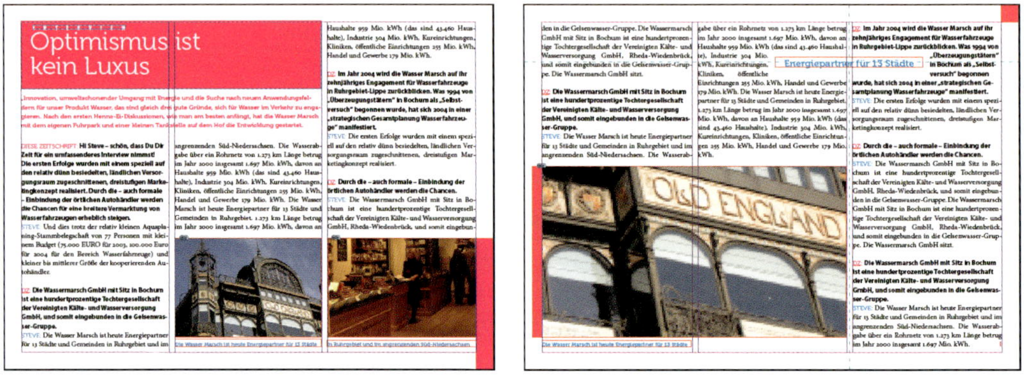

Abbildung 10.22 ▲
Das Folio-Layout wird zunächst wie ein Printdokument aufgebaut.

Liquid Layout

Um mit möglichst geringem Aufwand dieselben Inhalte für verschiedene Ausgabegrößen zu erstellen, sollten Sie zwei Funktionen einsetzen, die ihre Stärken besonders in der Kombination beider ausspielen: Liquid Layout und Alternatives Layout.

Mit der Funktion Liquid Layout können Sie Regeln festlegen, die InDesign beim Ändern des Seitenformats berücksichtigen soll. So lässt sich etwa für die beiden Bilder auf der ersten Seite die Regel aufstellen: »Die Bilder sollen unabhängig vom Seitenformat immer unten rechts auf der Seite stehen.« Diese Anweisung lässt sich im Liquid Layout-Bedienfeld durch Aktivieren der betreffenden Buttons definieren.

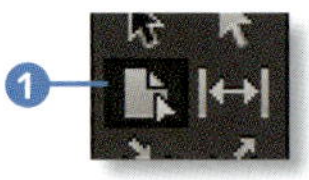

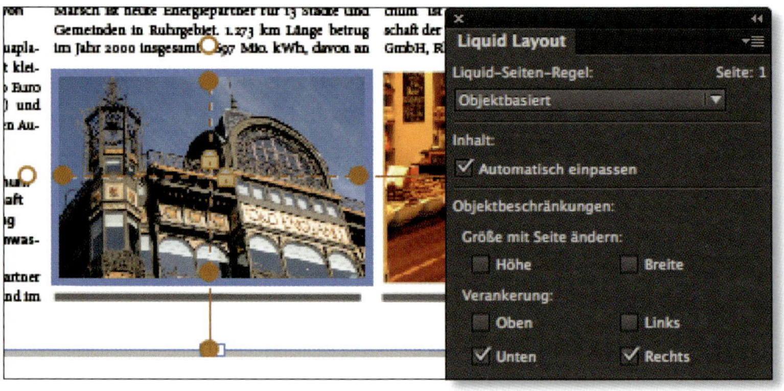

Abbildung 10.23 ▲▶
Wenn Sie Objekte mit dem Seitenwerkzeug markieren, können Sie Liquid-Layout-Regeln festlegen.

Um Objekten Liquid-Layout-Regeln zuzuweisen, werden sie mit dem Seitenwerkzeug ❶ markiert. Das LIQUID LAYOUT-Bedienfeld können Sie über FENSTER • INTERAKTIV öffnen. Sind die wichtigsten Objekte mit entsprechenden Regeln belegt worden, kann nun ein alternatives Layout im selben InDesign-Dokument erstellt werden.

Alternatives Layout

Die Funktion ALTERNATIVES LAYOUT ERSTELLEN finden Sie im LAYOUT-Menü und im Menü des SEITEN-Bedienfeldes. Nach Aufruf des Befehls wird ein Dialogfenster eingeblendet, in dem Sie das gewünschte Format und weitere Einstellungen bzgl. der Liquid-Layout-Regeln vornehmen können. Da InDesign im oberen Bereich schon die passenden Einstellungen vorschlägt, schauen wir uns zwei Optionen im unteren Teil noch etwas genauer an.

Hinter der Option TEXTABSCHNITTE VERKNÜPFEN ❷ verbirgt sich eine mächtige Funktion. Sie sorgt dafür, dass alle Texte des alternativen Layouts – hier mit »iPad V« benannt – mit den Originalseiten verknüpft sind. Das bedeutet, dass alle Änderungen an Texten der ersten Seiten sich an das alternative Layout weitervererben. Dieses Prinzip funktioniert allerdings nicht in beide Richtungen, sondern »nur« vom Originaltext in Richtung alternatives Layout. Die Option TEXTFORMAT IN NEUE FORMATGRUPPE KOPIEREN ❸ dupliziert die vorhandenen Absatz- und Zeichenformate in neue Formatgruppen.

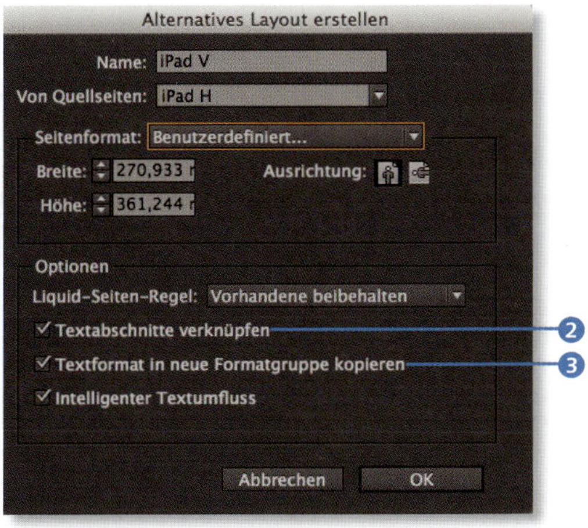

◂ **Abbildung 10.24**
Durch das Dialogfenster haben Sie mächtige Funktionen zur Hand.

Layoutansicht teilen

Mit der Einführung von alternativen Layouts ist unten rechts am Fensterrand ein kleiner Button hinzugekommen ❶. Wird er betätigt, sehen Sie in einem Fenster die alternativen Layouts, so dass Sie beim Feintuning direkt beide Layouts vergleichen können.

Sehen wir uns an, was »unter der Haube« nach Anwahl der besprochenen Optionen beim Erstellen von alternativen Layouts passiert.

Die verknüpften Texte sind nun im VERKNÜPFUNGEN-Bedienfeld aufgelistet, werden bei Änderungen am Originaltext genauso wie Grafikverknüpfungen mit einem Warnhinweis versehen ❷ und können wie die Grafiken ebenso aktualisiert werden ❸.

Die Formatgruppen der Absatz- und Zeichenformate enthalten eine genaue Kopie der Ursprungsformate ❹. In unserem Beispiel wäre dies nicht unbedingt notwendig gewesen, da sich das Originalseitenformat vom Format des alternativen Layouts ja nicht in der Größe, sondern in der Ausrichtung unterscheidet. In dem Moment, wo Sie neben einer Layoutversion fürs iPad auch noch eine fürs iPhone erstellen möchten, sind diese Kopien plötzlich enorm sinnvoll, denn für das kleinere Display möchten Sie sicher mindestens die Schriftgrößen anpassen.

Das eigentliche Ergebnis des alternativen Layouts ist im SEITEN-Bedienfeld zu sehen. Dort werden die Seitenalternativen in Reihen nebeneinander dargestellt. Wie in einer Tabelle sind sie mit den jeweiligen Namen überschrieben ❺. Im oberen Bereich des SEITEN-Bedienfelds ist auch automatisch eine neue Musterseite ❻ passend zu den neuen Seiten des alternativen Layouts erstellt worden.

Abbildung 10.25 ▼
Durch die Anwendung der Funktion ALTERNATIVES LAYOUT hat sich im InDesign-Dokument einiges getan.

Im nächsten Abschnitt werden Sie sehen, zu welchem bemerkenswerten Ergebnis InDesign bei der Umwandlung des Layouts vom Quer- auf das Hochformat gekommen ist.

Alternatives Layout anpassen

Nach dem Zuweisen der Liquid-Layout-Regeln und der Umwandlung in ein alternatives Layout sehen die Seiten von Abbildung 10.22 nun so aus:

◂ **Abbildung 10.26**
Liquid-Layout-Regeln und alternatives Layout haben effektiv zusammengearbeitet.

Ich habe mich entschieden, dass das Beispiellayout in der vertikalen Version nur zwei statt drei Spalten haben soll. Diese Layoutänderung realisiere ich über die Musterseite. Dort ändere ich über LAYOUT • RÄNDER UND SPALTEN die Anzahl der Spalten. Nach weiteren kleinen Anpassungen steht auch das Layout der vertikalen Version:

◂ **Abbildung 10.27**
Auch die Umstellung auf ein zweispaltiges Layout ist nur mit wenig Aufwand verbunden.

Tipps auf dem iPad

Weiterführende Tipps finden Sie auch in den englischen iPad-Apps »Digital Publishing Suite Tips« und »Adobe & Digital Publishing«.

Sind die gewünschten Beiträge für eine digitale Publikation auf die beschriebene Weise erstellt, geht es darum, diese zu einem Folio zusammenzufügen.

Ein neues Folio anlegen

Das Bedienfeld Folio Builder ist direkt im Fenster-Menü zu finden. Nach dem ersten Öffnen ist es leer, kurze erklärende Texte fordern Sie auf, sich beim Online-Service Adobe Digital Publishing Suite anzumelden ❶.

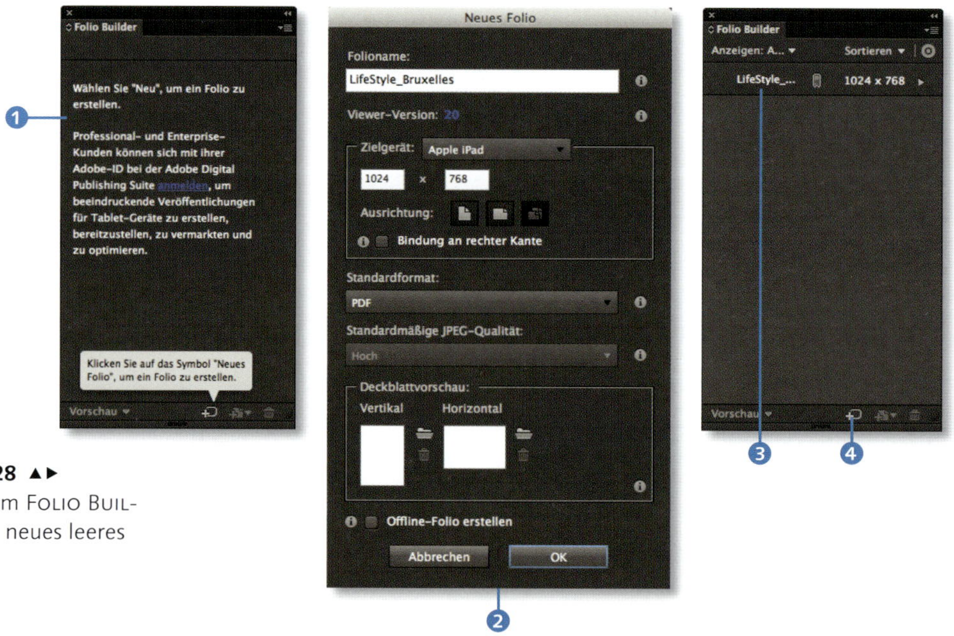

Abbildung 10.28 ▲►
Zunächst wird im Folio Builder einfach ein neues leeres Folio erstellt.

Immer up to date

Adobe entwickelt die Digital Publishing Suite laufend weiter. Sie werden automatisch zum Updaten aufgefordert, sobald Sie das Folio Builder-Bedienfeld öffnen.

Nachdem Sie sich angemeldet haben, öffnet sich ein Dialogfenster ❷, in dem Sie ein neues Folio anlegen können. Die meisten Angaben liest das Programm aus dem aktuellen InDesign-Dokument aus, diese können Sie übernehmen. Bestätigen Sie den Dialog, erstellt InDesign nun ein neues leeres Folio ❸. Mit dem Hinzufügen-Button ❹ können Sie dem Folio Artikel hinzufügen. Die Folio-Artikel sind nicht gleichzusetzen mit denen aus dem Artikel-Bedienfeld (siehe Seite 416). Folio-Artikel werden immer aus kompletten Dokumenten generiert. So ist es beispielsweise nicht möglich, nur einen bestimmten Seitenbereich in ein Folio aufzunehmen, es werden immer alle Seiten eines Ursprungslayouts verwendet.

Dem Folio Artikel hinzufügen

Durch einen Klick auf den Hinzufügen-Button im Folio Builder-Bedienfeld öffnet sich das Dialogfenster Neuer Artikel ❻. Benennen Sie hier den neuen Artikel, und nach Bestätigung fügt InDesign alle Seiten des aktuellen Dokuments dem Folio hinzu ❼. Mit dem kleinen Pfeil oben links können Sie innerhalb des Folios navigieren. Mit einem Klick auf den Rechtspfeil neben dem neuen Artikel werden die beiden Quer- und Hochformat-Varianten im Folio Builder-Bedienfeld angezeigt. Wenn Sie dem Folio mehrere Artikel hinzugefügt haben, werden diese in der Übersicht angezeigt ❽. Eine Vorschau des erstellten Folios bzw. einzelner Artikel können Sie sich durch Betätigung des Buttons Vorschau am unteren Bedienfeldrand anzeigen lassen. Navigieren Sie mit den Pfeilen innerhalb des Bedienfeldes zum Folio oder zu einem einzelnen Artikel, und drücken Sie nach der Anwahl des gewünschten Dokumentes den Vorschau-Button. Falls noch nicht geschehen, werden Sie aufgefordert, die Digital Publishing Suite herunterzuladen und zu installieren. Entsprechend Ihrer getroffenen Wahl wird nun das gesamte Folio oder ein Artikel im Programm Adobe Content Viewer angezeigt.

Digital Publishing Suite

Mit dem Komplett-Abo der Creative Cloud erhalten Gestalter die Möglichkeit, beliebig viele Folio-Einzel-Apps im Apple Store einzureichen. Hierfür fallen jährliche Kosten bei Apple an. Adobe bietet noch weitere DPS-Editionen an, die von der Leistung umfangreicher sind und dementsprechend weitere Kosten verursachen.

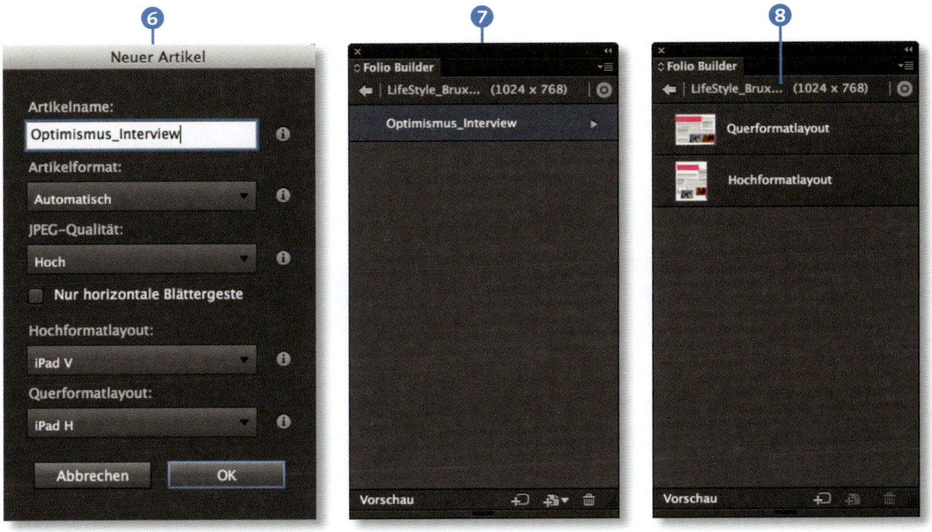

▼ **Abbildung 10.29**
Im Folio Builder werden einem Folio einzelne Artikel hinzugefügt.

Folio im Content Viewer anzeigen

Das Desktop-Programm Adobe Content Viewer bietet Ihnen bei Bedarf die Übersicht über Ihre erstellten Folios. Mit der Maus können Sie im Folio ähnlich wie auf dem iPad navigieren ①. Halten Sie die Maus im Content Viewer gedrückt, erhalten Sie Zugriff auf verschiedene Darstellungsoptionen.

Abbildung 10.30 ▸
Mit dem Content Viewer erhalten Sie eine Vorschau Ihres Folios auf Ihrem Rechner – sogar mit Simulation der tablettypischen Gestensteuerung wie dem Wischen.

Um sich eine Übersicht der erstellten Folios zu verschaffen, ist der Content Viewer eine sehr praktische Lösung. Manche Features wie das Heranzoomen mit zwei Fingern lassen sich auf dem Desktop jedoch nicht nachbilden. Ebenso ist der Content Viewer nicht in der Lage, alle multimedialen Inhalte so wiederzugeben, wie sie auf dem eigentlichen Endgerät zu erwarten sind.

Wenn Sie sich ein selbst gestaltetes Folio auf dem iPad anschauen möchten, müssen Sie über das Folio Builder-Bedienfeld bei der Adobe Digital Publishing Suite angemeldet sein. Sollten Sie beim Erstellen des Folios die Option Offline-Folio erstellen aktiviert haben, laden Sie das gewünschte Folio auf Ihren Account bei Adobe hoch, indem Sie im Bedienfeldmenü den Eintrag In Folio Producer laden… wählen. Nun benötigen Sie auf dem iPad noch die kostenlose App Adobe Content Viewer. Wenn Sie sich auf dem iPad nun im Content Viewer ebenfalls mit Ihrer Adobe-ID anmelden, werden Ihnen Ihre hochgeladenen Folios angezeigt. Diese bieten Ihnen dann die volle Unterstützung aller multimedialen Inhalte und Effekte, die Sie in InDesign eingefügt haben.

10.5 Das Bedienfeld »Folio Overlays«

Neben dem Folio Builder ist das Bedienfeld Folio Overlays das zweite wichtige Bedienfeld für die Erstellung von Folios. Es dient zur Realisierung von Interaktivität und zur Einbindung multimedialer Inhalte. Auch dieses Bedienfeld wird direkt über das Fenster-Menü aufgerufen. Die Namensgebung verweist darauf, dass die Funktionalitäten, die mit Folio Overlays erzeugt werden, praktisch als zusätzliche Schicht zuoberst auf dem – ansonsten statischen – Layout liegen.

Wählen Sie die Funktion an, die Sie beispielsweise einem Grafikrahmen zuweisen möchten, nachdem Sie den entsprechenden Rahmen markiert haben ❷. Da sich die einzelnen Folio Overlays teilweise nur auf bestimmte Objekte anwenden lassen, erhalten Sie einen Hinweis, wenn das markierte Objekt und die gewählte Funktion nicht zueinander passen. Passt die Funktion zum aktiven Objekt, blenden sich im Bedienfeld die entsprechenden Optionen – hier für Schwenken und Zoomen ❸ – ein. Wenn Sie den gewünschten Effekt mit dem Bedienfeld Folio Overlays erstellt haben, können Sie sich wie beim Folio Builder-Bedienfeld durch einen Klick auf den Button unten links eine Vorschau im Adobe Content Viewer anzeigen lassen.

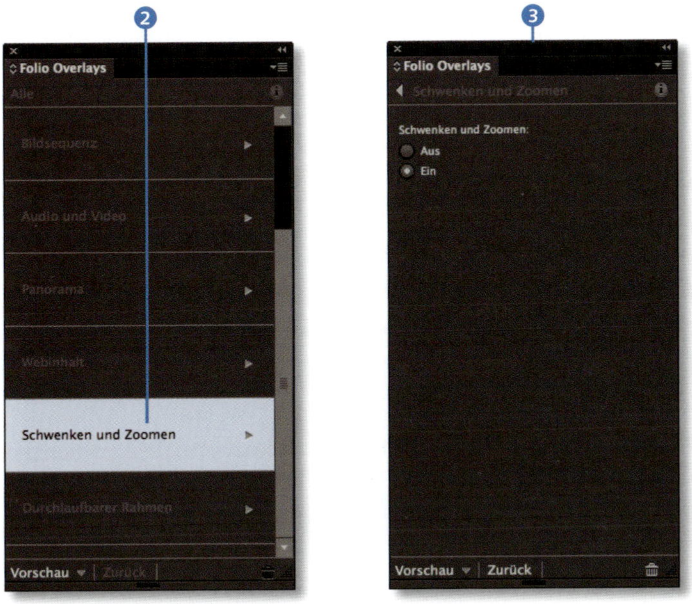

◂ **Abbildung 10.31**
Im Bedienfeld Folio Overlays sind typische Funktionen von digitalen Magazinen schnell erstellt.

10.6 Inhaltsaufnahme- und Inhaltsplatzierung-Werkzeug

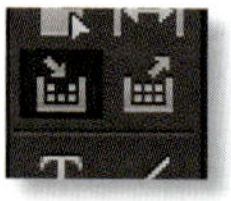

▲ **Abbildung 10.32**
Zum Kopieren und Einsetzen beliebiger Objekte sind diese beiden Werkzeuge vorgesehen.

Diese beiden Werkzeuge arbeiten immer zusammen. Sie sind Spezialisten für das Kopieren und Einfügen von Objekten. Sie können diese Werkzeuge nicht nur über die Werkzeugleiste aufrufen, sondern auch über die Taste [B].

Wenn Sie eines der beiden Werkzeuge das erste Mal aufrufen, wird auch der dann noch leere Inhaltsüberträger eingeblendet.

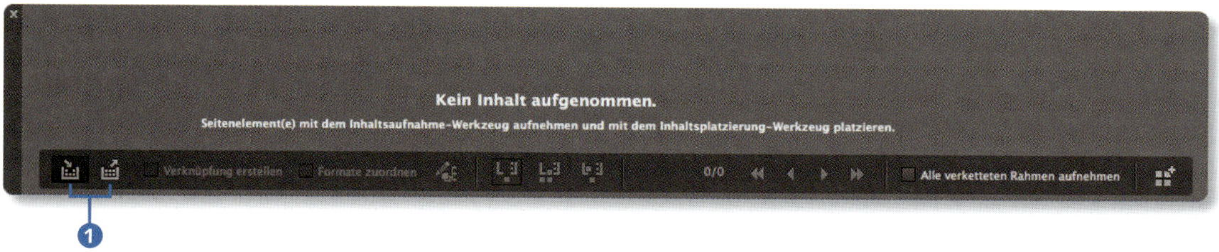

▲ **Abbildung 10.33**
Der Inhaltsüberträger öffnet sich mit der Anwahl eines der beiden Werkzeuge automatisch.

Dieses Fenster dient wie ein Zwischenspeicher zur Aufnahme und Weitergabe von Objekten. Es kann nicht wie gewohnt über das FENSTER-Menü ein- oder ausgeblendet werden; die entsprechenden Befehle finden Sie über ANSICHT • EXTRAS. Das aktive Werkzeug ist im Fenster unten links wie auch in der Werkzeugleiste markiert ❶.

Um dem Überträger Objekte hinzuzufügen, markieren Sie einfach die gewünschten Objekte mit dem Inhaltsaufnahme-Werkzeug. Sobald Sie dieses Tool über einem Objekt positionieren, blendet InDesign um das jeweilige Objekt oder die Objektgruppe einen kräftigen Rahmen ein. Durch einen Klick auf das Objekt wird es in den Überträger aufgenommen. Alternativ können Sie auch mehrere Objekte gleichzeitig aufnehmen, indem Sie mit dem Inhaltsaufnahme-Werkzeug wie mit dem Auswahlwerkzeug einfach ein Auswahlrechteck um die gewünschten Objekte ziehen. Die Anzahl der Objekte wird Ihnen im Überträger angezeigt ❾.

Objekte löschen

Durch Drücken der [Esc]-Taste löschen Sie das aktivierte Objekt aus dem Überträger.

▼ **Abbildung 10.34**
Hier ist der Inhaltsüberträger mit Bildern, Textrahmen und Grafiken gefüllt worden.

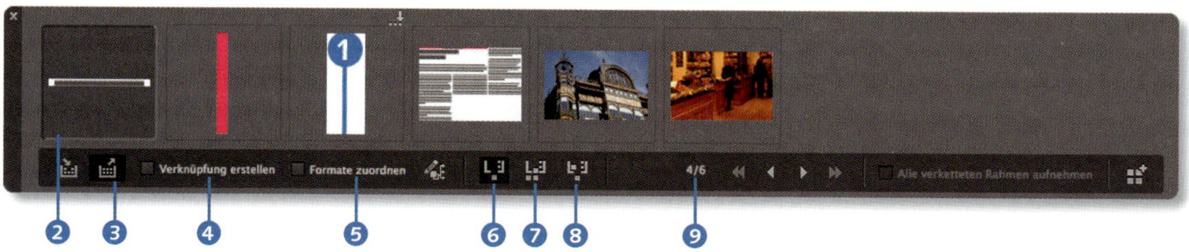

Wenn Sie den Inhaltsüberträger mit den Objekten befüllt haben, die Sie an anderer Stelle im selben Layout oder in einem anderen Dokument platzieren möchten, wechseln Sie zu der betreffenden Stelle und wählen nun das Inhaltsplatzierung-Werkzeug. Am einfachsten wechseln Sie zwischen dem Inhaltsaufnahme- und dem Inhaltsplatzierung-Werkzeug durch Drücken der [B]-Taste.

Wenn Sie das Inhaltsplatzierung-Werkzeug ❸ aktiviert haben, können Sie wie bei mehreren geladenen Bildern mit Hilfe der [←]/[→]-Tasten durch die Objekte der Überträgers navigieren. Über drei Buttons können Sie steuern, wie InDesign nach dem Platzieren eines Objektes aus dem Überträger verfahren soll:

- Wenn Sie das betreffende Objekt nur einmal platzieren möchten, wählen Sie den linken Button ❻: Nach der Platzierung wird das aktive Objekt ❷ direkt aus dem Überträger gelöscht, und das nächste Objekt wird in das Inhaltsplatzierung-Werkzeug geladen und kann platziert werden. Bei der ersten Verwendung des Inhaltsaufnahme-Werkzeugs ist diese Option aktiviert.
- Der zweite Button ❼ sorgt dafür, dass das aktive Objekt nach der Platzierung im Überträger verbleibt und angewählt bleibt. Dadurch können Sie sehr schnell dasselbe Objekt mehrfach in einem Dokument platzieren.
- Wenn Sie Objekte des Überträgers der Reihe nach im Dokument platzieren möchten, aktivieren Sie den rechten Button ❽. Die platzierten Objekte verbleiben auch hierbei im Überträger.

Löschen und schließen

Wenn Sie ein Objekt aus einem Dokument löschen, das Sie vorher in den Überträger aufgenommen hatten, wird es auch aus dem Überträger entfernt. Dasselbe gilt auch für das Schließen von Dokumenten: Objekte aus Dokumenten, die Sie zwischenzeitlich schließen, werden ebenfalls aus dem Überträger entfernt. Im Unterschied zu Bibliotheken »merkt« sich InDesign den Inhalt des Überträgers nicht, wenn Sie InDesign schließen.

Menübefehl

Über BEARBEITEN • PLATZIEREN UND VERKNÜPFEN können Sie ebenfalls Verknüpfungen erstellen.

Wenn Sie ein Dokument sowohl für quer- als auch für die hochformatige Darstellung auf einem Tabletgerät erstellen, können Sie Texte beim Einfügen aus dem Inhaltsüberträger so miteinander verknüpfen, dass Sie Textkorrekturen nur noch an einer Variante durchführen müssen. Dafür nehmen Sie den Textrahmen z. B. aus dem querformatigen Layout in den Inhaltsüberträger auf. Bei aktivierter Option VERKNÜPFUNG ERSTELLEN ❹ platzieren Sie den Textrahmen mit dem Inhaltsplatzierung-Werkzeug in das hochformatige Layout. Hier wird der Text als Verknüpfung angezeigt, alle Änderungen im Ursprungstext lassen sich wie bei Grafiken aktualisieren (siehe Abbildung 10.35).

Mit der Option FORMATE ZUORDNEN ❺ können Sie Texte z. B. beim Übertragen von einer iPad- auf eine iPhone-Variante direkt an die passenden Absatzformate übergeben.

▲ **Abbildung 10.35**
Änderungen am Ursprungstext lassen sich bei verknüpften Texten wie Grafiken aktualisieren.

10.7 Interaktive PDFs

Auf den nächsten Seiten möchte ich Ihnen noch eine Reihe von Tipps im Umgang mit interaktiven PDFs geben. PDFs haben wir bisher als Ausgabeformat für den Druck behandelt. Es gibt darüber hinaus die Möglichkeit, PDFs z. B. mit klickbaren Lesezeichen oder Buttons zu versehen, durch deren Betätigung bestimmte Aktionen ausgelöst werden.

Im Unterschied zum Format ADOBE PDF (DRUCK) enthält ADOBE PDF (INTERAKTIV) ① alle interaktiven Elemente, die der Gestalter als solche angelegt hat. Als weitere Möglichkeit bietet sich in InDesign auch der Export eines Layouts im Format FLASH CC PROFESSIONAL (FLA) an. Eine solche Datei kann im Programm Flash CC weiterbearbeitet werden. Ein Dokument, das als FLASH PLAYER (SWF) exportiert wird, kann direkt im Browser angesehen und auf eine Website hochgeladen werden. Zwei besondere Funktionen von SWF-Daten stelle ich Ihnen im Anschluss vor.

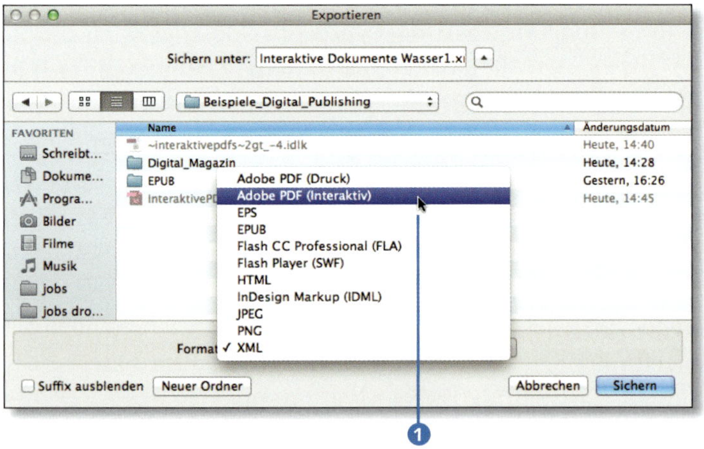

Abbildung 10.36 ▸ InDesign CC kann interaktive Dokumente in mehreren Formaten ausgeben.

Lesezeichen und Inhaltsverzeichnisse

Eine einfache und beliebte Art der Interaktivität ist die Möglichkeit, einem PDF Lesezeichen hinzuzufügen. Diese werden auch in ein SWF exportiert – die Programme, die zur Betrachtung von PDFs verwendet werden, wie etwa Adobe Acrobat Reader, können Lesezeichen jedoch in einer Seitenleiste anzeigen und bieten dem Betrachter so neben einer schnellen Übersicht eben auch eine komfortable Möglichkeit der Navigation, was umso hilfreicher ist, je länger das Dokument ist.

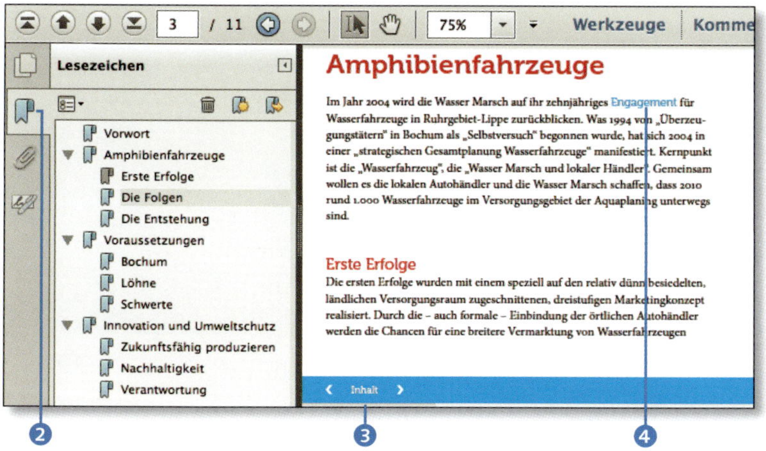

◂ **Abbildung 10.37**
Auch PDFs können eine Reihe interaktiver Elemente enthalten, die in InDesign angelegt wurden.

Sind Lesezeichen im InDesign-Dokument angelegt und in ein PDF mit exportiert worden, können diese mit einem Klick auf den entsprechenden Button ❷ eingeblendet werden. Mit einem Klick auf den gewünschten Eintrag springt die Anzeige zur passenden Seite. Weitere Navigationselemente wie die Vor- und Zurück-Buttons sowie eine Schaltfläche, die von allen Seiten z. B. auf das eigentliche Inhaltsverzeichnis der PDF-Datei verweist, können ebenso in InDesign angelegt werden ❸. Verlinkte Querverweise ❹ ermöglichen es dem Leser eines interaktiven PDFs, von der betreffenden Textstelle direkt zu weiterführenden Infos innerhalb desselben PDFs oder zu verlinkten Webadressen zu gelangen.

Obwohl Lesezeichen auch über das gleichnamige Bedienfeld (unter Fenster • Interaktiv zu finden) händisch erstellt werden können, bietet es sich an, hierfür einfach ein Inhaltsverzeichnis zu erstellen. Dabei ist es unerheblich, ob das Inhaltsverzeichnis tatsächlich im PDF zu sehen ist. Damit Lesezeichen exportiert werden, kann ein Inhaltsverzeichnis auch einfach auf der Montagefläche neben einer Dokumentseite erstellt werden.

Dafür rufen Sie den Befehl Layout • Inhaltsverzeichnis auf. Es öffnet sich ein umfangreicher Dialog, in dem angegeben werden kann, welche Absatzformate für das Inhaltsverzeichnis herangezogen werden sollen. Die Texte, die in den gewählten Absatzformaten formatiert wurden, erscheinen im Inhaltsverzeichnis.

Abbildung 10.38 ▸
Sofern konsequent mit Absatzformaten gearbeitet wurde, ist ein Inhaltsverzeichnis samt Lesezeichen schnell erstellt.

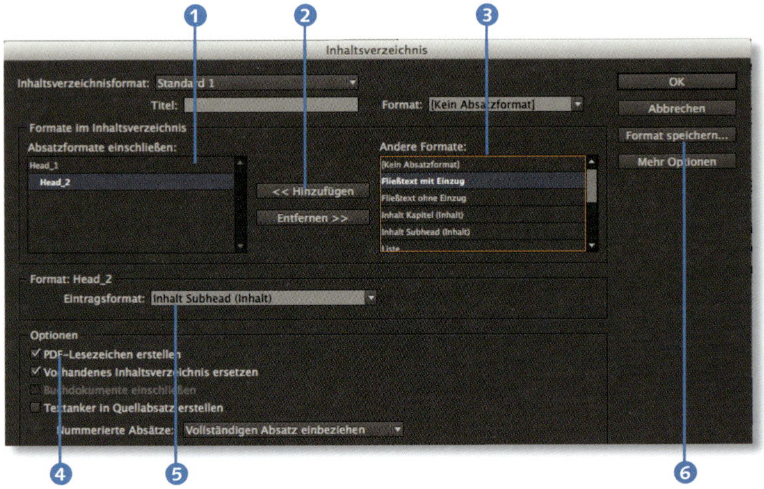

Inhaltsverzeichnis aktualisieren

Wird Text im Dokument geändert, der in das Inhaltsverzeichnis aufgenommen wurde, wird dieser im Inhaltsverzeichnis nicht automatisch aktualisiert. Hierfür ist der Befehl Layout • Inhaltsverzeichnis aktualisieren vorgesehen.

Seitenübergänge

Im Menü des Seiten-Bedienfeldes können unter Seitenattribute diverse Animationen für den Seitenübergang gewählt werden.

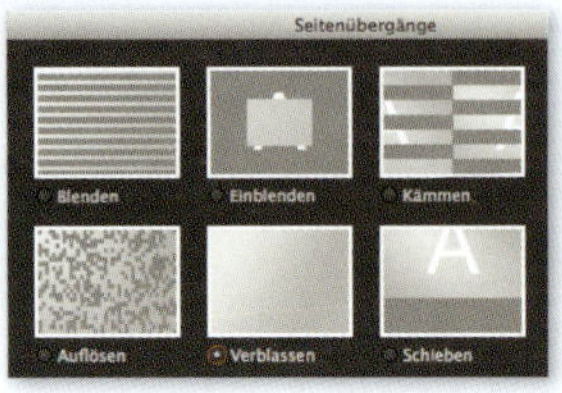

Im Bereich Absatzformate einschliessen ❶ wird die Hierarchie der gewählten Absatzformate dargestellt. Im Beispiel ist Head_2 dem Absatzformat Head_1 untergeordnet. Alle im Dokument verfügbaren Absatzformate werden unter Andere Formate ❸ aufgelistet. Mit Hilfe der beiden Buttons Hinzufügen bzw. Entfernen ❷ können die gewünschten Formate dem Inhaltsverzeichnis zugeordnet werden. Sollen die Texte des Inhaltsverzeichnisses beispielsweise mit einer geringeren Schriftgröße formatiert werden als die Absätze, aus denen das Inhaltsverzeichnis generiert wird, können die (zuvor angelegten) Formate im Pulldown-Menü Eintragsformat ❺ ausgewählt werden. Damit die Lesezeichen auch in einem interaktiven PDF als solche erstellt werden, muss die Option PDF-Lesezeichen erstellen ❹ aktiviert sein. Für den Export als .swf-Datei ist die gewählte Option unerheblich, da die Lesezeichen in .swf-Dateien grundsätzlich als klickbare Links übernommen werden. Nach umfangreichen Einstellungen in diesem Dialogfenster lohnt es sich, diese Einstellungen innerhalb eines Inhaltsverzeichnisformats zu speichern ❻.

Schaltflächen

Um dem Nutzer eines PDFs oder einer SWF-Datei mittels Buttons die Navigation durch mehrseitige Dokumente zu ermöglichen, können Schaltflächen in InDesign angelegt und mit einfachen Aktionen versehen werden. Zunächst wird hierfür die Schaltfläche erstellt. Dafür bieten sich Textrahmen und Pfade genauso an wie platzierte Grafiken.

Für das Beispiel in Abbildung 10.39 wurde zuerst der Text »Inhalt« auf der Mustervorlage, die auf alle Seiten angewendet wird, in einen eigenen Textrahmen eingegeben, positioniert und formatiert. Nach Aufruf des Bedienfeldes Schaltflächen und Formulare im Menü Fenster • Interaktiv kann das markierte Objekt (7) durch einen Klick auf den Button In Schaltfläche umwandeln (8) in ein interaktives Element umgewandelt werden.

▼ Abbildung 10.39
Im Schaltflächen und Formulare-Bedienfeld können Objekte in interaktive Elemente umgewandelt und bearbeitet werden.

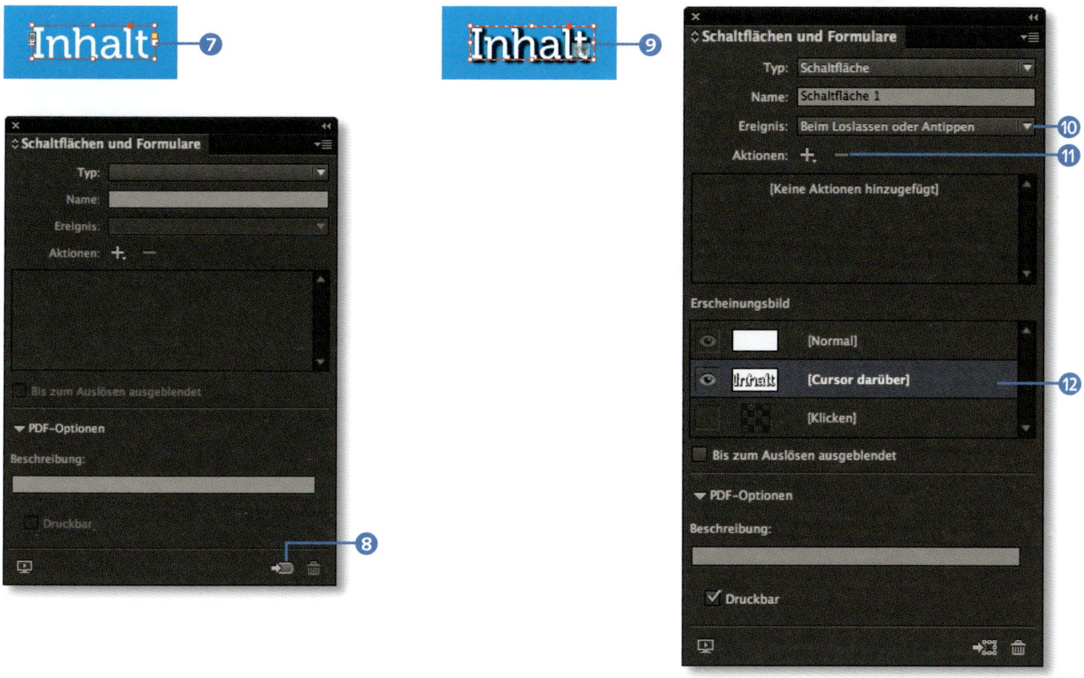

Im Pulldown-Menü Ereignis (10) können Sie wählen, wann eine Aktion stattfinden soll. Aktionen wie etwa Gehe zu erster Seite können über den +/–-Button (11) aus einer umfangreichen Liste hinzugefügt oder entfernt werden. Soll die Schaltfläche ihr Aussehen in Abhängigkeit von der Mausposition und -aktion ändern, kann dieses im Bereich Erscheinungsbild realisiert werden. Ein Klick auf den Eintrag [Cursor darüber] (12) erstellt automatisch eine Kopie des aktiven Objekts, die wie gewohnt geändert werden kann. Hier wurde der Schrift des Status [Cursor darüber] über Fenster • Effekte ein Schlagschatten hinzugefügt (9).

10.8 Interaktive SWF-Daten

Zum Abschluss lernen Sie zwei Funktionen kennen, die Daten vorbehalten sind, die als Flash Player (SWF) exportiert werden.

Diashow

Zur Realisation einer klickbaren Diashow werden zunächst die gewünschten Bilder in derselben Größe übereinandergestapelt.

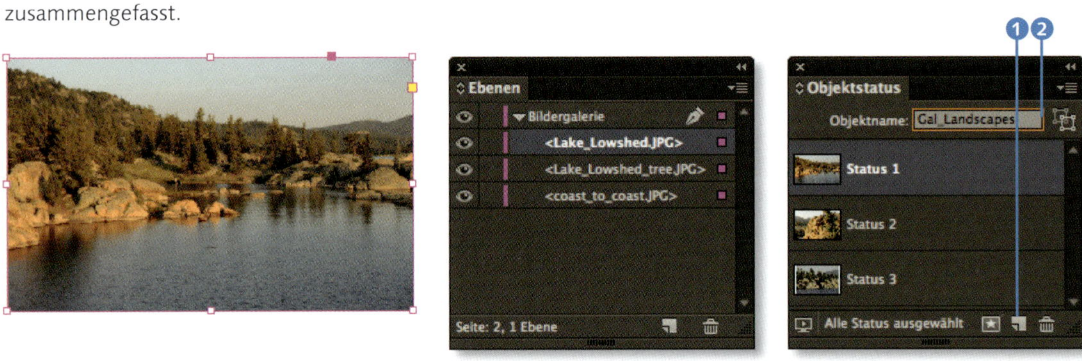

▼ **Abbildung 10.40**
Sobald die gewünschten Bilder standgenau übereinanderliegen, werden diese in einem Objekt mit mehreren Status zusammengefasst.

Im Beispiel oben sind die drei übereinanderliegenden Bilder im EBENEN-Bedienfeld zu erkennen. Im Bedienfeld OBJEKTSTATUS, das Sie unter FENSTER • INTERAKTIV finden, werden die drei markierten Bilder mit einem Klick auf den Abreißblock-Button ❶ in ein Objekt mit mehreren Status umgewandelt. Zur besseren Übersicht benennen Sie das neue Objekt ❷.

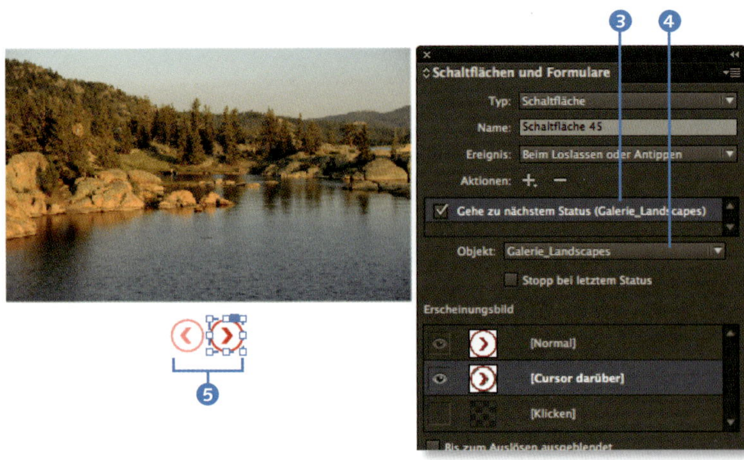

Abbildung 10.41 ►
Im Bedienfeld SCHALTFLÄCHEN UND FORMULARE werden die Pfeile in Buttons umgewandelt und mit der gewünschten Aktion versehen.

Nun werden nur noch die beiden Buttons für das Vor- und Zurückblättern benötigt ❺. Im Beispiel wird dem rechten Pfeil im SCHALTFLÄCHEN UND FORMULARE-Bedienfeld die Aktion GEHE ZU NÄCHSTEM STATUS zugewiesen ❸. Die Aktion soll sich auf das Objekt »Galerie_Landscapes« auswirken, das ebenfalls im selben Bedienfeld auswählbar ist ❹. Anschließend muss dem linken Pfeil nur noch die entsprechende Aktion zugewiesen werden.

SWF in PDF

In InDesign erstellte SWF-Daten können Sie auch wieder in ein anderes InDesign-Dokument platzieren und dieses als interaktives PDF ausgeben.

Animationen

Für zeitbasierte Veränderungen von Objekten sind die Bedienfelder ANIMATION, ZEITPUNKT und SWF-VORSCHAU zuständig, die alle unter FENSTER • INTERAKTIV zu finden sind.

▼ Abbildung 10.42
Animationen sind mit Hilfe der verschiedenen Bedienfelder im Nu erstellt.

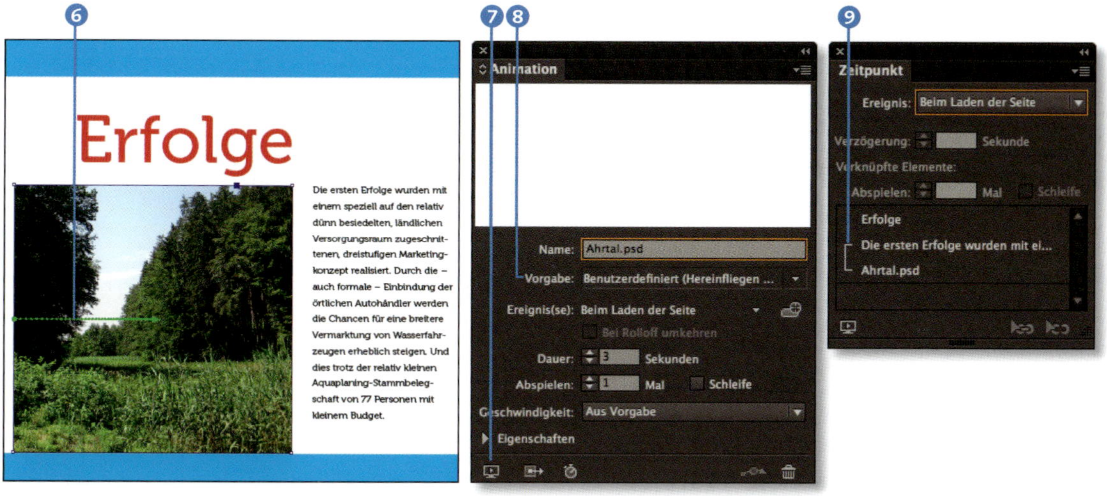

Unter VORGABE ❽ im Bedienfeld ANIMATION kann die gewünschte Animation gewählt werden. Die gewählte Animation lässt sich nicht nur im Bedienfeld mit den verschiedenen Eingabefeldern ändern, auch den Pfad ❻, an dem sich gegebenenfalls ein Objekt entlangbewegt, können Sie in gewohnter Weise mit dem Direktauswahl-Werkzeug und dem Zeichenstift verändern. Mit einem Klick auf den Button unten links ❼ wird ein separates Vorschaufenster geöffnet, in dem alle Animationen einer Seite abgespielt werden. Im Bedienfeld ZEITPUNKT können verschiedene Animationen einer Seite in der zeitlichen Abfolge eingestellt und bei Bedarf gruppiert werden ❾.

Index

C

D

E

F

M

N

O

P

Q

R

S

T

Markus Wäger

Grafik und Gestaltung

Das umfassende Handbuch

Was macht eine Gestaltung perfekt? Dieses umfassende Praxisbuch zeigt Ihnen im Detail, wie Sie mit Form, Farbe, Schrift und Bildern ansprechende und professionelle Layouts erstellen. Markus Wäger verrät so manchen Trick aus der Praxis und wertvolles Hintergrundwissen. Nutzen Sie das Buch als Nachschlagewerk und Inspirationsquelle – und perfektionieren Sie Ihre Designs!

ISBN 978-3-8362-1206-9
www.galileodesign.de/1812

620 Seiten, 2010, 39,90 €

Ein Muss für jeden spezialisierten Kreativen, der über den Tellerrand seiner Disziplin hinausblicken will. DOCMA

318 Seiten
2. Auflage 2013
24,90 €

Claudia Korthaus

Grundkurs Grafik und Gestaltung

Für Ausbildung und Praxis

Dieses Buch führt Sie Schritt für Schritt in die Geheimnisse guter Gestaltung ein. Es zeigt Ihnen, welche Grundregeln es zu beachten gilt und wie Sie mit den richtigen Farben, Bildern und Schriften Layouts entwerfen, die im Gedächtnis bleiben. Mit zahlreichen Beispielen, Vorher-nachher-Vergleichen und praktischen Checklisten!

ISBN 978-3-8362-2355-3
www.galileodesign.de/3357

319 Seiten
3. Auflage 2012
24,90 €

Claudia Runk

Grundkurs Typografie und Layout

Für Ausbildung und Praxis

Diese liebevoll gestaltete Einführung zeigt Ihnen, wie Ihre Entwürfe durch den richtigen Umgang mit Schrift gewinnen können – von der passenden Schriftwahl über Abstände bis hin zu Grundlinienrastern und dem optimalen Seitenformat. Beispiele aus Print und Web, umgesetzt mit InDesign und QuarkXPress, vervollständigen das Buch.

ISBN 978-3-8362-1794-1
www.galileodesign.de/2627

Unsere Video-Trainings zu Photoshop und InDesign finden Sie unter »www.galileo-videotrainings.de

330 Seiten, 2013, 24,90 €

Claudia Korthaus

Das Design-Buch für Nicht-Designer

Gute Gestaltung ist einfacher, als Sie denken!

Die einzige Voraussetzung für dieses Buch ist: Spaß am Gestalten! Egal ob Grußkarte, Vereinszeitung oder Aushang – schauen Sie sich einfach die zahlreichen Beispiele an und lassen Sie sich inspirieren. Vorher-nachher-Vergleiche und genaue Analysen helfen beim Verstehen. So steht gutem Design nichts mehr im Wege!

ISBN 978-3-8362-1779-8
www.galileodesign.de/3105

Aus dem Inhalt:

- Drei Schritte für jede Gestaltung
- Layouts für jeden Zweck
- Ideen gekonnt umsetzen
- Aufmerksamkeit erzeugen
- Standards kennen und nutzen
- Die richtige Schrift auswählen
- Passende Farben finden
- Mit Räumen arbeiten
- Visitenkarte, Briefbogen
- Flyer, Broschüre, Plakat
- Postkarte, Einladung
- Aushang, Vereinszeitung
- Webseite u. v. m.

InDesign, Photoshop & Illustrator

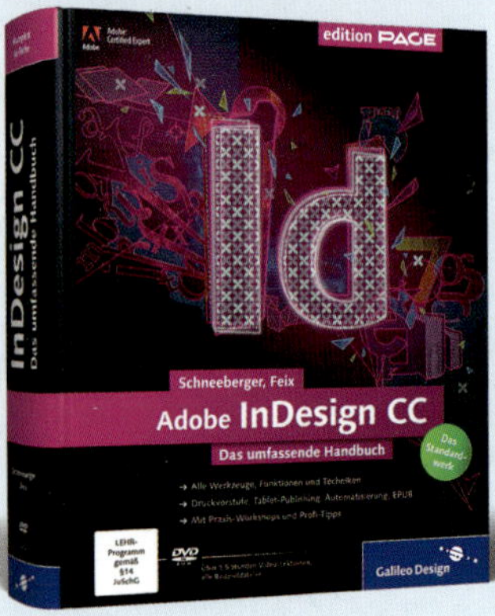

1.224 Seiten, mit DVD, 59,90 €
August 2013

Hans Peter Schneeberger, Robert Feix

Adobe InDesign CC

Das umfassende Handbuch

Adobe InDesign sicher beherrschen! Dieser Bestseller bietet zu allen Themen rund um Ihre Software detaillierte Erklärungen, schnelle Lösungen und unzählige Profitipps. Leicht verständlich erläutert er alles, was Sie wissen müssen: Von der ersten Layoutarbeit bis hin zu den modernen Techniken wie EPUB, Tablet-Publishing, Skripten, GREP und zur Automatisierung.

ISBN 978-3-8362-2450-5
www.galileodesign.de/3385

Aus dem Inhalt:

- InDesign einrichten
- Layouts anlegen und organisieren
- Professioneller Umgang mit Text, Grafiken und Bildern
- Lange Dokumente meistern
- Printproduktion
- Schriftprobleme lösen
- Farbmanagement
- Layout multimedial: E-Books, PDF-Formulare, Tablet-Publishing
- InDesign automatisieren: GREP, Skripte, Publishing mit XML

461 Seiten, 2013
mit DVD
24,90 €

Robert Klaßen

Adobe Photoshop CC

Der professionelle Einstieg

Dieses Buch ist Ihre Eintrittskarte in die Welt von Photoshop CC. Gespickt mit zahlreichen Tipps aus der Praxis lernen Sie alle wichtigen Grundlagen und Photoshop-Techniken kennen. Von der Arbeit mit Ebenen über Bildkorrekturen und Fotomontagen auf Profi-Niveau – der Adobe Certified Expert Robert Klaßen zeigt Ihnen, wie es geht!

ISBN 978-3-8362-2462-8
www.galileodesign.de/3392

416 Seiten
34,90 €
August 2013

Kai Flemming

Adobe Illustrator CC

Der praktische Einstieg

Dieses Buch ermöglicht dem Einsteiger einen schnellen Zugang in das komplexe Programm Adobe Illustrator CC. Leicht verständliche Erklärungen und zahlreiche Praxisübungen helfen Ihnen, die wichtigsten Funktionen und Werkzeuge sicher anzuwenden. Ein Muss für Einsteiger!

ISBN 978-3-8362-2455-0
www.galileodesign.de/3389

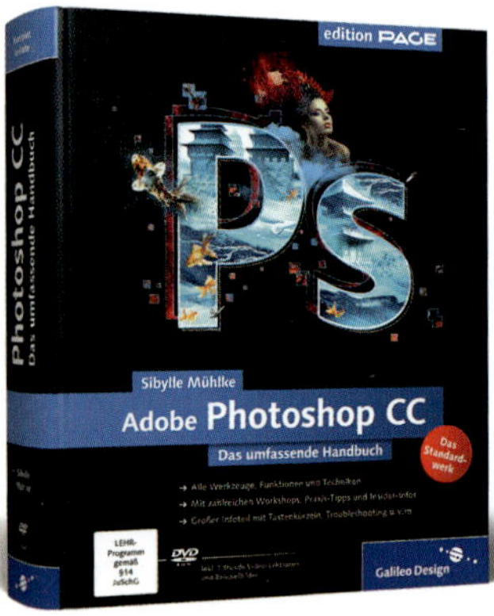

1.200 Seiten, mit DVD, 49,90 €
September 2013

Sibylle Mühlke

Adobe Photoshop CC

Das umfassende Handbuch

Sie wollen das komplette Photoshop CC-Wissen stets griffbereit? Dann sind Sie hier richtig, denn mit diesem Buch halten Sie das deutsche Standardwerk zu Photoshop in Ihren Händen: Bewährt, praxisnah und randvoll mit Informationen finden Sie hier immer, was Sie brauchen. Inkl. DVD, Tastenkürzel-Übersicht, Infoteil, Zusatzinfos im Web u. v. m.

ISBN 978-3-8362-2466-6
www.galileodesign.de/3396

Photoshop von A bis Z:

- CC-Neuheiten sofort anwenden
- Arbeitsoberfläche, alle Werkzeuge
- Kontraste, Helligkeit und Schärfe
- Farbkorrektur, Schwarzweiß
- Reparatur und Retusche
- Camera Raw, Bridge, Mini Bridge
- Ebenenmasken, Auswahlen, Kanäle
- Füllmethoden, Ebenenstile, Filter
- Smart-Objekte, Texte, Pfade
- Farbe, Malen mit Misch-Pinsel & Co.
- Automatisierung, nützliche Helfer
- Farbmanagement, Druck- und Webausgabe

Ps DIE PHOTOSHOP-PROFIS

Der Photoshop-Podcast von Galileo Press

» www.photoshop-profis.de

Seien Sie dabei, wenn die »Photoshop-Profis« von Galileo Press jede Woche neue Techniken, Tricks und Effekte aus der Photoshop-Welt enthüllen ...